S0-BLL-452

1000
AUTOMÓVILES

1000 AUTOMÓVILES

Historia ▪ Clásicos ▪ Detalles

Cadillac

TS-V 4

Autor: Reinhard Lintelmann

Traducción: Vicenç Prat para Equipo de Edición S.L., Barcelona
Asesor técnico: Albert Tura
Redacción y maquetación: Equipo de Edición S.L., Barcelona

Producción completa: Naumann & Göbel Verlagsgesellschaft mbH, Colonia
Impreso en China

ISBN 10: 3-625-00035-0
ISBN 13: 978-3-625-00035-8

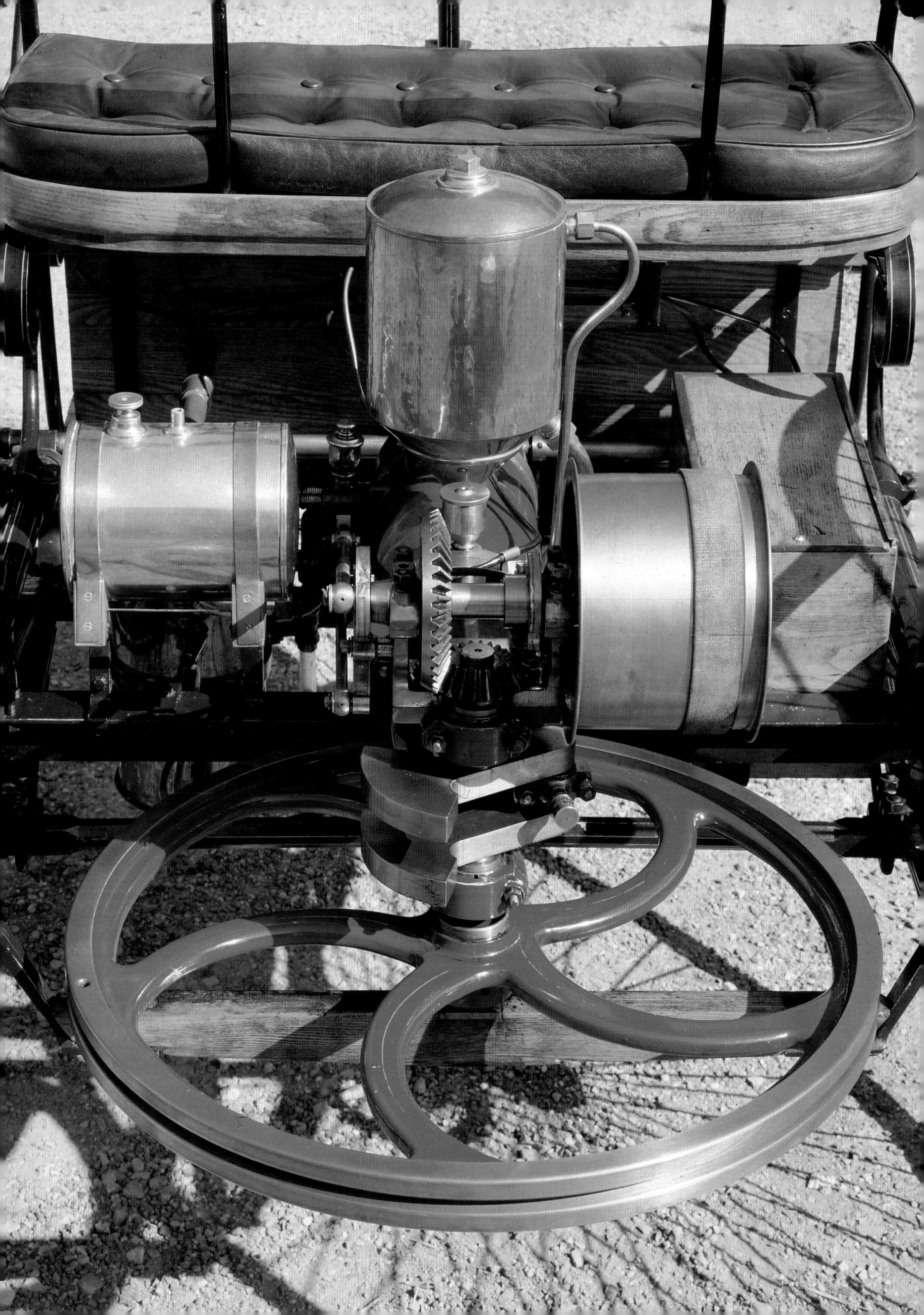

El automóvil nace en Alemania

En el año 1886 se abre un nuevo capítulo en la historia de los medios de transporte: el de la movilidad individual. Anhelados desde siglos, pero de una forma casi inadvertida por la opinión pública de la época, vinieron al mundo el primer carruaje motorizado de Gottlieb Daimler en Cannstatt (Reino de Württemberg) y el denominado «Patent Motorwagen» de Karl Benz en Mannheim (en el Gran Ducado de Baden).

Hasta entonces, pocos inventos como el automóvil habían cambiado tanto la vida de las personas y les habían dotado de tanta movilidad. Al principio, este nuevo ingenio provocó gran admiración, pero también escepticismo, puesto que la máquina de vapor, inventada hacia 1765 por el británico James Watt, ofrecía desde hacia más de cien años una solución muy válida que había contribuido de manera decisiva al espectacular desarrollo de la industria. Desde 1830, el vapor se venía aplicando con éxito a locomotoras que remolcaban vagones de pasajeros y mercancías sobre raíles. Hacia 1860, los trenes alcanzaban ya velocidades de hasta 100 km/h. Hasta 1886 no tuvo el ferrocarril su equivalente en las carreteras, por las que seguían circulando medios de transporte de tracción animal. La idea de concebir un coche sin caballos venía de lejos, lo mismo que los intentos de aplicar la máquina de vapor a un medio de transporte terrestre. El primer automóvil de vapor conocido fue el «Fardier», un monstruo creado por el francés Robert Cugnot en 1769. En 1786, el ingeniero británico W. Symington presentó un vehículo de vapor mucho más elegante y preparado para el transporte de personas. En 1828, Onésiphore Pecquer perfeccionó las características de marcha del vehículo gracias a la invención del diferencial. Los coches de vapor llegaron a ser relativamente populares, sobre todo en Francia y el Reino Unido. Hacia 1880 ya había algunos «coches» de vapor aptos para circular por carretera. Estos vehículos, llamados «locomóviles», alcanzaban incluso una velocidad bastante digna, aunque eran pesados, difíciles de conducir y consumían enormes cantidades de carbón y agua. El orgulloso propietario que no quería ensuciarse las manos contrataba el servicio de un «calentador», es decir, un chófer (del francés *chauffeur,* el que calienta). También se probaron motores de gas. El suizo Isaac de Rivas inventó un motor de combustión interna de hidrógeno, lo montó en un chasis en 1813 y realizó viajes de prueba alrededor de la ciudad suiza de Vevey, a orillas del lago Lemán. Pero ahí se quedó todo. Por aquel entonces, emplear gas como propulsor se presentaba como una tarea harto difícil. En 1865, el austríaco Siegfried Markus montó un motor estacionario de gran volumen en una carreta y logró recorrer una distancia de 200 metros. En 1888 construyó un segundo vehículo con un motor de cuatro tiempos, que durante varios decenios, por un error de datación (1877), fue considerado como el primer automóvil. En la Exposición Universal de París de 1867, Nikolaus August Otto presentó un motor atmosférico de dos tiempos con combustión interna que fue premiado como «máquina más potente y económica». No obstante, su potencia era aún bastante limitada. El equipo de 3 CV de potencia medía cuatro metros de altura, mientras que el de 10 CV

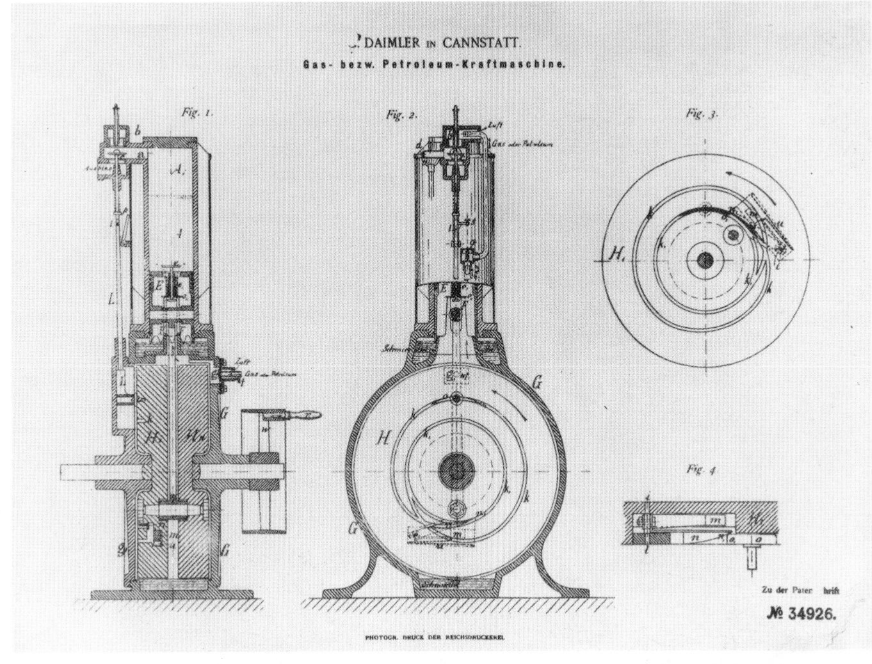

Corte vertical del motor monocilíndrico de Daimler. En la máquina desarrollada por Daimler y Maybach, el conjunto biela-cigüeñal-masa de equilibrado están rodeados por primera vez por un cárter motor.

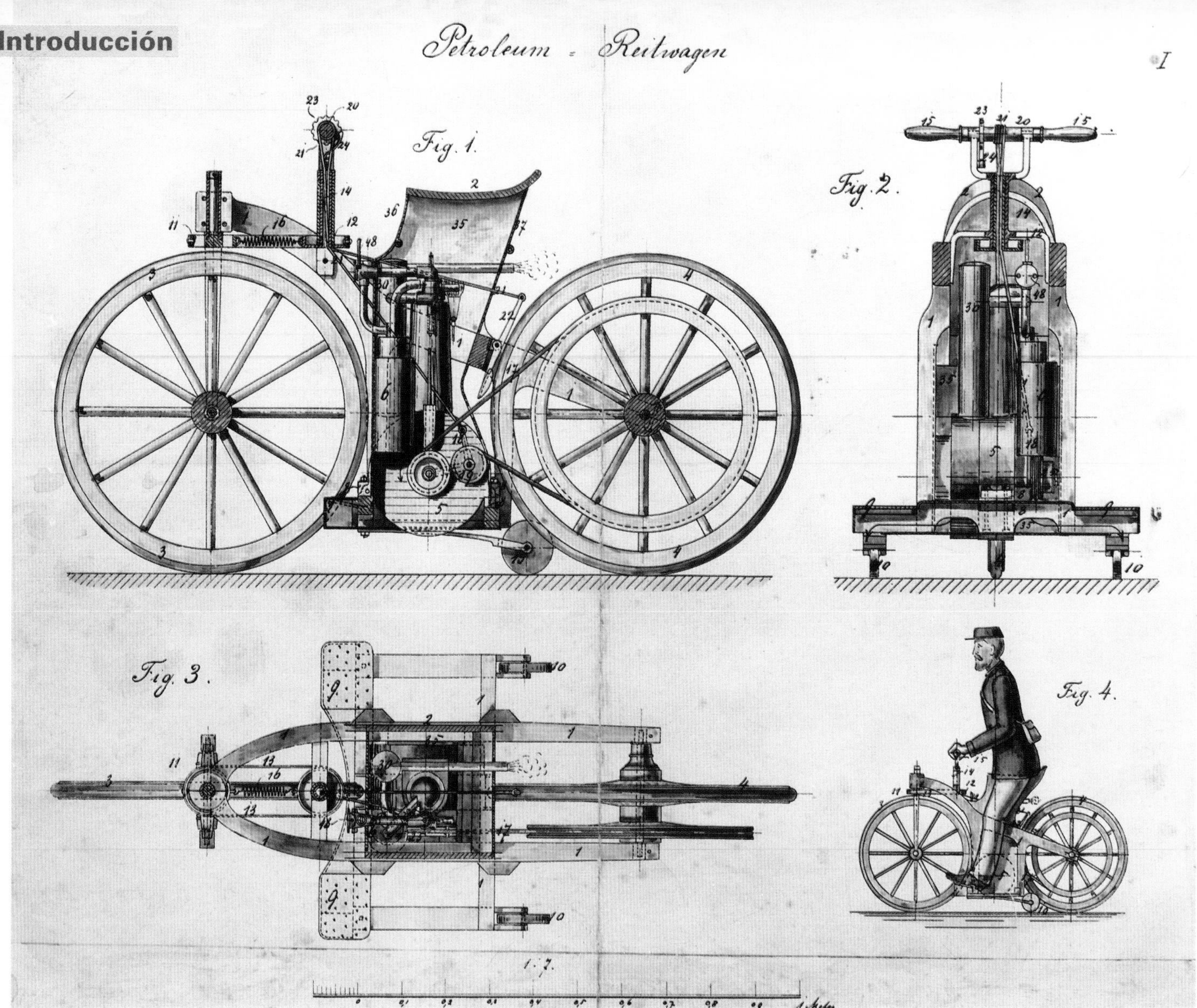

El coche construido por Gottlieb Daimler en 1885 descansaba sobre un chasis de madera, tenía unas ruedas también de madera ceñidas con una banda de acero, se arrancaba con una manivela y ya disponía de un juego axial.

pesaba cuatro toneladas. Otto buscó una salida constructiva y en mayo de 1878 dio el gran golpe con un motor de cuatro tiempos con compresor volumétrico. Nacía así el principio de los cuatro tiempos, y los motores de combustión interna, pese a continuar siendo estacionarios, eran cada vez más potentes y de menor tamaño.

Los encargados de destruir el laberinto de los sueños y de las esperanzas, así como de encontrar el camino preciso que terminaría conduciendo a la movilidad individual, fueron los tenaces constructores alemanes Gottlieb Daimler y Karl Benz. En 1883, ayudado por su estrecho colaborador y amigo Wilhelm Maybach, Daimler dio vida en Cannstatt, cerca de Stuttgart, al primer motor de gasolina, ligero y rápido. En un paso histórico, los dos inventores hicieron realidad un sueño muy antiguo: la propulsión universal de cuatro tiempos (patentada en 1885), así como dos nuevos e importantes descubrimientos como el encendido por resistencia y el carburador de tipo flotador, ya estaba listo para montarse en carruajes, vagones de tren, pequeñas embarcaciones, buques o en los primeros aeroplanos. El motor también resultaba muy adecuado para el accionamiento de bombas y generadores eléctricos. Le aguardaba un perfeccionamiento endemoniado. Por tierra, agua y aire, tal como Gottlieb Daimler anhelaba y como simbolizan las tres puntas de la posterior estrella de los Mercedes.

Daimler empezó por instalar el motor en un vehículo de dos ruedas, que resultó ser un prototipo muy económico. El 10 de noviembre de 1885, Adolf, el hijo menor de Daimler, realizó con esta primera motocicleta (patentada el 29 de agosto de 1885 con el nombre de «Reitrad») un trayecto de tres kilómetros, los que separaban Cannstatt de Untertürkheim, que se convirtieron en el primer viaje público. El siguiente paso, dado en verano de

Gottlieb Daimler (1834-1900) fue uno de los pioneros del mundo del automóvil. En 1883, obtuvo una patente imperial por su primer motor de cuatro tiempos con encendido por tubo incandescente.

Wilhelm Maybach (1846-1929), colaborador de Gottlieb Daimler, construyó el Stahlradwagen en 1889 y el primer Mercedes en 1901.

1886, fue el montaje del motor en un carruaje. Los primeros viajes con el carruaje motorizado, sin embargo, no aparecen documentados antes del verano de 1888. Los realizados con anterioridad a este año debieron de ser sólo viajes de prueba. Sobre este histórico acontecimiento no existen noticias fiables. Digno de mención es que el 17 de julio de 1888 Daimler presentó una solicitud de autorización para hacer circular «un carruaje ligero de cuatro asientos con un pequeño motor». El permiso de conducción no le hacía falta, pues no se introdujo oficialmente hasta 1910. Antes de difundirse en la construcción de automóviles, el motor Daimler hizo furor en embarcaciones de tamaño reducido y fue empleado con éxito en bombas para apagar incendios y en la tracción de tranvías. La demanda de una nueva forma de propulsión aumentaba de forma incesante; en 1887, Daimler ya producía en una pequeña fábrica y se encaminaba hacia el desarrollo de vehículos completos.

En la Exposición Universal de París de 1889, Daimler y Maybach presentaron el Stahlradwagen, un coche de construcción muy avanzada que atrajo todas las miradas y que, para dar una idea precisa de su exclusividad técnica, contaba con una transmisión de ruedas dentadas en vez de una por correa. Con todo, era un modelo demasiado avanzado para la época, de ahí que el público mostrara un mayor entusiasmo por el motor acoplado a una dinamo fabricado por Daimler. Aun así, el Stahlradwagen despertó el interés de una señora y dos señores (Madame Sarazin, Monsieur Panhard y Monsieur Levassor). El resultado fue la concesión de una licencia a la empresa Panhard & Levassor, que en adelante instalaría en sus modelos motores Daimler. Gracias a la fiabilidad de los motores, los coches equipados con ellos también obtuvieron buenos resultados en toda clase de competiciones deportivas. Con la fundación de la Daimler-Motoren-Gesellschaft (DMG), una sociedad anónima, empezó en 1890 una nueva era en la que la empresa se expandió con rapidez gracias a la fiabilidad, calidad y buen resultado de sus motores y automóviles.

Karl Benz entró en escena en Mannheim en 1885. Igual que Gottlieb Daimler, Benz intentaba encontrar un motor ligero apto para instalar en un automóvil, aunque él iba mucho más allá, pues aspiraba a crear un vehículo donde el chasis y el motor formasen un conjunto armónico, esto es, un vehículo de concepción completamente nueva. Los primeros viajes de prueba de su prototipo se efectuaron en 1885. Para mantener los ensayos en secreto, éstos tenían lugar en el patio de la fábrica y terminaban junto a las paredes de ésta. La primera salida fuera del recinto sólo duró un par de minutos, pues el coche se detuvo después de recorrer 100 metros. De 100 metros, sin embargo, pronto se pasó a más de 1000. Benz anotó más tarde: «Es probable que con el coche alcanzara una velocidad de 16 km/h. Cada salida me daba una mayor confianza. En cada trayecto descubría nuevos defectos en el motor; por otro lado, sin embargo, cada viaje me enseñaba nuevas maneras de perfeccionarlo, de forma que en enero de 1886 ya estuve en condiciones de patentar el vehículo...».

El 29 de enero de 1886, Benz patentó su «vehículo que funciona con un motor de combustión interna»; el motor, de gasolina, monocilíndrico y de cuatro tiempos, ya poseía un encendido eléctrico. La inscripción de la patente con el número

Una publicidad de 1886. Con este anuncio, que también causó sensación como cartel publicitario, se intentó dar a conocer el vehículo de tres ruedas de Benz.

37435 está considerada como la fecha de nacimiento del automóvil. El título de la patente rezaba «vehículo que funciona con un motor de combustión interna» y comenzaba con las palabras: «La presente construcción pretende el funcionamiento, en primer término, de coches y pequeñas embarcaciones capaces de transportar de una a cuatro personas... El vehículo se mueve gracias a un pequeño motor de combustión interna, no importa de qué clase. En el aparato se forma gas a partir de la ligroína o de otros carburantes. El cilindro del motor se mantiene a temperatura constante gracias a la refrigeración por agua».

En verano de 1886, los periódicos informaron del primer viaje público del triciclo motorizado patentado por Benz. Así se narraba en el Neue Badische Landeszeitung del 4 de julio de 1886: «A los amantes del deporte del velocípedo quizás les guste saber que en este campo ha aparecido un nuevo invento cuyo artífice es la empresa local Benz & Cie. En la citada fábrica se construye actualmente... un velocípedo de tres ruedas propulsado por un motor de construcción similar a los de combustión interna. El motor, cuyo cilindro tiene un diámetro de 9 cm, está emplazado entre las dos ruedas motrices traseras sobre muelles situados encima del eje de las ruedas. A pesar de su aspecto delicado, el vehículo posee una fuerza similar a la de un caballo y va a 300 revoluciones por minuto (en adelante, RPM), de ahí que su velocidad pueda alcanzar la de un tren de pasajeros. ... El vehículo no es mucho mayor que un triciclo normal y tiene un aspecto muy agradable y elegante. Sin duda, este velocípedo motorizado contará muy pronto con numerosos entusiastas, pues se prevé que sea extremadamente práctico y útil para médicos, viajeros y amantes del deporte».

El Patent Motorwagen de Benz no tardó en ser aparcado en un rincón, pues los progresos de Benz en el campo automovilístico se tradujeron en la producción de nuevos modelos que, pese a no presentar diferencias sustanciales respecto al citado, contaban con unos motores más potentes y unos chasis más robustos. El segundo modelo fue equipado con un motor de 1,5 CV, y el tercero con uno de 2 CV. La relación peso/potencia sólo se había reducido hasta los 42 kg/CV, aunque con 500 RPM era ya el primer motor de Benz ligero y relativamente rápido. En 1887 se construyó una variante del triciclo con ruedas de radios de madera, un pequeño depósito de gasolina y un freno manual de zapatas recubiertas en cuero que actuaba sobre las ruedas traseras. Hasta 1888, Karl Benz se hizo con otras cuatro patentes alemanas, entre ellas la del carburador a prueba de incendios.

Una mañana de agosto, Bertha, la emprendedora y atrevida esposa de Karl Benz, se subió junto a sus hijos Eugen y Richard a uno de los nuevos vehículos diseñados por su marido y, sin que éste tuviera el menor conocimiento de sus intenciones, dio inicio al primer «viaje de larga distancia» de la historia del automóvil. El trío salió de Mannheim y puso punto final a su excursión en Pforzheim después de atravesar Weinheim, Heidelberg, Wiesloch y Durlach. De esta manera se demostró que el coche sin caballos ya estaba preparado para afrontar los retos que su constructor le había impuesto. Por el camino, la Señora Bertha limpió el obstruido carburador con la aguja de un sombrero y aisló un cable eléctrico desnudo con una liga. En las pendientes, Bertha solía pedir ayuda, pues los 1,5 CV no siempre eran suficientes. El freno de zapatas, fuertemente castigado, debió revestirse varias veces con cuero nuevo. Por otro lado, el aprovisionamiento de «ligroína», como se conocía entonces la gasolina, se hizo en la farmacia de Wiesloch. La primera automovilista del mundo llegó a su destino por la tarde: estaba llena de polvo, pero sana y salva y cargada de nuevas experiencias. Con este viaje, de 180 km si también se incluye el trayecto de regreso, Bertha demostró a todo el mundo las posibilidades de uso que ofrecía el automóvil.

La editorial y el autor esperan que los lectores y lectoras se diviertan con esta mirada retrospectiva a los casi 125 años de historia del automóvil.

La «Emancipation Run», carrera celebrada en 1896 en las Islas Británicas, significó un paseo triunfal para el automóvil. En ella participaron doce coches, la mayoría modelos Benz de importación. La conductora del primer automóvil es Bertha Ringer Benz, la primera mujer del mundo que condujo un coche.

1886-1920

La difícil lucha del automóvil por abrirse paso

La difícil lucha del automóvil por abrirse paso

La popularización de un medio de transporte

Sin lugar a dudas, el período que precedió a la entrada en el siglo XX se caracterizó por un incansable espíritu creativo y por una fe ilimitada en la técnica. Desde la Torre de Eiffel de París se realizó la primera transmisión radiofónica; en 1889 abrió sus puertas en la capital de Francia la segunda Exposición Universal: la industrialización avanzaba a pasos gigantes. En aquel momento, incluso los más escépticos se dieron cuenta de que nada podría impedir el triunfo del automóvil. A Karl Benz y Gottlieb Daimler se les añadió un grupo cada vez más numeroso de personas inquietas e intrépidas que se esforzaban en fabricar y perfeccionar los primeros modelos. Un gran número de industrias francesas se espabilaron para adquirir patentes y licencias de fabricación con el fin de poder equipar modelos propios con motores Daimler, por poner sólo un ejemplo. Desde un punto de vista óptico, los primeros coches se parecían bastante entre ellos; a decir verdad, se trataba más bien de carruajes en los que se había eliminado la lanza y montado un motor bajo los asientos. Las primeras carrocerías no tardaron en aparecer, y nombres como Vis-à-Vis, Landauer o Phaeton causaron sensación en la historia automovilística de los primeros años del siglo XX. Aunque al principio las carrocerías presentaban aspectos muy diferentes las unas de las otras, terminó por imponerse un estilo que podríamos denominar «tradicional» o «universal». Conforme se iban produciendo nuevos avances técnicos, como la consecución de velocidades punta cada vez más altas, la forma de las carrocerías se enriqueció con nuevos detalles; así, los automóviles no tardaron en lucir guardabarros arqueados y pomposos radiadores frontales. Hasta 1920, el concepto de aerodinámica en la industria automovilística era harto desconocido y se prefería optar por la solución de problemas técnicos. Y con éxito. Así, pronto desapareció la transmisión por correas, sustituida por una construcción clásica que también responde a los estándares actuales: motor, embrague, caja de cambios y transmisión a los ejes.

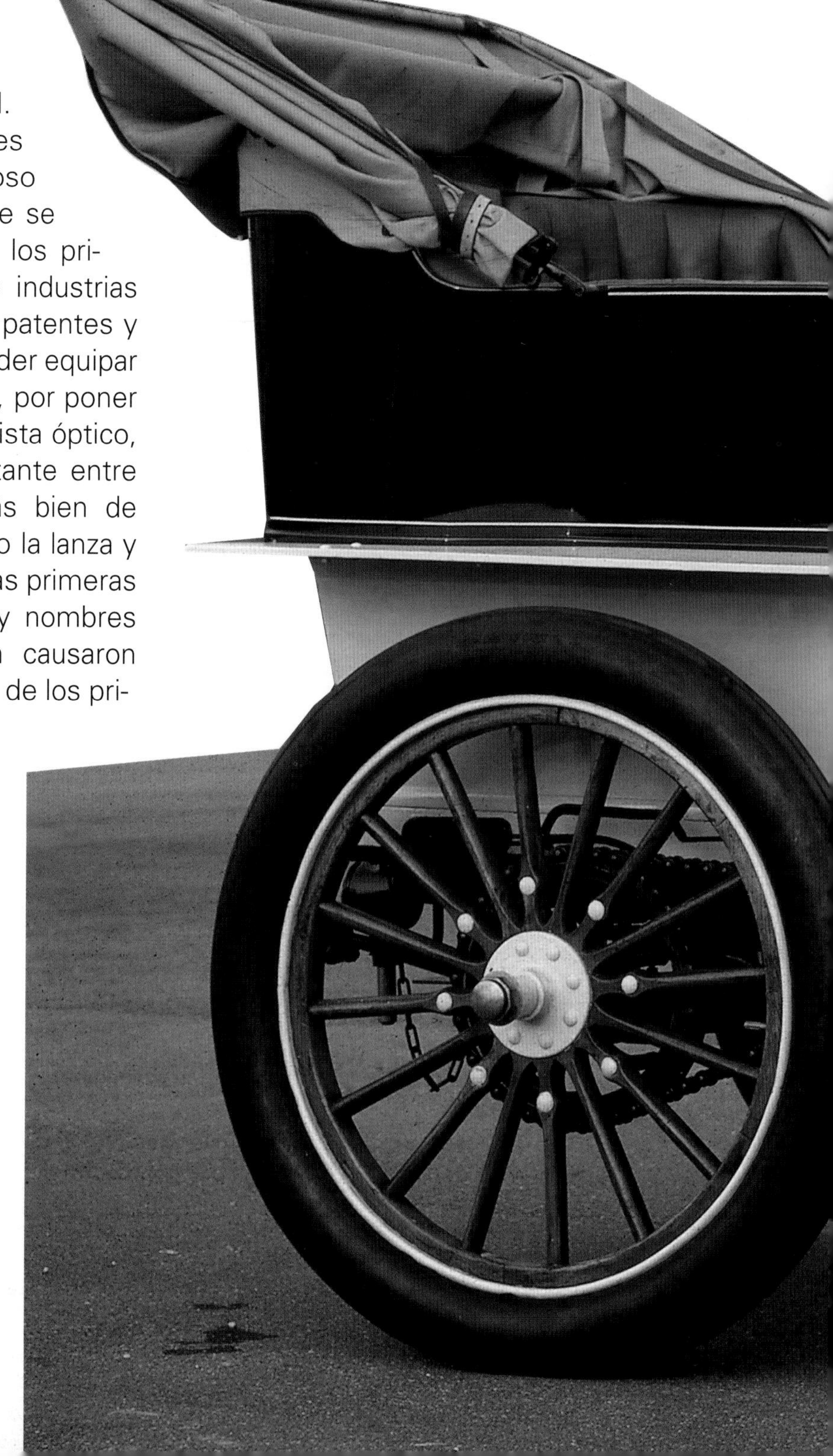

Competiciones automovilísticas legendarias como la Copa Gordon-Bennett (1900) o los Trofeos Herkomer (1905-1907) incitaron a los constructores a aumentar la potencia de los vehículos, lo que derivó en la clasificación de los automóviles participantes en diversas categorías. A las diferencias ya existentes relativas a la técnica de los motores hubo que añadir desde 1913 otras particularidades, pues los coches habían incorporado numerosas innovaciones que hacían los viajes en automóvil todavía más agradables. De entre los logros más significativos sobresalían el arranque eléctrico, los faros eléctricos y las ruedas desmontables. Mientras que en Estados Unidos, en 1916 ya había una docena de fabricantes que producían más de 10 000 unidades al año, las grandes empresas europeas todavía estaban a años luz de alcanzar estas cifras. La guerra en Europa provocó drásticos recortes, por lo que aquí el desarrollo del sector sufrió un paro temporal. Tras la I Guerra Mundial, el negocio del automóvil no era fácil y Europa debía recuperar frente a Estados Unidos mucho tiempo perdido. Mientras los conductores norteamericanos ya circulaban por las carreteras con vehículos lujosos y confortables (allí el modelo de seis cilindros era el estándar), los fabricantes europeos todavía se esforzaban por sacar al mercado modelos casi artesanales de cuatro cilindros en cantidades apenas rentables. Como resulta obvio, también en Europa había excepciones, así como empresas y clientes que apostaban por el lujo y la comodidad. Marcas como Rolls-Royce y algunas otras se beneficiaron de esta clientela, que no reparaba en gastos si éstos se destinaban a alcanzar un motor de mayor cilindrada y con más cilindros.

Adler Taxi

Tras haber empezado su carrera en Frankfurt en 1886 con la producción de bicicletas de la marca Adler, Heinrich Kleyer se pasó al mundo del automóvil tras dar un par de rodeos: antes de construir en 1889 su primer vehículo de motor, inspirado en las *voiturettes* francesas, Kleyer se pasó muchos años suministrando a Karl Benz ruedas de radios metálicos. La diferencia más notable respecto a los modelos alemanes consistía en que la transmisión de la potencia al eje trasero no se efectuaba con cadenas sino por medio de un árbol y ruedas dentadas. Por desgracia, la historia del automóvil parece haber olvidado que los coches Adler figuraron entre los primeros automóviles alemanes en disponer de una transmisión cardán. Al principio, Adler no producía todos los motores, sino que recurría, como otros fabricantes, a equipos de la firma francesa De Dion Bouton.

Modelo:	*Adler Taxi*
Cilindrada/Cilindros:	*2798 cm³/4 cilindros*
CV/kW:	*16/11,7*
Año de fabricación:	*1904*
Unidades fabricadas:	—

Adler K

En 1911, con motivo de la última feria automovilística celebrada en Berlín antes de la I Guerra Mundial, Heinrich Kleyer presentó una amplia gama de modelos que abarcaba desde el utilitario hasta el gran turismo de lujo. La robusta construcción de los motores (con cuatro cilindros apareados en bloques de dos) contribuyó a la buena fama de la marca, incluso en el extranjero, de ahí que en 1912 Adler inagurara un taller de montaje en Viena. Un trato muy especial se estableció con los británicos: la casa automovilística Morgan no sólo pasó a ocuparse de la venta de Adler en las Islas Británicas, sino que también le encargaba con regularidad chasis desnudos para poderles instalar carrocerías más acordes con los gustos británicos.

Modelo:	*Adler K*
Cilindrada/Cilindros:	*1292 cm³/4 cilindros*
CV/kW:	*13/9,5*
Año de fabricación:	*1915*
Unidades fabricadas:	—

Audi Alpensieger C

August Horch dejó la empresa que había fundado (Zwickauer Werke AG) para crear una nueva firma automovilística a la que por motivos jurídicos no pudo bautizar con su nombre. De esta manera, un audi, la traducción de su nombre al latín (*horch* = audi) dio origen a la marca. Audi, que fabricaba diversos coches con motores tetracilíndricos de gran cilindrada, lanzó al mercado el modelo Alpensieger en 1911. Este modelo se hizo especialmente famoso gracias a una espectacular racha de victorias de 1912 a 1914 obtenidas en competiciones tan prestigiosas como la Travesía Internacional de los Alpes Austríacos, el rally de larga distancia más difícil de la época. Después de la I Guerra Mundial, Audi fue uno de los primeros fabricantes que dispuso la palanca de la caja de cambios dentro del vehículo, y no fuera como se solía hacer hasta entonces.

Modelo:	*Audi Alpensieger C*
Cilindrada/Cilindros:	*3564 cm³/4 cilindros*
CV/kW:	*35/25,6*
Período de fabricación:	*1912-1921*
Unidades fabricadas:	---

Benz Patent Motorwagen

Karl Benz nació en 1844 en la ciudad alemana de Karlsruhe, en cuya escuela politécnica estudiaría más tarde. Sus ideas y su realización empezaron a tomar cuerpo en 1883, año en que fundó la empresa Benz & Co. Rheinische Gasmotorenfabrik en Mannheim junto a Max Rose y Friedrich Wilhelm Esslinger. Con una situación financiera asegurada, Benz encontró una base sólida a partir de la cual plasmar su visión de la movilidad individual. Benz no desarrolló su coche como carroza motorizada, sino que le dotó de un aspecto completamente particular. El 29 de enero de 1886, Benz patentaba su invento, un vehículo de tres ruedas con motor de combustión interna: nacía oficialmente el primer automóvil.

Modelo:	*Benz Patent Motorwagen*
Cilindrada/Cilindros:	*954 cm³/1 cilindro*
CV/kW:	*0,75/0,5*
Año de fabricación:	*1886*
Unidades fabricadas:	*ejemplar único/prototipo*

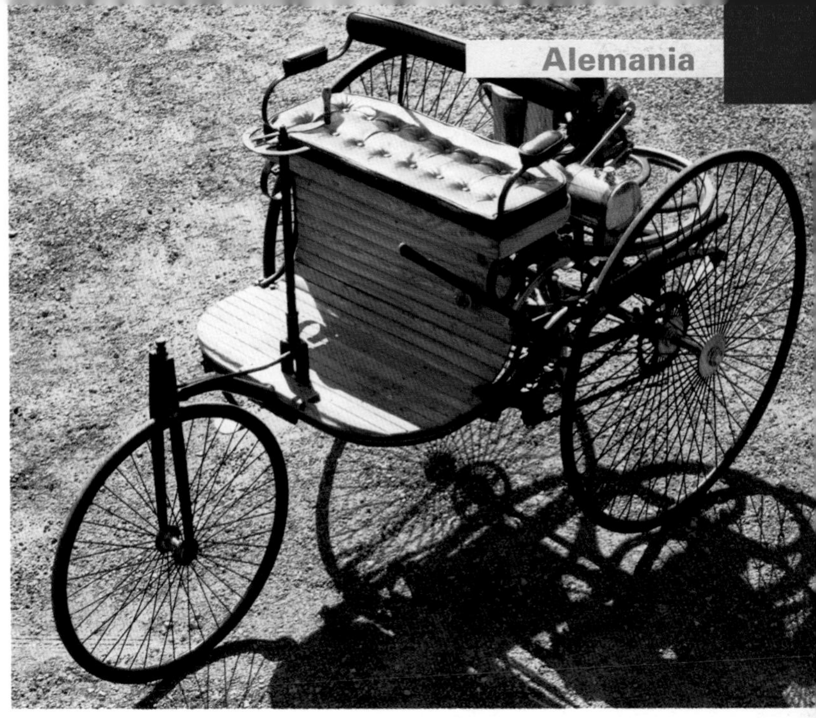

Benz Victoria

La alegría por haber resuelto los problemas con la dirección del coche y con la dirección por los pivotes del eje, inventada por él, debió de inducir a Karl Benz a llamar Victoria a uno de sus siguientes construcciones. A primera vista, este modelo se parecía mucho a otros de aquellos tiempos, y tanto el eje delantero como el trasero eran rígidos. No obstante, llamaba la atención el árbol de dirección vertical situado en el centro del coche, con el que se accionaba la dirección por los pivotes del eje. Como era habitual, el motor se ponía en marcha girando una manivela. El motor, camuflado bajo un capó de madera, accionaba el árbol intermedio mediante dos correas planas, desde donde dos cadenas alcanzaban las ruedas traseras. Para una velocidad de 25 km/h, dos velocidades resultaban más que suficientes. De la marcha atrás se podía prescindir, al menos por el momento.

Modelo:	*Benz Victoria*
Cilindrada/Cilindros:	*1730 cm³/1 cilindro*
CV/kW:	*3/2,2*
Período de fabricación:	*1892-1896*
Unidades fabricadas:	—

Benz Victoria

El barón Theodor von Liebig era uno de los pocos que en 1894 se podían permitir un Benz Victoria y que le sacaba un gran rendimiento. El barón se hizo famoso por haber conducido el vehículo desde Reichenberg, la localidad bohemia donde vivía, hasta Gondorf, cerca de Coblenza. A una velocidad media de 13 km/h, el viaje fue más que una aventura: considerando el estado de la tecnología de aquel entonces, el vehículo se comportó con dignidad, aunque planteó la necesidad de solucionar problemas muy comunes en aquellos días, como la inundación del carburador, el aflojamiento de las tuercas y el desajuste del contacto del encendido. Por otro lado, la gasolina sólo se conseguía en las farmacias y las droguerías, al tiempo que el consumo de combustible era de unos 21 litros cada 100 km. Durante el viaje, Von Liebig hizo una escapada a Mannheim para visitar a un Karl Benz completamente sorprendido ante un trayecto tan largo.

Modelo:	*Benz Victoria*
Cilindrada/Cilindros:	*1990 cm³/1 cilindro*
CV/kW:	*4/3*
Período de fabricación:	*1894-1896*
Unidades fabricadas:	—

Benz Velo

Aunque Benz sabía desde la construcción del «Patent Motorwagen» que los vehículos de cuatro ruedas eran más estables en las curvas, las direcciones empleadas hasta entonces en los coches todavía resultaban inadecuadas para lo que se proponía. Benz resolvió el problema con la dirección por los pivotes del eje, que patentó en 1893. Ese mismo año, con motivo de la Exposición Universal de Chicago, Benz presentó un modelo equipado con ella: el Benz Velo. Este modelo puede vanagloriarse de haber sido el primer automóvil del mundo construido en serie. El vehículo, de 2250 mm de longitud, presentaba un aspecto muy compacto y contaba con una carrocería formada por un chasis de madera con un refuerzo de hierro. Benz instaló en el Velo un motor horizontal que en un primer momento fue equipado con un carburador de superficie y más tarde con otro con sistema de llenado por flotador, ambos de fabricación propia.

Modelo: *Benz Velo*
Cilindrada/Cilindros: *1045 cm³/1 cilindro*
CV/kW: *1,5/1,1*
Período de fabricación: *1894-1900*
Unidades fabricadas: *—*

Benz 8/20 PS

Para satisfacer la demanda de automóviles más económicos y de menor tamaño, Benz volvió a revisar a la baja el programa de modelos en 1910. En un concurso público dotado con un premio de 3000 marcos se intentaron determinar las cualidades del vehículo más apreciadas por los compradores. De acuerdo con las ideas expuestas, Benz llevó a cabo uno de los numerosos proyectos presentados. El resultado fue el modelo 8/18 PS, del que saldría el 8/20, el producto más importante de la marca en el período anterior a la I Guerra Mundial. La alternativa al 8/20 fue el 14/30 PS. De los dos modelos, que sólo se diferenciaban por la potencia del motor y la distancia entre ejes, también podía adquirirse únicamente el chasis, en el que después se montaba una carrocería fabricada a gusto del comprador.

Modelo: *Benz 8/20 PS*
Cilindrada/Cilindros: *1950 cm³/4 cilindros*
CV/kW: *20/14,7*
Período de fabricación: *1912-1918*
Unidades fabricadas: *—*

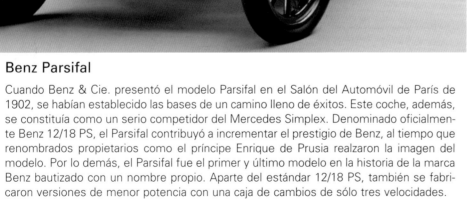

Benz Parsifal

Cuando Benz & Cie. presentó el modelo Parsifal en el Salón del Automóvil de París de 1902, se habían establecido las bases de un camino lleno de éxitos. Este coche, además, se constituía como un serio competidor del Mercedes Simplex. Denominado oficialmente Benz 12/18 PS, el Parsifal contribuyó a incrementar el prestigio de Benz, al tiempo que renombrados propietarios como el príncipe Enrique de Prusia realzaron la imagen del modelo. Por lo demás, el Parsifal fue el primer y último modelo en la historia de la marca Benz bautizado con un nombre propio. Aparte del estándar 12/18 PS, también se fabricaron versiones de menor potencia con una caja de cambios de sólo tres velocidades.

Modelo: *Benz Parsifal*
Cilindrada/Cilindros: *2250 cm³/2 cilindros*
CV/kW: *12/8,8*
Período de fabricación: *1902-1903*
Unidades fabricadas: *—*

Daimler Stahlradwagen

Cuando en noviembre de 1890, tras muchos años de investigación y planificación, el inventor y empresario Gottlieb Daimler fundó la Daimler-Motoren-Gesellschaft (DMG), el éxito estaba todavía a años luz. Unos 1000 motores, pero sólo menos de 20 automóviles salieron de los talleres de producción de Cannstatt durante los primeros cinco años. Daimler y su colaborador más estrecho, Wilhelm Maybach, debieron luchar contra las preferencias de los socios de la compañía, más interesados en la venta de motores que en dar inicio a la era de la movilidad individual. A pesar de todo, se impusieron los visionarios, y con ellos el éxito. En 1900, los 344 trabajadores de la empresa lograron terminar 96 automóviles. El costoso trabajo manual hacía casi imposible la fabricación de una cantidad de unidades mayor.

Modelo:	*Daimler Stahlradwagen*
Cilindrada/Cilindros:	*565 cm³/1 cilindro*
CV/kW:	*1,5/1,1*
Año de fabricación:	*1889*
Unidades fabricadas:	—

Daimler Stahlradwagen

La última etapa de Gottlieb Daimler antes de independizarse fue en 1872 la fábrica de motores de combustión interna en Deutz, un barrio de Colonia. Después de abandonar la compañía en 1882 por diferencias con su equipo directivo, Daimler invirtió su patrimonio y su espíritu emprendedor en un taller experimental situado en el jardín de su villa de Cannstatt. Allí, junto a Wilhelm Maybach, perfeccionó el proceso de cuatro tiempos del motor Otto. El resultado fue un motor más compacto y apropiado para montar en un vehículo. En 1885 se instaló en el primer velocípedo del mundo, el Daimler Reitwagen. Una versión mejorada la instalaron Daimler y Maybach en 1886 en el que sería el primer automóvil del mundo sobre cuatro ruedas, casi coetáneo, aunque sin saberlo, del triciclo motorizado de Karl Benz.

Modelo:	*Daimler Stahlradwagen*
Cilindrada/Cilindros:	*565 cm³/1 cilindro*
CV/kW:	*1,5/1,1*
Año de fabricación:	*1889*
Unidades fabricadas:	—

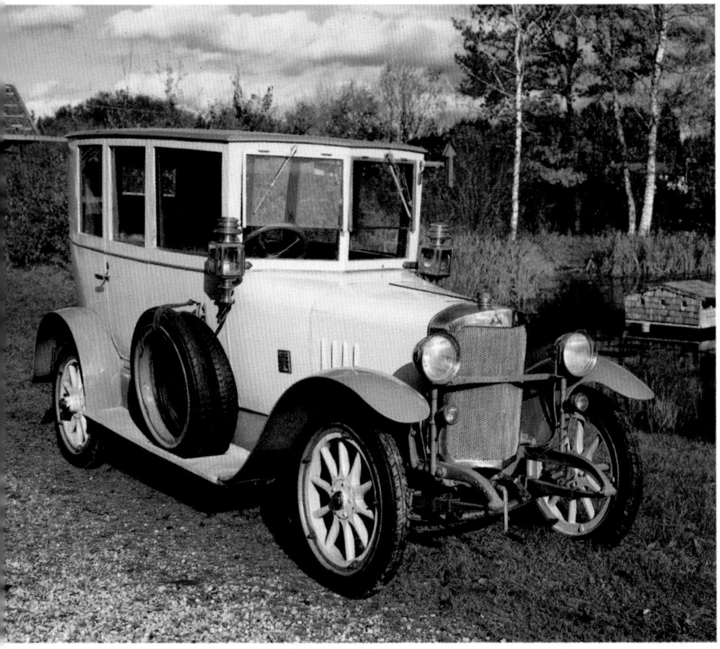

Dürkopp P 10

A Dürkopp, empresa con sede en Bielefeld, se le negó el gran salto hacia adelante en el sector del automóvil, aunque no por ello dejó de obtener buenos resultados como fabricante de bicicletas, máquinas de coser y *scooters*. Desde 1898 hasta la década de 1920, Nikolaus Dürkopp sacó al mercado coches interesantes, si bien sus modelos no se hicieron ver demasiado en las competiciones deportivas más prestigiosas. Además, la prensa especializada de entonces hablaba de la marca con muy poca frecuencia, y mientras otros fabricantes presentaban en los grandes salones automovilísticos chasis y motores que se podían probar in situ, el *stand* de Dürkopp carecía de ellos. Aparte de coches, que en el Reino Unido se vendían bajo la marca Watsonia, Dürkopp también fabricó camiones hasta 1927, el mismo año en que la empresa también dejó de producir automóviles.

Modelo:	*Dürkopp P 10*
Cilindrada/Cilindros:	*2550 cm³/4 cilindros*
CV/kW:	*32/23,4*
Año de fabricación:	*1917*
Unidades fabricadas:	—

Hansa A 16

Motivados por la muy prometedora coyuntura de la construcción de automóviles antes de la I Guerra Mundial, los talleres de Hansa radicados cerca de Oldemburgo se expandieron para poder conciliar la fabricación de utilitarios con otros proyectos de mayor calado. El programa de tipos se enriqueció con coches deportivos. No obstante, antes de proceder a su construcción, la empresa sacó al mercado en 1908 un sólido modelo de cuatro cilindros disponible con distintas versiones de carrocería. Como era habitual por aquel entonces, el motor poseía cuatro cilindros apareados en bloques de dos. La transmisión al eje trasero era de tipo cardán, y el cambio de velocidades estaba situado en el exterior del vehículo. En 1914, Hansa se fusionó con la Norddeutsche Maschinen und Armaturenfabrik. Con el nuevo nombre, Hansa-Lloyd, la marca seguiría poniendo en el mercado una amplia gama de modelos.

Modelo: *Hansa A 16*
Cilindrada/Cilindros: *1550 cm³/4 cilindros*
CV/kW: *16/11,7*
Período de fabricación: *1909-1912*
Unidades fabricadas: —

Horch Tonneau

August Horch figura, sin duda alguna, entre los pioneros de la construcción de automóviles. Este inventor nacido en Winningen había aprendido el oficio con Karl Benz en Mannheim, donde en 1896 había asumido la dirección del departamento de construcción. La fascinación por el aún joven automóvil ya no le abandonó jamás; no obstante, como con Benz tenía pocas posibilidades de poner en práctica ideas propias, en 1899 decidió proseguir su camino en solitario. Así, Horch adquirió en Colonia un antiguo establo para caballos y lo transformó en un taller de reparación de maquinaria y automóviles. Horch se puso en marcha desde el principio para construir un modelo propio. El primero que fabricó tenía como particularidad los dos cilindros dispuestos en paralelo y en posición longitudinal, con lo que se proponía alcanzar una marcha más suave.

Modelo: *Horch Tonneau*
Cilindrada/Cilindros: *2500 cm³/2 cilindros*
CV/kW: *16/11,7*
Año de fabricación: *1903*
Unidades fabricadas: —

Mercedes 35 PS

Once años después del Daimler Stahlradwagen, Wilhelm Maybach conoció al hombre sin el cual el nombre Mercedes nunca habría aparecido en la industria automovilística, es decir, Emil Jellinek. Jellinek, un adinerado hombre de negocios, vivía a caballo entre Baden (cerca de Viena) y Niza en una mansión llamada «Mercedes». Cuando Jellinek vino a saber de los excelentes coches de la Daimler-Motores-Gesellschaft (DMG), se puso en contacto con la citada empresa, a la que encargó numerosas unidades que él mismo vendía más tarde. En abril de 1900, DMG acordó con Jellinek la distribución conjunta de vehículos para sacar al mercado modelos con el nombre de Mercedes. El nombre fue elegido porque Mercedes había sido un seudónimo utilizado por Jellinek, pero también porque era el nombre de su hija de diez años.

Modelo: *Mercedes 35 PS*
Cilindrada/Cilindros: *5913 cm³/4 cilindros*
CV/kW: *35/25,7*
Año de fabricación: *1901*
Unidades fabricadas: —

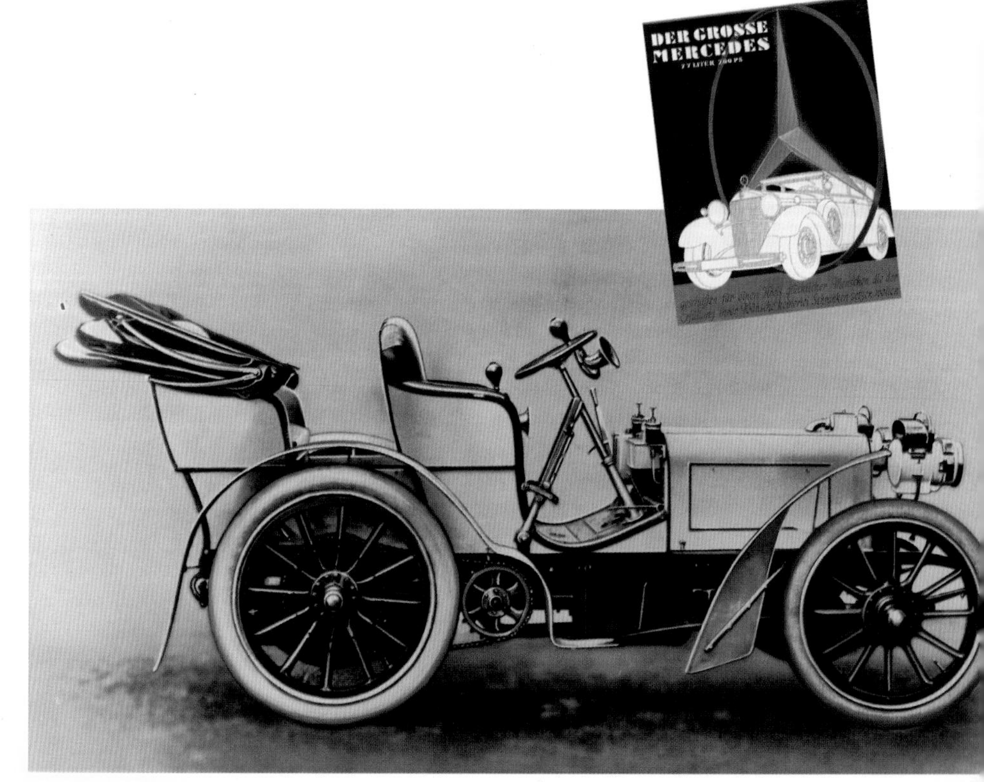

Mercedes Simplex 60 PS

A diferencia de muchos otros fabricantes de automóviles, que experimentaron durante mucho tiempo con modelos de tamaño reducido antes de atreverse con otros de mayores dimensiones y más potentes, la Daimler-Motoren-Gesellschaft apostó por la clase de lujo y equipó el imponente Mercedes Simplex con novedades constructivas que hicieron aumentar el prestigio de la marca. Además de un encendido por magneto de Bosch, el Simplex poseía una lubrificación de aceite con la que se podía dosificar con precisión el engrase de componentes individuales del motor. Este dispositivo engrasador por goteo de aceite estaba formado por numerosos tubos pequeños de vidrio y dominaba el tablero de instrumentos junto a una amplia variedad de accesorios (tacómetro, cuentakilómetros, reloj, etc.) que Mercedes instalaba de serie en todos sus modelos. Los Simplex salieron a la venta con numerosas versiones de carrocería.

Modelo:	*Mercedes Simplex 60 PS*
Cilindrada/Cilindros:	*9235 cm^3/4 cilindros*
CV/kW:	*60/44*
Período de fabricación:	*1902-1905*
Unidades fabricadas:	—

Mercedes Simplex 28/32 PS

Ya el primer Mercedes, el modelo 35 PS, entró en la historia del automóvil como maravilla de la técnica. Mientras que la mayoría de los coches de la época todavía eran poco más que carros con motor, el Mercedes, con su larga distancia entre ejes, gran envergadura y baja altura respecto al suelo, presentaba por primera vez las características de un automóvil moderno. El prestigio de la marca aumentó todavía más a raíz de sus legendarias victorias en la Semana Automovilística de Niza. Personalidades como el millonario estadounidense Rockefeller pasaron a formar parte de la clientela fija de Mercedes. Para completar la gama de modelos, DMG desarrolló con la marca Mercedes otros dos coches que se distinguían por una conducción más cómoda y simple, de ahí el nombre de «Simplex». El primer ejemplar, que salió de fábrica en marzo de 1902, fue a parar a manos de, a quién si no, Emil Jellinek.

Modelo:	*Mercedes Simplex 28/32 PS*
Cilindrada/Cilindros:	*5315 cm^3/4 cilindros*
CV/kW:	*32/23,4*
Período de fabricación:	*1901-1905*
Unidades fabricadas:	—

Mercedes Knight 16/40 PS

En 1908, la Daimler-Motoren-Gesellschaft empezó a abandonar la hasta entonces muy difundida transmisión por cadena y sacó al mercado su primer vehículo (el 35 PS Mercedes Cardan-Wagen) en el que la potencia del motor se transmitía al eje trasero mediante un árbol cardán. Tres años más tarde nació otro modelo puntero, el Mercedes 37/90 PS, cuyo sumamente moderno motor tetracilíndrico con tres válvulas y doble encendido fue calificado por la prensa especializada como uno de los más avanzados de la época. Por otro lado, DMG también sacó a la venta una serie de modelos bajo cuyo capó trabajaba un motor de dos tiempos con admisión regulada por válvula de corredera. Por desgracia, el sistema desarrollado por el estadounidense Knight fracasó, pues los motores eran demasiado propensos a las averías y caros de fabricar.

Modelo:	*Mercedes Knight 16/40 PS*
Cilindrada/Cilindros:	*4080 cm³/4 cilindros*
CV/kW:	*40/29,3*
Período de fabricación:	*1910-1916*
Unidades fabricadas:	—

Mercedes Grand Prix Rennwagen

La primera carrera (test de fiabilidad) de un automóvil, realizado entre París y Rouen en 1894, despertó en Daimler la pasión por el deporte del motor. Para la Daimler-Motoren-Gesellschaft, estos éxitos actuaron como un catalizador que impulsó el desarrollo de una serie de coches de competición. Paul, el hijo de Daimler, quien había participado con el padre en la carrera París-Rouen, anotó más tarde sus impresiones al respecto: «Nosotros mismos seguimos la carrera con el coche. Los diferentes tipos de automóvil transmitían una imagen inolvidable. Se veía a los conductores de pequeños triciclos motorizados observando continuamente la presión y el nivel del agua y regulando la combustión del aceite; con ellos competían conductores de vehículos de petróleo y gasolina, sentados al volante sin inmutarse y disfrutando de un viaje placentero. Una imagen realmente curiosa y que nunca olvidaré...».

Modelo:	*Mercedes Grand Prix Rennwagen*
Cilindrada/Cilindros:	*7280 cm³/6 cilindros*
CV/kW:	*90/66*
Año de fabricación:	*1914*
Unidades fabricadas:	—

Opel Lutzmann

La primera piedra de la que hoy es una gran multinacional la puso en 1862 el fundador de la compañía, Adam Opel, cuando construyó su primera máquina de coser. En 1899, trece años después de haber iniciado la fabricación de bicicletas, salió de los talleres el Opel Lutzmann, el primer automóvil de la historia de esta marca. Tras algunos viajes informativos, el 21 de enero de 1899 los hermanos Opel adquirieron la Anhaltische Motorwagenfabrik de Friedrich Lutzmann y se lanzaron de lleno a la producción de automóviles en Rüsselheim. Los primeros coches desarrollados por Lutzmann se basaban en modelos construidos anteriormente por otros fabricantes y se equipaban con una dirección de pivotes. Un motor monocilíndrico dispuesto en horizontal accionaba las ruedas traseras mediante un árbol intermedio y varias correas planas. El conductor del vehículo podía servirse de dos marchas hacia adelante y una marcha atrás. El cambio de las marchas se efectuaba accionando una palanca de mano situada junto a la columna de dirección.

Modelo:	*Opel Lutzmann*
Cilindrada/Cilindros:	*1500 cm³/4 cilindros*
CV/kW:	*4/2,9*
Año de fabricación:	*1898*
Unidades fabricadas:	—

Opel 10/12 PS

A pesar de los esfuerzos y de las costosas campañas publicitarias, el negocio de Opel con los primeros automóviles no funcionó según lo esperado. En 1901 Friedrich Lutzmann abandonó la empresa y en 1902 se inició la producción bajo licencia de los modelos franceses Darracq, que fueron distribuidos con la marca Opel-Darracq. Aún así, los hermanos Opel todavía aspiraban a algo más. En otoño de 1902, Opel presentó en el Salón del Automóvil de Hamburgo su primera construcción propia, el Opel 10/12 PS, gracias al cual la compañía se encaminó y las cuentas empezaron a salir. En 1906 ya sacó a la venta su unidad número 1000, una cifra récord para un fabricante de aquel entonces.

Modelo:	*Opel 10/12 PS*
Cilindrada/Cilindros:	*1884 cm³/2 cilindros*
CV/kW:	*12/8,8*
Período de fab.:	*1902-1904*
Unidades fabricadas:	—

Opel Doktorwagen 4/8 PS

La consolidación definitiva de Opel en el mercado alemán del automóvil tuvo lugar en 1909 con la presentación del tipo 4/8 PS. Este legendario modelo, entonces conocido popularmente como «Doktorwagen» (el coche del doctor), costaba 3950 marcos alemanes, aproximadamente la mitad que modelos más lujosos de la competencia, lo que facilitó su adquisición por parte de estratos de la población menos adinerados. Gracias al éxito de venta del 4/8 PS, según las estadísticas muy del agrado de representantes y médicos rurales, Opel estaba en condiciones de realizar nuevas inversiones en el futuro. Como siguiente paso se planificó en Rüsselheim la introducción de un sistema de construcción modular con el fin de combinar a gusto del cliente distintas carrocerías prefabricadas con diferentes motores y chasis.

Modelo: *Opel Doktorwagen 4/8 PS*
Cilindrada/Cilindros: *1128 cm³/4 cilindros*
CV/kW: *8/5,9*
Año de fabricación: *1909*
Unidades fabricadas: —

Opel Torpedo 5/11 PS

Una especial aceptación tuvieron las llamadas carrocerías «Torpedo», reconocibles por su característico capó, que presentaba una cierta inclinación entre el radiador y el tablero de instrumentos. Aunque todavía no se utilizaban túneles para pruebas aerodinámicas, los ingenieros ya se habían percatado de que con este artificio se podía reducir de forma considerable la resistencia al aire de una carrocería. Conforme a las normativas de entonces, el 5/11 fue concebido con el volante a la derecha. Para emplazar cómodamente al conductor y al acompañante en el asiento delantero, el freno de mano estaba fuera del vehículo, aunque con ello se renunciara a colocar una puerta en el lado del conductor.

Modelo: *Opel Torpedo 5/11 PS*
Cilindrada/Cilindros: *1200 cm³/4 cilindros*
CV/kW: *11/8*
Período de fabricación: *1910-1911*
Unidades fabricadas: —

Opel

Opel 9/25 PS

Hacia 1908, Opel consiguió aumentar su producción en un 50%. La gama de modelos, que abarcaba desde el pequeño utilitario hasta el gran turismo de hasta 9,3 litros de cilindrada, satisfacía la demanda de cualquier tipo de cliente. La excelente y variada oferta de motores de Opel, una suerte del sistema modular, se basaba desde el punto de vista técnico en nueve distintos diámetros de cilindro y ocho cilindradas diferentes. El 9/25 era un vehículo de la gama media cuyo motor de serie tetracilíndrico de carrera larga debía funcionar a pleno rendimiento, pues el espacioso 9/25 no era ni mucho menos un peso ligero. La distancia entre ejes de este coche era de 3125 mm, en cuyo sólido chasis se podían montar muchas carrocerías, desde una Landaulet hasta un turismo sin capota de seis plazas.

Modelo: *Opel 9/25 PS*
Cilindrada/Cilindros: *3328 cm³/4 cilindros*
CV/kW: *25/18,3*
Período de fabricación: *1912-1913*
Unidades fabricadas: —

Opel 8/20 PS

En 1912, 25 años antes de ponerse en práctica la idea del coche popular (Volkswagen), los talleres Opel publicaron un libro donde aparecía por primera vez este concepto, en el que se intentaba resumir la filosofía de la empresa. «He aquí este pequeño coche, el automóvil popular, que puede hacer todo lo que razonablemente se le pide: es lo bastante rápido, absolutamente seguro de manejar y muy cómodo; bajos costes de adquisición y mantenimiento, bajo consumo de gasolina y neumáticos, bajos gastos de reparación y desgaste; por último, pero no por ello menos importante, es la posibilidad de conducir este coche sin chófer». Todo formulado de una manera muy hábil: se reconocía abiertamente que el mercado del automóvil de lujo ya no ofrecía posibilidades ilimitadas.

Modelo:	*Opel 8/20 PS*
Cilindrada/Cilindros:	*2004 cm³/4 cilindros*
CV/kW:	*20/14,7*
Período de fabricación:	*1911-1914*
Unidades fabricadas:	—

Opel Doppelphaeton 6/16 PS

Unas instrucciones de la época anterior a la I Guerra Mundial nos recuerdan la manera de conducir los automóviles de entonces. Un interés especial merece el capítulo de cómo iniciar su funcionamiento: «Antes de cada viaje, compruebe los niveles de gasolina, agua y aceite. Pruebe los acumuladores a plena carga, abra el grifo de la gasolina, toque ligeramente el flotador y ponga gasolina en el depósito hasta que rebose. Dé el contacto. Diríjase hacia el radiador, mueva la manivela lentamente hacia abajo, tome la manivela en la mano abierta hacia arriba y no ponga el pulgar encima del mango de la manivela. A continuación, tire con fuerza de la manivela hacia arriba. Ahora vaya girando hasta que el motor arranque...».

Modelo:	*Opel Doppelphaeton 6/16 PS*
Cilindrada/Cilindros:	*1540 cm³/4 cilindros*
CV/kW:	*16/11,7*
Período de fabricación:	*1910-1914*
Unidades fabricadas:	—

Piccolo

Hugo Ruppe, hijo del propietario de la fundición de hierro A. Ruppe & Sohn, creada en Apolda (Turingia) en 1954, construyó en 1904 un coche equipado con un motor bicilíndrico refrigerado por aire y que salió al mercado con el nombre de la marca y el nombre del modelo «Piccolo». El éxito de este pequeño coche impulsó la producción de automóviles y en 1910 se desarrolló el Piccolo Mobbel, un modelo con un equipamiento aún más austero y que estaba considerado como uno de los automóviles más simples del momento. Además de *voiturettes*, en Apolda también se fabricaron varios modelos con motores de cuatro cilindros cuya principal característica era el motor refrigerado por aire. En 1908, cuando la floreciente empresa pasó a ser una sociedad anónima, la firma ya daba empleo a más de 600 trabajadores.

Modelo:	*Piccolo*
Cilindrada/Cilindros:	*704 cm³/2 cilindros*
CV/kW:	*5/3,7*
Año de fabricación:	*1909*
Unidades fabricadas:	—

Protos F 12

A diferencia de muchos otros fabricantes de automóviles, la gama de modelos de la fábrica de motores berlinesa Protos fue siempre muy clara: se producía estrictamente un solo modelo básico en diferentes versiones. El resto de construcciones eran más bien soluciones innovadoras con escasas probabilidades de producir beneficios en caso de una fabricación en serie. El fundador de la empresa, Alfred Sternberg, experimentó en 1900 con un motor denominado de compensación. Este motor bicilíndrico presentaba la particularidad de un tercer cilindro que funcionaba «vacío» para compensar las vibraciones y, de esta forma, proporcionar una marcha suave. En el otro extremo, Protos desarrolló un coche hexacilíndrico de 100 CV de potencia con transmisión cardán concebido para las competiciones deportivas. Tras la I Guerra Mundial, la producción en serie de coches tetracilíndricos de mayor cilindrada continuó hasta 1926, año en que esta área comercial fue asumida por NAG-Protos, empresa fundada por AEG.

Modelo:	*Protos F 12*
Cilindrada/Cilindros:	*3100 cm³/4 cilindros*
CV/kW:	*30/22*
Año de fabricación:	*1909*
Unidades fabricadas:	---

Piccolo Mobbel

Tras una reestructuración interna de la empresa, los talleres automovilísticos A. Ruppe & Sohn A.G. cambiaron su nombre por el de Apollo Werke A.G. en 1910. El resultado fue que los coches fabricados desde aquel momento se venderían con el nuevo nombre de la marca, es decir, Apollo. Con Karl Slevogt como constructor jefe –por aquel entonces, el hijo de Ruppe había abandonado la empresa– el catálogo de modelos se amplió con coches deportivos con motores refrigerados por agua. Aunque los modelos de lujo de hasta 3,5 litros de cilindrada hicieron aumentar el prestigio de Apollo, el puntal de la marca siempre fueron los bicilíndricos con refrigeración por aire. Posteriormente, en 1927, año en que salieron de los talleres los últimos Apollo, la sede de la empresa fue adquirida por NSU-Fiat, que la utilizó como representación general para Turingia.

Modelo:	*Piccolo Mobbel*
Cilindrada/Cilindros:	*624 cm³/1 cilindro*
CV/kW:	*5/3,7*
Año de fabricación:	*1910-1912*
Unidades fabricadas:	---

Scheibler 24 HP

Los grandes coches de cuatro cilindros que la marca Scheibler construía hacia 1905 figuraban entre los de mayor calidad de los que circulaban por el mercado alemán. No obstante, producir en grandes cantidades fue un sueño que el constructor y fabricante de automóviles Fritz Scheibler nunca vio hecho realidad. Scheibler tenía un círculo reducido de clientes que sabía apreciar la calidad y al que no le importaba demasiado tener que rascarse los bolsillos. Antes de fabricar coches de gran tamaño, Scheibler había construido desde 1899 varios pequeños modelos de uno y dos cilindros con transmisión por rueda de fricción. Estos vehículos, desarrollados en colaboración con el constructor Willi Seck, también tuvieron una buena aceptación en el extranjero. En 1907, Scheibler abandonó la producción de coches para concentrarse exclusivamente en la de camiones.

Modelo:	*Scheibler 24 HP*
Cilindrada/Cilindros:	*4400 cm³/4 cilindros*
CV/kW:	*24/17,6*
Año de fabricación:	*1905*
Unidades fabricadas:	*—*

Stoewer C 1

Respondiendo a la demanda de automóviles más modernos, la fábrica de vehículos motorizados fundada en 1899 por los hermanos Emil y Bernhard Stoewer reaccionó con una oferta de automóviles de dimensiones y potencia cada vez mayores. Rompiendo la tradición de participar regularmente en prestigiosos viajes de fiabilidad, en 1909 se renunció a un lugar de salida en la Copa Príncipe Enrique y se aprovechó el tiempo para desarrollar nuevos motores. Tras numerosos intentos con motores tetracilíndricos de carrera larga y construcción modular, en 1911 se consideró que esta concepción ya era lo bastante madura como para aplicarla a un automóvil. A raíz de la renovación de modelos de la marca, el nuevo concepto se aplicó desde 1913 en la serie C, que comprendió los avanzados tipos tetracilíndricos C1 y C2, así como el hexacilíndrico C3.

Modelo:	*Stoewer C 1*
Cilindrada/Cilindros:	*1556 cm³/4 cilindros*
CV/kW:	*18/13,2*
Año de fabricación:	*1913*
Unidades fabricadas:	*—*

Wanderer 5/12 PS

Concebido para competir con los automóviles Adler, Johann Winklhofer, fundador de la marca Wanderer, sacó al mercado en 1912 una serie de pequeños coches de cuatro cilindros que llamaban la atención por sus asientos tándem dispuestos uno tras otro. Los vehículos, a primera vista de aspecto austero (eran conocidos como «muñequitas»), no tardaron en gozar de gran aceptación gracias a su abundante equipo técnico. No había muchos coches de esta gama que dispusieran de un avanzado engrase a presión en circuito cerrado con indicador de la presión del aceite en el tablero de mandos o de ruedas desmontables de radios metálicos, sólo por mencionar algunos detalles. La serie, que con los años fue sometida a una renovación de modelos, se mantuvo hasta 1925.

Modelo:	*Wanderer 5/12 PS*
Cilindrada/Cilindros:	*1145 cm³/4 cilindros*
CV/kW:	*12/8,8*
Período de fabricación:	*1912-1914*
Unidades fabricadas:	*—*

Brasier Torpedo

Los primeros modelos de la marca Brasier no llamaban la atención por sus extravagancias técnicas. Aunque en 1911 los fundadores de la empresa, Henri Brasier y George Richard, incluyeron en su programa de tipos un coche de seis cilindros, los modelos más vendidos durante mucho tiempo fueron los de cuatro cilindros, reconocibles por el radiador plano introducido en 1914. Por la profunda reestructuración de las series de modelos y por la valentía investigadora demostrada, la empresa dio mucho que hablar a mediados de la década de 1920. Con un vehículo de ocho cilindros, Brasier intentó el salto a la categoría de los automóviles de lujo. Por desgracia, el éxito no acompañó a este modelo de tracción delantera: los compradores desconfiaron de la nueva técnica, Brasier entró en una crisis de ventas y en 1930 debió abandonar la producción para siempre.

Modelo:	*Brasier Torpedo*
Cilindrada/Cilindros:	*1500 cm^3/4 cilindros*
CV/kW:	*9/6,6*
Año de fabricación:	*1914*
Unidades fabricadas:	—

De Dion Bouton «Vis a Vis»

Mientras buscaba un regalo original, el conde De Dion conoció en 1882 a los señores Bouton y Trepadoux, fabricantes de modelos de máquinas de vapor. El conde, un entusiasta de los avances tecnológicos, encontró en este dúo unos interesantes compañeros de conversación que, como él, aspiraban desde hacía tiempo a construir un medio de transporte propulsado con la fuerza del vapor. Juntos construyeron en 1883 un automóvil de vapor. Al cabo de poco, sin embargo, los primeros coches hicieron furor, por lo que Bouton y De Dion decidieron apostar en el futuro por los motores de explosión. Trepadoux, en cambio, lo siguió haciendo por los de vapor y abandonó el trío. El primer modelo de la marca De Dion Bouton fabricado en serie desde 1899 recibió el nombre «Vis a Vis», ya que el conductor y el acompañante se sentaban frente a frente.

Modelo:	*De Dion Bouton «Vis a Vis»*
Cilindrada/Cilindros:	*942 cm^3/1 cilindro*
CV/kW:	*8/5,9*
Año de fabricación:	*1901*
Unidades fabricadas:	—

De Dion Bouton «Q»

Mientras que en los primeros De Dion Bouton el motor todavía estaba emplazado en la parte trasera, en los modelos sucesivos se instaló ya en la delantera, y detrás sólo quedó ubicada la transmisión. Desde el punto de vista teórico, este modelo sigue siendo válido en vehículos con el motor en la parte trasera aunque muchos detalles que hace más de cien años se consideraban modernos hoy nos parecen casi ridículos. Para frenar, por ejemplo, el De Dion Bouton sólo aplicaba la palanca de freno hacia adelante, puesto que el coche aún no disponía de un pedal de freno. El motor casi siempre iba a todo gas, de ahí que acelerar fuera del todo imposible. Para reducir la velocidad había que reducir el número de revoluciones accionando una pequeña palanca montada en el árbol de dirección. Y lo mejor de todo ¡es que funcionaba!

Modelo: *De Dion Bouton «Q»*
Cilindrada/Cilindros: *694 cm^3/1 cilindro*
CV/kW: *6/4,4*
Año de fabricación: *1903*
Unidades fabricadas: —

De Dion Bouton 8 HP

En los tiempos en que el automóvil empezaba a circular por las carreteras, casi todos los constructores no tenían otra cosa en la cabeza, y es comprensible, que los avances tecnológicos. El conde De Dion también podía inscribirse en el grupo de quienes contribuyeron de manera decisiva a la evolución del automóvil. Además del motor V8 y del famoso eje trasero De Dion, el conde desarrolló la primera transmisión de funcionamiento más silencioso. De Dion patentó un total de 394 inventos, aunque la lista de sus creaciones es mucho más amplia. Además fundó el primer club automovilístico de Francia (1895), editó el primer mapa de carreteras del mundo, e incluso la idea de la famosa guía de hoteles Michelin se forjó en su escribanía. Cuando en 1913 salió de los talleres su último automóvil monocilíndrico, hacía tiempo que la gama de modelos contaba con varios tipos de cuatro cilindros.

Modelo: *De Dion Bouton 8 HP*
Cilindrada/Cilindros: *3122 cm^3/4 cilindros*
CV/kW: *15/11*
Período de fabricación: *1911-1914*
Unidades fabricadas: —

Delahaye 32 A

Tomando como modelo el automóvil de Benz, Emile Delahaye construyó su primer automóvil en 1894 y un par de años más tarde se plantó con él en la parrilla de salida de la carrera París-Marsella-París, en la que no logró alzarse con la victoria. Delahaye ocupó la séptima plaza final y ya no volvió a presentarse a ninguna otra competición. Pese a renunciar al deporte del motor, Delahaye no abandonó ni mucho menos el mundo del automóvil. En 1902, el fundador de la empresa se retiró del negocio activo y pasó a ocupar el cargo de constructor jefe con Charles Weiffenbach, quien introdujo en los modelos de Delahaye una novedad: las culatas desmontables. Otros accesorios, como dos frenos de pedal y del desarrollo de un motor V6, hicieron de Delahaye una de las marcas europeas más innovadoras del período anterior a la I Guerra Mundial.

Modelo: *Delahaye 32 A*
Cilindrada/Cilindros: *2000 cm³/4 cilindros*
CV/kW: *18/13,2*
Año de fabricación: *1912*
Unidades fabricadas: *---*

Delaunay-Belleville HB 6

Los automóviles de la marca Delaunay-Belleville presentaban un aspecto externo muy llamativo con un radiador de formas redondeadas y unas carrocerías bastante altas. Por sus elegantes formas los acabaron clasificando como automóviles de la clase más elitista, justamente lo que sus fabricantes perseguían. Delaunay-Belleville abandonó la producción de automóviles en 1904; como fabricante de calderas de vapor, sin embargo, esta empresa radicada en St. Denis estuvo considerada durante mucho tiempo como una de las industrias francesas más importantes. El esmero que se ponía en la fabricación de las calderas también se reflejó en la construcción de los automóviles: así, se renunció a una fabricación en grandes cantidades en beneficio de un menor número de unidades pero de mayor calidad. Estos modelos se hacían de forma casi del todo artesanal.

Modelo: *Delaunay-Belleville HB 6*
Cilindrada/Cilindros: *5000 cm³/6 cilindros*
CV/kW: *30/22*
Año de fabricación: *1911*
Unidades fabricadas: *---*

Le Zebre D

En 1909, los ingenieros Salomon y Lamy desarrollaron un pequeño automóvil de motor monocilíndrico con una caja de dos velocidades que enseguida tuvo gran popularidad en Francia por su fiabilidad. Se cree que la elección de «Zebre» (cebra), su singular nombre, se debe al apodo de un despierto recadero que trabajaba en la empresa y cuyo carácter tenía mucho en común con el que se le quería transmitir al automóvil. Antes de que Jules Salomon pudiera demostrar sus habilidades en Citroën todavía logró poner en circulación otro Le Zebre que se diferenciaba por unos detalles muy interesantes. Así, por ejemplo, las ruedas de radios no se aseguraban sólo con una tuerca central, como era habitual, sino también mediante alambres y una abrazadera.

Modelo: *Le Zebre D*
Cilindrada/Cilindros: *998 cm³/4 cilindros*
CV/kW: *15/11*
Período de fabricación: *1914-1920*
Unidades fabricadas: *---*

Ours 10/12 PS

Francia fue uno de los primeros países en industrializarse: una especial fase expansiva se vivió de 1870 a 1910 con la creación de numerosas empresas, sobre todo en los alrededores de París, entre ellas fábricas de automóviles. Como es obvio, no se puede hablar de producción en el sentido que le damos hoy a la palabra. Se experimentaba mucho. Algunos afortunados lograron despegar; otros debieron abandonar la fabricación al cabo de muy poco tiempo. Entre los perdedores estuvo la marca Ours, que durante un tiempo construyó varios modelos de tres y cuatro cilindros que llamaban la atención por la forma circular de la rejilla del radiador. Mientras que los modelos de mayor tamaño solían emplearse como taxis, los de tres cilindros eran, en su mayoría, *voiturettes* ligeros y sin capota.

Modelo:	*Ours 10/12 PS*
Cilindrada/Cilindros:	*1495 cm³/3 cilindros*
CV/kW:	*12/8,8*
Período de fab.:	*1906-1909*
Unidades fabricadas:	–

Peugeot 4

El 1890 Armand Peugeot fundó la conocida «marca del león» y se sumergió de pleno en el negocio del automóvil. Como la empresa familiar se mostraba extremamente desconfiada con los progresos tecnológicos, se produjo una separación efectiva de una parte de la empresa que siguió luciendo el león como símbolo distintivo para todas sus divisiones. Desde el primer y muy básico cuadriciclo con motor Daimler de gasolina hasta nuestros días, Peugeot ha sido una de las marcas que más ha contribuido por el progreso en el mundo del automóvil. Los primeros 1000 coches salieron de los talleres de Valentigney (cerca de Lille, en el norte de Francia), Audincourt y Beaulieu (en el este de Francia) desde 1889 hasta mediados de 1900. En Sochaux, donde tiene su sede la empresa, Peugeot fabricó en el año 1925 su unidad número 100 000.

Modelo:	*Peugeot*
Cilindrada/Cilindros:	*1018 cm³/2 cilindros*
CV/kW:	*3,5/2,6*
Año de fabricación:	*1892*
Unidades fabricadas:	---

Panhard 10 CV

Resulta difícil imaginarse la historia del automóvil en Francia sin los pioneros René Panhard y Emile Levassor. En 1890, esta pareja adquirió una licencia del Motorwagen de Daimler y que fue casi la primera piedra de su carrera. A diferencia de Daimler, Levassor no colocó el motor en la parte trasera del vehículo, sino cerca de la columna de dirección. De esta manera, la fuerza del bicilíndrico se transmitía a las ruedas traseras mediante una cadena. Después de un viaje de 48 horas sin parar, este modelo alcanzó la victoria en el Rally París-Marsella-París de 1895. La velocidad media en los 1175 km de la competición fue de unos 30 km/h, nada despreciable para un vehículo de aquellos tiempos.

Modelo:	*Panhard 10 CV*
Cilindrada/Cilindros:	*435 cm³/2 cilindros*
CV/kW:	*9/6,6*
Año de fabricación:	*1903*
Unidades fabricadas:	—

Renault T

Hace unos cien años, a muchos pioneros del automóvil les bastaba con un taller de lo más elemental para lanzarse a la construcción de un vehículo, una empresa que implicaba el riesgo de ser tomados por el pito del sereno por parte de todo el mundo. Y así también le podría haber ido a Louis Renault el día de Nochebuena de 1898, en que realizó el viaje de prueba de su primer vehículo motorizado. Su coche llamó sin duda la atención, pues sólo tenía una distancia entre ejes de 1110 mm y no era otra cosa que una *voiturette* de cuatro ruedas basado en un triciclo de la marca De Dion Bouton. Renault sometió el citado triciclo a una revisión y un perfeccionamiento constantes y lo transformó en un automóvil típico de la época. Un año más tarde, este modelo se empezó a producir en serie con el nombre de Renault A. En 1903, el Renault T se convirtió en el primer vehículo de esta marca en utilizar un motor de fabricación propia.

Modelo: *Renault T*
Cilindrada/Cilindros: *1885 cm³/2 cilindros*
CV/kW: *14/10,3*
Año de fabricación: *1909*
Unidades fabricadas: —

Renault AX

Tras una serie de experimentos técnicos muy logrados, Louis Renault se sumergió de lleno en el mundo del automóvil junto a sus hermanos. Los resultados fueron satisfactorios: en 1900, ya en el primer año de producción, consiguieron vender 179 vehículos. Renault se convirtió en el líder del mercado en Francia, al tiempo que sus competidores debían pasar regularmente por caja y abonar *royalties* por la patente de Renault (por lo general, una transmisión cardán con una relación 1:1 de la marcha superior de la caja de cambios). Con el modelo AX, Renault sacó al mercado un automóvil polivalente que también triunfó como taxi. En este caso, la carrocería presentaba una parte sin capota (la del conductor) y otra con (la del cliente). Estos taxis llevaban incorporados unos taxímetros que calculaban el precio del trayecto, ante la estupefacción de la clientela.

Modelo: *Renault AX*
Cilindrada/Cilindros: *1200 cm³/2 cilindros*
CV/kW: *6/4,4*
Año de fabricación: *1909*
Unidades fabricadas: —

Renault «Agathe»

Hace ya cien años, la participación de los fabricantes de automóviles en competiciones deportivas era casi una obligación, pues en ellas podían demostrar a la opinión pública y a potenciales compradores la calidad de sus modelos. No resultaba muy difícil encontrar un Renault en la parrilla de salida de una carrera, ya que Louis Renault, fabricante no sólo de sólidos utilitarios sino también de bólidos deportivos, le daba a sus modelos un toque estilístico muy peculiar, hasta el punto de que en el lenguaje popular eran conocidos como «capós en forma de pala carbonera». Este estilo surgió a raíz de la constatación de que Renault opinaba que el radiador del agua no debía colocarse delante sino detrás del motor. Se dice que, en respuesta a la sugerencia de un ingeniero que había defendido las ventajas de situar el radiador directamente en la parte delantera, Renault le espetó: «Mientras yo viva, el radiador irá detrás».

Modelo: *Renault «Agathe»*
Cilindrada/Cilindros: *7500 cm³/4 cilindros*
CV/kW: *42/30,8*
Año de fabricación: *1907*
Unidades fabricadas: —

Sizaire-Naudin F

El sólido motor monocilíndrico que De Dion Bouton también suministró a sus competidores se instaló en pequeños coches deportivos que Louis Naudin producía desde 1905 a partir de los proyectos de sus socios, Maurice y Georges Sizaire. El citado motor también lo llevaron en aquella época otros modelos de distintos fabricantes, quienes así reducían costes en investigación y desarrollo. Por lo demás, estas partes de fabricación ajena producidas en grandes series se consideraban muy fiables. En 1911, Sizaire-Naudin añadió a toda su gama de modelos con motor monocilíndrico, un automóvil de motor tetracilíndrico que todavía siguió fabricándose dos años después de la I Guerra Mundial. Los hermanos Sizaire, separados de Naudin desde hacía poco, fundaron su propia empresa, la Sizaire-Frères, que creó el primer coche del mundo con suspensión independiente.

Modelo:	*Sizaire-Naudin F*
Cilindrada/Cilindros:	*1583 cm³/1 cilindro*
CV/kW:	*9,5/7*
Año de fabricación:	*1908*
Unidades fabricadas:	*—*

Morris Oxford

A decir verdad, el primer automóvil que William Morris sacó al mercado en 1913 era cualquier cosa menos un vehículo de fabricación totalmente propia. Siempre que podía, Morris recurría a piezas producidas por otras empresas. Así, por ejemplo, el motor procedía de White & Poppe, los ejes de Wrigley, las ruedas de Sankey y la carrocería de Raworth. Aun así, la prensa especializada habló del Morris Oxford como el mejor de los automóviles de aquella época fabricados con material ajeno. Su sucesor, el Morris Cowley, apareció en el mercado en 1915 y consolidó la buena fama de la marca. Las unidades de la primera serie estaban equipadas con motores de la estadounidense Continental Motors Company; en cambio, a la salida de fábrica tras la I Guerra Mundial se les instalaron motores Hotchkiss.

Modelo:	*Morris Oxford*
Cilindrada/Cilindros:	*1011 cm³/4 cilindros*
CV/kW:	*11/8*
Período de fabricación:	*1913-1914*
Unidades fabricadas:	*—*

Rolls-Royce

Henry Royce, fundador de una empresa de electrotecnia en 1884, no fue sólo un influyente hombre de negocios, sino también una persona con inquietudes apasionadas por todo lo relativo a la mecánica del aún joven automóvil. Charles Stewart Rolls, vendedor de automóviles de lujo de Londres, puso su mirada en Royce y en 1904 acordó con él iniciar la producción de vehículos con la marca Rolls-Royce. Tras continuos trabajos de revisión y perfeccionamiento, la gama de modelos pasó a componerse de los bicilíndricos de 10 HP, los tricilíndricos de 15 HP, los tetracilíndricos de 20 HP y el lujoso seis cilindros de 30 HP. El aspecto de los radiadores que se solían instalar en todos los vehículos de la época sigue siendo el utilizado hoy por esta prestigiosa marca. Gracias a los numerosos detalles, a su acabado impecable y a su sólida construcción, esta marca impuso desde la prehistoria del automóvil unos estándares considerados modélicos y aún válidos en nuestros días.

Modelo:	*Rolls-Royce*
Cilindrada/Cilindros:	*1800 cm³/2 cilindros*
CV/kW:	*10/7,4*
Año de fabricación:	*1904*
Unidades fabricadas:	*—*

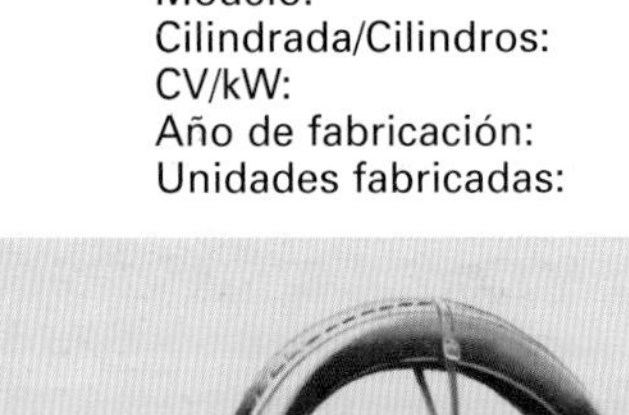

Rolls-Royce Silver Ghost

Desarrollado en 1906, el Silver Ghost era un imponente coche con un motor de válvulas laterales, y constituyó para Rolls-Royce una especie de producto de base que se construyó de forma ininterrumpida hasta 1924. El capó de este vehículo, en su mayoría formado por piezas de chapa muy pulidas, ocultaba una técnica muy depurada considerada muy ambiciosa por aquel entonces. Con su cigüeñal de siete apoyos, el motor Rolls-Royce (motor de serie con dos bloques de cilindros) ofrecía una estabilidad de marcha sin parangón. Que casi ningún Silver Ghost se pareciera a otro se debía a que muchos compradores encargaban solamente el chasis fuera éste de batalla corta o larga. De la carrocería, en cambio, se encargaban especialistas que la construían a gusto del cliente.

Modelo:	*Rolls-Royce Silver Ghost*
Cilindrada/Cilindros:	*7036 cm³/6 cilindros*
CV/kW:	*48/35,3*
Período de fabricación:	*1906-1924*
Unidades fabricadas:	—

Rolls-Royce Silver Ghost

Una buena estabilidad de marcha, una gran resistencia al desgaste y, por ende, un nombre famoso: éstos son los atributos del «mejor coche del mundo». La marca se hizo especialmente famosa por el legendario Silver Ghost, un modelo construido de forma ininterrumpida desde 1906 hasta 1924. Tan pronto como apareció en el mercado, el modelo de 40/50 CV dio mucho de qué hablar a la prensa especializada, pues en un viaje de prueba de 48 días de duración, en el que se recorrieron 24 000 km entre Londres y Glasgow, fue seguido de cerca por los periodistas del mundo del motor. Junto con la comisión técnica del Royal Automobile Club, los especialistas, tras una serie de rigurosas mediciones, acordaron conceder a este modelo de lujo el certificado que atestaba su absoluta fiabilidad.

Modelo:	*Rolls-Royce Silver Ghost*
Cilindrada/Cilindros:	*7428 cm³/6 cilindros*
CV/kW:	*datos no disponibles*
Período de fabricación:	*1906-1924*
Unidades fabricadas:	—

Rover 8 HP

Fundada en Coventry por John Starley y William Sutton, la marca Rover llevaba ya veinte años a sus espaldas como fabricante de bicicletas cuando en 1904 presentó su primer automóvil. Starley, fallecido en 1901, ya no pudo ver el inicio de la producción de coches, pero Rover quiso contribuir a la motorización de la Gran Bretaña como si Starley todavía siguiera vivo. Para poder consolidarse en el mundo del automóvil, Rover contrató en 1903 como director de proyectos a un antiguo ingeniero jefe de la Daimler Company británica. Para Rover, Edmund Lewis no era ningún desconocido, pues para su nuevo empleador ya había construido la primera motocicleta Rover. El primer automóvil de la marca, el 8 HP de 1904, contaba con un bastidor rígido central en fundición de aluminio. También se utilizaron para las carrocerías partes en metales ligeros.

Modelo:	*Rover 8 HP*
Cilindrada/Cilindros:	*1327 cm³/1 cilindro*
CV/kW:	*8/5,9*
Período de fabricación:	*1904-1912*
Unidades fabricadas:	*aprox. 2200*

Rover 20 HP

Aunque todavía sólo desarrollaba prototipos, Rover participaba con regularidad en competiciones, y no sólo para probar los vehículos, sino también para darlos a conocer. En la Sun Rising Hill, una agotadora carrera entre Stratford y Banbury, se debían superar dos curvas a la derecha con desniveles del 6%. En ella, un prototipo de Rover superó la prueba en 225 segundos tras batir, por ejemplo, a un modelo de Wolseley de características similares al fabricado por Rover. Lo interesante de este vehículo era un mando del árbol de levas en el que la válvula de admisión podía mantenerse cerrada con sólo pisar un pedal. Con ello, el motor se transformaba en un eficaz freno de aire comprimido. En algunos modelos, este refinado sistema venía desde 1905 con el equipamiento de serie.

Modelo:	*Rover 20 HP*
Cilindrada/Cilindros:	*1998 cm³/4 cilindros*
CV/kW:	*20/14,6*
Período de fabricación:	*1906-1910*
Unidades fabricadas:	*aprox. 200*

Rover 12 HP

Durante más de veinte años, Rover combinó la construcción de automóviles con la de bicicletas y motocicletas. La calidad y la individualidad, dos valores en los que la marca siempre había hecho especial hincapié, fueron también los principios que guiaron la fabricación de automóviles. Para poder ampliar rápidamente la gama de modelos, el equipo de construcción dio la bienvenida en 1910 a Owen Clegg, quien con anterioridad había trabajado como ingeniero en Wolseley. Siguiendo sus directivas se fabricó el Rover 12 HP, un modelo de gran éxito que salió al mercado en otoño de 1911. Por lo demás, Owen también introdujo métodos de producción del todo nuevos que demostraron ser sumamente eficaces. Su automóvil y su obra contribuyeron a los buenos resultados de Rover hasta la década de 1920.

Modelo:	*Rover 12 HP*
Cilindrada/Cilindros:	*2298 cm^3/4 cilindros*
CV/kW:	*12/8,8*
Período de fabricación:	*1912-1924*
Unidades fabricadas:	*13 400*

Swift Ten

Después de haber fabricado máquinas de coser, bicicletas y motocicletas, en 1900 esta empresa radicada en Coventry emprendió la construcción de unos vehículos espartanos denominados *cyclecars*, por aquel entonces muy apreciados en Francia. A la producción de «auténticos» automóviles, Swift no se dedicó hasta el año 1904. No obstante, como novato en el sector, la marca debió esforzarse mucho para competir con garantías contra marcas tan consolidadas como Austin o Morris. Durante mucho tiempo, el nombre de Swift estuvo asociado a la construcción de automóviles simples, pero de gran solidez. Quienes buscaban vehículos de características deportivas, no solían hacerlo precisamente en los escaparates de Swift. Un error fatal por parte de Swift fue no producir en grandes cantidades, ya que acabó por ceder ante competidores que sí lo hacían y que ofrecían sus vehículos a precios más asequibles.

Modelo:	*Swift Ten*
Cilindrada/Cilindros:	*1100 cm^3/4 cilindros*
CV/kW:	*12/8,8*
Año de fabricación:	*1918*
Unidades fabricadas:	*—*

Alfa Romeo 24 HP

La historia de Alfa Romeo empezó en Portello, al noroeste de Milán, cerca de la carretera que conduce al paso del Simplón. Este lugar fue elegido en 1906 por el constructor de automóviles francés Alexandre Darracq para establecer un taller. Como sus automóviles producidos bajo licencia no tuvieron buena acogida en el mercado italiano, varios hombres de negocios de la región lombarda se hicieron cargo de la empresa y fundaron la Società Anonima Lombarda Fabricia Automobili (A.L.F.A.), la posterior Alfa Romeo. En 1910 salió de los talleres de Portello el primer vehículo, obra del constructor Giuseppe Merosi y se comercializó como el modelo 24 HP. A pesar de la imagen del coche, la situación económica de la empresa era tan preocupante como la política, de forma que los proyectos de exportación a escala mundial debieron posponerse.

Modelo:	*Alfa Romeo 24 HP*
Cilindrada/Cilindros:	*2413 cm³/4 cilindros*
CV/kW:	*24/17,6*
Año de fabricación:	*1910*
Unidades fabricadas:	—

Fiat 16/20 HP

La Fabbrica Italiana di Automobili di Torino (F.I.A.T.) fue fundada en Turín el 11 de julio de 1899, esto es, en un período de notable expansión de la industria piamontesa. En 1900, año en que fueron inauguradas las primeras factorías en el Corso Dante, los 35 trabajadores de la empresa lograron fabricar 24 vehículos, una cantidad cercana a las medias de entonces, pues cada automóvil precisaba un intenso trabajo manual. Al lado del presidente de la compañía figuraba Giovanni Agnelli, un secretario del consejo de administración que por su carácter emprendedor y su visión estratégica se hizo ya en 1902 con la dirección del negocio. Inmediatamente después de la aparición en el mercado del primer Fiat (el 4 HP), Agnelli sugirió promover el vehículo llevando a cabo con él una vuelta por toda Italia y presentándolo en la feria de Milán para dar a conocer al público la marca del logotipo oval de fondo azul.

Modelo:	*Fiat 16/20 HP*
Cilindrada/Cilindros:	*4368 cm³/4 cilindros*
CV/kW:	*20/14,6*
Período de fabricación:	*1903-1906*
Unidades fabricadas:	—

Modelo:	*Fiat 18/24 HP*
Cilindrada/Cilindros:	*5322 cm³/4 cilindros*
CV/kW:	*24/17,6*
Período de fabricación:	*1907-1908*
Unidades fabricadas:	—

Fiat 18/24 HP

La política empresarial de Fiat siguió desde el principio dos directrices básicas: ofrecer una interesante gama de productos para atraer al mundo del automóvil a diversos estratos de la población y orientarse hacia mercados muy prometedores, motivo por el cual Fiat cotiza en bolsa desde 1903. Asimismo se crearon nuevas sociedades especializadas en sectores muy concretos que producían, además de automóviles, vehículos industriales, motores para barcos, camiones, tranvías, taxis e incluso rodamientos de bolas. En 1908, Fiat fundó en Estados Unidos la Fiat Automobile Co. para construir bajo licencia automóviles Fiat. Transcurridos los primeros diez años de historia de la marca, 2500 trabajadores producían 1215 vehículos al año, más que la competencia.

Fiat Brevetti

Desde el año 1904, todos los automóviles Fiat recibieron un nuevo logotipo en el que ya no aparecía el largo nombre de la marca sino la abreviatura FIAT. También se eliminó del logotipo el número del chasis. La forma del famoso distintivo oval, que se mantuvo invariada hasta 1926, presentaba un aspecto y una ornamentación muy simples. Desde el Fiat 24-32 HP, todos los modelos de la marca turinesa llevaron su emblema en el mismo lugar: en la parte superior delantera del radiador. De entre los sucesivos vehículos con el nuevo distintivo de la compañía cabe destacar el famoso Fiat Brevetti. Este modelo se fabricó en las salas de las antiguas instalaciones de «Officine Ansaldi», una empresa que Fiat había adquirido en 1905.

Modelo:	*Fiat Brevetti*
Cilindrada/Cilindros:	*2009 cm³/4 cilindros*
CV/kW:	*16/11,7*
Período de fabricación:	*1905-1908*
Unidades fabricadas:	*---*

Fiat Zero

Con la llegada de nuevos avances tecnológicos, Fiat sustituyó desde 1904 la hasta entonces habitual construcción con chasis (bastidor de madera con un refuerzo de acero) por otra más sólida totalmente de acero, y equipó todos los coches con la famosa suspensión de ballestas procedente de Mercedes. Además de un modelo de lujo del que se fabricaron pocas unidades y que contaba con más de 10 litros de cilindrada, con un motor de arranque por aire comprimido y con un freno sobre el eje de la transmisión con refrigeración por agua, los ingenieros de Fiat desarrollaron un automóvil al alcance de un mayor número de italianos: el Fiat Zero. Aunque el Zero salió al mercado en 1912, los negros nubarrones que se divisaban en el cielo a causa de la desfavorable coyuntura económica no ayudaron precisamente a popularizarlo.

Modelo:	*Fiat Zero*
Cilindrada/Cilindros:	*1846 cm³/4 cilindros*
CV/kW:	*19/14*
Período de fabricación:	*1912-1915*
Unidades fabricadas:	*---*

Lancia Alpha

Lancia no figura entre las marcas pioneras del mundo del automóvil, pero sí entre las más innovadoras. Vincenzo Lancia, técnico apasionado y amante de la perfección, montó junto a su socio Claudio Fogolin en 1908 en la localidad de San Paolo (cerca de Turín) un taller de automóviles denominado Lancia & C. Fabbrica Automobili, del que saldría el primer modelo de la empresa, el 12 HP, posteriormente llamado «Alpha». El vehículo estaba equipado con un motor de serie de cuatro cilindros que alcanzaba 1800 RPM, una velocidad de giro muy alta para la época y que constituía un primer indicio de la predilección de la marca por modelos de características deportivas. También el Lancia Theta de 1913 resultaba muy llamativo: en este caso, el arranque eléctrico podía accionarse mediante un pedal, al tiempo que una batería alimentaba el encendido y todos los dispositivos de alumbrado.

Modelo:	*Lancia Alpha*
Cilindrada/Cilindros:	*2543 cm³/4 cilindros*
CV/kW:	*28/20*
Año de fabricación:	*1908*
Unidades fabricadas:	*---*

Modelo:	*Lancia Epsilon*
Cilindrada/Cilindros:	*4080 cm³/4 cilindros*
CV/kW:	*60/44*
Período de fabricación:	*1911-1913*
Unidades fabricadas:	*---*

Lancia Epsilon

Además de típicos utilitarios, Vincenzo Lancia, a quien le dio por bautizar sus modelos con letras del alfabeto griego, también sacó al mercado automóviles de diseño deportivo. Esta tendencia la inauguró con los modelos Delta y Didelta, a los que siguieron otros dos, de características muy parecidas a los primeros, denominados Epsilon y Zeta. Además de fabricar modelos deportivos, Lancia desarrolló otros detalles técnicos que causaron sensación al ser aplicados en los modelos sucesivos. Así, desde 1919, los propietarios de un Lancia podían graduar la columna de dirección en tres posiciones diferentes. Por añadidura, y a diferencia de los automóviles de la competencia, los Lancia no sólo disponían de frenos en las ruedas delanteras sino también en las traseras.

SPA 30/40 HP

En 1906, Giovanni Ceirano fue a inscribir en el registro mercantil a la recién fundada SPA, las siglas de Società Ligure Piemonte Automobili. Este italiano interesado por el deporte del motor se había propuesto como objetivo fabricar vehículos deportivos de gran potencia con los que ganarse el respeto de los rivales en competiciones como la Targa Florio. En el primer año de vida de la empresa salieron ya de los talleres de Turín unas 300 unidades, la mayoría de ellas correspondientes a sendos modelos de 7785 cm^3 y 11 677 cm^3. En 1919, Ceirano amplió la oferta con vehículos de menor cilindrada y sacó al mercado un modelo más manejable con motor tetracilíndrico. Por desgracia, el éxito no acompañó a SPA cuando reanudó la construcción de automóviles después de la I Guerra Mundial; tras un corto regreso a este mundo, la empresa no logró consolidarse y en 1926 fue absorbida por Fiat.

Modelo:	*SPA 30/40 HP*
Cilindrada/Cilindros:	*2658 cm^3/4 cilindros*
CV/kW:	*40/29,3*
Año de fabricación:	*1912*
Unidades fabricadas:	—

Austro Daimler 14/32 PS

Cuando en 1910 la Daimler-Motoren-Gesellschaft austríaca se separó de la casa matriz de Untertürkheim y pasó a construir automóviles por cuenta propia con el nombre de Austro Daimler, la empresa obtuvo la autorización imperial para poder incorporar al logotipo de la marca el águila bicéfala, símbolo de la monarquía austríaca. Austro Daimler produjo sobre todo coches deportivos de gran potencia que se alzaron con el triunfo en competiciones tan prestigiosas como la Príncipe Enrique o la Travesía de los Alpes. Estos concursos no eran rallies en el moderno sentido de la palabra, sino más bien pruebas de fiabilidad de vehículos. La primera Travesía de los Alpes se celebró en 1910 sobre una distancia total de unos 860 km. Un año más tarde, el recorrido total de la prueba se estableció en 1425 km, un reto ante el que los Austro Daimler respondieron sin problemas.

Modelo:	*Austro Daimler 14/32 PS*
Cilindrada/Cilindros:	*4000 cm^3/4 cilindros*
CV/kW:	*32/23,4*
Año de fabricación:	*1914*
Unidades fabricadas:	—

Laurin-Klement K 2

Antes de que la empresa Laurin & Klement, fundada en 1905, sacara al mercado su primer modelo, el mecánico Václav Laurin y el librero Václav Klement venían produciendo bicicletas y motocicletas desde hacía varios años. En 1907, el programa de automóviles de la marca estaba formado por nueve modelos diferentes y abarcaba desde los pequeños utilitarios con motor en V de dos cilindros hasta coches de carreras con motor de 4 cilindros. Cuando esta empresa familiar pasó a ser una sociedad anónima, Laurin-Klement no tardó en convertirse en el mayor fabricante de automóviles del Imperio Austro-Húngaro: se exportó a todo el mundo, se produjo un coche de lujo de ocho cilindros y 4900 cm^3 y se emprendió la fabricación de maquinaria agrícola y motores para aviones. Para reforzar su posición en el mercado, la empresa se fusionó en 1925 con la compañía checoslovaca Skoda. Al cabo de poco, todos los automóviles pasaron a llevar el logotipo de Skoda.

Modelo:	*Laurin-Klement*
Cilindrada/Cilindros:	*1770 cm^3/4 cilindros*
CV/kW:	*15/11*
Año de fabricación:	*1912*
Unidades fabricadas:	—

Martini 14/18 HP

Cuando en 1897 el hijo de Friedrich de Martini empezó a producir automóviles con motores bicilíndricos en los talleres de su padre, especializados en la fabricación de armas y maquinaria, nada hacía suponer que cinco años más tarde esta empresa estaría produciendo en serie automóviles de alta calidad. Para ahorrarse costes de investigación y desarrollo, el chasis de los Martini se construía bajo licencia de la marca francesa Rocher-Schneider. Martini no sólo era un imaginativo constructor, sino también un hábil negociante que presentaba sus modelos en el mercado europeo, así como en Estados Unidos y Rusia. En 1924, la empresa automovilística alemana Steiger se hizo con la mayoría de las acciones de Martini. Steiger se proponía aumentar los beneficios aplicando métodos de producción más racionales; pero las repercusiones de la crisis mundial condujeron al cierre de la compañía en 1934.

Modelo:	*Martini 14/18 HP*
Cilindrada/Cilindros:	*4250 cm^3/4 cilindros*
CV/kW:	*30/22*
Año de fabricación:	*1903*
Unidades fabricadas:	—

Praga Grand

Praga se fundó en 1907 como división especializada en la construcción de automóviles de la industria mecánica bohemia. Antes de emprender intensivamente la producción de vehículos propios, sacó al mercado varios modelos bajo licencia de la marca Renault. El primer Praga, el Mignon, alcanzó en 1912 la victoria en la travesía alpina de Viena a Trieste, éxito que repitió en 1913 y 1914. La primera gama de modelos de Praga lo componían sobre todo robustos vehículos de mediana cilindrada capaces de competir sin desmerecer en nada con los producidos en Europa occidental. Y lo mismo puede decirse de los coches con motores de seis y ocho cilindros de esta marca. A finales de la década de 1920, Praga se fusionó con Danek para expandirse en el sector de los vehículos industriales. En este campo, la empresa reanudó su actividad tras la II Guerra Mundial; del mundo del automóvil, en cambio, se despidió en 1945.

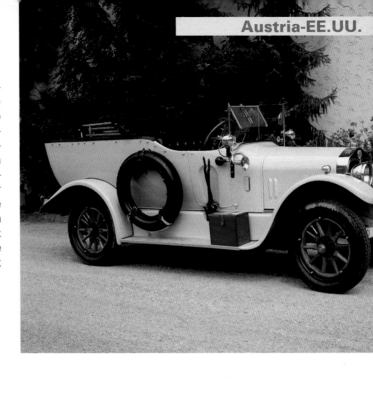

Modelo: *Praga Grand*
Cilindrada/Cilindros: *3950 cm³/4 cilindros*
CV/kW: *45/33*
Año de fabricación: *1914*
Unidades fabricadas: —

Brewster

Tras haberse dedicado durante más de cien años a la construcción de carrozas, Brewster osó adentrarse en el sector automovilístico. Pero, como en el espacio de diez años sólo se habían producido 300 automóviles, la empresa se desprendió de esta división para especializarse en la fabricación de elegantes carrocerías destinadas a coches de lujo, como los Rolls-Royce y los Packard. Todos los coches Brewster eran fácilmente reconocibles por la forma de la rejilla del radiador, ligeramente ovalada, y por la distancia entre ejes, relativamente corta en relación con las dimensiones del vehículo. Los motores eran de 4,5 litros, de excepcional suavidad y trabajaban con el sistema Knight. Los Brewster eran de los pocos coches de la época que salían de fábrica con un equipo eléctrico completo.

Modelo: *Brewster*
Cilindrada/Cilindros: *4536 cm³/4 cilindros*
CV/kW: *60/44*
Período de fabricación: *1915-1919*
Unidades fabricadas: —

Buick C

En 1899, David Dunbar Buick vendió su empresa especializada en la fabricación de material de instalación para ocuparse de las posibilidades que ofrecía la aplicación de los nuevos motores de combustión. Poco después de que bajo la dirección del ingeniero Walter Marr saliera de fábrica el primer automóvil de la marca, Buick debió dar una nueva orientación financiera para poder seguir subsistiendo. Por consiguiente, fundó la Buick Motor Company, de cuyos talleres en 1904 sólo salieron un par de docenas de vehículos. No obstante, cuando empezó la colaboración con William Durant, un antiguo competidor, las cuentas comenzaron a salir. En el Auto Show de Nueva York, Durant dejó constancia de más de 1000 encargos y contribuyó a situar a Buick entre los nueve primeros fabricantes de automóviles en Estados Unidos. El Buick C fue el vehículo con el que esta marca acabó por irrumpir con fuerza en el mercado.

Modelo: *Buick C*
Cilindrada/Cilindros: *2600 cm³/2 cilindros*
CV/kW: *16/11,7*
Año de fabricación: *1905*
Unidades fabricadas: —

Cadillac A

Para muchos, el nombre de Cadillac va asociado de manera indisoluble a la idea de coche estadounidense de grandes dimensiones. La marca, sin embargo, fabrica automóviles siguiendo la divisa «estándar mundial» y fue bautizada con el nombre del fundador de Detroit, Antoine de la Mothe Cadillac, un noble de origen francés. Quienes indaguen más profundamente en la historia de la empresa constatarán sorprendidos que sus inicios se remontan ya a 1899, el mismo año en que Henry Ford fundó la primera industria automovilística de Detroit: la Detroit Automobile Company. Ford abandonó la Company unos meses más tarde y cedió su lugar a Henry Leland, quien levantó el imperio Cadillac junto al millonario Murphy. La producción de automóviles empezó en 1902 con el Cadillac A.

Modelo:	*Cadillac A*
Cilindrada/Cilindros:	*1609 cm^3/1 cilindro*
CV/kW:	*10/7,3*
Año de fabricación:	*1903*
Unidades fabricadas:	*—*

Cadillac 30

En 1906 apareció el Cadillac K, un modelo del que hasta 1914 se construyeron 75 000 unidades y que contribuyó de manera decisiva a la expansión de la marca. Durante este largo período de fabricación, William Durant, el millonario en posesión de la industria automovilística Buick, fundó la General Motors Company. En 1909, Durant incorporó la marca Cadillac a su consorcio, al que también se agregaron las marcas Oldsmobile y Oakland. Leland, un antiguo fabricante de herramientas, introdujo en su consorcio unos exigentes controles de calidad de los que pronto se beneficiaría el nuevo modelo, el Cadillac 30. Se cree que tres de estos modelos se desarmaron totalmente, para volverse a montar después sin desviarse ni un ápice de los resultados de las pruebas originales.

Modelo:	*Cadillac 30*
Cilindrada/Cilindros:	*4690 cm^3/4 cilindros*
CV/kW:	*30/22*
Año de fabricación:	*1912*
Unidades fabricadas:	*—*

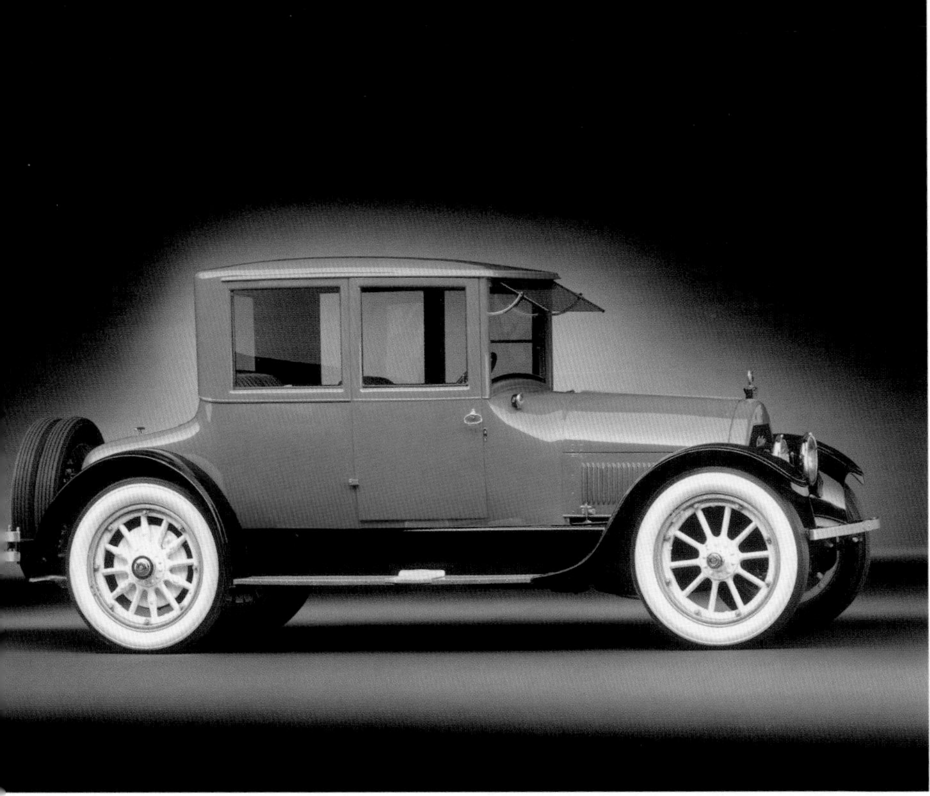

Cadillac Victoria 57

Desde un punto de vista histórico, el motor V8 desarrollado por Cadillac en 1915 está considerado el primero de este tipo cuya fabricación en serie fue un éxito. En la primera fase de su desarrollo, en la serie 51, este motor de ocho cilindros constaba de dos bloques de cuatro cilindros que formaban entre ellos un ángulo de 90°. Su cigüeñal era de tres apoyos, y la fuerza del motor se transmitía al eje trasero mediante una caja de cambios de tres velocidades. En 1918, a raíz de una serie de modificaciones del que resultó el Cadillac 57, se aplicaron mejoras en los anteriores modelos V8. Lo más importante para Cadillac fue que el nuevo modelo, pese a tener una cilindrada 1,7 litros inferior, era más potente que el producido por su rival, Pierce-Arrow.

Modelo:	*Cadillac Victoria 57*
Cilindrada/Cilindros:	*5145 cm³/8 cilindros*
CV/kW:	*70/51,2*
Año de fabricación:	*1918-1924*
Unidades fabricadas:	—

Detroit Electric 98 RD

Además de automóviles convencionales circulaban por las calles estadounidenses de hace cien años numerosos vehículos eléctricos. En la nación americana, los automóviles de este tipo gozaban de gran consideración, sobre todo entre las mujeres. Unas dos docenas de fabricantes competían en el mercado. Entre ellas figuraba la Anderson Electric Car Company, que todavía mantenía su posición de privilegio cuando hacía ya mucho tiempo que otras marcas habían abandonado la producción de vehículos eléctricos. Por lo demás, la mayoría de estos extraños automóviles no se conducían con un volante, sino con una palanca de dirección. Para que pudieran avanzar con relativa comodidad, los coches fueron dotados con baterías de unos 200 km de autonomía y que iban montadas bajo los capós delantero y trasero.

Modelo:	*Detroit Electric 98 RD*
Instalación eléctrica	*2 X 42 Voltios*
Período de fabricación:	*1909-1932*
Unidades fabricadas:	—
Particularidad:	*coche eléctrico*

Ford T

En 1908, Henry Ford sorprendió con un vehículo que figura en la historia del automóvil como uno de los *oldtimers* más famosos de todos los tiempos: el Ford T. En el desarrollo de este modelo, Ford se mantuvo fiel al lema de ofrecer el máximo en calidad al menor precio posible. El corazón de estos simples pero geniales «Tin Lizzie» («Latas Lizzie») era un motor de válvulas laterales refrigerado por agua y cuyo encendido por magneto suministraba corriente incluso a un bajo número de revoluciones. Uno de los detalles más sobresalientes de este coche era un engranaje planetario de dos relaciones situado en el volante que podía accionarse mediante un pedal y cuya segunda velocidad permitía alcanzar desde los 12 km/h hasta la velocidad máxima.

Modelo:	*Ford T*
Cilindrada/Cilindros:	*2898 cm³/4 cilindros*
CV/kW:	*24/17,6*
Período de fabricación:	*1908-1927*
Unidades fabricadas:	*15 007 033*

Ford Automobile

Ford T

Poco después de haber lanzado al mercado el exitoso Tin Lizzie, Henry Ford decidió estirar su programa de fabricación y producir momentáneamente sólo el Ford T como modelo normalizado. Ni el mismo sabía, sin embargo, cuánto duraría este «momentáneamente». Lo cierto es, en cualquier caso, que de este práctico coche de gran altura respecto al suelo se produjeron más de 15 millones de unidades. Sólo las cadenas de montaje, introducidas entonces por Ford, permitían la fabricación de tan enormes cantidades (1000 vehículos al día en 1923). El aspecto positivo de este método fue que, gracias a la racionalización de los procesos productivos, el precio de un Tin Lizzie se redujo de los 950 dólares iniciales a los 360 sólo dos años más tarde.

Modelo:	*Ford T*
Cilindrada/Cilindros:	*2898 cm³/4 cilindros*
CV/kW:	*24/17,6*
Período de fabricación:	*1908-1927*
Unidades fabricadas:	*15 007 033*

Pierce Arrow

Para subrayar el carácter deportivo de sus automóviles, los fundadores de Pierce, George N. y Percy Pierce, añadieron en 1909 la denominación Arrow (flecha) al nombre de la marca. De esta manera es posible que se pretendiera poner un punto final a la anterior historia de esta empresa, la cual, además de bicicletas y aparatos domésticos, fabricaba coches de pequeñas dimensiones equipados con el legendario motor integrado producido por De Dion Bouton. De este modo, el padre y el hijo se pusieron como objetivo entrar en el mercado de los coches de lujo con una nueva gama de modelos. Así, desde 1913, dotaron a sus vehículos de un elemento estilístico inconfundible e integraron los faros directamente en el guardabarros. Fue el primer fabricante en hacerlo.

Modelo:	*Pierce Arrow*
Cilindrada/Cilindros:	*8577 cm³/6 cilindros*
CV/kW:	*75/55,2*
Año de fabricación:	*1919*
Unidades fabricadas:	*—*

Schacht Highwheeler

En los inicios, los modelos con poca altura respecto al suelo tenían escasas posibilidades de triunfar en el mercado estadounidense, ya que ahí se necesitaban autos con ruedas altas y delgadas capaces de adaptarse a toda clase de terrenos, sólo así se podía circular por caminos rurales. Radicada en Ohio, la empresa Schacht se había especializado en la construcción de estos curiosos vehículos. Así, cuando en 1904 salieron de los talleres de Cincinnatti los primeros Highwheeler con ruedas de 40 pulgadas, la gente tuvo la impresión de regresar a la época de las diligencias. Aunque pareciera muy simple, el coche escondía bajo su capó de la parte trasera una técnica muy avanzada. El motor *boxer* refrigerado por agua y con seis bombas de aceite impulsadas por correas trapezoidales pudo soportar sin problemas la presión de la competencia hasta 1910, cuando el Ford T terminó definitivamente con esta clase de vehículos.

Modelo:	*Schacht Highwheeler*
Cilindrada/Cilindros:	*2400 cm³/2 cilindros*
CV/kW:	*12/8,8*
Período de fabricación:	*1904-1910*
Unidades fabricadas:	—

Stanley Steamer

Además de automóviles de tracción eléctrica, los clientes estadounidenses también tenían la posibilidad de optar por modelos de vapor. Los hermanos Stanley, que construían esta clase de vehículos desde 1899 en la localidad de Watertown (estado de Massachussets) sostenían que el futuro del automóvil pasaba irremediablemente por los modelos de vapor, potentes, silenciosos y respetuosos con el medio ambiente. Con el paso de los años, sin embargo, los Stanley fueron comprobando que cada vez había menos gente dispuesta a preparar el vehículo poniéndolo en marcha varias horas antes de su funcionamiento efectivo. El Tin Lizzie de Ford era mucho más avanzado y resultaba más económico. Cuando a principios de la década de 1920 desaparecieron del mapa los primeros fabricantes de coches de vapor, ya sólo era cuestión de tiempo esperar a que también Stanley abandonase este poco rentable negocio.

Modelo:	*Stanley Steamer*
Cilindros:	*2*
CV/kW:	*20/14,6*
Año de fabricación:	*1919*
Unidades fabricadas:	—
Particularidad:	*coche de vapor*

Thomas Flyer 6-70

Los automóviles que Erwin Ross Thomas construyó de 1903 a 1918 en Buffalo (estado de Nueva York) eran famosos por su solidez. No obstante, para afrontar con garantías la competencia en el mercado, Thomas debía vender sus excelentes productos a muy bajo precio. El mayor éxito que se apuntó Thomas a lo largo de toda la historia de la marca fue la participación en el legendario viaje de Nueva York a París en 1907. De los sólo seis vehículos inscritos que debían recorrer 13 000 km atravesando tres continentes, el Thomas Flyer 6-70, pilotado por Georg Schuster, fue el que se alzó con el triunfo final.

Modelo:	*Thomas Flyer 6-70*
Cilindrada/Cilindros:	*12 800 cm³/6 cilindros*
CV/kW:	*72/52,7*
Año de fabricación:	*1910*
Unidades fabricadas:	—

BE·5210·U

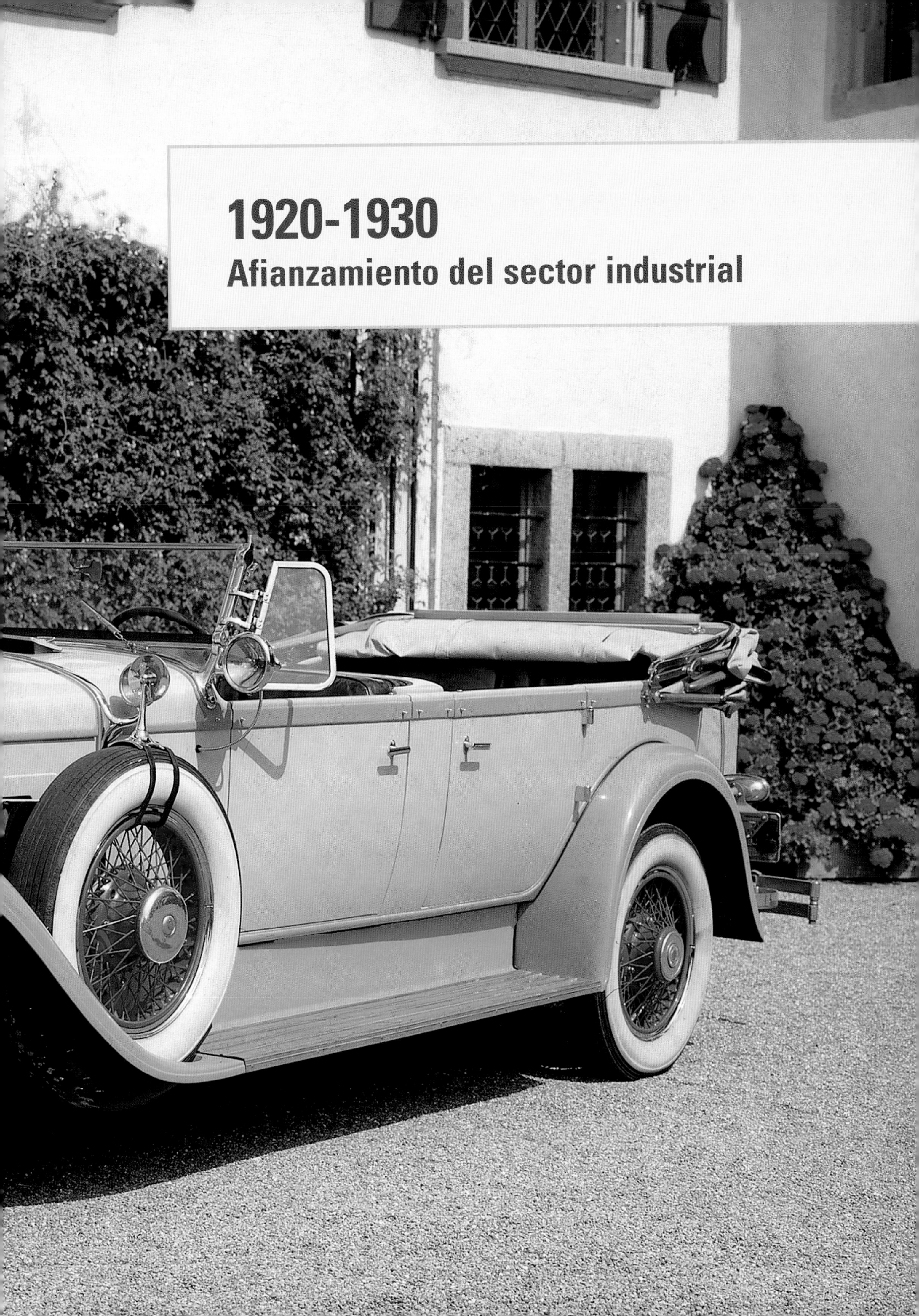

1920-1930

Afianzamiento del sector industrial

Afianzamiento del sector industrial

Entre la inflación y la crisis económica

A principios de la década de 1920, la construcción de automóviles estaba liderada, sin duda, por los estadounidenses, quienes habían sabido impresionar al público con modelos de gran confort y cilindrada, así como aplicar una política de precios admirada por los fabricantes europeos. El primer coche resultado de la producción en cadena, el legendario «Tin Lizzie» de Henry Ford, todavía inundaba el mercado cuando la última de sus 15 millones de unidades salió de los talleres en 1927. Mientras el Ford T causaba furor, los constructores europeos no podían hacer otra cosa que contemplar con envidia el éxito ajeno. No obstante, algunos de ellos, como Citroën, Renault, Fiat o Morris, se pusieron manos a la obra para aumentar de forma considerable la producción. Lanzar al mercado 20 000 unidades al año era un objetivo en el que hasta entonces no había pensado nadie en Europa. El lado negativo de este nuevo método de producción fue, sin embargo, que sólo pocos y grandes fabricantes lograron subsistir, mientras que para los pequeños el aire fue haciéndose cada vez más enrarecido. A De Dion Bouton, una de las empresas automovilísticas pioneras de Francia, le faltó capital para poder expandirse, ya que sus instalaciones estaban demasiado anticuadas para emprender una producción en serie a gran escala con garantías de poder consolidarse en el mercado. También otras marcas pioneras terminaron por percatarse de que producir 1000 unidades al año había dejado repentinamente de ser rentable, sobre todo en el caso de los modelos de gama media más asequibles para las masas. En la Europa de entonces, un coche de gama media era un vehículo con motor de cuatro cilindros y de 1,1 a 1,3 litros de cilindrada, características que no se correspondían, ni mucho menos, con el estándar conocido al otro lado del océano. Como es obvio, también había en el mercado un espacio dedicado a los automovilistas más exigentes y refinados... ¡y amplio! En este sentido, llamaban la atención los modelos con motores de gran potencia. Como desde 1921 se reanudó la tradición de los denominados «grand prix» (grandes premios), los fabricantes se enzarzaron en una lucha por aumentar la potencia y la velocidad de sus respectivos vehículos. El progreso técnico determinó muy pronto un panorama novedoso en la gama más elevada de modelos, pues los grandes motores de ocho cilindros ocupaban mucho espacio o, por decirlo de otro modo, un capó descomunalmente largo. Para poder seguir exhibiendo aires de distinción, los más fa-

mosos productores de carrocerías también se adaptaron a las novedades. A mediados de la década de 1920, el contraste entre los automóviles no podía ser mayor: un pequeño Citroën 5 CV de técnica espartana aunque robusta estaba tan representado en los salones automovilísticos de la época como una construcción de Ettore Bugatti, quien ni siquiera se había planteado producir en serie. Bugatti, como muchos otros, prefirió apostar por lo más selecto y en 1927 presentó su modelo Royale, el automóvil más grande, caro y lujoso de todos los fabricados hasta entonces. De él sólo se construyeron siete unidades, todas ellas para distinguidas personalidades. En vista de las diferentes situaciones del mercado, sobre todo en los países europeos, la evolución del automóvil no fue, ni mucho menos, igual en todas partes. Después de la I Guerra Mundial, a Alemania le costó arrancar; cuando lo hizo, se encontró pronto con un panorama desolador causado por la hiperinflación. Las importaciones económicas, procedentes sobre todo de Estados Unidos, perjudicaron notablemente a muchos fabricantes alemanes hacia el final de la década de 1920; sólo las marcas más poderosas y con una base más sólida lograron sobrevivir a la crisis y reanudar su actividad con éxito en la década posterior.

Adler 10/50 PS

De los aproximadamente 55 000 automóviles que circulaban en 1914 por las carreteras de Alemania, uno de cada cinco era de la marca Adler. Gracias a esta posición de privilegio, Adler, a diferencia de muchos otros fabricantes, logró reanudar la producción de vehículos después de la I Guerra Mundial. Con una nueva gama de modelos capitaneada por el 10/50 PS y por el aún mayor 18/80 PS (4,7 litros y 80 CV), Adler consiguió emprender el vuelo y situarse como cuarto, posteriormente tercero, mayor productor alemán de automóviles. En respuesta a los gustos de la época, la década de 1920 fue dominada por los grandes turismos sin capota.

Modelo:	*Adler 10/50 PS*
Cilindrada/Cilindros:	*2580 cm³/6 cilindros*
CV/kW:	*50/36,7*
Período de fabricación:	*1925-1927*
Unidades fabricadas:	*150*

Modelo:	*Audi Imperator R*
Cilindrada/Cilindros:	*4872 cm³/8 cilindros*
CV/kW:	*100/73,2*
Período de fabricación:	*1928-1932*
Unidades fabricadas:	*145*

Audi Imperator R

Cuando en 1928 el fundador de DKW, Jörgen Skafte Rasmussen, se hizo cargo de los talleres Audi, la gama alta de modelos estaba representada por algunos coches de lujo, entre los que figuraba el R. Este automóvil, también conocido como Imperator, impresionaba por los ocho cilindros de su motor; no obstante, en momentos de crisis económica, sobra decir que vehículos de este tipo no eran precisamente los más vendidos. Producido en serie como limusina, este coche de 5160 mm de largo también podía encargarse como chasis y equiparse con una carrocería especial, aunque sólo unos pocos lo hicieron. Del Imperator se fabricaron sólo 145 ejemplares; el único que se conserva hoy en día está en posesión de la casa Audi, que lo ha restaurado.

Audi Zwickau

En un período de creciente competencia extranjera, Audi siguió lanzando en la década de 1920 automóviles de grandes dimensiones que contaban con un «1» sobre el radiador como signo de exclusividad del modelo. La versión limusina del Zwickau tenía siete plazas y se vendía al precio de 11 870 marcos de la época. La versión cabriolé, en cambio, costaba ya 13 850 marcos. No obstante, el Zwickau no superaba los 110 km/h. En función de la carrocería, el vehículo podía medir hasta 5000 mm de largo (3500 mm de batalla) y pesar unos 2100 kg. El motor, por lo demás, no era de fabricación propia, sino que procedía de unos talleres adquiridos por Audi en Estados Unidos en 1928 a una empresa en quiebra.

Modelo:	*Audi Zwickau*
Cilindrada/Cilindros:	*5130 cm³/8 cilindros*
CV/kW:	*100/73,2*
Período de fabricación:	*1929-1932*
Unidades fabricadas:	—

Benz 16/50 PS

A diferencia de Gottlieb Daimler, fallecido en 1900, Karl Benz sí logró asistir a la fusión de la empresa por él fundada con Daimler-Motoren-Gesellschaft (DMG), que dio origen a la marca Daimler-Benz. En 1926, poco antes de la unión de las dos compañías, figuraba entre los modelos de gama alta de Benz un automóvil relativamente conservador cuya solidez reportó a la marca cuantiosos beneficios económicos. La mayoría de los chasis estaban equipados con carrocerías voluminosas de limusina (3480 mm de batalla), respondían a las medidas estándares de la época y utilizaban ruedas con gruesos brazos de madera (los radios de alambre que exhibía el elegante 16/50 PS sólo se obtenían por un sobreprecio). En función de la carrocería, el precio inicial de un gran Benz podía oscilar entre los 12 900 y 15 000 marcos alemanes.

Modelo: *Benz 16/50 PS*
Cilindrada/Cilindros: *4160 cm^3/6 cilindros*
CV/kW: *50/36,7*
Período de fabricación: *1921-1926*
Unidades fabricadas: *---*

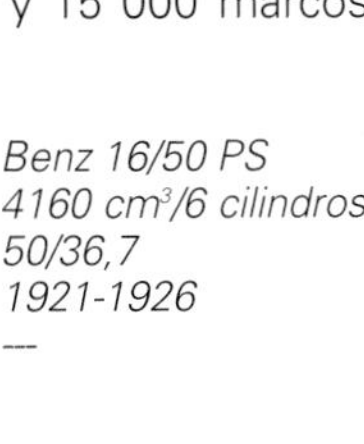

BMW 3/15 PS DA 2

Cuando este automóvil apareció en las carreteras con el emblema de BMW en el radiador, a todo el mundo le vino a la cabeza el Austin Seven. Comparado con otros fabricantes de carrocerías, BMW entró en el negocio del automóvil a raíz de la absorción de los talleres Dixi en 1928, es decir, relativamente tarde. Al principio se prosiguió la producción del modelo fabricado allí, el DA 1, también conocido como Dixi. En julio de 1929 se sacó al mercado una nueva versión de este modelo, aunque ya con el distintivo blanquiazul: el BMW 3/15 PS. Las diferencias respecto al Dixi no eran apreciables a primera vista, pues BMW renunció a los estribos en beneficio de una carrocería más ancha. De este pequeño modelo, que al principio se vendía con capota plegable, también se fabricó más tarde una versión en limusina.

Modelo: *BMW 3/15 PS DA 2*
Cilindrada/Cilindros: *748 cm^3/4 cilindros*
CV/kW: *15/11*
Período de fabricación: *1929-1931*
Unidades fabricadas: *aprox. 16 000*

Modelo: *BMW 3/15 PS Ambi-Budd*
Cilindrada/Cilindros: *748 cm^3/4 cilindros*
CV/kW: *15/11*
Período de fabricación: *1929-1931*
Unidades fabricadas: *---*

BMW 3/15 PS Ambi-Budd

Durante el período de producción del 3/15 PS, BMW apostó sobre todo por la fabricación de limusinas; no obstante, además de carrocerías completamente cerradas de acero, la marca también sacó al mercado unas 6000 unidades con interesantes carrocerías especiales de furgonetas, turismos sin capota de dos y cuatro plazas y elegantes cabriolés. También se fabricaron chasis para carrocerías especiales elaboradas por renombradas empresas del sector. Una de estas industrias que fabricaban cantidades reducidas de carrocerías especiales para marcas de prestigio era Ambi-Budd, que a la sazón contaba con unos 2500 empleados. Para los 3/15 PS de BMW, Ambi-Budd creó esta pequeña versión cupé, que confería al automóvil un aspecto muy peculiar.

Elite E 12/40 PS

En la localidad sajona de Brand-Erbisdorf, donde tenía su sede la empresa Elite-Werke AG, se produjeron desde 1913 hasta 1929 vehículos industriales y unos 3000 automóviles de una docena de modelos. Esta amplia variedad de modelos fue el principal motivo por el que los coches Elite no terminaron de calar hondo en el mercado. Aunque aparte de automóviles con motor tetracilíndrico también se fabricaron otros de seis cilindros, nunca hubo un catálogo de modelos demasiado claro, y con excesiva frecuencia se cruzaban modelos de diferentes potencias y cilindradas. Elite dejó de producir coches en 1929.

Modelo:	*Elite E 12 12/40 PS*
Cilindrada/Cilindros:	*3130 cm³/4 cilindros*
CV/kW:	*40/29,3*
Período de fabricación:	*1919-1923*
Unidades fabricadas:	—

Hanomag 2/10 PS

Fundada en 1835, Hannoversche Maschinenbau AG (Hanomag) no empezó a fabricar automóviles hasta 1925. Para reducir gastos de desarrollo en este sector, Hanomag pasó a producir en serie un modelo de pequeñas dimensiones proyectado por el ingeniero Fidelis Böhler. Para aumentar el espacio interior, Böhler renunció a los guardabarros y a los estribos y construyó con ello la primera típica «carrocería pontón». Antes de fabricarlo en serie, Hanomag presentó un ejemplar del 2/10 PS en el Salón del Automóvil de Berlín de 1924 y empezó una intensa campaña publicitaria acompañada de una preserie de diez unidades. La inversión mereció la pena, y el coche, llamado popularmente «pan negro», entró en la historia automovilística de Hanomag como rotundo éxito de ventas.

Modelo:	*Hanomag 2/10 PS*
Cilindrada/Cilindros:	*502 cm³/1 cilindro*
CV/kW:	*10/7,3*
Período de fabricación:	*1925-1928*
Unidades fabricadas:	*15 775*

Horch 16/80 PS 350

El ingeniero automovilístico August Horch se distinguió siempre por aplicar sustanciales innovaciones técnicas a los automóviles que construyó durante toda su vida. Cuando Horch abandonó en 1909 la empresa que él había fundado por diferencias con su dirección, los talleres Horch se concentraron en el catálogo de modelos cuya estructura había sido creada por el propio fundador. Después de la I Guerra Mundial pasó a ocupar el cargo de jefe constructor Paul Daimler, quien en otoño de 1926 presentó una nueva gama de modelos con un motor de serie de ocho cilindros construido por él. La también llamada serie Horch 8 tardó bien poco en establecer nuevas medidas a la hora de definir conceptos como la elegancia y el lujo.

Modelo:	*Horch 16/80 PS 350*
Cilindrada/Cilindros:	*3950 cm³/8 cilindros*
CV/kW:	*80/58,6*
Período de fabricación:	*1928-1930*
Unidades fabricadas:	*aprox. 8000 (toda la serie)*

Mercedes 6/25/40 PS

La estrella y las estrellas se llevan bien: de una manera más sucinta no pude describirse la debilidad que los grandes personajes han sentido siempre por los vehículos de las marcas Mercedes y Mercedes-Benz. Con el inicio de la era del compresor, la predilección se convirtió en pasión: la alta nobleza, directivos de empresas, actores y actrices de renombre internacional, políticos y empresarios no se han querido quedar sin compresor Mercedes. Casi nadie se ha comprado un modelo para ponerse los laureles en competiciones deportivas. Posar junto al coche y exhibir elegancia: éstos han sido los motivos principales de adquisición de un Mercedes. Sólo pocos personajes de la época pudieron combinar el trabajo y el ocio. Uno de ellos fue Rudolf Caracciola. Este piloto de grandes premios no sólo se adjudicó victorias en los circuitos, sino que también empleó el coche con compresor fuera de ellos.

Modelo:	*Mercedes 6/25/40 PS*
Cilindrada/Cilindros:	*1568 cm³/4 cilindros*
CV/kW:	*25/18,3*
Período de fabricación:	*1921-1924*
Unidades fabricadas:	—

Mercedes Knight 16/45 PS

Cuando Paul Daimler asumió en 1907 la dirección del departamento de construcción de la Daimler-Motoren-Gesellschaft en sustitución de Wilhelm Maybach, se propuso crear un coche extremamente silencioso propulsado por un motor de dos tiempos con admisión regulada por válvula de corredera, una clase de motor desarrollada por el estadounidense Knight que se caracterizaba ante todo por el bajo número de revoluciones y que podía alcanzar la máxima potencia por debajo de las 2000 RPM. Estos motores se revelaron muy duraderos, aunque exigían una conducción muy sensible, una cualidad ajena a la mayoría de los propietarios de los vehículos. Aparte del 16/45 PS, todos los modelos de Knight demostraron no estar preparados para el funcionamiento en el día a día, un motivo más que suficiente para que Daimler eliminara el modelo de su catálogo en 1924.

Modelo:	*Mercedes Knight 16/45 PS*
Cilindrada/Cilindros:	*4080 cm³/4 cilindros*
CV/kW:	*45/33*
Período de fabricación:	*1916-1924*
Unidades fabricadas:	—

Mercedes 24/100/140 PS

En 1921 empezó en la Daimler-Motor-Gesellschaft la era del compresor, una fase en la que entró en la palestra como constructor jefe un hombre de altura, Ferdinand Porsche, quien con el motor hexacilíndrico del Mercedes 24/100/140 PS dio el siguiente paso en la era del compresor. El que posteriormente sería el padre del Volkswagen Escarabajo y fundador de la empresa homónima dedicada a la construcción de coches deportivos aprovechó la tecnología puesta a disposición por Paul Daimler (hijo de Gottlieb Daimler) para desarrollar el que probablemente fue el mejor coche del mundo de aquella época: el Mercedes 24/100/140 PS. El modelo se presentó en diciembre de 1924 en el Salón del Automóvil de Berlín. El 24 de su denominación indicaba la potencia oficial con vistas al fisco. El 100 y el 140, en cambio, era la potencia real en caballos sin y con el compresor encendido, respectivamente.

Modelo:	*Mercedes 24/100/140 PS*
Cilindrada/Cilindros:	*6240 cm³/6 cilindros*
CV/kW:	*100/73,2*
Período de fabricación:	*1924-1925*
Unidades fabricadas:	—

Mercedes-Benz K 24/110/160 PS

Compresor Roots: ésta era la palabra mágica de Ferdinand Porsche, el cual, como su antecesor Paul Daimler, sabía que esta costosa técnica resultaba excelente para aumentar la potencia del motor en automóviles de grandes prestaciones. Como ya se había hecho antes, el primer número de la denominación del modelo indicaba la potencia oficial con vistas al fisco, la segunda con el funcionamiento por aspiración y la tercera la potencia con el compresor encendido. Las primeras construcciones de Porsche fueron coronadas en 1926 por el modelo K (también llamado 630 K), igualmente desarrollado por él. Este coche, así como los modelos que había ideado con anterioridad, siguió formando parte del programa tras la fusión de Daimler y Benz en 1926. A diferencia de los modelos sucesivos con compresor, el K de la denominación del modelo no aludía a la presencia del compresor, sino a la corta distancia entre los ejes del vehículo.

Modelo:	*Mercedes-Benz K 24/110/160 PS*
Cilindrada/Cilindros:	*6240 cm³/6 cilindros*
CV/kW:	*110/80,5*
Período de fabricación:	*1928-1929*
Unidades fabricadas:	—

Mercedes-Benz S 26/120/180 PS

Cuando el Mercedes-Benz S, desarrollado desde 1927, hizo su primera aparición pública en la inauguración del circuito automovilístico de Nürburgring, coronó su presentación en sociedad con una doble y aplastante victoria. Por un lado, el modelo consiguió su objetivo de superar al 630 K como turismo más rápido de la época. A partir del 630 K, con su motor de 6 cilindros, ampliado ahora a 6,8 litros, aunque con un chasis más bajo, el S superaba a su predecesor en todos los aspectos. Su motor de válvulas en cabeza alcanzaba en su primera versión los 120 CV sin emplear el compresor. El compresor Roots, accionado mediante engranajes helicoidales para aumentar la potencia del vehículo, se activaba cuando se pisaba a fondo el pedal del gas. De esta manera, el embrague de discos múltiples podía transmitir hasta 180 CV.

Modelo:	*Mercedes-Benz S 26/120/180 PS*
Cilindrada/Cilindros:	*6800 cm³/6 cilindros*
CV/kW:	*120/87,9*
Período de fabricación:	*1926-1930*
Unidades fabricadas:	*174*

Mercedes-Benz SS

Aunque los automóviles con compresor denominados Mercedes-Benz S, SS, SSK y SSKL pasaron a la historia como deportivos de dos plazas, de los citados modelos también se fabricaron versiones con carrocería de turismo y de cabriolé. En su segundo estadio evolutivo denominado SS o 27/140/200, este vehículo construido por Ferdinand Porsche apareció en 1928 con un motor de compresión más alta. El nuevo motor, igualmente equipado con doble encendido (por magneto y por batería), tenía 20 CV más de potencia. La abreviatura SS de la denominación del modelo significaba «Super Sport», en contraste con la del modelo anterior de Mercedes-Benz, cuya S significaba simplemente «Sport».

Modelo:	*Mercedes-Benz SS*
Cilindrada/Cilindros:	*7065 cm³/6 cilindros*
CV/kW:	*140/102,5*
Período de fabricación:	*1928-1932*
Unidades fabricadas:	*151*

Mercedes-Benz SSK

Después de los modelos S y SS, alabados con toda clase de superlativos, nació el SSK, cuyas iniciales significaban «Super Sport Kurz» (superdeportivo corto), ya que el vehículo, el sueño de cualquier piloto de competición de entonces, presentaba un chasis 450 mm más corto. La corta distancia entre ejes del SSK, también denominado 720, hacían de él un ágil aparato deportivo. Del modelo se fabricaron 33 unidades de 1928 a 1932. Con una de ellas obtuvo sonadas victorias un piloto tan famoso como Rudolf Caracciola. En las versiones de «carretera», los coches con compresor producidos por otros fabricantes no lograron ni siquiera hacer sombra a los modelos S, SS y SSK. Por otro lado, los vehículos de esta serie de Mercedes-Benz eran muy fáciles de reconocer gracias a sus tres tubos de escape curvados presentes en la parte exterior lateral del capó.

Modelo:	*Mercedes-Benz SSK*
Cilindrada/Cilindros:	*7065 cm³/6 cilindros*
CV/kW:	*140/102,5*
Período de fabricación:	*1928-1932*
Unidades fabricadas:	*33*

Mercedes-Benz SSKL

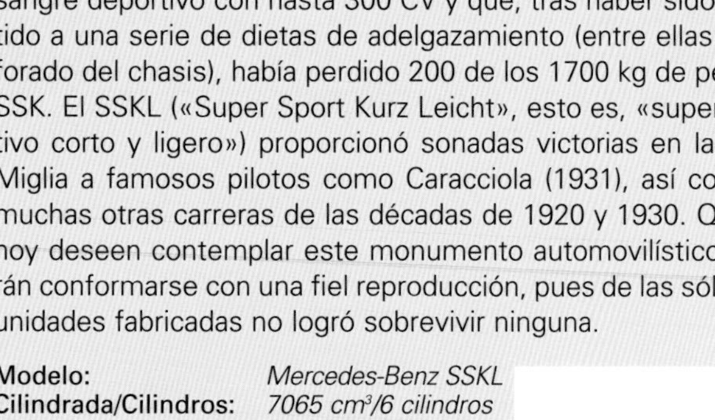

Por el precio de 40 000 marcos alemanes ofrecía Daimler-Benz una versión todavía más potente que el SSK: el SSKL, un purasangre deportivo con hasta 300 CV y que, tras haber sido sometido a una serie de dietas de adelgazamiento (entre ellas el perforado del chasis), había perdido 200 de los 1700 kg de peso del SSK. El SSKL («Super Sport Kurz Leicht», esto es, «superdeportivo corto y ligero») proporcionó sonadas victorias en las Mille Miglia a famosos pilotos como Caracciola (1931), así como en muchas otras carreras de las décadas de 1920 y 1930. Quienes hoy deseen contemplar este monumento automovilístico deberán conformarse con una fiel reproducción, pues de las sólo siete unidades fabricadas no logró sobrevivir ninguna.

Modelo:	*Mercedes-Benz SSKL*
Cilindrada/Cilindros:	*7065 cm³/6 cilindros*
CV/kW:	*240/175,8*
Período de fab.:	*1928-1933*
Unidades fabricadas:	*7*

Mercedes-Benz Stuttgart 260

Bajo la dirección de Hans Nibel, director técnico de Daimler-Benz, se desarrolló a mediados de la década de 1920 un vehículo considerado por entonces de dimensiones medianas. En su estrena en 1928, el modelo se vendió en los escaparates de los concesionarios como 8/38 PS. Un par de meses más tarde, sin embargo, pasó a denominarse Stuttgart. Equipado con un motor de válvulas laterales (seis cilindros y 2000 cm³) y una caja de cambios de tres velocidades, el Stuttgart atrajo al principio a una clientela más bien conservadora. Cuando en 1929 empezó a fabricarse una variante más potente de 2,5 litros de cilindrada, Daimler-Benz introdujo un coche en su lista de productos que era sólo algo más caro que sus competidores directos. Además de con una gran variedad de interesantes carrocerías de automóviles, el Stuttgart también salió al mercado en forma de taxi, furgoneta o vehículo para trabajos municipales.

Modelo:	*Mercedes-Benz Stuttgart 260*
Cilindrada/Cilindros:	*2581 cm³/6 cilindros*
CV/kW:	*50/36,6*
Período de fabricación:	*1928-1934*
Unidades fabricadas:	*–*

NAG 10/45 PS C 4B

En 1901, la Allgemeine Elektricitäts-Gesellschaft (AEG) empezó a fabricar automóviles, para lo cual creó una división empresarial a la que llamó Neue Automobil-Gesellschaft (NAG). A raíz de la reestructuración de la empresa en 1908, la producción de automóviles quedó integrada en NAG. Además de la construcción de coches de viajeros, la NAG de Berlín también fabricó ómnibuses. El catálogo de modelos de la década de 1920 estuvo dominado durante mucho tiempo por el C 4, una creación de Christian Riecken, antes al servicio de Minerva. Este coche, reconocible como todos los C 4 y D 4 por el original diseño de la rejilla del radiador, poseía unas características de marcha muy superiores a la de muchos de sus rivales y se vendió muy bien.

Modelo:	*NAG 10/45 PS C 4B*
Cilind./Cilindros:	*2553 cm³/4 cilindros*
CV/kW:	*45/33*
Período de fab.:	*1922-1925*
Unidades fab.:	*aprox. 5000 (todas las series)*

Opel 8/25 PS

Opel decidió apostar por los gustos de la época y sacó al mercado el 8/25 PS, concebido como puntal de la gama de modelos de la década de 1920. De este coche se había previsto fabricar unas 2000 unidades, una cantidad que nunca se alcanzó. El radiador anguloso y la luna delantera dividida en dos de este automóvil no gustó a casi nadie. El folleto publicitario rezaba: «... El coche es todo un ejemplo de utilitario en el sentido comercial, pues lo utiliza el médico para visitar a sus enfermos y llena de gozo por su rapidez a quienes están de vacaciones. También es un buen «escalador» para aquellos que buscan en la naturaleza salvaje un lugar donde recuperarse de los esfuerzos y la fatiga de la vida cotidiana...».

Modelo:	*Opel 8/25 PS*
Cilindrada/Cilindros:	*2000 cm³/4 cilindros*
CV/kW:	*25/18,3*
Período de fabricación:	*1920-1924*
Unidades fabricadas:	—

Opel 4/12 PS

El primer modelo de producción alemana fabricado en grandes series fue el Opel 4/12 PS, que empezó a salir de las cadenas de montaje en 1924. Para ostentosos propietarios de automóviles acostumbrados a hacerse llevar por un chófer, este vehículo constituía una provocación, ya que Opel, en vez de revolucionar la industria automovilística con impresionantes limusinas, apostaba por un coche pequeño resultado no ya de un trabajo artesanal sino de una fabricación en cadena. Denominado «rana verde» por su color, dio mucho de qué hablar. Por otro lado, el método de fabricación empleado hizo que su precio se redujera de forma considerable y que las cantidades producidas se situaran a niveles impensables. Aunque inicialmente visto con malos ojos por algunos, el 4/12 PS no tardó en convertirse en un vehículo de gran aceptación.

Modelo:	*Opel 4/12 PS*
Cilind./Cilindros:	*951 cm³/4 cilindros*
CV/kW:	*12/8,8*
Período de fab.:	*1924-1925*
Unidades fab.:	*aprox. 120 000 (toda la serie)*

Opel 4/16 PS

En 1923, en pleno período de inflación, Opel se decidió a fabricar un automóvil aplicando nuevos métodos de producción. Por aquel entonces, nadie podía suponer que 45 metros de cadena de montaje bastarían para revolucionar de una manera tan radical la construcción de automóviles. Los tiempos en que los trabajadores utilizaban las manos o una simple carreta para llevar el material de un lugar a otro de la fábrica no tardaron en pasar a formar parte del pasado. Todos los componentes y las piezas, como los cárteres, los árboles de levas o los bloques de cilindros, les llegaban directamente en cintas transportadoras. En 1928, la producción en cadena en las factorías de Rüsselheim ya abarcaba una longitud de 2000 metros. Gracias a estas instalaciones, la gama de modelos se fue completando poco a poco con vehículos como el 4/16 PS y con automóviles de gama alta.

Modelo:	*Opel 4/16 PS*
Cilindrada/Cilindros:	*1018 cm³/4 cilindros*
CV/kW:	*16/11,7*
Año de fabricación:	*1927-1928*
Unidades fabricadas:	*2023*

Wanderer 5/20 PS W8

Poco después de la I Guerra Mundial, Wanderer sacó el modelo «Puppchen» (muñequita), un vehículo que, sometido continuamente a profundas revisiones, todavía se fabricaba a mediados de la década de 1920. En este modelo, conocido como W8 en su última fase de producción, Wanderer siempre permaneció fiel a un tipo de carrocería más bien estrecho. Prescindiendo de los espesos neumáticos balón, la mayoría de las novedades del W8 se escondían en el interior. Gracias a la potencia de su motor, el coche presentaba una agilidad fuera de lo común. A diferencia de los modelos precedentes, Wanderer había pasado a reducir drásticamente la variedad de carrocerías, y el W8, al que se accedía a través de una única puerta situada en la parte izquierda, sólo se vendía como turismo descapotable.

Modelo:	*Wanderer 5/20 PS W8*
Cilindrada/Cilindros:	*1306 cm³/4 cilindros*
CV/kW:	*20/14,7*
Año de fabricación:	*1925-1926*
Unidades fabricadas:	*9000 (toda la serie)*

Modelo:	*F.N. Sport*
Cilindrada/Cilindros:	*1328 cm³/4 cilindros*
CV/kW:	*datos no disponibles*
Año de fabricación:	*1923-1925*
Unidades fabricadas:	*—*

F.N. Sport

En la Fabrique Nationale d'Armes de Guerre (F.N.), la producción de automóviles sólo desempeñó un papel muy secundario, pues la empresa se dedicaba principalmente a la fabricación de armamento. Además de construir coches (de 1899 a 1935), F.N. emprendió en 1930 la producción de vehículos industriales y motocicletas. Mientras que otros fabricantes belgas de automóviles apostaron desde un principio por exportar sus productos, F.N. destinó las reducidas cantidades que salieron de sus talleres (3500 vehículos hasta 1914) al mercado nacional. Uno de los modelos más famosos de la historia de la marca fue el 1250, presentado en el Salón del Automóvil de París de 1913 y del que sólo se hizo una versión biplaza. Gracias a la continua actualización de los modelos, el coche se mantuvo en el catálogo de la empresa hasta 1924.

Minerva AF

Tras muchos años de fabricar motocicletas, Minerva, empresa radicada en Amberes, abandonó este negocio en 1910 para dedicarse de una manera más intensa a la producción de automóviles. Los primeros intentos en este campo de esta compañía fundada en 1897 por Sylvain de Jong se limitaron sobre todo a la fabricación de pequeños coches con motor de dos cilindros, mientras que para la exportación al Reino Unido se produjo el Minervette, un pequeño vehículo con motor monocilíndrico. No obstante, la gran pasión de De Jong fueron los coches de lujo de hasta 8 litros de cilindrada. Con estos modelos, algunos de ellos equipados con el silencioso motor Knight, Minerva atrajo a una clientela muy selecta que buscaba una alternativa a los Rolls-Royce.

Modelo:	*Minerva AF*
Cilindrada/Cilindros:	*5344 cm³/6 cilindros*
CV/kW:	*100/73,2*
Año de fabricación:	*1925-1928*
Unidades fabricadas:	*—*

Amilcar CS 8 Torpedo

La fama de la marca Amilcar se debió sobre todo a la construcción de automóviles ligeros biplaza destinados a las competiciones deportivas. Amilcar, creada en 1921 por dos personas inquietas como Morel y Moyet, así como por hombres de negocios como Lamy y Akar, no sólo produjo vehículos en los talleres de la empresa en St. Denis, sino que también concedió licencias, aunque sólo para los modelos de cuatro cilindros, que en Alemania se vendieron con el nombre de Pluto y en Austria con el de Grofri. El G8, que salió al mercado en 1926, estaba equipado con un motor de ocho cilindros y fue el orgullo de toda la gama de modelos de este fabricante. En el último estadio de producción, Amilcar lanzó en 1938 el Compound, un modelo muy avanzado con tracción delantera y suspensión independiente que, sin embargo, sólo se fabricó bajo la dirección de Hotchkiss.

Modelo:	*Amilcar CS 8 Torpedo*
Cilindrada/Cilindros:	*2300 cm³/8 cilindros*
CV/kW:	*65/47,6*
Año de fabricación:	*1929-1931*
Unidades fabricadas:	*—*

Ballot Paris 2 LT

En 1919, cuando muchos inventores habían abandonado desde hacía tiempo la producción de vehículos por falta de medios, Ernest Maurice Ballot sacó su primer automóvil al mercado. La idea de entrar en este mundo fue el resultado de una intensa conversación mantenida con un piloto de competición amigo suyo. Es probable que ésta fuera la causa de que los primeros coches de Ballot, con motor de ocho cilindros, se adaptaran mejor a los circuitos que a las carreteras. En 1923, Ballot estrenó un coche de cuatro cilindros adecuado para el día a día y que, por culpa de su desmesurado peso y el mal escalonamiento de la caja de cambios, no terminaba de rodar con soltura por las carreteras. Tras numerosas modificaciones técnicas (frenos en las cuatro ruedas, mejoras en el chasis, etc.), Ballot logró a mediados de la década de 1920 despegar en el negocio del automóvil.

Modelo:	*Ballot Paris 2 LT*
Cilindrada/Cilindros:	*1974 cm³/4 cilindros*
CV/kW:	*40/29,3*
Año de fabricación:	*1925*
Unidades fabricadas:	—

Bugatti T 23 Brescia

En contraste con otros modelos de Bugatti con cilindradas superiores a los cuatro litros, el T 23 era un coche ligero que, aun así, no podía considerarse como una versión más económica de otros modelos de la marca. En el T 23 actuaba un avanzado motor de 16 válvulas que desde un punto de vista constructivo podía englobarse en la clase de las *voiturettes* ligeras. La revista inglesa Light Car describía entonces el T 23: «Gracias a la caja de cambios de cuatro velocidades bien escalonadas y al potente motor, el coche se mueve con ligereza y reacciona con espontaneidad ante cualquier mínimo movimiento del volante o del pedal. Se tiene la impresión de estar conduciendo un vehículo mucho mayor, pues el motor se revoluciona con sorprendente rapidez».

Modelo:	*Bugatti T 23 Brescia*
Cilindrada/Cilindros:	*1496 cm³/4 cilindros*
CV/kW:	*30/22*
Período de fabricación:	*1921-1926*
Unidades fabricadas:	—

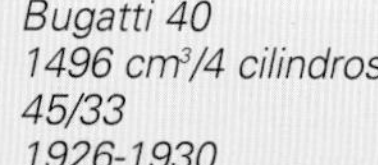

Modelo:	*Bugatti 40*
Cilindrada/Cilindros:	*1496 cm³/4 cilindros*
CV/kW:	*45/33*
Período de fabricación:	*1926-1930*
Unidades fabricadas:	*aprox. 800*

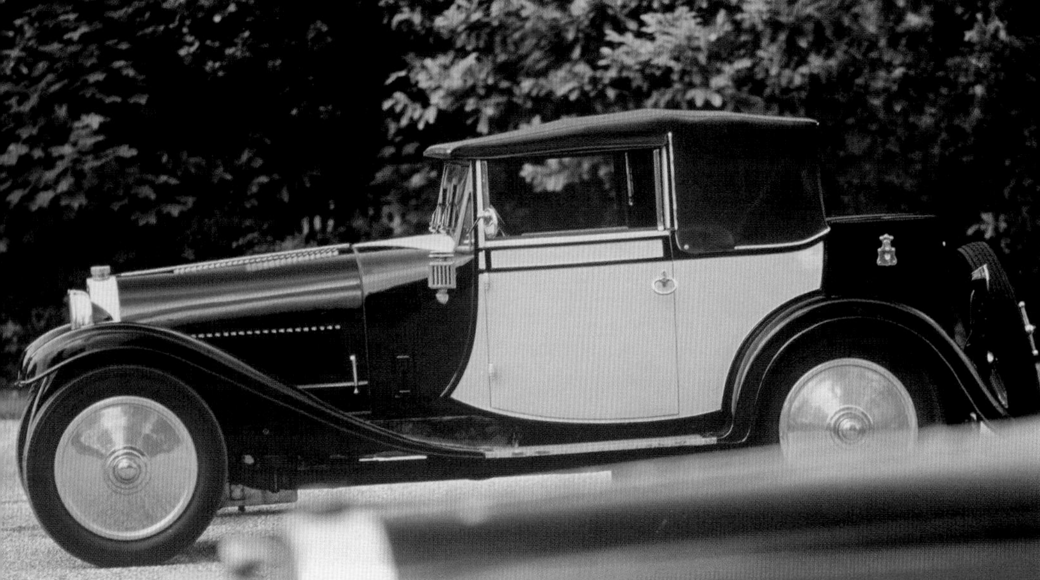

Bugatti 40

Concebido para reemplazar los modelos denominados Brescia vino al mundo en 1926 el T 40, un coche para el que se desarrolló un chasis completamente nuevo que mejoraba sensiblemente el comportamiento del vehículo. Bajo el capó, todo era nuevo salvo la suspensión del motor. Gracias al empleo de un chasis más macizo fue posible equipar el T 40 con carrocerías de limusina, más fáciles de montar pero también más pesadas. Dado que la fabricación de tales carrocerías resultaba más económica, existía la posibilidad de adquirir un vehículo de prestigio por un precio más que atractivo. Por lo demás, una alternativa al coche cerrado fue una carrocería *roadster* de estilo americano que podía reconocerse por la presencia de un asiento trasero, abatible en caso de necesidad.

Bugatti 35 A

El modelo 35 fue el típico coche de competición fabricado por Bugatti y pisó por primera vez un circuito con ocasión del Gran Premio de Lyon en 1924. Ensamblado sobre un chasis de estilo innovador desplazado hacia atrás, el 35 tenía una parte trasera muy característica. La delantera, a su vez, estaba dominada por un radiador en herradura que también acabó instalándose en otros Bugatti. Para hacer frente al enorme interés que había en la opinión pública por el 35, Bugatti se decidió a fabricar una versión del ejemplar de competición más ligera para el usuario particular: el 35 A. Este coche circuló por carretera con unas gráciles ruedas de radios metálicos, mientras que los bólidos de las carreras disponían de elegantes ruedas de aleación de aluminio, mucho más ligeras.

Modelo:	*Bugatti 35 A*
Cilindrada/Cilindros:	*1991 cm^3/8 cilindros*
CV/kW:	*75/55*
Año de fabricación:	*1926-1930*
Unidades fabricadas:	*130*

Bugatti 37 A

El Bugatti 37 fue otro modelo que se lanzó al mercado con un nivel de prestaciones inferior al del Bugatti 35. En caso de necesidad, el vehículo podía equiparse con faros, aunque no con capota, un detalle revelador del origen del 37, un modelo para los circuitos. La alternativa al 37 era una versión para las carreras denominada 37 A, que contaba con un compresor que proporcionaba una mayor potencia. Si en sus inicios la lubricación del 37 A todavía era por tobera de baja presión, los posteriores vehículos ya se equiparon con una a presión en circuito cerrado, mucho más efectiva. Por lo que se refiere a las medidas, tanto el 37 como el 37 A eran modelos compactos: con una batalla de 2400 mm y un ancho de vía de 1200 mm, los dos modelos se dejaban dominar por conductores experimentados.

Modelo:	*Bugatti 37 A*
Cilindrada/Cilindros:	*1496 cm^3/4 cilindros*
CV/kW:	*100/73,2*
Año de fabricación:	*1927-1930*
Unidades fabricadas:	*290 (37 y 37 A)*

Chenard & Walker T 3

Aunque Ernest Chenard y Henry Walker ya estaban en el mundo del automóvil desde 1900, siempre habían pertenecido a los *outsiders* de la industria. En una competición de consumo de combustible, uno de sus primeros modelos obtuvo el primer premio. Aun así, esta victoria no constituía, incluso para los más entendidos, una excusa suficiente para adquirir el modelo. Con la fundación de una empresa de alquiler de coches en 1908, los socios comerciales demostraron tener mayor olfato, pues lograron resolver los problemas de ventas de sus modelos y sacarle un rendimiento a varios cientos de coches. Tras la I Guerra Mundial, Chenard y Walker entraron con éxito en el mundo de la competición; no obstante, su errónea política de modelos acabó por hundir a la empresa, que en 1951 fue absorbida por Peugeot.

Modelo:	*Chenard & Walker T 3*
Cilindrada/Cilindros:	*1974 cm^3/4 cilindros*
CV/kW:	*38/27,8*
Año de fabricación:	*1924*
Unidades fabricadas:	*—*

Citroën B 2

En 1919, André Citroën, hijo de un inmigrante polaco, presentó al mercado el sencillo modelo A, su primer automóvil de éxito. Este coche, que alcanzaba una velocidad máxima de 65 km/h y tenía una gran distancia entre ejes (2835 mm), fue relevado en 1921 por el modelo B. El aumento de la cilindrada en el motor proporcionó una mayor potencia, que se transmitía al eje trasero a través de un cambio de tres velocidades. En su versión básica, el B 2 era sólo algo más rápido que su predecesor; quienes se proponían «volar» a 90 km/h podían adquirir la versión denominada Caddy-Sport, de 22 CV. Entre los detalles más llamativos del vehículo figuraban el arranque eléctrico y, sobre todo, el alumbrado eléctrico, un accesorio que muchos competidores sólo instalaban por un sobreprecio.

Modelo:	*Citroën B 2*
Cilindrada/Cilindros:	*1452 cm³/4 cilindros*
CV/kW:	*20/14,7*
Período de fabricación:	*1921-1926*
Unidades fabricadas:	*aprox. 90 000*

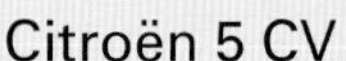

Citroën 5 CV

A principios de la década de 1920, Citroën puso en práctica con el 5 CV el concepto de coche popular al alcance de todos los bolsillos. A diferencia de anteriores modelos, este llamado «Trèfle» no se fabricó bajo la dirección del constructor Jules Salomon, sino bajo la de Edmond Moyet. El tiempo ha demostrado que el 5 CV fue, sin lugar a dudas, el automóvil que contribuyó a la gran popularidad de la marca. Fabricado en cadena a bajo precio, el producto se convirtió incluso en el primer gran coche de masas europeo que por su fácil manejo gozó del favor del público femenino. El éxito del 5 CV también pareció influir en Opel, aunque los tribunales no apreciaron en la «ranita verde», de aspecto muy similar, la copia de ningún modelo, pues el 5 CV nunca estuvo protegido por ninguna patente.

Modelo:	*Citroën 5 CV*
Cilindrada/Cilindros:	*855 cm³/4 cilindros*
CV/kW:	*11/8*
Período de fabricación:	*1921-1926*
Unidades fabricadas:	*aprox. 80 000*

Delage D 1

Gracias a la presencia de detalles técnicos en sus vehículos, Louis Delage logró destacarse cada vez más de sus competidores de gama alta. Antes de montar su propio negocio en 1905, Delage acumuló en Peugeot mucha experiencia en el sector. Delage lanzó en 1911 su primer modelo, que como particularidad tenía una caja de cambios de cinco velocidades. Al cabo de poco, Delage construyó un motor con dos árboles de levas en la parte superior, así como un motor V12. Entre el equipo de serie de sus coches figuraban en la década de 1930 prestaciones como los frenos hidráulicos en las cuatro ruedas y la caja de cambios sincronizada, detalles que le reportaron un plus de prestigio. La imagen de la marca se reforzó aún más gracias a varios éxitos deportivos.

Modelo:	*Delage D 1*
Cilindrada/Cilindros:	*2116 cm³/4 cilindros*
CV/kW:	*30/22*
Año de fabricación:	*1925*
Unidades fabricadas:	*—*

Modelo: *Lorraine-Dietrich 15 HP*
Cilindrada/Cilindros: *3446 cm³/6 cilindros*
CV/kW: *80/58,6*
Año de fabricación: *1924-1931*
Unidades fabricadas: *—*

Lorraine-Dietrich 15 HP

Cuando Alsacia, región alemana en la que tenía su sede la empresa Lorraine-Dietrich, fue cedida a Francia después de la I Guerra Mundial, el nuevo director técnico, Marius Barbarou desarrolló un automóvil hexacilíndrico (el 15 HP) que durante mucho tiempo fue el pilar básico de un revisado catálogo de modelos. Por aquel entonces, Lorraine-Dietrich ya había dejado de fabricar coches de competición de hasta 15 litros de cilindrada; aunque con el valioso seis cilindros todavía logró algunas victorias prestigiosas, como las 24 horas de Le Mans en 1925 y 1926. Dado que con el nuevo 15 HP de cuatro litros desarrollado en 1932 Lorraine-Dietrich no consiguió reeditar los éxitos anteriores, en 1935 decidió abandonar la producción de automóviles para dedicarse a la de aeroplanos.

Mathis Torpedo

Condicionado por la situación política y geográfica, Emile Mathis fue durante mucho tiempo y hasta el fin de la I Guerra Mundial el primer vendedor alemán de automóviles. Después de 1919, Mathis, quien desde 1910 también construía sus propios modelos, figuró entre los principales fabricantes de Francia; las 20 000 unidades al año que salían de sus talleres sólo eran superadas por gigantes como Citroën y Renault. Los autos Mathis también se vendieron en el mercado neerlandés con la marca Spyker y se fabricaron bajo licencia en el británico con la marca B.A.C. A pesar de estos buenos resultados, Emile Mathis siguió una política financiera errónea y a finales de la década de 1920 debió abandonar el mundo del automóvil.

Modelo: *Mathis Torpedo*
Cilindrada/Cilindros: *1131 cm³/4 cilindros*
CV/kW: *20/14,7*
Período de fabricación: *1920-1923*
Unidades fabricadas: *—*

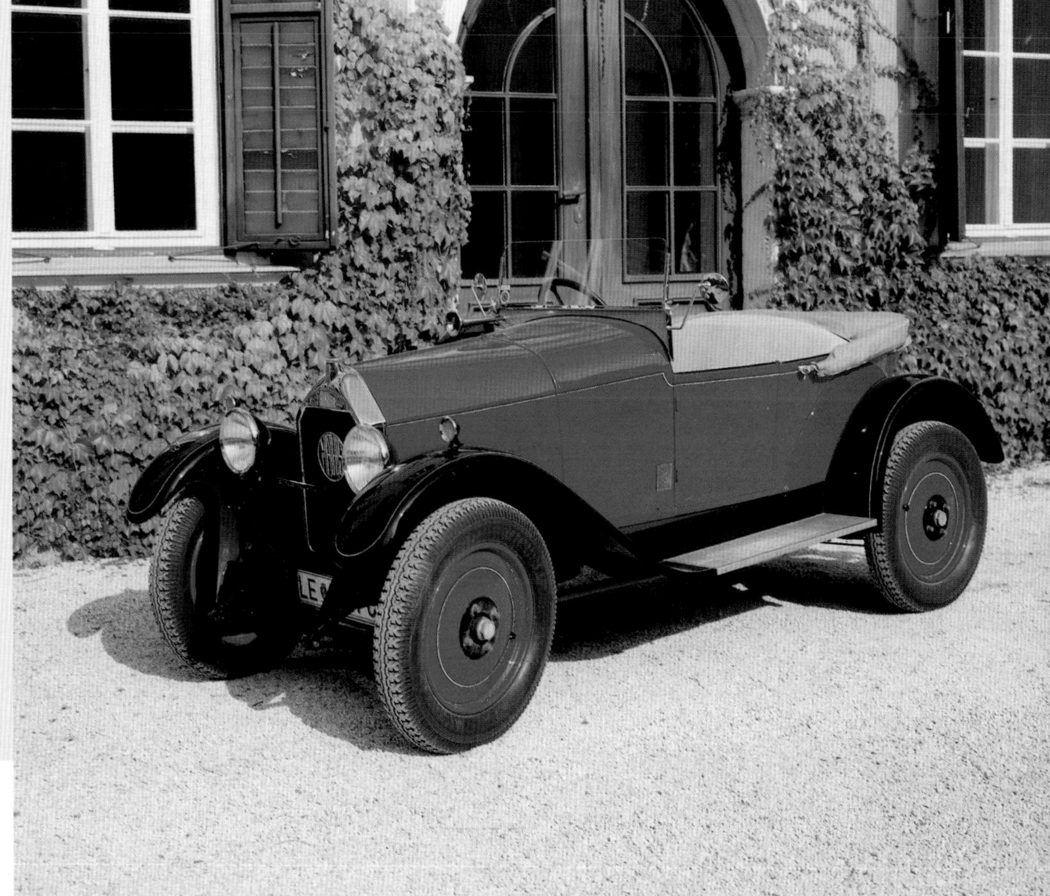

Modelo: *Peugeot Quadrilette*
Cilindrada/Cilindros: *667 cm³/4 cilindros*
CV/kW: *9,5/7*
Período de fabricación: *1919-1923*
Unidades fabricadas: *—*

Peugeot Quadrilette

En contraste con vehículos de mayor tamaño, muchos de los apreciados *cyclecars* franceses de la década de 1920 sólo estaban equipados con una simple transmisión por cadena. Peugeot decidió apostar por esta clase de vehículos en 1920 y dotó a uno de tales modelos, el Quadrilette, de una transmisión cardán en vez de la hasta entonces habitual por cadena. Con ello, Peugeot se erigió en abanderado de la transición del *cyclecar* a los primeros utilitarios de pequeñas dimensiones. Gracias a su escaso peso, el Quadrilette, fabricado desde 1920, todavía se beneficiaba de numerosas ventajas fiscales que se concedían a los propietarios de *cyclecars*. Como moderno sucesor del técnicamente superado Peugeot Bébé, pudo jactarse incluso de haber sido el coche más económico de Francia hasta 1922.

Renault 40 CV

Uno de los automóviles de mayores dimensiones de todos los tiempos empezó a salir de los talleres de Renault desde 1921. Con una longitud de casi 6000 mm, el 40 CV no tardó en convertirse en un objeto de deseo, al menos para quienes se lo podían permitir. El largo chasis se fabricaba en tres versiones con distintas distancias entre ejes (3800, 3870 y 3990 mm) y se podía combinar con carrocerías suntuosas que por aquel entonces estaban plenamente de moda. Aunque el corazón de este automóvil de lujo era un motor de seis cilindros, gracias a los 110 mm de diámetro del pistón y a una carrera de 160 mm, la cilindrada proporcionaba una potencia más que suficiente. Interesante era la refrigeración por agua (50 litros), que funcionaba con el principio del termosifón y que, por consiguiente, podía circular sin bomba de agua.

Modelo:	*Renault 40 CV*
Cilindrada/Cilindros:	*9112 cm³/6 cilindros*
CV/kW:	*104/76,2*
Período de fabricación:	*1921-1929*
Unidades fabricadas:	—

Modelo:	*Renault 6 CV KJ*
Cilindrada/Cilindros:	*951 cm³/4 cilindros*
CV/kW:	*16/11,7*
Período de fabricación:	*1922-1927*
Unidades fabricadas:	—

Renault 6 CV KJ

En 1922, Renault presentó el 6 CV, un modelo que dio mucho de qué hablar por la gran campaña publicitaria que se le hizo. Durante 203 días, el 6 CV recorrió a una velocidad media de 79 km/h una distancia de 16 000 km en el circuito de Miramas para demostrar su solidez y resistencia. El motivo de este maratón fue la novedosa construcción del motor de Renault con culata extraíble. El 6 CV también fue el primer modelo de la marca con frenos en las cuatro ruedas. Con nuevos propósitos publicitarios y sin reparar demasiado en los gastos que todo ello pudiera acarrear, Renault organizó varias travesías en África. Y con éxito: la producción anual fue aumentando constantemente y a finales de la década de 1920 ya ascendía a 40 000 unidades al año.

Rosengart LR 2

Incluso en el continente, como suelen decir los británicos, los fabricantes de automóviles tomaron buena nota del legendario Austin Seven inglés. De este modo, desde 1927, en Alemania pasó a fabricarse bajo licencia un vehículo conocido como Dixi 3/15 PS, mientras que en Francia se hacía lo propio con el Seven Pate, un pequeño modelo producido por Lucien Rosengart. Con su LR 2, fabricado bajo licencia desde 1928, Rosengart se propuso fabricar hasta 60 000 unidades anuales, si bien nunca logró alcanzar más que una décima parte de esta cifra. Los automóviles fabricados en Francia a partir del Seven pertenecían a la gama más baja del catálogo ofrecido por Rosengart. De todas las versiones del modelo, una de las más interesantes fue la del elegante Faux-Cabriolet (falso cabriolé).

Modelo:	*Rosengart LR 2*
Cilindrada/Cilindros:	*750 cm³/4 cilindros*
CV/kW:	*11/8*
Año de fabricación:	*1927-1930*
Unidades fabricadas:	*aprox. 6000*

Salmson Grand Sport

Los primeros automóviles que en 1921 salieron de los talleres de la Société des Moteurs Salmson eran modelos construidos bajo licencia británica que en su país de origen se producían con la marca G.N. Mientras todavía fabricaba estos modelos, Salmson pensaba ya en el desarrollo de una construcción propia. Así, se presentó un coche de cuatro cilindros y pequeña cilindrada concebido para uso deportivo: el modelo, una especie de *cyclecar,* debía ser ligero. Como reconocimiento a los éxitos deportivos se decidió que el automóvil también se fabricaría en serie como modelo Grand Sport. A raíz de las numerosas mejoras aplicadas en el chasis, este coche acabó transformándose en un vehículo de carretera. En esta versión, el Grand Sport iba equipado con un avanzado motor de 1000 cm³ con dos árboles de levas en la culata.

Modelo:	*Salmson Grand Sport*
Cilindrada/Cilindros:	*1086 cm³/4 cilindros*
CV/kW:	*40/33*
Período de fabricación:	*1925-1929*
Unidades fabricadas:	*—*

Talbot K 74

Cuando en 1919 la industria radicada en Londres Clement-Talbot fue absorbida por Darracq, no tardaron en aparecer automóviles en el mercado con el nombre de la marca Talbot-Darracq. En la década de 1920, a raíz de la fusión con Sunbeam, se formó la Sunbeam-Darracq-Motors, que también producía, entre otros, vehículos de la marca francesa Suresnes. En 1922, Talbot empezó a fabricar una nueva serie de modelos ligeros con motores de cuatro cilindros. Estos coches, en los que se podía montar una gran variedad de carrocerías, permanecieron en el catálogo de la marca hasta 1926 y fueron relevados en 1927 por un coche de seis cilindros. Con la revisión y perfeccionamiento de este modelo habría bastado, pero Talbot siguió la moda europea de los modelos de ocho cilindros y decidió cambiar de rumbo.

Modelo:	*Talbot K 74*
Cilindrada/Cilindros:	*2438 cm³/6 cilindros*
CV/kW:	*58/42,5*
Año de fabricación:	*1929*
Unidades fabricadas:	*—*

Alvis 12/75 F.W.D.

La empresa Alvis fue fundada en 1919 en Coventry, entonces capital de la industria automovilística británica por Geoffrey de Freville, quien con anterioridad ya había trabajado con una compañía que bajo la marca registrada «Alvis» fabricaba pistones de metal ligero. De esta manera, cuando De Freville irrumpió en el negocio del automóvil, decidió utilizar la marca de estos productos de calidad. La empresa, que desde el primer momento se dedicó a la construcción de vehículos de características deportivas, experimentó a mediados de la década de 1920 con un prototipo con tracción en las ruedas delanteras. El eje delantero estaba formado por una construcción de dos tubos unidos por cuatro soportes y confirió a este modelo, fabricado en serie desde 1928, un aspecto muy peculiar.

Modelo:	*Alvis 12/75 F.W.D*
Cilindrada/Cilindros:	*1482 cm³/4 cilindros*
CV/kW:	*50/36,6*
Período de fabricación:	*1928-1929*
Unidades fabricadas:	—

Modelo:	*Austin Seven Serie 1*
Cilindrada/Cilindros:	*747 cm³/4 cilindros*
CV/kW:	*10,5/7,7*
Período de fabricación:	*1922-1924*
Unidades fabricadas:	—

Modelo:	*Alvis Silver Eagle*
Cilindrada/Cilindros:	*2148 cm³/6 cilindros*
CV/kW:	*72/52,7*
Período de fabricación:	*1928-1934*
Unidades fabricadas:	—

Austin Seven Serie 1

A comienzos de la década de 1920, cuando en el Reino Unido subieron de manera drástica los impuestos que gravaban los automóviles y los grandes modelos de Austin empezaron a tener dificultades para venderse, la marca presentó el modelo Seven, un coche de pequeñas dimensiones con un precio atractivo incluso para la gente con menos poder adquisitivo. Durante mucho tiempo, el Seven no tuvo casi competidor alguno y se convirtió enseguida en el utilitario más popular del país. Austin sabía que podía producirse un coche muy simple a un precio muy bajo, pero tampoco demasiado. El secreto de la solidez de este vehículo radicaba en su estable chasis en forma de «A». En 1927 salió de los talleres la unidad número 50 000 de este automóvil, que además de en su versión habitual también se fabricó con una gran variedad de carrocerías especiales.

Alvis Silver Eagle

1928 fue para Alvis un año de notable importancia en varios sentidos, pues presentó el modelo F.W.D. (Front-Wheel-Drive) y sacó al mercado los primeros automóviles equipados con un motor de seis cilindros cuyas válvulas en culata se accionaban mediante empujadores y balancines. Por lo que se refiere a los chasis, éstos se parecían a los del modelo con tracción delantera y estaban destinados para el montaje en ellos de carrocerías cerradas. Aunque la actualización de modelos se limitó en los primeros años a un aumento más bien ligero de la potencia, los conductores más ambiciosos desde el punto de vista deportivo también tuvieron la oportunidad de emplear el vehículo en competiciones. Mientras que las primeras unidades todavía contaban con una liebre como símbolo en el radiador, las sucesivas ya pasaron a exhibir el emblema definitivo: el Silver Eagle (águila de plata).

Modelo:	*Bentley 4 1/2 L*
Cilindrada/Cilindros:	*4398 cm³/4 cilindros*
CV/kW:	*110/80,5*
Período de fabricación:	*1926-1930*
Unidades fabricadas:	*665*

Bentley 4 1/2 L

Mientras que muchos constructores apostaron al inicio de su carrera por fabricar vehículos de dimensiones reducidas, Walter Owen Bentley se propuso metas muy distintas desde 1919. Bentley deseaba producir los primeros coches deportivos típicamente británicos, de ahí que desde un buen principio ya lanzara potentes coches de cuatro cilindros que debieron demostrar sus cualidades en estrictas pruebas. A partir de estos modelos de tres litros se fabricó en 1926 otro más potente, el 4 1/2 L. Aunque muchos Bentley iban equipados con elegantes carrocerías, la fama de la marca se sustentó sobre todo en los imponentes bólidos de gran cilindrada de la década de 1920. Una mala política financiera condujo en 1931 a la venta de la marca a Rolls-Royce, que renunció a las actividades deportivas que tanto habían contribuido a la imagen de la empresa.

Bentley 4 1/2 L Blower

El modelo 4 1/2 L fue uno de los automóviles que más victorias y prestigio reportó a la casa Bentley. Aun así, W.O. Bentley intentó sacarle un rendimiento todavía mayor aplicando en él la técnica del compresor. De la potencia adicional se encargaba un compresor Roots, que comprimía el aire aspirado a una presión de aproximadamente 4 bares. Para poder homologar para la competición el automóvil también denominado Blower debieron construirse al menos 50 ejemplares de este modelo tan exótico. Por desgracia, la avanzada técnica empleada demostró estar todavía muy verde. Problemas como el abastecimiento de aceite constituían el pan de cada día. El motor, por otro lado, no consiguió resistir demasiado tiempo el extremo desgaste, motivo por el que el Blower raras veces alcanzó su destino.

Modelo:	*Bentley 4 1/2 L Blower*
Cilindrada/Cilindros:	*4398 cm^3/4 cilindros*
CV/kW:	*182/133,3*
Período de fabricación:	*1927-1931*
Unidades fabricadas:	*55*

Bentley 6 1/2 L

En las décadas de 1920 y 1930, muchos fabricantes especializados construían carrocerías que luego se instalaban en los chasis de lujosos automóviles. Walter Owen Bentley era consciente de que el montaje de una carrocería demasiado pesada podía repercutir en la disminución de la potencia del vehículo, de ahí que intentara sortear este impedimento desarrollando un potente motor de 6 cilindros de serie. En su versión habitual, este motor contaba con cuatro válvulas por cilindro, cárteres de metal ligero y doble encendido, una cilindrada de unos 6500 cm^3 y disponía de la potencia suficiente para impulsar esta gama de modelos de larga distancia entre ejes (de 3300 a 3870 mm, según el chasis) hasta una velocidad máxima aproximada de 145 km/h.

Modelo:	*Bentley 6 1/2 L*
Cilindrada/Cilindros:	*6597 cm^3/6 cilindros*
CV/kW:	*145/106,2*
Período de fabricación:	*1926-1930*
Unidades fabricadas:	*363*

MG 14/40 HP

La historia de MG empezó en 1923 cuando Cecil Kimber, jefe de un concesionario de Morris, se hartó de su profesión. Su especialidad era instalar carrocerías especiales en vehículos Morris; en su opinión las delgadas carrocerías mostraban una desproporción con respecto al conservador chasis de Morris y a los poco potentes motores. Kimber, por tanto, desnudó un Morris y construyó a partir de él un automóvil capaz de alcanzar 128 km/h. Tomando como ejemplo el nombre de su empresa «Morris-Garage», Kimber ideó el emblema octogonal de MG y puso en marcha esta marca con el consentimiento de Morris. Si bien Kimber se anunció al principio con el eslogan «MG the Super Sports Morris», muy pronto desarrollo su marca como una empresa independiente.

Modelo:	*MG 14/40 HP*
Cilindrada/Cilindros:	*1802 cm^3/4 cilindros*
CV/kW:	*40/30*
Período de fabricación:	*1924-1929*
Unidades fabricadas:	*—*

Morris Cowley

La denominación Cowley del modelo la eligió William Morris en 1915 para un coche que no era otra cosa que una versión económica del Morris Oxford. Aunque equipado con ruedas delgadas y asientos muy sencillos, el automóvil encontró numerosos compradores, pues renunciar a algunas comodidades no significaba para Morris renunciar a la calidad. En este sentido, Morris era famoso por someter los componentes recibidos de sus proveedores a unas tolerancias de fabricación muy estrictas. En la década de 1920 nació una nueva serie de modelos Cowley fácilmente reconocibles por su rejilla lisa del radiador. Comparado con los Cowley de 1915, los de 1920 contaban ya de serie con detalles tan significativos como las llantas de acero estampado o las ventanas de guillotina, prestaciones que les hacían francamente competitivos.

Modelo:	*Morris Cowley*
Cilindrada/Cilindros:	*1550 cm³/4 cilindros*
CV/kW:	*20/14,7*
Período de fabricación:	*1926-1931*
Unidades fabricadas:	*—*

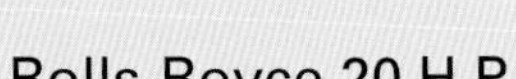

Rolls-Royce 20 H.P.

Aunque Rolls-Royce ya disponía en su catálogo de un coche de la gama más alta (el Silver Ghost), también se propuso desarrollar un mini Rolls-Royce como alternativa al citado modelo. El 20 H.P., presentado en 1921, mostraba un aspecto muy particular que le confería las láminas horizontales de la rejilla del radiador. La diferencia más notable de este modelo, también llamado Twenty, con respecto al Silver Ghost era, como no, su corta distancia entre ejes. Gracias al resultante pequeño radio de giro, Rolls-Royce disponía ahora de un vehículo muy manejable que no experimentó retoque alguno hasta 1929. La segunda serie del modelo (20/25 H.P.) exhibía una mayor potencia que Rolls-Royce siempre definió como «suficiente».

Modelo:	*Rolls-Royce 20 H.P.*
Cilindrada/Cilindros:	*3127 cm³/6 cilindros*
CV/kW:	*datos no disponibles*
Período de fab.:	*1922-1929*
Unidades fabricadas:	*2885*

Rolls-Royce Phantom I

Aplicando las propiedades técnicamente equilibradas del Silver Ghost, Rolls-Royce volvió a causar furor en 1925 con un interesante sucesor. Por un lado, el New Phantom continuaba la tradición del Silver Ghost; por el otro, incluía ya los nuevos avances tecnológicos. Así, bajo su capó, el Phantom I ocultaba un motor de concepción del todo nueva con válvulas situadas en cabeza y culatas extraíbles. Una cilindrada de 7688 cm³ aportaba a revoluciones aun muy bajas un par más que suficiente (en teoría, el Phantom I podía moverse exclusivamente en la cuarta velocidad). Por lo demás, el Phantom I no se fabricó sólo en el Reino Unido, sino que de 1926 a 1931 salieron de talleres estadounidenses y con el volante a la izquierda unas 1200 unidades de este modelo.

Modelo:	*Rolls-Royce Phantom I*
Cilindrada/Cilindros:	*7668 cm³/6 cilindros*
CV/kW:	*datos no disponibles*
Período de fabricación:	*1925-1929 (en el Reino Unido)*
Unidades fabricadas:	*2269 (en el Reino Unido)*

Rover 8 HP

En 1919, Rover adquirió los derechos de producción de un coche de pequeñas dimensiones que Jack Stanger había desarrollado a partir del fabricante de motocicletas Ariel. El modelo, que Rover sacó al mercado con la denominación 8 HP, se fabricaba en los nuevos talleres de Tyseley, cerca de Birmingham. El Rover 8 disponía de un motor *boxer* bicilíndrico refrigerado por aire que también fue empleado por otros fabricantes para impulsar motocicletas o los entonces modernos y ligeros *cyclecars*. A pesar de su equipamiento austero (sin alumbrado de serie), el sólido 8 HP se vendió, y bien, a un precio aproximado de 145 libras esterlinas. Al menos hasta 1922, cuando el Austin Seven, con motor de cuatro cilindros, entró en escena y desbancó al Rover de su pedestal.

Modelo:	*Rover 8 HP*
Cilindrada/Cilindros:	*998 cm³/2 cilindros*
CV/kW:	*14/10,2*
Período de fabricación:	*1920-1924*
Unidades fabricadas:	*—*

Side Swallow S.S.

Antes de desarrollar unos legendarios automóviles que entraron en la historia de los coches deportivos con la marca Jaguar, Sir William Lyons había estado construyendo durante mucho tiempo sidecares para motocicletas. Por añadidura, Lyons ennobleció el pequeño Austin Seven en su empresa S.S (Swallow Sidecar) desde 1927: Lyons encargó solamente el chasis y lo equipó con una elegante carrocería que imprimió un nuevo carácter a este producto de masas de la casa Austin. Aunque la técnica de cada uno de los vehículos fabricados procedía de Austin, estos lujosos vehículos llegaron al mercado con el nombre de la marca S.S. La alternativa a esta limusina relativamente alta pero de aspecto armónico era un pequeño *roadster.*

Modelo: *Side Swallow S.S.*
Cilindrada/Cilindros: *747 cm³/4 cilindros*
CV/kW: *10,5/7,7*
Período de fabricación: *1927-1931*
Unidades fabricadas: —

Vauxhall 20/60 HP Hurlingham

Vauxhall, una industria radicada en Londres y Luton especializada en la construcción naval y de maquinaria, también fabricaba desde 1903 automóviles que ya en sus inicios disfrutaron de una excelente aceptación. Los potentes coches tetracilíndricos con cigüeñal de cinco apoyos no figuraron entre las especialidades del constructor jefe Laurence Pomeroy, sino entre los vehículos que siempre terminaban las competiciones deportivas en las primeras posiciones. En 1925, Vauxhall se adhirió al consorcio General Motors y pasó a fabricar en series cada vez mayores. Para no desprenderse por completo de su inclinación a la exclusividad, en la década de 1930 sacó al mercado un elegante automóvil de seis cilindros cuya principal característica constructiva era la suspensión independiente.

Modelo: *Vauxhall 20/60 H.P. Hurlingham*
Cilindrada/Cilindros: *3000 cm³/6 cilindros*
CV/kW: *60/44*
Período de fabricación: *1927-1929*
Unidades fabricadas: —

Alfa Romeo E 20/30 HP

En 1915, después de haber emprendido una reestructuración a fondo de la empresa A.L.F.A., debido a graves problemas financieros, los bancos, que poseían la mayoría de las acciones de la sociedad, pusieron al mando de la compañía a Nicola Romeo, bajo cuya dirección, en 1919, inició la producción de automóviles de gama alta, que en adelante llevaron el nombre Alfa Romeo. Gracias a los beneficios obtenidos anteriormente en el sector armamentístico, Alfa Romeo no tardó en convertirse en uno de los más renombrados fabricantes de vehículos. La llegada del modelo 20/30 HP significó la puesta en escena de un automóvil para la vida diaria que podía demostrar su facilidad de conducción y potencia en las empinadas carreteras montañosas del norte de Italia.

Modelo:	*Alfa Romeo E 20/30 HP*
Cilindrada/Cilindros:	*4082 cm³/4 cilindros*
CV/kW:	*49/36*
Período de fab.:	*1920-1921*
Unidades fabricadas:	—

Alfa Romeo RM Sport

En 1922, apareció el modelo RL, un vehículo de características deportivas y que era el primero de la nueva marca en venir equipado con un motor de seis cilindros. Un motor de serie de tres litros alcanzaba 56 CV a 3200 RPM, un valor interesante para el conductor deportivo. El RL sólo podía adquirirse como chasis, de ahí que con el tiempo aparecieran coches equipados con carrocerías especiales. En 1923 pasó a formar parte del catálogo de Alfa Romeo el RM, una versión tetracilíndrica del RL. Aunque la empresa con ello sólo se proponía concebir un coche «normal» para la vida diaria, muchos propietarios inscribieron a su RM en competiciones de carretera. Al final, fue la misma casa Alfa Romeo la que acabó compitiendo en todos los circuitos del mundo.

Modelo:	*Alfa Romeo RM Sport*
Cilindrada/Cilindros:	*1944 cm³/4 cilindros*
CV/kW:	*40/30*
Período de fabricación:	*1923-1925*
Unidades fabricadas:	—

Fiat 501

En 1919, Fiat presentó a la opinión pública un automóvil construido bajo la supervisión del director técnico Carlo Cavalli y cuyo éxito podría compararse al del legendario modelo Zero. Como se acabaría demostrando con el tiempo, Cavalli, un antiguo jurista, se apuntó con el 501 un tanto espectacular atribuible en buena medida a la avanzada construcción del vehículo. Así, mientras muchos fabricantes después de la I Guerra Mundial todavía seguían apostando por modelos obsoletos, el 501 exhibía una técnica muy moderna y un chasis retocado con esmero. La versión estándar del 501 alcanzaba una velocidad máxima de unos 70 km/h, mientras que el 501 S podía llegar hasta casi los 100 km/h.

Modelo:	*Fiat 501*
Cilindrada/Cilindros:	*1460 cm³/4 cilindros*
CV/kW:	*32/23,4*
Período de fabricación:	*1919-1926*
Unidades fabricadas:	*aprox. 70 000*

Fiat 509

El modelo 509 que Fiat lanzó en 1925 fue uno de los automóviles que se fabricó en términos económicos. Desde hacía años, la empresa apostaba por simplificar y racionalizar la producción y utilizaba modernas técnicas de soldadura con una frecuencia cada vez mayor. Por otro lado, Fiat limitaba el empleo de rodamientos de bolas a algunas pocas medidas estándares. El 509, un vehículo de gama media, se fabricó en las versiones cabriolé, sedán, *spider* y torpedo. Quien lo deseaba podía adquirir este coche a plazos, una idea que contribuyó al aumento de las ventas. En la década de 1920, cuando muchos modelos todavía llevaban las palancas del freno y del cambio de velocidades en el exterior del vehículo, Fiat se avanzaba al futuro y ya las emplazaba en el interior.

Modelo:	*Fiat 509*
Cilindrada/Cilindros:	*990 cm³/4 cilindros*
CV/kW:	*22/16,1*
Período de fabricación:	*1925-1929*
Unidades fabricadas:	—

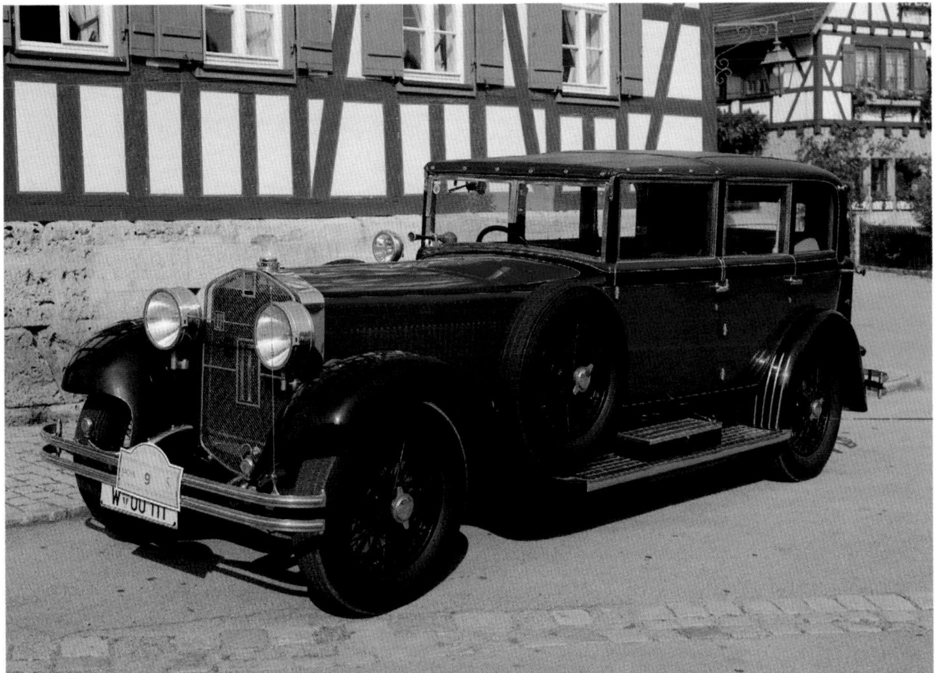

Isotta-Fraschini Tipo 8A

La Fabbrica Automobili Isotta-Fraschini era uno de los pocos fabricantes de automóviles que hacia 1919 sacaba al mercado coches marcadamente de lujo. En el catálogo de modelos figuraba el Tipo 8, que en 1924 fue relevado por el Tipo 8A, una versión renovada. Entre los nuevos elementos sobresalía el frenado en las cuatro ruedas y, sobre todo, el motor, que se había sometido a una revisión a fondo. Isotta-Fraschini apostó por una construcción ligera y fabricó el bloque del motor, pistones incluidos, con una aleación de aluminio. La distribución por válvulas se efectuaba mediante un árbol de levas en culata, al tiempo que el cigüeñal de diez apoyos proporcionaba al motor un funcionamiento muy silencioso. La mayoría de estos vehículos se fabricaba como chasis y se equipaba posteriormente con carrocerías de reputados constructores.

Modelo:	*Isotta-Fraschini Tipo 8A*
Cilindrada/Cilindros:	*7370 cm³/8 cilindros*
CV/kW:	*115/84,2*
Período de fabricación:	*1924-1929*
Unidades fabricadas:	—

Lancia Lambda

Presentado en 1922 por Vincenzo Lancia, el Lambda todavía está considerado como el vehículo más interesante de la historia de la marca. Una ojeada a tres características constructivas aclara por qué. El Lambda fue el primer automóvil del mundo con carrocería autoportante, una suspensión independiente y un motor tetracilíndrico en «V». Gracias a la carrocería autoportante, el Lambda era más ligero y poseía una mayor resistencia a la torsión que otros modelos similares de la época. La transmisión ya no estaba alojada debajo del chasis, sino en un túnel en el interior de la carrocería. Y precisamente aquí radicaba la singularidad del Lambda: pese a ser más bajo que otros coches, era más espacioso. A su vez, el dispositivo de frenado en las cuatro ruedas daba una gran tranquilidad al conductor de este vehículo capaz de alcanzar 115 km/h.

Modelo:	*Lancia Lambda*
Cilindrada/Cilindros:	*2120 cm³/4 cilindros*
CV/kW:	*49/35,9*
Período de fabricación:	*1923-1931*
Unidades fabricadas:	*12 999*

Austro Daimler AD 617 Sport

En 1899, la filial austríaca de Daimler-Motoren-Gesellschaft emprendió la fabricación de automóviles bajo la supervisión del director técnico, Paul Daimler. Cuando en 1905 Daimler fue relevado por Ferdinand Porsche y en 1910 la empresa se transformó en la Austro Daimler-Gesellschaft, los primeros modelos que salieron de los talleres presentaban unas características deportivas bien visibles. Porsche desarrollo un bólido de gran cilindrada, con 90 CV de potencia, capaz de alcanzar una velocidad de 145 km/h y con el que se adjudicó la prueba de fiabilidad más popular de la época: la Copa Príncipe Enrique. Antes de que Porsche abandonara la empresa en 1923, todavía presentó un modelo de lujo con motor hexacilíndrico y árbol de levas en la parte superior. Este automóvil, la última construcción de Porsche para Austro Daimler, sólo estaba concebido para la exportación.

Modelo:	*Austro Daimler AD 617 Sport*
Cilindrada/Cilindros:	*4420 cm³/6 cilindros*
CV/kW:	*60/44*
Año de fabricación:	*1923*
Unidades fabricadas:	—

Austro Daimler ADR 6

Cuando en 1923 Ferdinand Porsche abandonó Austro Daimler para asumir la dirección de la Daimler-Motoren-Gesellschaft en Stuttgart, su sucesor, Karl Rabe, prosiguió la tradición de fabricar coches deportivos. Con él como director, el AD, el último modelo de Porsche, fue sometido a una serie de mejoras y puesto a la venta en diferentes versiones. El potencial que albergaba el motor de 6 cilindros de serie distaba mucho de haberse agotado, pues el Austro Daimler con el motor de 110 CV de potencia todavía le resultó muy útil a Hans Stuck, quien se hizo con la victoria en numerosos rallies alpinos. En 1929, Austro Daimler, que entre tanto se había fusionado con Puch, lanzó al mercado el ADR, un modelo interesante cuyo éxito inicial se vio lamentablemente frenado por la crisis económica internacional.

Modelo:	*Austro Daimler ADR 6*
Cilindrada/Cilindros:	*2994 cm³/6 cilindros*
CV/kW:	*70/51,2*
Año de fabricación:	*1929*
Unidades fabricadas:	—

Volvo ÖV 4

En vista de las adversas condiciones climatológicas típicas del norte de Europa, nada hacía presagiar que el primer vehículo en salir de los talleres Volvo (en Göteborg en 1927) sería precisamente un modelo sin capota. La idea de fundar una empresa automovilística en Suecia ya la había tenido Assar Gabrielsson a comienzos de la década de 1920. Gracias al apoyo de la fábrica de rodamientos para la que él trabajaba (SKF) y a la ayuda de su compañero Gustav Larsson, la empresa se consolidó con rapidez y amplió la gama de productos con vehículos industriales. Antes de desarrollar un estilo propio, el diseño de los primeros modelos Volvo se inspiró en el de los fabricados en aquella época en Estados Unidos. El nombre de la marca proviene del latín, lengua en que «volvo» significa «yo ruedo».

Modelo: *Volvo ÖV 4*
Cilindrada/Cilindros: *1944 cm³/4 cilindros*
CV/kW: *28/20,5*
Período de fabricación: *1927-1928*
Unidades fabricadas: —

Piccard-Pictet R 2

La política de precios y las limitaciones a la importación de automóviles extranjeros en los países vecinos hizo que Suiza no lograra reactivar la exportación de vehículos hasta después de 1919, no sin antes vencer muchos obstáculos. La Société d'Automobiles à Genève, fundada en 1904, sacaba al mercado sus automóviles con las marcas Pic-Pic y Piccard-Pictet. Tras la I Guerra Mundial, esta compañía se había propuesto en un principio presentar un automóvil de ocho cilindros, aunque la situación del mercado le hizo decidirse antes por varios modelos de cuatro y seis cilindros, que se vendieron bien y situaron por algún tiempo a la sociedad entre los tres mayores fabricantes suizos de automóviles. La construcción de vehículos de lujo acabó reportando dificultades financieras a Pic-Pic, que en 1924 debió abandonar su actividad.

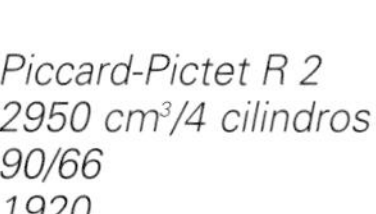

Modelo: *Piccard-Pictet R 2*
Cilindrada/Cilindros: *2950 cm³/4 cilindros*
CV/kW: *90/66*
Año de fabricación: *1920*
Unidades fabricadas: —

Hispano-Suiza H6B

La historia de la marca Hispano-Suiza, en sus inicios española, figura entre las más interesantes que los anales pueden ofrecer. Marc Birkigt, un ingeniero suizo, logró que su patrón español cambiara el concepto de un automóvil de gran potencia que con el tiempo, y tras experimentar numerosas modificaciones, no tardaría en ascender a la elite de la época. Para poder servir mejor a la mimada clientela de los países vecinos, en 1911 se creó un taller de montaje en Francia. En ella, mientras la producción en la sede principal de Barcelona retrocedía, pasaron a fabricarse los famosos clásicos de seis y doce cilindros. A pesar de la crisis económica mundial, Hispano-Suiza continuó construyendo modelos cada vez más colosales hasta mediados de la década de 1930, cuando pasó a dedicarse al negocio de los motores para aeroplanos, bastante más rentable.

Modelo: *Hispano-Suiza H6B*
Cilindrada/Cilindros: *6597 cm³/6 cilindros*
CV/kW: *135/99*
Período de fabricación: *1919-1929*
Unidades fabricadas: —

Praga Piccolo

Aunque para Praga la construcción de automóviles no fue sino uno más de sus múltiples negocios, la verdad es que durante mucho tiempo resultó ser una de las actividades más lucrativas de la mayor industria mecánica de Bohemia. Para no invertir mucho dinero en desarrollo, Praga utilizó en sus inicios numerosos componentes técnicos de otros fabricantes, sobre todo de Renault. Los primeros modelos propios (el Mignon y el Alfa) salieron hacia 1910, se consolidaron rápidamente en el mercado y fueron sustituidos al cabo de poco por el Piccolo, con el que la empresa se apuntó un gran tanto. Con la denominación Piccolo Special se fabricó incluso una versión deportiva. Uno de estos modelos, equipados con carrocería de madera sin puertas, llegó incluso a clasificarse en el Gran Premio de Argel.

Modelo:	*Praga Piccolo*
Cilindrada/Cilindros:	*707 cm³/4 cilindros*
CV/kW:	*10/7,3*
Año de fabricación:	*1925*
Unidades fabricadas:	*---*

Skoda 860

En 1929, el consorcio Skoda presentó en el Salón del Automóvil de Praga un coche de la gama más alta que, a diferencia de modelos anteriores, era de fabricación completamente propia. Con la denominación Skoda 860 (el primer número se refería al número de cilindros; el segundo, a la potencia), la compañía sólo fabricó 49 coches hasta 1931, la mayoría de ellos limusinas cerradas. Con una distancia entre ejes de 3570 mm y una longitud total de 5425 mm, este colosal vehículo pesaba 1850 kg y alcanzaba una velocidad máxima de 110 km/h. La cifra tan baja de unidades salidas de fábrica constituye una prueba más de la exclusividad del 860, un coche de lujo capacitado para competir con otros modelos similares de la época. Por lo visto, Skoda también intentó introducir este vehículo en el mercado alemán, pues se mandó imprimir una serie de folletos en la lengua de este país en los que se describía el modelo con un lenguaje similar al empleado en los telegramas.

Modelo:	*Skoda 860*
Cilindrada/Cilindros:	*3880 cm³/8 cilindros*
CV/kW:	*60/44*
Período de fabricación:	*1929-1931*
Unidades fabricadas:	*49*

Buick Country Club

Buick siempre se caracterizó por introducir con una gran regularidad las mejoras técnicas que iban apareciendo. En 1928, año en que esta innovadora empresa celebraba sus bodas de plata, apareció el primer Buick equipado con amortiguadores hidráulicos. Como es obvio, el modelo también contaba con numerosos detalles con los que Buick ya había causado sensación en 1914, año en que se presentó el primer Buick con motor de 6 cilindros, el primer modelo con el volante a la izquierda y el cambio de velocidades entre los dos asientos delanteros, así como el primer Buick con arranque eléctrico. El freno en las cuatro ruedas se introdujo en 1924. Los amantes de los automóviles podían identificar los modelos de 1928 por la forma de la rejilla del radiador, muy parecida a la de los Packard.

Modelo:	*Buick Country Club*
Cilindrada/Cilindros:	*3500 cm³/6 cilindros*
CV/kW:	*60/44*
Año de fabricación:	*1928*
Unidades fabricadas:	*---*

Cadillac Series 314

A pesar del lema «The Standard of the World» (el estándar del mundo), Cadillac no lo tuvo fácil para resistir la competencia ejercida por Packard en el sector de los automóviles de lujo. Considerando las unidades fabricadas, Cadillac no logró imponerse a su rival hasta 1932, y todo ello pese a que a finales de la década de 1920 nadie ponía en tela de juicio su excelente mecánica. En este sentido, y gracias al empleo de chasis más ligeros y bajos, las pesadas limusinas con potentes motores V8 podían alcanzar una velocidad máxima de unos 115 km/h, 120 km/h las versiones sin capota. La utilización de «carrocerías Fisher», disponibles en sólo tres colores, hizo que por primera vez un Cadillac resultara asequible para bolsillos no tan llenos como los de quienes solían adquirirlos habitualmente.

Modelo:	*Cadillac Series 314*
Cilindrada/Cilindros:	*5154 cm³/8 cilindros*
CV/kW:	*85/62,2*
Período de fabricación:	*1926-1928*
Unidades fabricadas:	—

Cadillac Series 341 A

El período clásico empezó para Cadillac en 1924. Gracias a una serie de mejoras en los motores (cigüeñal, culatas desmontables), así como de revisiones en los sistemas de frenado y en el chasis, aumentaron las posibilidades de instalar con una frecuencia cada vez mayor carrocerías al gusto del cliente. Esto fue realmente importante, ya que que a las carrocerías estándares de los Cadillac les faltaba algo de aquella elegancia de los Packard. A raíz de la entrada de Harley Earls, General Motors creó una división especializada en el diseño de carrocerías. Los primeros vehículos en beneficiarse de estas inversiones fueron los de la serie 341: a pesar de la gran distancia entre ejes (3560 mm), los modelos de esta serie presentaban una carrocería equilibrada a la perfección.

Modelo:	*Cadillac Series 341 A*
Cilindrada/Cilindros:	*5572 cm³/8 cilindros*
CV/kW:	*120/87,9*
Período de fabricación:	*1928-1930*
Unidades fabricadas:	—

Chrysler 70

Cuando en 1920 Walter Chrysler decidió dimitir de su cargo de director general de General Motors, lo primero que hizo fue sanear la marca de automóviles Willys-Overland, entonces a un paso de la quiebra, y crear su propia empresa. Sólo de esta manera consiguió fabricar un coche a su gusto. El resultado del trabajo fue el Chrysler 70, que se presentó en 1923 y se distribuyó a través de una amplia red de concesionarios. La inversión valió la pena: el vehículo fue bien recibido y aportó unos ingresos de 50 millones de dólares. Dos años más tarde, Chrysler creó un hermano de cuatro cilindros para el anterior modelo, de seis. Después de la absorción de los talleres Dodge a finales de la década de 1920, Chrysler no tardó en convertirse en uno de los principales competidores de Ford y General Motors.

Modelo:	*Chrysler 70*
Cilindrada/Cilindros:	*3301 cm³/6 cilindros*
CV/kW:	*68/50*
Período de fabricación:	*1924-1926*
Unidades fabricadas:	*aprox. 32 000*

Cord L 29 Serie 1

Antes de que Errett Lobban Cord iniciara su carrera como fabricante de automóviles de lujo ya había desarrollado el Duesenberg, el hasta entonces coche de serie más potente del mundo. Con el modelo, que iba equipado con un motor de serie de ocho cilindros y que ya llevaba su nombre, Cord creó por fin un monumento a sí mismo y de una clase muy especial. El coche disponía ya de tracción delantera, y la caja de cambios de tres velocidades se accionaba mediante una pequeña palanca que sobresalía del tablero de mandos. De la impresionante longitud del L 29, sólo 3490 mm correspondían a la batalla, mientras que el capó medía apenas 1400 mm. Con una longitud total de 5200 mm, el Cord superaba todo lo que hasta aquel momento en Estados Unidos había ido sobre ruedas.

Modelo:	*Cord L 29 Serie 1*
Cilindrada/Cilindros:	*4893 cm³/8 cilindros*
CV/kW:	*125/91,5*
Período de fabricación:	*1929-1932*
Unidades fabricadas:	*aprox. 3600*

Ford A

De manera análoga al modelo T de Ford, el Ford A también fue una construcción robusta y simple que, con los años, fue sometida a revisiones periódicas a fin de modernizarla. Para poder contentar a una amplia clientela, además de la versión estándar en limusina se fabricaron también diversas alternativas, como turismos sin capota, *roadsters* o cabriolés. Con el Ford A, la empresa intentó igualmente hacer pie en el mercado europeo. Con este objetivo, desde el verano de 1928 pasó a producir el vehículo también en Berlín y con ello puso la primera piedra de su sucursal en Alemania. Para el mercado alemán, la cilindrada del Ford A debió reducirse por motivos fiscales a 2023 cm³, con lo que la potencia también disminuyó a 28 CV.

Modelo:	*Ford A*
Cilindrada/Cilindros:	*3285 cm³/4 cilindros*
CV/kW:	*40/30*
Período de fabricación:	*1927-1932*
Unidades fabricadas:	*4 320 446*

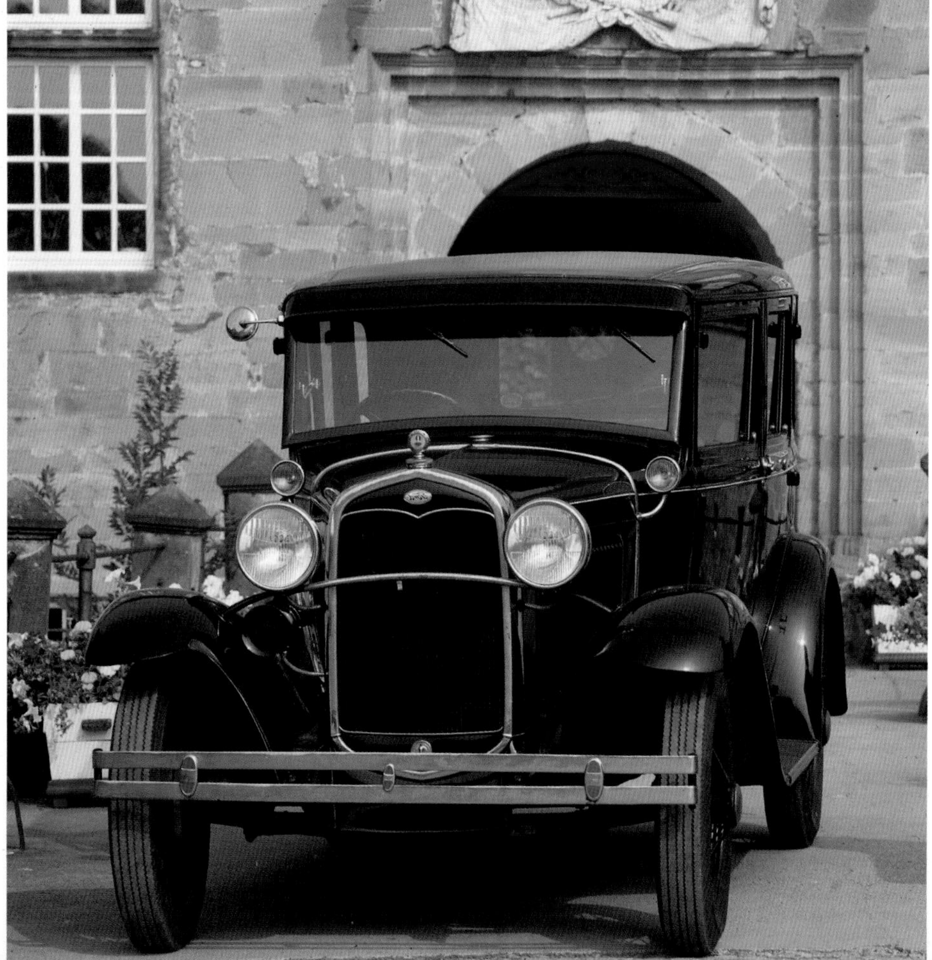

Ford A

Cuando a finales de la década de 1920 el legendario Tin Lizzie de Henry Ford ya podía considerarse como algo anticuado, Ford decidió suspender su producción durante unos meses para poder concluir lo más rápido posible la construcción del modelo destinado a reemplazarlo. Hasta diciembre de 1927 no tuvo lugar el lanzamiento del nuevo Ford A, que se había desarrollado en un tiempo récord de ocho meses. Entre las ventajas de este vehículo recién creado figuraban la nueva caja de cambios de tres velocidades, los amortiguadores hidráulicos y el sistema de frenada en las cuatro ruedas. Las ruedas con radios de varilla y los limpiaparabrisas eran tan obligatorios como un indicador de gasolina o un manómetro de aceite. Otro detalle novedoso era la prolongación de los intervalos de mantenimiento a 8000 km, un valor muy por encima de la mediana de entonces.

Modelo:	*Ford A*
Cilindrada/Cilindros:	*3285 cm³/4 cilindros*
CV/kW:	*40/30*
Período de fabricación:	*1927-1932*
Unidades fabricadas:	*4 320 446*

La Salle 303

Concebido en un primer momento como interesante alternativa al Cadillac, General Motors reaccionó ante el éxito del La Salle equipándolo, de acuerdo con la tendencia de la época, con motores cada vez más potentes: primero, con uno de ocho cilindros; más tarde, con un V8 de 5,8 litros . El diseño de la carrocería era obra de Harley Earl, de cuyo estudio también habían salido algunos retoques en las carrocerías de los Cadillac. Con La Salle, General Motors estuvo a punto de consolidar un competidor económico en su propia casa. Para impedirlo, Cadillac desarrolló, además de modelos V8, un modelo V12 y otro V16. Estos automóviles de la gama más alta, que se vendían a precios prohibitivos, terminaron por aportar un equilibrio entre las marcas del consorcio.

Modelo:	*La Salle 303*
Cilindrada/Cilindros:	*4965 cm³/8 cilindros*
CV/kW:	*90/66*
Período de fabricación:	*1927-1928*
Unidades fabricadas:	---

Lincoln V8

Cuando en 1920 Henry Leland, fundador de Cadillac, creó junto a su hermano una nueva fábrica de automóviles, se eligió el nombre de Lincoln en honor del antiguo presidente de Estados Unidos. Aunque los hermanos adquirían muchos componentes a varios proveedores y ellos sólo producían el gran motor V8, dos años de equivocada política financiera estuvieron a punto de llevarles a la bancarrota. Henry Ford se hizo cargo de la maltrecha empresa, amplió la gama de productos e impuso la construcción del gran modelo V8, que gracias a una excelente capacidad de aceleración no tardó en convertirse en el coche de policía más apreciado de Norteamérica. En 1932, con la presentación del Lincoln KB, de doce cilindros, Ford llegó incluso a inscribirse en el reducido círculo de los fabricantes de vehículos de lujo.

Modelo:	*Lincoln V8*
Cilindrada/Cilindros:	*6300 cm³/8 cilindros*
CV/kW:	*100/73,2*
Período de fabricación:	*1928-1932*
Unidades fabricadas:	---

Oakland Sport Phaeton

Oakland ingresó en 1909 en el entonces recién fundado consorcio General Motors y al cabo de poco tiempo amplió su lista de productos, formada por sólidos modelos tetracilíndricos, con un modelo de seis cilindros fácilmente identificable por su particular radiador puntiagudo. En 1916, además de un gran motor V8, se desarrolló también otro coche con motor hexacilíndrico por cuyo impresionante éxito en poco tiempo Oakland estuvo a punto de agotar todo su potencial de producción. Tras experimentar una revisión a fondo, a raíz de la cual se le aumentó la cilindrada y se le equipó con un sistema de lubrificación automático y frenos de tambor en las cuatro ruedas, el modelo volvió a salir en 1926. Ese mismo año, Oakland consiguió vender más de 58 000 unidades de ese modelo.

Modelo:	*Oakland Sport Phaeton*
Cilindrada/Cilindros:	*3032 cm³/6 cilindros*
CV/kW:	*45/33*
Período de fabricación:	*1926-1932*
Unidades fabricadas:	—

Packard 645 De-Luxe

Antes de lanzarse a la construcción de caros modelos de superlujo, la empresa automovilística fundada por James Packard en 1899 empezó, como otros muchos competidores, fabricando coches monocilíndricos y pequeños modelos de cuatro cilindros. Al seis cilindros de 1912 le siguió tres años más tarde el primer automóvil del mundo en venir de serie con un motor de doce cilindros. Para aumentar su clientela, Packard puso en el mercado durante la década de 1920 varios modelos que funcionaban con motores de ocho cilindros suaves como la seda. De la exitosa serie «Packard Sixth Series Eight» aparecida en 1928, los clientes podían elegir no sólo de entre cinco versiones de modelo sino también de entre diez carrocerías diferentes.

Modelo:	*Packard 645 Series Eight*
Cilindrada/Cilindros:	*6320 cm³/8 cilindros*
CV/kW:	*106/77,6*
Período de fabricación:	*1928-1929*
Unidades fabricadas:	—

Ruxton Roadster

En contraste con la habitual costumbre de ponerle a un automóvil el nombre del inventor, el Ruxton debía el suyo al del hombre que había puesto el dinero para fabricarlo: V.C. Ruxton. La idea de construir un espectacular coche de lujo con tracción delantera no era de por sí nada del otro mundo, pues el Ruxton apareció como una especie de producto secundario de la New Era Motors Inc. y estaba fabricado con componentes de producción sobre todo ajena: así, el motor procedía de Continental, las elegantes carrocerías de los especialistas Budd y Raulang, y únicamente el chasis era de creación propia. El Ruxton, sin embargo, no terminó de satisfacer a Archie M. Andrews, iniciador de todo el proyecto, pues las expectativas de ventas no se cumplieron y el patrocinador se desentendió de la bomba poco antes de que le estallara en las manos.

Modelo: *Ruxton Roadster*
Cilindrada/Cilindros: *5500 cm^3/8 cilindros*
CV/kW: *94/68,8*
Período de fabricación: *1929-1931*
Unidades fabricadas: —

Willys Overland

Radicada en el estado de Indiana, la Standard Wheel Company sacó al mercado en 1902 un coche de relativamente escaso éxito. La delicada situación de la empresa sólo mejoró cuando asumió su dirección el hombre de negocios neoyorquino John North Willys. Con él como supervisor general aparecieron varios automóviles de cuatro y seis cilindros que se presentaron con las marcas Willys y Overland. Debajo del capó del Willys se escondía un motor de admisión regulada por carburador de guillotina fabricado con el sistema Knight y cuya característica más notable era su absolutamente silencioso funcionamiento. En 1910, Willys trasladó la sede de la empresa a Ohio, donde pronto inició la producción en serie de su modelo más alabado, el Willys Overland Four.

Modelo: *Willys Overland*
Cilindrada/Cilindros: *2788 cm^3/4 cilindros*
CV/kW: *38/27,8*
Período de fabricación: *1922-1926*
Unidades fabricadas: —

DH-A 500

1930-1940

Soberbios autos de lujo y para las masas

Soberbios autos de lujo y para las masas

Automóviles para todas las clases sociales

De entre todos los automóviles anteriores a la II Guerra Mundial, los que mayormente acaparan la atención de los aficionados en los rallies de coches antiguos de hoy en día son los construidos durante la década de 1930. El espectro automovilístico de esta época ya era muy amplio, pues en ella no sólo aparecieron vanguardistas y espectaculares modelos de gran lujo como el famoso Mercedes-Benz SSK, sino también otros muy simples destinados a las clases populares, como el Fiat Topolino. Por aquel entonces, los ingenieros también empezaron a preocuparse por el aspecto que debería tener un coche para las masas. Novedades técnicas hubo más bien pocas, pues desde el punto de vista automovilístico el desarrollo de los vehículos había concluido a finales de la década de 1920. Aunque el automóvil ya tenía todo lo que necesitaba para moverse, algunos fabricantes no hacían uso, ni mucho menos, de todos los logros técnicos. Unos cuantos fabricantes, entre ellos Rolls-Royce, desconfiaban de los frenos hidráulicos y seguían apostando aún por sistemas mecánicos. A duras penas consiguió imponerse la suspensión independiente en las cuatro ruedas, y mucho más difícil lo tuvo aún la tracción delantera, la habitual en nuestros días. Las estadísticas demuestran con meridiana claridad que el automóvil formaba parte indisoluble de la vida cotidiana. La cantidad de propietarios de un automóvil se duplicó en la Europa de la década de

1930. En la misma década, en Estados Unidos, de cuyas cadenas de montaje salía casi el 70% de la producción mundial, se fabricaron cinco millones de automóviles al año. Respondiendo al gusto de los compradores, pero también a las condiciones económicas y financieras, la mayoría de la producción correspondía a automóviles de gama media. Los fabricantes más destacados ya empleaban por entonces los métodos de producción más avanzados: se abandonó la construcción estándar del chasis y se fomentó la carrocería autoportante (Lancia), que no sólo simplificó y abarató el proceso de fabricación. Otros, a su vez, aplicaron a la construcción los conocimientos más avanzados sobre aerodinámica y crearon unos modelos de líneas muy particulares. También se descubrió que una simple rejilla de protección para el radiador podía imprimir un gran carácter al vehículo, sobre todo si era vistosa, maciza y estaba cromada. Los grandes personajes de la vida política y de las altas finanzas también se dejaron cautivar por las maravillas del mundo del automóvil. Marcas como Duesenberg, Bugatti o Rolls-Royce, por citar sólo tres de ellas, crearon automóviles impresionantes que con el tiempo han entrado a formar parte de la historia del automóvil como «clásicos». De tales clásicos nunca salieron de los talleres grandes cantidades: Bugatti sólo construyó unos 2000 vehículos en diez años, mientras que la selecta marca estadounidense Duesenberg sólo fabricó 470 unidades de su modelo J en ocho años. No importa según qué principio fueron construidos estos coches de lujo (motor con compresor, ocho o dieciséis cilindros, etc.), ya que en un punto parece haber unanimidad: los grandes clásicos fueron desde el principio la expresión y el símbolo de una época. Cada marca intentó adaptarse a los deseos de su clientela; así, por ejemplo, los fabricantes estadounidenses sacaron al mercado automóviles de gran cilindrada y con el mayor número de cilindros posible. Sólo en este país, ya había media docena de marcas que construían modelos de doce cilindros. Las marcas británicas se conformaban con cuatro o seis cilindros, pues en su país se apreciaba ante todo lo deportivo y el placer de conducir. Esta época terminó en seco a finales de la década de 1930 con el estallido de la II Guerra Mundial. Los vehículos que consiguieron sobrevivir milagrosamente a la devastación de la guerra continuaron utilizándose hasta bien entrada la década de 1950.

Adler Trumpf Junior 1 E

Cuando en 1934 entró en escena el primer Adler Trumpf Junior, este coche de carrocería ligera revestida de cuero artificial tenía el aspecto exterior de un DKW. Aunque esto podía resultar práctico, para desmarcarse de dicha marca y adquirir más prestigio, Adler no tardó en dotar al vehículo de una construcción de acero. De DKW, sin embargo, todavía quedaba algún resquicio, y es que el Adler también era un automóvil con tracción delantera cuya potencia se transmitía a las ruedas mediante una caja de cuatro velocidades. Todos los autos tenían como base un chasis cuadrangular sobre el que podían montarse varias carrocerías especiales. A diferencia de anteriores modelos con tracción delantera, en este caso los compradores sí supieron apreciar las ventajas, hecho que quedó reflejado en la cantidad de unidades vendidas: en 1939, Adler celebró la fabricación de su Trumpf Junior número 100 000.

Modelo:	*Adler Trumpf Junior 1 E*
Cilindrada/Cilindros:	*995 cm³ /4 cilindros*
CV/kW:	*25/18,3*
Período de fabricación:	*1936-1941*
Unidades fabricadas:	*110 000 (toda la serie)*

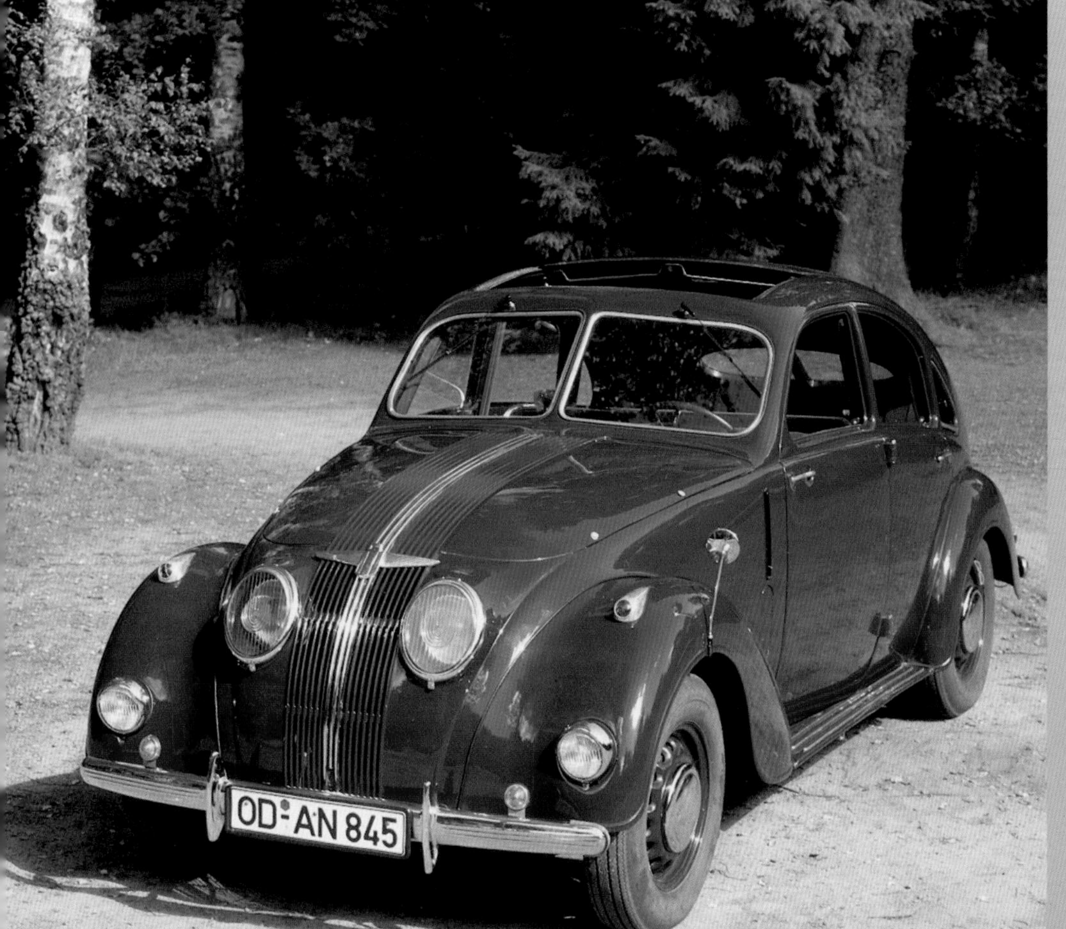

Adler 2.5 L 10

En 1937, la prensa que acudió al Salón del Automóvil de Berlín informó de unas espectaculares novedades que esta vez no habían aparecido, como venía siendo habitual, en el *stand* de alguna marca de lujo sino en el de Adler. En dicho acontecimiento, el Adler 10 logró atraer el interés, ya que este vehículo de estilo aerodinámico no era muy típico de un constructor como Adler. Los conocedores de este mundo sabían que este automóvil era más bien fruto del trabajo de un ingeniero como Karl Jenschke, anteriormente al servicio de Steyr. Y la verdad es que el Adler poseía algunas características del similar Steyr 50. El gran Adler no tardó en convertirse en el «Autobahn-Adler» (el Adler de las autopistas), dado que en ese lugar resultaba tan extraño verlo como en otras carreteras: sólo unos pocos mostraron cierto entusiasmo por este poco común estilo.

Modelo:	*Adler 2.5 L10*
Cilindrada/Cilindros:	*2494 cm³/6 cilindros*
CV/kW:	*58/42,4*
Período de fabricación:	*1937-1940*
Unidades fabricadas:	*5295*

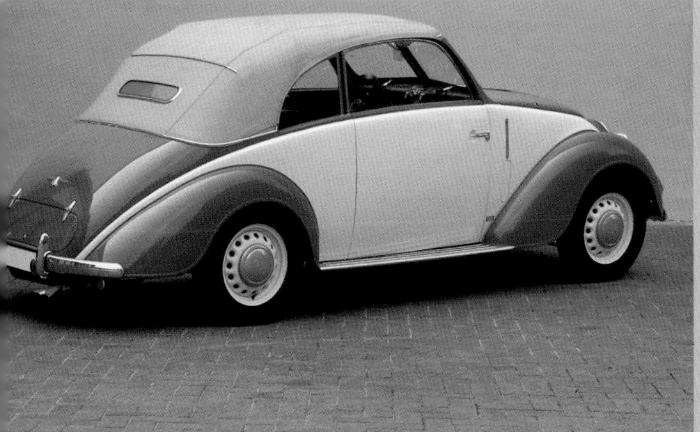

Adler 2.5 L Cabriolet

Manifiestamente, la forma del «Autobahn-Adler», con su línea de cintura bastante alta, no era del agrado de todo el mundo. Esta forma permitía ganar mucho espacio en el interior, sobre todo para las piernas, pues el motor se había desplazado muy hacia adelante. Además de la versión estándar como limusina de cuatro puertas, también se fabricaron algunas versiones especiales para bolsillos bastante llenos, entre ellas un cabriolé de dos puertas. El vehículo fue proyectado por Karmann en Osnabrück e igualmente construido allí, mientras que Adler sólo realizó el chasis y se hizo cargo de los aspectos técnicos. Quienes deseaban más lujo podían encontrar una alternativa en la fábrica de carrocerías Buhne, de donde salieron algunos ejemplares de una limusina deportiva de 80 CV.

Modelo:	*Adler 2.5 L Cabriolet*
Cilindrada/Cilindros:	*2494 cm³/6 cilindros*
CV/kW:	*58/42,5*
Período de fabricación:	*1937-1940*
Unidades fabricadas:	*5295*

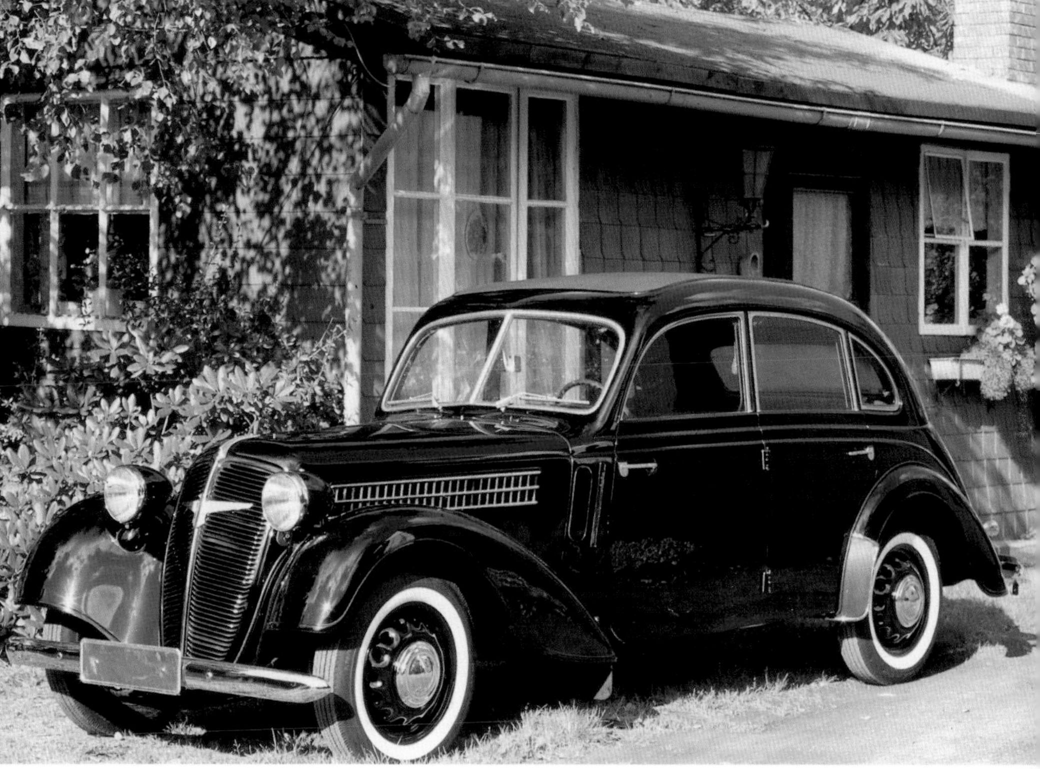

Adler 2 L

En 1938, Adler presentó el modelo de 2 litros, un automóvil más espacioso que el Trumpf Junior. Además de una mayor distancia entre ejes (2920 mm en lugar de 2630), este coche con tracción en las ruedas delanteras estaba equipado con un motor más potente que le permitía alcanzar una velocidad máxima de 110 km/h. El precio del 2 litros oscilaba de 4350 a 6000 marcos alemanes en función de la carrocería elegida. Nueva en el catálogo de productos era una carrocería de limusina fabricada en los talleres Karmann reconocible por la presencia de seis ventanas laterales. En contraste con muchos otros fabricantes de automóviles que dejaron de construir al principio de la II Guerra Mundial, Adler trabajó durante un tiempo con el modelo de 2 litros como artículo destinado a la exportación.

Modelo:	*Adler 2 L*
Cilindrada/Cilindros:	*1910 cm³/4 cilindros*
CV/kW:	*45/33*
Período de fabricación:	*1938-1940*
Unidades fabricadas:	*aprox. 7500*

Audi Front UW 2 L

Cuando los talleres Audi en 1932 quedaron integrados en la Auto Union AG, Audi desarrolló un catálogo de vehículos destinado a cubrir el espacio superior de la gama media. Con motivo del Salón del Automóvil Alemán de 1933, en el que la Auto Union participó por primera vez, Audi presentó su Front, un modelo muy avanzado de tracción delantera en vez de la habitual trasera. Por desgracia, las perspectivas de ventas no se cumplieron, puesto que el técnicamente genial aunque todavía poco utilizado concepto de la tracción delantera fue rechazado por los potenciales clientes, muy conservadores. De esta manera, y a pesar de todas sus cualidades, este automóvil capaz de alcanzar los 100 km/h nunca llegó a triunfar.

Modelo:	*Audi Front UW 2 L*
Cilindrada/Cilindros:	*1950 cm³/6 cilindros*
CV/kW:	*40/29,3*
Período de fabricación:	*1933-1934*
Unidades fabricadas:	*aprox. 2000*

Audi Front UW 225 Spezial-Cabrio

Aunque con Auto Union AG siguió produciendo automóviles de gran valor, a la casa Audi le resultó difícil recuperar el esplendor de finales de la década de 1920. Así, por ejemplo, el nuevo Front se quedó a años luz del éxito que de él se esperaba. Pese a ser mal recibido, Audi realizó del Front una especie de modelo de lujo: el UW 225. Este nuevo automóvil se estructuraba alrededor de un macizo chasis central cuadrangular, presentaba una distancia entre ejes de 3100 mm y, por ende, se adaptaba bien a las carrocerías especiales. Las carrocerías quizá más bellas, pero también más caras, fueron las suministradas por la casa Gläser de Dresde. De todos modos, sólo 25 UW 225 de los 2600 que se fabricaron fueron equipados con carrocerías de dicho fabricante.

Modelo:	*Audi Front UW 225 Spezial-Cabrio*
Cilindrada/Cilindros:	*2257 cm³/6 cilindros*
CV/kW:	*50/36,6*
Período de fabricación:	*1935-1938*
Unidades fabricadas:	*aprox. 2600*

Audi 920

En busca de un sucesor bien motorizado para el Audi Front 225, el consorcio Auto Union rescató de los archivos una idea desarrollada bastantes años atrás: para fabricar un económico automóvil de seis cilindros bastaba con quitarle dos cilindros al motor de ocho proyectado anteriormente por Horch. Audi recurrió a esta idea y se puso a desarrollar un nuevo modelo con estas características. El resultado fue el Audi 920, que empezó a fabricarse en serie en noviembre de 1938 y del que se hicieron dos versiones: un cabriolé y una limusina con seis ventanas. El precio del Audi 920 oscilaba entre 7600 y 8750 marcos alemanes, una cantidad interesante para quienes por motivos financieros no se habían podido permitir un Horch.

Modelo:	*Audi 920*
Cilindrada/Cilindros:	*3281 cm³/6 cilindros*
CV/kW:	*75/55*
Período de fabricación:	*1938-1940*
Unidades fabricadas:	*aprox. 1200*

BMW 3/20 PS AM 1

En 1931, después de haber revocado el contrato de licencia con Austin y abandonado la producción del antiguo Dixi, BMW se puso en marcha para sacar adelante su primera construcción propia, que empezó a fabricarse en serie un año más tarde. Era evidente que el nuevo modelo iba a ser más espacioso que su antecesor: en este caso, la solución radicaba en alargar en 250 mm la batalla. Con relación al motor, BMW sometió al desarrollado originariamente de Austin a una profunda revisión. Cuando el nuevo automóvil salió al mercado con la denominación 3/20 PS AM 1 (versión München 1), era posible elegir de entre cinco carrocerías diferentes. Con la actualización del modelo, la versión AM 1 dio paso a la AM 3 y a la AM 4, unos modelos bien acogidos que formaron parte de la gama de la marca hasta 1934.

Modelo: *BMW 3/20 PS AM 1*
Cilindrada/Cilindros: *788 cm^3/4 cilindros*
CV/kW: *20/14,7*
Año de fabricación: *1932*
Unidades fabricadas: *7215*

BMW 303

La primera construcción propia de BMW, el 3/20 PS AM 1, convenció por la gran calidad de su acabado; no obstante, su relativo mal rendimiento en las carreteras le convirtió en el blanco de numerosas críticas, que sólo se acallaron a raíz de la llegada de su sucesor. El nuevo vehículo de BMW se estructuraba sobre un chasis de nuevo desarrollo y contaba con un eje delantero más logrado que el del modelo anterior. Equipado con un pequeño motor de seis cilindros y una excelente suspensión, este automóvil presentaba un aspecto más noble que el de vehículos similares de la competencia. Interesante desde el punto de vista histórico es que las carrocerías no era de fabricación propia, sino que procedían de los talleres de Daimler-Benz en Sindelfingen.

Modelo: *BMW 303*
Cilindrada/Cilindros: *1182 cm^3/6 cilindros*
CV/kW: *30/22*
Período de fabricación: *1933-1934*
Unidades fabricadas: *2300*

BMW 309

A principios de 1934, BMW lanzó al mercado el modelo 309, que combinaba el chasis y la carrocería de su predecesor con el económico motor del 3/20. Para adaptar la potencia del motor al mayor peso del nuevo vehículo se procedió a aumentar ligeramente la cilindrada, gracias a lo cual se ganaron 2 CV. Con todo, el BMW 309 continuó figurando entre los coches menos potentes, ya que no alcanzaba mucho más de 80 km/h. Esto, sin embargo, no era ningún impedimento para clientes que pensaban desde el punto de vista económico y que apreciaban modelos que, como éste, tenían en la economía y en un considerable confort, en comparación con otros vehículos de esta clase, sus principales cualidades. El 309 estaba disponible en tres versiones: limusina, cabrio-limusina y turismo. También se vendieron unos 1000 chasis para carrocerías especiales.

Modelo: *BMW 309*
Cilindrada/Cilindros: *845 cm^3/4 cilindros*
CV/kW: *22/16,1*
Período de fabricación: *1934-1936*
Unidades fabricadas: *aprox. 6000*

BMW 315/1

En el Salón del Automóvil de Berlín de 1933, BMW presentó el prototipo de un *roadster* deportivo con un bonito y muy llamativo perfil. Como novedad, el motor disponía de tres carburadores en vez de dos. El público le tomó tanto gusto a este automóvil de considerable potencia, que se optó por fabricarlo en una serie reducida, y no sólo para tener algo que decir en las carreras automovilísticas más prestigiosas. El *roadster* se puso en venta en el verano de 1934 por 5200 marcos alemanes. Comparado con el prototipo, el modelo de serie mostraba una disposición de los faros diferente, así como rejillas de ventilación laterales en el capó (en un principio se había pensado únicamente en unas aberturas). Por otro lado, el 315/1 fue el vehículo con el que BMW se estrenó en los circuitos automovilísticos.

Modelo:	*BMW 315/1*
Cilindrada/Cilindros:	*1490 cm³/6 cilindros*
CV/kW:	*40/29,3*
Período de fabricación:	*1934-1935*
Unidades fabricadas:	*230*

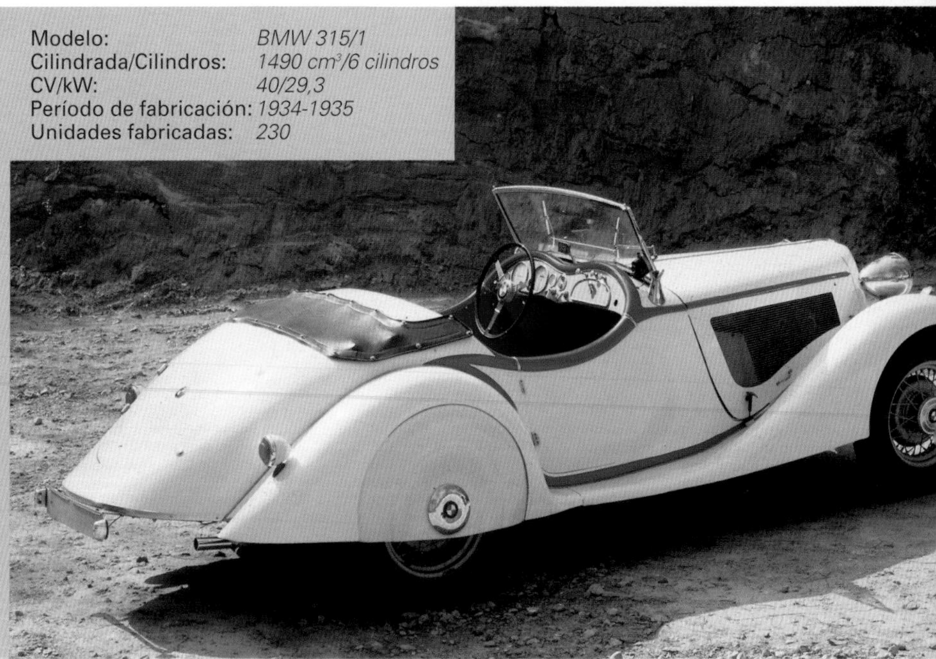

BMW 319/1

Los triunfos de muchos modelos *roadster* de BMW 315/1 en competiciones deportivas hicieron que BMW se decidiera a desarrollar un automóvil parecido de la categoría de los dos litros de cilindrada. Al resultado deseado se llegó tras aumentar la cilindrada. De esta manera, el 319/1 resultó ser una variante del 315/1. Las diferencias ópticas entre ambos vehículos eran escasas, y en los dos modelos las ruedas traseras carenadas y la puntiaguda zaga acentuaban el carácter deportivo de este biplaza. No obstante, la protección contra la condiciones meteorológicas adversas era un concepto extraño para el 319/1, que debió conformarse con una simple capota plegable como solución de emergencia en vez de con un techo sólido de cabriolé. Este BMW de gama alta alcanzaba una velocidad máxima de 135 km/h y se vendía al precio 5800 marcos alemanes.

Modelo:	*BMW 319/1*
Cilindrada/Cilindros:	*1911 cm³/6 cilindros*
CV/kW:	*55/40,3*
Período de fabricación:	*1934-1936*
Unidades fabricadas:	*178*

BMW 328

Hacia la mitad de la década de 1930 y en la más estricta intimidad BMW desarrolló un coche deportivo que fue objeto de todas las miradas y que cosechó grandes triunfos en competiciones internacionales. Aunque BMW ya se había asegurado un puesto entre los fabricantes más renombrados gracias a los modelos 315/1 y 319/1, la competencia había puesto en el mercado autos de potencia superior a la del 319/1, que en este sentido ya había quedado obsoleto. Dado que el pequeño departamento de BMW especializado en los modelos deportivos disponía de medios más bien escasos (fabricaba coches desde hacía siete años y habían transcurrido sólo cuatro desde la aparición de su primera construcción propia), para el nuevo modelo debió recurrirse a lo seguro, de ahí que la base del nuevo 328 estuviera formada por un chasis multitubular.

Modelo:	*BMW 328*
Cilindrada/Cilindros:	*1971 cm³/6 cilindros*
CV/kW:	*80/58,6*
Período de fabricación:	*1936-1939*
Unidades fabricadas:	*464*

BMW 328 Coupé

Los 80 CV que alcanzaba el motor del nuevo BMW 326 resultaban más que suficientes para causar furor en la importante categoría de los dos litros. Este automóvil de bellas formas, largo capó y faros integrados en la parte frontal sólo se construyó en 1936 para las competiciones deportivas, mientras que la producción en serie no comenzó hasta la primavera de 1937. Un par de versiones especiales de competición dotadas de una carrocería muy ligera y un motor de 135 CV no tardaron en obtener la victoria en su categoría en el circuito de Le Mans. Además de las carrocerías especiales abiertas que se desarrollaron propiamente para estos modelos modificados, el carrocero Wendler de Reutlingen creó dos maravillosos cupés aerodinámicos.

Modelo:	*BMW 328 Coupé*
Cilindrada/Cilindros:	*1971 cm³/6 cilindros*
CV/kW:	*80/58,6*
Período de fabricación:	*1936-1939*
Unidades fabricadas:	*2*

BMW 327

Motivada por el éxito del deportivo BMW 328, la dirección de la empresa se planteó construir en el menor tiempo posible un hermano de este coche más apto para las necesidades del conductor privado. En colaboración con la fábrica de carrocerías Autenrieth, BMW desarrolló el modelo 327, un elegante cabriolé deportivo de 2+2 plazas cuya hermosura y nobleza no tenían nada que envidiar a las de otros automóviles de la época. El único punto criticable de este coche, del que más tarde también se fabricó una versión cupé, era la potencia del motor, de sólo 55 CV. Para contentar la clientela, BMW se encargó de que en el vehículo también pudiera instalarse el motor de 80 CV del 328. Los modelos con este equipamiento se vendieron con la denominación BMW 327/28.

Modelo:	*BMW 327*
Cilindrada/Cilindros:	*1971 cm³/6 cilindros*
CV/kW:	*55/40,3*
Período de fabricación:	*1937-1941*
Unidades fabricadas:	*1306*

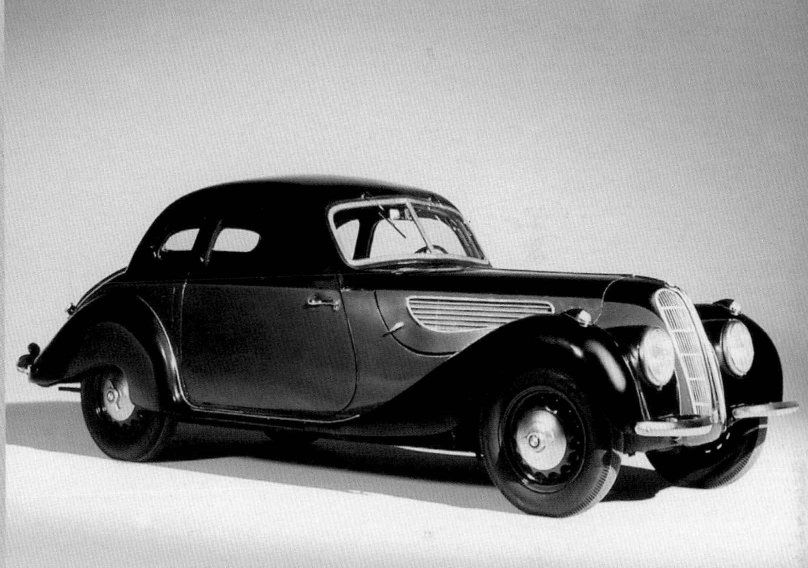

BMW 326 Limousine

Después de unos inicios discretos con el sucesor del Dixi (3/15 PS), BMW presentó a partir de 1933 una gama de coches más ambiciosa. Con todo, las series 303, 309, 315 y 319 tenían unas carrocerías de dimensiones similares cercanas a lo que sería el tamaño mediano de la época. Para ofrecer a clientes de mayor poder adquisitivo un modelo espacioso y de gran confort, BMW desarrolló para 1935 una gran limusina. Para mover este nuevo vehículo se fabricó un motor de dos litros a partir del de seis cilindros empleado hasta entonces. El chasis y la transmisión se fabricaron en Eisenach, mientras que las carrocerías, totalmente de acero y con un moderno frontal «arriñonado» que desde ese momento caracterizaría todos los modelos sucesivos, provenían de la fábrica Ambi-Budd de Berlín.

Modelo:	*BMW 326*
Cilindrada/Cilindros:	*1971 cm³/6 cilindros*
CV/kW:	*50/36,7*
Período de fabricación:	*1936-1941*
Unidades fabricadas:	*15 873*

BMW 326 Cabriolet

El BMW 326, que entró en la historia de la marca como el vehículo de mayor éxito de la empresa durante el período anterior a la II Guerra Mundial, fue presentado al público en febrero de 1936 con motivo del Salón del Automóvil de Berlín y pasó a fabricarse en serie tres meses más tarde. Como alternativa a la limusina, este cómodo coche también podía adquirirse como cabriolé de dos o cuatro puertas. Asimismo existía la posibilidad de vestir el chasis con una carrocería elaborada al gusto del cliente, lo que hacía del 326 un modelo más exclusivo aunque también más caro. Los vehículos de esta serie venían por primera vez con la carrocería integrada directamente en el chasis, lo que confería al coche una extrema rigidez.

Modelo:	*BMW 326 Cabriolet*
Cilindrada/Cilindros:	*1971 cm³/6 cilindros*
CV/kW:	*50/36,7*
Período de fabricación:	*1936-1941*
Unidades fabricadas:	*1093*

DKW FA 600 (F1)

Jörgen Skafte Rasmussen, fundador de la marca DKW, puso todo su empeño en construir un automóvil con motor de dos tiempos, que acabó por presentar en 1928. No obstante, sus coches con tracción trasera estuvieron en el punto de mira de los críticos y no lograron consolidarse en el mercado. Dos años más tarde, Rasmussen encargó como alternativa a los talleres Audi el desarrollo de un vehículo con tracción delantera que se presentó en el Salón del Automóvil de Berlín de 1931. La carrocería de este *roadster* (FA 500/FA 600) de madera revestida de cuero artificial descansaba sobre un chasis con una distancia entre ejes de 2100 mm (2400 mm en la versión de limusina). Con ello, Rasmussen alcanzó su propósito de allanar el camino hacia la producción en serie de modernos automóviles de tracción delantera.

Modelo:	*DKW FA 600 (F1)*
Cilindrada/Cilindros:	*584 cm³/2 cilindros*
CV/kW:	*15/11*
Período de fabricación:	*1931-1932*
Unidades fabricadas:	*aprox. 4000*

DKW F 5 Luxus-Cabriolet

El gran éxito de todos los coches de DKW con tracción delantera debe atribuirse en primer término a que la marca sacó al mercado toda la gama de modelos, desde los primeros F1 hasta el F8 de finales de la década de 1930, en todas las carrocerías posibles. Una versión de gran elegancia y rica de detalles fue la estrenada en 1936 en el modelo F 5, que se podía adquirir como cabriolé de lujo de dos o cuatro asientos. La mayoría de las carrocerías cabriolé de lujo empleadas en el período 1936-1940 provenían de la fábrica Baur de Stuttgart, aunque también de la sajona Hornig. De los talleres de esta última empresa también salieron 150 unidades equipadas con una carrocería de *roadster* atractiva y de gran encanto.

Modelo:	*DKW F 5 Luxus-Cabriolet*
Cilindrada/Cilindros:	*692 cm³/2 cilindros*
CV/kW:	*20/14,7*
Período de fabricación:	*1936-1937*
Unidades fabricadas:	*aprox. 15 000*

DKW F 5 K 700

Cuando DKW en 1932 se integró en el consorcio Auto Union, formado por Audi, DKW, Horch y Wanderer, la gama de vehículos con tracción delantera se amplió. La oferta se completó en 1936 con el modelo intermedio F5 K. Una interesante solución detallista de este coche, que presentaba un chasis con una batalla recortada, era un asiento trasero abatible en caso de necesidad, un asiento que fue denominado socarronamente «el de la suegra», aunque el espacio situado debajo de este dispositivo también podía emplearse como maletero. Desde el punto de vista estadístico, los DKW desde la serie F1 hasta la F8 fueron de los que más abundaron en las carreteras alemanas. Los números lo dicen todo: hasta 1942 salieron de los talleres de DKW 218 000 unidades de toda la serie.

Modelo:	*DKW F5 K 700*
Cilindrada/Cilindros:	*584 cm³/2 cilindros*
CV/kW:	*18/13,2*
Año de fabricación:	*1936*
Unidades fabricadas:	*aprox. 60 000 (toda la serie F5)*

Ford Eifel 5/34 PS

Cuando ya hacía tiempo que Ford Motor Company había dejado de producir automóviles de baja cilindrada, la sucursal británica sacó al mercado el modelo Y. Un año más tarde, la construcción del vehículo también fue iniciada por los talleres de Ford en Colonia, que lo puso en venta con la denominación «Ford-Köln». Por desgracia, el coche fue recibido con mucha frialdad. Sólo el modelo sucesivo, el algo mayor Ford Eifel (1,2 litros de cilindrada), logró ser más aceptado, aunque de todos modos seguía siendo un vástago de las factorías británicas de Ford. Desde agosto de 1933, este modelo llevó, como todos los demás Ford producidos en Alemania, un emblema especial de la marca con la etiqueta «Ford-Producción alemana».

Modelo:	*Ford Eifel 5/34 PS*
Cilindrada/Cilindros:	*1172 cm³/4 cilindros*
CV/kW:	*34/25*
Período de fabricación:	*1935-1939*
Unidades fabricadas:	*aprox. 61 500*

Ford V8

En 1930, Henry Ford volvió a sorprender al mundo con un automóvil que fue recibido con un caluroso entusiasmo en todas partes: después de sus legendarios Tin Lizzie y Ford A, las cadenas de la empresa pasaron a producir un confortable automóvil de ocho cilindros. El modelo presentaba numerosas novedades, como un subchasis de acero para el soporte de la carrocería. Ford se propuso que el coche –con un motor V8– fuera asequible, para lo cual mandó construir el motor en grandes cantidades. Esta concepción tan racional vino reforzada porque los dos bloques de cuatro cilindros se fundieron conjuntamente con el cárter motor para formar una sola pieza. El Ford V8 se montó en Alemania desde 1935 y también ahí fue equipado con hermosas carrocerías especiales.

Modelo:	*Ford V8*
Cilindrada/Cilindros:	*3620 cm³/8 cilindros*
CV/kW:	*90/66*
Período de fabricación:	*1935-1941*
Unidades fabricadas:	*12 606*

Goliath Pionier

A principios de 1920, Borgward se encontró ante la necesidad de sacar al mercado pequeños utilitarios además de los grandes turismos que solía construir. Alentado por el éxito del llamado «Blitzkarren», Borgward decidió ampliar la gama de modelos con la camioneta de reparto Goliath antes de presentar en el Salón del Automóvil de Berlín de 1931 el coche llamado Pionier. El Pionier se beneficiaba de que los vehículos de hasta 200 cm³ no pagaban impuestos y se podían conducir sin permiso de conducción. La carrocería de madera de este simple biplaza estaba revestida de cuero artificial, y el motor monocilíndrico de dos tiempos en la parte trasera ya resultaba más que suficiente para aquellos que deseaban hacer ruido por las calles a una velocidad máxima de 50 km/h sin prestar mucha atención al confort.

Modelo:	*Goliath Pionier*
Cilindrada/Cilindros:	*198 cm³/1 cilindro*
CV/kW:	*5,5/4*
Período de fabricación:	*1931-1934*
Unidades fabricadas:	*aprox. 4000*

Hanomag 4/23 PS

Después de los primeros inicios en la construcción de automóviles y del cálido recibimiento que se dispensó al 2/10 PS en la década de 1920, el siguiente paso que dio Hannoversche Maschinenbaufabrik fue la serie de modelos 3/16 PS y 4/20 PS antes de inaugurar en la década de 1930 su primer vehículo de cuatro plazas con motivo del Salón del Automóvil de Berlín. De entre todos los numerosos modelos de la categoría de un litro, el 4/23 PS fue el que durante más tiempo logró mantenerse en el catálogo de productos. Con una distancia entre ejes de 2450 mm y un ancho de vía de 1200 mm, este vehículo era uno de los más espaciosos en contar con una sólida carrocería totalmente de acero. La única desventaja era el acceso al maletero, posible sólo desde el interior del coche.

Modelo:	*Hanomag 4/23 PS*
Cilindrada/Cilindros:	*1097 cm³/4 cilindros*
CV/kW:	*23/16,8*
Período de fabricación:	*1931-1934*
Unidades fabricadas:	*aprox. 6000*

Hanomag Rekord 15 K

En 1934, Hanomag presentó por primera vez un coche en la categoría del litro y medio. Dado que el modelo fue recibido con gran entusiasmo por el público y, sobre todo, por la prensa especializada, la empresa decidió mantenerlo en su catálogo hasta 1938. Gracias a su construcción bien pensada desde un buen principio, el Rekord apenas fue sometido a actualización alguna y sólo en 1937 ganó tres caballos gracias al aumento de la relación de compresión de 1:5,6 a 1:6,2. La velocidad máxima continuó siendo la misma (98 km/h), puesto que la modificación y el ligero aumento de tamaño de la parte trasera compensaba la ventaja citada anteriormente.

Modelo:	*Hanomag Rekord 15 K*
Cilindrada/Cilindros:	*1504 cm³/4 cilindros*
CV/kW:	*35/25,6*
Período de fabricación:	*1934-1938*
Unidades fabricadas:	*aprox. 18 200*

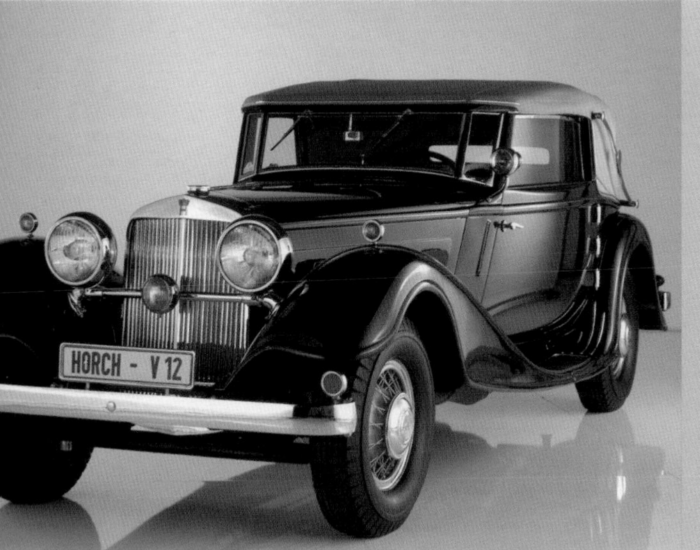

Horch 670

En otoño de 1931, los talleres Horch de Zwickau presentaron en el Salón del Automóvil de París su nuevo producto estelar, un cabriolé deportivo con motor de doce cilindros y pintado de amarillo brillante, con la capota marrón y cuero verde. De 1932 a 1934, sin embargo, sólo se vendieron 80 unidades. El mercado de tales modelos de lujo se iba reduciendo. Horch era el claro líder en el sector de los vehículos de gama alta, entre los que también figuraban los Maybach y los Mercedes-Benz, y gracias a unos interesantes precios vendía más de un tercio de automóviles que sus competidores: en 1932, Horch vendió en Alemania 773 y logró exportar unos 300. Aun así, no fue suficiente, ya que la financiación de la venta provocó la aparición de unos huecos espantosos en los presupuestos.

Modelo:	*Horch 670*
Cilindrada/Cilindros:	*6021 cm³/12 cilindros*
CV/kW:	*120/87,9*
Período de fabricación:	*1931-1934*
Unidades fabricadas:	*aprox. 80*

Horch 8 780

Diferencias con la dirección y el consejo de supervisión de la empresa que él mismo había fundado, indujeron a August Horch a abandonarla en 1909 y a crear en Zwickau una nueva compañía, que resultó ser Audi. En la década de 1920, Horch se trasladó a Berlín. Allí, en calidad de miembro del consejo de supervisión de la Auto Union AG desde 1932, ejerció de perito y consultor para asuntos relacionados con el desarrollo técnico. En otoño de 1926, los «antiguos» talleres Horch presentaron un nuevo modelo equipado con un motor de ocho cilindros de serie construido por Paul Daimler. Este motor sedujo por su fiabilidad y su funcionamiento suave, y la serie de modelos fabricada de 1930 a 1935 con el denominador común Horch 8, que también se benefició de este equipo, se convirtió muy pronto en un punto de referencia de nuevas construcciones pretenciosas.

Modelo:	*Horch 8 780*
Cilindrada/Cilindros:	*4944 cm³/8 cilindros*
CV/kW:	*100/73,2*
Período de fab.:	*1932-1935*
Unidades fab.:	*aprox. 4000 (toda la serie)*

Horch 830

El panorama de Auto Union AG nacida en 1932/1933 estaba determinado por las cuatro marcas fundadoras (Audi, DKW, Horch y Wanderer) y por las respectivas ofertas de productos. Debieron transcurrir muchos años hasta que estas marcas se pusieran de acuerdo para desarrollar y llevar a cabo conjuntamente un proyecto con criterios unitarios desde el punto de vista empresarial. La fama de la marca Horch como fabricante de modelos de lujo, que se remontaba ya a varios decenios, no decayó después de la fundación del consorcio, ya que en la fabricación de modelos de lujo el ahorro parecía desempeñar un papel muy secundario. En 1933 apareció el nuevo motor V8, del que se construyeron varias versiones con cilindradas de 3 a 3,8 litros.

Modelo:	*Horch 830*
Cilindrada/Cilindros:	*3004 cm³/8 cilindros*
CV/kW:	*70/52*
Período de fabricación:	*1933-1934*
Unidades fabricadas:	*aprox. 3500*

Horch 830 Bk

Aunque la potencia del motor V8 construido desde 1933 aumentó con el tiempo de 70 a 92 CV, todos los (numerosos) modelos que se equiparon con dicho motor quedaron fichados para siempre en la historia de la empresa como «los pequeños Horch», comentario que obedecía a las comparaciones entre éstos y los anteriores modelos. Aun así, este automóvil fue recibido con los brazos abiertos por el público y, en contra de la costumbre de mostrar cierta debilidad por vehículos de gran distancia entre ejes, la mayoría de los compradores adquirieron la versión corta de 3200 mm; pocos, en cambio, optaron por el modelo de 3350 mm. Disponible en una amplia variedad de carrocerías, el 830 fue adquirido por clientes de origen muy diverso e incluso llegó a circular por las carreteras como vehículo oficial.

Modelo:	*Horch 830 Bk*
Cilindrada/Cilindros:	*3517 cm³/8 cilindros*
CV/kW:	*75/55*
Año de fabricación:	*1936*
Unidades fabricadas:	*aprox. 3500*

Modelo:	*Horch 930*
Cilindrada/Cilindros:	*3823 cm³/8 cilindros*
CV/kW:	*92/67,4*
Período de fabricación:	*1937-1940*
Unidades fabricadas:	*aprox. 2000*

Horch 930

Todos los coches que Horch equipó con el motor V8 tenían en un primer momento los ejes rígidos y se volvían poco estables cuando alcanzaban velocidades de consideración. En 1935, los modelos con el V8 fueron sometidos a una revisión y equipados con una suspensión individual delantera y con un eje denominado De Dion consistente en una articulación doble con eje rígido y diferencial fijado al chasis. En 1937 nació el modelo 930, el último, grande y caro vehículo con el motor V8. Mientras que las selectas limusinas solían emplearse con chófer o como coches de representación, la alta sociedad se sentía igualmente cómoda en el 930, aunque prefería elegantes carrocerías especiales al estilo de las *roadster*. En este caso, el 930 costaba 14 000 marcos alemanes, casi el doble que la limusina.

Horch 5 L 853 A

Tras la supresión en 1935 del impuesto sobre la cilindrada, Horch presentó con el concepto colectivo «Horch de 5 litros» una nueva serie cuyos modelos solían ocultar bajo sus capós un motor de ocho cilindros de serie. Este equipo, de 100 CV al principio y 120 CV más tarde, se instaló sobre todo en el cabriolé deportivo del 853, un modelo ya por aquel entonces considerado por muchos como el Horch más bonito jamás fabricado. Gracias al 853, Horch logró seguir dominando con claridad el sector de los automóviles de lujo (en 1937, su cuota de mercado superaba incluso el 50%). Resultaba impensable no ver este cabriolé por los bulevares y avenidas de las grandes ciudades. Vestir este modelo podía incluso representar un desafío para renombrados carroceros como Erdmann & Rossi, Gläser o Wendler.

Modelo:	*Horch 853 A*
Cilindrada/Cilindros:	*4944 cm³/8 cilindros*
CV/kW:	*120/87,9*
Período de fabricación:	*1938-1939*
Unidades fabricadas:	*aprox. 1000*

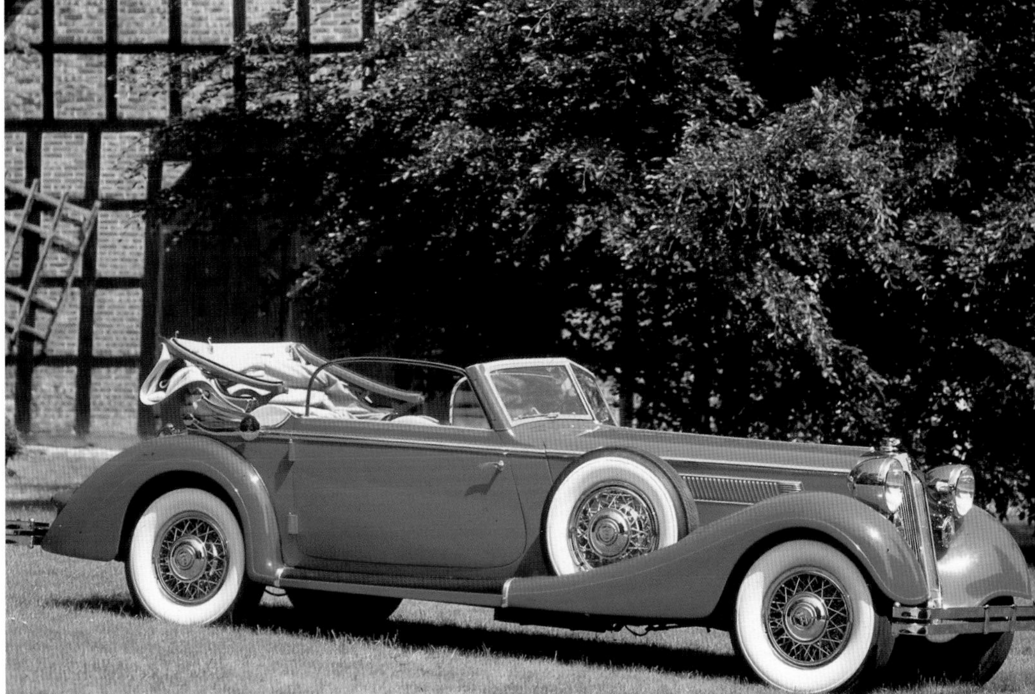

Horch 951

Horch podía vanagloriarse de haber sido el gran líder del mercado alemán del motor de ocho cilindros en la década de 1930. Desde 1926, en este sector se podían acumular ya muchas experiencias, y los silenciosos equipos eran cada vez más perfectos desde el punto de vista técnico. Bajo el largo capó de un Horch, todo marchaba con suavidad: una parte del vano motor alojaba el carburador doble Solex con las toberas y el silenciador de aspiración; la otra, el colector de escape. Una de las particularidades constructivas de este ocho cilindros de gran cubicaje era la presencia de cilindros apareados, una estructura que contribuía a reducir la longitud del bloque del motor.

Modelo:	*Horch 951*
Cilindrada/Cilindros:	*4944 cm³/8 cilindros*
CV/kW:	*120/87,9*
Período de fabricación:	*1938-1940*
Unidades fabricadas:	*aprox. 1200*

Horch 951 A

Desde el punto de vista visual, el modelo 853 representaba la culminación formal de la serie de cinco litros de Horch. Si se toman en consideración las dimensiones de sus respectivas carrocerías, el modelo 951 figuraba entre los vencedores. La distancia entre ejes del 951 era exactamente de 3750 mm, y las carrocerías que se mandaron fabricar con este valor salieron posteriormente al mercado con la denominación «limusinas pullmann». Los propietarios de tales modelos estaban acostumbrados a hacerse llevar por un chófer, ya que el 951 no se dejaba dominar con facilidad. El automóvil medía 5640 mm de largo y pesaba unos 2810 kg. Su radio de giro era de 16,5 metros, mientras que el consumo medio de combustible era de unos 23 litros cada 100 kilómetros.

Modelo:	*Horch 951 A*
Cilindrada/Cilindros:	*4944 cm³/8 cilindros*
CV/kW:	*120/87,9*
Período de fabricación:	*1938-1940*
Unidades fabricadas:	*aprox. 1200*

Maybach DS 7

Wilhelm Maybach, colaborador de Gottlieb Daimler y constructor del Mercedes –el primer coche auténtico– abandonó en 1907 la Daimler-Motoren-Gesellschaft para desarrollar motores propios con su hijo Karl. Dado que éstos, en su opinión, se adaptaban a la perfección para propulsar los cada día más populares aeroplanos, Maybach decidió ponerse en contacto con el conde Zeppelin y fundó con él en 1909 la Luftfahrzeug-Motorenbau GmbH en Bissingen (cerca de Stuttgart), cuyo director técnico pasó a ser Karl Maybach. En 1912, trasladó la empresa a Friedrichshafen y la montó al lado de la industria aeronáutica de Zeppelin. Hasta aproximadamente 1920, Wilhelm Maybach colaboró con numerosos proyectos de su hijo que se tradujeron en la aparición durante muchos años de motores de gasolina y diésel, así como engranajes de incuestionable calidad.

Modelo:	*Maybach DS 7*
Cilindrada/Cilindros:	*6962 cm³/12 cilindros*
CV/kW:	*150/110*
Período de fabricación:	*1930-1934*
Unidades fabricadas:	*aprox. 190*

Maybach Zeppelin DS 8 Cabrio

Karl Maybach empezó a construir modelos propios en Friedrichshafen en 1921. Con todo, su empresa sólo montaba chasis, motores, cajas de cambios, radiadores, salpicaderos y otros componentes mientras que de las carrocerías se encargaban talleres especializados que siempre se adaptaban a los deseos de la clientela. Con la fábrica de carrocerías Herrmann Spohn, en la vecina localidad de Ravensburg, se llegó con los años a una estrecha colaboración para planificar una producción en serie en cantidades reducidas. Spohn, sin embargo, siempre debió compartir los lucrativos encargos de Maybach con otros constructores de carrocerías como Gläser en Dresde, Auer en Stuttgart o Erdmann & Rossi en Berlín.

Modelo:	*Maybach Zeppelin DS 8 Cabrio*
Cilindrada/Cilindros:	*7978 cm³/ 12 cilindros*
CV/kW:	*200/146,5*
Período de fabricación:	*1930-1934*
Unidades fabricadas:	*aprox. 190*

Maybach Zeppelin DS 8

El Maybach Zeppelin fue uno de los automóviles de lujo más famosos de la década de 1930. Ya por aquel entonces, la prensa especializada se deshacía en elogios hacia este automóvil de doce cilindros. Así se pronunciaba, por ejemplo, el *Allgemeine Automobilzeitung* en verano de 1933: «Los modelos Maybach Zeppelin figuran entre los pocos productos de gran categoría internacional. Son muy lujosos, están equipados con toda clase de avances técnicos y sólo se encuentran al alcance de algunos elegidos, pues limitadas son las series en que estos preciosos vehículos han sido fabricados». Elogios especiales se los llevó ante todo la estabilidad: a pesar de su gran distancia entre ejes (3735 mm) y su notable peso, el coche se deslizaba suavemente por las carreteras.

Modelo:	*Maybach Zeppelin DS 8*
Cilindrada/Cilindros:	*7978 cm³/12 cilindros*
CV/kW:	*200/146,5*
Período de fabricación:	*1938-1940*
Unidades fabricadas:	*aprox. 190*

Maybach Zeppelin DS 8 Limousine

Gracias a la excelente técnica, los ágiles motores y el valioso equipamiento, exigido por la propia clientela, los exclusivos automóviles de Maybach no tardaron demasiado en consolidarse en el mercado mundial. Sus carrocerías acabadas a mano, fueran éstas de limusina, de un voluminoso *pullman,* de un cupé de hasta siete plazas, de un cabriolé o de un *roadster,* entraban en directa competencia con las del «Grosser Mercedes», Rolls-Royce, Bentley, Isotta-Fraschini y las de otras marcas de lujo. A quien conducía un Maybach o se hacía llevar en él se le presentaba un panorama muy especial, pues ante sus ojos se alargaba un impresionante capó y se distinguía el emblema de la marca: un triángulo formado por la combinación de letras «MM» (Maybach Motorenbau) en forma de una figura sobre el radiador.

Modelo:	*Maybach Zeppelin DS 8 Limousine*
Cilindrada/Cilindros:	*7978 cm³/12 cilindros*
CV/kW:	*200/146,5*
Período de fabricación:	*1938-1940*
Unidades fabricadas:	*aprox. 190*

Maybach Zeppelin DS 8 Limousine-Coupé

Como corresponde a un automóvil de lujo, los folletos de propaganda de los vehículos de Maybach contenían algo más que datos técnicos. Así, por ejemplo, se explicaba por qué se había elegido la denominación «Zeppelin»: «Se ha elegido para resaltar que el Maybach de doce cilindros se ha construido aplicando la experiencia adquirida con los motores Maybach-Zeppelin para dirigibles. El nombre constituye un símbolo de los principios que rigen la fabricación de los automóviles Maybach: crear lo mejor de lo mejor, con acabados de nueva creación de la más alta calidad. [...] Como encarnación del coche destinado a fines turísticos o de representación, lo mismo que como modelo para el apasionado a los deportes, el "Maybach-Zeppelin" es el automóvil que cumple hasta el último de sus deseos».

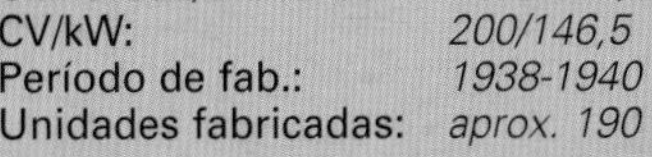

Modelo:	*Maybach Zeppelin DS 8 Limousine-Coupé*
Cilindrada/Cilindros:	*7978 cm³/12 cilindros*
CV/kW:	*200/146,5*
Período de fab.:	*1938-1940*
Unidades fabricadas:	*aprox. 190*

Maybach SW 38

Para completar la gama de los grandes modelos Zeppelin, Maybach presentó en 1935 una serie de vehículos de dimensiones algo menores y cuyo precio ascendía a unos 20 000 marcos alemanes (un Zeppelin costaba hasta 38 500 marcos). A esta serie equipada con suspensión independiente, Maybach le puso el nombre «Schwingachs-Wagen» (coche de eje oscilante), de ahí la abreviatura SW. Todos los modelos SW contaban ya con nuevos motores de alta potencia (motores HL) con cilindradas de 3,5, 3,8 y 4,2 litros, de ahí que salieran al mercado con las denominaciones SW 35, SW 38 y SW 42. Los modelos SW figuraron entre los automóviles más vendidos por Maybach. El último Maybach, fabricado en 1941 con restos de piezas de *stock,* fue un ejemplar de SW 42.

Modelo:	*Maybach SW 38*
Cilindrada/Cilindros:	*3817 cm³/6 cilindros*
CV/kW:	*140/102,5*
Período de fabricación:	*1936-1939*
Unidades fabricadas:	*aprox. 520*

Maybach SW 38 Cabriolet

A principios de la década de 1930, las cajas de cambios sincronizadas como hoy se las conoce, no estaban demasiado difundidas. De este modo, el cambio a una velocidad superior o a una inferior se efectuaba mediante un doble embrague. Maybach quería que sus clientes se ahorrasen esta técnica, muy difícil de aprender para algunos conductores, y desarrolló una caja de cuatro velocidades muy compacta cuyos engranajes, biselados transversalmente, se hallaban en acoplamiento constante. Para el cambio de velocidad, que se efectuaba sin embrague salvo en las maniobras de arranque, parada o marcha atrás, sólo se necesitaba un par de pequeñas palancas situadas en el centro del volante. En completo contraste con este avance técnico se hallaban entonces los grandes frenos de tambor que se accionaban mediante un refinado sistema de cable y palanca.

Modelo:	*Maybach SW 38 Cabriolet*
Cilindrada/Cilindros:	*3817 cm³/6 cilindros*
CV/kW:	*140/102,5*
Período de fabricación:	*1936-1939*
Unidades fabricadas:	*aprox. 520*

Maybach SW 42 Transformationscabriolet

El esquema de cambio de los automóviles fabricados por Maybach se describía de la siguiente manera en las instrucciones del vehículo: «Paso de una velocidad baja a una alta: al arrancar el coche, la palanca situada junto al volante se coloca en la posición superior deseada sin necesidad de embragar o de desacelerar. A continuación, se suelta el pedal del gas y, tras una pausa de uno a dos segundos, se vuelve a dar gas. Con ello se cambia a la velocidad deseada. La pausa sirve para reducir el número de revoluciones del motor y para el embrague de las garras de acoplamiento de la caja. Para cambiar a una marcha inferior se accionan las palancas del volante y, acto seguido, se quita el pie del pedal del gas, aunque inmediatamente después, sin pausa de espera, se vuelve a dar gas suavemente. Con este procedimiento, el cambio automático se efectúa elevando el número de revoluciones del motor».

Modelo:	*Maybach SW 42 Transformationscabriolet*
Cilindrada/Cilindros:	*4197 cm³/6 cilindros*
CV/kW:	*140/102,5*
Período de fabricación:	*1939-1941*
Unidades fabricadas:	*aprox. 45*

Mercedes-Benz SS

El resultado de la incansable búsqueda de la perfección por parte de ingenieros y constructores de Mercedes-Benz fue el modelo SS (Super Sport), que relevó al S en 1928. Con respecto al modelo anterior, el SS presentaba un motor retocado y más potente (hasta 250 CV en las versiones de competición). Daimler-Benz también fabricó este chasis para los conductores privados, quienes tenían la opción de equipar los chasis con carrocerías especiales construidas a su medida. Renombrados fabricantes de carrocerías (la de la foto proviene del italiano Castagna) proporcionaron a este automóvil una línea inconfundible e hicieron incluso malabarismos para transformar un modelo con 3400 mm de distancia entre ejes en un cabriolé biplaza de ensueño.

Modelo:	*Mercedes-Benz SS*
Cilindrada/Cilindros:	*7065 cm³/6 cilindros*
CV/kW:	*170/125 (con compresor: 225/165)*
Período de fabricación:	*1928-1934*
Unidades fabricadas:	*115*

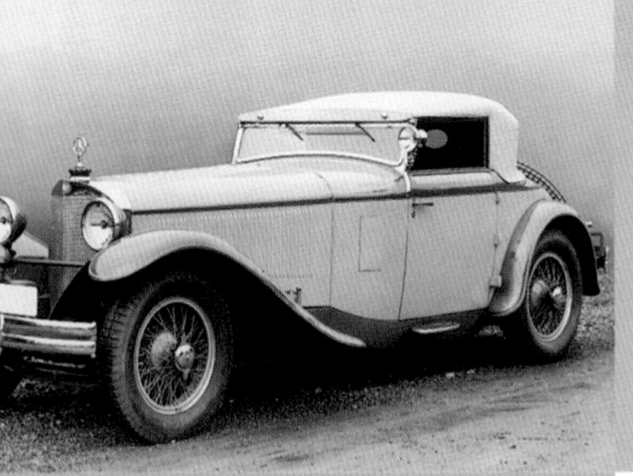

Mercedes-Benz SS

Aplicando la muy prometedora tecnología del compresor, utilizada para aumentar la potencia de los motores, Mercedes-Benz planificó a finales de la década de 1920 una generación de automóviles deportivos que, en contraste con los coches de competición anteriores concebidos sólo para los circuitos, podían circular por carretera conducidos simplemente por quien pudiera permitírselo. De 1928 a 1933 marcaron el compás los vehículos con motor de seis cilindros popularmente llamados «Elefantes Blancos», es decir, los modelos S, SS, SSK y SSKL. Los conductores más adinerados veían en estos automóviles las herramientas ideales para participar en toda clase de carreras, unas carreras que en aquellos tiempos poseían un significado social mucho mayor del que tienen hoy.

Modelo:	*Mercedes-Benz SS*
Cilindrada/Cilindros:	*7065 cm³/6 cilindros*
CV/kW:	*170/125 (con compresor: 225/165)*
Período de fabricación:	*1928-1934*
Unidades fabricadas:	*115*

Mercedes-Benz 18/80 PS Nürburg 460

Cuando en 1926 Horch pasó a dominar de largo el mercado de los automóviles de gama superior, Daimler-Benz se sintió obligada a responder y desarrolló bajo la dirección del entonces ingeniero jefe Ferdinand Porsche un nuevo modelo: el Nürburg. Este coche, sin embargo, no fue llamado así en virtud de sus méritos deportivos, sino porque fue sometido a una prueba de resistencia de 20 000 kilómetros en el circuito de Nürburg. En contra de la costumbre de llevar a cabo costosas pruebas en las carreteras, Daimler-Benz optó en esta ocasión por esta especie de test de fiabilidad: la empresa iba contra el reloj y no se podía permitir el lujo de sacar a la venta un producto lleno de defectos.

Modelo:	*Mercedes-Benz 18/80 PS 460 Nürburg*
Cilindrada/Cilindros:	*4622 cm³/8 cilindros*
CV/kW:	*80/58,6*
Período de fabricación:	*1928-1933*
Unidades fabricadas:	*2893*

Mercedes-Benz 18/80 PS Nürburg 460

El capó del Nürburg ocultaba un motor de válvulas laterales relativamente simple. La presencia de nueve cojinetes de cigüeñal y de un eje de equilibrado hacía que, incluso funcionando a toda potencia, del motor hiciera sólo un pequeño ruido provocado por el aire aspirado. Disponible en numerosas versiones de carrocería, este vehículo venía de fábrica con ruedas de brazos de madera, una decoración que se conservó hasta el último día de producción del modelo. Además de las dos ruedas de recambio emplazadas en sendas concavidades del guardabarros, también pertenecía al equipamiento básico de este coche un pequeño compresor que accionaba el motor y que se podía utilizar para hinchar las ruedas. El Nürburg contaba con un curioso sistema antirrobo que actuaba bloqueando la palanca del cambio de velocidades.

Modelo:	*Mercedes-Benz 18/80 PS 460 Nürburg*
Cilindrada/Cilindros:	*4622 cm³/8 cilindros*
CV/kW:	*80/58,6*
Período de fabricación:	*1928-1933*
Unidades fabricadas:	*2893*

Mercedes-Benz 19/100 PS Nürburg 500

Desde 1931, el Nürburg también podía adquirirse con un motor de cinco litros y 20 CV más potente que el del instalado en el modelo 460. Este aumento de potencia resultaba muy útil para el vehículo, ya que sólo el chasis pesaba ya 1700 kg. A estos kilogramos había que sumarles los 600 adicionales de una carrocería espaciosa y de gran lujo. El Nürburg, que casi siempre iba conducido por un chófer, también fue el automóvil de personajes famosos y de papas. Mientras los grandes señores se ponían cómodos en el fondo, el servicio utilizaba los asientos abatibles. Por otro lado, el puesto del conductor podía cerrarse con una luna aislante. En ese caso, la comunicación con el chófer se establecía pulsando un timbre.

Modelo:	*Mercedes-Benz 19/100 PS Nürburg 500*
Cilindrada/Cilindros:	*4918 cm³/8 cilindros*
CV/kW:	*100/73,2*
Período de fabricación:	*1931-1932*
Unidades fabricadas:	*88*

Mercedes-Benz Mannheim 370 S

El Mercedes-Benz 370 S, más conocido como Mannheim, constituyó un ejemplo perfecto de que era posible fabricar un biplaza de aspecto deportivo con los componentes técnicos de una burguesa limusina. A pesar de su modesta potencia (sólo 75 CV), este coche de gama media y chasis acortado figuraba entre los modelos más bonitos de la marca, no en vano, el famoso piloto de competición Rudolf Caracciola poseyó uno como segundo coche. Aun así, el 370 S no fue un modelo de demasiado éxito: la crisis de ventas en la industria del automóvil hizo que de este modelo deportivo que costaba 10 800 marcos alemanes sólo se vendieran 183 unidades. De la versión normal, con mayor distancia entre ejes, se vendieron 1200 ejemplares, la mayoría de ellos limusinas.

Modelo:	*Mercedes-Benz Mannheim 370 S*
Cilindrada/Cilindros:	*3689 cm³/6 cilindros*
CV/kW:	*75/55*
Período de fabricación:	*1930-1933*
Unidades fabricadas:	*183*

Mercedes-Benz 770 «Grosser Mercedes»

El modelo más grande, pesado y caro que Daimler-Benz presentó en 1930 en el Salón del Automóvil de París era un vehículo de 7,7 litros. Aunque contaba con un motor de sólo ocho cilindros, el 770 estaba preparado para competir con el Horch de doce cilindros, ya que la potencia del Mercedes podía aumentar de 150 a 200 CV gracias a un compresor. A pesar de su aspecto lujoso y de su gran cilindrada, este impresionante coche era una construcción muy habitual por aquel entonces. Entre los principales propietarios del 770 figuraron jefes de Gobierno y de Estado, quienes solían hacer equipar el chasis (3750 mm de batalla) con carrocerías fabricadas a su gusto. Al principio, Daimler-Benz pidió por el chasis la suma de 32 500 marcos alemanes; desde el año 1937, sin embargo, bajó el precio hasta los 24 000 marcos.

Modelo:	*Mercedes-Benz 770 «Grosser Mercedes»*
Cilindrada/Cilindros:	*7655 cm³/8 cilindros*
CV/kW:	*150/110 (con compresor: 200/147)*
Período de fabricación:	*1930-1933*
Unidades fabricadas:	*117*

Mercedes-Benz 170

Los rumores de que Daimler-Benz se proponía sacar al mercado un automóvil compacto de gama media se remontaban ya a 1930. El nuevo modelo, el 170, se presentó en 1931 en el Salón del Automóvil de París. Se trataba básicamente de un coche formalmente logrado, bien equipado y con un precio bastante atractivo que contribuyó a aumentar los beneficios de la empresa a pesar de la crisis económica existente. No obstante, lo más sensacional del 170 era su chasis con suspensión independiente en las cuatro ruedas: delante, independiente del eje y en dos ballestas transversales; detrás, cada una en un eje oscilante. Esta estructura reunía una gran estabilidad con un mínimo de masas no suspendidas y representó un paso muy importante hacia la consecución de una mayor comodidad y seguridad a la hora de conducir.

Modelo:	*Mercedes-Benz 170*
Cilindrada/Cilindros:	*692 cm³/6 cilindros*
CV/kW:	*32/23,4*
Período de fabricación:	*1931-1936*
Unidades fabricadas:	*13 775*

Mercedes-Benz 380

En 1933, Daimler-Benz sacó al mercado el 380, una especie de modelo intermedio del que, a pesar de su corto período de fabricación, se hicieron dos versiones: una con compresor y otra sin. Las válvulas del nuevo motor de ocho cilindros ya no eran laterales sino suspendidas. Por otro lado, los nueve cojinetes de cigüeñal se habían reducido a sólo cinco, y la caja de cambios de desarrollo largo pertenecía al equipamiento de serie. Una característica constructiva muy importante del 380 era la sustitución de los hasta entonces habituales ejes rígidos por unos oscilantes que conferían al 380 una sensación que ningún conductor de un vehículo de esta gama había sentido hasta entonces. En 1934, en el curso de una revisión de la gama, Daimler-Benz dejó de fabricar el 380 y dio paso a su sucesor, el exitoso 500 K.

Modelo:	*Mercedes-Benz 380*
Cilindrada/Cilindros:	*4019 cm³/8 cilindros*
CV/kW:	*90/66 (con compresor: 144/105)*
Período de fabricación:	*1933-1934*
Unidades fabricadas:	*154*

Mercedes-Benz 500 K

Dos nuevos modelos de Mercedes-Benz muy diferentes entre sí se presentaron en marzo de 1934 en el Salón del Automóvil de Berlín: el 130, un coche con motor trasero, y el 500 K, un imponente y elegante vehículo deportivo con motor de ocho cilindros que con el compresor activo alcanzaba una potencia de 160 CV. El 500 K era el sucesor del 380, que había sido presentado sólo un año antes, y, si se quiere, un nieto de los indómitos S y rebosantes de fuerza, SS, SSK y SSKL. En su primera versión, el 500 K (la «K» aludía a la presencia del compresor, ya que también había un modelo de 500 sin él) estaba concebido como coche deportivo de dos o cuatro plazas y se equipó principalmente con carrocerías *roadster* y cabriolé.

Modelo:	*Mercedes-Benz 500 K*
Cilindrada/Cilindros:	*5018 cm³/8 cilindros*
CV/kW:	*100/73 (con compresor160/117)*
Período de fabricación:	*1934-1936*
Unidades fabricadas:	*342*

Mercedes-Benz 500 K

Con el 500 K, Mercedes-Benz se despidió de los «Roaring Twenties», en los que los modelos S, SS, SSK y SSKL habían causado furor. La época de los chasis duros con ejes rígidos llegaba a su fin, lo mismo que el estilo de carrocería, determinado ante todo por la función que debía desempeñar el vehículo. El nuevo coche deportivo 500 K iba dirigido a clientes adinerados, puesto que aportaba más caballos, elegancia y confort, cualidades, sobre todo estas dos últimas, muy valoradas por el público femenino, cada vez más interesado en el placer de la conducción. En este sentido, el 500 K disponía de suspensión independiente en las cuatro ruedas, de eje oscilante de doble articulación –introducido en 1931–, y de algo que fue una auténtica sensación mundial: el doble brazo de suspensión en el eje delantero.

Modelo:	*Mercedes-Benz 500 K*
Cilindrada/Cilindros:	*5018 cm³/8 cilindros*
CV/kW:	*100/73 (con compresor 160/117)*
Período de fabricación:	*1934-1936*
Unidades fabricadas:	*342*

Mercedes-Benz 500 K

Para adecuar las carrocerías a los expresos deseos de cada cliente, Daimler-Benz fabricó tres versiones de chasis del 500 K: dos largas con una batalla de 3290 mm y que sólo se diferenciaban por el emplazamiento del chasis, y una corta de 2980 mm. Algunos coches, como la limusina deportiva, disponían de un chasis en el que el radiador, el motor y la carlinga quedaban 185 mm por detrás del eje delantero. De una forma un tanto artificiosa, esta versión podría denominarse «chasis con motor desplazado hacia atrás». Este pequeño aunque genial truco producía la ilusión óptica de estar ante un automóvil con una parte delantera especialmente larga que confería al vehículo el deseado estilo deportivo.

Modelo:	*Mercedes-Benz 500 K*
Cilindrada/Cilindros:	*5018 cm³/8 cilindros*
CV/kW:	*100/73 (con compresor: 160/117)*
Período de fabricación:	*1934-1936*
Unidades fabricadas:	*342*

Mercedes-Benz 500 K Spezialroadster

La versión más atractiva de los 500 K era el *roadster* especial biplaza presentado en 1936, una obra maestra de la forma y con una línea elegante y vigorosa. Su precio era de 28 000 marcos, 6000 más que los modelos más simples. Por esta suma se podía adquirir entonces una casa unifamiliar muy bien equipada. El chasis de batalla corta sólo se utilizó para pocas carrocerías especiales de dos plazas. En esos modelos, el radiador estaba situado exactamente sobre el eje delantero, y los modelos llevaban, además de la denominación común 500 K, la adicional de Sport-Roadster, Sport-Cabriolé o Sport-Cupé. Un chasis para estos modelos pesaba unos 1700 kg; el vehículo entero, 2300.

Modelo:	*Mercedes-Benz 500 K Spezialroadster*
Cilindrada/Cilindros:	*5018 cm³/8 cilindros*
CV/kW:	*100/73 (con compresor: 160/117)*
Período de fabricación:	*1934-1936*
Unidades fabricadas:	*38 versiones con chasis corto*

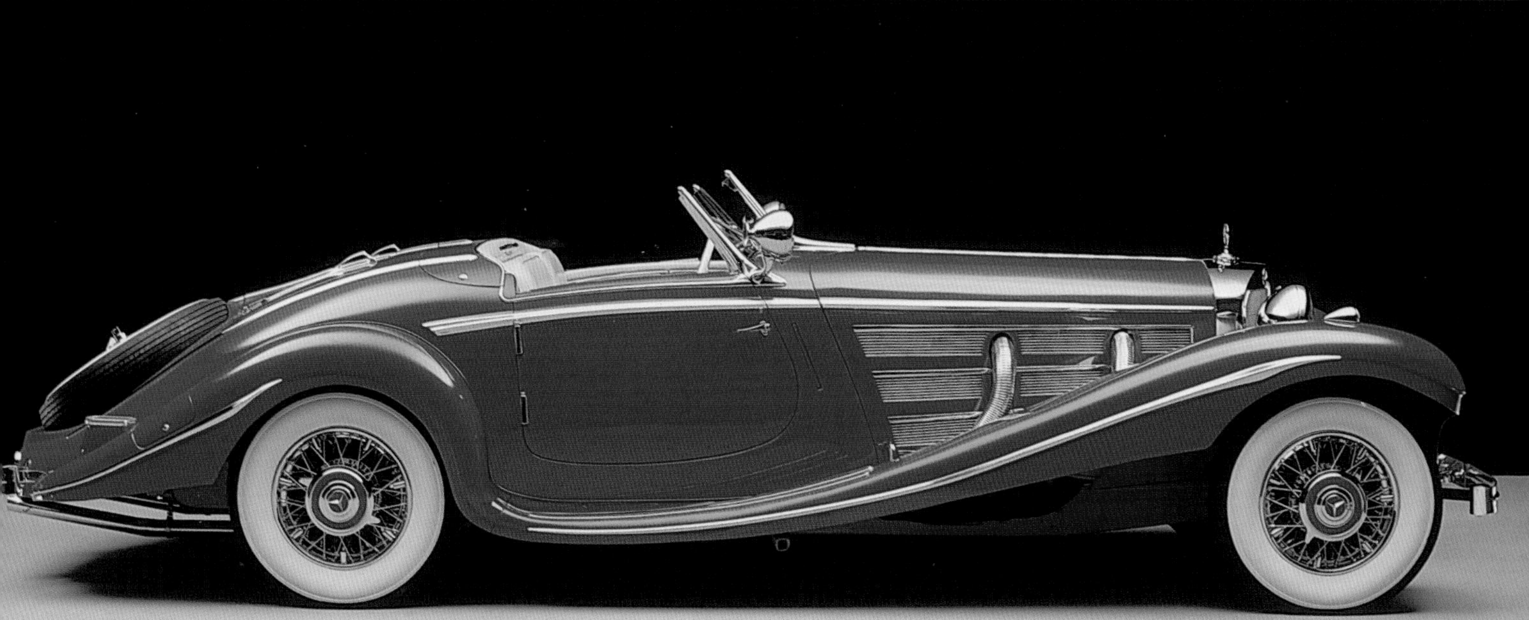

Mercedes-Benz 540 K Cabriolet

El paso del modelo 500 K al 540 K fue consecuencia del hambre de potencia exhibido por la clientela más adinerada. Para llevar al límite la potencia del motor, se podía accionar el compresor por poco tiempo (por ejemplo, al adelantar). De manera parecida al efecto *kick-down,* esto se efectuaba mediante el pedal del gas superando un punto de presión. La caja de cambios, de cuatro o cinco velocidades, estaba sincronizada salvo en la primera, y transmitía la fuerza propulsora a las ruedas traseras mediante un embrague monodisco en seco. Por aquel entonces, la velocidad máxima de 170 km/h era para un coche de esta gama un valor de ensueño, lo mismo que el consumo de gasolina, de entre 27 y 30 litros por cada 100 kilómetros.

Modelo:	*Mercedes-Benz 540 K Cabriolet*
Cilindrada/Cilindros:	*5401 cm^3/8 cilindros*
CV/kW:	*115/84 (con compresor: 180/132)*
Período de fabricación:	*1936-1939*
Unidades fabricadas:	*406*

Mercedes-Benz 540 K Coupé

El grandioso Mercedes-Benz 540 K no era demasiado apto para alcanzar grandes gestas deportivas. Las cualidades de este automóvil de 2300 kg se ponían de manifiesto en la comodidad y las altas velocidades medias que se podían alcanzar en viajes de larga distancia. De esta manera, a la hora de construir el motor no sólo se hizo especial hincapié en su generosa potencia sino en su extrema silenciosidad. El motor de serie de ocho cilindros medía más de 1000 mm de largo y estaba construido en una fundición especial insonorizante. La culata de fundición con válvulas paralelas en culata accionadas por el árbol de levas lateral mediante un balancín y empujadores también era muy voluminosa. No sorprende, por tanto, que el motor de un 540 pesara más de 600 kg.

Modelo:	*Mercedes-Benz 540 K Coupé*
Cilindrada/Cilindros:	*5401 cm^3/8 cilindros*
CV/kW:	*115/84 (con compresor: 180/132)*
Período de fabricación:	*1936-1939*
Unidades fabricadas:	*406*

Mercedes-Benz 540 K Coupé aerodinámico

Las variantes de carrocería del 540 K costaban alrededor de unos 22 000 marcos alemanes. Una excepción la formaban las *roadster* especiales (28 000 marcos) y la cupé aerodinámica «Autobahn-Kurier» (24 000 marcos). Esto limitaba el número de compradores, pero la empresa y los constructores de carrocerías pusieron todo su empeño y lograron sacar adelante unos autos de gran precisión, durabilidad y con acabados de gran calidad. Además, Daimler-Benz también cumplía deseos de la clientela relacionados con el equipamiento y el diseño. Tapicerías de cuero, revestimiento de nácar para el salpicadero, guardabarros de llamativa curvatura: todo era posible. El catálogo, con más de diez variantes de carrocería, dejaba pocas brechas abiertas.

Modelo:	*Mercedes-Benz 540 K Coupé aerodinámico*
Cilindrada/Cilindros:	*5401 cm^3/8 cilindros*
CV/kW:	*115/84 (con compresor: 180/132)*
Período de fabricación:	*1936-1939*
Unidades fabricadas:	*406*

Mercedes-Benz 260 D

Daimler-Benz ya había experimentado con buenos resultados en 1933 con un motor diésel pensado para su instalación en un automóvil poco tiempo después. En 1936, el equipo recibió el visto bueno para su producción en serie y se presentó en el Salón del Automóvil de Berlín. El coche en el que se montó el nuevo motor y que llamó la atención de los visitantes especializados también era un nuevo modelo: el 260. Las pruebas a las que fue sometido atestiguaron un excelente comportamiento. Como esta máquina que producía poco humo también era bastante económica, Daimler-Benz mandó construir una serie de unos 170 ejemplares destinados a probar su utilidad como taxis.

Modelo:	*Mercedes-Benz 260 D*
Cilindrada/Cilindros:	*2545 cm^3/4 cilindros*
CV/kW:	*45/33*
Período de fabricación:	*1936-1939*
Unidades fabricadas:	*1967*

Mercedes-Benz 320

En 1937, Daimler-Benz lanzó al mercado el modelo 320, un coche cuyo corto chasis (2880 mm) estaba equipado con atractivas carrocerías cabriolé y cupé. Aunque un año más tarde se decidió a aumentar la cilindrada del motor de 3,2 a 3,4 litros, el vehículo permaneció fiel a su antigua denominación. Además del elegante biplaza, de este modelo también se hizo una versión con un chasis más largo (3300 mm de distancia entre ejes). Las carrocerías más grandes y espaciosas venían de serie con seis ventanas laterales y podían ser equipados con un maletero anexo en la parte trasera que combinaba armónicamente con el diseño del vehículo. Las unidades construidas desde 1938 incorporaron una especie de *overdrive* que reducía las revoluciones del motor.

Modelo:	*Mercedes-Benz 320*
Cilindrada/Cilindros:	*3405 cm^3/6 cilindros*
CV/kW:	*78/57,1*
Período de fabricación:	*1937-1942*
Unidades fabricadas:	*aprox. 5100*

Prototipo NSU/Porsche 32

En 1931, tres años después de haber vendido a Fiat la fabricación de automóviles, NSU Vereinigte Fahrzeugwerke AG se planteó reanudarla en vista de la crisis de ventas por la que atravesaba el sector de las motocicletas. El encargo para la construcción de un vehículo de pequeñas dimensiones recayó en Porsche, que en agosto de 1933 presentó los primeros esbozos del proyecto y en diciembre del mismo año los planos detallados. Medio año más tarde se fijó el plazo del viaje de prueba, en el que surgieron dificultades con los muelles de la suspensión, que se rompían continuamente por su mala calidad. Revisado a fondo, el prototipo quedó listo para su fabricación en serie, pero NSU no se decidió a aportar el capital necesario para ella y el proyecto se abandonó al cabo de poco.

Modelo: *Prototipo NSU/Porsche 32*
Cilindrada/Cilindros: *1470 cm³/4 cilindros*
CV/kW: *28/20,5*
Año de fabricación: *1934*
Unidades fabricadas: *1*

NSU/Fiat 500 Spider

Cuando en 1936 se presentó el Topolino de Fiat, nada hacía suponer que su éxito traspasaría las fronteras italianas. Gracias a su atractivo precio y a sus mínimos costes de mantenimiento, esta pequeña limusina se convirtió en un éxito de ventas. Pese a su capacidad de carga de sólo 200 kg, el 500 se movía con agilidad. En un primer momento, de este modelo sólo se fabricaron versiones cerradas, y para la descapotable todavía hubo que esperar algún tiempo. En 1929, Fiat inauguró una cadena de montaje en Heilbronn (Alemania) de la que salieron Topolinos con la marca NSU/Fiat. En los talleres Weinsberg apareció en 1939 una carrocería *spider* totalmente de acero. Unas 300 unidades de este modelo especial lograron salir al mercado antes del estallido de la guerra. De la versión normal como limusina se produjeron en Heilbronn hasta 1941 unas 4000 unidades.

Modelo: *NSU/Fiat 500 Spider*
Cilindrada/Cilindros: *569 cm³/4 cilindros*
CV/kW: *13/9,5*
Período de fabricación: *1937-1941*
Unidades fabricadas: *aprox. 300*

Opel 1.8 L

El 17 de marzo de 1929, Adam Opel AG dio a conocer en una conferencia de prensa que General Motors Corporation (GM) acababa de adquirir la mayoría de las acciones de la empresa de Rüsselheim. A raíz de la absorción, Opel pasó en siete años de ser el mayor fabricante de automóviles de Alemania al más grande y avanzado de todo el continente europeo. La influencia de los estadounidenses también se plasmó en la ampliación del campo de negocios: Opel fue la primera empresa automovilística alemana en crear una compañía aseguradora propia, además de un banco que debía facilitar a los clientes de Opel la financiación de un vehículo, y a los vendedores, el capital necesario para poder poner en marcha el negocio.

Modelo: *Opel 1.8 L*
Cilindrada/Cilindros: *1790 cm³/6 cilindros*
CV/kW: *32/23,4*
Período de fabricación: *1931-1933*
Unidades fabricadas: *aprox. 31 500*

Opel 1.8 L Cabriolet

El primer fruto de la incorporación de Opel a General Motors fue un vehículo de 1,8 litros que se había desarrollado en Estados Unidos pero que sólo se fabricó en Europa. La prensa especializada acogió el nuevo modelo con entusiasmo, ya que éste contaba con todos los avances tecnológicos existentes al otro lado del océano. Salvo en lo relativo a la construcción del chasis, este modelo presentaba una técnica muy refinada. El motor de seis cilindros era silencioso y ágil, la dirección reaccionaba con precisión y la caja de cambios de tres velocidades se manipulaba con facilidad. La producción de los modelos de 1,8 litros empezó en enero de 1931 y se amplió con el montaje de numerosas versiones de carrocería. Gracias a la continua ampliación de su catálogo de modelos, Opel ya daba empleo en 1936 a 19 000 trabajadores.

Modelo:	*Opel 1.8 L Cabriolet*
Cilindrada/Cilindros:	*1790 cm³/6 cilindros*
CV/kW:	*32/23,4*
Período de fabricación:	*1931-1933*
Unidades fabricadas:	*aprox. 31 500*

Opel Olympia

Presentado en 1935, el Opel Olympia fue el primer vehículo alemán fabricado en grandes series en contar con una carrocería autoportante totalmente de acero, lo que conllevaba numerosas ventajas. Al mismo tiempo, el menor peso y la aerodinámica del vehículo mejorada se traducían en unas mejores propiedades de marcha y en un menor consumo de combustible. El rígido habitáculo del automóvil podía deformarse gradualmente en caso de impacto (Opel patentó el sistema), con lo que la seguridad pasiva mejoraba. Al mismo tiempo, este concepto hizo posible un nuevo método de producción, que Opel también patentó, pues desde entonces se pudo preparar por separado ahorrando gastos en el montaje previo de la carrocería y del motor. La primera versión que salió del Opel Olympia fue una limusina-cabriolé. Para ver un coche cerrado todavía hubo que esperar seis meses.

Modelo:	*Opel Olympia*
Cilindrada/Cilindros:	*1288 cm³/4 cilindros*
CV/kW:	*24/17,6*
Período de fabricación:	*1935-1937*
Unidades fabricadas:	*aprox. 70 000*

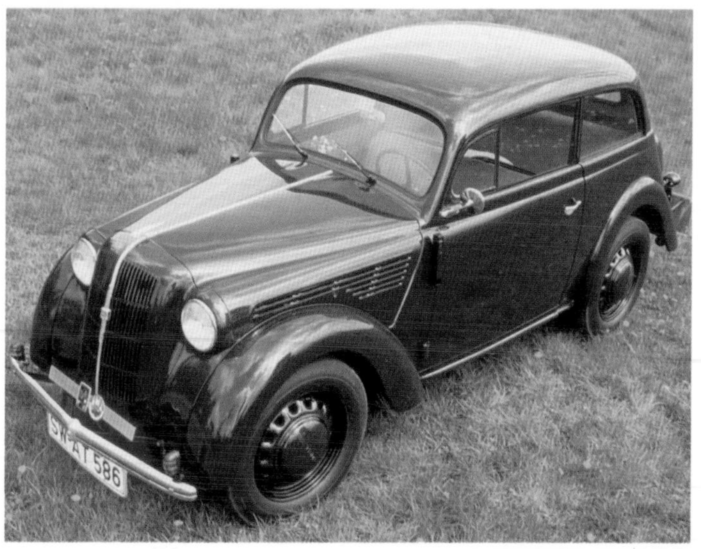

Opel Kadett

A finales de 1936, en pleno proceso de renovación del Opel Olympia, la empresa sorprendió con un automóvil algo más pequeño: el Kadett. Fabricado con una moderna construcción autoportante, este nuevo modelo debió conformarse con un motor de 1,1 litros. Para adaptarse al mayor número de estratos sociales, Opel lanzó en 1937 otro Kadett, éste en una versión más económica, con eje delantero rígido y un equipamiento más austero. De este nuevo modelo también se fabricó una variante de mayor categoría, la Kadett Spezial. La versión Spezial contaba con una excelente suspensión sincrónica, un equipamiento interior de mayor calidad y una ornamentación cromada. Con todos estos extras, el Spezial se convirtió muy pronto en el automóvil de su gama más apreciado del mercado alemán.

Modelo:	*Opel Kadett*
Cilindrada/Cilindros:	*1074 cm³/4 cilindros*
CV/kW:	*23/16,8*
Período de fabricación:	*1937-1940*
Unidades fabricadas:	*aprox. 74 000 (todas las versiones)*

Opel Super 6

En 1937, Opel presentó a la prensa especializada el nuevo Super 6. Este vehículo de gama media alta era impulsado por un motor de 2,5 litros entre cuyas particularidades figuraba la utilización de válvulas en culata: se esperaba de ello optimizar el rendimiento, fluidificar mejor la mezcla del aire con la gasolina y la expulsión total de los gases quemados. Sometido a una continua revisión técnica, este motor todavía lo empleó Opel en 1959 en su modelo Kapitän. La potencia de este motor de 55 CV se transmitía al eje rígido trasero mediante una caja de tres velocidades. Dado que la primera no estaba sincronizada, la reducción a esta velocidad debía hacerse con doble embrague. De fábrica, el Opel Super 6 salió con dos o cuatro puertas, así como en versión cabriolé de cuatro plazas.

Modelo:	*Opel Super 6*
Cilindrada/Cilindros:	*2473 cm³/6 cilindros*
CV/kW:	*55/40,3*
Período de fabricación:	*1937-1938*
Unidades fabricadas:	*aprox. 46 000*

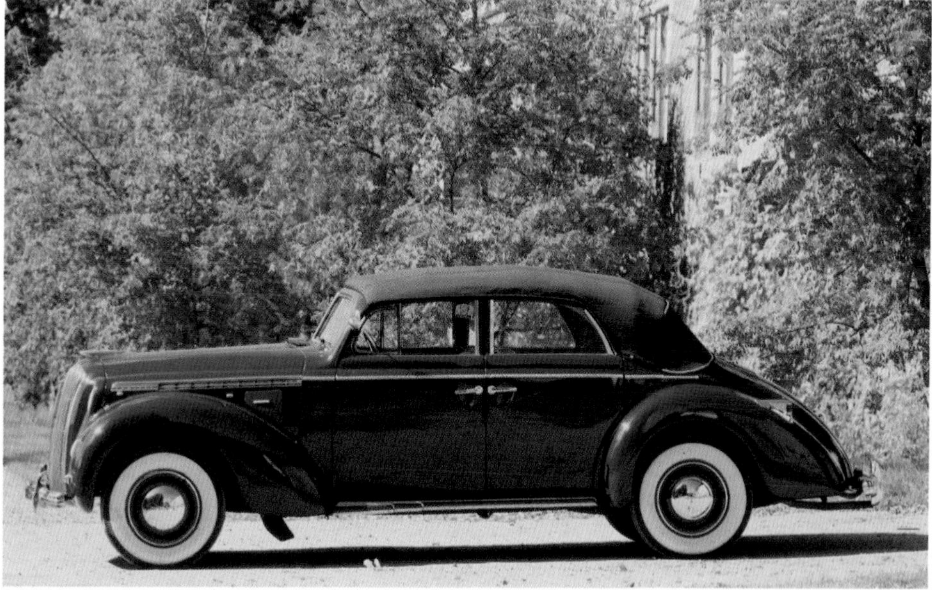

Opel Admiral

A tiempo para el Salón del Automóvil y de la Motocicleta de Berlín en 1937 Opel presentó dos nuevos vehículos de las gamas media alta y de lujo. A esta última estaba destinado el modelo Admiral, un modelo equipado con un motor de 3,6 litros. Con este buque insignia, Opel intentaba atraer una clientela interesada en gozar de un cierto confort y de una considerable velocidad. El Admiral era un automóvil con un maletero de grandes dimensiones y con un espacioso interior con acabados de calidad. No obstante, su principal novedad se escondía debajo del capó, donde trabajaba un moderno motor con válvulas en culata que se accionaban mediante un árbol de levas con taqués y balancines.

Modelo:	*Opel Admiral*
Cilindrada/Cilindros:	*3626 cm³/6 cilindros*
CV/kW:	*75/55*
Período de fabricación:	*1938-1939*
Unidades fabricadas:	*aprox. 6500*

Opel Admiral Cabriolet

Con una longitud total de unos 5300 mm, el Opel Admiral alcanzaba dimensiones más típicas de los vehículos que por aquel entonces circulaban al otro lado del océano que de los que lo hacían por carreteras europeas. Gracias a su gran cilindrada, el motor tenía un par más que suficiente, de ahí que la caja de cambios fuera de sólo tres velocidades. Además de la versión estándar con que salía de fábrica, una limusina de cuatro puertas, también se instalaron en su chasis de 3155 mm de distancia entre ejes carrocerías procedentes de fabricantes como Buhne, Hebmüller o Gläser, quienes se esforzaron por demostrar que el chasis también era apto para una elegante carrocería de cabriolé biplaza o de cupé.

Modelo: *Opel Admiral Cabriolet*
Cilindrada/Cilindros: *3626 cm³/6 cilindros*
CV/kW: *75/55*
Período de fabricación: *1938-1939*
Unidades fabricadas: *aprox. 6500*

Röhr 8 R 9/50 PS

En 1926, el constructor Hans Gustav Röhr fundó en la localidad alemana de Ober-Ramstadt la Röhr Auto AG, una empresa de la que un año más tarde saldría el primer automóvil alemán con suspensión independiente, dirección de cremallera y chasis cuadrangular. En la construcción del vehículo se tuvo en cuenta la experiencia acumulada en la industria aeronáutica, sobre todo la técnica de la construcción ligera (el coche pesaba sólo una tonelada). El Röhr 8, al que la publicidad de la marca definía como «El coche más seguro del mundo», hizo su debut en el Salón del Automóvil de Berlín. El automóvil de Röhr también dio mucho que hablar en los posteriores salones de París, Amsterdam y Ginebra hasta que en 1930 la crisis económica acarreó graves problemas financieros al empresario Röhr.

Modelo: *Röhr 8 R 9/50 PS*
Cilindrada/Cilindros: *2246 cm³/8 cilindros*
CV/kW: *50/36,6*
Período de fabricación: *1928-1933*
Unidades fabricadas: *aprox. 1000*

Röhr 8 F 13/75 PS

Gracias al interés de varios inversores, Röhr logró reanudar la producción de automóviles en 1931 y sacar al mercado dos modelos aún más grandes que el Röhr 8, esto es, el F y el FK, para los que se fabricaron diversas versiones de carrocería. En 1933 completó el catálogo de productos de la marca el pequeño Junior, un modelo apreciado (1700 unidades) por su construcción sólida y simple y que no era otra cosa que la fabricación bajo licencia del Tatra 75. A finales de la década de 1930, las instalaciones industriales de Röhr pasaron a manos de la empresa automovilística Stöwer de Stettin. Stöwer ya compraba componentes prefabricados del Junior y sacaba al mercado como modelo Greif Junior automóviles montados con restos de serie.

Modelo: *Röhr 8 F 13/75 PS*
Cilindrada/Cilindros: *3287 cm³/8 cilindros*
CV/kW: *75/55*
Período de fabricación: *1933-1934*
Unidades fabricadas: *aprox. 250*

Stoewer Sedina

Bernhard Stoewer, fundador de la Stettiner Eisenwerk en 1896, cedió tres años más tarde a sus hijos algunas partes de la empresa para que pudieran hacer realidad su sueño de fabricar automóviles. Stoewer fue uno de los pocos fabricantes que sobrevivió a la crisis mundial de principios de la década de 1930, aunque nunca consiguió producir en grandes cantidades. Construidos en diferentes versiones, los modelos Sedina y Arkona fueron los últimos automóviles civiles construidos por Stoewer antes de que la empresa se pasara al sector del armamento. Los dos modelos apenas se diferenciaban entre sí: el Sedina poseía un motor de cuatro cilindros; el Arkona, más potente, uno de seis de 3,6 litros.

Modelo:	*Stoewer Sedina*
Cilindrada/Cilindros:	*2405 cm³/4 cilindros*
CV/kW:	*55/40,3*
Período de fabricación:	*1937-1940*
Unidades fabricadas:	*aprox. 980*

Prototipo de Volkswagen Escarabajo

En enero de 1934, Ferdinand Porsche escribió su «Informe acerca de la fabricación de un coche popular (Volkswagen) alemán». En su opinión, un coche popular debía ser un automóvil fiable y de construcción ligera, ofrecer espacio para cuatro personas, alcanzar una velocidad de 100 km/h y superar rampas del 30%. El 5 de febrero de 1936 quedó listo el primer prototipo de la limusina: su principal característica constructiva era, sin duda, el chasis con suspensión por barras de torsión y amortiguadores por fricción. Construido en tres ejemplares, el V3 fue sometido a un test de fiabilidad de 50 000 kilómetros. Los conocimientos derivados de él se aplicaron en otros 30 prototipos.

Modelo:	*Prototipo de Volkswagen Escarabajo*
Cilindrada/Cilindros:	*985 cm³/4 cilindros*
CV/kW:	*23/16,8*
Año de fabricación:	*1936*
Unidades fabricadas:	*3*

Wanderer 7/35 PS

Mucho antes del acuerdo que originó la Auto Union AG en 1932, Wanderer ya había acumulado experiencia en el mundo del automóvil con la construcción de un modelo denominado «Muñequita». Desde 1921, además de este espartano cochecito, también venían fabricándose automóviles de mayor tamaño, aunque siempre a precios bastante reducidos. A comienzos de la década de 1930, Wanderer desarrolló un modelo intermedio (W 15) destinado a dar inicio a una nueva serie. La buena acogida del W 15 motivó la aparición en 1932 de una limusina de seis ventanas equipada con un motor de seis cilindros de construcción ligera desarrollado por Porsche. Este modelo, denominado 7/35 PS (dentro de la empresa, W 17) y capaz de alcanzar los 90 km/h, no sólo se construyó en versión limusina, sino también como turismo y cabriolé.

Modelo:	*Wanderer 7/35 PS*
Cilindrada/Cilindros:	*1690 cm³/6 cilindros*
CV/kW:	*35/25,6*
Período de fabricación:	*1932-1933*
Unidades fabricadas:	*aprox. 750*

Wanderer W 22

La marca Wanderer siempre se había caracterizado por la excepcional fiabilidad de sus automóviles y por una calidad de fabricación única, aunque por ellos debían pagarse precios considerables. A finales de la década de 1920, Wanderer intentó afrontar la crisis que se acercaba con carrocerías más modernas y motores más potentes. Sin embargo, estas ganas de innovar no lograron impedir que el número de unidades fabricadas retrocediese. Para Wanderer, la construcción de automóviles se convirtió en un negocio de números rojos. Toda la fabricación de motocicletas ya se había vendido a NSU y a la empresa checoslovaca Janeček. El Dresdner Bank, principal accionista de Wanderer, empezó a meditar sobre la conveniencia de detener la fabricación de automóviles.

Modelo:	*Wanderer W 22*
Cilindrada/Cilindros:	*1950 cm³/6 cilindros*
CV/kW:	*40/29,3*
Período de fabricación:	*1933-1934*
Unidades fabricadas:	*—*

Wanderer W 25 K

Auto Union AG duró 16 años; no obstante, a causa de la guerra, el consorcio sólo dispuso de siete años para innovar y expandirse. De este período quedan para la historia más de 3000 patentes dentro y fuera de Alemania. Uno de cada cuatro automóviles matriculados en Alemania hasta 1938, entre ellos varios modelos de lujo, procedía de Auto Union. En 1936, Wanderer todavía sacó al mercado un coche deportivo harto interesante, el W 25 K, destinado a hacerle la competencia al BMW 328. Para aumentar su potencia, el motor fue equipado con un compresor de funcionamiento continuo que, por desgracia, exigía al motor más de lo que podía soportar. Por consiguiente, el proyecto de coche deportivo terminó fracasando.

Modelo:	*Wanderer W 25 K*
Cilindrada/Cilindros:	*1950 cm³/6 cilindros*
CV/kW:	*85/62,2*
Período de fabricación:	*1936-1939*
Unidades fabricadas:	*258*

Wanderer W 52

Una nueva línea de carrocería surgida bajo la dirección de Auto Union dio mucho que hablar en el Salón del Automóvil de Berlín de 1936: inspirándose claramente en modelos estadounidenses, se intentaba ahora, a menor escala, adaptar esta línea a las características alemanas. Como primer vehículo de Wanderer, una de las marcas del consorcio, el W 52 se mostró en su nueva apariencia: su aspecto era fácilmente reconocible por un radiador cromado y por sus ruedas de recambio ubicadas en las aletas guardabarros. Este estilo no tardó en reflejarse en todos los demás vehículos del consorcio, hasta que el estallido de la II Guerra Mundial paralizó la producción de automóviles en 1940.

Modelo:	*Wanderer W 52*
Cilindrada/Cilindros:	*2651 cm³/6 cilindros*
CV/kW:	*62/45,4*
Año de fabricación:	*1937*
Unidades fabricadas:	*—*

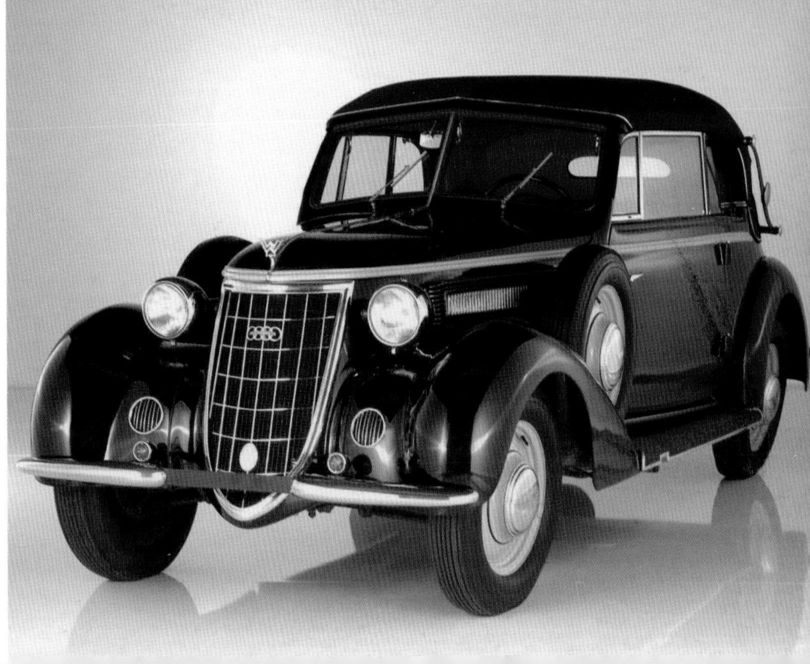

Wanderer W 24

Los automóviles de Wanderer disponían de un motor con válvulas en culata con bloques de cilindros de metal ligero desde antes de su entrada en el consorcio Auto Union. Mientras, se habían desarrollado chasis y carrocerías más modernos. En 1933, los modelos W 21 y W 22 fueron dotados de un eje oscilante en la parte trasera y de uno rígido en la delantera; en 1936, los modelos W 40, W 45 y W 50 recibieron una suspensión independiente. El excelente motor con válvulas en culata fue sustituido en 1937 por un motor de válvulas laterales de la misma potencia. En 1937 salieron al mercado con estos motores los modelos W 24 (cuatro cilindros) y W 23 (seis cilindros). Los motores fueron normalizados y los chasis estandarizados en la mayor medida posible (eje delantero rígido con suspensión).

Modelo:	*Wanderer W 24*
Cilindrada/Cilindros:	*1767 cm³/4 cilindros*
CV/kW:	*42/30,7*
Período de fabricación:	*1937-1940*
Unidades fabricadas:	*—*

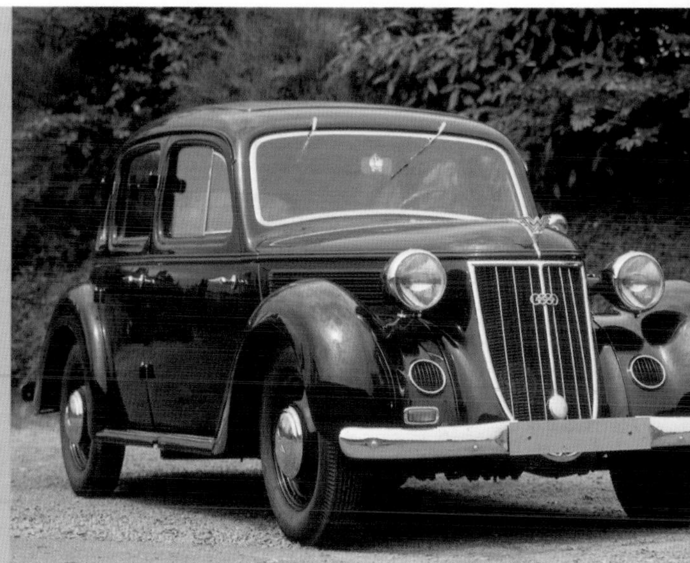

Minerva AKS

Para entrar en la década de 1930 con buen pie, Minerva se inclinó a los deseos de la clien tela, que exigía un automóvil bastante más potente, y lanzó el modelo AKS, también deno minado «Speed Six», una versión derivada del anterior modelo AK. El cigüeñal de est motor modificado tenía ahora siete apoyos, y la potencia que el equipo transmitía al eje tra sero permitía alcanzar hasta 150 km/h en función de la relación de velocidades empleada Un chasis ligeramente acortado hacía del AKS un vehículo más ágil que el AK. Por l demás, el nuevo chasis favorecía el montaje en él de carrocerías todavía más elegantes y equilibradas que las instaladas en el AK.

Modelo:	*Minerva AKS*
Cilindrada/Cilindros:	*5954 cm³/6 cilindros*
CV/kW:	*150/110*
Período de fabricación:	*1930-1931*
Unidades fabricadas:	*—*

Amilcar Pegase N7

Amilcar, que en la década de 1920 producía automóviles de reducidas dimensiones para una clientela de clase media, reaccionó en la de 1930 a la demanda de modelos más grandes y desarrolló algunos de más de dos litros de cilindrada. En busca de un concepto de motores para el Pegase N 7, la marca se decidió a instalar en dicho modelo el equipo propulsor de un Delahaye. La caja de cuatro velocidades con sincronización de las dos superiores y la suspensión independiente en las ruedas delanteras hacían del N 7 un automóvil que apenas se diferenciaba de los estándares ofrecidos por los demás fabricantes. En último término, la perdición del N 7 fue su relativamente alto precio: modelos más prestigiosos de Delahaye o Talbot no costaban mucho más.

Modelo:	*Amilcar Pegase N 7*
Cilindrada/Cilindros:	*2151 cm³/4 cilindros*
CV/kW:	*58/42,4*
Período de fabricación:	*1935-1937*
Unidades fabricadas:	*—*

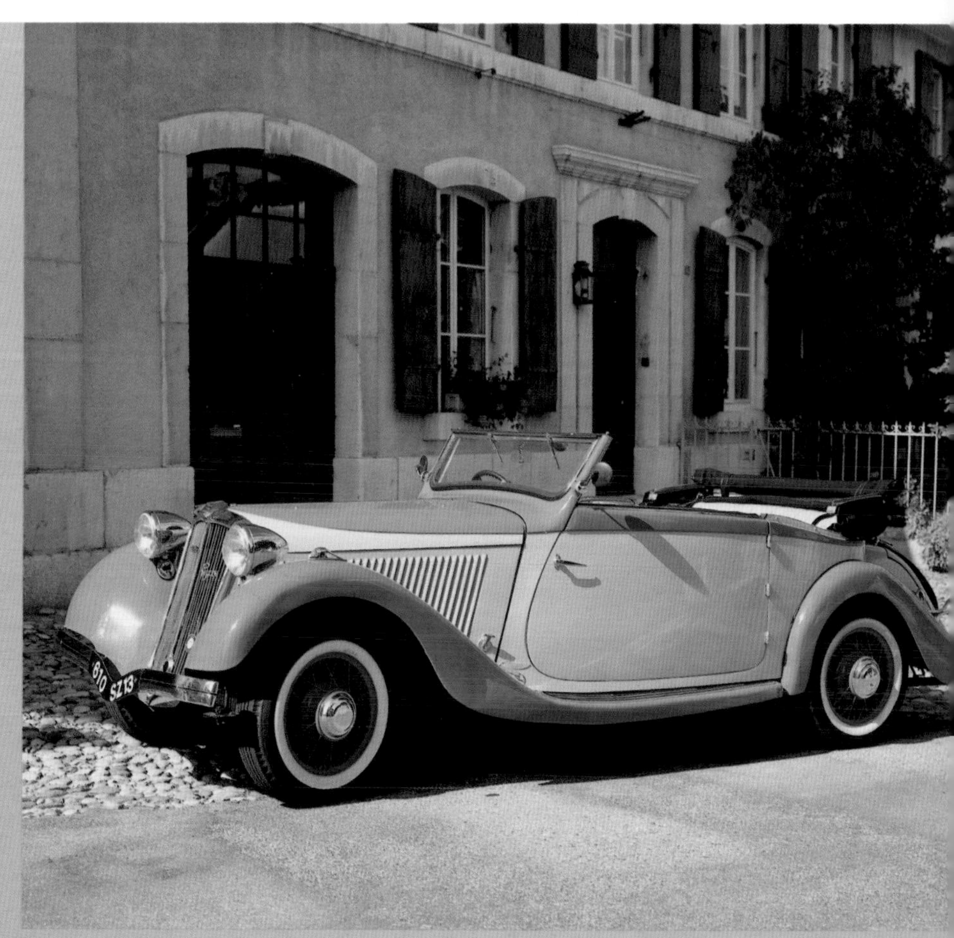

Bugatti T 44

En 1928, Bugatti presentó en el Salón del Automóvil de París con la denominación T 44 un vehículo que un periodista británico tuvo la ocasión de probar a fondo, lo que le convirtió en uno de los primeros representantes de la prensa en lograrlo. En pocas palabras, el periodista escribía: «Este test con el Bugatti ha sido en realidad uno de los más cortos que he efectuado en mi vida. Sabía de antemano lo que daba de sí un Bugatti, así como de la impresionante potencia de su motor y del perfecto funcionamiento del embrague y de la caja de cambios. Sabía mucho antes de la prueba que la dirección y la suspensión eran poco más que inmejorables; por consiguiente, sólo tenía que probar si un automóvil de ocho cilindros se comportaba realmente como tal. No recuerdo haber sentido nunca en tan poco tiempo una sensación de placer semejante al conducir».

Modelo:	*Bugatti T 44*
Cilindrada/Cilindros:	*2991 cm³/8 cilindros*
CV/kW:	*95/70*
Período de fabricación:	*1928-1931*
Unidades fabricadas:	*1095*

Bugatti 50

Cuando en 1929 Bugatti adquirió dos automóviles de la marca estadounidense Miller para someterlos a diferentes pruebas, quedó tan impresionado por su potencia, que se propuso incorporar a sus Bugatti el mismo concepto de motor con dos árboles de levas en culata que el utilizado en los Miller. En contraste con lo usado hasta entonces, Bugatti apostó por dos árboles de levas y dos válvulas transversales en culata por cilindro. El resultado fue un automóvil muy indicado para las competiciones deportivas. Para los conductores particulares, habituados a desplazarse en limusinas o en elegantes cabriolés, los coches con compresor como el presente les parecían demasiado enérgicos, motivo por el cual se lanzó al mercado una versión menos potente: la T 50 T (la segunda T significaba turismo).

Modelo:	*Bugatti 50*
Cilindrada/Cilindros:	*4972 cm³/8 cilindros*
CV/kW:	*225/164,8*
Período de fabricación:	*1930-1934*
Unidades fabricadas:	*65*

Bugatti 57

Con el desarrollo del modelo 57 empezó e Bugatti una nueva era en la que Jean, hij de Ettore, anterior jefe del departament de competición y hasta entonces sólo crea dor de carrocerías, pasó a ejercer una con siderable influencia. Frente al padre, defen sor de lo tradicional, Jean abogaba por la técnicas más avanzadas. Ya entonces, lo expertos veían en el 57 el Bugatti má práctico jamás construido. El 57 tenía u duradero motor de ocho cilindros cuy potencia se transmitía a las ruedas trasera mediante un árbol cardán. No obstante, lo frenos por cable y el eje delantero (un construcción en cuerpo hueco) seguía permaneciendo fieles a la nostálgica filoso fía de la casa.

Modelo:	*Bugatti 57*
Cilindrada/Cilindros:	*3257 cm³/8 cilindro*
CV/kW:	*135/99*
Período de fabricación:	*1934-1940*
Unidades fabricadas:	*aprox. 700 (toda la serie)*

Bugatti 57 S Atlantic

Los visitantes del Salón del Automóvil de Londres en 1936 debieron de quedarse atónitos cuando en el *stand* de Bugatti contemplaron algo capaz de cortarle la respiración a cualquiera, esto es, un prototipo que al cabo de poco entraría a formar parte de una serie tan exclusiva como fue la 57 S. La carrocería del 57 S estaba formada por dos chapas de aluminio que parecían estar cosidas por la parte central. Con la misma técnica se fabricaron también los grandes guardabarros delanteros, mientras que las aperturas para las ruedas traseras iban camufladas con un carenado de chapa. El sencillo radiador cuneiforme subrayaba el agresivo diseño de este vehículo, del que todavía se habla hoy con pasión.

Modelo:	*Bugatti 57 S Atlanti*
Cilindrada/Cilindros:	*3257 cm³/8 cilindro*
CV/kW:	*175/128 (motor con compresor opciona*
Período de fabricación:	*1936-1938*
Unidades fabricadas:	*41*

Bugatti 57 Atalante

La distancia entre ejes de 3300 mm y el ancho de vía de 1350 mm permitían el montaje en el chasis Bugatti de carrocerías de excelsa elegancia. Una gran parte de la clientela se las hacía instalar; pocos se conformaban con las de serie, que nada tenían que envidiar a las construidas por los especialistas más renombrados, pues eran creaciones de Jean Bugatti que llevaban el nombre de puertos de montaña de los Alpes. Así, para un coche cerrado de cuatro puertas se hizo la versión Galibier; para uno de dos puertas con el parabrisas extremamente sesgado, el modelo Ventoux; la del cabriolé de cuatro plazas se denominaba Stelvio. Con todo, las carrocerías tampoco se elaboraban en la casa, sino que procedían de los talleres Gangloff de Colmar (Francia).

Modelo:	*Bugatti 57 Atalante*
Cilindrada/Cilindros:	*3257 cm^3/8 cilindros*
CV/kW:	*160/117,2*
Período de fabricación:	*1937-1940*
Unidades fabricadas:	*aprox. 700 (toda la serie)*

Citroën C 4 G Roadster

Después del Citroën A de 1919 y del modelo B de 1921, Citroën lanzó al mercado, siguiendo el orden del alfabeto latino, la serie C para hacer frente a la invasión de modelos baratos procedentes de Estados Unidos. Dado que en el modelo C el motor estaba por primera vez unido al chasis mediante unos elementos de suspensión, las vibraciones en el interior del vehículo apenas eran apreciables. Otro punto muy alabado por la prensa especializada fue la utilización de vidrio inastillable para el parabrisas. Para poder competir con las prestaciones de anteriores modelos americanos, Citroën fabricó, además del modelo tetracilíndrico (el C 4), uno de seis cilindros (el C 6) con 2,6 litros de cilindrada y 42 CV de potencia.

Modelo:	*Citroën C 4 G Roadster*
Cilindrada/Cilindros:	*1628 cm^3/4 cilindros*
CV/kW:	*30/22*
Período de fabricación:	*1928-1932*
Unidades fabricadas:	*263 500 (todos los modelos C)*

Citroën 7 CV

«Desde este momento, los caballos tiran desde delante», rezaba la publicidad de Citroën en 1934. Se había invertido mucho dinero para desarrollar un automóvil polémico del que se sabía que estaba en franca oposición con lo que los clientes esperaban. A pesar de todo, las cuentas salieron, y este modelo, pronto conocido con el apodo de «Traction Avant», de tracción delantera, carrocería autoportante y un diseño llamativo se convertiría en el número uno de ventas de Citroën durante los 23 años siguientes. Ya en su primera versión, el 7 CV disponía de numerosas innovaciones técnicas (por ejemplo, la columna de dirección partida) que, en relación con la seguridad y el confort, iban mucho más allá de los estándares de la época.

Modelo:	*Citroën 7 CV*
Cilindrada/Cilindros:	*1303 cm³/4 cilindros*
CV/kW:	*32/23,4*
Período de fabricación:	*1934-1936*
Unidades fabricadas:	—

Modelo:	*Citroën 11 CV*
Cilindrada/Cilindros:	*1911 cm³/4 cilindros*
CV/kW:	*45/33 hasta 63/46*
Período de fabricación:	*1934-1957*
Unidades fabricadas:	*aprox. 535 000*

Citroën 11 CV

Como los 32 CV de potencia del motor del modelo 7 CV habían dejado de satisfacer a la clientela, este vehículo de tracción delantera fue equipado con un motor más grande y puesto en venta con la denominación 11 CV, del que de momento se hicieron tres versiones con diferentes distancias entre ejes. La versión más pequeña (2910 mm) fue catalogada como «Légère» (ligera). La estándar (3090 mm) recibió la denominación «Normale». Con el «Normale» se disponía de un automóvil más que espacioso; se hacía la broma de que en su interior se podía bailar. Quienes todavía deseaban más espacio, el modelo «Familiale» representaba la coronación de la gama: los 3270 mm de distancia entre ejes daban para siete ocupantes.

Citroën 15 CV

En 1936 entró en escena el modelo 15 CV también llamado «15-six», una versión más potente del 11 CV cuyo capó ocultaba un motor de seis cilindros que permitía alcanzar velocidades de hasta 140 km/h. El Estado francés quedó tan impresionado por este modelo, que lo convirtió en el coche oficial del gobierno y del palacio presidencial. Prescindiendo de todo esto, el último modelo de este seis cilindros tuvo el honor de ser el primero en contar con una suspensión hidroneumática. Como todos sus antecesores y descendientes, este automóvil también fue protagonista de innumerables cintas de cine negro, de ahí que el Traction Avant no tardara en ser conocido como la «limusina de los gánsters».

Modelo:	*Citroën 15 CV*
Cilindrada/Cilindros:	*2867 cm³/6 cilindros*
CV/kW:	*77/56 hasta 80/59*
Período de fabricación:	*1938-1955*
Unidades fabricadas:	*aprox. 50 600*

Delage D6-70

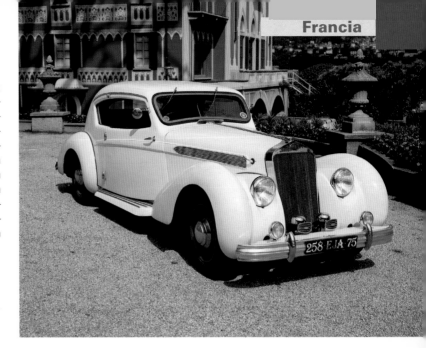

Si Ettore Bugatti y Louis Delage tenían algo en común, esto era la pasión por construir automóviles de muchos quilates. Como sucedió con los Bugatti, los Delage más bonitos aparecieron en la década de 1930. Estéticos de diseño y equipamiento, famosos carroceros como Figoni et Falaschi o Gangloff intentaron sacar el máximo provecho del diseño automovilístico. El resultado de su obra fueron carrocerías con capós largos debajo de los cuales trabajaba un motor de seis u ocho cilindros. En 1937, Delage fue absorbida por la marca Delahaye, que después de la II Guerra Mundial intentó en vano reanudar la producción de automóviles de lujo. Lo impidieron, por desgracia, los elevados impuestos con que estaban gravados los grandes automóviles en Francia.

Modelo:	*Delage D6-70*
Cilindrada/Cilindros:	*2730 cm³/6 cilindros*
CV/kW:	*68/50*
Período de fabricación:	*1937-1938*
Unidades fabricadas:	—

Delahaye 135 M

Entre los numerosos modelos que Delahaye sacó al mercado en la década de 1930, uno que ha pasado a los anales como clásico fue, sin duda, uno cuyo capó ocultaba un motor construido originariamente para camiones. Dejando a un lado este hecho, este coche de 3,5 litros era un desarrollo del todo independiente que incluso logró hacer un buen papel en las competiciones deportivas. Entre las peculiaridades del 135 figuraba, por ejemplo, un engranaje planetario que se podía adquirir por un sobreprecio. Los vehículos equipados con este extra tenían una especie de semiautomatismo que permitía, incluso a toda marcha, seleccionar la siguiente velocidad. En ese caso, el cambio de velocidad se efectuaba eléctricamente desembragando sólo una vez y volviendo a embragar.

Modelo:	*Delahaye 135 M*
Cilindrada/Cilindros:	*3557 cm³/6 cilindros*
CV/kW:	*110 /80,5*
Período de fabricación:	*1938-1952*
Unidades fabricadas:	—

Delahaye 135 MS

En busca del coche deportivo de carretera más rápido del año 1939 se inició en el circuito británico de Brooklands una competición en la que tomaron parte un Alfa Romeo de 2,9 litros, un Alfa Romeo Monza de 2,6 litros, un Talbot Lago de 4 litros, un Delage de 3 litros, un Peugeot Darl'Mat, un Alta de 2 litros y un Delahaye de 3,5 litros, vehículo que se llevó la victoria. Con ello, la empresa consiguió demostrar su declaración en la que se garantizaba que el Delahaye 135 MS podía alcanzar en un circuito una velocidad máxima de 148 km/h. La diferencia del 135 MS (Special) con respecto al 135 M (Compétition) radicaba en que el MS tenía tres carburadores en vez de dos.

Modelo:	*Delahaye 135 MS*
Cilindrada/Cilindros:	*3557 cm³/6 cilindros*
CV/kW:	*130/95,2*
Período de fabricación:	*1938-1952*
Unidades fabricadas:	—

Hotchkiss 686

No es ninguna casualidad que Benjamin Hotchkiss utilizara dos cañones cruzados como emblema de su marca; no en vano, antes de que en 1903 saliera de los talleres el primer automóvil de la marca, el empresario se había ganado la vida construyendo cañones desde 1867. Originariamente concebida como una división secundaria de la empresa, la fabricación de automóviles resultó ser tan lucrativa, que Hotchkiss no tardó en trasladarla a unas naves construidas a propósito. En ellas se forjaron durante la década de 1930 clásicos de gran lujo que siempre ocuparon las primeras posiciones en el Rally de Montecarlo. Hotchkiss siguió fabricando automóviles hasta 1956, año en que decidió especializarse en la producción de camiones.

Modelo:	*Hotchkiss 686*
Cilindrada/Cilindros:	*3485 cm³/6 cilindros*
CV/kW:	*100/73,2*
Año de fabricación:	*1936*
Unidades fabricadas:	—

Modelo:	*Panhard & Levassor Dynamic*
Cilindrada/Cilindros:	*3813 cm³/6 cilindros*
CV/kW:	*70/51,2*
Período de fabricación:	*1936-1939*
Unidades fabricadas:	—

Panhard & Levassor Dynamic

Muchos fabricantes renunciaron muy pronto a instalar en sus automóviles motores de admisión regulada por válvulas de corredera. Panhard, en cambio, permaneció fiel a este sistema desarrollado originariamente en Estados Unidos por Charles Knight hasta finales de la década de 1930. La gran ventaja de esta construcción sin válvulas radicaba en la suavidad de su funcionamiento; la gran desventaja eran sus enormes costes de producción. Mientras que concesionarios de licencia como la Daimler-Motoren-Gesellschaft y otros calificaron el sistema de no apto para el día a día. Panhard, por lo visto, supo manejarse mejor con esta refinada técnica. Del Dynamic, un modelo de estilo futurista con un volante ubicado en el centro exacto del vehículo, Panhard hizo dos versiones con motores de 2,9 y 3,8 litros de cilindrada.

Peugeot 301

Sucesor del Peugeot 201, el Peugeot 301 aparecido en 1932 presentaba un aspecto mucho más espacioso y era un vehículo muy interesante desde el punto de vista técnico por su motor con suspensión elástica. Peugeot optó por la suspensión del motor, una idea originaria de Citroën, para reducir al mínimo las vibraciones y aumentar con ello la comodidad de los ocupantes del coche. La caja de tres velocidades, que transmitía al eje trasero la fuerza de este avanzado motor con culata de metal ligero y cigüeñal de tres apoyos, ya disponía de una sincronización de las dos velocidades más altas. El 301 gozó en Francia de una notable consideración: los compradores se decantaron claramente por la limusina de parte trasera en forma de caja, mientras que la demanda de cabriolés siempre fue bastante limitada.

Modelo:	*Peugeot 301*
Cilindrada/Cilindros:	*1465 cm³/4 cilindros*
CV/kW:	*34/25*
Período de fabricación:	*1932-1937*
Unidades fabricadas:	*aprox. 70 500*

Peugeot 601

La presentación en 1929 del Peugeot 201 constituyó el punto de partida de una notable historia de éxitos. Por un lado destaca una serie Premiere que se vendió muy bien; por el otro, con el 201 empezó la historia de las denominaciones de tres cifras típicas de la marca. La secuencia numérica 201 (u otras denominaciones como 301, 402 y 601) fue elegida por casualidad, ya que la serie iniciada en 1929 era el proyecto 201 del departamento de desarrollo de Peugeot. Al mismo tiempo, sin embargo, la empresa vio en ello la oportunidad de crear una denominación simple y precisa para todos los modelos de la marca. Así, la primera cifra se asignaría en adelante a la familia del vehículo, el «0» del medio sería un simple nexo de unión y el tercer guarismo aclararía de qué generación de modelo se trataba.

Modelo:	*Peugeot 601*
Cilindrada/Cilindros:	*2229 cm³/6 cilindros*
CV/kW:	*55/40,3*
Período de fabricación:	*1934-1935*
Unidades fabricadas:	*aprox. 4000*

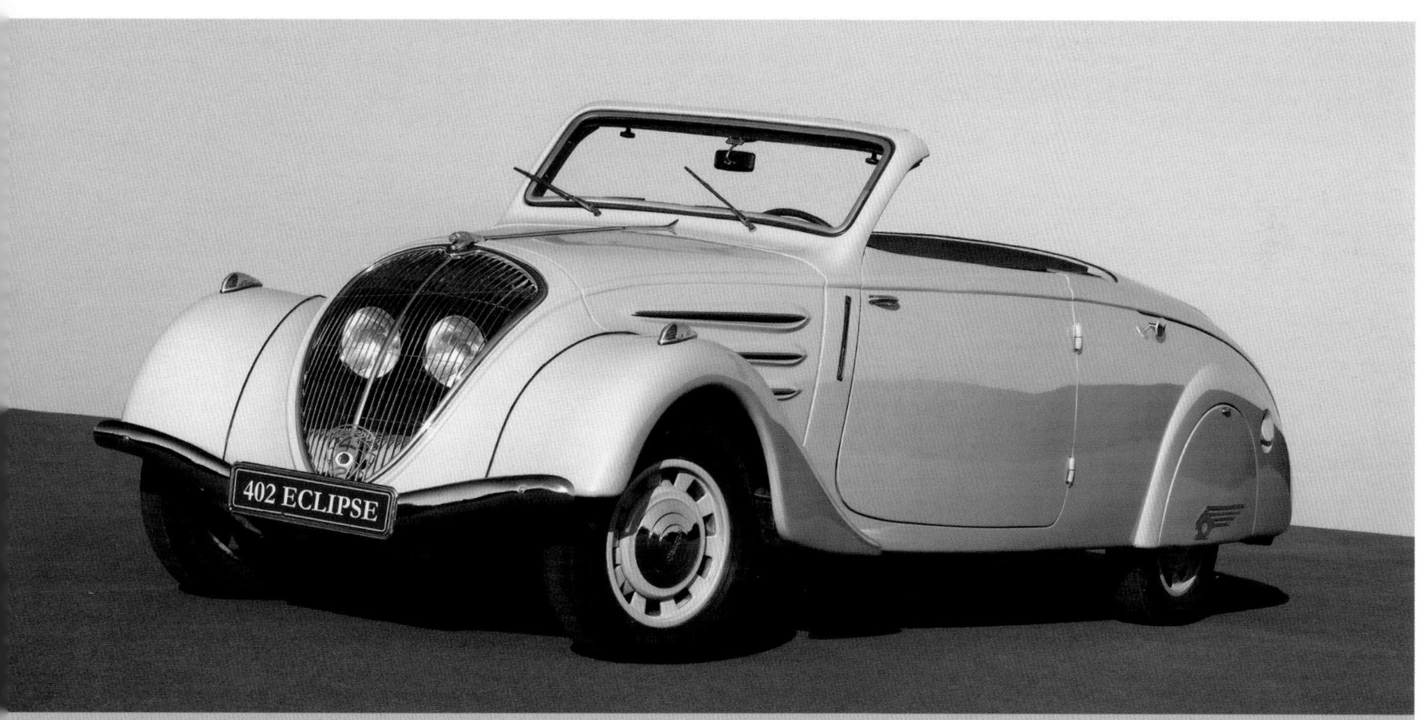

Peugeot 402 Eclipse

En 1925 salió de las factorías de Sochaux la unidad número 100 000 de Peugeot. En 1931, los automóviles de Peugeot fueron los primeros del mundo en venir de serie con una suspensión independiente. Un par de años más tarde, la marca del león volvió a atraer las miradas de todo el mundo con motivo de la presentación del modelo 402, un vehículo vanguardista que sólo por el mero emplazamiento de los faros, detrás de la rejilla del radiador, ya llamaba la atención. Una versión que salió al mercado con el nombre de «Eclipse» iba aún mucho más allá: la capota plegable de chapa de este cupé-cabriolé (a petición, automática) podía hundirse hasta el maletero, una técnica muy refinada que en pocos instantes convertía el vehículo en un modelo completamente abierto.

Modelo:	*Peugeot 402 Eclipse*
Cilindrada/Cilindros:	*1991 cm³/4 cilindros*
CV/kW:	*55/40,3*
Período de fabricación:	*1937-1939*
Unidades fabricadas:	*—*

Renault Nervastella

Renault apostó desde el principio por ofrecer continuamente a sus clientes una abundante gama de modelos. Para la casa era del todo natural fabricar, además de económicos automóviles con motores de cuatro cilindros, coches de lujo para la alta sociedad, una política de modelos muy diferente de la seguida por Henry Ford, pero también por su competidor André Citroën. En este sentido, los modelos Nervastella y Viva Grand Sport se crearon para ocupar la gama más alta en la década de 1930: quienes se podían permitir estos modelos poseían un automóvil al que le esperaba con toda seguridad uno de los primeros puestos en los entonces muy habituales «concursos de belleza». En contraste con este lujo, y en el otro extremo de la gama, figuraba el modelo Juvaquatre, un moderno producto de masas con carrocería autoportante.

Modelo:	*Renault Nervastella*
Cilindrada/Cilindros:	*4240 cm³/8 cilindros*
CV/kW:	*110/80,5*
Período de fabricación:	*1933-1936*
Unidades fabricadas:	*—*

Rosengart LR 4 N2

Lucien Rosengart, que en la década de 1920 había fabricado bajo licencia interesantes modelos basados en el Austin Seven, se vio obligado a ampliar su oferta con un coche de mayor tamaño para poder seguir siendo competitivo. Con el modelo LR 4, Rosengart lanzó al mercado en 1931 un automóvil que gracias a su ancho de vía (1050 mm) y a su distancia entre ejes (2200 mm) ofrecía algo más de confort para los ocupantes de los asientos traseros. En comparación con el pequeño LR 2, el LR 4 presentaba ventajas como dos bandejas portaobjetos en el tablero de mandos, un estárter e indicadores del estado del depósito de gasolina y de la presión del aceite. Aparte de las carrocerías estándares, también podía adquirirse como pequeña furgoneta de reparto.

Modelo:	*Rosengart LR 4 N2*
Cilindrada/Cilindros:	*747 cm³/4 cilindros*
CV/kW:	*13/9,5*
Período de fabricación:	*1931-1933*
Unidades fabricadas:	*aprox. 8000*

Salmson S 4 E

La fundación de la Société de Moteurs Salmson se remonta a 1912. La empresa, que en un principio se dedicaba a los motores para aviones, lanzó al mercado en 1921 un automóvil de los llamados *cyclecars*. Le siguieron coches deportivos con motor de doble árbol de levas. Adaptándose a la demanda de la década de 1930, Salmson apostó por el mercado de lujo y presentó elegantes modelos de dos y cuatro puertas, entre ellos diversos cabriolés. Estos vehículos no eran económicos, pues el gran trabajo manual y el cuidado por el detalle disparaban los precios. Pero no por ello, dejaron los Salmson, por ejemplo, el S 4 E, de tener su clientela. Éste también fue el modelo que permitió a Salmson reanudar su actividad, aunque por poco tiempo, tras la II Guerra Mundial.

Modelo:	*Salmson S 4 E*
Cilindrada/Cilindros:	*2336 cm³/4 cilindros*
CV/kW:	*70/51,2*
Período de fabricación:	*1938-1947*
Unidades fabricadas:	—

Voisin C 24

Gabriel Voisin, quien se definía como rey de los constructores, fundó en 1906 una industria aeronáutica y experimentó al mismo tiempo con construcciones automovilísticas. Una buena decisión que le dio la posibilidad de dedicarse de una manera más intensa a esta tarea después de la I Guerra Mundial. A su primer prototipo, el M1 de 1919, le siguieron pronto algunos modelos retocados con los que inició la producción en serie. A diferencia de otros fabricantes, Voisin apenas concedía importancia al montaje de pesadas carrocerías especiales en sus chasis, las cuales, en su opinión estaban completamente fuera de lugar. Voisin prefería un diseño propio, tal vez discutible, concebido en el departamento de carrocería de su empresa.

Modelo:	*Voisin C 24*
Cilindrada/Cilindros:	*2994 cm³/6 cilindros*
CV/kW:	*90/66*
Período de fabricación:	*1931-1938*
Unidades fabricadas:	—

Voisin C 25

Cuando en 1926 el Voisin C 4 fue equipado con una carrocería de aluminio, se decidió que se haría lo mismo en todos los demás automóviles de la marca. Voisin también combinó la ventaja de una carrocería de aluminio, de menor peso, con un diseño innovador en el que se reducía la superficie frontal y, por ende, la resistencia al aire. También el alumbrado de los automóviles de la época incitó a Voisin a encontrar otras soluciones: así, en algunos de sus modelos se instaló, en la parte derecha, a la altura del techo, un potente faro que iluminaba perfectamente la carretera sin deslumbrar a los conductores que circulaban en dirección contraria. Con ello abrió el camino, ya en la década de 1920, a la idea de la luz de cruce con haz asimétrico.

Modelo:	*Voisin C 25*
Cilindrada/Cilindros:	*2994 cm³/6 cilindros*
CV/kW:	*105/77*
Período de fabricación:	*1931-1938*
Unidades fabricadas:	*—*

Modelo:	*Alvis 12/60 HP*
Cilindrada/Cilindros:	*1645 cm³/4 cilindros*
CV/kW:	*50/36,6*
Período de fabricación:	*1931-1932*
Unidades fabricadas:	*—*

Alvis 12/60 HP

Hasta finales de la década de 1920, la gama de modelos de la casa Alvis estuvo dominada por pequeños vehículos tetracilíndricos que no presentaban grandes problemas y que, como muchos otros coches deportivos, pasaban por modernos. Además de un modelo de tracción delantera, Alvis presentó en 1928 uno con motor tetracilíndrico y de mayor cilindrada que dio paso a una serie de interesantes sucesores. Uno de ellos fue el 12/60 HP, sobre cuyo radiador se alzaba la figura de una liebre, símbolo de la rapidez y la agilidad del vehículo. La mayoría de los 12/60 HP salieron equipados con carrocerías de cabriolé deportivo. Una de las más llamativas en este sentido fue la llamada Beetle-Back, de aspecto muy armónico y que subrayaba gracias a la ausencia de los estribos la deportividad del automóvil.

Alvis Speed Twenty

Para despertar la atención en el deporte del motor, Alvis empezó a disputar varias carreras en Brooklands, a cuya parrilla de salida llevó coches como el Speed Twenty, que supuestamente sólo tardó 14 semanas en construirse. De este modelo destacaba ante todo su novedoso chasis, del que se había eliminado el hasta entonces habitual falso bastidor. El chasis, además, contaba con un sistema de lubrificación central y amortiguadores de fricción ajustables. A pesar de las numerosas modificaciones efectuadas en él, el vehículo presentaba algunos aspectos negativos. Así, por ejemplo, el cambio de velocidades aún no estaba bien resuelto, la dirección a una velocidad baja era demasiado dura y los frenos sólo actuaban cuando se pisaba el pedal con fuerza.

Modelo:	*Alvis Speed Twenty*
Cilindrada/Cilindros:	*2511 cm³/6 cilindros*
CV/kW:	*87/63,7*
Período de fabricación:	*1932-1934*
Unidades fabricadas:	—

Aston Martin 1.5 L

Lionel Martin y Richard Bamford, quienes tenían en mente desde 1908 fabricar un «auténtico» automóvil deportivo, estuvieron experimentando con chasis procedentes de Isotta-Fraschini hasta 1922, cuando dieron el siguiente gran paso y sacaron al mercado bajo la marca Aston Martin unos coches tetracilíndricos con chasis de fabricación propia. El nombre de la marca, por lo demás, provenía de las carreras Aston Hill Climb, donde Martin y Bamford obtuvieron sus primeros triunfos deportivos. Por desgracia, sus excelentes automóviles nunca estuvieron en consonancia con su trasfondo comercial, de ahí que la empresa, tras atravesar períodos difíciles, acabara siendo absorbida y saneada por David Brown, fabricante de tractores.

Modelo:	*Aston Martin 1.5 L*
Cilindrada/Cilindros:	*1493 cm³/4 cilindros*
CV/kW:	*60/44*
Período de fabricación:	*1934-1936*
Unidades fabricadas:	—

Austin Seven Ruby

El modelo más vendido de Austin (el Seven) fue sometido a una serie de modificaciones que hicieron el vehículo cada vez más interesante de generación en generación. Aparte de ganar potencia, el coche también salió en una versión con mayor distancia entre ejes, carrocerías más grandes y, sobre todo, a un precio más atractivo: Austin rebajó el coste del Seven de 165 a 122 libras esterlinas, pues le había surgido la competencia de Morris, aunque también Ford y Triumph luchaban por hacerse con el mercado de los automóviles de baja cilindrada. Para recuperar terreno, Austin lanzó en 1934 el modelo Ruby, una especie de Seven de lujo, que permaneció cinco años en catálogo hasta 1939, año en que toda la serie Seven se dejó de fabricar. El objetivo de Austin de construir con el Seven un «Motor for the Millions» falló, ya que sólo logro producir unos 290 000 coches.

Modelo:	*Austin Seven Ruby*
Cilindrada/Cilindros:	*900 cm³/4 cilindros*
CV/kW:	*22/16,1*
Período de fabricación:	*1934-1939*
Unidades fabricadas:	—

Austin Ten

Con el Seven, Austin lanzó uno de los coches pequeños más legendarios; pero para no anclarse en una sola línea, debieron fabricarse varios modelos de mayor tamaño además del Seven. La oferta ya se había ampliado en 1927 con la llegada de un seis cilindros, el Twenty. Cuando la mayoría de los fabricantes aumentaban la potencia del motor de los vehículos de los que salían nuevas versiones, Austin hizo todo lo contrario y un año más tarde redujo la cilindrada de 3400 a 2249 cm³. A pesar de todo, este modelo de menor potencia, denominado ahora «Sixteen», continuó siendo un modelo muy vendido, ya que el estadio inferior todavía estaba ocupado por el Ten, un absoluto éxito de ventas para el que se hicieron numerosas carrocerías y que, por consiguiente, permaneció mucho tiempo en el catálogo de la marca.

Modelo:	*Austin Ten*
Cilindrada/Cilindros:	*1125 cm³/4 cilindros*
CV/kW:	*23,5/17,2*
Período de fabricación:	*1934-1947*
Unidades fabricadas:	*—*

Bentley 4 1/2 L

En 1936, cuando Bentley ya había entrado a formar parte de Rolls-Royce, salió a la palestra bajo la supervisión del nuevo propietario el Bentley de 4 1/2 L, el segundo modelo de lujo con una «B» alada sobre el capó. Desde el punto de vista técnico, el Bentley 4 1/2 L se basaba en el chasis del 3 1/2 L y costaba únicamente 50 libras más que éste. Siguiendo la tendencia de fabricar automóviles más potentes, los compradores optaron esencialmente por el 4 1/2 L, de ahí que Rolls-Royce lo revalorizara de forma considerable en 1938 al añadirle una *overdrive*. Gracias al inferior número de revoluciones de ello resultante y a una extremamente robusta disposición de los cojinetes del cigüeñal, este automóvil se convirtió en su última fase de desarrollo en uno de los coches de turismo más preciosos de finales de la década de 1930.

Modelo:	*Bentley 4 1/2 L*
Cilindrada/Cilindros:	*4257 cm³/6 cilindros*
CV/kW:	*datos no disponibles*
Período de fabricación:	*1936-1939*
Unidades fabricadas:	*1233*

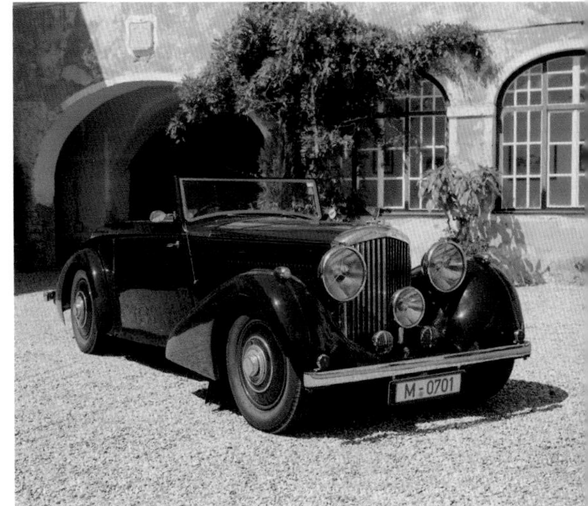

Frazer Nash TT

En 1924, Archie Frazer-Nash empezó a construir biplazas deportivos que tenían como peculiaridad una transmisión por cadena. Como motores adecuados para dichos modelos se emplearon varios equipos de diversa procedencia. En este sentido, Frazer-Nash concedió gran importancia a que los motores pudieran afinarse bien. La técnica del compresor solía resultar muy útil para exprimir hasta la última reserva de potencia, y tales vehículos acostumbraban a ocupar los primeros puestos en las competiciones deportivas. Desde mediados de la década de 1930, Frazer-Nash se fue decantando cada vez más por la utilización de motores BMW, hasta que después de la II Guerra Mundial se especializó en importar vehículos BMW al Reino Unido, donde los retocaba y los ponía a la venta bajo la marca Frazer-Nash-BMW.

Modelo:	*Frazer Nash TT*
Cilindrada/Cilindros:	*1496 cm³/4 cilindros*
CV/kW:	*62/45,4*
Año de fabricación:	*1937*
Unidades fabricadas:	*—*

Invicta S

Los primeros tres Invicta nacieron en 1924 en un pequeño garaje de la localidad británica de Cobham que Noel Macklin había transformado en taller. Estos coches deportivos se movían con un motor Coventry-Climax que Macklin no consideró apropiado para su fabricación en serie. El motor de 2,5 litros poseía muy poca capacidad de arrastre y debió sustituirse por uno de 2,6 litros de la marca Meadows. La elección resultó ser buena: Meadows incluyó en su catálogo de productos versiones aún más potentes con 4,5 litros que contribuyeron a proporcionar a los posteriores Invicta una potencia más que adecuada. Los Invicta no tardaron en figurar entre los coches deportivos más apreciados de su tiempo y desde 1928 pudieron competir sin problemas con el Bentley 4 1/2 L.

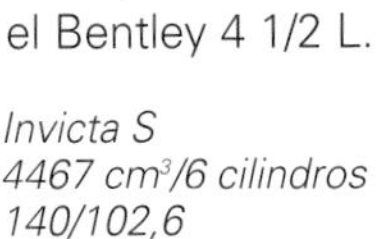

Modelo: *Invicta S*
Cilindrada/Cilindros: *4467 cm^3/6 cilindros*
CV/kW: *140/102,6*
Período de fabricación: *1930-1936*
Unidades fabricadas: *---*

(Jaguar) SS 1-16 HP Coupé

La historia de la marca Jaguar se remonta hasta el año 1922, cuando William Lyons y William Walmsley fundaron en Blackpool la Swallow Sidecar Company, en la que empezaron construyendo sidecares. Seis años más tarde, a raíz del traslado a su sede actual de Coventry, comenzó el ascenso de la empresa hasta convertirse en uno de los fabricantes británicos de coches de lujo más famosos del mundo. El primer producto propio de la marca fue el SS 1, que salió de los talleres en 1931. Dos años después de haberse iniciado su producción en serie, el SS 1 recibió un aumento de cilindrada y, por ende, también de potencia. En 1935, Lyons presentó en el Salón del Automóvil de Londres una versión cabriolé del SS 1 más lujosa y que vino a completar la gama de modelos de Jaguar.

Modelo: *SS 1-16 HP Coupé*
Cilindrada/Cilindros: *2054 cm^3/6 cilindros*
CV/kW: *48/35,2*
Período de fabricación: *1931-1936*
Unidades fabricadas: *4230*

(Jaguar) SS 1-20 HP Airline

William Lyons utilizó para sus primeros modelos SS un chasis fabricado por Standard, con lo que consiguió mantener los costes de producción a un nivel relativamente bajo. Dado que el tipo de construcción de este chasis era el máximo responsable del aspecto alargado de los SS, Lyons no tardó en modificarlo y desarrolló un chasis propio denominado *underslung*, que todos los modelos producidos desde 1932 pasaron a incorporar y que confirió al coche una nota de mayor elegancia. El chasis también se adaptaba a la perfección para el montaje en él de carrocerías especiales. Además de cupés, turismos y limusinas, en 1936 se fabricaron algunos exclusivos cupés Airline: uno de ellos decoró el último chasis SS con el número 249500.

Modelo: *SS 1-20 HP Airline*
Cilindrada/Cilindros: *2552 cm^3/6 cilindros*
CV/kW: *62/45,4*
Período de fabricación: *1933-1936*
Unidades fabricadas: *573*

Modelo: *SS 2-12 HP*
Cilindrada/Cilindros: *1608 cm^3/4 cilindros*
CV/kW: *38/27,8*
Período de fabricación: *1933-1936*
Unidades fabricadas: *aprox. 1800*

(Jaguar) SS 2-12 HP

Como pareja de los hexacilíndricos modelos SS, Lyons construyó paralelamente una serie de automóviles de cuatro cilindros cuyo modelo básico recibió la denominación SS 2-9 HP. Hasta 1933, sin embargo, la versión más económica con la rejilla del radiador estrecha sólo se fabricó como cupé. La llegada del SS 2-10 HP comportó un aumento de potencia de 28 a 32 CV de unos modelos ahora algo más espaciosos. Con la aparición del modelo puntero de esta serie, el SS 2-12 HP, los vehículos también se beneficiaron de la construcción de un chasis más bajo muy indicado para el montaje en él de carrocerías abiertas. Sus guardabarros, que abarcaban toda la longitud del coche, formaban un conjunto con los estribos y subrayaban el diseño y el carácter deportivos de este automóvil.

Jaguar SS 100

En 1936, tras haberse incorporado un año antes el nombre Jaguar a todos los modelos, apareció el legendario biplaza deportivo Jaguar SS 100, que alcanzaba la por aquel entonces impresionante velocidad máxima de 160 km/h y que hoy es el Jaguar más buscado de entre todos los del período anterior a la II Guerra Mundial. La primera serie, construida desde 1936 hasta 1939, estaba equipada con un motor de 2,6 litros, mientras que el de 3,5 litros sólo estuvo disponible desde 1938. La denominación SS 100 se atribuye a la velocidad máxima en millas (100) de este modelo. La idea originaria de sacar al mercado una versión cupé de este vehículo, generalmente salido de fábrica con el volante a la derecha, fue descartada ya que el prototipo presentado en 1938 no acabó de agradar al público.

Modelo:	*Jaguar SS 100*
Cilindrada/Cilindros:	*2663cm^3/6 cilindros*
CV/kW:	*102/74,7*
Período de fabricación:	*1936-1939*
Unidades fabricadas:	*aprox. 310*

Jaguar SS 2.5 L

Para no seguir dependiendo más del fabricante de chasis y motores Standard, William Lyons amplió en 1935 su equipo de técnicos contratando a un par de aplicados ingenieros que deberían ocuparse de desarrollar nuevos conceptos de motor. Bajo la dirección del constructor jefe Heynes se puso en marcha la producción en serie de un motor de válvulas en culata destinado a reemplazar en 1938 la antigua versión con válvulas laterales del modelo de 1,5 litros. Entre las novedades del año 1935 también figuraba el automóvil denominado SS 1.5 L (de momento, todavía con el motor de válvulas laterales), también disponible en 2,5 litros. La clientela optó por adquirir la limusina, que en la versión de 2,5 litros se suministraba con ruedas de recambio en los laterales del vehículo.

Modelo:	*Jaguar SS 2.5 L*
Cilindrada/Cilindros:	*2663 cm^3/6 cilindros*
CV/kW:	*102/74,7*
Período de fabricación:	*1936-1940*
Unidades fabricadas:	*aprox. 5300*

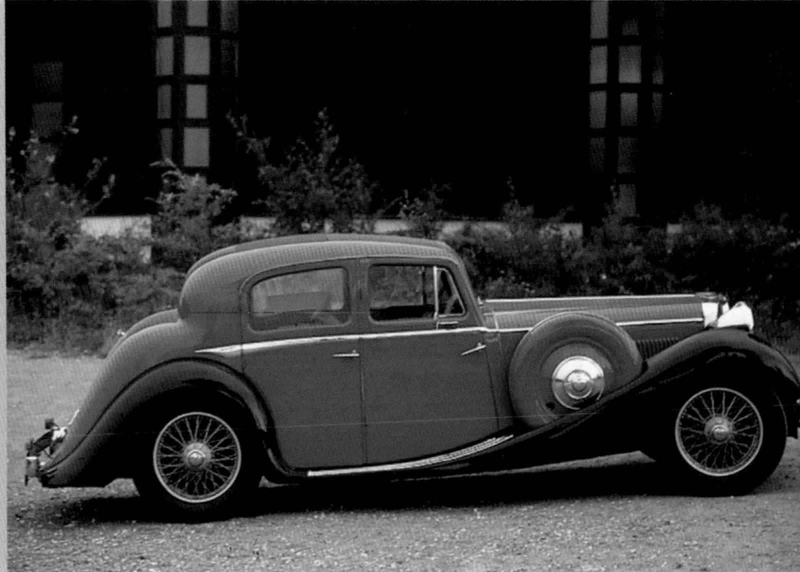

Jaguar SS 3.5 L

El año 1938 trajo para los modelos de 2,5 y 3,5 toda clase de mejoras que no sólo se reflejaban en el ámbito técnico sino también en el de su imagen externa. De esta manera, la rueda de recambio emplazada en las aletas guardabarros de los laterales pasó a colocarse en el maletero, donde se le proporcionó un compartimento a tal efecto. Para aumentar el confort durante el viaje y el espacio interior, se prolongó el chasis 110 mm y se le montaron carrocerías ligeramente más anchas. Además, el falso chasis de madera, que anteriormente soportaba el revestimiento de la carrocería, fue sustituido por uno más seguro de acero. Gracias a todas estas mejoras, no le resultó difícil a Jaguar continuar la producción de esta serie una vez concluida la guerra.

Modelo:	*Jaguar SS 3.5 L*
Cilindrada/Cilindros:	*3485 cm^3/6 cilindros*
CV/kW:	*125/91,6*
Período de fabricación:	*1936-1940*
Unidades fabricadas:	*aprox. 1300*

Lagonda M 45

Aunque parezca increíble, Lagonda fue fundada por Wilbur Gunn, un cantante de ópera estadounidense llegado al Reino Unido en 1891. Allí se estableció en la localidad de Staines y empezó fabricando *cyclecars* antes de inscribir en el registro mercantil su marca de automóviles «Lagonda», que era el nombre de un río de Ohio, el estado del que procedía. Los coches con los que la marca se hizo realmente famosa aparecieron a partir de 1926. Desde el debut del modelo 14/60 HP, sus vehículos experimentaron un continuo aumento de cilindrada y potencia. Desde 1934, los compradores de automóviles deportivos que buscaban algo fuera de lo común encontraron en los concesionarios una alternativa, el M 45, que llegó a hacer sombra a muchos otros coches deportivos.

Modelo:	*Lagonda M 45*
Cilindrada/Cilindros:	*4467 cm^3/6 cilindros*
CV/kW:	*140/102,5*
Período de fabricación:	*1934-1936*
Unidades fabricadas:	—

Lagonda LG 6 Rapid

En 1936, Lagonda sorprendió al mundo con un automóvil V12 construido con un chasis completamente nuevo formado por un bastidor tubular cruzado y un refuerzo adicional en la parte trasera. Mientras que las ruedas traseras se apoyaban mediante ballestas, el coche fue equipado delante con una suspensión por barras de torsión sumamente moderna. Esta modélica construcción del chasis también pudo emplearse, aunque ligeramente retocada, en otro vehículo de Lagonda, el LG 6. Dotado de un motor de seis cilindros, el LG 6 constituía una interesante alternativa para aquellos entusiastas que no se podían permitir un V12 o que deseaban hacerse con un vehículo de mecánica no muy complicada.

Modelo:	*Lagonda LG 6 Rapid*
Cilindrada/Cilindros:	*4467 cm³/6 cilindros*
CV/kW:	*140/102,5*
Período de fabricación:	*1936-1939*
Unidades fabricadas:	—

Lagonda Rapier 10

En vista de la gran demanda existente en el mercado de la década de 1930 de pequeños coches deportivos de cuatro cilindros, Lagonda decidió incluir en su catálogo un modelo menos ambicioso y presentó el Rapier, un vehículo muy manejable desarrollado por el constructor Timothy Ashcroft. No obstante, si se deseaba preservar el buen nombre de la marca, el Rapier no podía ser ninguna baratija, de ahí que su precio no fuera inferior a 375 libras esterlinas y que estuviera concebido para una clientela exigente y deseosa de conducir un pequeño tetracilíndrico deportivo y que no se conformara con un simple MG, un Riley o un Singer. El Rapier sólo se vendió como chasis y debió ser equipado con carrocerías artesanales de aspecto inspirado en el de los modelos más grandes.

Modelo:	*Lagonda Rapier 10*
Cilindrada/Cilindros:	*1086 cm³/4 cilindros*
CV/kW:	*55/40,3*
Período de fabricación:	*1934-1939*
Unidades fabricadas:	*aprox. 470*

Modelo:	*MG F Magna*
Cilindrada/Cilindros:	*1271 cm³/6 cilindros*
CV/kW:	*37/27,1*
Período de fabricación:	*1931-1932*
Unidades fabricadas:	*aprox. 1250*

MG F Magna

Los primeros automóviles con el emblema octogonal de MG en el radiador circularon por las carreteras británicas en 1924. Pero debieron transcurrir tres años más antes de que a la marca fundada por Cecil Kimber se le asignara un *stand* propio en el Salón del Automóvil de Londres. Kimber, un vendedor de Morris, construía desde hacía tiempo sus coches con la marca «Morris Garage» (MG) y experimentaba desde hacía años con estos automóviles, ya que su objetivo era hacer los modelos de Morris más rápidos y elegantes. En consecuencia, la marca Morris influyó decisivamente en el desarrollo de los modelos de MG: mientras que bajo el capó de los primeros MG todavía trabajaba el motor de 1,8 litros del Morris-Oxford, Kimber impulsó más tarde motores de hasta 1,5 litros de cilindrada.

MG K1 Midget

Salvo algunas excepciones a finales de la década de 1930, la mayoría de los modelos de MG presentaban una distancia entre ejes relativamente corta, lo que los hacía muy estables. Los coches de Cecil Kimber iban dirigidos ante todo a aquellos clientes que buscaban un coche de características lo más deportivas posibles a un precio interesante. A ellos iba dirigido el eslogan «Safety Fast» (seguridad rápida). Hasta 1939 comprendieron este mensaje más de 23 000 compradores. Aproximadamente la mitad de ellos se decidió por la versión deportiva del K1, si por ésta entendemos la utilización de un motor con árbol de levas en culata. Antes de que Kimber introdujera en 1926 la pintura integral, los anteriores modelos sólo se presentaban con una carrocería de aluminio pulido en consonancia con el carácter deportivo.

Modelo:	*MG K1 Midget*
Cilindrada/Cilindros:	*1087 cm³/6 cilindros*
CV/kW:	*38/27,8*
Período de fabricación:	*1932-1934*
Unidades fabricadas:	*aprox. 1100*

Modelo:	*MG NA Magnette*
Cilindrada/Cilindros:	*1271 cm³/ 6 cilindros*
CV/kW:	*56 / 41*
Período de fabricación:	*1934-1936*
Unidades fabricadas:	*aprox. 740*

MG NA Magnette

En vista de la creciente demanda de automóviles MG, Cecil Kimber se vio obligado en 1928 a trasladar la producción a instalaciones más adecuadas, pues su pequeño taller de Oxford se había quedado pequeño. En un primer momento, aunque por un tiempo limitado, se estableció en un ala de un edificio de Morris; más tarde desplazó toda su industria a la localidad de Cowley. Cuando también allí el espacio fue insuficiente, emigró a Abingdon, donde por fin encontró la empresa una sede estable. Este último traslado fue decisivo para que desde aquel momento el número de serie de un MG empezara con las cifras 0251. La explicación es que esta secuencia de cifras correspondía al número de teléfono de la fábrica.

MG TA Midget

A diferencia de muchos otros pequeños coches deportivos, los automóviles de MG eran bastante asequibles, ya que llevaban numerosos componentes de fabricación ajena utilizados también por otras marcas y que resultaban más económicos por haberse producido en grandes series, un hecho que contribuía, además, a que el mantenimiento no debiera efectuarse en ningún taller en concreto. MG renunció conscientemente a crear un departamento de carrocerías propio, pues ya tenía en la empresa Carbodies, un socio de confianza que se las suministraba a un precio de seis libras esterlinas por pieza. Por esta cantidad, como es obvio, no podía esperarse nada lujoso, pero tampoco se deseaba, pues las principales virtudes de un MG debían ser su peso ligero y un consumo de combustible lo más bajo posible.

Modelo:	*MG TA Midget*
Cilindrada/Cilindros:	*1292 cm³/4 cilindros*
CV/kW:	*52/38*
Período de fabricación:	*1936-1939*
Unidades fabricadas:	*aprox. 3000*

MG PB Midget

Modelo:	*MG PB Midget*
Cilindrada/Cilindros:	*939 cm³/4 cilindros*
CV/kW:	*35/25,6*
Período de fabricación:	*1934-1936*
Unidades fabricadas:	*aprox. 530*

Como respuesta al modelo Le Mans presentado por su competidor Singer, MG lanzó al mercado en 1935 el modelo PB, destinado a seguir las huellas de su predecesor (2000 unidades vendidas del PA) y a convertirse en el último Midget clásico en la historia de la marca. Más cilindrada que el PA, un tablero de mandos mejor equipado y un protector contra piedras para el radiador eran las principales novedades del PB. Mientras que el Singer ya disponía de frenos hidráulicos, el PB permanecía fiel al freno mecánico accionado por cable. En 1935 también MG tomó la decisión de reducir la construcción de vehículos de carácter marcadamente deportivo. El motivo no era otro que la creciente demanda de automóviles para la vida diaria.

Morgan Sports

H.S.F. Morgan, hijo de un vicario de la localidad británica de Malvern Link, encontraba las motocicletas muy inseguras y propensas a volcar y proyectó un vehículo según ideas propias. El resultado fue un triciclo monoplaza. Que con ello pondría la primera piedra de una empresa que todavía existe y que sigue perteneciendo a la familia, es algo que nadie había ni siquiera imaginado. El concepto del triciclo era muy simple, pero no por ello menos genial: constaba de un bastidor de tres tubos de los que dos se utilizaron para la salida de los gases. La caja de velocidades que transmitía la potencia del V2 a la única rueda trasera consistía en un simple embrague de zapatas. Igualmente sencilla era la suspensión de las ruedas delanteras ideada por Morgan: en ella, simples tacos de caucho hacían la función de los amortiguadores.

Modelo:	*Morgan Sports*
Cilindrada/Cilindros:	*990 cm³/2 cilindros*
CV/kW:	*32/23,4*
Período de fabricación:	*1931-1934*
Unidades fabricadas:	*—*

MG WA 2.6 L

Con la idea de desarrollar un tipo de vehículo completamente nuevo adecuado para la vida diaria, MG sacó al mercado en 1936 un automóvil con una distancia entre ejes más larga de lo habitual (3120 mm). También impresionaron a los especialistas los 4900 mm que medía de largo el automóvil de un extremo a otro, una longitud nunca vista hasta entonces en MG. A pesar de tales dimensiones, el modelo SA presentaba un aspecto muy armónico. El motor de seis cilindros de 2,3 litros y 70 CV de potencia era capaz de impulsar al coche hasta una velocidad máxima aproximada de 135 km/h. El modelo fue bien recibido, de ahí que MG no tardara en hacer una nueva versión más potente que salió a la venta con la denominación MG WA 2.6 L destinada a competir con el Jaguar de 2,5 litros.

Modelo:	*MG WA 2.6 L*
Cilindrada/Cilindros:	*2561 cm³/6 cilindros*
CV/kW:	*96/70,3*
Período de fabricación:	*1938-1939*
Unidades fabricadas:	*—*

Morgan Super Sports

Gracias a la utilización de motores cada vez más potentes, los triciclos de Morgan se convirtieron muy pronto en vehículos deportivos que también dieron que hablar en las competiciones. Las numerosas victorias obtenidas contribuyeron aún más al éxito del triciclo, del que hasta finales de 1923 ya se habían vendido 40 000 unidades. Hacia el fin de la década de 1920, Morgan empezó a notar cada vez más la competencia ejercida por el pequeño Austin Seven. Para poder hacerle frente, Morgan debió emplearse a fondo en la renovación del triciclo, de ahí que, por ejemplo, decidiera equiparlo con frenos en las tres ruedas. Por añadidura, Morgan le instaló una auténtica caja de tres velocidades, marcha atrás incluida, y sacó al mercado el modelo Super Sports, que funcionaba con un potente motor bicilíndrico de la marca Matchless.

Modelo:	*Morgan Super Sports*
Cilindrada/Cilindros:	*1096 cm³/2 cilindros*
CV/kW:	*40/29,3*
Período de fabricación:	*1934-1937*
Unidades fabricadas:	—

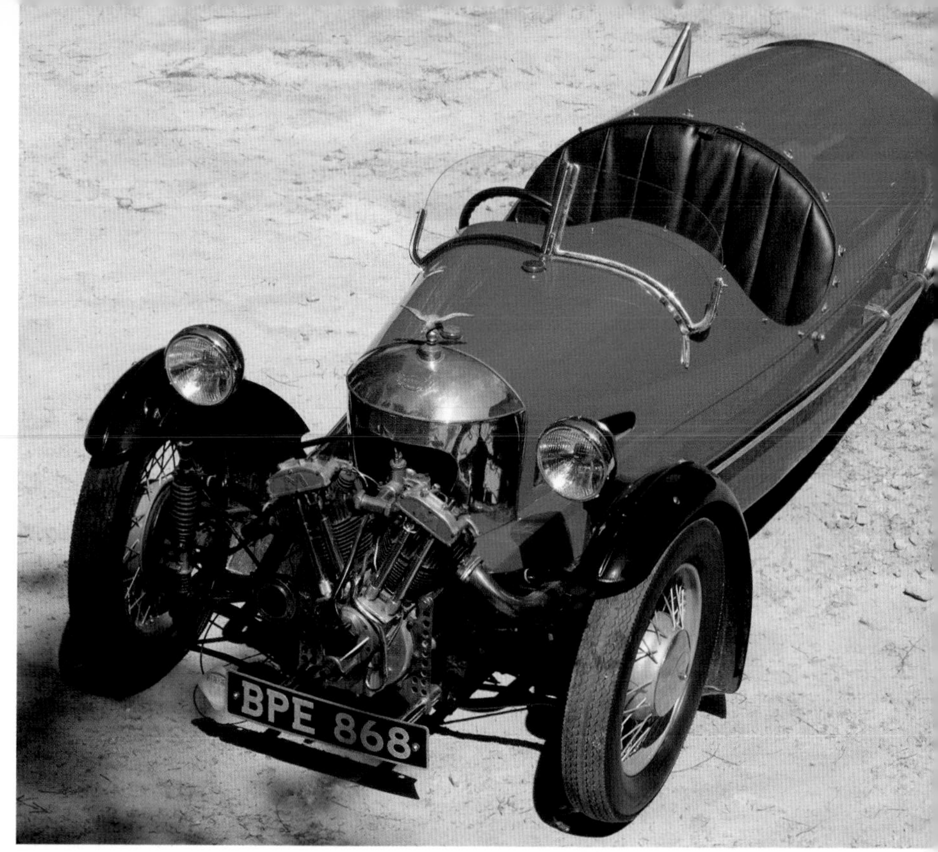

Morgan 4/4

Como el gobierno británico derogó en 1936 todas ventajas fiscales para vehículos de tres ruedas, la venta de los Morgan se estancó y sus triciclos perdieron interés para la mayoría de sus potenciales clientes. En busca de una alternativa adecuada, Morgan todavía se sirvió del último modelo de triciclo, ya que el denominado «F» contaba con un chasis fácil de modificar y, por consiguiente, apto para construir con él un automóvil de cuatro ruedas. El perfil del chasis en forma de «z» permitía el aprovechamiento de una ulterior ventaja: la parte inferior del coche se podía carenar con planchas de suelo, mientras que en la superior podía montarse una carrocería *roadster* de chapa de acero.

Modelo:	*Morgan 4/4*
Cilindrada/Cilindros:	*1098 cm³/4 cilindros*
CV/kW:	*34 /25*
Período de fabricación:	*1936-1939*
Unidades fabricadas:	—

Morgan 4/4

Cuando en 1936 empezaron a salir de la factorías de Morgan los primeros *roadste* (modelo 4/4) con capota de lona, se pud por fin disponer en el catálogo de producto de un «auténtico» automóvil destinado relevar el ya poco vendido triciclo. Morga no podía suponer que había logrado una ve más desarrollar un coche que, con mu pocas modificaciones, se fabricaría hast 1957. Todos los modelos de esta primer serie se presentaban con grandes faros cro mados, el típico radiador plano y dos rueda de recambio juntas en la parte trasera. Po lo demás, la denominación 4/4 indicaba qu el sucesor del triciclo circulaba ahora co cuatro ruedas y con un motor de cuatr cilindros.

Modelo:	*Morgan 4/4*
Cilindrada/Cilindros:	*1267 cm³/4 cilindros*
CV/kW:	*40/29,3*
Período de fabricación:	*1939-1957*
Unidades fabricadas:	—

Morris Ten/4 Special Coupé

En 1934, Morris invirtió más de 250 000 libras esterlinas en sus instalaciones, la mayoría de ellas en una nueva cadena de pintura. Las dos cadenas de montaje, de más de un kilómetro y medio de longitud, podían adaptarse a otro color en muy poco tiempo. En la nave de producción se automatizaron cada vez más los procesos de montaje. Si hasta entonces los trabajadores todavía debían empujar a mano el chasis del vehículo hasta la siguiente posición, esto se efectuaba ahora mediante un sistema de arrastre. En medio de toda esta modernización se lanzó al mercado el Morris Eight, un modelo que se construyó empleando los nuevos métodos de fabricación, mientras que para el modelo 10 lanzado el año anterior todavía se habían utilizado los métodos convencionales.

Modelo:	*Morris Ten/4 Special Coupé*
Cilindrada/Cilindros:	*1292 cm³/4 cilindros*
CV/kW:	*30/22*
Período de fabricación:	*1933-1938*
Unidades fabricadas:	—

Morris Ten/6

Cuando Morris se preparaba para fabricar en serie el pequeño modelo Eight, la producción anual se estimaba en unas 35 000 unidades. Este valor debió corregirse al alza medio año más tarde, ya que el vehículo se convirtió desde el principio en un absoluto éxito de ventas (¡50 000 pedidos!). A pesar de este excelente resultado, la producción del Ten, el modelo producido paralelamente, quedaba justificada por completo, ya que ofrecía una alternativa a quienes no se conformaban con un coche pequeño. También una versión de seis cilindros del tetracilíndrico Ten. En combinación con una ambiciosa carrocería *roadster*, se obtuvo un pequeño coche deportivo a un precio más favorable que los de otros fabricantes.

Modelo:	*Morris Ten/6*
Cilindrada/Cilindros:	*1378 cm³ /6 cilindros*
CV/kW:	*38/27,8*
Período de fabricación:	*1934-1935*
Unidades fabricadas:	—

Railton 8 Serie II

El Railton no fue desde el principio para muchos ingleses sino otra cosa que un automóvil estadounidense de características deportivas. En su opinión, la técnica americana estaba fuera de lugar en un coche deportivo británico, ya que bajo el capó de un Railton se encontraba un motor Hudson de serie de ocho cilindros. En este sentido, el vehículo construido por Reid Railton tenía un legendario antepasado, el Invicta, en cuyo proyecto Railton había tomado parte. Los primeros Railton fabricados en las antiguas instalaciones Invicta, y antes de que desde 1934 se optara por un chasis de mayor distancia entre ejes, contaban con un chasis Hudson modificado. Muchos automóviles no se construyeron en Railton: si se suman todos los modelos, hasta 1939 se fabricaron unas 1400 unidades.

Modelo:	*Railton 8 Serie II*
Cilindrada/Cilindros:	*4168 cm³/8 cilindros*
CV/kW:	*124/90*
Período de fabricación:	*1934-1939*
Unidades fabricadas:	—

Riley Nine

William Riley y sus cuatro hijos siempre creyeron firmemente en el futuro del motor de explosión y empezaron a producir automóviles de construcción avanzada desde 1898. Estos primeros modelos estaban muy adelantados a su tiempo, pues en un Riley ya se podían desmontar las ruedas. La protección de este invento mediante una patente hizo que muchos otros fabricantes debieran encargar sus ruedas a Riley, quien siempre dio que hablar gracias a sus interesantes innovaciones. Así, por ejemplo, en 1927 vio la luz el famoso motor Riley Nine con dos árboles de levas en culata, válvulas en posición inclinada y una cámara de combustión semiesférica. Este tipo de motor, muy revolucionario por aquellos tiempos, se mantuvo hasta mediados de la década de 1950.

Modelo: *Riley Nine*
Cilindrada/Cilindros: *1087 cm³/4 cilindros*
CV/kW: *32/23,4*
Período de fabricación: *1927-1938*
Unidades fabricadas: —

Riley 1.5 L

Ya antes de la I Guerra Mundial, Riley había logrado con frecuencia ocupar posiciones delanteras en las competiciones deportivas, lo que había contribuido a darse a conocer en el mercado y a expandirse. Esta tendencia se mantuvo en las décadas de 1920 y 1930 e indujo a que Riley ampliara continuamente la gama de modelos. Además de entusiastas que suspiraban por tener vehículos de características deportivas, Riley servía cada vez más a una clientela amante de la elegancia y para quienes iban destinadas las grandiosas limusinas. Al menos así fue hasta 1938, año en que Riley entró a formar parte del grupo Morris y en que la gama de modelos se extendió. Después de la II Guerra Mundial, Riley continuó la tradición de la marca; pero para poder desarrollar nuevos modelos, antes debió obtener divisas gracias a las exportaciones.

Modelo: *Riley 1.5 L*
Cilindrada/Cilindros: *1496 cm³/4 cilindros*
CV/kW: *48/35*
Período de fabricación: *1938-1939*
Unidades fabricadas: —

Rolls-Royce Phantom II

Cuando a mediados de la década de 1920 Rolls-Royce optó por relevar el Silver Ghost por un nuevo modelo, ya había decidido que habría que esmerarse en la construcción de su chasis. Se impulsó, por consiguiente, la fabricación de un chasis lo más bajo posible con el que los carroceros pudieran desplegar toda su capacidad creativa. Por otro lado, las carrocerías pesaban cada día más, de ahí que Rolls-Royce se viera obligada a aumentar la potencia de los motores para que las prestaciones del vehículo no se resintieran de ello. Rolls-Royce también fabricó muchos automóviles en sus factorías estadounidenses de Springfield, aunque allí se renunció a la fabricación del Phantom II como consecuencia de la crisis económica mundial.

Modelo: *Rolls-Royce Phantom II*
Cilindrada/Cilindros: *7668 cm³/6 cilindros*
CV/kW: *datos no disponibles*
Período de fabricación: *1929-1936*
Unidades fabricadas: *1402*

Rolls-Royce Phantom II

Los impresionantes modelos Phantom II figuraron entre los últimos automóviles de 6 cilindros de la marca cuyo desarrollo fue supervisado desde el principio por F. Henry Royce, quien solía controlar cualquier proyecto o idea hasta en su último detalle hasta que aprobaba las decisiones tomadas. En comparación con el Silver Ghost, Rolls-Royce desarrolló a finales de la década de 1920 un diseño completamente moderno que, a pesar de las avanzadas técnicas de producción empleadas, se aferraba a la tradición y a las pretensiones de la marca. Cuando en 1929 salieron de fábrica los primeros coches, los probadores se dieron cuenta al instante de que el motor y la caja de cambios actuaban como un conjunto. También el chasis, heredado originariamente del Silver Ghost, fue sustituido por uno de nueva construcción que ofrecía un mayor confort.

Modelo:	*Rolls-Royce Phantom II*
Cilindrada/Cilindros:	*7668 cm^3/6 cilindros*
CV/kW:	*datos no disponibles*
Período de fabricación:	*1929-1936*
Unidades fabricadas:	*1402*

elo: *Rolls-Royce Phantom III*
lrada/Cilindros: *7338 cm^3/12 cilindros*
V: *datos no disponibles*
do de fabricación: *1936-1939*
ades fabricadas: *727*

Rolls-Royce Phantom III

En 1935, apareció como primer y durante mucho tiempo único vehículo el Phantom III, que estaba equipado con un motor V12. Suave como la seda, este motor era el resultado de muchos conocimientos que Rolls-Royce había adquirido en la fabricación y el desarrollo de motores para aeroplanos y hacía posible, en teoría, que este vehículo de elevado par motor se moviera generalmente en la velocidad más alta. Para la suspensión independiente en las ruedas delanteras empleada en el Phantom III, Rolls-Royce se orientó en las avanzadas construcciones del consorcio General Motors. Gracias a este progreso, el motor se podía ubicar en la parte más delantera del chasis, lo que redundaba en que los Phantom III dispusieran de un gran espacio interior.

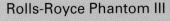

Modelo:	*Rolls-Royce Phantom III*
Cilindrada/Cilindros:	*7338 cm^3/12 cilindros*
CV/kW:	*datos no disponibles*
Período de fabricación:	*1936-1939*
Unidades fabricadas:	*727*

Rolls-Royce Phantom III

Mucho tiempo debió pasar antes de que Rolls-Royce se decidiera a instalar de serie un motor V12 en un automóvil. Venido al mundo en 1936, el Phantom III respondía por fin a los deseos de aquella clientela que se negaba a renunciar al silencio de un doce cilindros. En este modelo, Rolls-Royce dispuso las dos bancadas de cilindros en un ángulo de 60° e hizo que las válvulas fueran controladas mediante balancines y taqués desde un árbol de levas situado en una posición central. La potencia del motor, definida por la marca como «suficiente», se transmitían al eje trasero mediante un árbol cardán y una caja de cuatro velocidades completamente sincronizada. Los vehículos construidos desde 1938 disponían incluso de una *overdrive* que proporcionaba una suavidad aún mayor.

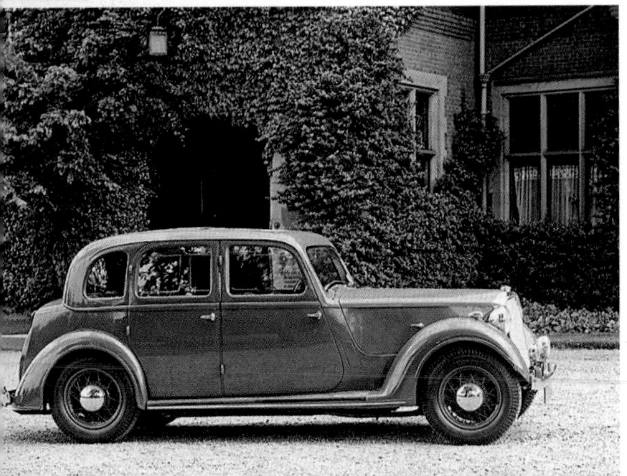

Rover 14 P1

Cuando en 1929 el jurista Spencer Wilks asumió el mando de Rover, lo hizo junto con su hermano Maurice, que era ingeniero. Desarrollaron una gama de productos muy bien meditada que combinaba ingeniería de alto nivel y buen gusto. De entre las particularidades que distinguían a un Rover sobresalía un indicador del nivel de aceite controlable desde el asiento del conductor. Su funcionamiento era muy simple: bastaba con pulsar un botón para que el indicador de combustible se conectara por un breve momento con el sensor del depósito. Los nuevos automóviles también venían equipados de serie con un dispositivo de reserva de combustible que Rover todavía empleó en los últimos modelos P6 fabricados en el año 1977.

Modelo:	*Rover 14 P1*
Cilindrada/Cilindros:	*1901 cm³/6 cilindros*
CV/kW:	*57/41,7*
Período de fabricación:	*1934-1936*
Unidades fabricadas:	*aprox. 9500*

Rover 16 P2

En la década de 1930, fiel al lema «A class of its own», Rover equipaba sus vehículos con filigranas técnicas del estilo de un sistema centralizado de lubrificación del chasis, en el que el descenso de la presión en la tubería de aspiración activaba una bomba de aceite de la que partían unos delgados conductos que alimentaban 24 puntos de dosificación del chasis. Esto permitía ahorrar muchos engrasadores en un tiempo en que el mantenimiento de la mayoría de los coches debía efectuarse cada 3000 kilómetros. Quizá más por motivos de prestigio que por utilidad práctica, todos los Rover desde la década de 1930 hasta el modelo P5 (de 1958 a 1973) albergaron debajo del salpicadero un pequeño y pulcro cajón de herramientas acolchado.

Modelo:	*Rover 16 P2*
Cilindrada/Cilindros:	*2147 cm³/6 cilindros*
CV/kW:	*72/52,7*
Período de fabricación:	*1937-1948*
Unidades fabricadas:	*aprox. 9000*

Singer 9 HP Le Mans

Uno de los automóviles más interesantes desarrollados por la marca Singer fue el modelo Nine. El capó de este vehículo ocultaba un motor de 1 litro con árbol de levas en culata que podía ser modificado fácilmente. El potencial que se escondía tras esta pequeña máquina era suficiente para llevarlo con éxito a las competiciones deportivas. En las 24 Horas de Le Mans, el Singer Nine no era ningún desconocido; allí, no obstante, los primeros puestos siempre se le negaron. La marca no se acobardó y desde 1935 puso en el mercado una nueva versión del Nine con la denominación Singer Le Mans, que podía adquirirse por 225 libras esterlinas, un precio inferior al de su competidor de la casa MG.

Modelo:	*Singer 9 HP Le Mans*
Cilindrada/Cilindros:	*972 cm³/4 cilindros*
CV/kW:	*39/28,6*
Período de fabricación:	*1935-1937*
Unidades fabricadas:	*—*

Triumph Dolomite

En 1938, Triumph sacó al mercado un modelo, el Dolomite, que fue presentado al público con el eslogan publicitario «El coche más bonito de todo el país». Aunque no deja de ser cierto que este automóvil destacaba por encima de la media de entonces, algunos detalles no siempre encontraron una repercusión positiva. Entre ellos figuraba el asiento abatible y plegable situado en la cubierta del maletero, una especialidad más bien americana. Tampoco eran del agrado de todo el mundo los tres asientos puestos uno al lado del otro, lo mismo que la rejilla del radiador, con un ligero toque art decó. En la construcción de este modelo también participó Donald Healey, quien tomó parte con él en el Rally de Montecarlo.

Modelo:	*Triumph Dolomite*
Cilindrada/Cilindros:	*1991 cm^3/6 cilindros o 1797 cm^3/4 cilindros*
CV/kW:	*72/53 o 65/48*
Período de fabricación:	*1938-1939*
Unidades fabricadas:	*aprox. 250*

Alfa Romeo 6C 1750 Sport

En 1927, Alfa Romeo inició una nueva era: con el 6C 1500 figuraba por primera vez en el catálogo un pequeño automóvil de seis cilindros con válvulas en culata. De la construcción del coche se responsabilizó Vittorio Jano, un antiguo ingeniero de Fiat. Sobre la base del 6C 1500, más tarde se fabricó el 6C 1750. De los dos modelos se podía adquirir por un sobreprecio una versión más potente con compresor. Antes de que los primeros 6C aparecieran en la alta competición, Enzo Ferrari ya se había comprometido con Alfa Romeo como piloto de la marca. Con sus colegas Campari, Nuvolari y Varzi, los coches del emblema de la serpiente partían siempre como favoritos en cualquier carrera de resistencia, como las Mille Miglia.

Modelo:	*Alfa Romeo 6C 1750 Sport*
Cilindrada/Cilindros:	*1752 cm^3/6 cilindros*
CV/kW:	*55/40,3*
Período de fabricación	*1929-1933*
Unidades fabricadas:	*aprox. 320 (toda la serie)*

Alfa Romeo 6C 1750 Turismo

Gracias al aumento de potencia posible con ayuda de un compresor, un 6C 1750 podía alcanzar los 100 CV de potencia. Esto constituía un motivo de tranquilidad para los pilotos de competición, aunque no sólo para ellos, ya que Alfa Romeo también producía estos modelos para los conductores particulares. Muchos propietarios no estaban satisfechos con los 46 caballos de la versión estándar y preferían disponer de un motor más potente, aunque con su 6C sólo aspiraban a participar en concursos de belleza. Las carrocerías especiales de estos automóviles eran obra de renombrados carroceros, sobre todo de Zagato y Touring. El comportamiento de este deportivo capaz de alcanzar los 160 km/h solía calificarse de intachable, aunque para mantenerlo recto se necesitaba una mano muy sensible: la dirección sólo requería 1,75 vueltas de un tope a otro.

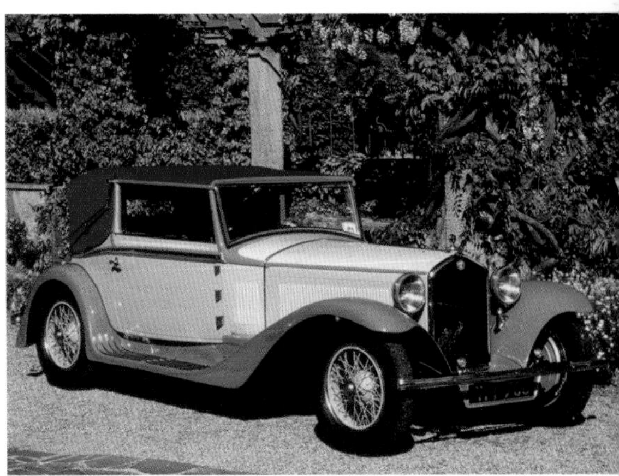

Modelo:	*Alfa Romeo 6C 1750 Turismo*
Cilindrada/Cilindros:	*1752 cm^3/6 cilindros*
CV/kW:	*46/33,7*
Período de fabricación:	*1930-1933*
Unidades fabricadas:	*aprox. 320 (toda la serie)*

Alfa Romeo 6C 2300 MM

Que los modelos 6C de Alfa Romeo figuraran entre los coches deportivos que alcanzaron fama mundial con suma rapidez se debe, entre otras cosas, al empeño de Enzo Ferrari, quien de 1929 a 1939 dirigió un departamento de competición propio. Muchos de los vehículos con los que obtuvo victorias, siempre acabaron teniendo las correspondientes versiones de serie. Así fue como nació en 1934 el nuevo 6C 2300. De este coche equipado con un motor de seis cilindros se fabricaron las versiones Turismo, Gran Turismo y Pescara. El modelo, por añadidura, también recibió un embrague monodisco en seco y una caja de cambios con la tercera y la cuarta velocidad sincronizadas. El 6C 2300 fue objeto de diversas actualizaciones y desde 1935 fue equipado con suspensión independiente delantera y trasera.

Modelo:	*Alfa Romeo 6C 2300 MM*
Cilindrada/Cilindros:	*2309 cm³/6 cilindros*
CV/kW:	*95/70*
Período de fabricación	*1935-1939*
Unidades fabricadas:	*—*

Alfa Romeo 8C 2900 B

Además de los automóviles destinados puramente a las competiciones, Alfa Romeo dispuso una parte de los chasis de coches deportivos para que se montaran en ellos lujosas carrocerías fabricadas por renombrados especialistas como Touring, Brianza, Pinin Farina, Viotti, Castagna y por las que sentían una gran devoción los clientes de mayor poder adquisitivo. Gracias al aumento de la cilindrada a casi tres litros, Alfa Romeo logró con el 8C 2900 desarrollar un automóvil capaz de alcanzar de media los 200 km/h (la velocidad final del vehículo variaba según la relación de transmisión al eje trasero). El 8C 2900 fue el último gran modelo de Alfa Romeo construido bajo la dirección de Vittorio Jano antes de su fichaje por Lancia.

Modelo:	*Alfa Romeo 8C 2900 B*
Cilindrada/Cilindros:	*2905 cm³/8 cilindros*
CV/kW:	*180/132*
Período de fabricación	*1937-1939*
Unidades fabricadas:	*30*

Alfa Romeo 8C 2300

El aumento de cilindrada del automóvil de seis cilindros de 1750 cm³ dio como resultado la aparición en 1931 del 8C 2300, un modelo de ocho cilindros en el que se instaló uno de los motores más brillantes jamás vistos. Los cilindros del motor estaban distribuidos en las bancadas de cuatro que eran accionados por dos árboles de levas en culata mediante engranajes. Como coche con compresor, el 8C 2300 siguió el mismo camino que su antecesor y acumuló victorias en las Mille Miglia, la Targa Florio y Le Mans. Este modelo deportivo, en versión de serie apto para su uso diario, también sirvió de base para los bólidos Tipo B y P3 que terminaron compitiendo en los circuitos. Durante esta nueva fase también surgieron modelos de hasta 3,8 litros de cilindrada y 330 CV de potencia.

Modelo:	*Alfa Romeo 8C 2300*
Cilindrada/Cilindros:	*2336 cm³/8 cilindros*
CV/kW:	*142/104*
Período de fabricación	*1931-1934*
Unidades fabricadas:	*—*

Modelo: *Ansaldo 22*
Cilindrada/Cilindros: *3534 cm^3/8 cilindros*
CV/kW: *86/63*
Período de fabricación: *1929-1932*
Unidades fabricadas: —

Ansaldo 22

Empresa especializada en el sector armamentístico, Ansaldo estuvo sondeando antes del fin de la I Guerra Mundial su regreso a la producción de automóviles de uso civil. Si se tiene en cuenta el período de desarrollo de los prototipos, la construcción de vehículos (1919-1932) representó un intermedio corto. Siguiendo la tendencia de fabricar motores cada día más potentes, Ansaldo lanzó, además de numerosos modelos de cuatro cilindros, uno de seis y otro de ocho cilindros. Aunque el Ansaldo 22 logró ingresar en la categoría de los coches de lujo, su éxito fue más bien modesto. Sus automóviles encontraron pocos compradores. La crisis internacional frustró los planes de exportación y la empresa abandonó la fabricación de coches en beneficio de la de remolques para camiones.

Fiat 508 Balilla

La primera generación de Balilla contaba con un motor tetracilíndrico de válvulas laterales que alcanzaba 20 CV de potencia a 3400 RPM, una velocidad máxima de 80 km/h y que consumía de 8 a 9 litros de combustible cada 100 kilómetros. La gasolina se dirigía por gravedad desde el depósito situado junto al salpicadero hasta el carburador Solex. Del Fiat 508 Balilla, cuya producción en serie comenzó en julio de 1932, se vendieron en los primeros seis meses más de 12 400 unidades, y todo ello pese a costar 10 800 liras. Como orientación quizá sirva recordar que el sueldo medio de un trabajador era por aquel entonces de 450 liras al mes. Además de la limusina de dos puertas (Balilla Berlina), también se ofrecía una elegante *roadster* (Balilla Spider) y una camioneta de reparto (Balilla Camioncino).

Modelo: *Fiat 508 Balilla*
Cilindrada/Cilindros: *995 cm^3/4 cilindros*
CV/kW: *20/14,7*
Período de fabricación *1932-1937*
Unidades fabricadas: *113 145*

Fiat 508 Balilla

El Fiat 508, más conocido como Balilla, fue presentado a la prensa especializada como berlina de dos puertas en la primavera de 1932 con motivo del Salón del Automóvil de Milán y fue el equivalente italiano del Opel 4 PS alemán o del Austin Ten británico. Gracias al hábil aprovechamiento de su espacio, en esta berlina de sólo 3140 mm de largo podía caber una familia entera. El Balilla apareció en Italia justo cuando más se necesitaba. Aunque los grandes faros sobrepuestos, el característico radiador en vertical, las elegantes aletas guardabarros y los marcados estribos conferían al Balilla una línea muy habitual en los vehículos de la época, la carrocería de este Fiat ocultaba una serie de novedades técnicas tan interesantes como dos amortiguadores hidráulicos, una instalación eléctrica de 12 voltios y los frenos de accionamiento hidráulico.

Modelo: *Fiat 508 Balilla*
Cilindrada/Cilindros: *995 cm^3/4 cilindros*
CV/kW: *20/14,6*
Período de fabricación: *1932-1937*
Unidades fabricadas: *113 145*

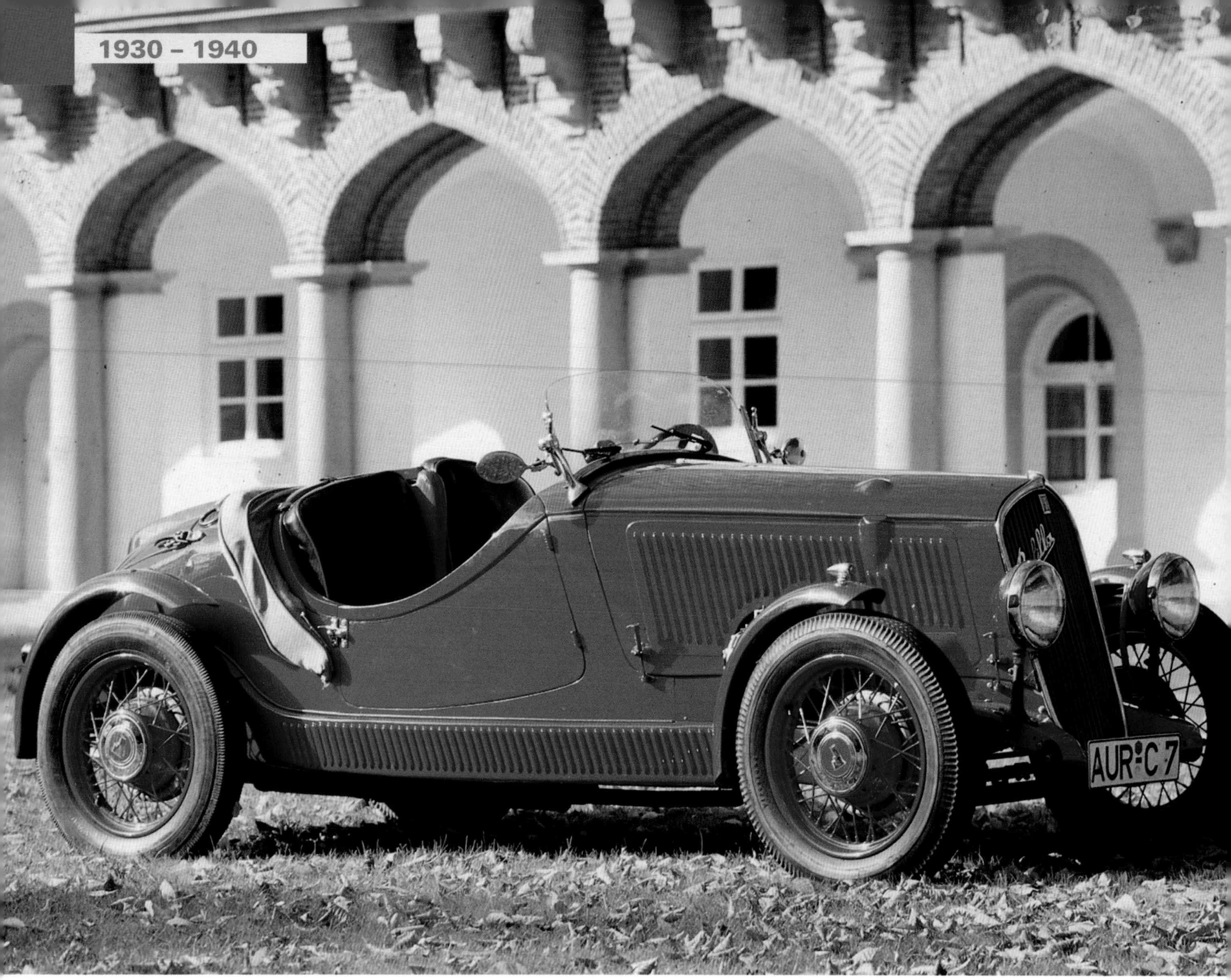

Fiat 508 S Balilla Sport

En enero de 1933 irrumpió en el mercado el 508 S Balilla Sport. Este *spider* biplaza presentaba un aspecto agradable gracias a la carrocería de Ghia y un motor tetracilíndrico de serie con bastantes caballos más. Este aumento de potencia hacía la conducción placentera y que el vehículo pudiera alcanzar una velocidad de 110 km/h con 600 kg de peso en seco. Un parabrisas abatible permitía que en los cálidos días de verano el conductor pudiera sentir como un poco de aire le refrescaba la cara. En 1934/1935, el motor dejó de tener válvulas laterales para contar con válvulas en culata y se benefició de un aumento de potencia de seis caballos. La potencia máxima se alcanzaba a 4400 RPM y daba para 115 km/h. En 1934 apareció la segunda serie del Fiat Balilla, con una mayor distancia entre ejes (2300 mm) y con una caja de cambios con la tercera y la cuarta velocidades sincronizadas.

Modelo:	*Fiat 508 S Balilla Sport*
Cilindrada/Cilindros:	*995 cm³/4 cilindros*
CV/kW:	*36/26,3*
Período de fabricación	*1933-1936*
Unidades fabricadas:	*113 145 (toda la serie)*

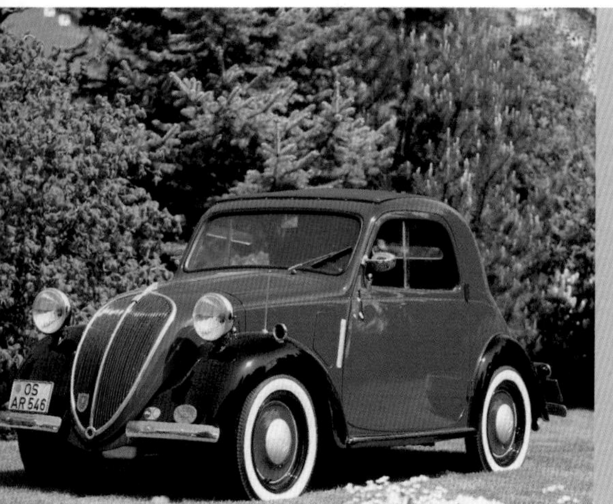

Fiat 500 A

La historia de los vehículos utilitarios de Fiat empezó en 1933 cuando el ingeniero Dante Giacosa recibió el encargó de fabricar un coche al sensacional precio de 5000 liras. Después de un año de desarrollo vio la luz el prototipo Zero A, a partir del cual se empezó a producir en serie. Entre tanto se erigió en Fiat un edificio de cinco plantas (¡con circuito de pruebas en el tejado!), en el que en 1936 comenzó la fabricación en serie del primer Fiat 500. Este pequeño automóvil contaba con un chasis con travesaños cruzados y se equipó con una suspensión independiente en las ruedas delanteras. En consonancia con la cilindrada, Fiat bautizó el nuevo modelo como 500, si bien el pueblo no tardó en llamarlo «Topolino» (ratoncito).

Modelo:	*Fiat 500 A*
Cilindrada/Cilindros:	*569 cm³/4 cilindros*
CV/kW:	*13/9,5*
Período de fabricación:	*1936-1948*
Unidades fabricadas:	*aprox. 122 000*

Fiat 2800

Aparte del impresionante modelo 520, que Fiat construyó en la década de 1920, la producción de grandes coches de lujo no se reanudó hasta 1938, año en que vio la luz el 2800 (la denominación volvía a hacer referencia a la cilindrada), un gran modelo de cuatro puertas. Además de la versión estándar como limusina cerrada (suministrada sobre todo al gobierno italiano), el 2800 también se fabricó como cabriolé. Con una distancia entre ejes de 3200 mm, el 2800 se habría adaptado bien a la categoría de automóviles de gran prestigio; pero el éxito del vehículo fue más bien limitado. Gracias a la refinada relación de transmisión al eje trasero, el 2800 podía alcanzar una velocidad máxima considerable, 130 km/h.

Modelo:	*Fiat 2800*
Cilindrada/Cilindros:	*2852 cm³/ 6 cilindros*
CV/kW:	*85/62,2*
Período de fabricación:	*1938-1944*
Unidades fabricadas:	---

Lancia Aprilia

Poseída por la idea del progreso, Lancia forzó en 1934 el desarrollo de un automóvil innovador bautizado con el nombre de Aprilia. Lancia impartió a sus ingenieros y diseñadores instrucciones precisas para la construcción del vehículo, como: longitud inferior a 4000 mm, capacidad para cinco personas, 900 kg de peso, carrocería aerodinámica. El diseño, con una parte trasera muy hundida, fijaba nuevos criterios en el campo de la aerodinámica. Con un valor de resistencia al aire de 0,47, el Aprilia se ponía por delante de muchos otros, ya que el valor medio era por entonces de 0,60. La utilización de planchas finas (entre ellas, las de aluminio), reducía el peso total del vehículo y convirtió al Aprilia en uno de los de menor consumo de combustible de su tiempo.

Modelo:	*Lancia Aprilia*
Cilindrada/Cilindros:	*1351 cm³/4 cilindros*
CV/kW:	*48/35,1*
Período de fabricación	*1937-1949*
Unidades fabricadas:	—

Lancia Augusta

En el Salón del Automóvil de París del año 1932, Lancia presentó el Augusta, un modelo de dimensiones muy reducidas ideado para competir con el Fiat 509. El Augusta contaba con un motor V4 y, como su rival, estaba destinado a las clases populares. No obstante, la carrocería del Augusta iba mucho más allá de los estándares de la época, ya que estaba soldada directamente en un bastidor plataforma de acero. Gracias a ello, el automóvil fue objeto de la misma atención por parte de la prensa especializada que el famoso Lambda, que entró en la historia como el primer automóvil con carrocería autoportante. A partir de 1934, Lancia puso unos 3100 chasis a disposición de diferentes carroceros, quienes montaron en los vehículos carrocerías cabriolé realmente logradas.

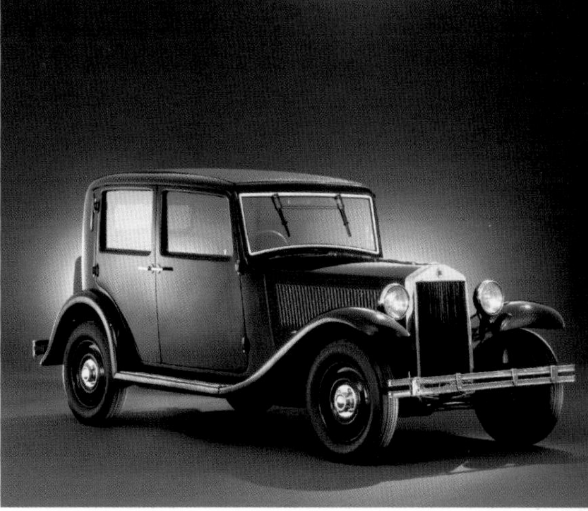

Modelo:	*Lancia Augusta*
Cilindrada/Cilindros:	*1196 cm³/4 cilindros*
CV/kW:	*35/25,6*
Período de fabricación:	*1933-1937*
Unidades fabricadas:	*aprox. 15 000*

Steyr 30 S

El catálogo de productos de Steyr estuvo dominado en la década de 1920 por diversos modelos deportivos y de competición que gracias a sus éxitos en las carreras contribuyeron a elevar el prestigio de la marca. Para los usuarios particulares, la gama de automóviles no era menos interesante, pues Steyr fabricaba lujosos automóviles de seis y ocho cilindros al gusto de la clientela. Los de seis cilindros constituyeron precisamente la base de una nueva generación de vehículos que se desarrolló bajo la dirección de Ferdinand Porsche, quien consiguió a partir del en un primer momento poco vendido Steyr XX, construir un automóvil muy manejable que se presentó en el Salón del Automóvil de París con la denominación Steyr 30. Del Steyr XX, Porsche había modificado sobre todo el chasis (ahora más corto) y el motor fabricado con materiales más ligeros. Aunque las mejoras de Porsche fueron alabadas, el vehículo no se vendió demasiado bien por culpa de la grave situación económica internacional.

Modelo:	*Steyr 30 S*
Cilindrada/Cilindros:	*2070 cm³/6 cilindros*
CV/kW:	*45/33*
Período de fabricación:	*1932-1934*
Unidades fabricadas:	*—*

Volvo PV 36

La mayor innovación de Volvo en 1935 respondió al nombre PV 36. Este aerodinámico automóvil de rasgos americanos era obra de Ivan Örnberg, director técnico de Volvo. Antes de fichar por Volvo, Örnberg había acumulado muchos años de experiencia en la construcción de automóviles en Estados Unidos, motivo por el cual el PV 36 disponía de un maletero integrado y de mucho espacio interior. Este cómodo seis plazas pesaba 1660 kg y se introdujo en el mercado como modelo de lujo relativamente caro (8500 coronas suecas); sólo se planificaron 500 unidades. Estos cálculos se revelaron correctos, puesto que el PV 36 tuvo un éxito más bien escaso. Este modelo también fue conocido como «Carioca», el nombre de una danza sudamericana de moda.

Modelo:	*Volvo PV 36*
Cilindrada/Cilindros:	*3670 cm³/6 cilindros*
CV/kW:	*80/58,6*
Período de fabricación:	*1935-1938*
Unidades fabricadas:	*500*

Volvo PV 52

Al mismo tiempo que el PV 36, Volvo desarrolló un modelo más sencillo y económico que despertó un gran interés: el PV 51. Aunque era más caro que la mayoría de sus competidores, los clientes de Volvo estaban dispuestos a pagar por él. El diseño del PV 51 era distinto al del PV 36; aun así, los dos modelos tenían un parecido. La carrocería era más estrecha, y el parabrisas plano y de una sola pieza. La parte trasera y las puertas eran casi idénticas, pero en el PV 51 la rueda de recambio estaba en el maletero. A principios de 1937 salió al mercado el PV 52, una versión perfeccionada del PV 51 con algunos extras añadidos, como un reloj eléctrico, un volante acolchado y calefacción.

Modelo:	*Volvo PV 52*
Cilindrada/Cilindros:	*3670 cm³/6 cilindros*
CV/kW:	*80/58,6*
Período de fabricación:	*1937-1938*
Unidades fabricadas:	*1050*

Volvo PV 56

En 1938, Volvo sacó al mercado dos modelos estándares (PV 53 y PV 54) y dos de lujo: el PV 55 y el PV 56. Estos dos últimos tenían un capó considerablemente estrecho y una rejilla de formas muy acentuadas. Los faros de estos nuevos vehículos eran de mayor tamaño, y el emblema situado sobre el capó servía al mismo tiempo de empuñadura. Dentro del proceso de actualización de los modelos, la dirección de Volvo había decidido empezar la construcción de su sucesor más moderno al año siguiente. En un principio, los cuatro modelos debían ser relevados en septiembre de 1939; tras el inicio de la guerra, ya no tenía sentido emprender la fabricación, ya que se prohibió circular a los conductores particulares.

Modelo:	*Volvo PV 56*
Cilindrada/Cilindros:	*3670 cm^3/6 cilindros*
CV/kW:	*80/58,6*
Período de fabricación:	*1938-1945*
Unidades fabricadas:	*1320*

Aero 30

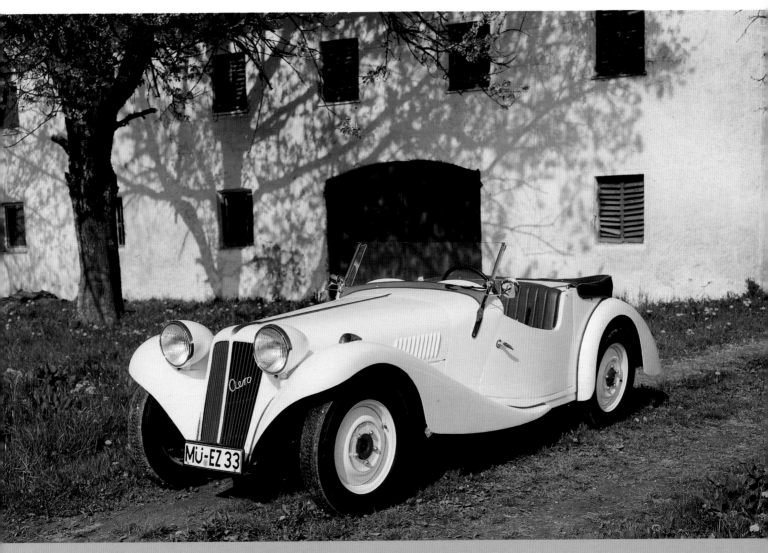

Para ampliar el catálogo de productos, la empresa aeronáutica Aero radicada en Praga optó también por fabricar automóviles. Aero no tardó en poner a la venta su primer modelo, un coche monocilíndrico, con vistas a ocupar un vacío en el mercado, ya que hacían falta urgentemente utilitarios robustos a precios asequibles. Con el tiempo, los modelos fueron perfeccionados y en 1934 salió al mercado el Aero 30, un automóvil de tracción delantera equipado con un motor de dos tiempos ubicado en el mismo bloque que la caja de cambios. Los primeros coches Aero todavía presentaban un equipamiento espartano, pero los fabricados desde la década de 1930 tenían un aspecto harto elegante. Aero dejó de construir automóviles en 1945, antes, sin embargo, causó sensación con un modelo cercano a la categoría de los dos litros: el Aero 50.

Modelo:	*Aero 30*
Cilindrada/Cilindros:	*993 cm^3/4 cilindros*
CV/kW:	*28/20,5*
Período de fabricación:	*1934-1945*
Unidades fabricadas:	*—*

Skoda 633

El mercado automovilístico checoslovaco del período de entreguerras se lo repartieron nada más y nada menos que ocho fabricantes. Con todo, los intereses de los «tres grandes», Praga, Tatra y Skoda, apenas chocaban entre sí, ya que cada marca se centraba en unos objetivos muy precisos. De esta manera, por ejemplo, mientras una optaba por los motores de dos tiempos, otra lo hacía por los de cuatro; una por los motores refrigerados por agua, otra por la refrigeración por aire, y lo mismo sucedía con la tracción, delantera o trasera. Dado que muchos automóviles de la década de 1930 aún tenían anticuados chasis de gran peso, Skoda desarrolló una construcción más moderna no sólo más estable sino que, en vista de su menor peso, también ahorraba combustible.

Modelo:	*Skoda 633*
Cilindrada/Cilindros:	*1487 cm³/6 cilindros*
CV/kW:	*39/28,6*
Período de fabricación:	*1931-1934*
Unidades fabricadas:	*aprox. 600*

Skoda 420

La crisis económica internacional llegó a Checoslovaquia con retraso, pero no por ello dej de ser menos violenta. El período 1932-1934 fue uno de los peores en la historia de la ir dustria del automóvil, tanto Skoda como Praga, Tatra, Aero, Walter y Wikov debieron hace frente a unas enormes dificultades para vender sus productos. A comienzos de 1930 s matriculó en Checoslovaquia el automóvil número 42 000, y pequeños vehículos como e Skoda 420, aparecido en el mercado dos años más tarde, todavía eran un lujo. Por mu desoladora que fuese la situación, Skoda acertó con el 420 (la denominación aludía a lo cuatro cilindros y a los 20 CV): el vehículo fue perfeccionado con una frecuencia cada ve mayor hasta que logró hacerse un nombre con la nueva denominación de Popular.

Modelo:	*Skoda 420*
Cilindrada/Cilindros:	*995 cm³/4 cilindros*
CV/kW:	*20/14,7*
Período de fabricación:	*1933-1936*
Unidades fabricadas:	—

Skoda Popular

El Skoda Popular se dio a conocer y saltó a la fama gracias a una campaña publicitaria en la que la marca ofrecía la versión *roadster* del vehículo a los jugadores de la selección checoslovaca de fútbol con un descuento de 5000 coronas, oferta a la que apenas ningún jugador logró resistirse. De esta forma, la prensa publicaba continuamente fotos en las que aparecía František Plánička, el futbolista más famoso del país, al volante de su Popular. A diferencia de todos los modelos precedentes, el Popular ya no fue equipado con la ya obsoleta dirección por tornillo y rodillo sino con una por cremallera que benefició al comportamiento del vehículo. Terminada la II Guerra mundial, Skoda siguió construyendo el modelo un par de años más con la nueva denominación 1101.

Modelo:	*Skoda Popular*
Cilindrada/Cilindros:	*1089 cm³/4 cilindros*
CV/kW:	*32/23,4*
Período de fabricación:	*1936-1949*
Unidades fabricadas:	—

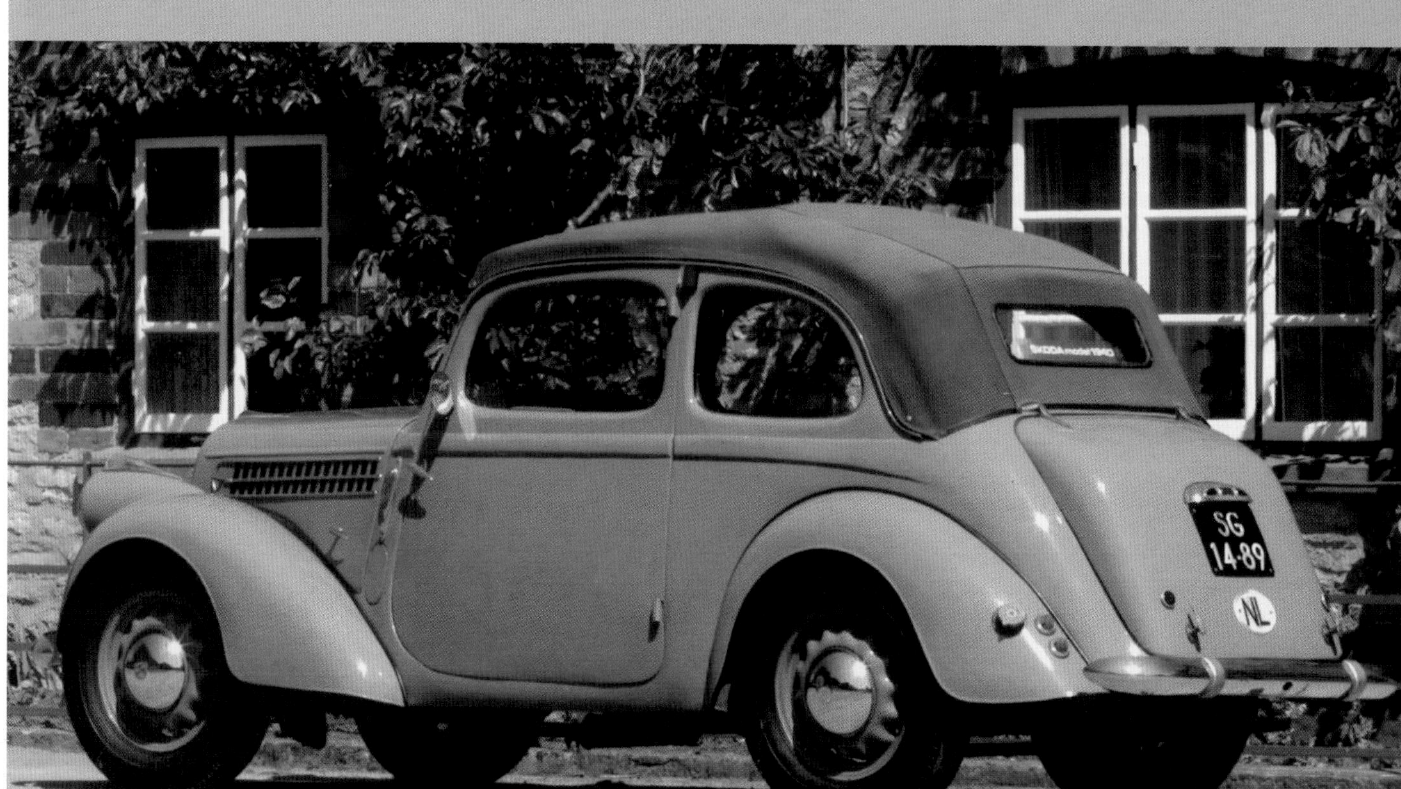

Skoda Superb Serie 2

Cuando se presentó en 1934 del modelo denominado Superb, Skoda se proponía ofrecer este coche a los pocos clientes que buscaban algo más espacioso y lujoso que el simple Popular. Por consiguiente, el Superb contaba con un chasis bastante más largo y con un motor que ya se venía empleando con éxito en un pequeño camión y cuya cilindrada se redujo para adaptarla al nuevo vehículo (2492 cm³/55 CV). Para dar a entender que el nuevo modelo era profundamente innovador, Skoda le puso el nombre de Superb (soberbio, magnífico). Sometido a varias actualizaciones, el Superb, del que incluso se fabricaron diez unidades con un motor V8, se mantuvo en catálogo hasta 1949.

Modelo:	*Skoda Superb Serie 2*
Cilindrada/Cilindros:	*2916 cm³/6 cilindros*
CV/kW:	*65/47,6*
Período de fabricación:	*1936-1939*
Unidades fabricadas:	*350*

Skoda 932

Además de Tatra, Daimler-Benz y Ferdinand Porsche, también Skoda trabajó en la década de 1930 con un coche con motor trasero. Dado que al emplear este sistema se podía prescindir del árbol de transmisión, el coche no sólo se benefició de un peso inferior sino que también se consiguió producir a un precio más asequible. El skoda 932 tenía dos puertas, espacio para cuatro personas y se movía gracias a un motor de cuatro cilindros refrigerado por aire. Este jorobado vehículo se apoyaba sobre un bastidor autoportante central ahorquillado delante y detrás, y poseía ruedas con suspensión independiente por ballestas. Aunque el 26 de octubre de 1932 se sacó un prototipo para ponerlo en circulación, Skoda aparcó muy pronto el proyecto y regresó a la fabricación de vehículos convencionales.

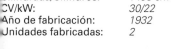

Modelo:	*Skoda 932*
Cilindrada/Cilindros:	*1498 cm³/4 cilindros*
CV/kW:	*30/22*
Año de fabricación:	*1932*
Unidades fabricadas:	*2*

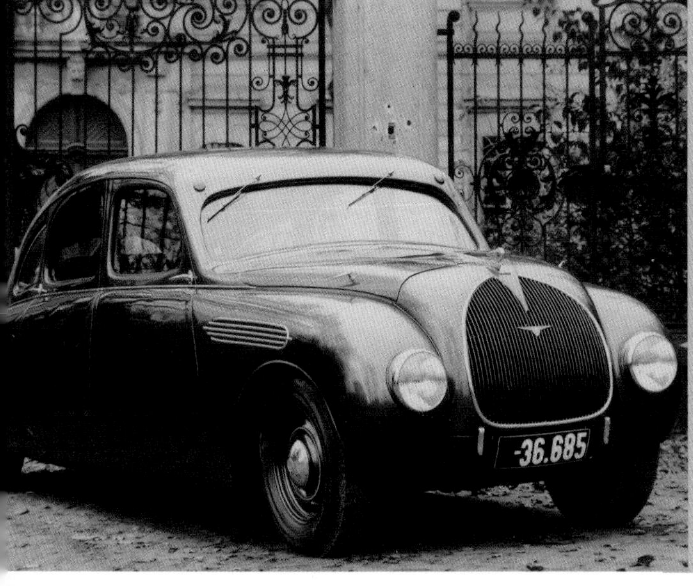

Skoda 935

En 1935, Skoda presentó un prototipo con la denominación numérica 935. Este aerodinámico automóvil de cuatro puertas era propulsado por un motor tetracilíndrico de válvulas en culata con refrigeración por agua que, por motivos de estabilidad estaba situado por delante del eje trasero (el radiador, sin embargo, se colocó delante). La caja de cuatro velocidades electromagnética, acoplada por un embrague monodisco de accionamiento hidráulico, era una construcción hipermoderna y una evidencia en el 935. También la forma y la ubicación del depósito de carburante hacía del 935 un coche excepcional: para no ocupar espacio innecesariamente y hacer el vehículo más pesado, el tubo central del chasis pasó a ejercer la función de depósito.

Modelo:	*Skoda 935*
Cilindrada/Cilindros:	*995 cm³/4 cilindros*
CV/kW:	*48/35,1*
Año de fabricación:	*1935*
Unidades fabricadas:	*2*

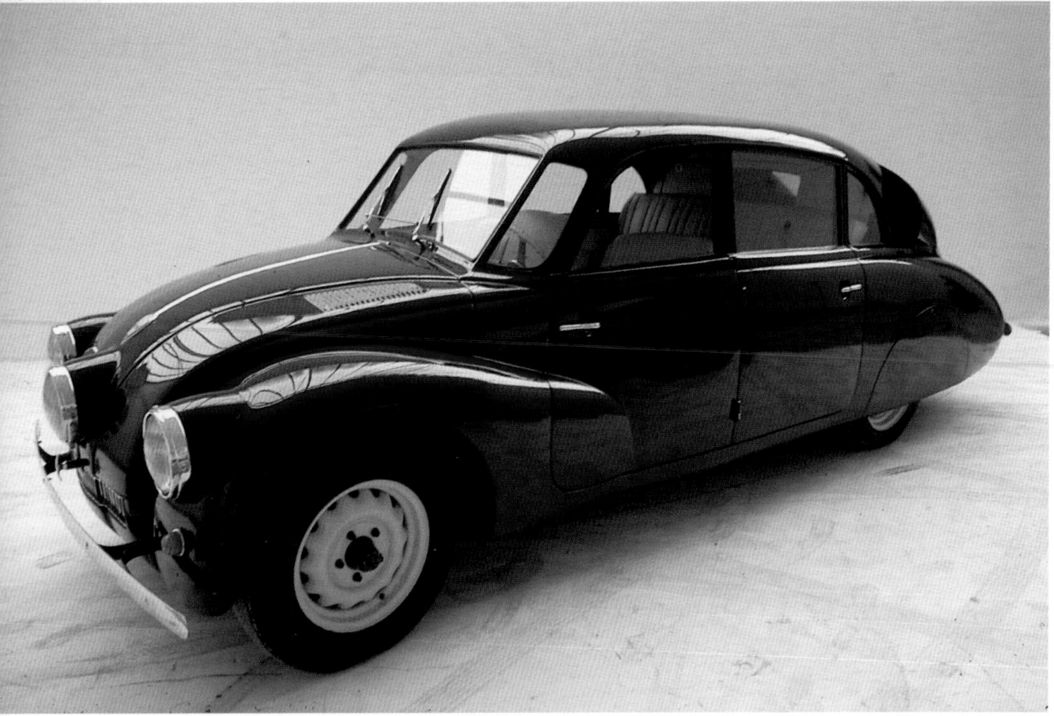

Tatra 87

El hábil ingeniero Hans Ledwinka construy en 1923 un utilitario excepcional que caus sensación por el empleo de unas solucic nes técnicas valientes y poco convenciona les. Este modelo, el Tatra 11, tuvo tant éxito, que también los automóviles que l sucedieron adoptaron su característica es tructura con chasis de tubo central, eje basculantes y suspensión independiente Un nuevo hito de Ledwinka fue la aparició del Tatra 77 en 1934. Esta aerodinámica l musina estaba equipada con un motor V refrigerado por aire gracias al cual se alcar zaba una velocidad máxima de 140 km/l Después de la II Guerra Mundial, Tatra fu nacionalizada, aunque continuó comercial zando nuevos modelos basados en los cor ceptos de antaño.

Modelo:	*Tatra 87*
Cilindrada/Cilindros:	*2967 cm³/8 cilindros*
CV/kW:	*75/55*
Período de fabricación:	*1937-1939*
Unidades fabricadas:	*—*

Auburn 12-160 V12

Charles Eckhart, fundador de la Eckhart Carriage Company, estuvo construyendo carruajes muchos años antes de entrar en 1900 en el mundo del automóvil. Dado que los negocios no le iban demasiado bien a la empresa, Errett Lobban Cord la adquirió en 1919, la saneó y empezó a fabricar en ella automóviles de lujo bajo la marca Auburn. Como coronación de la gama, Cord presentó en 1932 un automóvil V12 que en teoría debía haber causado pánico entre la competencia por su precio de saldo (sólo 1500 dólares). No obstante, Cord se equivocó: casi nadie quiso comprar su coche. Quienes solían adquirir tales modelos estaban acostumbrados a pagar más de diez veces más y se negaron a reconocer las excelentes cualidades del vehículo por el mero hecho de que era barato.

Modelo:	*Auburn 12-160 V12*
Cilindrada/Cilindros:	*6415 cm³/12 cilindros*
CV/kW:	*160/117,2*
Período de fabricación:	*1932-1936*
Unidades fabricadas:	*—*

Auburn 851 SC

Modelo:	*Auburn 851 SC*
Cilindrada/Cilindros:	*4590 cm³/ 8 cilindros*
CV/kW:	*115 a 148/84 a 109*
Período de fabricación:	*1934-1936*
Unidades fabricadas:	—

Uno de los mejores automóviles de Auburn (el nombre procedía de la homónima ciudad del estado de Indiana) fue el modelo 851 SC, que estaba equipado con un motor de válvulas laterales con culata de aluminio y compresor que permitían al vehículo alcanzar una velocidad máxima de 160 km/h. Gracias a la gran cilindrada y al enorme par, una caja de tres velocidades resultaba más que suficiente para la transmisión de la potencia. En 1936, la poco acertada política financiera seguida por Cord condujo al cese de las actividades de la marca Auburn. También las marcas Cord y Duesenberg, ambas pertenecientes al imperio de Cord, desaparecieron del escenario.

Buick Century

Una vez recuperada de las consecuencias de la crisis económica mundial de finales de la década de 1920, Buick inauguró la siguiente década con un concepto de motor de avanzada generación, ya que los antiguos motores de seis cilindros se habían quedado obsoletos y debían reemplazarse por otros de ocho cilindros mucho más silenciosos. Estos motores hicieron posible sacar al mercado cómodos turismos. Al mismo tiempo, el aspecto de la nueva generación de vehículos se benefició de la llamada Streamline-Look, cuyo diseño se resaltó por el empleo de adornos cromados. Dado que la gran cilindrada proporcionaba un par muy abundante, los automóviles se equiparon con una caja de sólo tres velocidades, más que suficiente, pues con la segunda velocidad ya se alcanzaban los 85 km/h.

Modelo:	*Buick Century*
Cilindrada/Cilindros:	*3768 cm³/8 cilindros*
CV/kW:	*95/70*
Año de fabricación:	*1936*
Unidades fabricadas:	—

Buick Roadmaster

Uno de los tantos detalles que hacían de un Buick un vehículo muy particular era la modélica amortiguación acústica. Esto lo sabían valorar especialmente aquellos propietarios que encargaban una radio como extra para su coche (Buick fue el primer fabricante de automóviles que introdujo en su catálogo radios para coches). También figuraba entre las delicias técnicas de la época el Hydramatic de Buick, un antecedente del moderno cambio automático que todos los coches podían incorporar opcionalmente desde 1939. Uno de los Buick más espectaculares de la década de 1930 fue sin duda el modelo Roadmaster, sobre cuyo chasis (3100 mm de batalla) llegaron a montarse estupendas carrocerías, algunas procedentes de Phaeton.

Modelo:	*Buick Roadmaster*
Cilindrada/Cilindros:	*5218 cm³/8 cilindros*
CV/kW:	*122/89*
Año de fabricación:	*1939*
Unidades fabricadas:	*364 (sólo Phaetons)*

Buick Y-Job

Existe la creencia, muy difundida, de que los Concet-Cars estadounidenses no aparecieron antes de la década de 1950. En 1937, sin embargo, Buick ya había desarrollado el Y-Job, un prototipo que puede considerarse como el primer Project-Car del mundo. La idea de construir este gigante sobre una carrocería *roadmaster* de Buick procedía de Harley Earl, un hábil diseñador que en 1920 ya había ideado carrocerías especiales para estrellas del cine. El nombre Y-Job se eligió porque muchos otros constructores llamaban «X» a sus estudios. Prescindiendo de que este colosal automóvil «sólo» fuera un cabriolé de dos plazas, el Y-Job tenía muchos extras, como faros escamoteables, elevalunas eléctricos, manetas de las puertas empotradas y una capota oculta bajo una tapa en la parte trasera.

Modelo:	*Buick Y-Job*
Cilindrada/Cilindros:	*5200 cm³/8 cilindros*
CV/kW:	*141/103,2*
Período de fabricación:	*1937-1938*
Unidades fabricadas:	*ejemplar único*

Cadillac Serie 355

Desde hace más de 100 años, el mundo del automóvil entiende el nombre Cadillac como símbolo de innovación y progreso, pues la marca, que en 1909 entró a formar parte del consorcio General Motors, ya ganó en 1913 un trofeo del Club Británico del Automóvil por sus excelentes trabajos de ingeniería. Y con todo merecimiento, ya antes de recibir aquella distinción Cadillac había desarrollado en 1905 el primer motor tetracilíndrico. En 1908, logró estandarizar varios componentes y hacer posible un intercambio de piezas, y en 1912 fue el primer fabricante en equipar sus vehículos con un arranque eléctrico, y un alumbrado y un encendido igualmente eléctricos. En la lista de las innovaciones, 1915 figura entre los años más importantes, pues en él Cadillac popularizó el motor V8 refrigerado por agua.

Modelo:	*Cadillac Serie 355*
Cilindrada/Cilindros:	*5785 cm³/8 cilindros*
CV/kW:	*130/95,2*
Período de fabricación:	*1930-1935*
Unidades fabricadas:	*—*

Cadillac Serie 90-V 16

En unos tiempos en los que sólo unos pocos se podían permitir un automóvil de gran lujo, Cadillac presentó un modelo de dieciséis cilindros aún más potente que los vehículos fabricados por la casa, habitualmente de ocho cilindros y gran cubicaje. Aunque vehículos de esta clase podían contarse con los dedos de una mano, los fabricantes esperaban mucho de ellos, sobre todo con vistas a la imagen de la marca. El Cadillac de dieciséis cilindros que en 1930 entró en escena como Cadillac 90 permaneció en catálogo durante ocho años, durante los cuales se vendieron 3250 ejemplares. Tampoco le fue nada mal al modelo inmediatamente inferior de la gama, el de doce cilindros, que encontró 5725 compradores.

Modelo:	*Cadillac Serie 90-V 16*
Cilindrada/Cilindros:	*7063 cm³/16 cilindros*
CV/kW:	*185/135,5*
Período de fabricación:	*1930-1938*
Unidades fabricadas:	*3250*

Cadillac Serie 90-V16 Towncar

El gigantesco dieciséis cilindros de Cadillac no sólo impresionaba por su aspecto; también una mirada bajo el capó merecía la pena, puesto que el motor de gran cilindrada que albergaba estaba formado por la combinación de dos motores de ocho cilindros cuyos bloques de fundición formaban un ángulo de 45 grados entre ellos. El V16 tenía como particularidad dos sistemas de aspiración de carburante, cada uno de ellos con un depósito de vacío, pues al dar gas con fuerza el automóvil exigía más gasolina de la que la bomba podía suministrar. De acuerdo con la cilindrada y el par resultante de ella, el equipamiento con una caja de tres velocidades era más que suficiente. Al arrancar, casi siempre se podía renunciar a poner la primera.

Modelo:	*Cadillac Serie 90-V16 Towncar*
Cilindrada/Cilindros:	*7063 cm³/16 cilindros*
CV/kW:	*185/135,5*
Período de fabricación:	*1930-1938*
Unidades fabricadas:	*3250*

Cadillac Serie 75

Entre los años 1937 y 1938, Cadillac equipó todos sus modelos de ocho cilindros con el motor de 5,7 litros, lo que no significó ninguna limitación de la variedad de modelos. Se podía elegir entre chasis de dos distintas batallas, sobre los que se podían montar carrocerías de un diseño completamente nuevo. Estéticamente, este estilo respondía a una ligera modificación de grandes coches europeos en los que elementos típicamente americanos como el radiador cromado daban a los modelos un carácter propio. El modelo más espacioso (4190 mm de distancia entre ejes, apto para siete personas) salió al mercado a finales de la década de 1930. En esta época, Cadillac introdujo en muchos de sus modelos el selector del cambio en el volante, lo que volvió a mejorar el confort del conductor.

Modelo:	*Cadillac Serie 75*
Cilindrada/Cilindros:	*5670 cm³/8 cilindros*
CV/kW:	*135/99*
Período de fabricación:	*1938-1942*
Unidades fabricadas:	*—*

Chrysler Imperial CL

Mejor que con el título de su autobiografía, aparecida en 1937, apenas puede describirse la vida de Walter P. Chrysler: *The Life of an American Workman* (La vida de un artesano americano). Walter P. Chrysler se definía ante todo como un hombre interesado en la técnica al que fascinaba la función de la mecánica. Diligencia, autodisciplina y una formación profunda fueron la base de su excepcional carrera, clasificada con frecuencia con el cliché «De lavaplatos a millonario». Sin embargo, este cliché no se adecuaba a Chrysler, quien después de graduarse en la *high school* realizó cuatro años de aprendizaje para trabajar en diferentes compañías ferroviarias. Ya en 1908, con 33 años, Walter P. Chrysler ocupaba un puesto de directivo que le reportaba 350 dólares al mes.

Modelo:	*Chrysler Imperial CL*
Cilindrada/Cilindros:	*6306 cm³/8 cilindros*
CV/kW:	*135/99*
Período de fabricación:	*1931-1933*
Unidades fabricadas:	*—*

Chrysler Imperial Speedster

En 1908, Walter P. Chrysler descubrió por primera vez su interés por los automóviles, que cada día ocupaban más las carreteras, la mayoría de ellas en pésimo estado. Con motivo de un salón automovilístico en Chicago, Chrysler adquirió su primer automóvil, un locomóvil, por la suma de 5000 dólares. Chrysler todavía no sabía conducir, pero eso poco importaba, pues él deseaba ante todo conocer la técnica del automóvil. Por consiguiente, se cree que desmontó varias veces su vehículo y lo volvió a montar por completo con el fin de reconocer las funciones y para ver donde se podían efectuar mejoras. El automóvil también acabó determinando su carrera profesional: a la edad de 36 años, Chrysler recibió gracias a su competencia y sus dotes de mando un puesto en General Motors, donde pasó a dirigir la división Buick.

Modelo:	*Chrysler Imperial Speedster*
Cilindrada/Cilindros:	*6308 cm³/8 cilindros*
CV/kW:	*135/99*
Año de fabricación:	*1932*
Unidades fabricadas:	*—*

Chrysler Royal

En 1917, después de haber conseguido aumentar en un par de meses la producción diaria de Buick de 20 a 550 automóviles, Chrysler fue nombrado presidente y director de la empresa. Bajo su dirección, la marca se convirtió en «GM's biggest money maker», y el sueldo anual de Chrysler aumentó a 120 000 dólares anuales. Cuando Chrysler, ahora ya millonario, celebró su 45 cumpleaños, le pasó por fin por la cabeza crear un nuevo tipo de automóvil. Para ello, decidió contratar a tres ingenieros amigos suyos para llevar a la práctica los planes esbozados. De esta manera surgió un automóvil que fue presentado como el primer Chrysler en el Salón del Automóvil de Nueva York de 1924 y que fue la primera piedra de la posterior Chrysler Corporation.

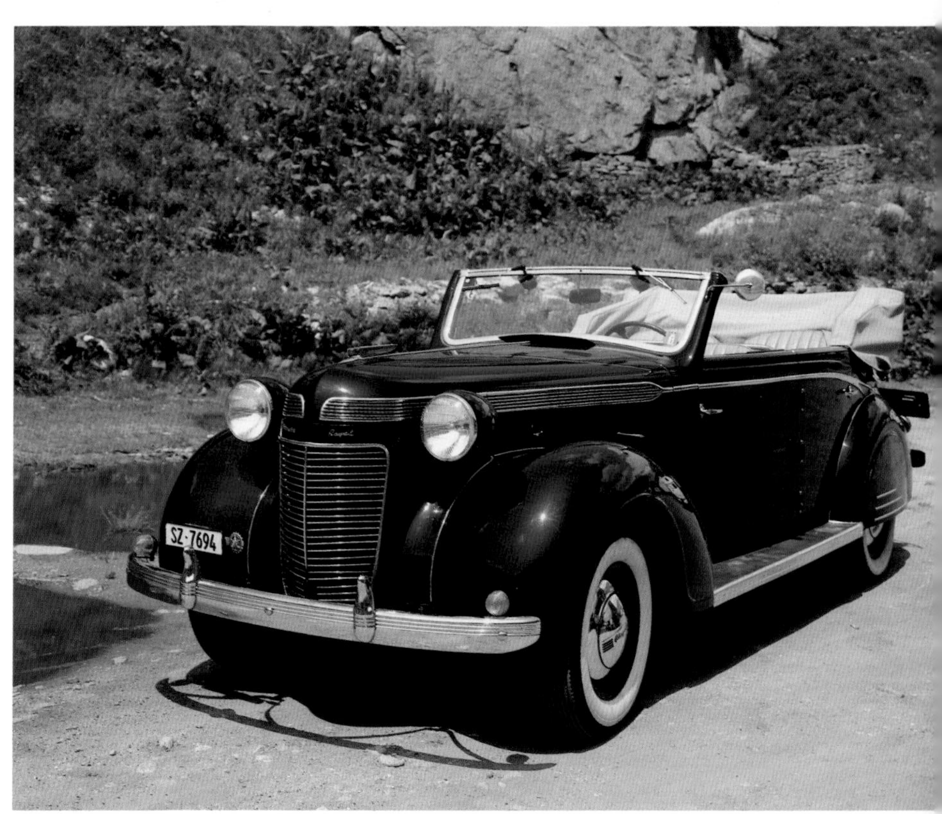

Modelo:	*Chrysler Royal*
Cilindrada/Cilindros:	*3960 cm³/6 cilindros*
CV/kW:	*110/80,5*
Año de fabricación:	*1937*
Unidades fabricadas:	*ejemplar único*

Cord 812

Igual que el primer Cord de finales de la década de 1920 (el L 29), su vanguardista sucesor, aparecido en 1936, también dio mucho que hablar. El chasis del 810, de 3157 mm de distancia entre ejes, volvía a llevar una carrocería de más de 5000 mm de largo cuyo elemento de diseño más llamativo era su frontal con nervaduras muy marcadas. A diferencia del L 29, el 810 no tenía un motor de serie, sino un V8 de 125 CV de potencia. La versión con compresor fabricada desde 1937 y denominada 812 confería al ya potente Cord una potencia aún mayor. Entre las peculiaridades más sobresalientes de los modelos 810/812 figuraban los faros escamoteables y la caja de velocidades electromagnética, que funcionaba como una especie de semiautomatismo.

Modelo:	*Cord 812*
Cilindrada/Cilindros:	*4730 cm³/8 cilindros*
CV/kW:	*175/128*
Año de fabricación:	*1937*
Unidades fabricadas:	*2320 (todos los modelos)*

Dodge Six DD

En julio de 1928, Chrysler absorbió la marca Dodge Brothers de Detroit, lo que significó engullir una empresa cinco veces más grande que la Chrysler Corporation. «La mosca se come al elefante», comentaban los periódicos especializados; una revista bursátil criticaba que Chrysler se había puesto en la boca un bocado que no podía engullir. Dodge Brothers, entonces de capa caída, volvió a florecer a raíz de la absorción de Chrysler y pudo continuar creciendo. El comentario de Chrysler: «Comprar Dodge fue una de las mejores decisiones de mi vida». Ya antes de la absorción, la empresa Dodge Brothers ya había saltado a los titulares de la prensa en una ocasión, ya que las viudas del fundador de la empresa habían vendido la empresa a un consorcio bancario de Nueva York por 146 millones de dólares.

Modelo:	*Dodge Six DD*
Cilindrada/Cilindros:	*3110 cm³/6 cilindros*
CV/kW:	*61/44,7*
Año de fabricación:	*1930*
Unidades fabricadas:	*aprox. 3900*

Dodge DU

En 1932, Dodge puso en el mercado, a un precio aproximado de 800 dólares, un coche de seis cilindros del que, aparte de numerosas versiones de carrocerías cerradas, también se hicieron 224 de exclusivo cabriolé. Desde el instante en que vio la luz este modelo, Dodge había pensado ya en vestirlo con un traje nuevo más moderno y perfeccionado. Esta nueva carrocería apareció en 1935 y causó furor desde el primer momento: con el eslogan «New Value Line» se ofrecía ahora un nuevo coche con una línea que Chrysler bautizó como Airflow-Look. Aunque el diseño del DU, del que sólo se fabricaba una versión de 6 cilindros, no era tan agresivo, sí determinó la línea de los modelos sucesivos.

Modelo:	*Dodge DU*
Cilindrada/Cilindros:	*3600 cm³/6 cilindros*
CV/kW:	*87/63,7*
Año de fabricación:	*1935*
Unidades fabricadas:	*—*

Dodge D 11

Cuando Dodge en 1938 lanzó al mercado el elegante D 8 Convertible Coupé, así se llamaban los cabriolés en Estados Unidos, no pasó mucho tiempo hasta que la prensa especializada eligió este coche como el «American beauty of motor cars». Este coche, del que sólo se fabricaron 701 unidades, habría seguramente podido conservar durante más tiempo este título si su asiento abatible trasero (denominado jocosamente «asiento de la suegra») no hubiera pasado pronto de moda. Un año más tarde, con motivo del 25 aniversario de la empresa, otro Dodge volvió a dar mucho que hablar. Se trataba en esta ocasión de una gigantesca limusina de cuatro puertas con una parte trasera completamente nueva y faros integrados en las aletas. El precio: 905 dólares.

Modelo: *Dodge D 11*
Cilindrada/Cilindros: *3600 cm³/6 cilindros*
CV/kW: *87/63,7*
Año de fabricación: *1939*
Unidades fabricadas: *—*

Duesenberg J

En 1919, los hermanos Fred y August Duesenberg, descendientes de inmigrantes alemanes, empezaron a construir automóviles en el estado de Indiana. Por aquel entonces nada hacía presagiar que sus vehículos entrarían a formar parte de los clásicos de la historia del automóvil. En este sentido, si se tiene en cuenta que los Duesenberg sólo fabricaron unos 1300 automóviles hasta 1937, el interés en esta marca es enorme en comparación con la mostrada por otros fabricantes. A ello hay que añadir el hecho de que bajo el capó de un Duesenberg «sólo» trabajaban motores de ocho cilindros, y de que la cilindrada máxima ascendía a unos siete litros. Aun así, la marca logró hacer sombra a todos sus nobles competidores.

Modelo: *Duesenberg J*
Cilindrada/Cilindros: *6882 cm³/8 cilindros*
CV/kW: *210/154*
Período de fabricación: *1928-1937*
Unidades fabricadas: *aprox. 480*

Duesenberg J

Había que ser un experto para apreciar las diferencias entre los primeros Duesenberg (serie A) y sus directos competidores, pues se encontraban en detalles como el dispositivo de frenado, que en un Duesenberg era ya de accionamiento hidráulico a las cuatro ruedas. A pesar de todo, el modelo A construido de 1920 a 1926 debió conformarse con un éxito más bien modesto. La técnica del chasis respondía en gran medida a los estándares habituales, el motor de 88 CV rendía lo suficiente para una velocidad máxima de 120 km/h y las carrocerías tampoco dejaban de ser un signo distintivo de lo que representaba un Duesenberg. No obstante, con la presentación del legendario modelo J en 1928, estos discretos valores no tardarían en formar parte del pasado.

Modelo: *Duesenberg J*
Cilindrada/Cilindros: *6882 cm³/8 cilindros*
CV/kW: *210/154*
Período de fabricación: *1928-1937*
Unidades fabricadas: *aprox. 480*

Duesenberg J

La llegada del Duesenberg J significó la aparición en el mercado de un automóvil de lujo equipado con características técnicas que ningún otro coche de la competencia poseía en tal variedad. Lo interesante de este modelo era que costaba tanto como otros vehículos de similar prestigio (*véase* un Mercedes con compresor o un Rolls-Royce) que no poseían, ni mucho menos, tantos avances tecnológicos como éste. Duesenberg también se distinguió claramente de las demás marcas en lo relativo a la publicidad, pues renunció a la foto del coche y sólo mostró una escena del entorno en el que se solía mover el propietario de un Duesenberg (por ejemplo, un campo de golf). De esta manera, el anuncio se limitaba a la frase: «Él conduce un Duesenberg».

Modelo:	*Duesenberg J*
Cilindrada/Cilindros:	*6882 cm³/8 cilindros*
CV/kW:	*210/154*
Período de fabricación:	*1928-1937*
Unidades fabricadas:	*aprox. 480*

Duesenberg J

Los automóviles de la serie J estaban construidos sobre un chasis macizo de 3600 a 3900 mm de distancia entre ejes, un buen punto de partida para el montaje en ellos de carrocerías especiales. El chasis ya disponía de un sistema de lubricación central que se accionaba automáticamente al superar los 130 kilómetros, lo que hacía innecesarias las labores de engrase. Entre las múltiples funciones de control del tablero de mandos también figuraban, además de la supervisión del nivel de aceite y del encendido, otros instrumentos extras, como un altímetro o un indicador de la presión ejercida por los frenos. Para reducir el peso en la medida de lo posible, Duesenberg optó por la utilización de aluminio en muchas partes del vehículo.

Modelo:	*Duesenberg J*
Cilindrada/Cilindros:	*6882 cm³/8 cilindros*
CV/kW:	*210/154*
Período de fabricación:	*1928-1937*
Unidades fabricadas:	*aprox. 480*

Modelo:	*Duesenberg J*
Cilindrada/Cilindros:	*6882 cm³/8 cilindros*
CV/kW:	*210/154*
Período de fabricación:	*1928-1937*
Unidades fabricadas:	*aprox. 480*

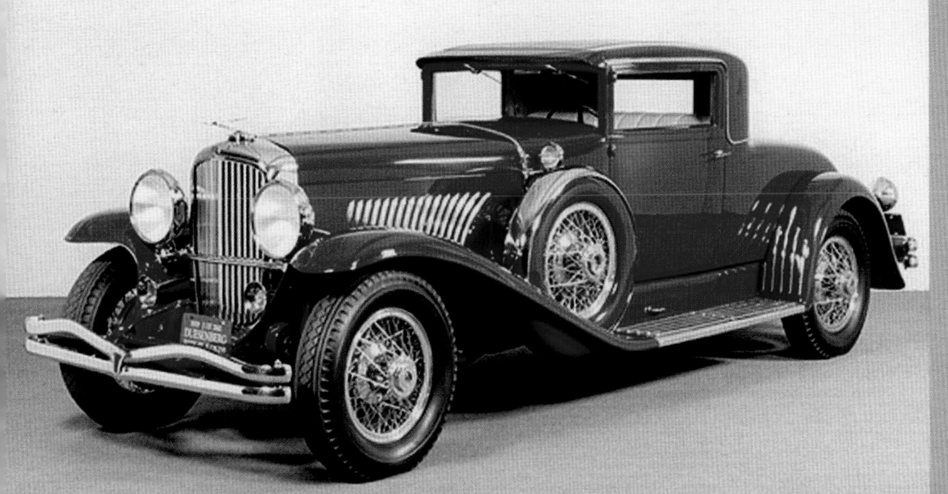

Duesenberg J

Además de impresionantes limusinas, cabriolés y *roadsters,* la casa Duesenberg también produjo algunos coches de competición equipados con motores con compresor, una técnica que también se implantó en los vehículos de serie. Los coches derivados de esta modificación salieron de fábrica con las siglas SJ *(supercharged)* y mostraban unos datos técnicos que causaban pánico entre los competidores de la marca. Gracias al compresor Roots, el motor de ocho cilindros con dos árboles de levas en culata alcanzaba una potencia de 320 CV a 4750 RPM y una velocidad máxima de 208 km/h. Con el hundimiento del imperio Cord, al que Duesenberg pertenecía, desapareció en 1937 una de las marcas automovilísticas más interesantes del mundo.

Essex Super Six

En 1918, la Hudson Motor Car Company incluyó en su gama de productos un modelo que se vendió con el nombre de una marca independiente: Essex. En el fondo, un Essex no era otra cosa que un Hudson con un equipamiento más simple, pero la casa se curó de rebajarle la calidad y sólo se atrevió a reducir el precio. De esta política empresarial también se benefició una versión de seis cilindros, el Super Six, que muy pronto se convirtió en un éxito de ventas, todo ello a pesar de las burlas que lo definían como un Hudson de menor calado. Esto pareció no molestar demasiado a los propietarios de un Essex, quienes pertenecían a una clientela más bien conservadora, más interesada en la economía de un automóvil que no en el lujo de un Hudson.

Modelo:	*Essex Super Six*
Cilindrada/Cilindros:	*2584 cm³/6 cilindros*
CV/kW:	*45/33*
Período de fabricación:	*1929-1934*
Unidades fabricadas:	—

Hupmobile

Hupmobile fue fundada en 1908 por los hermanos Louis y Robert Hupp, y por Charles D. Hastings, un hombre de negocios, quienes se propusieron producir automóviles de gran sencillez del estilo del Tin Lizzie de Henry Ford, con el que no lograron competir. Los tres socios mantuvieron la empresa a flote durante varios años fabricando algunos modelos estándares. A principios de la década de 1930, Hupmobile intentó lanzar al mercado unos modelos de seis cilindros que, a pesar de ser bastante vistosos, no lograron consolidarse, con lo que las cifras de ventas descendieron. Antes de abandonar la producción en 1940, Hupmobile todavía sacó al mercado el Non-Plus-Ultra, un modelo de ocho cilindros con una carrocería aerodinámica que tampoco obtuvo el éxito deseado.

Modelo:	*Hupmobile*
Cilindrada/Cilindros:	*3700 cm³/6 cilindros*
CV/kW:	*78/57,1*
Año de fabricación:	*1933*
Unidades fabricadas:	—

La Salle Serie 345

A finales de la década de 1920, Cadillac presentó al mercado bajo la marca La Salle varios modelos de imagen no tan prestigiosa que se distinguían ante todo por su excelente precio. A pesar de todo los La Salle se beneficiaron de la actualización de modelos emprendida por Cadillac y se aproximaron poco a poco al estándar de la casa madre, motivo por el cual la producción de los modelos más grandes de La Salle se aparcó temporalmente y no se reanudó sino hasta 1932. La nueva generación de vehículos contaba con chasis más cortos de sólo 3020 mm de distancia entre ejes y estaba dirigida como producto alternativo a potenciales clientes de Buick y Chrysler que buscaban un coche de buena calidad al razonable precio de 1600 dólares.

Modelo:	*La Salle Serie 345*
Cilindrada/Cilindros:	*5785 cm³/8 cilindros*
CV/kW:	*105/77*
Período de fabricación:	*1930-1933*
Unidades fabricadas:	—

Modelo:	*Lincoln Zephyr*
Cilindrada/Cilindros:	*4379 cm³/12 cilindros*
CV/kW:	*110/80,5*
Período de fabricación:	*1936-1942*
Unidades fabricadas:	*—*

Lincoln Zephyr

Personalidades como los presidentes de Estados Unidos figuraban ya en la década de 1920 entre la selecta clientela que amaba viajar en un Lincoln conducido por un chófer. En consecuencia, esta marca perteneciente al consorcio Ford se anunciaba en Estados Unidos con el eslogan «Lord of the Road» (el señor de la carretera). Los Lincoln también estaban considerados vehículos de gran prestigio en otros países del mundo, sobre todo entre las casas reales del norte de Europa y en la Unión Soviética. Dentro de la variada gama de modelos ocupaban un lugar preferente las grandes versiones de doce cilindros. Para volver a enderezar las ventas de estos automóviles, en 1936 salió al mercado el modelo Zephyr que podía adquirirse al interesante precio de 1300 dólares.

Mercury Serie 99 Convertible

Pocas personas han desempeñado en la historia del automóvil un papel tan importante como Henry Ford. Él hizo que las masas pudieran acceder a un vehículo; pero, sin la ayuda de su hijo Edsel, la historia del consorcio quizá habría seguido una andadura muy diferente. Edsel hizo ver a su padre que en la gran gama de productos de finales de la década de 1930 faltaba un modelo intermedio que debía llenar el espacio existente entre el Ford más económico (780 dólares) y el más caro (1330 dólares). Edsel logró convencer a su padre, y gracias a su apoyo los concesionarios Ford presentaron en septiembre de 1938 la nueva marca Mercury. El coche se parecía mucho a un Ford, aunque era más ancho y largo.

Modelo:	*Mercury Serie 99 Convertible*
Cilindrada/Cilindros:	*3900 cm³/8 cilindros*
CV/kW:	*95/70*
Período de fabricación:	*1938-1940*
Unidades fabricadas:	*—*

Modelo:	*Mercury Eight Serie 99*
Cilindrada/Cilindros:	*3900 cm³/8 cilindros*
CV/kW:	*95 /70*
Período de fabricación:	*1938-1940*
Unidades fabricadas:	*—*

Mercury Eight Serie 99

Con una simple mirada bajo el capó del Mercury, incluso una persona poco entendida habría sabido apreciar que el robusto motor V8 era uno de los excelentes productos que Ford producía en grandes series. La cilindrada del motor había aumentado a 3,9 litros y su propietario disponía ahora de una potencia más que suficiente. A diferencia del cliente de Ford, los poseedores de un Mercury disfrutaban de una gran variedad de accesorios que eran de serie incluso en el modelo más simple de la gama. Entre ellos figuraban comodidades como un cenicero, el cuentakilómetros parcial y dos bocinas eléctricas. El equipamiento completo se podía obtener por un sobreprecio e incluía calefacción, faros antiniebla y una radio.

Packard Twelve

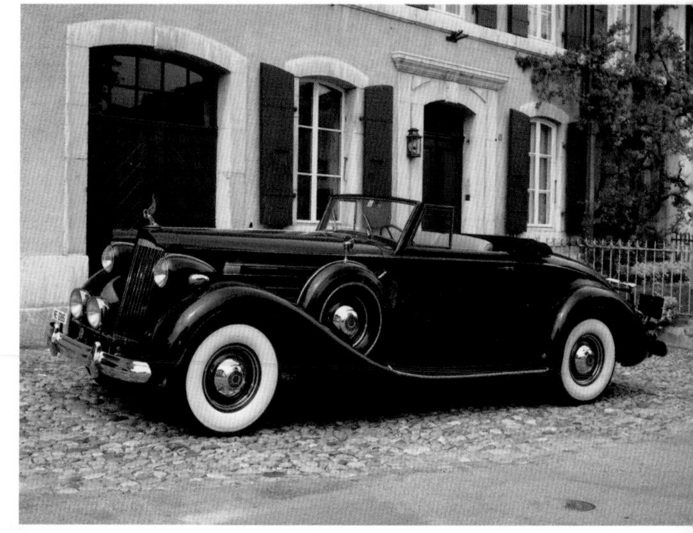

Desde el punto de vista estadístico, Packard produjo en las décadas de 1920 y 1930 casi la mitad de todos los coches de lujo del mundo. Así, por ejemplo, en 1928 fabricó seis veces más coches que Bugatti. Tampoco hay que olvidar que Packard ya había construido el primer automóvil de doce cilindros en 1915 y que poseía una amplia experiencia en la fabricación de motores de alta potencia. Como el primer Packard Twin Six (1915-1923), el modelo Twelve aparecido en el mercado en 1932 estaba destinado ante todo a clientes adinerados que apreciaban la exclusividad y el impecable comportamiento del vehículo, de ahí que esta generación de doce cilindros recibiera un chasis de nuevo desarrollo, un servofreno y una caja de velocidades completamente sincronizada.

Modelo:	*Packard Twelve*
Cilindrada/Cilindros:	*7300 cm³/12 cilindros*
CV/kW:	*160/117,2*
Período de fabricación:	*1932-1934*
Unidades fabricadas:	—

Modelo:	*Pierce-Arrow Silver Arrow*
Cilindrada/Cilindros:	*7030 cm³/12 cilindros*
CV/kW:	*175/128*
Período de fabricación:	*1933-1934*
Unidades fabricadas:	*5*

Packard Twelve

Apenas existía en la década de 1930 un fabricante de carrocerías que no se esforzara por poder vestir un gran Packard. De los talleres de Le Baron, Dietrich, Brewster y Roolston surgieron carrocerías de una especial belleza; cada uno intentó emplearse a fondo para manejar el espacio disponible, que no era poco: en efecto, Packard fabricó cuatro chasis de diferente distancia entre ejes: 3370, 3410, 3540 y 3660 mm. Esta última versión fue muy utilizada para construir grandiosos coches de representación. Quien adquiría un Packard, poseía un automóvil que salía de fábrica con una gran variedad de accesorios. Ni siquiera la pintura especial conseguía elevar el precio del vehículo. Lo único por lo que se debía abonar un sobreprecio era la radio.

Modelo:	*Packard Twelve*
Cilindrada/Cilindros:	*7756 cm³/12 cilindros*
CV/kW:	*175/128*
Período de fabricación:	*1934-1939*
Unidades fabricadas:	—

Pierce-Arrow Silver Arrow

Después del hundimiento de la bolsa de Nueva York en 1929, algunos fabricantes de automóviles seguían opinando que el progreso automovilístico pasaba obligatoriamente por la construcción de automóviles de gran lujo. También Pierce-Arrow intentó entrar en el mercado con modelos de doce cilindros. De esta manera, con motivo de la Exposición Universal de 1933 en Chicago, sacó a la venta un vehículo cuyo precio ascendía exactamente a 10 000 dólares. Por tanto dinero se obtenía un vehículo de un diseño futurista muy avanzado para su tiempo y con una línea que no reapareció hasta la década de 1940. Desde el punto de vista técnico, el mercado se orientaba ahora hacia lo que prestigiosas marcas como Auburn, Cord y Düsenberg podían ofrecer.

Plymouth P 6

Modelo:	*Plymouth P 6*
Cilindrada/Cilindros:	*3298 cm^3/6 cilindros*
CV/kW:	*76/55,6*
Período de fabricación:	*1936-1939*
Unidades fabricadas:	*—*

Además de su propia marca, en el consorcio de Walter P. Chrysler también desempeñaban un papel muy notable Dodge y Plymouth. Esta última, cuyos orígenes retrocedían a 1928, contribuyó a superar los años de la depresión. A diferencia de los modelos de Chrysler, los de Plymouth pertenecían a una categoría de precios inferior y se vendían en la misma red de concesionarios Chrysler, un nombre asociado con calidad y buen servicio. En contra de la tendencia seguida por otros fabricantes, Plymouth sorprendía todos los años por sus modificaciones y lanzaba continuamente modelos al mercado. Cuando en 1936 apareció la llamada serie P, y mucho antes de que las leyes obligaran a ello, Plymouth ya equipaba sus coches con un tablero de mandos construido teniendo en cuenta criterios de seguridad.

Pontiac Big Six

Edward M. Murphy fundó en 1893 la Pontiac Buggy Company y comenzó a fabricar automóviles en 1907. Hasta 1926, los coches se distribuyeron bajo la marca Oakland. Ese mismo año se presentó en el Salón del Automóvil de Nueva York el primer Pontiac, que causó sensación. Para que todo el mundo pudiera comprobar que se trataba de un seis cilindros, el emblema de la marca fue completado con el lema «Chief of the Sixes» (el mejor de los seis cilindros). En 1930 se sustituyó el motor de válvulas laterales por una variante más moderna con válvulas en culata. Los grandes éxitos de ventas hicieron que Pontiac se convirtiera en el quinto mayor fabricante de automóviles de Estados Unidos.

Modelo:	*Pontiac Big Six*
Cilindrada/Cilindros:	*3977 cm^3/6 cilindros*
CV/kW:	*52/38*
Año de fabricación:	*1930*
Unidades fabricadas:	*—*

1940-1960

Del utilitario al mastodonte de gran cilindrada

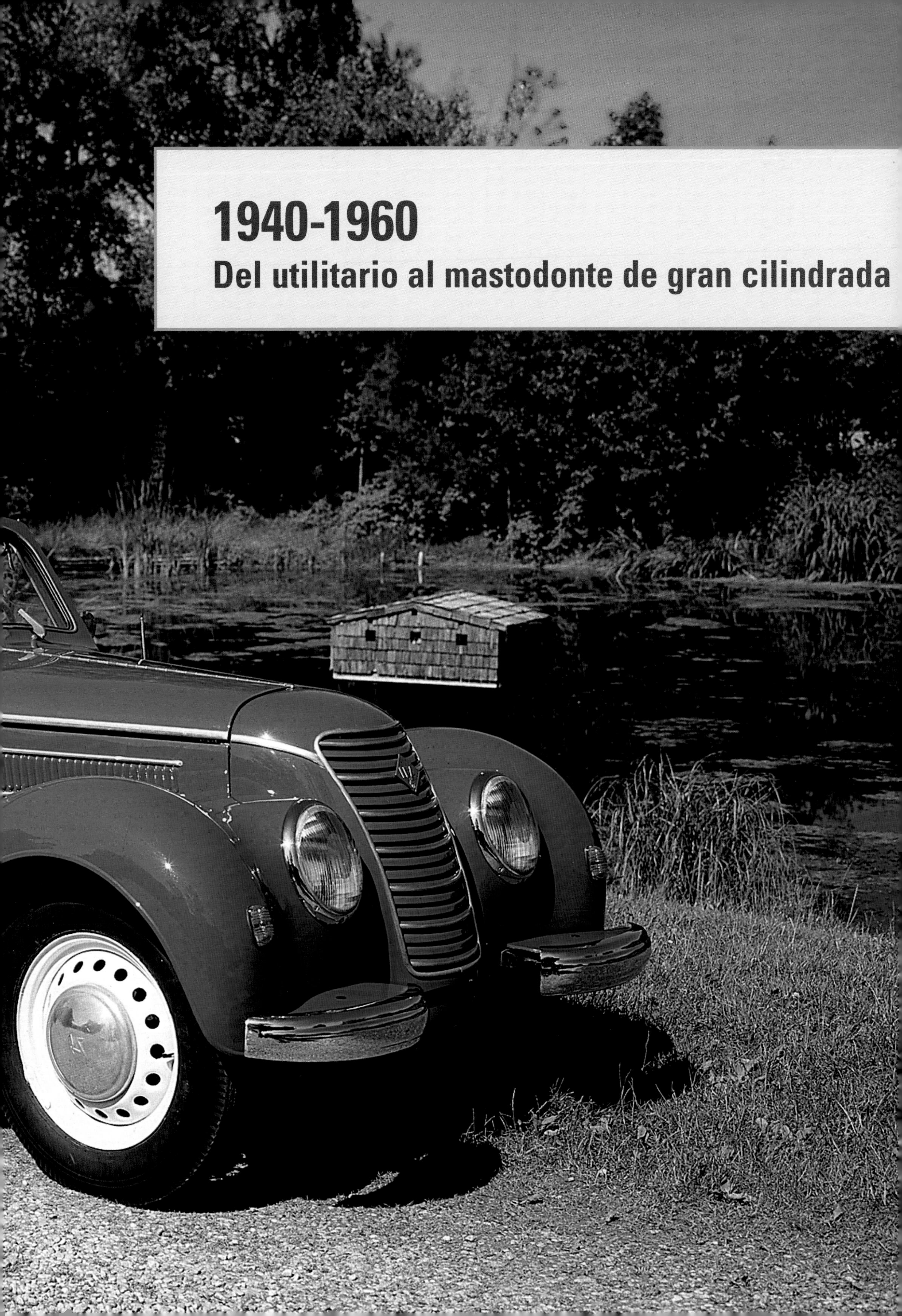

Del utilitario al mastodonte de gran cilindrad

Racionalización y reyes de la potencia

Mientras que en Estados Unidos la fabricación y el perfeccionamiento de la técnica de los automóviles continuó hasta 1941/1942, el estallido de la guerra paralizó en Europa la producción de vehículos para fines civiles. El final del conflicto no resolvió la crisis de inmediato, pues todavía debieron transcurrir varios años antes de que la fabricación de automóviles volviera a alcanzar un ritmo normal. En la Europa destruida por las bombas, lo primero que se necesitaba eran camiones, y no modelos de lujo. El único país que en 1945 presentó coches al mercado fue Estados Unidos. Le siguió el Reino Unido, donde volvieron a aparecer modelos de la década de 1930, pues no había medios para desarrollar tipos nuevos. Faltaba, por lo demás, materia prima: el despegue económico ni siquiera se vislumbraba. Circulaban únicamente coches usados de la década de 1930, y tampoco muchos, de ahí que en el mercado negro alcanzaran precios prohibitivos que se pagaban en especies. Los primeros intentos de normalizar la producción no tuvieron lugar hasta aproximadamente 1950. Dado que en ningú
otro país de Europa los daños ocasionados por l
guerra eran tan grandes como en Alemania, algu
nos ingeniosos emprendedores intentaron saca
al mercado unas soluciones de emergencia. As
en vez de motocicletas y de *scooters,* ofreciero
a sus propietarios una protección adecuada par
las inclemencias meteorológicas. Con todo
estos vehículos distaron de ser económicos
Muchos proyectos de coches pequeños no supe
raron el estadio de prototipos, y sólo pocos logra
ron realmente triunfar. El Isetta de BMW y e
Goggomobil figuraron entre los pocos microco
ches que consiguieron aguantar en el mercad
durante cierto tiempo. No obstante, su tiemp
pasó, y sus propietarios empezaron a anhelar u
«auténtico» coche, como el Volkswagen Escara
bajo, por citar sólo un ejemplo.

l Escarabajo se convirtió en la vara para medir ɔdos los modelos de la época del milagro ecoómico. Aun así, el asalariado medio todavía ebió ahorrar durante mucho tiempo para poder ermitirse este gran utilitario. En la década de 950, sin embargo, también comenzaron a conebirse vehículos para bolsillos más llenos. Por aradójico que pueda parecer, también en esos ños había mercado para lujosas limusinas con n motor V8 bajo el capó. Otros se entusiasmaan quizá con un Mercedes-Benz 300 SL o acariiaban la idea de hacerse con un Aston Martin, un errari o un Porsche. Pronto se estuvo en condiiones de poderlo construir todo, aunque todavía e estaba muy lejos de lograr la cima desde el unto de vista tecnológico.

os automóviles de la década de 1950 se benefiiaron de los avances técnicos como no lo había echo hasta entonces ninguna generación anteor. No obstante, lo que muchos fabricantes preentaban con frecuencia como novedad chocaba rontalmente con la visión de una clientela de carácter conservador: así, la carrocería autoportante y el empleo de gigantescas prensas significó el principio del fin de las elegantes carrocerías artesanales, al tiempo que materiales nobles como la madera fueron sustituidos de repente por el plástico. Los clásicos instrumentos de control cedieron el paso a simples indicadores luminosos. A pesar de todo, no hay que olvidar que también se produjeron «auténticas» mejoras, como la difusión de la caja de cambios completamente sincronizada o de frenos más eficaces.

La reanudación de las actividades industriales y el enderezamiento del sector del automóvil no tan sólo tuvo lugar en Estados Unidos y los países de Europa occidental, también la industria japonesa dio los primeros pasos en la construcción de vehículos. En el año 1960, en el Imperio del Sol Naciente ya existían diez marcas que batallaban por ganarse el favor de la clientela. Durante mucho tiempo, Europa no prestó atención a estas actividades, ya que de coches japoneses todavía no se hablaba.

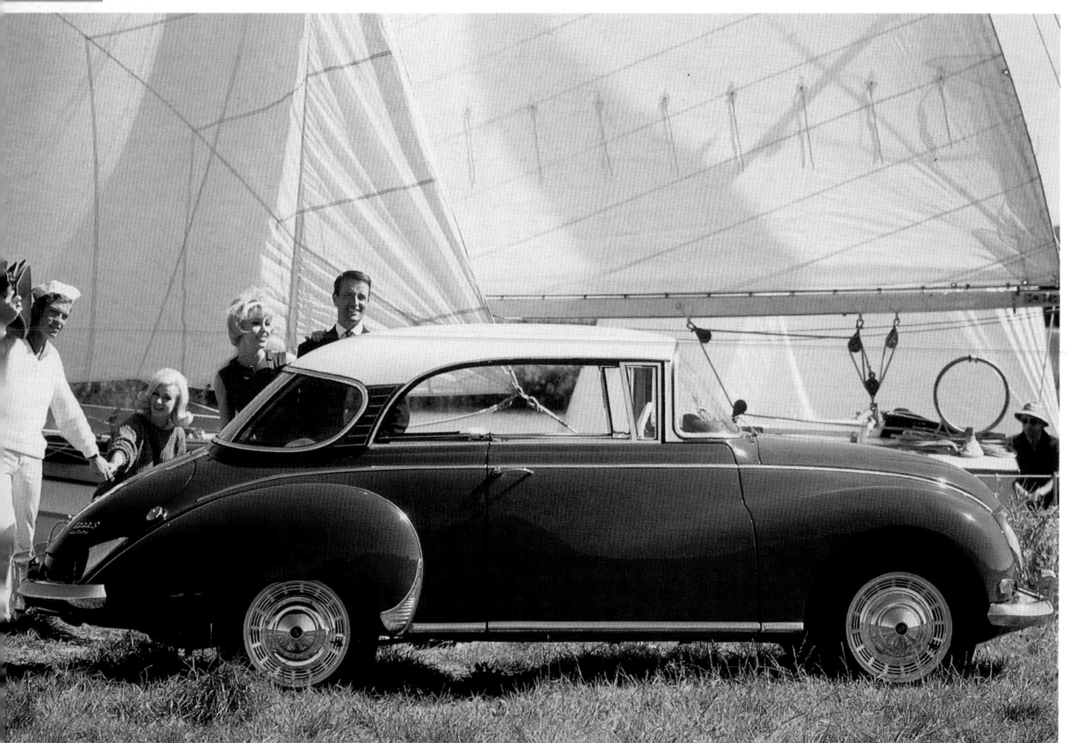

Auto Union 1000 S Coupé

La falta de capital había inducido a Au Union a aparcar de momento la previs fabricación del nuevo DKW Junior y seguir vendiendo los modelos de may tamaño de Auto Union, es decir, el 1000, 1000 S y el 1000 SP. Salvo en el caso este último, los demás eran vehículos q respondían al modelo Gran DKW 3/6, au que eran propulsados por un motor 980 cm³. En la versión 1000, este tricil drico de dos tiempos alcanzaba una pote cia de 44 CV, mientras que el 1000 S Cu era 6 CV más potente. Típico de est automóviles era el tacómetro central pı cedente de Daimler-Benz. Desde el pun de vista estético, el 1000 y el 1000 S co taban con un parabrisas panorámico a moda de la época.

Modelo:	*Auto Union 1000 S Coupé*
Cilindrada/Cilindros:	*980 cm³/3 cilindros*
CV/kW:	*50/36,6*
Período de fabricación:	*1958-1963*
Unidades fabricadas:	---

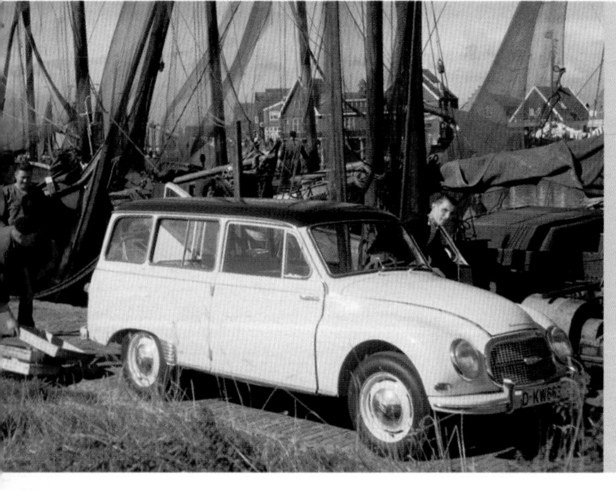

Auto Union 1000 Universal

El 3 de septiembre de 1949 nació en Ingolstadt la Auto Union GmbH, una nueva compañ que prosiguió la tradición de la marca de las «cuatro anillas» y que está considerada la pr decesora de la actual AUDI AG. Con ella debía continuar en el oeste de Alemania lo que antigua Auto Union AG había comenzado en el este. Pero los inicios tuvieron lugar en con ciones económicas muy desfavorables. Cuando Daimler-Benz se hizo con el control de Au Union, en Ingolstadt sólo se fabricaban furgonetas DKW y motocicletas, mientras que la pr ducción de automóviles de Auto Union se concentraba en las factorías de Düsseldorf, e marcha desde 1950. En otoño de 1959, los mayores modelos de automóviles recibieron denominación común de «Auto Union 1000» y salieron al mercado con una marca propia.

Modelo:	*Auto Union 1000 Universal*
Cilindrada/Cilindros	*980 cm³/3 cilindros*
CV/kW:	*55/40,2*
Período de fabricación:	*1959-1961*
Unidades fabricadas:	---

Auto Union 1000 Sp Cabrio

Los visitantes al Salón Internacional del Automóvil de Frankfurt de 1957 se quedaron atónitos al descubrir en el *stand* de Auto Union un elegante cabriolé con una línea que parecía americana. Se trataba del nuevo Auto Union 1000 SP con pequeñas aletas traseras, cuya carrocería, bien mirado, no podía considerarse en absoluto americana, ya que había sido trabajada por los renombrados talleres Baur de Stuttgart. En la década de 1930, Baur ya se había hecho acreedor de una merecida fama como constructor de carrocerías especiales, no sólo para Auto Union, y ahora continuaba la tradición. En opinión de los coleccionistas de coches clásicos, el 1000 SP es el automóvil más bello jamás fabricado por Auto-Union.

Modelo:	*Auto Union 1000 Sp Cabrio*
Cilindrada/Cilindros:	*980 cm³/3 cilindros*
CV/kW:	*55/40,2*
Período de fabricación:	*1958-1965*
Unidades fabricadas:	*1640*

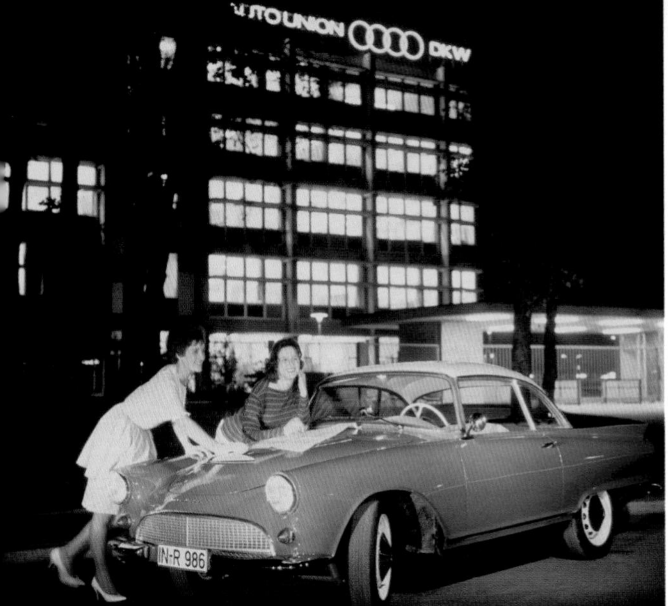

Auto Union 1000 Sp Coupé

Además de la versión cabriolé, Auto Union también fabricó la cupé del 1000 SP. Desde el punto de vista técnico, las dos versiones eran idénticas, pues descansaban sobre un chasis de acero de perfil rectangular hueco arriostrado en cruz y contaban con un motor de dos tiempos. Por aquel entonces, el 1000 SP era uno de los pocos automóviles que salía de fábrica con numerosos extras de serie, entre los que figuraban asientos reclinables con respaldos que podían graduarse, ventanillas laterales traseras operativas, viseras acolchadas y encendedor para cigarrillos. La competencia también solía ofrecer estas comodidades, aunque por un sobreprecio.

Modelo:	*Auto Union 1000 Sp Coupé*
Cilindrada/Cilindros	*980 cm³/3 cilindros*
CV/kW:	*55/40,2*
Período de fabricación:	*1958-1965*
Unidades fabricadas:	*5000*

\uto Union Monza

n los modelos de Auto Union, la abreviatura SP que figuraba en la denominación de los nodelos 1000 no tenía nada que ver con lo deportivo, sino con el concepto de carrocería special. Esto era realmente cierto, pues el SP se diferenciaba claramente de los tipos bombados de las limusinas 1000 y 1000 S. También resultaba innegable que la línea del 000 SP se inspiraba en la del Ford Thunderbird: de él se habían copiado las agudas aleas traseras con los pilotos redondos. Un diseño propio exhibía ya el Monza, que entró en a escena automovilística en 1955: su carrocería de plástico había sido desarrollada por)annenhauer & Stauss en Stuttgart y construida por Wenk en Heidelberg. Según el motor nstalado, este elegante cupé podía alcanzar una velocidad máxima de 155 km/h.

Iodelo:	*Auto Union Monza*
ilindrada/Cilindros	*980 cm³/3 cilindros*
V/kW:	*55/40,2*
eríodo de fabricación:	*1955-1958*
Jnidades fabricadas:	*aprox. 100*

3MW 501

.os visitantes del Salón Internacional del \utomóvil de Frankfurt de 1951 debieron le quedarse boquiabiertos cuando lo que ontemplaron en el stand de BMW no era ın coche popular sino una imponente y eliista limusina. Que los muniqueses hubiean empezado los trabajos de reconstrucción de la posguerra en 1949 y que dos ıños más tarde ya fueran capaces de presentar un automóvil casi listo para su prolucción en serie, es algo que les puede llenar de orgullo. Este recién llegado recibió ıl nombre de BMW 501 y, en contra de lo ıabitual en el diseño de otros automóviles le la época, empezó con una línea muy ɔarticular cortada a medida. Problemas técnicos en los talleres de carrocería retrasaon el inicio de la fabricación en serie, de ıhí que estos «ángeles barrocos», como la jente los llamaba, no aparecieran en el nercado hasta finales de 1952.

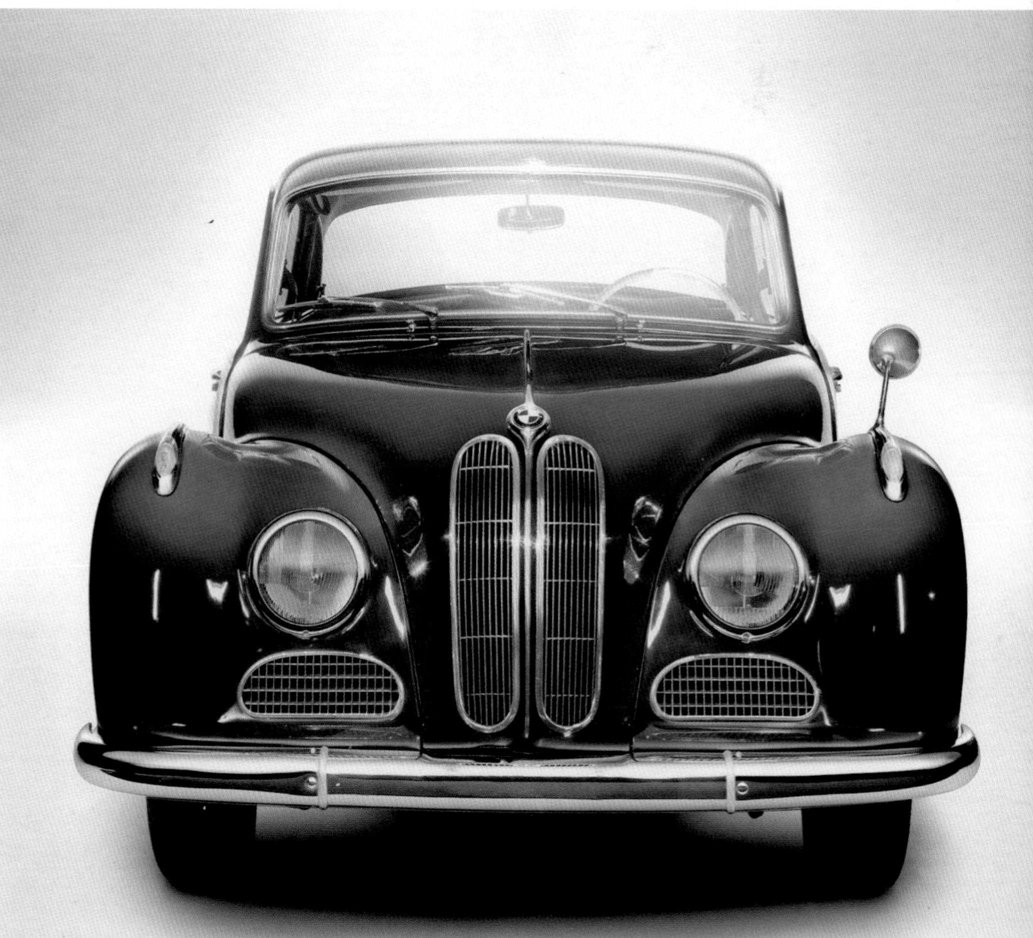

Modelo:	*BMW 501*
ilindrada/Cilindros	*1971 cm³/6 cilindros*
V/kW:	*65/47,6*
eríodo de fabricación:	*1952-1958*
Jnidades fabricadas:	*aprox. 8900*

BMW 501

El 501 fue un automóvil muy apreciado, y no sólo por su lujoso equipamiento interior, sino también por sus novedades técnicas. Así, por ejemplo, el vehículo poseía el llamado chasis de protección total, que proporcionaba al ocupante una gran seguridad. La caja de cuatro velocidades no se fijó directamente atornillada al motor, como era habitual, sino que se alojó fuertemente inclinada debajo del asiento delantero y se accionaba mediante un corto árbol intermedio. En el caso del motor, BMW recurrió a un equipo de antes de la guerra cuya eficacia ya había quedado probada en el 326; aunque aquí modificó la culata y logró aumentarle la potencia gracias a una mayor compresión y un tiempo de apertura de la válvula más largo. El resultado fue un hexacilíndrico suave que fue objeto de varias actualizaciones.

Modelo:	*BMW 501*
Cilindrada/Cilindros:	*1971 cm³/6 cilindrc*
CV/kW:	*72/52,7*
Período de fabricación:	*1954-1955*
Unidades fabricadas:	*aprox. 8900*

BMW 501 Cabriolet

Quienes deseaban más lujo podían encontrar en el BMW 501 Cabriolet el coche ide para disfrutar de un viaje al aire libre. BMV había mandado construir la carrocería cabriolé de dos puertas a los talleres Baur d Stuttgart, pero las primeras versiones tenía un problema: eran demasiado pesadas por tanto, les faltaba potencia; pero esto er seguida cambió. En el Salón del Automóv de Ginebra de 1954 debutó un concepto d motores adecuado para estos vehículos por fin veía la luz el primer motor alemán d ocho cilindros en V. Construido con un ábol de levas central, este V8 poseía bancadas de cilindros que formaban un ángul de 90° entre sí, además de una mímica qu podía mantener constante el juego de vávulas. Por un sobreprecio, el motor V8 también podía montarse en las limusinas 501

Modelo:	*BMW 501 Cabriolé*
Cilindrada/Cilindros:	*2580 cm³/8 cilindros*
CV/kW:	*95/69,6*
Período de fabricación:	*1955-1958*
Unidades fabricadas:	*aprox. 13 300 (todos los modelos V8*

BMW 3.2 Super

En el Salón Internacional del Automóvil de Frankfurt de 1955 hizo su aparición el BMW 502 3.2 de 120 CV. Capaz de alcanzar los 170 km/h, este modelo pasó a denominarse BMW 3.2 desde septiembre de 1958. Un nuevo paso hacia la exclusividad se dio en abril de 1957 con la presentación de la versión BMW 3.2 Super, equipada con dos carburadores y con 140 CV. Con este modelo no terminó, sin embargo, el aumento de potencia experimentado por el motor V8 de BMW, pues al clímax se llegó en septiembre de 1961 con la aparición del denominado BMW 3200 S, que alcanzaba unos considerables 160 CV y una velocidad máxima de 190 km/h, lo que hacía de este BMW la limusina más rápida construida por aquel entonces en el mercado alemán.

Modelo:	*BMW 3.2 Super*
Cilindrada/Cilindros:	*3168 cm^3/8 cilindros*
CV/kW:	*140/102,6*
Período de fabricación:	*1957-1963*
Unidades fabricadas:	*1323*

BMW 502 Coupé

En 1954 apareció el BMW 502, dotado con un motor V8 de 100 CV. Esta motorización resultaba más que suficiente para este pesado coche, aunque su presencia también lo encarecía. Por un precio base de unos 18 000 marcos alemanes, el 502 todavía encontró menos compradores que el modelo 501, si bien es verdad que precisamente esto lo hizo tan exclusivo. El 502 también exhibía una mayor abundancia de decoración cromada que el modelo de seis cilindros, venía de fábrica con faros antiniebla y con luces intermitentes para señalizar cambios de dirección, sin olvidar que el interior era más lujoso. De las carrocerías también se ocupó de 1954 a 1956 Baur, el reputado especialista de Stuttgart, quien preparó un total de 26 cupés, 11 de cuatro puertas, y 39 cabriolés de dos puertas.

Modelo:	*BMW 502 Coupé*
Cilindrada/Cilindros:	*2580 cm^3/8 cilindros*
CV/kW:	*100/73,3*
Período de fabricación:	*1954-1956*
Unidades fabricadas:	*26*

BMW Isetta 250

Aunque los coches de lujo que BMW venía fabricando desde 1952 podían resultar interesantes para la flor y nata de la sociedad, el constructor bávaro tuvo claro que, si deseaba sobrevivir, debía incluir en su catálogo modelos más populares que pudieran venderse en grandes cantidades. Para no tener que invertir en nuevos desarrollos, BMW buscó un concepto que pudiera construir bajo licencia. La elección recayó en un vehículo de forma aovada que la firma ISO producía en Bresso, cerca de Milán. Tras una minuciosa comprobación, el original Isetta fue considerado apto y se dio el visto bueno para adquirir la licencia de fabricación, una decisión que acabó salvando a BMW en último término. El 5 de abril de 1955, el nuevo BMW Isetta fue presentado a la prensa en la localidad de Rottach-Egern.

Modelo:	*BMW Isetta 250*
Cilindrada/Cilindros:	*245 cm^3/1 cilindro*
CV/kW:	*12/8,8*
Período de fabricación:	*1955-1962*
Unidades fabricadas:	*aprox. 161 360*

Modelo:	*BMW 600*
Cilindrada/Cilindros:	*582 cm^3/2 cilindros*
CV/kW:	*19,5/14,3*
Período de fabricación:	*1957-1959*
Unidades fabricadas:	*34 318*

BMW 600

Siguiendo la tendencia de fabricar coches cada vez más ambiciosos, BMW presentó en 1957 un vehículo de 600 cm^3 completamente nuevo. En competencia con modelos de Lloyd y NSU, la categoría económica estaba definida, al tiempo que se previó emplear muchos componentes de Isetta para ahorrar costes. El BMW 600 descansaba sobre un chasis tubular de los Isetta y se equipó con un eje trasero con brazos oscilantes inclinados cuyo ancho de vía (1160 mm) era algo más estrecho que el del eje delantero (1220 mm). El motor que era de 582 cm^3 de tipo *boxer*, estaba en la parte trasera, se utilizó también en la fabricación de motocicletas y presentaba una potencia de 28 CV, que más tarde se redujo para poder incluir el modelo en la categoría de vehículos de hasta 20 CV, más económica.

BMW 600

Por motivos de estabilidad, el BMW 600 no llegó a recibir una segunda puerta lateral, con lo que el coche, de manera análoga al Zündapp Janus, pasó a formar parte de las curiosidades automovilísticas. Dos ventanas laterales correderas en el lado del acompañante pero sólo una en el del conductor (la luna de la puerta lateral era fija) permitían la entrada de aire fresco en este automóvil de sólo 2900 mm de largo. La carrocería que descansaba sobre el sólido chasis de cuatro tubos cuadrados no era autoportante, se inspiraba en la del Isetta y se complementaba con un acceso lateral. A diferencia del Isetta, que sólo disponía de un «contenedor de instrumentos» en la puerta delantera, el BMW 600 sí fue equipado con un «auténtico» tablero de instrumentos.

Modelo:	*BMW 600*
Cilindrada/Cilindros:	*582 cm³/2 cilindros*
CV/kW:	*19,5/14,3*
Período de fabricación:	*1957-1959*
Unidades fabricadas:	*34 318*

BMW 700 Cabriolet

Del aspecto exterior del BMW 700 fue responsable el diseñador italiano Michelotti. Fabricado desde agosto de 1959, el BMW 700 renunció intencionadamente al abuso de cromo y apostó por un aspecto más bien sobrio. Las cualidades del vehículo quedaban ocultas y sólo salían a la luz en forma de unas impresionantes propiedades de marcha. A partir de los 30 CV iniciales se pasó a los 32 CV de 1963, mientras que el Cupé LS de 1964 ya lanzaba el coche hasta una velocidad de 135 km/h. También la variante cabriolé, de la que Baur construyó en Stuttgart unas 2500 unidades, fue equipada con un motor de dos carburadores de 40 CV de potencia. En los chasis de los modelos de lujo LS, BMW alargó la distancia entre ejes de 2120 a 2280 mm, lo que proporcionó más espacio a los ocupantes del asiento trasero.

Modelo:	*BMW 700 Cabriolet*
Cilindrada/Cilindros:	*697 cm³/2 cilindros*
CV/kW:	*30/22*
Período de fabricación:	*1959-1965*
Unidades fabricadas:	*aprox. 2500*

BMW 700 Coupé

Al BMW 700 no sólo le tocó la tarea de mantener a un nivel alto las cifras de ventas que había alcanzado su antecesor, el modelo 600, sino que con él surgió también un vehículo destinado a ocupar el vacío existente entre los modelos de lujo (con motores V8) y la «nueva clase» (BMW 1500), que aparecería al cabo de poco. A diferencia de todos los automóviles fabricados con anterioridad, el 700 era el primer BMW provisto de una carrocería autoportante. El 700, que podría definirse como de gama media sólo tenía en común con sus predecesores la utilización de un motor refrigerado por aire en la parte trasera. Se trataba de un *boxer* de dos cilindros (697 cm³; en un primer momento, 30 CV) empleado también en la fabricación de motocicletas.

Modelo:	*BMW 700 Coupé*
Cilindrada/Cilindros:	*697 cm³/2 cilindros*
CV/kW:	*30/22*
Período de fabricación:	*1959-1965*
Unidades fabricadas:	*aprox. 36 000*

Modelo:	*BMW 700 LS Limousine*
Cilindrada/Cilindros:	*697 cm³/2 cilindros*
CV/kW:	*30/22*
Período de fabricación:	*1959-1965*
Unidades fabricadas:	*aprox. 143 000*

BMW 700 LS Limousine

En un punto rompieron los 700 la tradición de la casa BMW: todos ellos renunciaron a los habituales «riñones» cromados del morro. A partir de ahora, en la parte delantera del capó bajo el cual se alojaba el maletero, sólo luciría el emblema de la marca. Quienes imaginaban encontrar bajo el capó un maletero de grandes dimensiones debían de llevarse una gran decepción, pues la rueda de recambio y el depósito de combustible reducían su capacidad. El BMW 700 hizo un buen papel, y no sólo en la calle, pues en las categorías inferiores de las competiciones deportivas figuró siempre entre los más serios aspirantes a la victoria. Fue éste un motivo más que suficiente para que el preparador Martini, residente junto al circuito de Nürburgring, desarrollara varios coches deportivos de gran potencia basados en el 700.

BMW 507

En 1951, tras haber reanudado con dificultades en 1948 su actividad como constructor de vehículos, BMW logró presentar a la prensa un coche de gran lujo. Fabricado en parte con la técnica de antes de la guerra, el 501 había vuelto a situar a la marca en el candelero de los aficionados al automóvil. También consiguió impresionar el 502, un modelo aún más exclusivo con motor V8 aparecido en numerosas variantes desde 1954. Siguiendo el consejo del importador estadounidense de BMW, la empresa se puso manos a la obra desde 1954 para construir versiones deportivas del 502 concebidas para la clientela mejor acostumbrada del otro lado del océano. Todos estos proyectos se plasmaron en el despacho del diseñador Albrecht Goertz, un antiguo alumno del «gurú del diseño» Raymond Loewy.

Modelo:	*BMW 507*
Cilindrada/Cilindros:	*3168 cm^3/8 cilindros*
CV/kW:	*150/110*
Período de fabricación:	*1955-1959*
Unidades fabricadas:	*254*

BMW 507

Después de haberse decidido a construir el 507, la dirección de BMW estableció que el chasis 355 mm más corto del 502 3.2 Super sería la base del elegante *roadster*. Gracias a una mayor compresión, la potencia del motor del 507 pudo aumentar en 10 CV. Este automóvil de hermosas formas se presentó por primera vez en Nueva York en el verano de 1955, aunque los esperados encargos de Estados Unidos no se cumplieron. En comparación con algunos otros competidores, el 507 ofrecía poca potencia. De esta manera, hasta el fin de su producción, en la primavera de 1959, sólo se vendieron 254 vehículos, disponibles en tres relaciones de cambio diferentes que les permitían alcanzar de 190 a 220 km/h.

Modelo:	*BMW 507*
Cilindrada/Cilindros:	*3168 cm^3/8 cilindros*
CV/kW:	*150/110*
Período de fabricación:	*1955-1959*
Unidades fabricadas:	*254*

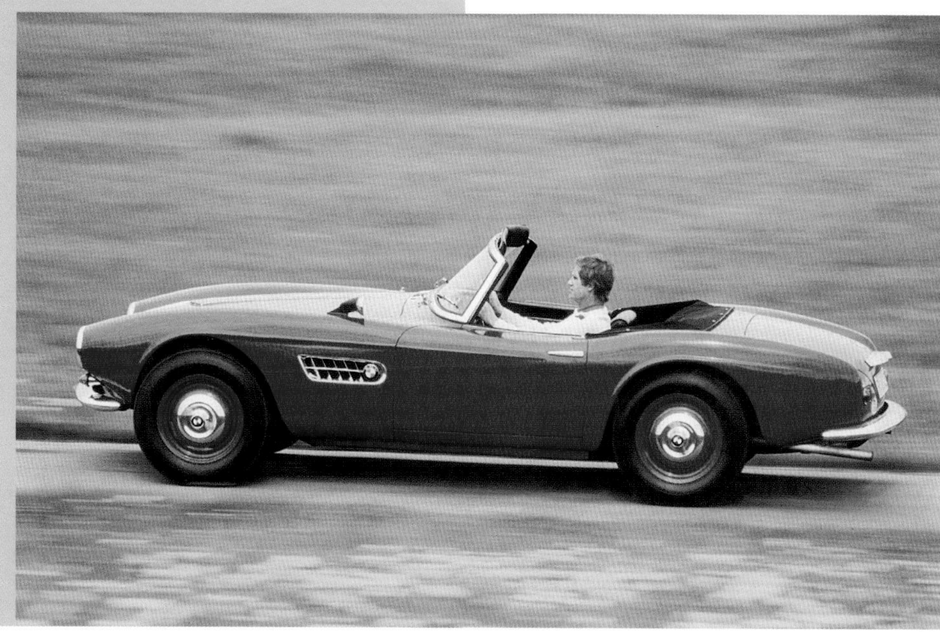

BMW 507 Vignale

De manera parecida a lo ocurrido con el modelo 503, también del BMW 507 se fabricó una segunda serie revisada reconocible por el nuevo emplazamiento de la tapa del depósito, en la parte trasera derecha del vehículo. El depósito, en este caso, tenía una capacidad inferior (65 litros en lugar de 110) y estaba situado debajo del maletero, y no detrás de los asientos. También presentaba cambios el tablero de instrumentos, donde ahora había más espacio para la instalación de una radio. Aparte de la segunda serie, el 507 permaneció fiel a su diseño con dos solas excepciones: la primera, cuando en 1957 Raymond Loewy mandó montar una carrocería de la empresa francesa Pichon-Parat al estilo del estadounidense Studebaker Avanti; la segunda, la versión de la foto, apareció un año más tarde en Italia y era obra del famoso carrocero Vignale.

Modelo:	*BMW 507 Vignale*
Cilindrada/Cilindros:	*3168 cm^3/8 cilindros*
CV/kW:	*150/110*
Año de fabricación:	*1958*
Unidades fabricadas:	*ejemplar único*

BMW 503

Además del desarrollo del deportivo mode lo 507, el diseñador Albrecht Goertz tam bién se ocupó de otro proyecto, pue BMW deseaba ofrecer algo especial todos los clientes que buscaban una alte nativa a este coche deportivo. Con l denominación 503 entró en escena otr atractivo automóvil de lujo del que no sól se fabricó una variante cabriolé sino tam bién una elegante cupé. En este caso, s apostó por montar una gran carrocería d aluminio en el chasis del BMW 502 3. Super de 140 CV. Detalles como el eleva lunas eléctrico ya figuraban en el equipa miento estándar; los cabriolés (al meno aquéllos destinados al mercado estadoun dense) venían incluso de fábrica con l capota eléctrica.

Modelo: *BMW 503*
Cilindrada/Cilindros: *3168 cm³/8 cilindro*
CV/kW: *140/102,6*
Período de fabricación: *1955-1960*
Unidades fabricadas: *412*

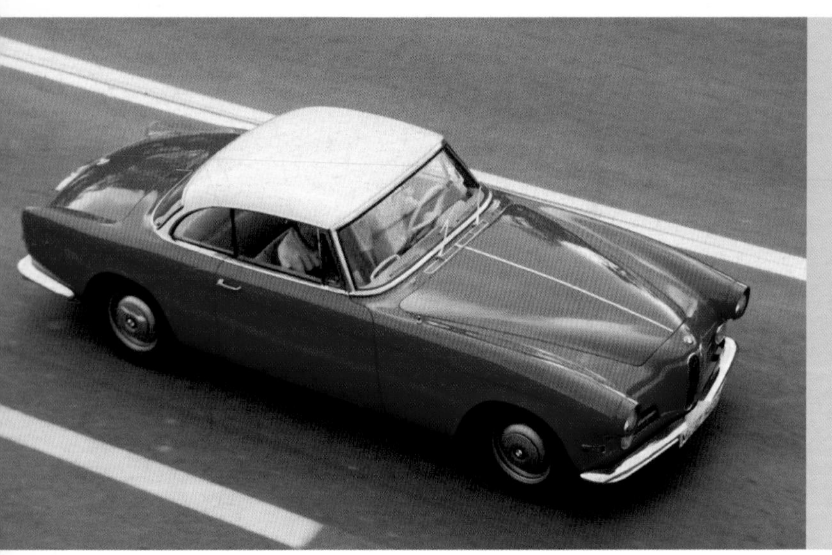

BMW 503

Capaz de alcanzar los 190 km/h, el BMW 503 se presentó en el Salón Internacional del Automóvil de Frankfurt de 1953 pero las esperanzas depositadas de exportar el vehículo no se cumplieron ni mucho menos. Con un precio de 30 000 marcos alemanes, el 503 debía competir con modelos de otras marcas bastante más potentes que él. Cuando dejó de fabricarse en la primavera de 1959, sólo se habían vendido 273 cupés y 139 cabriolés. A pesar de estas cantidades tan reducidas, los BMW 503 aparecieron en dos series. La segunda de ellas, que salió al mercado desde finales de 1957, se diferenciaba de la primera por la presencia de una moldura saliente dispuesta en horizontal y de una caja de cambios acoplada al motor.

Modelo: *BMW 503*
Cilindrada/Cilindros: *3168 cm³/8 cilindros*
CV/kW: *140/102,6*
Período de fabricación: *1955-1960*
Unidades fabricadas: *412*

Borgward Isabella TS

Al menos por lo que se refiere a la forma de la carrocería, puede afirmarse que el modelo de la marca Borgward denominado Isabella y presentado en 1954 respondía a los gustos de la época, de ahí que esta línea inspirada en los coches estadounidenses fuera bien recibida. Como la relación calidad precio también era buena, el vehículo hizo sombra a muchos competidores. Del coche, la prensa especializada elogió la economía, lo mismo que el comportamiento, al tiempo que la sustitución de las ballestas por muelles helicoidales superó incluso las críticas más duras. Cuando en 1957 los competidores DKW, Ford y Opel adelantaron a Borgward en la estadística alemana de matriculaciones y la marca se situó incluso por detrás de Mercedes-Benz, Borgward no logró rehacerse y en 1961 debió abandonar la producción. Así, cuando el Salón del Automóvil de Frankfurt de 1961 abrió sus puertas, Alemania había perdido tres marcas de automóviles (Borgward, Goliath y Lloyd).

Modelo: *Borgward Isabella TS*
Cilindrada/Cilindros: *1493 cm³/4 cilindros*
CV/kW: *60/44*
Período de fabricación: *1954-1961*
Unidades fabricadas: *aprox. 202 000*

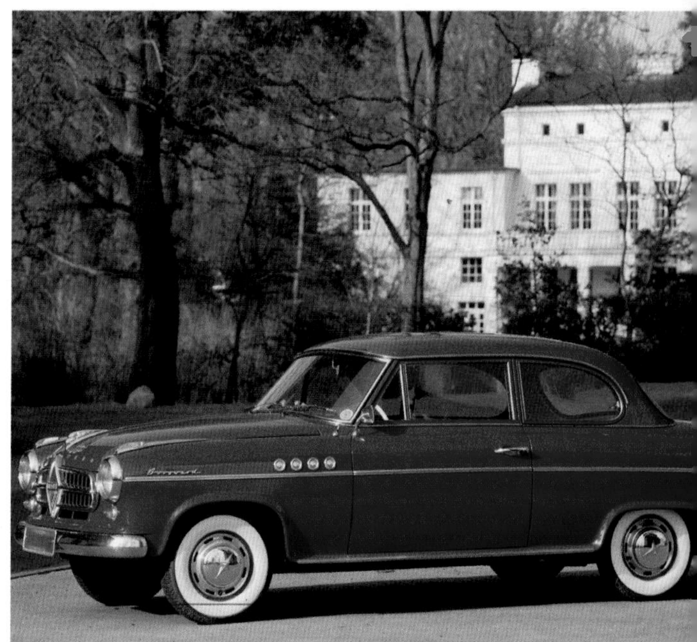

Borgward Isabella Coupé

Con el Isabella Cupé, Borgward estableció medidas del todo nuevas en una clase de automóviles en principio destinados para sólo dos personas: igual que en la limusina, la carrocería era autoportante y únicamente presentaba algunos refuerzos añadidos. La técnica del motor también era muy actual. La avanzada construcción del tetracilíndrico se encontraba unida a toda la suspensión de las ruedas delanteras en un tren delantero que, como todo el eje trasero, se podía desmontar con facilidad con sólo aflojar algunos tornillos. La gran variedad del equipamiento de serie era una ulterior ventaja de este automóvil; un reloj y un termómetro para el radiador figuraban también en el equipo estándar, lo mismo que las ventanillas traseras operativas. Del cupé, por último, convencía especialmente el motor, de 75 CV de potencia.

Modelo:	*Borgward Isabella Coupé*
Cilindrada/Cilindros:	*1493 cm³/4 cilindros*
CV/kW:	*75/54,9*
Período de fab.:	*1957-1961*
Unidades fab.:	---

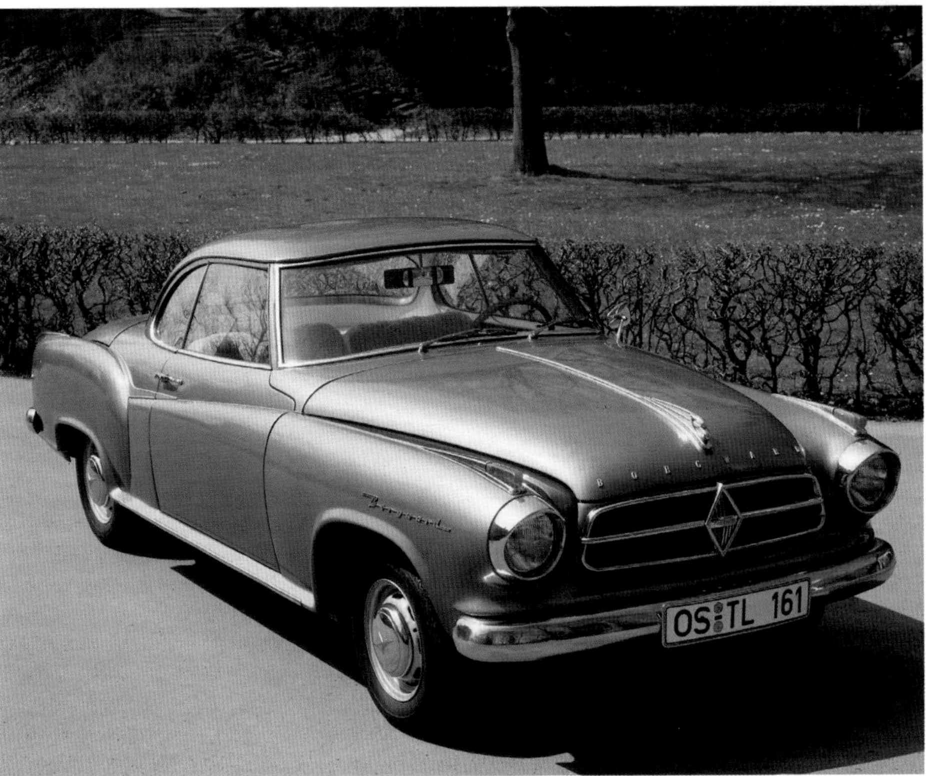

Brütsch Mopetta

En la década de 1950 solía ser muy habitual que en los salones automovilísticos llamaran la atención de los medios prototipos más o menos interesantes de pequeños automóviles o minivehículos. Egon Brütsch, antiguo piloto de competición, se sacó de la manga una docena de genialidades, aunque sus proyectos, como la mayoría de los de los magos como él, se quedaron en un nonada o sólo vieron la luz en series muy limitadas. También sus llamados Mopetta, con un motor unido con bridas al exterior de la carrocería, fue a parar al cubo de la basura. El vehículo se presentó con el eslogan «Mopetta: una construcción de Brütsch para los pequeños bolsillos» en el Salón del automóvil de 1956, aunque la prensa especializada no vio en él más que un objeto de imitación.

Modelo:	*Brütsch Mopetta*
Cilindrada/Cilindros:	*48 cm³/1 cilindro*
CV/kW:	*1/0,7*
Año de fabricación:	*1956*
Unidades fabricadas:	*aprox. 12*

DKW Meisterklasse F 89

En 1931, DKW se convirtió en una de las primeras marcas alemanes de automóviles en apostar por la tracción delantera. En 1932, la empresa se fusionó con Audi, Horch y Wanderer para formar Auto Union AG. Dado que la mayoría de los centros de producción se encontraban en Alemania Oriental, el consorcio se disolvió después de la II Guerra Mundial y las instalaciones industriales fueron nacionalizadas. En Alemania Occidental surgió en 1949 la nueva Auto Union y un año más tarde volvieron a salir de los talleres los primeros automóviles de la marca DKW. La nueva serie se denominaba Meisterklasse (modelo F 89) y se basaba en buena medida en el último modelo de antes de la guerra. El F 89 sólo fue una solución transitoria, pues la empresa trabajó contra reloj para sacar un modelo más moderno que apareció en 1953 con el nombre de Sonderklasse.

Modelo:	*DKW Meisterklasse F 89*
Cilindrada/Cilindros:	*684 cm³/2 cilindros*
CV/kW:	*23/16,8*
Período de fabricación:	*1950-1954*
Unidades fabricadas:	*aprox. 60 000*

DKW Meisterklasse F 89

Tras reanudar la producción en 1950, DKW se había alejado mucho del concepto originario de coche pequeño de la serie «Meisterklasse» que en los años 1930 había atraído a una clientela muy fiel. Los modelos eran cada vez más grandes y espaciosos. Además de berlinas y cabriolés, también se produjo una versión familiar, el Universal. De estilo estadounidense, este automóvil recibió un revestimiento de madera en la parte trasera. La desventaja de los DKW construidos desde 1950 era la escasa potencia de sus motores en relación con sus dimensiones. Además, el precio de estos vehículos de tracción delantera (6000 marcos alemanes) era relativamente alto. Por este precio, los compradores aspiraban a un automóvil más moderno, y no con una construcción de antes de la guerra.

Modelo:	*DKW Meisterklasse F 89*
Cilindrada/Cilindros:	*684 cm³/2 cilindros*
CV/kW:	*23/16,8*
Período de fabricación:	*1950-1954*
Unidades fabricadas:	*aprox. 60 000*

DKW Sonderklasse F 91

La nueva «Sonderklasse» de DKW (modelo F 91) se había concebido para sustituir la obsoleta Meisterklasse. Si bien es cierto que el diseño seguía anclado en la tradición, el motor respondía ya a lo que los clientes venían exigiendo. Se trataba, en efecto, de un motor tricilíndrico de dos tiempos con 34 CV de potencia, considerado satisfactorio por aquel entonces. La velocidad máxima de 120 km/h también era suficiente, y tampoco el precio (unos 6000 marcos alemanes) era nada del otro mundo. Además de una versión con el equipamiento estándar, DKW también sacó al mercado una variante especial con más accesorios. El *non plus ultra* de la serie era una elegante berlina que, a causa de la ausencia de montante central, parecía más bien un hermoso cupé.

Modelo:	*DKW Sonderklasse F 91*
Cilindrada/Cilindros:	*896 cm³/3 cilindros*
CV/kW:	*34/24,9*
Período de fabricación:	*1953-1955*
Unidades fabricadas:	*aprox. 57 500*

DKW 3=6

Con la denominación 3=6 wollte, DKW quería dar a entender que se había logrado desarrollar un motor de tres cilindros tan silencioso como uno de seis. Como es de suponer, el funcionamiento del equipo no era tan fino: el motor todavía era de dos tiempos, y cada vez que se ponía gasolina había que añadir aceite para la lubrificación del motor. Esta acción manual dejó de ser necesaria cuando se instaló un dispositivo de lubrificación de aceite agregado a la gasolina que dosificaba automáticamente la relación gasolina/aceite mediante un depósito de reserva de aceite. El DKW 3=6 (denominado por la empresa F 93/94) presentaba una estética de tipo americano según los gustos de la época; pero mucho antes de que se fabricaran las últimas unidades, ya se estaba trabajando en un sucesor de diseño moderno.

Modelo:	*DKW 3=6*
Cilindrada/Cilindros:	*896 cm³/3 cilindros*
CV/kW:	*40/29,3*
Período de fabricación:	*1955-1959*
Unidades fabricadas:	*157 331*

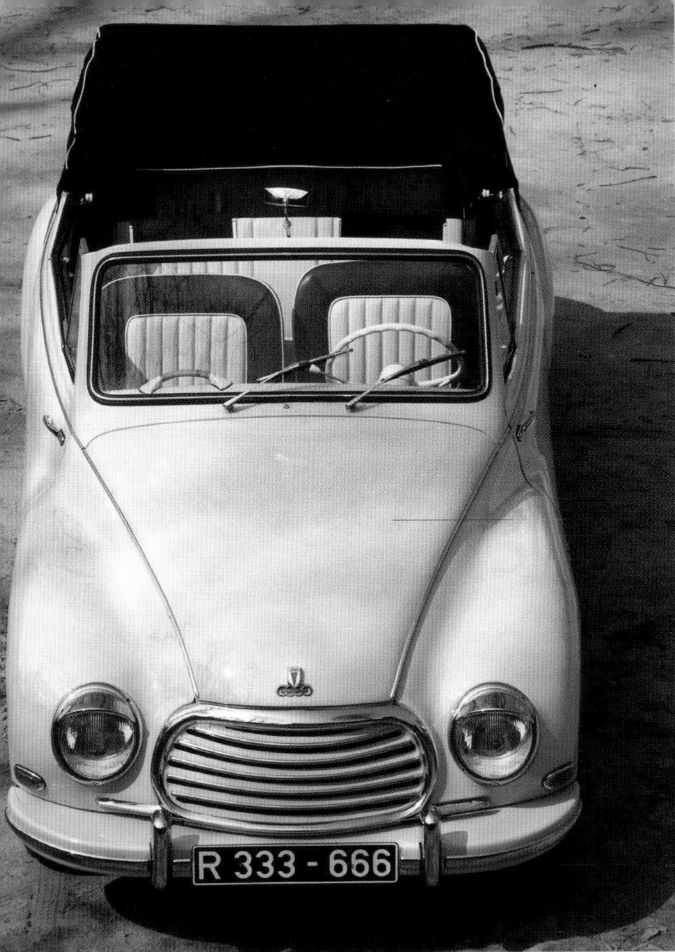

DKW 3=6 Cabrio

En otoño de 1955, en el curso de una continua actualización de modelos, DKW lanzó al mercado el «Gran DKW 3=6». La denominación no se había elegido de forma arbitraria: el automóvil ganaba 100 mm de anchura, el ancho de vía también aumentaba, lo mismo que la longitud total del vehículo. Además, el parabrisas del 3=6 dejaba de ser ligeramente anguloso para adoptar un aspecto uniformemente abovedado. Desde el punto de vista técnico, el perfil hueco rectangular del bastidor recibió un travesaño cruzado, al tiempo que se perfeccionó la suspensión. Los talleres Karmann de Osnabrück fabricaron 667 versiones de cabriolé, que se vendieron al precio de unos 8000 marcos alemanes, cuando la variante más simple del 3=6 costaba sólo 5400.

Modelo:	*DKW 3=6 Cabrio*
Cilindrada/Cilindros:	*896 cm³/3 cilindros*
CV/kW:	*40/29,3*
Período de fabricación:	*1955-1959*
Unidades fabricadas:	*667*

DKW Junior

En el Salón Internacional del Automóvil de Frankfurt de 1957, DKW presentó el DKW Junior, un nuevo modelo destinado a fabricarse en unas instalaciones construidas a propósito. DKW, sin embargo, aún se resistía a fabricar vehículos con carrocería autoportante, seguía apostando por el chasis estable y prefería dedicar más tiempo a desarrollar motores. El motor considerado estándar para toda la serie era uno tricilíndrico de dos tiempos con cilindradas de entre 741 y 889 cm³. Cuando en 1959 inició la producción en serie, los primeros modelos en salir al mercado fueron los F 11, mientras que los F 12, de mayor cilindrada, debutaron en 1963. Como gran novedad técnica, todos los vehículos construidos desde 1961 poseían un dispositivo automático, gracias al cual no era necesario mezclar aceite con la gasolina cada vez que se repostaba.

Modelo:	*DKW Junior*
Cilindrada/Cilindros:	*741 cm³/3 cilindros*
CV/kW:	*34/24,9*
Período de fabricación:	*1959-1963*
Unidades fabricadas:	*237 587*

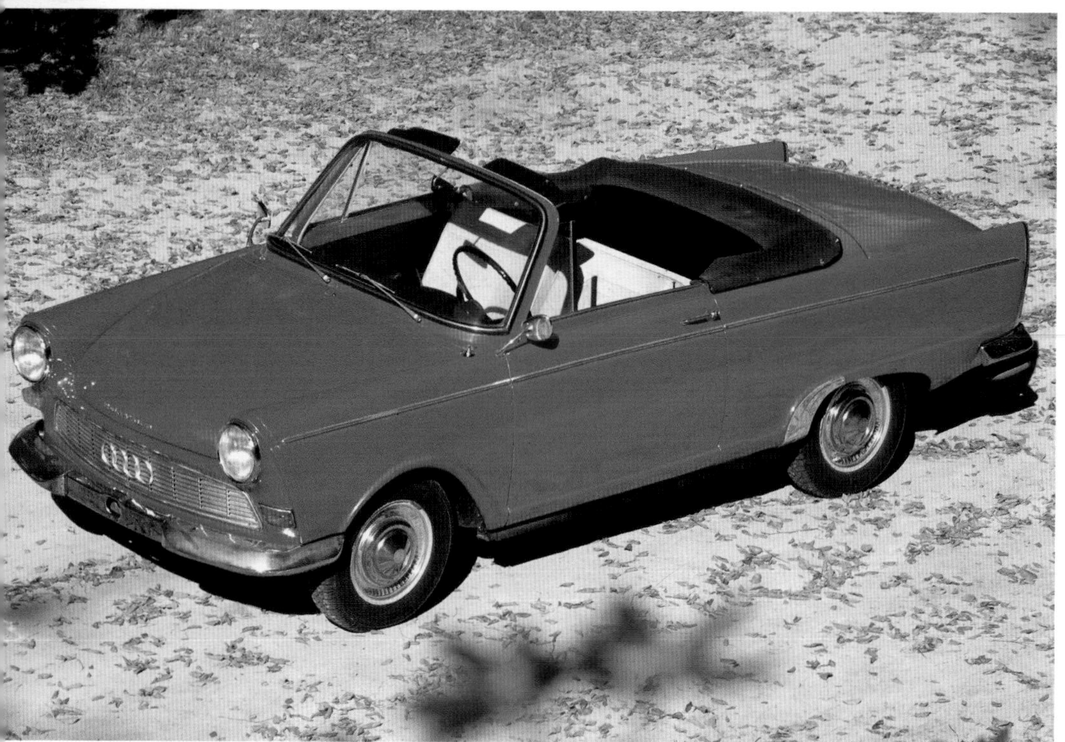

DKW F 12 Roadster

El DKW F 12 abierto, a la que la marc denominó Roadster, fue elaborado por empresa carrocera Baur de Stuttgart y sali al mercado en 1964 al precio inicial de 720 marcos alemanes, un placer caro si se tien en cuenta que este modelo seguía propu sado por un motor de dos tiempos. Lo vendedores notaron una creciente aversió contra este concepto, y los propietarios d un F 12 que intentaron revender su vehícu lo vieron como éste parecía no interesar nadie. En consecuencia, DKW dejó de fabr car todos los modelos F 12 en 1965 Durante ese período todavía se sacó al me cado el modelo F 102, con un aspecto dif rente y carrocería autoportante, aunqu tampoco atrajo a demasiados clientes po culpa su motor de dos tiempos.

Modelo:	*DKW F 12 Roadste*
Cilindrada/Cilindros:	*889 cm³/3 cilindros*
CV/kW:	*45/33*
Período de fabricación:	*1964-1965*
Unidades fabricadas:	*6640*

Ford Taunus

En 1948, Ford presentó el modelo Taunus, un vehículo basado todavía en la técnica empleada antes de la guerra y que contaba con ejes rígidos tanto delante como detrás, así como con una carrocería semiautoportante. La potencia del motor de cuatro cilindros y de válvulas laterales se transmitía al eje trasero mediante una caja de tres velocidades. Los 34 CV del Taunus daban para una velocidad máxima de 105 km/h. En 1950 apareció un nuevo Taunus con numerosas mejoras, de entre las que destacaba el selector del cambio en el volante. La nueva disposición del radiador le daba, al llamado «Taunus jorobado», un aire renovado. Además de la berlina, Ford también incluyó en su catálogo un par de cabriolés, carrocerías que se elaboraron en las empresas especializadas Deutsch y Karmann.

Modelo:	*Ford Taunus*
Cilindrada/Cilindros:	*1172 cm³/4 cilindros*
CV/kW:	*34/24,9*
Período de fabricación:	*1948-1952*
Unidades fabricadas:	*aprox. 76 590*

Modelo:	*Ford Taunus 12 M*
Cilindrada/Cilindros:	*1172 cm³/4 cilindros*
CV/kW:	*38/27,8*
Período de fabricación:	*1952-1958*
Unidades fabricadas:	*aprox. 430 000*

Ford Taunus 12 M

En 1952, la factoría de Ford en Alemania aportó un poco de aire fresco a su obsoleta gama de modelos con la presentación del nuevo Taunus 12 M. El 12 de la denominación aludía en este caso a la cilindrada, de 1,2 litros. La letra M, en cambio, significaba algo tan simple como Meisterstück (obra maestra). En un folleto detallado se podían leer todas las ventajas de esta obra maestra. Lo que más llamaba la atención de dicho prospecto es que se enumeraban nada más y nada menos que 79 ventajas. También incluía excelentes ilustraciones técnicas, pues se deseaba dejar bien claro a todos los potenciales compradores que este Taunus ya no tenía nada en común con sus antecesores.

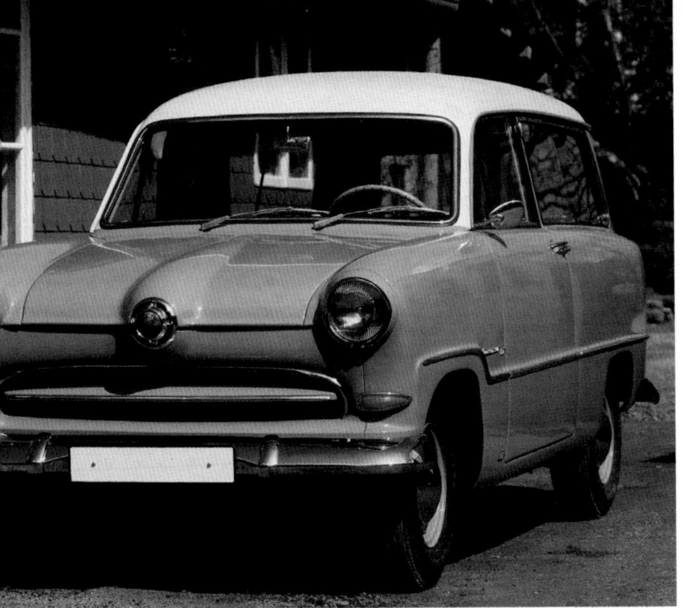

Ford Taunus 12 M

Las grandes superficies acristaladas y la parte frontal con una prominente «nariz» redonda coronada simbólicamente por una bola del mundo y muy a tono con la moda de la época no tardaron en reportar al nuevo Taunus un apodo especial, pues de la boca del pueblo solía salir con mucha frecuencia la expresión «el Taunus de la bola del mundo». Algunos periodistas especializados percibieron en el 12 M uno de los coches de gama media más modernos de Alemania. No sólo ofrecía un espacio más que suficiente, sino también una aceptable velocidad máxima de 105 km/h. Igualmente fabricado en una versión familiar en los talleres Karmann de Osnabrück, el 12 M resultaba muy interesante por su bajo coste de mantenimiento.

Modelo:	*Ford Taunus 12 M*
Cilindrada/Cilindros:	*1172 cm^3/4 cilindros*
CV/kW:	*38/27,8*
Período de fabricación:	*1952-1958*
Unidades fabricadas:	*aprox. 430 000*

Ford Taunus 15 M

La demanda de automóviles de mayor potencia indujo a Ford a sacar al mercado en 1955 el modelo 15 M, una versión más ambiciosa del Taunus 12 M. El 15 M tenía un nuevo motor tetracilíndrico de carrera corta con un cigueñal hueco. Entre las novedades no perceptibles para los no entendidos en la materia también figuraban mejoras en el chasis. Aunque Ford fabricó el 15 M con diferentes equipamientos a fin de competir con Opel, las expectativas de ventas no terminaron de cumplirse: pasaron mucho tiempo en los escaparates, incluso las versiones de lujo, con elegantes acabados bicolor y abundante decoración cromada.

Modelo:	*Ford Taunus 15 M*
Cilindrada/Cilindros:	*1498 cm^3/4 cilindros*
CV/kW:	*55/40,3*
Período de fabricación:	*1955-1958*
Unidades fabricadas:	*aprox. 134 100*

Ford Taunus 12 M

Sólo por el aspecto de la carrocería, incluso los menos versados en automóviles se dieron cuenta de que el nuevo Taunus de 1952 tenía muy poco que ver con su homónimo antecesor. Con la aparición de modelos de carrocería autoportante, el progreso parecía haber entrado por fin en las factorías alemanas de Ford. Esto significaba que los tiempos de las carrocerías artesanales estaban llegando a su fin, pues su montaje sólo resultaba interesante en construcciones con chasis separado. Aunque en el primer año de fabricación salieron más de 30 000 nuevos 12 M, no por ello dejaron los grandes carroceros de apartar las manos de los automóviles. A pesar de la carrocería cerrada, Deutsch modificó el nuevo Taunus y lo presentó en reducidas cantidades como cabriolé abierto.

Modelo:	*Ford Taunus 12 M*
Cilindrada/Cilindros:	*1172 cm^3/4 cilindros*
CV/kW:	*38/27,8*
Período de fabricación:	*1952-1958*
Unidades fabricadas:	*aprox. 430 000*

Ford Taunus 17 M

En 1957, Ford sacó a la venta el Taunus 17 M, un automóvil de esti lo muy americano. Gracias a su cintura, acentuada por una moldu ra saliente, este coche de 4380 mm de largo parecía más largo de lo que en realidad era. Como puede deducirse de la denominación del modelo, bajo el capó del 17 M actuaba un motor tetracilíndrico de 1,7 litros de cilindrada, que permitía alcanzar una velocidad de 125 km/h. La transmisión de la potencia al eje trasero, más ancho que el de anteriores modelos, podía efectuarse mediante una caja de tres o cuatro velocidades. Opcional era un embrague automáti co denominado Saxomat. Ford fabricó varias versiones de 17 M con equipamiento más o menos completo, como vehículo de dos o cuatro puertas y también como familiar.

Modelo:	*Ford Taunus 17 M*
Cilindrada/Cilindros:	*1698 cm³/4 cilindros*
CV/kW:	*60/44*
Período de fabricación:	*1957-1960*
Unidades fabricadas:	*aprox. 240 000*

Fuldamobil N 2

En vista de las habituales versiones redondeadas de Fuldamobil, el modelo N 2, con su carrocería ligeramente angulosa de chapa de aluminio, parecía ser obra de otro fabricante. La carrocería descansaba sobre una base de madera. A pesar de los numerosos intentos por exportarlo, el Fuldamobil no consiguió traspasar en un primer momento las fronteras alemanas. Por lo demás, el nombre elegido para denominar este enano revelaba el lugar donde se había construido, es decir, la ciudad alemana de Fulda. El Fuldamobil no adquirió un carácter internacional hasta que el hombre de negocios británico York Nobel se interesó por este triciclo. Nobel hizo construir el coche con su nombre hasta 1961 en una empresa aeronáutica de Bristol y lo llegó a poner en venta.

Modelo:	*Fuldamobil N 2*
Cilindrada/Cilindros:	*191 cm³/1 cilindro*
CV/kW:	*10/7,3*
Período de fabricación:	*1955-1961*
Unidades fabricadas:	*aprox. 3000 (todos los modelos)*

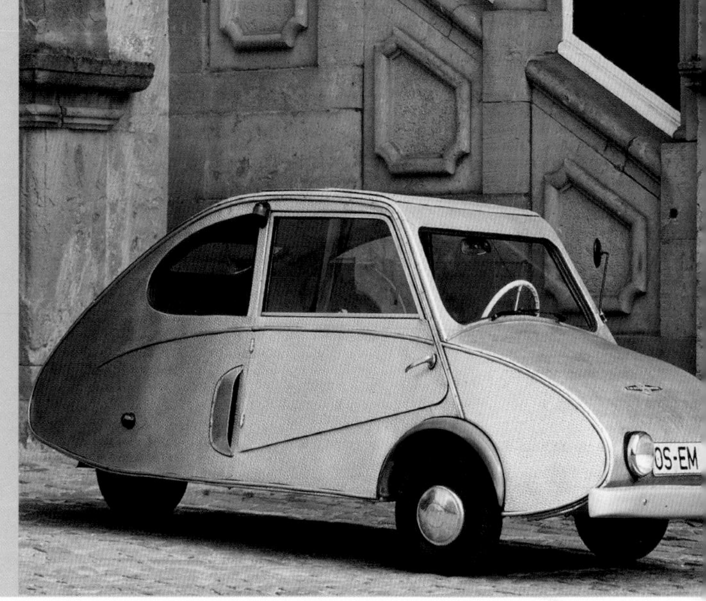

Glas Goggomobil T 250

De la infinidad de pequeños automóviles que circularon por las carreteras alemanas durante el período del milagro económico, sólo unos pocos lograron consolidarse. En un principio, el exitoso Goggomobil debía conformarse con unas puertas delanteras (como el BMW-Isetta) y un techo arrollable; pero su constructor Hans Glas pensó que su obra debía ofrecer a los ávidos compradores algo más que una solución de emergencia sobre ruedas. Por consiguiente, Glas cambió de idea y en 1955 sacó el Goggomobil como un vehículo de pequeñas dimensiones pero que ya tenía el aspecto de un auténtico automóvil. A pesar de su minúsculo tamaño, el Goggomobil se reveló como un coche completamente apto para ser utilizado en el día a día.

Modelo:	*Glas Goggomobil T 250*
Cilindrada/Cilindros:	*247 cm³/2 cilindros*
CV/kW:	*13,6/10*
Período de fabricación:	*1955-1969*
Unidades fabricadas:	*210 531*

Glas Goggomobil T 300

Vendido a 3000 marcos alemanes, el Goggomobil emprendió contra todo pronóstico una marcha triunfal que reportó a la empresa cuantiosos beneficios. Un año desde de su aparición, Hans Glas ya construía 170 unidades al día, de las que se exportaban una quinta parte (de hecho, logró exportarse a 36 países). El Goggomobil conservó el liderazgo en esta categoría de vehículos hasta finales de la década de 1960. Un éxito especial tuvo la versión de 250 cm³, que se fabricó durante catorce años sin apenas experimentar modificaciones y que fue objeto de gran interés por parte de los compradores que poseían el permiso de conducción de la antigua clase IV alemana. Las modificaciones más importantes del Goggomobil en el curso de la actualización del modelo fueron la introducción de ventanillas de accionamiento vertical (1957) y de puertas con bisagras delanteras (1964).

Modelo: *Glas Goggomobil T 300*
Cilindrada/Cilindros: *296 cm³/2 cilindros*
CV/kW: *15/11*
Período de fabricación: *1955-1969*
Unidades fabricadas: *210 531*

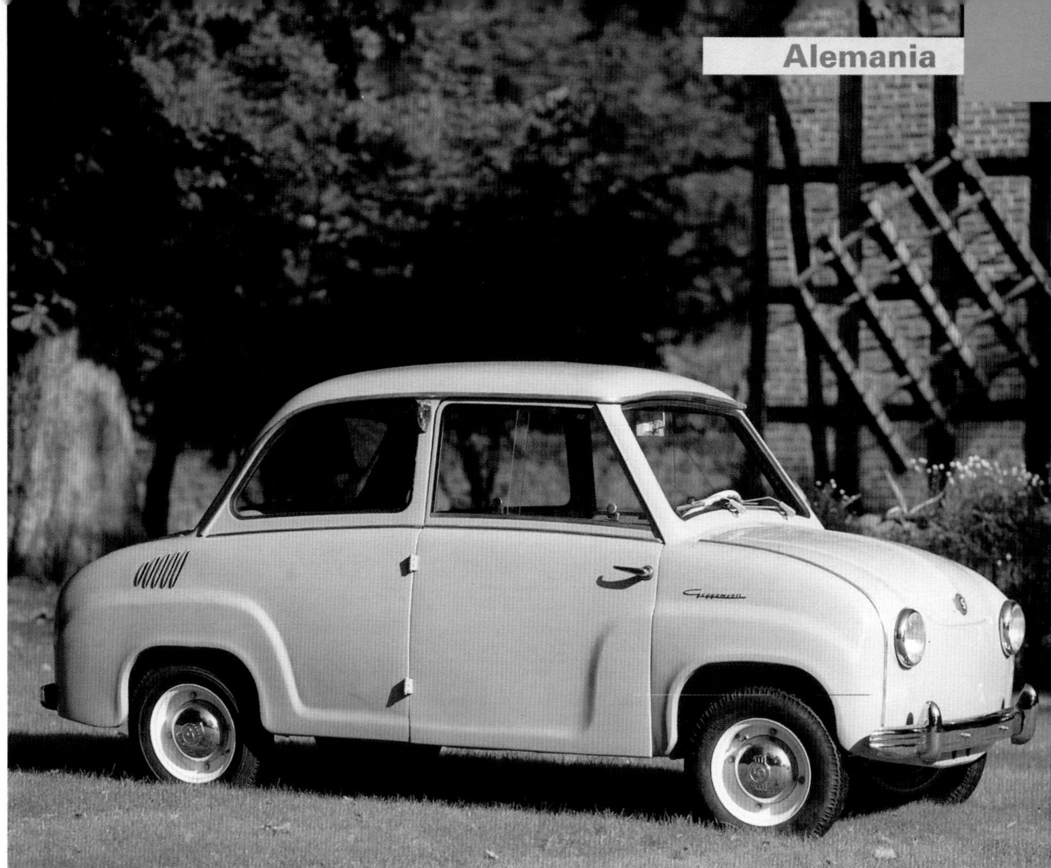

Glas Goggomobil TS 400 Coupé

Con el Goggomobil Coupé, que recibió la denominación TS, Hans Glas completó su gama de turismos Goggo, formada por tres modelos. En su opinión, había llegado la hora de fabricar un pequeño automóvil de estilo deportivo y con una línea elegante. Tal como se esperaba, este cochecito no tardó en convertirse en el sueño de muchas mujeres o en un segundo vehículo para propietarios de viviendas unifamiliares. Durante su período de construcción, el modelo no experimentó notables variaciones si no es por la introducción de bisagras delanteras. Desde el punto de vista estadístico, el cupé conformó un tercio de todos los Goggomobil fabricados, una cifra considerable, ya que con 280 730 unidades el Goggomobil entró en la historia automovilística como el coche pequeño más difundido de entre los aparecidos hasta ese momento.

Modelo: *Glas Goggomobil TS 400 Coupé*
Cilindrada/Cilindros: *395 cm³/2 cilindros*
CV/kW: *20/14,7*
Período de fabricación: *1957-1969*
Unidades fabricadas: *66 511*

Glas Isar T 600

De acuerdo con la tendencia de construir automóviles cada vez más grandes, Glas añadió en 1958 a su catálogo de coches pequeños el T 600, un vehículo más potente que los Goggomobil. La idea de lanzar al mercado este vehículo de dos puertas y 3400 mm de largo como modelo de tracción delantera se desechó y, en su lugar, se optó por la clásica combinación de tracción trasera y motor situado en la parte delantera. Con su parabrisas panorámico, sus neumáticos con banda blanca, algo de cromo y una pintura bicolor, el T 600, que también empezó a venderse con el nombre de Goggomobil, respondía a los gustos de la época. A diferencia de su antecesor, el legendario Goggomobil, el T 600 descansaba sobre un chasis semiautoportante con una base reforzada por travesaños. En 1959 se eligió la denominación Isar para el T 600 y el T 700 (688 cm³, 30 CV, 135 km/h) y se añadió a las berlinas, de escaso éxito de ventas, una versión familiar.

Modelo: *Glas Isar T 600*
Cilindrada/Cilindros: *584 cm³/2 cilindros*
CV/kW: *19/13,9*
Período de fabricación: *1957-1965*
Unidades fabricadas: *87 585*

Gutbrod Superior

La escena que figuraba en los folletos de Gutbrod, en la que aparecían las calles de una gran ciudad donde sólo había automóviles de su marca, sólo se dio en el mundo de los sueños. Aunque estos vehículos presentaban un diseño de notable belleza y unas buenas propiedades de marcha, en el duro día a día eran muy propensos a las averías. Por otro lado, modelos de técnica más avanzada producidos por otros fabricantes se vendían a un precio inferior. Bajo la marca Moto-Standard salió al mercado en 1949 el primer coche de Gutbrod, un modelo de pequeñas dimensiones que no mereció tanta atención como el Superior. Sin embargo, en vista de las cantidades vendidas (7726 unidades de julio de 1950 a abril de 1954), el Superior puede considerarse uno de los perdedores de entre los vehículos de los tiempos del milagro económico alemán.

Modelo:	*Gutbrod Superior*
Cilindrada/Cilindros:	*593 cm³/2 cilindros*
CV/kW:	*22/16,1*
Período de fabricación:	*1950-1954*
Unidades fabricadas:	*7726*

Gutbrod Superior

Muchos fabricantes descuidaban por cor pleto la producción de carrocerías especiale y la cedían con mucho gusto a reputadc especialistas, algunos de ellos extranjero Así, de los talleres Westfalia de la localida alemana de Rheda-Wiedenbrück salierc unas cuantas carrocerías familiares destin das al Gutbrod Superior. Esta pequeña fu goneta de reparto fue equipada con u motor de dos tiempos de 700 cm³ del que s hicieron dos variantes, una con carburad (26 CV) y otra de inyección (30 CV) con ur bomba de inyección Bosch. Con este últir se podía alcanzar una velocidad máxima c 115 km/h, pero el plus de 5 km/h deb pagarse a un precio bastante elevado. Así, variante con carburador costaba 6000 ma cos alemanes, mientras que por la de inye ción había que abonar 500 marcos más.

Modelo:	*Gutbrod Superior*
Cilindrada/Cilindros:	*658 cm³/2 cilindros*
CV/kW:	*30/22*
Período de fabricación:	*1952-1954*
Unidades fabricadas:	*7726*

Hanomag Partner

Hanomag aprovechó el Salón del Automóvil de Frankfurt de 1951 para presentar un modelo del todo nuevo denominado Partner con el que se esperaba poder reanudar con éxito la construcción de automóviles. No obstante, este cupé relativamente ancho y redondeado cuyo asiento delantero ofrecía espacio para tres personas, no resultó del agrado del público. Equipado con un motor de tres cilindros, habría podido ingresar en el grupo de los vehículos de pequeñas dimensiones, pero el automóvil reclamaba más potencia. Se cree que, una vez concluido el salón de Frankfurt, Hanomag redujo a chatarra los 20 vehículos ya fabricados, con lo que puso punto final a su experiencia en el negocio.

Modelo:	*Hanomag Partner*
Cilindrada/Cilindros:	*697 cm³/3 cilindros*
CV/kW:	*28/20,5*
Año de fabricación:	*1951*
Unidades fabricadas:	*20*

Hansa 1100

La marca Goliath, que pertenecía al consorcio Borgward, presentó en 1959 un tipo de vehículo algo mayor que pasó a venderse con el nombre de la marca independiente Hansa. El agradable aspecto del Hansa no sólo no era muy diferente del del Goliath, sino que incluía además una serie de mejoras técnicas, como el novedoso volante de seguridad. Al mismo tiempo, su embrague automático Saxomat (opcional) contribuía a aumentar el confort durante la conducción. Como detalle muy poco habitual por aquel entonces, el Hansa disponía de un asiento trasero dividido en dos partes que podía abatirse en caso de necesidad para aumentar de forma considerable el volumen del maletero.

Modelo:	*Hansa 1100*
Cilindrada/Cilindros:	*1084 cm³/4 cilindros*
CV/kW:	*55/40,3*
Período de fabricación:	*1959-1961*
Unidades fabricadas:	*aprox. 28 700*

Heinkel Kabine 150

Producto de la industria aeronáutica Heinkel con sede en Spira, el Heinkel Kabine apostaba por una construcción ligera y alcanzaba, gracias a su reducido peso (245 kg) y a su línea aerodinámica, una velocidad de 82 km/h. Para llegar a este valor bastaba con el motor monocilíndrico aplicado ya en el *scooter* de Heinkel. Su única modificación consistía en la marcha atrás. A efectos de comparación, el más pequeño BMW Isetta pesaba 345 kg y tenía un motor de 250 cm³. Los Heinkel Kabine de la primera serie todavía contaban con un accionamiento lineal del cambio, mientras que los posteriores modelos ya equipaban una caja de cambios de 4 velocidades con selector de horquilla. En 1958, después de concluir su producción en Alemania, los derechos de fabricación del Kabine fueron cedidos a la compañía Irlandesa International Sales Ltd. y más tarde adquiridos por la británica Trojan.

Modelo:	*Heinkel Kabine 150*
Cilindrada/Cilindros:	*174 cm³/1 cilindro*
CV/kW:	*9/6,6*
Período de fabricación:	*1955-1958*
Unidades fabricadas:	*aprox. 12 000*

Ifa F 8

Aunque en su catálogo tenía un interesante automóvil (el Ifa F 9, la versión germanooriental del DKW F 9), la Industrie-Vereinigung Volkseigener Fahrzeugwerke decidió centrarse en la fabricación del F 8, modelo desarrollado antes de la guerra. Como vástago de este simple automóvil (carrocería de madera revestida con cuero artificial) surgió posteriormente una versión cabriolé. Esta variante de lujo con carrocería de chapa de acero también estaba concebida para exportarse a Europa occidental y para aportar divisas a la RDA. Los intentos en este sentido fallaron, y el F 8, salvo raras excepciones, no logró superar el Telón de Acero. En contraste con el F 9, bajo el capó del F 8 no trabajaba ningún motor tricilíndrico de dos tiempos, sino uno menos potente de dos cilindros.

Modelo:	*Ifa F 8*
Cilindrada/Cilindros:	*684 cm^3/2 cilindros*
CV/kW:	*20/14,7*
Período de fabricación:	*1948-1955*
Unidades fabricadas:	---

Ifa F 9 Cabrio

Auto Union, un consorcio fundado en el año 1932 y formado por las marcas Audi, DKW, Horch y Wanderer, se disolvió tras la II Guerra Mundial, y todas las instalaciones productivas ubicadas en la parte oriental de Alemania fueron nacionalizadas. Bajo la dirección de la Industrie-Vereinigung Volkseigener Fahrzeugwerke (Ifa) se llevó a cabo un primer proyecto cuyos orígenes se remontaban a un desarrollo de DKW de 1939. Este automóvil, que se presentó en la Feria de Leipzig de 1950, pasó a fabricarse en serie con la denominación Ifa F 9, ya que el nombre DWK se había acabado cediendo a Auto Union, el nuevo consorcio automovilístico fundado en Alemania Occidental.

Modelo:	*Ifa F 9 Cabrio*
Cilindrada/Cilindros:	*910 cm^3/3 cilindros*
CV/kW:	*28/20,5*
Período de fabricación:	*1950-1956*
Unidades fabricadas:	---

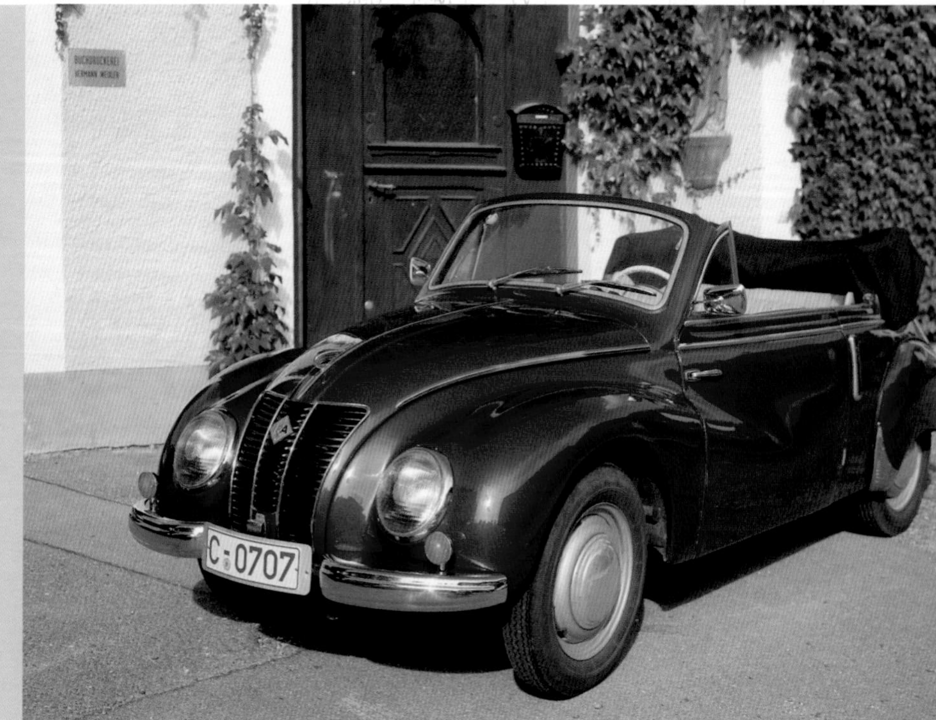

Kleinschnittger F 125

n 1949, Paul Kleinschnittger fundó en Arnsberg la Kleinschnittger-Verke GmbH, en la que formó una plantilla de 75 trabajadores para onstruir el biplaza F 125. Este automóvil presentaba unos costes e adquisición y mantenimiento muy similares a los de una motocleta. Apasionado motorista, Kleinschnittger era consciente de la rincipal desventaja de un vehículo de dos ruedas: la desprotección ante las adversas condiciones meteorológicas. Dado que su oche sólo pesaba 130 kg, se podía renunciar a la marcha atrás; de sta forma, quienes deseaban girar el F 125, sólo debían apearse e él y empujarlo hasta enderezarlo. El acceso a este coche sin uertas resultaba muy fácil gracias a los hábilmente configurados terales, aunque todo ello sólo era posible con la capota recogida.

lodelo:	*Kleinschnittger F 125*
ilindrada/Cilindros:	*123 cm³/1 cilindro*
V/kW:	*4,5/3,5*
eríodo de fabricación:	*1950-1957*
nidades fabricadas:	*aprox. 2000*

Lloyd LP 300

A la hora de elegir un motor para el espartanamente equipado LP 300, Borgward se decantó por un bicilíndrico de dos tiempos con refrigeración por aire y que transmitía su potencia a las ruedas delanteras. El pequeño motor, que con una compresión de 6,25:1 aportaba una modesta potencia de 10 CV, permitía alcanzar una velocidad máxima de 75 km/h. Además de la versión berlina, del LP 300 también se fabricó una familiar, por la que mostraron un especial interés los industriales. Los aproximadamente 3400 marcos alemanes que costaba el modelo no lo convertían precisamente en ninguna ganga, si bien, a diferencia de los microcoches, estos vehículos podían hacer casi todas las funciones de un coche normal.

Modelo:	*Lloyd LP 300*
Cilindrada/Cilindros:	*293 cm³/2 cilindros*
CV/kW:	*10/7,3*
Período de fabricación:	*1950-1951*
Unidades fabricadas:	*18 087*

Lloyd LP 300

utomóviles de la marca Lloyd ya había habido desde 1906 hasta 914. Posteriormente, la empresa se había fusionado con Hansa y n 1929 había pasado a manos de Carl F.W. Borgward, quien reactivó la marca en 1950 como filial del grupo Borgward. Con el Lloyd P 300, esta empresa automovilística con sede en Bremen propuo para la década de 1950 una solución tan interesante como económica. Para este coche de concepción simple con carrocería de nadera contrachapada revestida de cuero artificial se eligió como structura de chasis un bastidor de tubo central con plataforma. rases del estilo «Quien no teme a la muerte conduce un Lloyd» o lograron perjudicar en absoluto la imagen del Lloyd LP 300, que e convirtió en un gran éxito de ventas.

lodelo:	*Lloyd LP 300*
ilindrada/Cilindros:	*293 cm³/2 cilindros*
V/kW:	*10/7,3*
eríodo de fabricación:	*1950-1952*
nidades fabricadas:	*18 087*

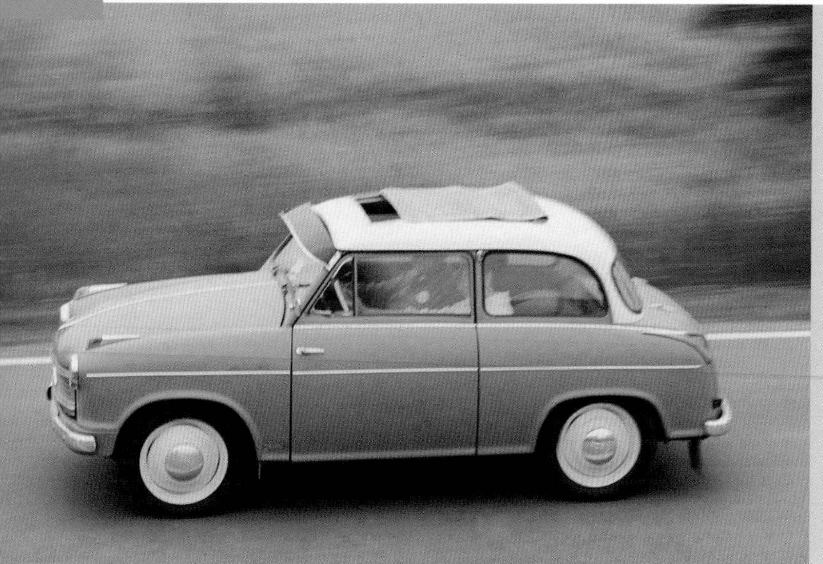

Lloyd LP 400

En el curso de la actualización de los modelos, Lloyd modificó el 300 y lo convirtió en el nuevo LP 400. Mientras que los primeros 4 todavía se elaboraban con la tradicional carrocería de madera cor chapada revestida de cuero artificial, los salidos desde la primav de 1953 ya vinieron con laterales de chapa de acero. Gracias al 400, cuya longitud total había aumentado a 3350 mm, el consor Borgward consiguió consolidar un automóvil con el que la ma Lloyd se aupó al tercer puesto de las estadísticas alemanas de ma culación, sólo por detrás de Volkswagen y Opel. Mientras tanto, empresa de Bremen exportaba su modelo a más de 70 países, c lo que el fin de esta exitosa andadura no parecía vislumbrarse.

Modelo:	*Lloyd LP 400*
Cilindrada/Cilindros:	*383 cm^3/2 cilindros*
CV/kW:	*13/9,5*
Período de fabricación:	*1953-1957*
Unidades fabricadas:	*aprox. 110 000*

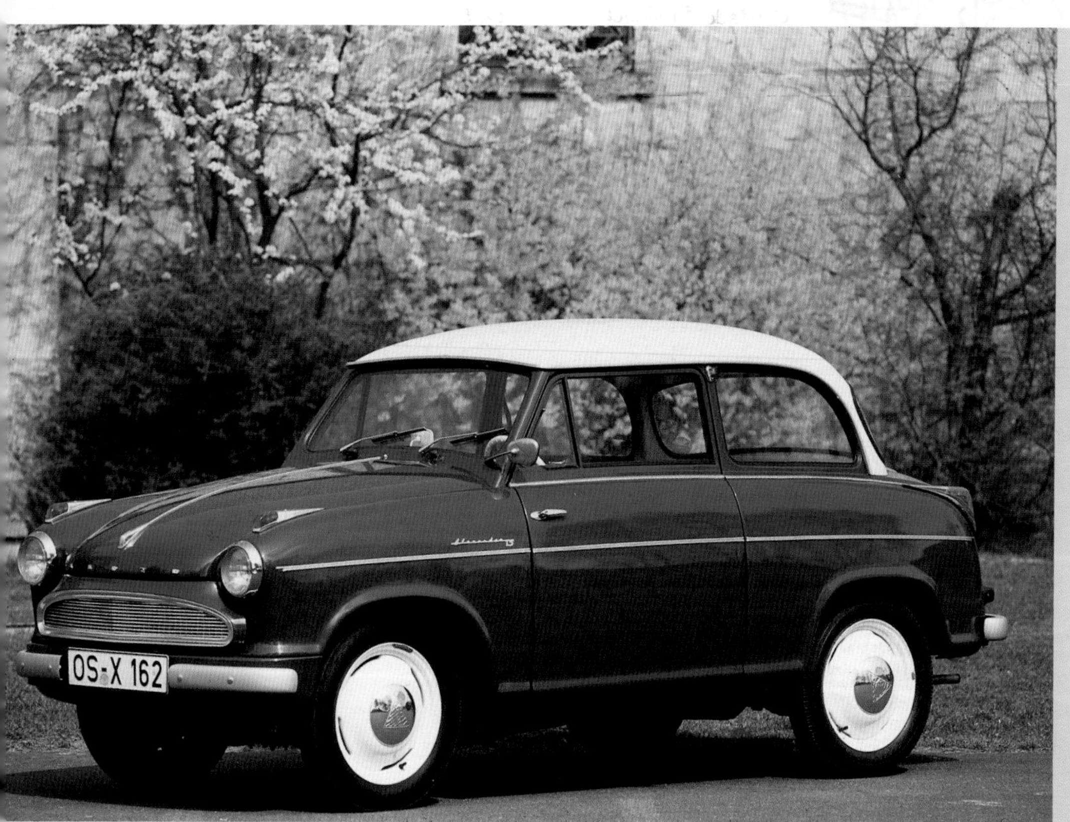

Lloyd Alexander TS

La coronación a los constantes perfeccior mientos y mejoras en los automóviles c Lloyd tuvo lugar en 1958 con la presen ción del Alexander TS. En teoría, este mod lo pertenecía a la categoría de los coch pequeños; pero teniendo en cuenta el eq pamiento estándar, el TS podía considerar de gama media. En comparación con Volkswagen Escarabajo (3800 marcos a manes), la vara que medía el precio de todo los automóviles en la década de 1950, Lloyd fue propulsado durante mucho tiemp por un motor de sólo dos cilindros. Gracias su carrocería por lo general atornillada completamente desmontable, el coche p sentaba unos costes de mantenimien muy reducidos. Con un total de 176 52 unidades, los modelos LP 600, Alexander Alexander TS figuraron entre los automó les más populares del consorcio de Breme

Modelo:	*Lloyd Alexander TS*
Cilindrada/Cilindros:	*596 cm^3/2 cilindros*
CV/kW:	*25/18,3*
Período de fabricación:	*1958-1961*
Unidades fabricadas:	---

Lloyd Arabella

Con la idea de competir con el Volkswagen Escarabajo, Lloyd sacó al mercado en 1959 con la denominación Lloyd Arabella un automóvil de concepción absolutamente nueva equipado con un motor *boxer* de cuatro cilindros refrigerado por agua. Con una luna trasera panorámica y un pequeño alerón trasero, el coche presentaba un aspecto muy de moda en aquellos años. Aun así, en opinión de la revista especializada «Auto, Motor und Sport», el Arabella no dejaba de ser un modelo de gama media muy del estilo del DKW-Junior. El Arabella, que terminó en los escaparates con el nombre de Borgward Arabella, se fabricó hasta el derrumbamiento del consorcio Borgward en julio de 1961. Hasta 1963 todavía se produjeron 1493 ejemplares.

Modelo:	*Lloyd Arabella*
Cilindrada/Cilindros:	*897 cm^3/4 cilindros*
CV/kW:	*45/33*
Período de fabricación:	*1959-1963*
Unidades fabricadas:	*47 042*

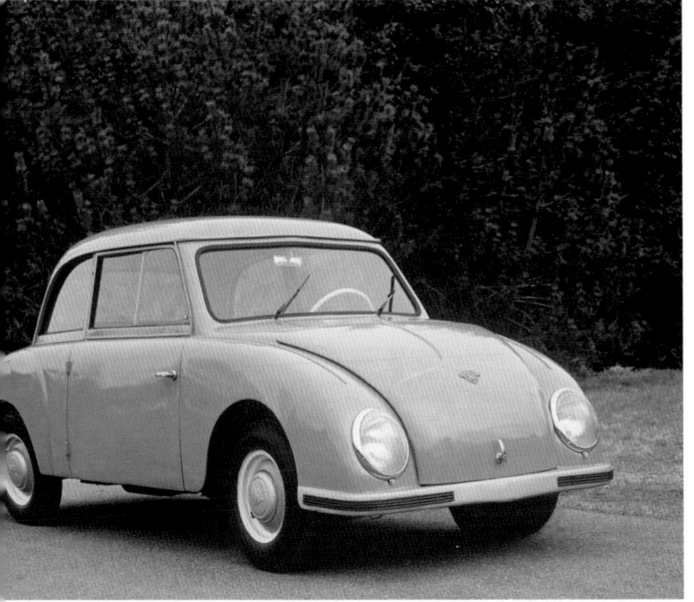

Maico 500

El Salón del Automóvil de Frankfurt de 1955 presentó dentro de la categoría de coches pequeños el Maico 500, un vehículo de cuatro plazas con encanto (al menos eso afirmaba la propaganda). De acuerdo con la publicidad de Maico, los suaves asientos acolchados eran tan cómodos como poltronas y podían incluso, en palabras textuales, «dar cabida a personas obesas. Cada persona dispone de una anchura de más de medio metro.». En comparación con el Lloyd LP 300, el Maico 500 contaba con una carrocería totalmente de acero, aunque con sólo unas 5000 unidades fabricadas nunca logró competir con su rival producido por el consorcio Borgward de Bremen. A pesar de que sus datos técnicos se acercaban mucho a los de su contrincante, el Maico nunca dejó de ser un segundón. Ya lo decía el folleto: «Un vehículo sólo apto para quienes confían ciegamente en él.».

Modelo: *Maico 500*
Cilindrada/Cilindros: *452 cm³/2 cilindros*
CV/kW: *13/9,5*
Período de fabricación: *1956-1958*
Unidades fabricadas: *aprox. 5000*

Mercedes-Benz 170 V

Tras la II Guerra Mundial, Mercedes-Benz reanudó el desarrollo técnico donde lo había dejado en 1939. La destrucción causada por el conflicto bélico afectó de manera dispar las diversas instalaciones del consorcio. La escasez de material era una de las razones por las que la economía avanzaba a pasos de tortuga. En febrero de 1946 se volvieron a construir motores en la factoría de Untertürkheim, y al cabo de poco inició la fabricación en serie del Mercedes-Benz 170 V. En un primer momento, el catálogo estuvo formado sobre todo por furgonetas de reparto, ambulancias y coches patrulla, y sólo más adelante se completó con automóviles de cuatro puertas. Hasta finales de 1947 salieron de los talleres 1000 unidades; un año más tarde, esta cantidad se había quintuplicado.

Modelo: *Mercedes-Benz 170 V*
Cilindrada/Cilindros: *1697 cm³/4 cilindros*
CV/kW: *38/27,8*
Período de fabricación: *1947-1950*
Unidades fabricadas: ---

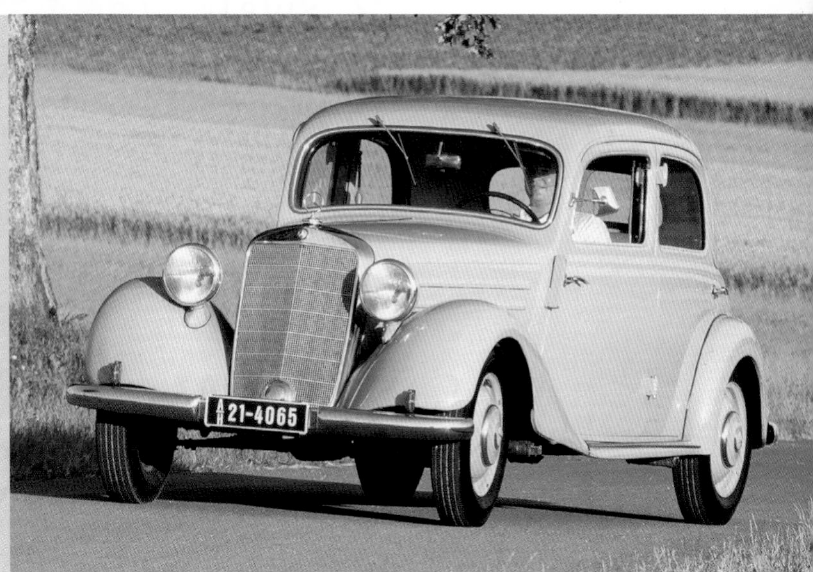

Mercedes-Benz 170 V

Los trabajos de investigación y desarrollo no los pudo reanudar Daimler-Benz AG hasta mayo de 1948. Se optó entonces por fabricar el 170 con una moderna construcción totalmente de acero, lo que significaba reducir la variedad de carrocerías. Por lo demás, el modelo seguía inspirándose en los vehículos de antes de la guerra. Los equipamientos especiales eran tan escasos como poco variada lo era la gama de colores. Quien deseaba tener un 170 podía escoger entre uno de color gris y otro pintado de negro. Hasta la entrada en vigor de la reforma monetaria, el precio establecido oficialmente por el 170 fue de 6200 marcos alemanes. Los ejemplares bien conservados de la década de 1930 no tenían plazos de entrega, pero costaban bastante más.

Modelo: *Mercedes-Benz 170 V*
Cilindrada/Cilindros: *1697 cm³/4 cilindros*
CV/kW: *38/27,8*
Período de fabricación: *1947-1950*
Unidades fabricadas: ---

Mercedes-Benz 170 S Cabriolet A

El Mercedes-Benz 170, con el que el consorcio reanudó la producción de automóviles una vez concluida la II Guerra Mundial, se convirtió tras múltiples actualizaciones en un fiable vehículo de primera calidad. A pesar de las numerosas mejoras técnicas (retoques en el chasis, eje oscilante, lubrificación central del chasis), Daimler-Benz permaneció fiel en gran medida a la inconfundible línea de carrocería desarrollada en la década de 1930. En paralelo al aumento del bienestar de la población, el consorcio optó por elevar también la potencia de los motores, con lo que a principios de la década de 1950 volvió a acercarse al selecto grupo de fabricantes de automóviles de gama alta. Con la creciente demanda y el aumento de la producción sólo fue cuestión de tiempo el que Daimler-Benz ampliara su catálogo con nuevos modelos.

Modelo:	*Mercedes-Benz 170 S Cabriolet A*
Cilindrada/Cilindros:	*1767 cm^3/4 cilindros*
CV/kW:	*52/38*
Período de fabricación:	*1949-1951*
Unidades fabricadas:	*830*

Mercedes-Benz 170 S Cabriolet A

Si la limusina de cuatro puertas del 170 S ya figuraba entre los automóviles más caros de la época, la versión cabriolé podía considerarse como un auténtico artículo de lujo. Daimler-Benz sacó las versiones abiertas como Cabriolet A y Cabriolet B. El primero se vendía en los concesionarios como variante deportiva biplaza, y se podía reconocer por la presencia de una sola ventanilla lateral. El segundo, más espacioso e igualmente de 2840 mm de distancia entre ejes, disponía de cuatro asientos y de dos ventanillas laterales. Con relación al equipamiento, los cabriolés no presentaban diferencia alguna: los dos contaban con un magnífico tablero de mandos de madera y con confortables asientos revestidos de fino cuero.

Modelo:	*Mercedes-Benz 170 S Cabriolet A*
Cilindrada/Cilindros:	*1767 cm^3/4 cilindros*
CV/kW:	*52/38*
Período de fabricación:	*1949-1951*
Unidades fabricadas:	*830*

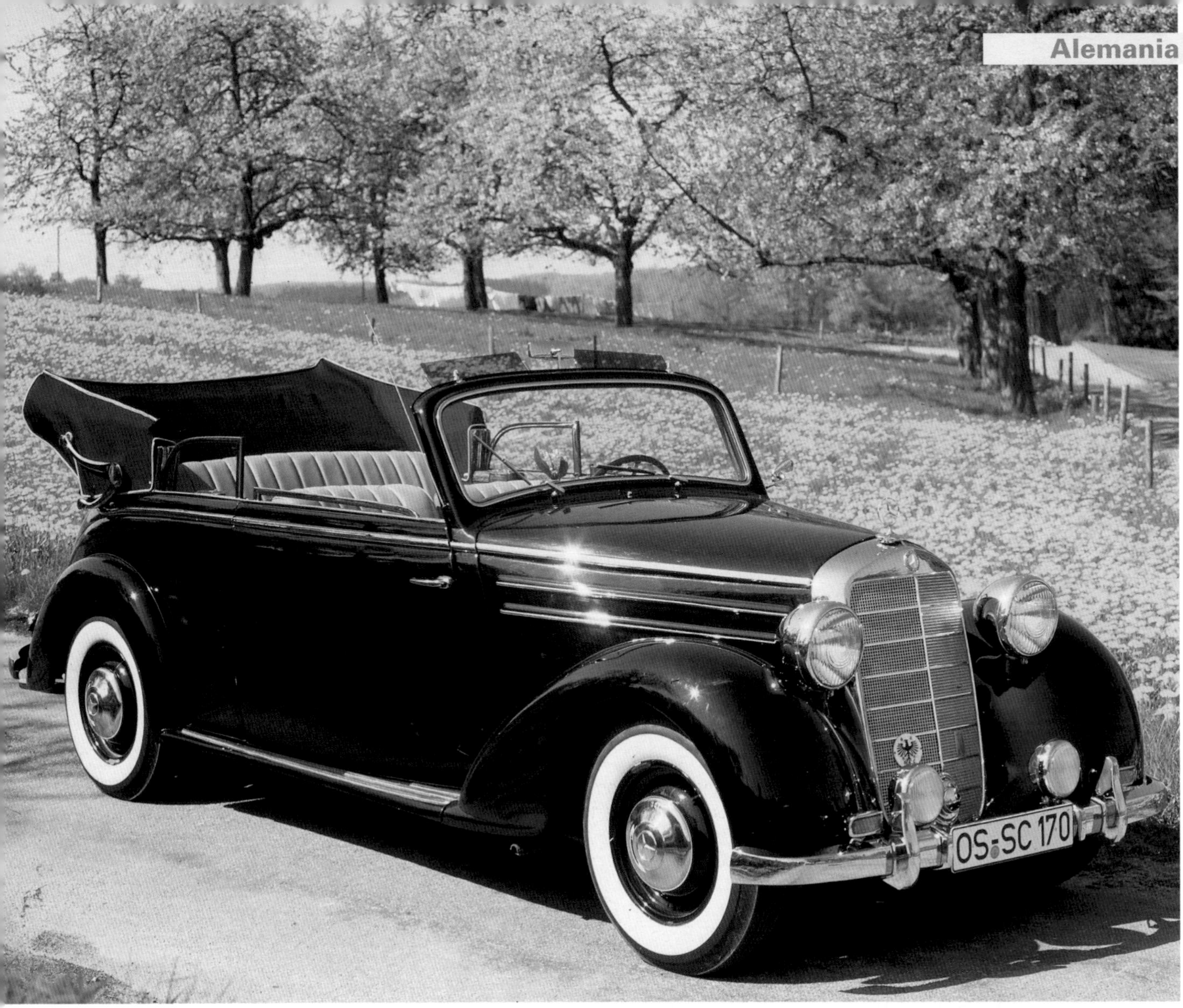

Mercedes-Benz 170 S Cabriolet B

De dimensiones algo mayores y con un equipamiento más cómodo, entró con el 170 S en la escena automovilística en mayo de 1949 un vehículo que la prensa especializada definió como símbolo del milagro económico que se estaba produciendo. El que en la práctica fue el primer modelo S del consorcio descansaba sobre un chasis de 2840 mm de batalla. El precio de compra era ligeramente superior a 16 000 marcos alemanes, de ahí que este coche estuviera considerado entonces como un artículo de lujo que sólo los grandes magnates podían permitirse. Variante perfeccionada del 170 V, el 170 S contaba con muchas novedades técnicas, como una suspensión de doble brazo oscilante transversal en las ruedas delanteras completamente revisada, muelles helicoidales y barra estabilizadora.

Modelo:	*Mercedes-Benz 170 S Cabriolet B*
Cilindrada/Cilindros:	*1767 cm³/4 cilindros*
CV/kW:	*52/38*
Período de fabricación:	*1949-1952*
Unidades fabricadas:	---

Mercedes-Benz 170 S Cabriolet B

La producción de la primera variante del modelo 170 de la posguerra terminó en mayo de 1950, un año después de que de este coche ya se hubiera fabricado una variante diésel (170 D) que no tardó en convertirse en un éxito de ventas, ya que no había restricción alguna para esta clase de combustible. El motor diésel alcanzaba una potencia de 40 CV a 3200 RPM y una velocidad máxima de 100 km/h. El vehículo consumía unos 8 litros por cada 100 kilómetros, un valor más que aceptable para un automóvil de poco más de 1300 kg de peso. La alternativa era el motor con carburador, con el que el Mercedes-Benz 170 alcanzaba una velocidad algo superior, 110 km/h. En este caso, el consumo de combustible se disparaba a unos 11 litros por cada 100 kilómetros.

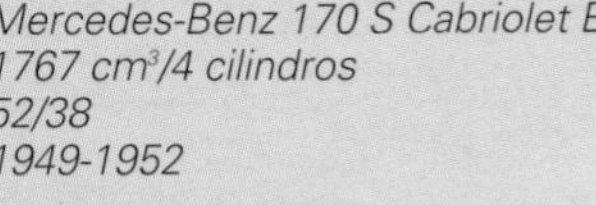

Modelo:	*Mercedes-Benz 170 S Cabriolet B*
Cilindrada/Cilindros:	*1767 cm³/4 cilindros*
CV/kW:	*52/38*
Período de fabricación:	*1949-1952*
Unidades fabricadas:	---

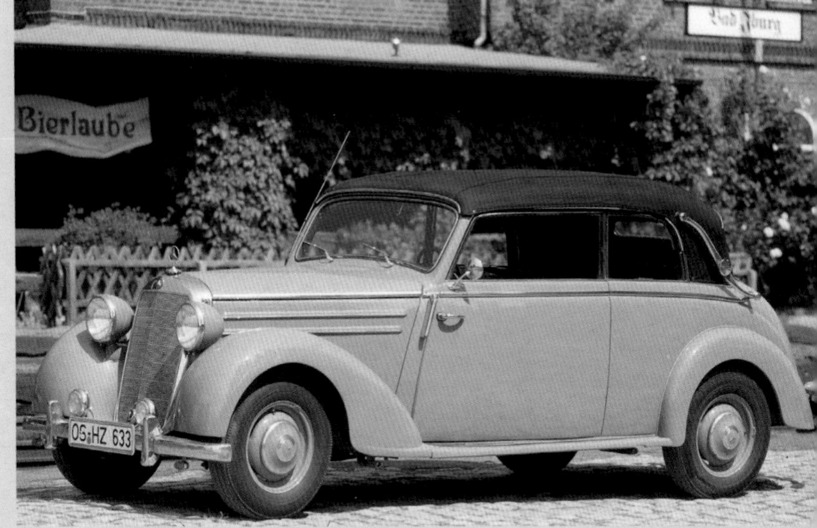

Mercedes-Benz 220 Limousine

El milagro económico alemán y la creación de la República Federal de Alemania significó un gran impulso para que Mercedes-Benz reanudara sus actividades con toda normalidad. De esta forma, en octubre de 1950, Daimler-Benz celebraba ya la fabricación de su unidad número 50 000 desde el fin de la II Guerra Mundial. Seis meses más tarde, en abril de 1951, el consorcio presentó en el primer Salón Internacional del Automóvil de Frankfurt el 220, un modelo del todo nuevo con el que Daimler-Benz recuperaba su posición en el mercado de gama alta. Con un motor de 80 CV, el 220 alcanzaba los 140 km/h. El 220 se fabricó hasta 1955 en diferentes versiones. De ellas, las elegantes Cabriolet A y Coupé no tardaron en convertirse en preciosos objetos de coleccionista.

Modelo:	*Mercedes-Benz 220 Limousine*
Cilindrada/Cilindros:	*2195 cm³/6 cilindros*
CV/kW:	*80/58,6*
Período de fabricación:	*1951-1955*
Unidades fabricadas:	*16 154*

Mercedes-Benz 220 Cabrio A

A primera vista, el 220 no se diferenciaba demasiado de su predecesor, el 170 S, pues los dos modelos poseían medidas casi idénticas. A pesar de todo, el 220 presentaba un aspecto más amplio debido a los nuevos guardabarros delanteros, más voluminosos, en los que ahora quedaban integrados los faros, lo que confería al morro un aspecto más alargado. La parte trasera del 220 ofrecía menos variaciones con respecto al citado modelo anterior: si se prescinde del nuevo diseño de los pilotos traseros, sólo la placa identificadora del modelo indicaba que el 220 ya no funcionaba con el motor tetracilíndrico del 170, sino con un nuevo motor de seis cilindros. En 1954, la gama de modelos se completó con la aparición de dos versiones cabriolé (Cabrio A y Cabrio B) al lado de la limusina de cuatro puertas.

Modelo:	*Mercedes-Benz 220 Cabrio A*
Cilindrada/Cilindros:	*2195 cm³/6 cilindros*
CV/kW:	*80/58,6*
Período de fabricación:	*1954-1955*
Unidades fabricadas:	*2275*

Mercedes-Benz 220 Cabrio A

Habían transcurrido seis años desde el fin de la II Guerra Mundial y por fin había llegado la hora de construir, además de limusinas, cabriolés de elegante diseño. En consonancia con su aerodinámico exterior, Daimler-Benz equipó las versiones cabriolé del 220 con un motor de seis cilindros de nueva creación. Este motor de carrera corta, con culata y bloque de fundición, disponía de un accionamiento del árbol de levas por cadena dúplex. Aunque el motor ya alcanzaba su máxima potencia de 80 CV a 4850 RPM, este tipo de concepción garantizaba un considerable poder rotatorio, ya que el 220 podía funcionar durante mucho rato a un ritmo de 5500 RPM, si bien es verdad que el escalonamiento de la caja de cambios exigía una conducción con constantes cambios de velocidad.

Modelo:	*Mercedes-Benz 220 Cabrio A*
Cilindrada/Cilindros:	*2195 cm³/6 cilindros*
CV/kW:	*80/58,6*
Período de fabricación:	*1954-1955*
Unidades fabricadas:	*2275*

Mercedes-Benz 220 Coupé

Todas las versiones del modelo 220 descansaban sobre un chasis en forma de «x» fabricado con tubos ovales de acero. Así pues, la sólida base, con su eje trasero oscilante de doble articulación, respondía a una construcción modular empleada por Daimler-Benz desde el fin de la guerra. De las 14 diferentes versiones de carrocería del 220, las cupés figuraban por aquel entonces entre las menos comunes. Daimler-Benz sólo produjo 85 cupés, pero todos ellos con notables diferencias entre sí. Como era habitual, los primeros cupés venían equipados con el motor de 80 CV. Por el contrario, los que salieron de fábrica en 1955, ya poseían un motor de nuevo desarrollo con culata de aleación ligera.

Modelo:	*Mercedes-Benz 220 Coupé*
Cilindrada/Cilindros:	*2195 cm³/6 cilindros*
CV/kW:	*80/58,6*
Período de fabricación:	*1954-1955*
Unidades fabricadas:	*85*

Mercedes-Benz 219

En el otoño de 1953, Daimler-Benz presentó el Mercedes-Benz 180, que incluía por fin la mucho tiempo esperada carrocería cerrada. En este modelo, la marca aplicó por primera vez la carrocería autoportante, que conllevaba un sinfín de ventajas. De esta manera, gracias a su base cuadrangular, el automóvil se benefició de un óptimo aprovechamiento del espacio. Del tetracilíndrico 180 apareció, justo un año después de producirse, una limusina de mayor longitud. Este modelo, denominado 220 A, que en 1956 fue relevado por el 219, fue equipado con un motor de seis cilindros con un excelente par. El 219, una interesante alternativa al Opel hexacilíndrico, estaba destinado sobre todo a quienes deseaban adquirir un vehículo de buenas prestaciones a un precio relativamente discreto.

Modelo:	*Mercedes-Benz 219*
Cilindrada/Cilindros:	*2195 cm3/6 cilindros*
CV/kW:	*85/62,2*
Período de fabricación:	*1954-1959*
Unidades fabricadas:	---

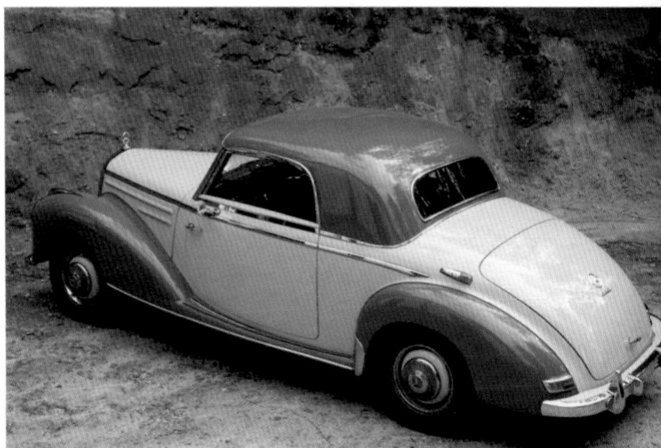

Mercedes-Benz 220 Coupé

El precio de la versión estándar del Mercedes-Benz 220 de cuatro puertas ascendía a casi 12 000 marcos. El Coupé, en el que tan sólo cabían dos personas, costaba exactamente el doble, aunque por este precio ya disponía de un techo deslizante de chapa. Con independencia de la versión de carrocería, los 220 presentaban medidas casi idénticas. Su longitud total era de unos 4500 mm, y la distancia entre ejes de 2840 mm. De todo ello resultaba un diámetro de giro de doce metros. Según el peso del vehículo (1350 kg la limusina; 1680 kg el cabriolé) el 220 alcanzaba una velocidad máxima de 140 a 145 km/h. El automóvil, por último, necesitaba 21 segundos para acelerar de 0 a 100 km/h.

Modelo:	*Mercedes-Benz 220 Coupé*
Cilindrada/Cilindros:	*2195 cm³/6 cilindros*
CV/kW:	*80/58,6*
Período de fabricación:	*1954-1955*
Unidades fabricadas:	*85*

Mercedes-Benz 220 S

Hijo igualmente del 220 A, el 220 S se caracterizaba en primer lugar por una potencia muy adecuada a la categoría a la que pertenecía. Desde 1956, sus dos carburadores lograban extraer 100 CV exactos al motor de seis cilindros. Con ello, la limusina de cuatro puertas aceleraba de 0 a 100 km/h en el lapso de 17 segundos y alcanzaba una velocidad punta de 160 km/h. Para aumentar el confort de los ocupantes del vehículo se volvió a revisar el sistema de suspensión. Un servofreno que aumentaba la eficacia de los frenos de tambor de accionamiento hidráulico pertenecía igualmente al equipamiento de serie, lo mismo que el avisador luminoso. Opcional era una especie de embrague automático, que podía instalarse por un sobreprecio.

Modelo:	*Mercedes-Benz 220 S*
Cilindrada/Cilindros:	*2195 cm³/6 cilindros*
CV/kW:	*100/73,2*
Período de fabricación:	*1956-1959*
Unidades fabricadas:	---

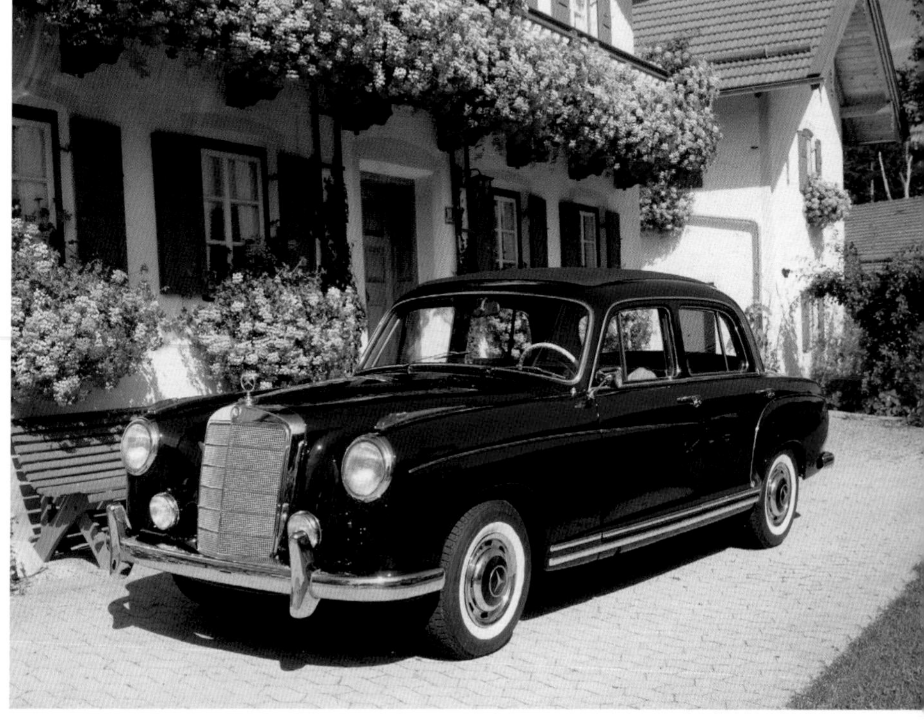

Mercedes-Benz 220 S Cabrio

Con la versión abierta del Mercedes-Benz 220, la casa Daimler-Benz puso por primera ve en circulación un vehículo con carrocería autoportante. No resultó nada fácil llevar a la prá tica esta idea, ya que la ausencia de la estructura del bastidor obligaba en primer términ a reforzar el suelo del cabriolé para garantizar la necesaria adherencia de la carrocería. U gran problema representaban las anchas puertas, elaboradas con un armazón de alumini revestido con chapa a fin de reducir al mínimo su peso. A pesar de todos los obstáculos el esfuerzo mereció la pena. Así, cuando inició la fabricación en serie, se pudo dispone por fin de un cabriolé que desde el punto de vista del diseño aparentaba ser algo más qu una limusina abierta.

Modelo:	*Mercedes-Benz 220 S Cabrio*
Cilindrada/Cilindros:	*2195 cm³/6 cilindros*
CV/kW:	*100/73,2*
Período de fabricación:	*1956-1959*
Unidades fabricadas:	---

Mercedes-Benz 220 S Cabrio

Con motivo del Salón Internacional del Automóvil de Frankfurt de 1955, Daimler-Benz presentó los prototipos de un cabriolé equipado con el motor de seis cilindros del 220 A, dado que por el momento el consorcio había decidido aparcar los experimentos con motores de cuatro cilindros. Uno de los cabriolés estaba concebido como un biplaza; el otro, para cuatro personas. Ninguno de estos proyectos fue llevado a cabo. Su tosco aspecto no terminó de agradar al público. Hacían falta todavía bastantes mejoras, pero el trabajo había valido la pena. Con el cambio de la distancia entre ejes a 2700 mm y la reducción de la longitud total, la carrocería empezó a mostrar un aspecto más armónico y elegante, una ventaja con vistas a su producción en serie.

Modelo:	*Mercedes-Benz 220 S Cabrio*
Cilindrada/Cilindros:	*2195 cm³/6 cilindros*
CV/kW:	*100/73,2*
Período de fabricación:	*1956-1959*
Unidades fabricadas:	---

Mercedes-Benz 220 SE Coupé

El famoso motor de seis cilindros, del que desde octubre de 1958 también se fabricaba una versión con inyector, presentaba una mayor potencia. Así, en comparación con la variante con carburador, el modelo de inyección transmitía 15 CV más a las ruedas traseras. Gracias a su elevado par, el cabriolé y el cupé aceleraban más rápido, sin bien tampoco lograban superar la velocidad máxima de 160 km/h de los otros modelos. Aun así, por el coche con motor de inyección tenía que abonarse un precio bastante más alto que por el modelo con motor con carburador, circunstancia que no parecía molestar en absoluto a la adinerada clientela que podía permitirse un lujoso 220 SE dotado de un equipamiento muy generoso. En vista de la gran demanda, el SE permaneció en catálogo un año más que el 220 S.

Modelo:	*Mercedes-Benz 220 SE Coupé*
Cilindrada/Cilindros:	*2195 cm³/6 cilindros*
CV/kW:	*115/84,2*
Período de fabricación:	*1958-1960*
Unidades fabricadas:	---

Mercedes-Benz 300

Un gran alboroto se produjo en el *stand* de Daimler-Benz AG cuando en 1955, con motivo del Salón Internacional del Automóvil de Frankfurt, se presentó junto al elegante Mercedes-Benz 220 un coche nuevo, esto es, el modelo 300. Con este imponente vehículo, el consorcio se proponía fijar nuevas medidas en la gama automovilística más alta, una prueba superada con nota por los ingenieros. La limusina, de cuatro puertas y casi 5000 mm de largo, reposaba sobre un chasis en forma de «x» de 3050 mm de distancia entre ejes. A causa de un efecto óptico, el 300 parecía aún más largo de lo que era, pues la forma de las muy acentuadas aletas guardabarros delanteras se prolongaba por toda la longitud de las puertas delanteras.

Modelo:	*Mercedes-Benz 300*
Cilindrada/Cilindros:	*2996 cm³/6 cilindros*
CV/kW:	*115/84,2*
Período de fabricación:	*1951-1954*
Unidades fabricadas:	---

Mercedes-Benz 300

El consorcio Daimler-Benz no era el único fabricante que llamó la atención en el Salón Internacional del Automóvil de Frankfurt con modelos como el 300. También Opel y BMW llevaron sus vehículos de gama alta a Frankfurt; pero, como se demostraría más tarde, sólo el Mercedes-Benz 300 tenía el honor de ser el más rápido de todos los grandes modelos. El vehículo, de dimensiones casi americanas, alcanzaba la considerable velocidad de 160 km/h a pesar de sus 1780 kg. Debajo del capó de la destacada parte delantera trabajaba un motor de seis cilindros con válvulas inclinadas y árbol de levas en culata. Equipado con dos carburadores verticales, la máquina rendía 115 CV de potencia, un valor que, como pronto se demostró, todavía podía superarse.

Modelo:	*Mercedes-Benz 300*
Cilindrada/Cilindros:	*2996 cm³/6 cilindros*
CV/kW:	*115/84,2*
Período de fabricación:	*1951-1954*
Unidades fabricadas:	---

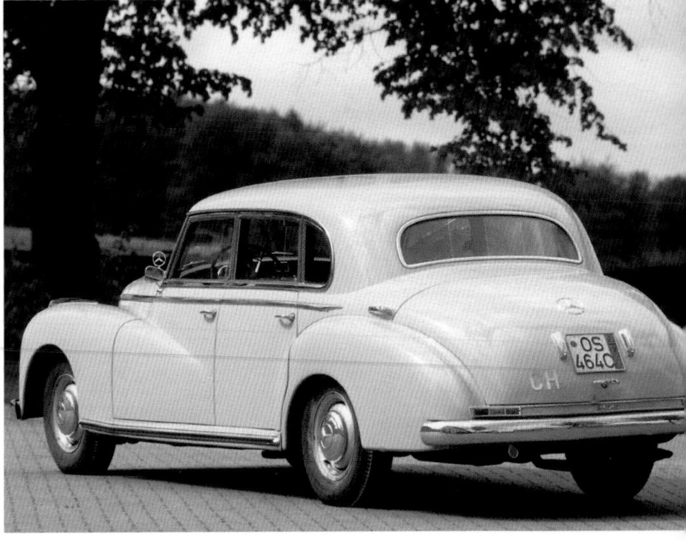

Mercedes-Benz 300 Sc Cabrio A

Transcurrido apenas medio año desde el debut del 300, Daimler-Benz decidió construir a partir de él la variante 300 S, que se presentó a la prensa especializada en el Salón del Automóvil de París en octubre de 1951. Denominado internamente W 188 I, este vehículo no tardó en ser sometido a nuevos retoques y se transformó en el 300 Sc (internamente, W 188 II). El 300 Sc era un producto resplandeciente gracias a su abundante decoración cromada, aunque también por su potente motor de inyección. Un reformado eje oscilante de articulación única contribuía a aumentar el confort de los ocupantes. Esta serie se vistió con numerosas variantes de carrocerías, entre ellas la cabriolé de dos puertas reproducida en la foto, que costaba la friolera de 37 000 marcos.

Modelo:	*Mercedes-Benz 300 Sc Cabrio A*
Cilindrada/Cilindros:	*2996 cm³/6 cilindros*
CV/kW:	*175/128,1*
Período de fabricación:	*1955-1958*
Unidades fabricadas:	---

Mercedes-Benz 300 Sc Coupé

La versión con más comodidades de la serie 300 era la limusina de cuatro puertas, disponible a partir de 22 000 marcos. Quien tenía un vehículo como éste solía pertenecer al círculo de quien no conduce un coche, sino que se hace llevar. Los potenciales compradores que buscaban un modelo más elegante encontraban en un *roadster,* un cabriolé o un cupé la correspondiente alternativa. La tarifa de Daimler-Benz por disfrutar de tales placeres era muy elevada y ascendía a 37 000 marcos alemanes por un simple cupé de dos plazas. Por este precio, a mediados de la década de 1950, podía adquirirse una casa unifamiliar, de ahí que de *roadsters,* cabriolés y cupés sólo se fabricaran en cantidades muy limitadas (760 sumando las tres versiones).

Modelo:	*Mercedes-Benz 300 Sc Coupé*
Cilindrada/Cilindros:	*2996 cm³/6 cilindros*
CV/kW:	*175/128,1*
Período de fabricación:	*1955-1958*
Unidades fabricadas:	*aprox. 760 (todas las versiones)*

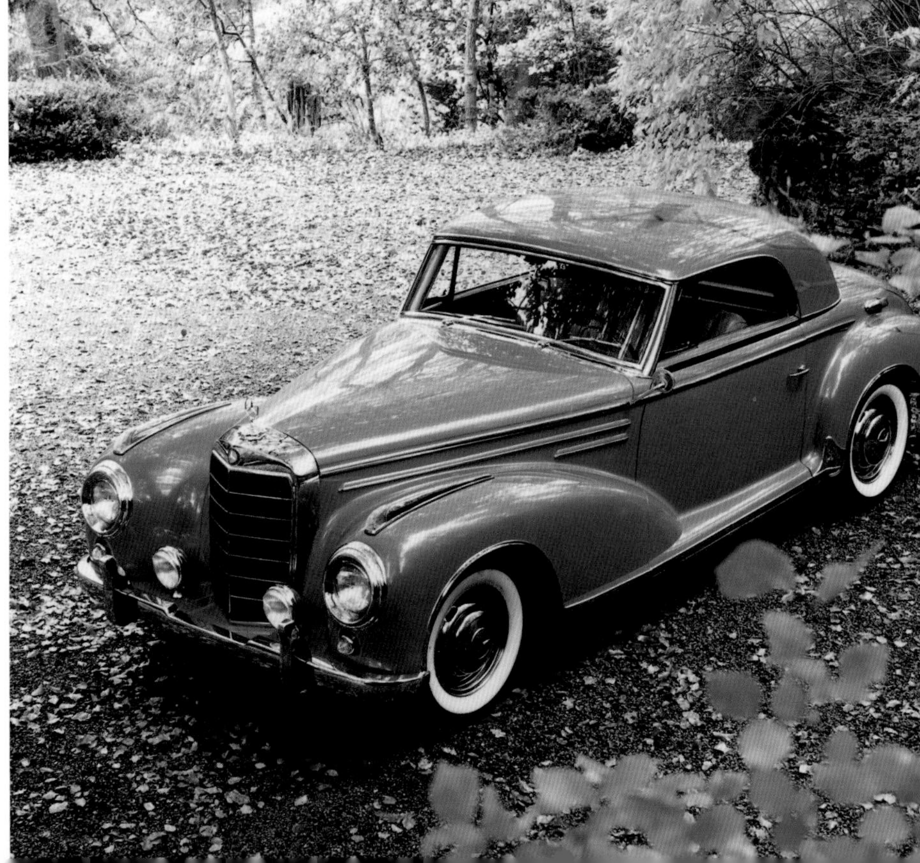

Mercedes-Benz 300 d

El gran Mercedes-Benz 300 no era sólo un objeto de prestigio en el círculo de unos cuantos privilegiados; también el gobierno lo utilizaba como automóvil de representación. El canciller alemán Adenauer y el presidente del país Heuss se hacían llevar en un 300, de ahí que este modelo haya entrado en la historia automovilística con el apodo «Adenauer». Como es obvio, los coches al servicio del gobierno contenían toda clase de extras, entre ellos una mayor distancia entre ejes que redundaba en la mayor comodidad de los ocupantes de los asientos traseros. El cristal que los separaba del puesto del conductor también era un extra, lo mismo que el teléfono o la luz azul.

Modelo:	*Mercedes-Benz 300 d*
Cilindrada/Cilindros:	*2996 cm³/6 cilindros*
CV/kW:	*160/117,2*
Período de fabricación:	*1957-1962*
Unidades fabricadas:	*---*

lercedes-Benz 300 SL

l 15 de junio de 1951, la dirección de)aimler-Benz tomó una decisión de gran ascendencia: los Mercedes regresarían a os circuitos automovilísticos internaciona-es. Como se puso de manifiesto más arde, la decisión resultó del todo acertada, ues no sólo la marca Mercedes se alzó on dos títulos mundiales de Fórmula 1 en a década de 1950, sino que con ellos apa-eció el mito SL. Raras veces una secuen-ia alfabética como la de la denominación L (abreviatura concebida en un principio omo las iniciales de «sportlich», deporti-o, y «leicht», ligero) ha alcanzado un brillo an carismático. Hoy en día, estas dos etras todavía son una suerte de escritura otarial que dio paso a una tradición única n Mercedes.

lodelo:	*Mercedes-Benz 300 SL*
ilindrada/Cilindros:	*2996 cm³/6 cilindros*
V/kW:	*215/157,5*
eríodo de fabricación:	*1954-1957*
Jnidades fabricadas:	*1400*

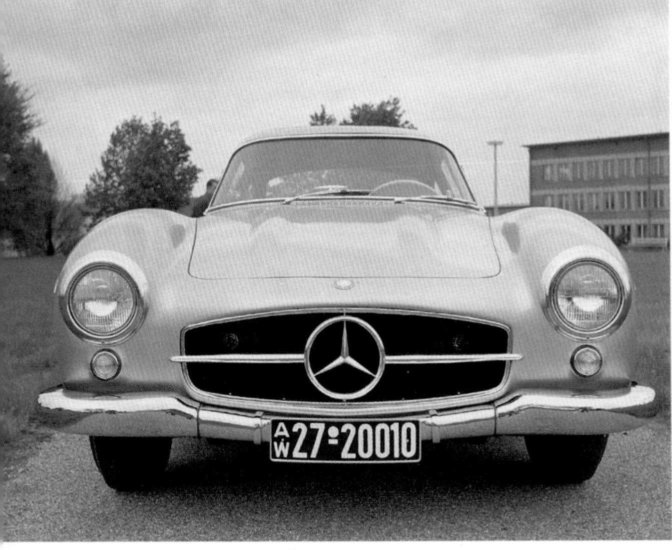

Mercedes-Benz 300 SL

El mito SL empezó cuando Alemania se hallaba en la más sombría posguerra. Los bolsillos de la clientela estaban vacíos, las autopistas casi muertas, había una sobreabundancia de plazas de estacionamiento y toda clase de visiones. Una de ellas veía el Mercedes-Benz 300 SL como puro vehículo de competición, fin para el que estaba más que preparado. Aunque como base técnica, y por motivos de costes y escasez de tiempo, sólo se había producido la berlina W 186 (esto es, el famoso 300), este Mercedes deportivo logró de inmediato un éxito impresionante. Rudolf Uhlenhaut, la persona que había dado el impulso decisivo al 300 SL, recordaba más tarde: «Tomamos el motor de serie del 300 y construimos en torno a él un chasis tubular con una carrocería de aluminio».

Modelo:	*Mercedes-Benz 300 SL*
Cilindrada/Cilindros:	*2996 cm³/6 cilindros*
CV/kW:	*215/157,5*
Período de fabricación:	*1954-1957*
Unidades fabricadas:	*1400*

Mercedes-Benz 300 SL

El concepto SL funcionó bien desde el principio: ya en 1952, ur SL cruzó la meta en segundo lugar en las famosas Mille Miglia Un carisma aún mayor adquirieron las dos letras a raíz de la partici-pación del 300 SL ese mismo año en la Carrera Panamericana Gracias a la grandiosa doble victoria de Karl Kling y de su copilotc Hans Klenk, así como de Hermann Lang y Erwin Grupp en esta terrible carrera de larga distancia, el 300 SL empezó a centrar todas las miradas de los aficionados al automovilismo, que ese mismc años vieron recompensado su interés a raíz de nuevas victorias de vehículo en Berna, las 24 Horas de Le Mans y Nürburgring.

Modelo: *Mercedes-Benz 300 SL*
Cilindrada/Cilindros: *2996 cm³/6 cilindros*
CV/kW: *215/157,5*
Período de fabricación: *1954-1957*
Unidades fabricadas: *1400*

Mercedes-Benz 300 SL

A pesar de sus inmediatos éxitos en los circuitos, el 300 SL no se veía con demasiada frecuencia como vehículo de carretera: la idea de construir una versión de serie procedía de Max Hoffman. Este brillante emprendedor, que vendía automóviles europeos en Estados Unidos, estaba convencido de que lograría vender en el continente norteamericano 1000 ejemplares del Mercedes-Benz 300 SL preparados para circular por carretera. Por añadidura, este modelo deportivo también era conocido más allá del gran charco por sus éxitos en las competiciones. Los argumentos de Hoffman convencieron a la dirección del fabricante de Stuttgart y así, el 6 de febrero de 1954, se presentaba en el Salón del Automóvil de Nueva York la versión de serie del 300 SL. El 300 SL era una construcción de avanzada tecnología que respondía al más puro estilo innovador que siempre había caracterizado a la marca Mercedes-Benz. Con el motor de seis cilindros de serie, los ingenieros habían desarrollado una unidad de gran potencia que en un primer momento rendía 210 CV a 5760 RPM. Con un árbol de levas deportivo y una relación de compresión de 8,55:1, el motor alcanzaba incluso una potencia de 215 CV a 5800 RPM. Esto correspondía a una potencia unitaria de 71,5 CV por litro, un valor inimaginable por aquel entonces, ya que la mayoría de los motores se conformaban con apenas 30 CV por litro de cilindrada. Las revoluciones del motor del SL también constituían motivo de asombro: Mercedes-Benz daba un máximo de 6600 RPM, por 6000 RPM en funcionamiento continuo.

Modelo: *Mercedes-Benz 300 SL*
Cilindrada/Cilindros: *2996 cm³/6 cilindros*
CV/kW: *215/157,5*
Período de fab.: *1954-1957*
Unidades fabricadas: *1400*

⁄lercedes-Benz 300 SL

·demás de su excelente motor, lo sensa-
ional del SL era ante todo el chasis del
ehículo. Se hablaba de un chasis multitu-
ular, un sistema empleado en la ingeniería
eronáutica. Esta construcción de filigrana,
n la que los especialistas soldaban a mano
ada uno de los finos tubos de acero, era
gera pero resistente. Para estabilizarlo, el
hasis de la originaria versión cupé descan-
aba casi a la altura del habitáculo, donde
uelen ubicarse las puertas. Todo ello resul-
ıba en una espectacular novedad que
acía del 300 SL Coupé un vehículo incon-
ındible: las puertas en forma de alas de
aviota. No obstante, para darle al *roadster*
n acceso más cómodo y un maletero más
mplio, los ingenieros modificaron la cons-
ucción del chasis tubular y situaron las
uertas en su puesto originario.

Modelo:	*Mercedes-Benz 300 SL*
Cilindrada/Cilindros:	*2996 cm3/6 cilindros*
CV/kW:	*215/157,5*
Período de fab.:	*1954-1957*
Unidades fabricadas:	*1400*

Mercedes-Benz 300 SL Roadster

En marzo de 1957, el 300 SL de alas de gaviota dejó paso al *roadster,* que se fabricó hasta 1963. Esta decisión se tomó con la vista puesta de nuevo en el mercado estadounidense, donde los vehículos abiertos estaban de moda. Del *roadster,* que se diferenciaba del cupé por sus largos faros dispuestos en vertical, salió en 1958 una versión con techo duro desmontable. En este sentido, Mercedes-Benz se aferraba a la filosofía de que un SL debía ser abierto pero también adaptable a cualquier condición meteorológica. En las dos variantes, el 300 SL demostró tener un poder de atracción único; lo deseaban personalidades de todo el mundo. Así, entre sus entusiastas, se encontraban nombres tan famosos como la estrella de cine Zsa Zsa Gabor, el rey de la prensa William Randolph Hearst, altezas reales como el Duque de Edimburgo o el sha Reza Pahlevi, o incluso Elvis Presley. Otra destacada característica de los modelos SL de la década de 1950 fueron las nervaduras de la carrocería situadas sobre las ruedas, que le conferían un aspecto impresionante. En un principio, dichas nervaduras estaban concebidas para proteger de la suciedad los flancos de la carrocería, de ahí que oficialmente fueran denominados «cantos de protección contra salpicaduras». En comparación con el 300 SL con alas de gaviota, el *roadster* había recibido una serie de importantes mejoras por parte de los ingenieros de Mercedes, como la instalación de un nuevo eje oscilante de articulación única con un punto de pivotamiento más bajo mucho más perfecto que el antiguo eje de dos articulaciones. Desde 1961, Mercedes-Benz decidió instalar en el *roadster* SL frenos de disco en las cuatro ruedas.

Modelo:	*Mercedes-Benz 300 SL Roadster*
Cilindrada/Cilindros:	*2996 cm³/6 cilindros*
CV/kW:	*215/157,5*
Período de fabricación:	*1957-1963*
Unidades fabricadas:	*1858*

Mercedes-Benz 300 SL Roadster

La revista automovilística estadounidense Road & Track respetada en todo el mundo describía así el 300 SL Roadster: «cuando a un confortable espacio interior se le añade un excelente comportamiento en marcha, una enorme adherencia al suelo, una dirección suave y precisa, además de una potencia muy similar, o incluso mayor, a la de los mejores coches vistos hasta ahora, sólo se puede decir una cosa: el automóvil deportivo del futuro se ha hecho realidad». No obstante, también este sueño terminó: el 8 de febrero de 1963 se ponía punto final a la fabricación del 300 SL. Hasta aquel momento, de este coche deportivo se habían construido 3258 ejemplares, de los que 1858 eran *roadsters*.

Modelo:	*Mercedes-Benz 300 SL Roadster*
Cilindrada/Cilindros:	*2996 cm³/6 cilindros*
CV/kW:	*215/157,5*
Período de fabricación:	*1957-1963*
Unidades fabricadas:	*1858*

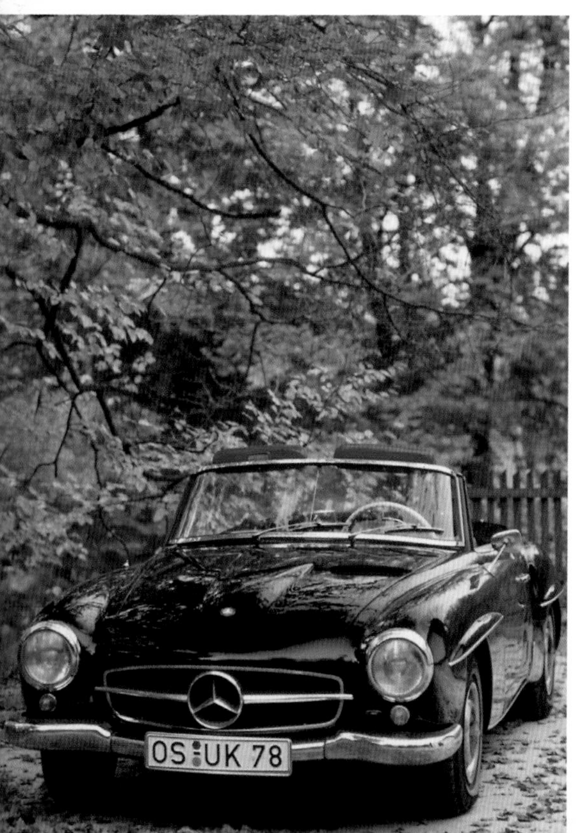

Mercedes-Benz 190 SL

La memorable reunión de la dirección en Stuttgart considerada como la hora de nacimiento del famoso 190 SL tuvo lugar el 2 de septiembre de 1953. Se había invitado a Max Hoffman, ya que este emprendedor hombre de negocios estadounidense importaba automóviles europeos a Estados Unidos desde 1946 y había demostrado un instinto infalible y un enorme tacto. Asimismo, resultaba el socio ideal para introducir Mercedes-Benz en el mercado americano. El 190 SL, junto con el legendario 300 SL de alas de gaviota, estaba destinado a abrir el mercado americano a la marca automovilística más antigua del mundo. La presentación del modelo se fijó para el International Motor Sports Show de Nueva York, del 6 al 14 de febrero de 1954.

Modelo:	*Mercedes-Benz 190 SL*
Cilindrada/Cilindros:	*1897 cm³/4 cilindros*
CV/kW:	*105/77*
Período de fab.:	*1955-1963*
Unidades fabricadas:	*25 881*

Mercedes-Benz 190 SL

Los ingenieros sólo disponían de cinc meses para desarrollar el 190 SL: el tiem po apremiaba. Transcurridas sólo dos se manas desde el encuentro con Hoffma se probaban ya los primeros proyectos, tras otras dos semanas ya podía apreciа se el primer modelo a escala 1:10. tiempo de desarrollo, sin embargo, trans curría con rapidez. Faltaba todavía confo mar la parte inferior de la carrocería encontrar un motor adecuado. Mientra los proyectistas trabajaban con pasión poniendo todo su empeño en el nuev 190 SL, la dirección se preocupaba de futura política de modelos. De esta fo ma, un acta de la dirección expresaba co total claridad que el 190 SL debía fabr carse como turismo deportivo, y no com coche de competición.

Modelo:	*Mercedes-Benz 190 SL*
Cilindrada/Cilindros:	*1897 cm³/4 cilindros*
CV/kW:	*105/77*
Período de fabricación:	*1955-1963*
Unidades fabricadas:	*25 881*

⁄lercedes-Benz 190 SL

.l 6 de febrero de 1954, la prensa internacional del motor infor-naba del nuevo elegante coche deportivo de Stuttgart, que toda-ía no podía adquirirse, pues los constructores aún tenían una gue-a abierta en muchos frentes. Así, desde el punto de vista esté-co, el vehículo parecía poco equilibrado, y el nuevo motor tampo-o terminaba de funcionar a la perfección. En resumen, apenas se odía esconder que a causa del largo proceso de desarrollo no abía quedado tiempo suficiente para someter el vehículo a un exi-ente ciclo de pruebas, al que Mercedes-Benz no quería renunciar e ningún modo. En este estado de cosas, los ingenieros empe-aron a enseñarle modales al motor, para lo cual debieron experi-nentar con diferentes ajustes de carburación.

1odelo:	*Mercedes-Benz 190 SL*
;ilindrada/Cilindros:	*1897 cm³/4 cilindros*
'V/kW:	*105/77*
eríodo de fabricación:	*1955-1963*
Inidades fabricadas:	*25 881*

⁄lodelo:	*Mercedes-Benz 190 SL*
:ilindrada/Cilindros:	*1897 cm³/4 cilindros*
:V/kW:	*105/77*
'eríodo de fabricación:	*1955-1963*
Jnidades fabricadas:	*25 881*

Mercedes-Benz 190 SL

La versión definitiva del 190 SL, ya lista para fabricarse en serie, fue presentada por primera vez al público con motivo del Salón del Automóvil de Ginebra en marzo de 1955. La producción comenzó dos meses más tarde, pues el vehículo ya había superado las pertinentes pruebas técnicas. A diferencia del 300 SL, el 190 SL no se había concebido como un purasangre deportivo, sino como un elegante biplaza utilitario y de viaje con características deportivas. El chasis del 190 SL era una variante más corta del empleado en el 180 y que todavía contaba con el eje oscilante de articulación única. El motor tetracilíndrico de nuevo desarrollo tenía una cilindrada de 1,9 litros, árbol de levas en culata y una potencia de 105 CV que le permitía alcanzar una velocidad máxima superior a los 170 km/h y acelerar de 0 a 100 km/h en 14 segundos.

⁄lesserschmitt KR 175

:uando tras la II Guerra Mundial el ingenie-o aeronáutico Fritz Fend reflexionó acerca le qué aspecto debería tener la solución leal para los problemas de transporte de la osguerra, se le pasó por la cabeza un ve-ículo aovado con ruedas de bicicleta y pro-ulsión mediante una palanca de mano o de ie. Con el nombre de «Fend Flitzer», el utomóvil fue adquirido sobre todo por nutilados de guerra. Fend se dio cuenta de ue resultaba más práctico motorizar sus ehículos y emprendió una serie de exito-os ensayos con motores Victoria, Riedel y achs. Con el motor de 98 cm³ de Sachs, ɔs sobrios Flitzer ya alcanzaban una veloci-lad de 60 km/h, de ahí que Fend considera-a el resultado como un estadio previo a la onstrucción de un pequeño automóvil. En usca de una base más sólida para llevar a abo su empresa fue a dar con su antiguo atrono, el profesor Messerschmitt.

⁄lodelo:	*Messerschmitt KR 175*
:ilindrada/Cilindros:	*173 cm³/1 cilindro*
:V/kW:	*9/6,6*
'eríodo de fabricación:	*1953-1955*
Jnidades fabricadas:	*aprox. 10 000*

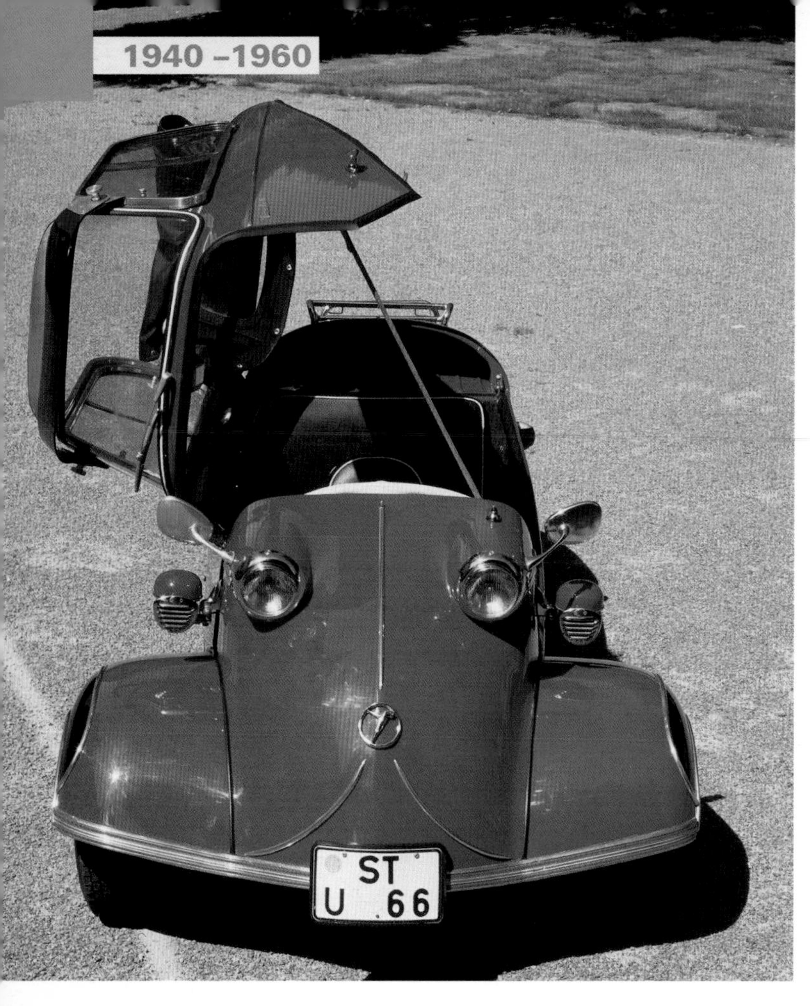

Messerschmitt KR 175

Los pequeños automóviles construidos bajo la marca Messe schmitt dieron mucho que hablar desde el principio a causa de s extrañísimo aspecto. El primer modelo de la serie, denominad KR 175, fue equipado con un motor monocilíndrico de dos tiempo de 173 cm³ fabricado por Fichtel & Sachs. Dejando a un lado forma de la carrocería, el KR 175 también rompía con lo convencic nal en muchos otros puntos. Así, en vez de un volante, tenía u manillar parecido al de una motocicleta que actuaba directamente sin mecanismo de dirección, sobre las ruedas delanteras, lo qu facilitaba a los conductores habituados la corrección instantánea d la rueda trasera. En consonancia con el peculiar aspecto de este tr ciclo, el motor de 9 CV de potencia y refrigeración por aire formab con la rueda trasera un grupo motriz. Este motor no se arrancab con un estárter, sino mediante pedal, al estilo de las motocicletas

Modelo:	*Messerschmitt KR 175*
Cilindrada/Cilindros:	*173 cm³/1 cilindro*
CV/kW:	*9/6,6*
Período de fabricación:	*1953-1955*
Unidades fabricadas:	*aprox. 10 000*

Modelo:	*Messerschmitt KR 200*
Cilindrada/Cilindros:	*191 cm³/1 cilindro*
CV/kW:	*10/7,3*
Período de fabricación:	*1955-1964*
Unidades fabricadas:	*aprox. 46 000*

Messerschmitt KR 200

A principios del año 1955 salió al mercado el KR 200, un microcoche con cabina bastante perfeccionado. De acuerdo con la denominación del modelo, esta versión contaba con un motor de 191 cm³ de 10 CV de potencia que lanzaban al «rey de los microcoches», así se definía el vehículo en el folleto publicitario, a una velocidad de 100 km/h. La cabina de plexiglás, abatible lateralmente y que servía de puerta de acceso, confería al KR 200 un aspecto más elegante que el de su predecesor. Aun así, a este microcoche con cabina se le reservó el cruel apodo «Féretro de Blancanieves», pues no importaba tanto que la cabina ofreciera una visión perfecta, sino que cuando el sol lucía, el habitáculo se calentaba como un invernadero. Por este motivo, del KR 200 también se hizo una versión con capota plegable.

Messerschmitt KR 201

Desde el punto de vista constructivo, cada microcoche con cabin estaba formado por un chasis tubular con base plana y carroceri de chapa de acero soldada. Este concepto no cambió demasiad durante el período de fabricación, de 1953 a 1964. Gracias a la dis posición de los asientos en tándem, con el que el vehículo ofrec una relativamente baja resistencia al aire, estos cochecitos preser taban unas buenas propiedades de marcha y constituían de hech una alternativa interesante a las motocicletas. En contraste con construcción estándar con plexiglás, la versión de la cabrio-berlir proporcionaba temperaturas más agradables en el habitáculo. Par gozar con la conducción de un vehículo absolutamente abierto s molestas ventanas laterales de por medio Messerschmitt lanzó KR 201, en el que la única protección contra las inclemencias d tiempo la ofrecía una capota plegable.

Modelo:	*Messerschmitt KR 201*
Cilindrada/Cilindros:	*191 cm³/1 cilindro*
CV/kW:	*10/7,3*
Período de fabricación:	*1955-1964*
Unidades fabricadas:	*aprox. 10 000*

Messerschmitt KR 200

A pesar de las numerosas mejoras que experimentaron sus vehículos, Messerschmitt empezó a percibir a finales de la década de 1950 un menor interés por los pequeños coches. Aunque todavía exportaba el 30% de su producción anual, el profesor Messerschmitt se despidió de la construcción de automóviles a finales del año 1956; vendió las instalaciones y dejó paso a Fritz Fend, el genial «inventor» del microcoche con cabina. Tras el adiós de Messerschmitt, Fend fundó en Ratisbona en 1957 su propia empresa, prosiguió con la fabricación de microcoches con cabina y, sorprendiendo a todos los expertos, todavía lanzó el Tiger, una variante deportiva de cuatro ruedas con mucho gancho entre la juventud, que lo anhelaba ardientemente pero que no podía costeárselo. Hoy en día, el Tiger representa el sueño de cualquier coleccionista de coches pequeños aunque las dos docenas que todavía existen se continúan vendiendo a precios exorbitantes, incluso 40 años después de que se dejaron de construir.

Modelo:	*Messerschmitt KR 200*
Cilindrada/Cilindros:	*191 cm³/1 cilindro*
CV/kW:	*10/7,3*
Período de fabricación:	*1955-1964*
Unidades fabricadas:	*aprox. 10 000*

Messerschmitt FMR Tg 500

Cuando los primeros Messerschmitt Tiger aparecieron, llevaban como emblema el símbolo de FMR, formado por tres anillos. Por desgracia, Fend sólo pudo emplear este logotipo muy poco tiempo y debió cambiar los anillos por cuadrados, ya que también Krupp utilizaba tres anillos como emblema. Por añadidura, los derechos sobre la denominación de la marca Tiger también pertenecían a Krupp, de ahí que acabara optándose por cambiar el nombre del modelo y llamarlo Tg 500. En la práctica, todas estas disputas sobre los derechos no tuvieron ninguna importancia, pues los entusiastas de este coche deportivo lo siguieron llamando Messerschmitt Tiger. Con sus 3000 mm de largo y 1885 mm de distancia entre ejes hacía honor a su apodo de «caza-reactor de las carreteras», que a falta de un mecanismo de dirección, con el menor golpe de manillar producía un giro considerable.

Modelo:	*Messerschmitt FMR Tg 500*
Cilindrada/Cilindros:	*493 cm³/2 cilindros*
CV/kW:	*19,5/14,3*
Período de fabricación:	*1958-1963*
Unidades fabricadas:	*aprox. 320*

Messerschmitt FMR Tg 500

Unos 320 FMR Tg 500 (ésta era la denominación oficial del Tige salieron de los talleres de 1958 a 1963. Si el coche ya constitu toda una rareza en aquellos tiempos, hoy es ya casi imposib encontrar ejemplares que puedan ser restaurados. Igual que lo microcoches de tres ruedas con cabina, también el Tg 500 de cansaba sobre un chasis tubular soldado con base plana. Ahor equipado con un motor bicilíndrico de dos tiempos de 493 cm³, s podía obtener, según el folleto publicitario de la casa «La potenc de un turismo por el precio de un coche pequeño». En este cas concreto, la potencia era de unos modestos 19,5 CV, que prop saban el Tiger hasta unos 130 km/h. Con ello, haciendo caso ot vez de la publicidad, era «el vehículo ideal para los apasionados d las motocicletas que desean circular seguros y secos sin renunci al genio de su máquina».

Modelo:	*Messerschmitt FMR Tg 500*
Cilindrada/Cilindros:	*493 cm³/2 cilindros*
CV/kW:	*19,5/14,3*
Período de fabricación:	*1958-1963*
Unidades fabricadas:	*aprox. 320*

NSU Prinz II

El Prinz I, el Prinz estándar, sólo lo suministró NSU en un color verde claro con parachoques y tapacubos de color aluminio. El techo corredizo y los intermitentes podían obtenerse por un sobreprecio. La mayor parte de los compradores se decantó por el modelo Prinz II, construido al mismo tiempo que el modelo I, ya que salía de fábrica con un equipamiento más completo y se presentaba con guanteras en las puertas y con ventanillas de accionamiento vertical en vez de las correderas. Además, se podía adquirir en cuatro colores diferentes. Opcionales eran un par de extras como la pintura bicolor o las bandas blancas de los neumáticos. Diferencias técnicas entre los modelos I y II las hubo desde febrero de 1959 cuando el Prinz II, en lugar de una caja de cuatro velocidades con selector de horquilla, fue equipado con una caja de cambios completamente sincronizada.

NSU Prinz I

La prensa especializada debió de sorpre derse cuando NSU, la mayor productora c motocicletas de Alemania, anunció en se tiembre de 1957 en un comunicado c prensa que «El Prinz ya está aquí». Con el se aludía a un automóvil destinado a en quecer el sector de los utilitarios, ya qu para muchos, el Volkswagen Escarabajo r sultaba aún un sueño inalcanzable. El NS Prinz salió por primera vez de los talleres e marzo de 1958 y con un precepto realme te importante, es decir, que en este aut móvil debían caber cuatro personas adulta o, dicho de otra manera, una familia com pleta. Esto resultaba del todo factible, au que no de la manera más cómoda, com dejaron constancia los periodistas especia zados tras numerosos tests.

Modelo:	*NSU Prinz I*
Cilindrada/Cilindros:	*583 cm³/2 cilindr*
CV/kW:	*20/14,7*
Período de fabricación:	*1958-1962*
Unidades fabricadas:	*aprox. 94 500*

Modelo:	*NSU Prinz II*
Cilindrada/Cilindros:	*583 cm³/2 cilindros*
CV/kW:	*20/14,7*
Período de fabricación:	*1958-1962*
Unidades fabricadas:	*aprox. 94 500*

ͷSU Sport-Prinz

n marzo de 1959, un pequeño cupé, el port-Prinz, vino a completar la gama de ISU. En comparación con los turismos, el port- Prinz no dejó de ser un vehículo de egundo orden, y mientras el precio de tros automóviles aumentaba de un año a tro, el del cupé descendió de los 6500 narcos alemanes originarios a los 5000. n principio, sólo dos grupos de compra- lores se interesaron por el Sport-Prinz: óvenes que concedían importancia a la epresentatividad y quienes consideraban a posibilidad de adquirir un segundo vehí- ulo. La publicidad solía reproducir situa- iones en las que el Sport-Prinz era condu- ido por una mujer que iba de compras o e desplazaba al club de tenis.

ʌodelo:	*NSU Sport-Prinz*
:ilindrada/Cilindros:	*583 cm³/2 cilindros*
:V/kW:	*30/22*
'eríodo de fabricación:	*1959-1967*
Jnidades fabricadas:	*20 831*

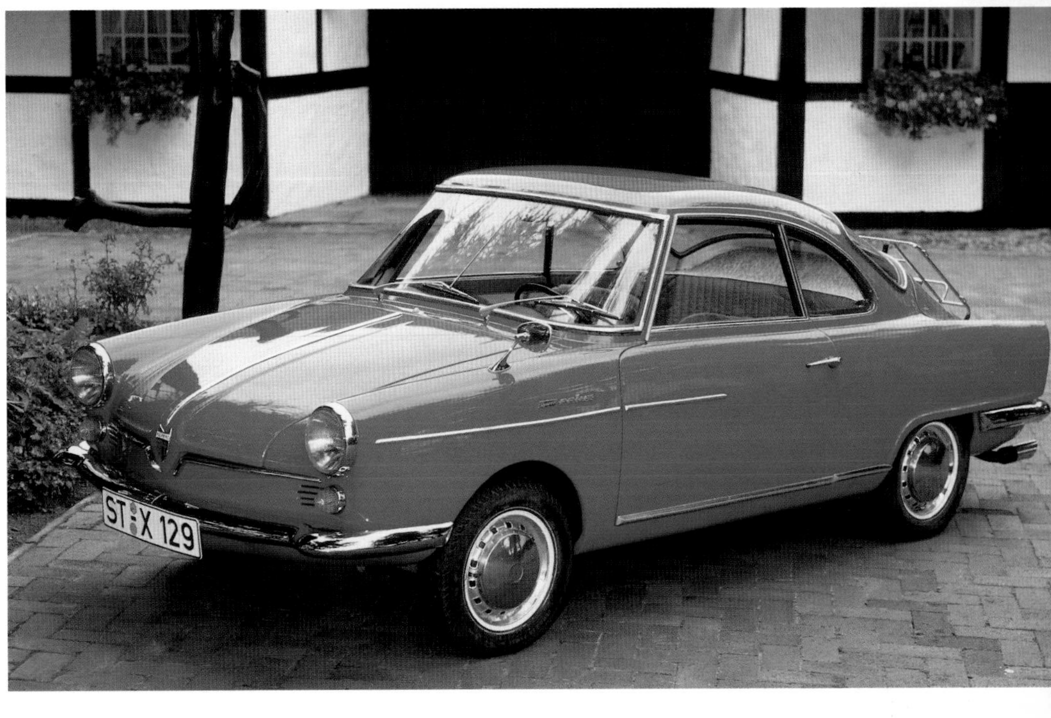

ʌodelo:	*Opel Olympia*
:ilindrada/Cilindros:	*1488 cm³/4 cilindros*
:V/kW:	*37/27,1*
'eríodo de fabricación:	*1950-1953*
Jnidades fabricadas:	---

Opel Olympia

Después de la II Guerra Mundial, antes de que la producción de automóviles volviera a tomar un rumbo adecuado, muchos fabricantes optaron por reanudar sus actividades construyendo modelos de la preguerra, pues no había ni tiempo ni dinero para desarrollar nuevos coches. También Opel siguió por este camino y se decidió a recuperar el Olympia. Sus principales características eran la carrocería autoportante, introducida en 1935, la suspensión independiente delantera y el motor tetracilíndrico de válvulas en culata. En lugar de la caja de cuatro velocidades, la versión de la posguerra fue equipada con una de tres con accionamiento en el volante. Los modelos fabricados desde 1947 hasta comienzos de 1950 apenas se diferenciaban de los de la década de 1930: el nuevo Olympia, con una línea más moderna, no salió al mercado hasta 1950.

Opel Olympia Rekord

Con la presentación del Olympia Rekord, Opel emprendió en 1953 nuevos y poco habituales caminos, pues con este vehículo de estilo muy diferente a los fabricados hasta entonces se despidió del típico diseño americano de aquella época. En la nueva carrocería ya no había voluminosas aletas en el guardabarros, el revestimiento de chapa se había alisado sensiblemente y la moderna forma de 3 cuerpos sólo resaltaba ligeramente las aletas guardabarros traseras. El vehículo, por otro lado, presentaba numerosas mejoras técnicas y era mucho más económico y menos problemático que su predecesor. La venta del Olympia Rekord empezó en marzo de 1953. Opel no tardó en completar la gama de modelos con un familiar (Caravan) y en la primavera de 1954 lanzó un cabriolé-berlina.

Modelo:	*Opel Olympia Rekord*
Cilindrada/Cilindros:	*1488 cm³/4 cilindros*
CV/kW:	*51/37,3*
Período de fabricación:	*1953-1956*
Unidades fabricadas:	---

Opel Olympia Rekord

En el proceso de actualización de los modelos de Opel, el Olympia Rekord recibió retoques de tipo estético y técnico. Como muchos vehículos de la década de 1950, también Opel apostó por una caja de tres velocidades (sólo la segunda y la tercera estaban sincronizadas) con accionamiento en el volante. Si se compara el precio de la berlina con el de la variante abierta, lo primero que sorprende es que esta última sólo costaba 300 marcos más que la berlina. Este precio suplementario también debía abonarse por el modelo familiar, denominado Caravan. Este automóvil, del que se construyeron unas 6300 unidades, fue un vehículo muy apreciado. Entre las versiones menos solicitadas figuraba la cabriolé-berlina reproducida en la foto.

Modelo:	*Opel Olympia Rekord*
Cilindrada/Cilindros:	*1488 cm³/4 cilindros*
CV/kW:	*51/37,3*
Período de fabricación:	*1953-1956*
Unidades fabricadas:	---

Opel Olympia Rekord

En el Salón Internacional del Automóvil de Frankfurt de 1953, Opel presentó el Olympia Rekord, un modelo destinado a competir con el Ford Taunus 12 M, aparecido en 1952. Siguiendo los modelos americanos de General Motors, el Olympia Rekord no tenía una forma pura de 3 volúmenes y se mostraba con unas características aletas guardabarros. Por aquel entonces no se podía imaginar el gran significado que la denominación Rekord alcanzaría posteriormente. Sometido a continuas mejoras, siempre dio mucho que hablar. Cuando el Olympia Rekord se presentó en 1956 con numerosos retoques (ventanas traseras más grandes y una nueva rejilla del radiador), los ingenieros ya hacía tiempo que trabajaban en una nueva serie cuyo aspecto vendría marcado por los parabrisas panorámicos.

Modelo:	*Opel Olympia Rekord*
Cilindrada/Cilindros:	*1488 cm³/4 cilindros*
CV/kW:	*45/33*
Período de fabricación:	*1955-1956*
Unidades fabricadas:	—

Modelo:	*Opel Rekord P1*
Cilindrada/Cilindros:	*1488 cm³/4 cilindros*
CV/kW:	*45/33*
Período de fabricación:	*1957-1960*
Unidades fabricadas:	*aprox. 817 000*

Opel Rekord P1

La influencia de General Motors se reflejó en Opel, una de las marcas del consorcio, cuando ésta desarrolló el nuevo modelo Rekord. Salido al mercado en 1957, este automóvil era prácticamente la versión reducida de un diseño estadounidense. Los llamados parabrisas panorámicos determinaban ahora el aspecto de la carrocería. Los extremos de los guardabarros traseros daban paso a unas pequeñas aletas que albergaban también los faros. Con respecto al motor, el Rekord venía equipado en un primer momento con el obsoleto motor del Olympia Rekord. Por el contrario, en 1959, el modelo ya recibió un aumento de potencia y motores de mayor cilindrada. Una mayor comodidad proporcionaba, por otro lado, el embrague automático denominado «Olymat», adquirible por un sobreprecio.

›pel Kapitän

as la II Guerra Mundial, Opel no se plantea- ı reanudar la fabricación de automóviles. abía perdido la fábrica de Brandenburgo, s instalaciones productivas del Kadett se ıbían desplazado al este en concepto de ›paraciones de guerra y, de esta forma, ebió esperar hasta 1947 para volver a sacar ı primer modelo, el Olympia. En 1948 apa- ›ció con algunos cambios la nueva versión el Kapitän, que en su forma original ya se abía fabricado antes del estallido de la gue- a y cuya producción debió suspenderse en 939 después de que hubieran visto la luz ɔenas 25 000 unidades. Por el contrario, de ı segunda versión (de octubre de 1948 a ›brero de 1951), esta gran berlina de cuatro uertas atrajo a 30 000 clientes.

›odelo:	*Opel Kapitän*
›lindrada/Cilindros:	*2473 cm³/6 cilindros*
V/kW:	*55/40,2*
eríodo de fabricación:	*1948-1951*
nidades fabricadas:	*30 431*

Opel Kapitän

Aunque el Kapitän no era desde luego un automóvil económico, Opel tenía varios motivos para reanudar sus actividades productivas con precisamente este vehículo, ya que su motor de seis cilindros se montaba en la misma cadena en que también se producía el motor de un camión, el Opel Blitz. Además, muchos modelos y herramientas de la producción de la preguerra se habían podido salvar de la destrucción. De esta manera, Opel logró ahorrarse costes de desarrollo y se limitó únicamente a mejorar algunos detalles del modelo fabricado antes del gran conflicto mundial. Por añadidura, la orden de las fuerzas de ocupación que prohibía construir automóviles de más de 1,5 litros terminó siendo revocada.

Modelo:	*Opel Kapitän*
Cilindrada/Cilindros:	*2473 cm³/6 cilindros*
CV/kW:	*55/40,2*
Período de fabricación:	*1948-1951*
Unidades fabricadas:	*30 431*

Opel Kapitän

Cuando Opel en la inmediata posguerr reanudó la producción del Kapitän, decidi que de este coche sólo se fabricaría ur versión de carrocería, es decir, la berlina A la variante cabriolé de la década de 193 se renunció intencionadamente, pues lo ingenieros ya llevaban mucho tiempo ocu pándose del modelo que le debía sucede Como ocurrió con el Chevrolet Corvette, e Opel Kapitän debió esperar un tiemp antes de ser presentado al público tras s fase de desarrollo. Con un modest aumento de potencia (sólo 3 CV), el nuev Kapitän no era de ningún modo uno de lo automóviles más rápidos de su categorí aunque gracias a una suave suspensión uno de los más cómodos.

Modelo:	*Opel Kapitän*
Cilindrada/Cilindros:	*2473 cm³/6 cilindro*
CV/kW:	*58/42,5*
Período de fabricación:	*1951-1953*
Unidades fabricadas:	*48 491*

Opel Kapitän

Gracias a la continua actualización de los modelos, el Kapitän de 1954/55 recibió un lavado de cara y fue equipado con una novedosa carrocería 3 volúmenes. Un año más tarde se le efectuaron nuevos retoques y, además de los aspectos externos (el vehículo medía 25 mm más de largo y 40 mm menos de alto), también la técnica se benefició de algunas modificaciones (la potencia del motor aumentó de 68 a 75 CV). Una importante innovación era que, por primera vez en un Opel, una sola llave servía para abrir las puertas, la guantera, el maletero, la tapa del depósito de gasolina y para accionar el contacto. Durante la fabricación de este modelo, Opel celebró un hito extraordinario, el 9 de noviembre de 1956 salía de sus cadenas de montaje la unidad número 2 000 000. Y era precisamente un Kapitän, que como modelo especial fue equipado con embellecedores chapados en oro.

Modelo:	*Opel Kapitän*
Cilindrada/Cilindros:	*2473 cm³/6 cilindros*
CV/kW:	*75/55*
Período de fabricación:	*1955-1958*
Unidades fabricadas:	*92 555*

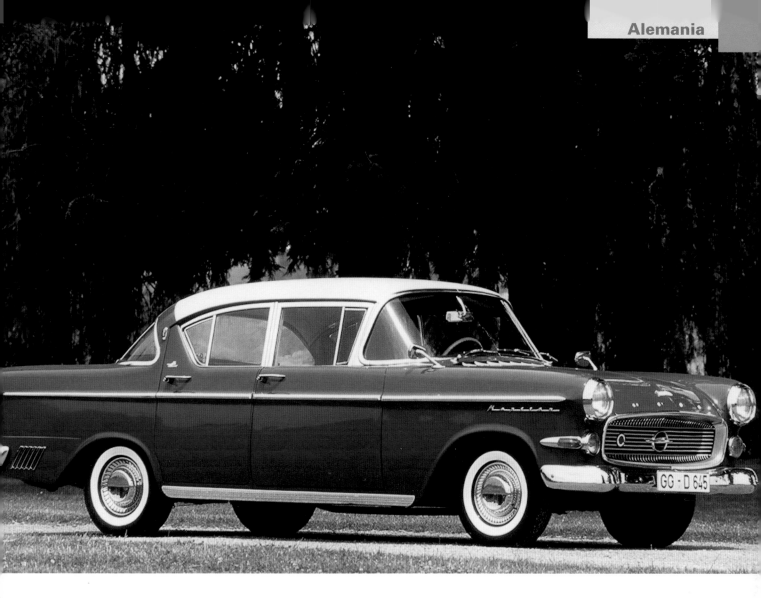

Opel Kapitän P 2.5

En junio de 1958 vino al mundo el Kapitän P 2.5, del que se vendieron nada más y nada menos que 35 000 ejemplares hasta su relevo por el P 2.6 un año más tarde. Este automóvil de 4800 mm de largo agradaba por su novedosa carrocería, pero la renuncia a la hasta entonces favorita forma 2 volúmenes también tuvo repercusiones negativas, ya que ahora resultaba casi imposible sentarse en los asientos traseros sin golpearse la cabeza al entrar al coche, dado que el techo se encontraba a la altura del respaldo del asiento trasero y ofrecía menos espacio para la cabeza. No obstante, los parabrisas panorámicos, los parachoques salientes y la gran abundancia de cromo respondían al gusto de la época, lo mismo que la pintura bicolor, muy apreciada entonces.

Modelo:	*Opel Kapitän 2.5*
Cilindrada/Cilindros:	*2473 cm³/6 cilindros*
CV/kW:	*80/58,6*
Período de fabricación:	*1958-1959*
Unidades fabricadas:	*34 842*

Porsche 356

Aunque los diseños de Porsche tienen ya casi cien años, el primer automóvil con tal marca no fue otro que el Porsche 356, adquirido por el gobierno regional de Carintia (Austria) el 8 de junio de 1948. Su autor espiritual fue el profesor Ferdinand «Ferry» Porsche, fallecido el 27 de marzo de 1998 a la edad de 88 años. En su empresa, que durante la guerra se trasladó desde la localidad alemana de Stuttgart-Zuffenhausen hasta la austríaca de Gmünd, en la región de Carintia, Porsche, junto a otros reputados colaboradores, había empezado en 1947 a «construir un vehículo deportivo de mi agrado», inspirándose en el Volkswagen Escarabajo desarrollado por su padre.

Modelo:	*Porsche 356*
Cilindrada/Cilindros:	*1131 cm³/4 cilindros*
CV/kW:	*40/29,3*
Año de fabricación:	*1948*
Unidades fabricadas:	*ejemplar único*

Porsche 356 Super

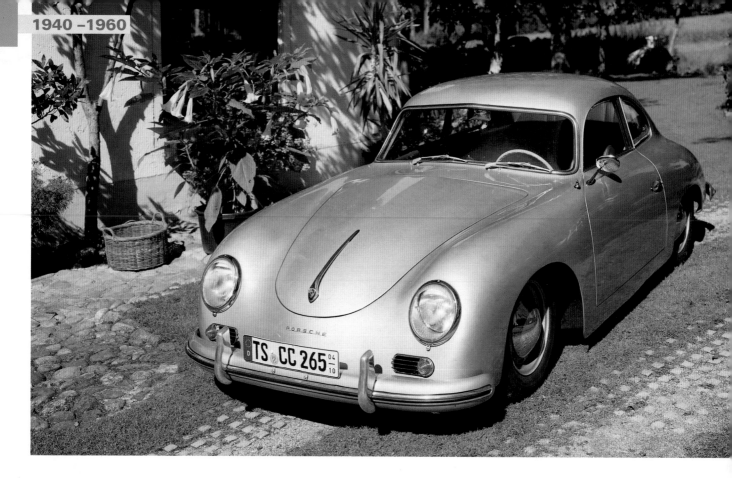

Sin tener ninguna idea predeterminada y sin imponerse un plazo fijo, Porsche empezó a trazar varios esbozos con vistas a la fabricación de un vehículo deportivo abierto. En julio de 1947 figuraban ya sobre la mesa unos planos con el número 356.00.105. El 356 aludía al proyecto diseñado en ellos. El primer automóvil de Porsche descansaba sobre un chasis tubular soldado. El motor refrigerado por aire (1131 cm³ y 4 cilindros) estaba emplazado delante de la caja de cambios y por detrás del eje trasero. La suspensión del motor y la de las ruedas procedían de las del Volkswagen. Casi un año más tarde pudieron efectuarse ya los primeros tests de prueba. El paso del Katschberg, situado por así decirlo junto a la puerta de la casa de Porsche, ofrecía condiciones ideales para ello.

Modelo:	*Porsche 356 Super*
Cilindrada/Cilindros:	*1488 cm³/4 cilindros*
CV/kW:	*70/51,3*
Período de fabricación:	*1952-1955*
Unidades fabricadas:	*76 302*

Modelo:	*Porsche 356 B*
Cilindrada/Cilindros:	*1582 cm³/4 cilindros*
CV/kW:	*60/44*
Período de fabricación:	*1959-1963*
Unidades fabricadas:	*76 302*

Porsche 356 B

Porsche se asombró de que, a pesar de la difícil situación económica, su coche deportivo estuviera muy solicitado. Ya a finales de 1948 se habían impreso en Viena los primeros folletos para el Porsche 356. Textos en alemán, inglés y francés acompañaban las fotografías del cupé. Las carrocerías cabriolé, que no tardaron en venir al mundo, se fabricaban en los talleres Beutler de Suiza. La presentación oficial del Porsche 356 tuvo lugar con motivo del Salón del Automóvil de Ginebra de 1949. El entusiasmo fue enorme. Porsche empezó a recibir encargos con mayor rapidez de la esperada. De este modo parecía que podía darse vía libre a una producción en serie; no obstante, cuando las primeras unidades empezaron a salir de las factorías de Gmünd, se demostró que en ellas no se disponía de espacio suficiente para fabricar en grandes cantidades.

Porsche 356 A Speedster

La carrocería elaborada para el primer Porsche era de aluminio, lo que reducía el peso a sólo 555 kg. El motor, de 40 CV, lanzaba el coche a una velocidad máxima de 130 km/h. A pesar de todos estos excelentes valores, en aquel momento todavía no se había pensado en la posibilidad de producir en serie. Pero cuando el famoso constructor Eberan von Eberhorst quedó convencido de las bondades de esta construcción tras numerosos tests de prueba, Porsche comenzó a buscar a alguien que financiara su proyecto. En realidad, Porsche no depositaba grandes esperanzas de vender el coche, pues un continente arrasado necesitaba algo más que un vehículo deportivo.

Modelo:	*Porsche 356 A Speedster*
Cilindrada/Cilindros:	*1582 cm³/4 cilindros*
CV/kW:	*60/44*
Período de fabricación:	*1955-1959*
Unidades fabricadas:	*76 302*

Porsche 356 Carrera 1600

Para poder fabricar en serie y de una manera cómoda el modelo 356, Porsche necesitaba imperiosamente trasladar la producción de Gmünd a instalaciones más adecuadas. Aunque sus factorías de Stuttgart habían sido requisadas por los militares estadounidenses, éstos le prometieron que despejarían las naves el 1 de septiembre de 1950 a más tardar. El tiempo apremiaba, pero Porsche encontró una solución intermedia. Reutter, la empresa encargada de la elaboración de carrocerías para los Porsche, puso a disposición de su cliente 500 m^2 de superficie por cuyo alquiler debía pagar 500 marcos al mes. La villa de Porsche, su garaje e incluso un granero fueron utilizados como instalaciones provisionales. Sólo de esta manera logró ver la luz el primer 356 construido en Alemania.

Modelo:	*Porsche 356 Carrera 1600*
Cilindrada/Cilindros:	*1588 cm^3/4 cilindros*
CV/kW:	*115/84,2*
Período de fabricación:	*1959-1963*
Unidades fabricadas:	*76 302*

Porsche 356 C

El primer 356 equipado con una carrocería de chapa de acero salió de las instalaciones provisionales de Porsche en marzo de 1950, y la versión retocada de este modelo no se hizo esperar demasiado. El motor tetracilíndrico pasó de tener 1110 cm^3 a 1300 cm^3, con lo que la potencia que se transmitía a las ruedas traseras, aumentaba ya a 44 CV. Cuando el 21 de marzo de 1951 abandonó los talleres la unidad número 500 de la marca, el motor empleado entonces era ya de 1500 cm^3, y éste fue sólo el principio de un continuo incremento de potencia. Así, cuando a finales de 1951 la casa Porsche celebró la fabricación de su coche número 1000, ya nada podía detener el avance triunfal del 356.

Modelo:	*Porsche 356 C*
Cilindrada/Cilindros:	*1582 cm^3/4 cilindros*
CV/kW:	*75/55*
Período de fabricación:	*1963-1965*
Unidades fabricadas:	*76 302*

Porsche 356 C

Si los primeros Porsche reposaban todavía sobre un costoso chasis tubular y estaban concebidos como puros biplazas, el posterior empleo de la plataforma del Volkswagen Escarabajo facilitó enormemente la producción en serie. En 1949, Porsche había efectuado su entrada triunfal en el Salón del Automóvil de Ginebra. Cuando empezó por fin la fabricación en serie de este elegante coche, su éxito ya era imparable. Durante 17 años se construyó este vehículo, sometido constantemente a numerosas mejoras. Las series A, B y C permanecieron fieles a su aspecto estético, aunque desde el punto de vista técnico, el 356 no tardó en dejar de ser un bravo coche deportivo de serie para convertirse en el impetuoso Carrera, cuyo capó ya ocultaba un motor con cuatro árboles de levas en culata.

Modelo:	*Porsche 356 C*
Cilindrada/Cilindros:	*1582 cm^3/4 cilindros*
CV/kW:	*75/55*
Período de fabricación:	*1963-1965*
Unidades fabricadas:	*76 302*

Sachsenring P 240

Tras la disolución de Auto Union (consorcio formado por las marcas Audi, DKW, Horch y Wanderer) una vez terminada la II Guerra Mundial, las factorías de Horch situadas en Alemania Oriental se transformaron en VEB, iniciales en alemán de Empresa de Propiedad Popular. En el centro de producción denominado VEB Sachsenring se reanudó en 1956 la construcción de automóviles de un prestigio análogo al de los de la legendaria marca Tatra. Mientras que Tatra apostaba por el motor trasero, el Sachsenring presentado en la Feria de Primavera de Leipzig de 1956 permanecía fiel a la construcción tradicional con motor delantero y tracción trasera. El P 240 no tardó en clasificarse como «vehículo del funcionario» en la antigua RDA; en la Europa demócrata, por el contrario, este coche no llegó a circular.

Modelo:	*Sachsenring P 240*
Cilindrada/Cilindros:	*2407 cm^3/6 cilindros*
CV/kW:	*80/58,6*
Período de fabricación:	*1956-1959*
Unidades fabricadas:	*aprox. 1400*

Sachsenring P 240

El P 240 descansaba sobre un chasis cuadrangular de 2800 mm de distancia entre ejes y cuya carrocería presentaba un aspecto muy a la moda de los años 1950, aunque la técnica recordaba más a la de la década de 1930. Un obsoleto motor de seis cilindros para un automóvil de 1500 kg a una velocidad de 140 km/h era más que suficiente para la misión a la que el P 240 estaba destinado, pues el vehículo iba dirigido en primer término a la elite política, de ahí que, además del modelos estándares (la berlina de cuatro puertas) también se optara por fabricar un cabriolé. Los pocos cabriolés existentes eran muy raros de ver en la antigua RDA y sólo solían verse en las espectaculares ferias del mes de mayo. A diferencia de Trabant y de Wartburg, el P 240 iba equipado con toda clase de detalles, asientos de cuero y radio incluidos.

Modelo:	*Sachsenring P 240*
Cilindrada/Cilindros:	*2407 cm^3/6 cilindros*
CV/kW:	*80/58,6*
Período de fabricación:	*1956-1959*
Unidades fabricadas:	*aprox. 1400*

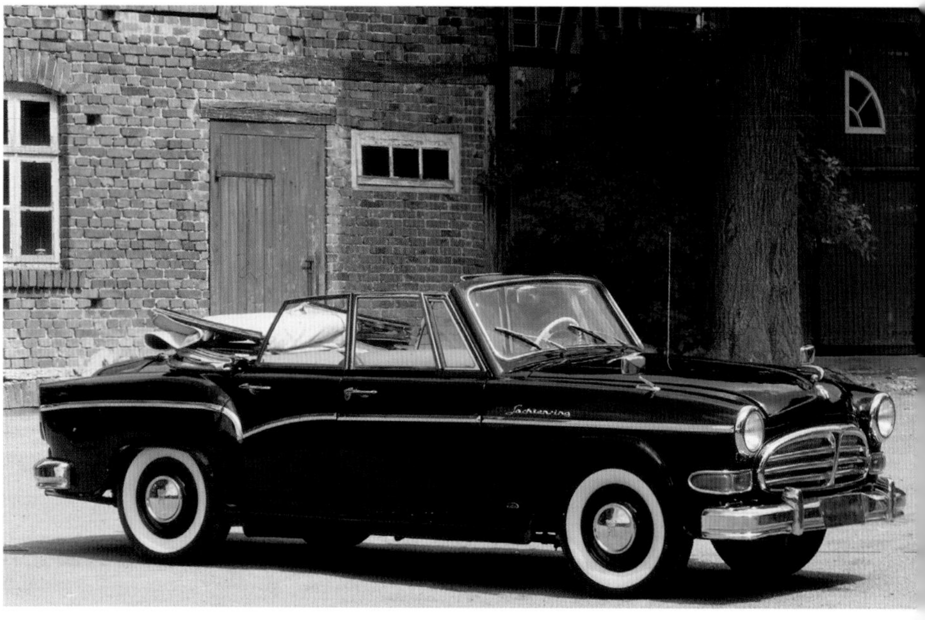

Trabant P 50

En la antigua Alemania Oriental, el Trabant fue durante años el símbolo de toda una época, del mismo modo que también lo fue el Escarabajo en la RFA. Desde el inicio de su producción en 1958 salieron de los talleres VEB Sachsenring 3,7 millones de unidades, y para muchos orgullosos propietarios, éste fue algo más que un producto para fomentar la motorización de las masas. Al menos hasta la caída del muro de Berlín, este automóvil también simbolizó el deseo de libertad: las fotos de «Trabis» petardeando en masa en dirección al Oeste dieron la vuelta al mundo. El Trabant fue en su debut la gran estrella de la Feria de Primavera de Leipzig y no tardó en convertirse en el coche popular destinado a movilizar a los ciudadanos de la RDA.

Modelo:	*Trabant P 50*
Cilindrada/Cilindros:	*500 cm^3/2 cilindros*
CV/kW:	*18/13,2*
Período de fabricación:	*1958-1963*
Unidades fabricadas:	*aprox. 3 700 000*

·abant P 50

Trabant P 50 que empezó a fabricarse en ›viembre de 1957 en AWZ, Automobil-erke de Zwickau (más tarde, VEB Sachsen-ıg), se ha vuelto con el tiempo una rareza ásica. Las primeras versiones fueron deno-inadas «Porsches bola» por su forma dondeada, al tiempo que otros las llama-n «cartón de carreras». La llegada de la gunda generación de «Trabis» en 1962 no ›ortó novedades, ya que este modelo de acción delantera no fue sometido a ningu-ı actualización. En otro sentido, la vía oficial ıcia el Oeste se le cerró: por un lado, el uro de Berlín, alzado en agosto de 1961, oqueó las exportaciones; por el otro, la pro-ıcción apenas era suficiente para cubrir la emanda en la RDA. Así, quienes deseaban łquirir un Trabant, debían contar con unos azos de entrega de hasta diez años y más.

odelo: *Trabant P 50*
ilindrada/Cilindros: *500 cm³/2 cilindros*
V/kW: *18/13,2*
eríodo de fabricación: *1958-1963*
nidades fabricadas: *aprox. 3 700 000*

Veritas 90 SPC

La empresa Veritas fue fundada en la inmediata posguerra por antiguos trabajadores de BMW. Además de un coche para competiciones deportivas, también se fabricaron interesantes versiones de carretera propulsadas por un motor de nuevo desarrollo. A comienzos de 1951, Ernst Loof, uno de los fundadores de esta marca, desplazó una parte de las instalaciones productivas junto al circuito de Nürburgring a raíz de la quiebra de la empresa. En este nuevo lugar, Loof construyó una serie limitada del modelo Veritas-Nürburgring. El SPC todavía procedía de las factorías de Messkirch/Baden y, como todos los Veritas, descansaba sobre un chasis de grandes dimensiones. En consonancia con la exclusividad de un Veritas, el precio de este coche deportivo era por entonces de unos 17 000 marcos.

/lodelo: *Veritas 90 SPC*
:ilindrada/Cilindros: *1988 cm³/6 cilindros*
.V/kW: *100/73,2*
'eríodo de fabricación: *1949-1950*
Jnidades fabricadas: *---*

Victoria 250

En 1956, el ingeniero Harald Friedrich fundó junto con los taller Victoria la empresa BAW (Bayerische Automobil-Werke) para pod llevar a buen término el proyecto de un pequeño automóvil co carrocería de plástico. Por desgracia, las expectativas de ventas r se cumplieron, pues el «Gorrión» era un coche para los días de bue tiempo y la ausencia de puertas hacía que el acceso al vehículo co la capota cubierta fuera una tortura. Cuando Friedrich se separó c la BAW surgió una segunda versión de este enanito que volvió a s revisada por Victoria. Los ejemplares de esta serie salieron al me cado como Victoria 250 antes de que la empresa cediese los der chos de fabricación a la compañía Burglengenfeld, que optó p dejar de producir el modelo sucesor previsto, el «Burgfalke FB 250

Modelo:	*Victoria 250*
Cilindrada/Cilindros:	*248 cm³/1 cilindro*
CV/kW:	*14/10,2*
Período de fabricación:	*1956-1958*
Unidades fabricadas:	*aprox. 1580*

Volkswagen 1200

En diciembre de 1945 se inició la fabricación en serie del Escarabajo con el montaje de 55 vehículos. Por aquel entonces, nada hacía prever la extraordinaria carrera de la empresa, ya que corrían unos tiempos muy difíciles en los que el principal objetivo de toda persona era sobrevivir. Un año más tarde ya salía la unidad número 10 000 de Volkswagen, todo ello antes de que una serie de acontecimientos externos y de restricciones afectaran a la producción. Así, por ejemplo, se prohibieron los suministros a particulares. La escasez de carbón, por otro lado, provocó en 1947 el cese temporal de las actividades de Volkswagen. Pero la marcha triunfal prosiguió y en 1948 pertenecían a la plantilla de la empresa 8400 trabajadores, que a 1,10 marcos la hora producían casi 20 000 automóviles al año.

Modelo:	*Volkswagen 1200*
Cilindrada/Cilindros:	*1192 cm³/4 cilindros*
CV/kW:	*30/22*
Período de fabricación:	*1953-1957*
Unidades fabricadas:	*aprox. 1 200 000*

Volkswagen 1200

En agosto de 1947 empezó a exportarse e Volkswagen Escarabajo. Los hermano neerlandeses Pon fueron nombrados im portadores generales y recibieron una pr mera entrega de 56 berlinas del modelo Un año más tarde, la exportación se ampli a Dinamarca, Luxemburgo, Suecia, Bélgic y Suiza y comenzaron a entrar preciosa divisas (4464 Escarabajos reportaron uno valiosísimos 23 millones de marcos alema nes). A pesar de que la reforma monetari conllevó un descenso del poder adquisitiv de los alemanes e impidió un espectacula aumento de las ventas, se tuvo por fin l certeza de hallarse ante un coche realmen te popular (Volskwagen significa precisa mente «coche popular»). El Escarabajo tre paba a la perfección por carreteras secas su motor trasero proporcionaba una adhe rencia suficiente a las ruedas motrices.

Modelo:	*Volkswagen 1200*
Cilindrada/Cilindros:	*1192 cm³/4 cilindro*
CV/kW:	*30/22*
Período de fabricación:	*1953-1957*
Unidades fabricadas:	*aprox. 1 200 000*

Volkswagen Hebmüller Cabrio

En 1948, el presidente de Volkswagen Heinrich Nordhoff mandó construir en la empresa Joseph Hebmüller a efectos de prueba tres prototipos de un cabriolé sobre una base de Volkswagen. Para la fabricación debían emplearse, sin embargo, la mayor cantidad posible de piezas originales de la berlina de Volskwagen; el exclusivo equipamiento interior del vehículo procedía de la misma Hebmüller. Volkswagen encargó una serie de 2000 unidades; aunque un gran incendio en sus factorías hizo que Hebmüller debiera cerrar sus puertas cuatro años más tarde. Hasta entonces habían salido al mercado sólo 696 cabriolés. Los talleres Karmann de Osnabrück, todavía lograron montar varios cabriolés de Herbmüller a partir de restos y piezas de recambio.

Modelo:	*Volkswagen Hebmüller Cabrio*
Cilindrada/Cilindros:	*1131 cm³/4 cilindros*
CV/kW:	*25/18,3*
Período de fabricación:	*1949-1953*
Unidades fabricadas:	*696*

Volkswagen Cabriolet

Ferdinand Porsche consideró el motor de dos tiempos como la solución más razonable para el Volkswagen desde el punto de vista económico; aunque, tras numerosos intentos y ensayos, la elección recayó en un *boxer* de cuatro cilindros con refrigeración por aire. El primer motor Volkswagen previsto para la serie presentaba unas cotas internas de 70 x 64 mm de diámetro y carrera y una cilindrada de 985 cm³. Con una relación de compresión de 5,6:1 y un valor nominal de 3000 RPM, el motor rendía 22,5 CV. Especialmente llamativo era el aspecto del cárter de aleación ligera fundido bajo presión que alojaba el motor y la caja de cambios. El perfeccionamiento del motor desde 1945 comportó un continuo aumento de la cilindrada y la potencia.

Modelo:	*Volkswagen Cabriolet*
Cilindrada/Cilindros:	*1131 cm³/4 cilindros*
CV/kW:	*25/18,3*
Período de fabricación:	*1949-1980*
Unidades fabricadas:	*33 1847*

Volkswagen 1200

El Volkswagen Cabriolet no se hizo esperar mucho. El 1 de julio de 1949, los talleres Karman de Osnabrück presentaban una variante de carrocería abierta que se fabricó durante muchos años. Mientras tanto, en Wolfsburg se seguía produciendo la berlina del Escarabajo, la versión abierta, que con el paso del tiempo fue sometida a diversas revisiones. El modesto motor *boxer* del Escarabajo no tardó en entrar en la historia como el motor del milagro económico alemán y siempre fue objeto de reverencia, ya que la producción no cesó de aumentar sin pausa alguna: así, en 1955, salía de los talleres la unidad «un millón» del Escarabajo. En esos momentos, la producción diaria superaba ya los 1000 vehículos.

Modelo:	*Volkswagen 1200*
Cilindrada/Cilindros:	*1192 cm³/4 cilindros*
CV/kW:	*30/22*
Período de fabricación:	*1953-1957*
Unidades fabricadas:	*aprox. 1 200 000*

Volkswagen Dannenhauer & Stauss Cabriolet

Además del «oficial» Escarabajo Cabriolet, también se encontraban algunas «especies exóticas» que también empleaban como punto de partida la plataforma del Escarabajo. Para estas carrocerías especiales, sin embargo, resultaba casi imposible hacerse con un chasis de Volkswagen, de ahí que algunos genios adquirieran un coche completo para lavarle la imagen posteriormente. Gottfried Dannenhauer y su yerno Kurt Stauss pertenecían al círculo de aquellos expertos que hacían del Escarabajo Cabriolet un vehículo aún más exclusivo. Los automóviles Dannenhauer & Stauss-Wagen solían fabricarse a mano, equipaban asientos tapizados en cuero y, por encargo, un motor de mayor potencia, lo que disparaba el precio del modelo, ya que el Dannenhauer & Stauss costaba el doble del Escarabajo estándar.

Modelo:	*Volkswagen Dannenhauer & Stauss Cabriolet*
Cilindrada/Cilindros:	*1192 cm³/4 cilindros*
CV/kW:	*31/22,7*
Período de fabricación:	*1951-1957*
Unidades fabricadas:	*aprox. 100*

Volkswagen 1200

«Ningún otro automóvil ha tenido como el Escarabajo semejante repercusión social», escribía Arthur Railton en «The Beetle», su himno al Escarabajo. Este coche tenía una mitología propia: se escribían libros sobre él, se editaban revistas propias y se rodaban películas con el coche como estrella. El Escarabajo fue objeto de centenares de chistes y se convirtió en un símbolo para los caricaturistas. El Escarabajo no era ni elegante ni lujoso, pero tampoco era razón pura. Como ningún otro modelo ni antes ni después, el Escarabajo confería un estatus a su propietario, si se lo proponía. Ya a mediados de la década de 1960, la publicidad de Volkswagen ya aprovechaba esta condición única: «No se aprecia lo que el conductor es. Si, por ejemplo, es afortunado con las mujeres o en la bolsa. O quizá en las dos cosas».

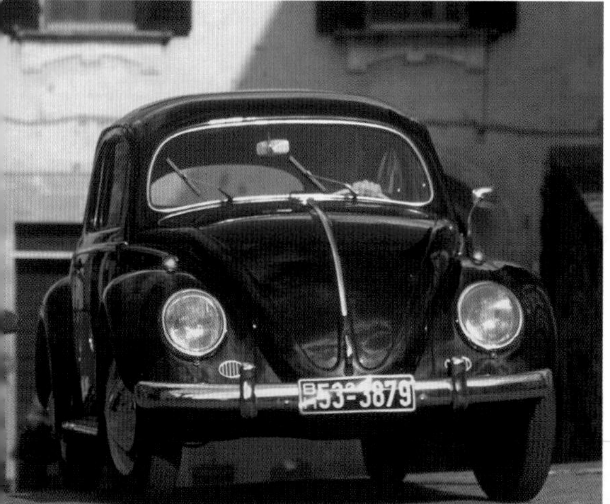

Modelo:	*Volkswagen 1200*
Cilindrada/Cilindros:	*1192 cm³/4 cilindros*
CV/kW:	*30/22*
Período de fabricación:	*1957-1973*
Unidades fabricadas:	---

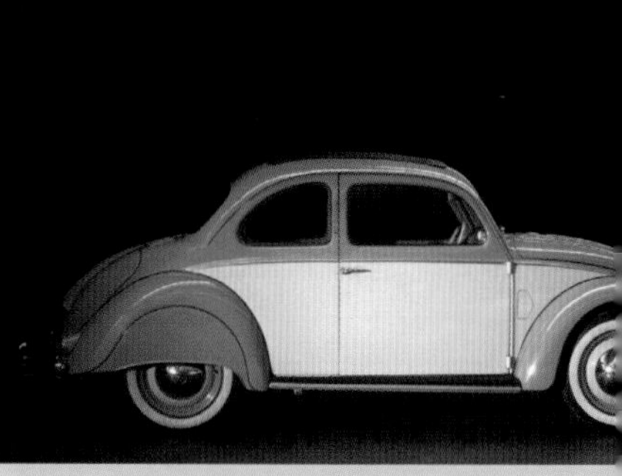

Volkswagen Stoll Coupé

Los exóticos hermanos del Volkswag Escarabajo que en la década de 1950 equiparon con carrocerías especiales pa satisfacer los caprichos de la clientela eran nada baratos. Aun así, en la época c milagro alemán, todavía encontraban cor pradores. Además de la versión estánd de fábrica del Escarabajo Cabriolet, ta bién aparecieron varias versiones cupé cabriolé del berlinés Friedrich Rometsc Asimismo los hermanos Drews de Wu pertal-Oberbarmen construyeron cabr lés deportivos con carrocería de alumir y chasis de Escarabajo. Una ulterior rare es el coche que se muestra en la foto, e borado en 1952 por la empresa carroce Stoll por encargo de un abogado. Es pieza de museo todavía existe y ha algunos años fue restaurada a fondo.

Modelo:	*Volkswagen Stoll Coupé*
Cilindrada/Cilindros:	*1131 cm³/4 cilindro*
CV/kW:	*25/18,3*
Año de fabricación:	*1952*
Unidades fabricadas:	*ejemplar único*

'olkswagen Cabriolet

'ocos años hubo en la historia del Escaabajo en que la carrocería no experimentara 1odificación alguna. El Volkswagen originao se caracteriza por disponer de un chasis lano autoportante y una carrocería atorillada que contribuye a la rigidez estructural, motor *boxer* trasero dispuesto en forma ›ngitudinal, la refrigeración por aire y la tracón trasera. La importancia de la construcón de Porsche radicaba en sus bien definios objetivos: cuatro plazas, una velocidad e crucero de 100 km/h y un precio accesile. El Volkswagen de la primera generación staba concebido y diseñado como modelo ormalizado. No obstante, con el inicio del espegue económico empezaron también s primeras versiones del Escarabajo para la xportación, que solían presentar un equipaiento más completo, una gama de colores 1ás amplia y embellecedores cromados.

1odelo:	*Volkswagen Cabriolet*
ilindrada/Cilindros:	*1131 cm³/4 cilindros*
V/kW:	*30/22*
eríodo de fabricación:	*1949-1980*
nidades fabricadas:	*331 847*

'olkswagen 1200

onducir un Escarabajo se convirtió desde el principio en algo especial. La revista de conumo estadounidense Consumer Reports analizaba ya en noviembre de 1952 la repercuón del Escarabajo: «Si está cansado de los coches habituales, el Volkswagen le aporta re fresco». Dos años más tarde, Lawrence Brooks, probador al servicio de la misma evista, sentenciaba eufórico: «Es uno de los escasísimos coches que provocan entusias1o, ya que produce un grato placer conducirlo». En 1955, Leo Donovan, de la revista estaounidense *Popular Mechanics* se restregaba los ojos maravillado: «Un coche pequeño y on un motor pobre. Sin embargo, sus vendedores no pueden hacer frente a las demandas, ealmente espectaculares. ¿Qué coche es tan increíble? El Volkswagen. Los concesionaos tienen plazos de entrega incluso para los modelos de segunda mano».

Modelo:	*Volkswagen 1200*
Cilindrada/Cilindros:	*1192 cm³/4 cilindros*
CV/kW:	*30/22*
Período de fabricación:	*1957-1973*
Unidades fabricadas:	---

Volkswagen Karmann-Ghia

A finales de 1953, Wilhelm Karmann había alcanzado su objetivo de poder construir un elegante modelo deportivo sobre la base del Volkswagen Escarabajo. El consorcio Volkswagen le dio el visto bueno y, por consiguiente, ya no hubo más impedimentos para desarrollar el vehículo. En el verano de 1955, Karmann consiguió por fin presentar la versión del nuevo Karmann-Ghia lista para su producción en serie. La prensa especializada había esperado con impaciencia este coche, y cuando éste fue presentado en Georgsmarienhütte, se estableció que el bello cupé con técnica alemana y diseño italiano empezaría a producirse en serie en agosto. El único riesgo radicaba en que este vehículo sólo era un biplaza con asientos traseros auxiliares, lo que no le convertía precisamente en uno de los automóviles más prácticos.

Modelo:	*Volkswagen Karmann-Ghia*
Cilindrada/Cilindros:	*1192 cm³/4 cilindros*
CV/kW:	*34/25*
Período de fabricación:	*1959-1965*
Unidades fabricadas:	*80 881 (cabrios)*

Volkswagen Karmann-Ghia

Los talleres Karmann de Osnabrück p sentaban unas condiciones óptimas pa construir un elegante biplaza de carac rísticas deportivas sobre la base de Volkswagen Escarabajo, y como fabrica tes del cabriolé ya estaban familiarizad con la técnica del Volkswagen. El úni problema radicaba en hacer apetitosa es idea al consorcio Volkswagen, ya que K mann también deseaba distribuir el moc lo a través de concesionarios Volkswage Los primeros proyectos de un «Esca bajo en frac» los había esbozado Karma en 1951. Wilhelm Karmann mandó revis sus esbozos por el carrocero italiano Gl antes de ponerle ruedas en 1953 al prim prototipo del Karmann-Ghia.

Modelo:	*Volkswagen Kar-mann-Ghia*
Cilindrada/Cilindros:	*1192 cm³/4 cilindr*
CV/kW:	*30/22*
Período de fabricación:	*1955-1960*
Unidades fabricadas:	*362 585 (cupés)*

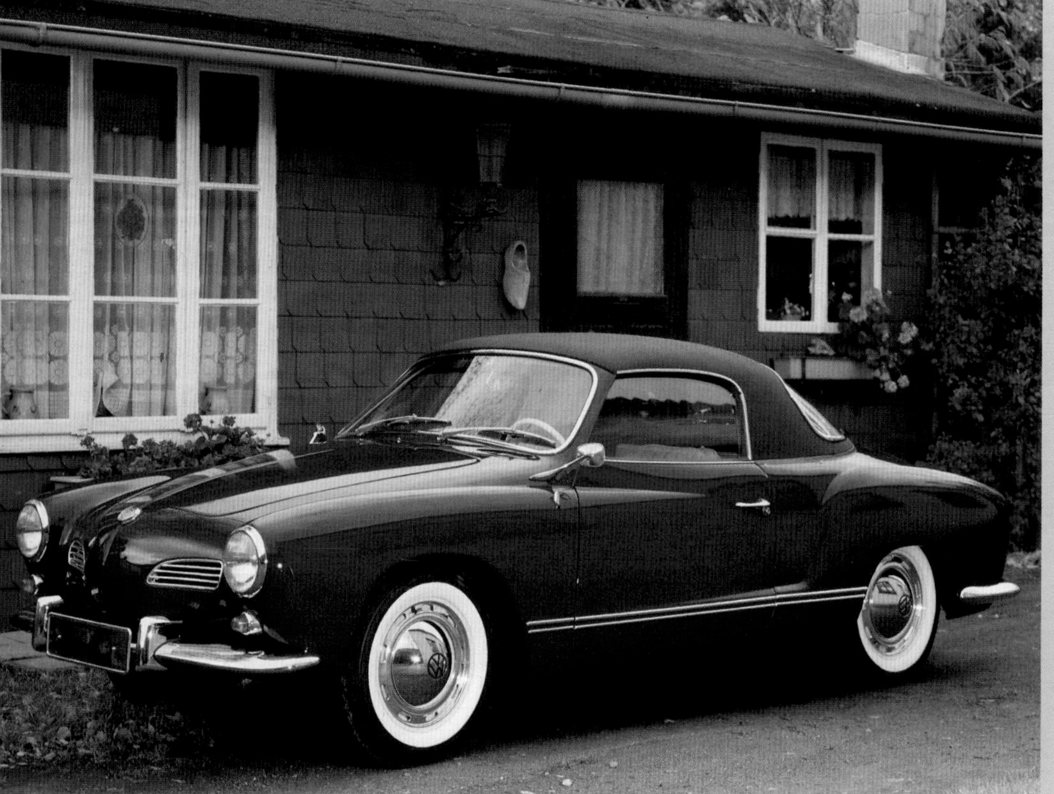

Volkswagen Karmann-Ghia

Los aficionados a los automóviles abiert que preferían el Karmann-Ghia al Cabrio debieron de sentir una amarga decepció ya que figuraba en primer término la fab cación del cupé. El Cabriolet no hizo su ap rición sino más tarde, en el Salón Intern cional del Automóvil de 1957. Con esta ve sión llegaba por fin el coche con el q Karmann había soñado desde el princip Como alternativa al Cabriolet con capota lona, Karmann presentaría una ulteri variante del modelo. En este caso, la ve sión abierta podía equiparse con un *hardt* opcional. Aunque de esta interesante ve sión se fabricaron un par de ejemplares, idea de construir el modelo en grandes ca tidades fue desechada enseguida.

Modelo:	*Volkswagen Karmann-Ghia*
Cilindrada/Cilindros:	*1192 cm³/4 cilindro*
CV/kW:	*30/22*
Año de fabricación:	*1957*
Unidades fabricadas:	*ejemplar único*

Volkswagen Karmann-Ghia

Dado que la mecánica del Karmann-Ghia era idéntica a la del Escarabajo, el elegante biplaza presentaba todas las mejoras del modelo básico. De esta manera, también se efectuaron cambios en los ejes delantero y trasero, así como en la dirección o en la relación de velocidades de la caja de cambios. El punto central de la actualización del modelo, sin embargo, correspondió en buena medida al motor. El robusto motor *boxer* refrigerado por aire vino primero con 1,2 litros de cilindrada y 30 CV de potencia y se amplió con el tiempo a 1,5 litros y 50 CV. La carrera del exitoso Karmann-Ghia terminó en julio de 1974 tras casi 20 años de fabricación: el último ejemplar en salir de las cadenas de montaje fue un Cabriolet blanco.

Modelo:	*Volkswagen Karmann-Ghia*
Cilindrada/Cilindros:	*1192 cm³/4 cilindros*
CV/kW:	*30/22*
Año de fabricación:	*1957*
Unidades fabricadas:	*ejemplar único*

Wartburg 311-2

Con el nuevo Wartburg 311, los talleres automovilísticos VEB continuaron en 1956 la tradición del antiguo IFA 9. El Wartburg, berlina de cuatro puertas en la versión estándar, se diferenciaba de su predecesor sobre todo por su modernizada carrocería, de línea más dinámica. Desde el punto de vista técnico, sin embargo, todo seguía como antes. El coche, de 4300 mm de largo y 2450 mm de distancia entre ejes, era impulsado por un motor tricilíndrico de dos tiempos y alcanzaba en un primer momento una velocidad máxima de sólo 100 km/h. Además de la berlina, el repertorio de modelos se completó con un elegante familiar y una berlina descapotable de cuatro plazas. Los vehículos experimentaron en 1958 ligeras modificaciones de tipo estético, entre ellas la introducción de una nueva rejilla del radiador.

Modelo:	*Wartburg 311-2*
Cilindrada/Cilindros:	*900 cm³/3 cilindros*
CV/kW:	*45/33*
Período de fabricación:	*1956-1966*
Unidades fabricadas:	*aprox. 290 000*

Wartburg Sport 313-1

Entre los pocos vehículos que alegraban un poco el triste y uniforme paisaje automovilístico de la antigua RDA figuraba el hermoso Wartburg Sport. Este *roadster* con carrocería de chapa de acero, en el que por encargo se podía instalar un *hardtop* resistente a los agentes atmosféricos, podía aspirar incluso a un premio de belleza... ¡incluso en Estados Unidos! La línea de la zaga recordaba un poco el Isabella Coupé de Borgward. Molduras cromadas y una rejilla del radiador igualmente cromada subrayaban la elegancia de este biplaza, cuyo aspecto estaba en completa contradicción con la técnica que ocultaba el capó, es decir, un motor tricilíndrico de dos tiempos que se esforzaba por lanzar el coche a 145 km/h.

Modelo:	*Wartburg Sport 313-1*
Cilindrada/Cilindros:	*900 cm³/3 cilindros*
CV/kW:	*50/36,6*
Período de fabricación:	*1957-1960*
Unidades fabricadas:	*469*

Zündapp Janus

Para intentar hacer frente a la cada vez menor demanda de motocicletas, los taller Zündapp optaron por construir un automóvil con un estilo absolutamente alejado de lo co vencional. El Janus no era una construcción propia ya que se basaba en el prototipo c Dornier Delta desarrollado en 1955 cuyos derechos de fabricación Dornier había cedido Zündapp. Lo interesante del concepto era que los ocupantes de este automóvil con un fro tal y una trasera idénticos se sentaban espalda contra espalda. La utilidad de esta innovaci la aclaraba un comunicado de prensa: «¡Una construcción automovilística futurista! Los cu tro asientos están situados espalda contra espalda». Probablemente, el Janus era demas do futurista, y sólo unos pocos mostraron interés por adquirir este curioso modelo.

Modelo:	*Zündapp Janus*
Cilindrada/Cilindros:	*248 cm³/1 cilindro*
CV/kW:	*14/10,2*
Período de fabricación:	*1957-1958*
Unidades fabricadas:	*6902*

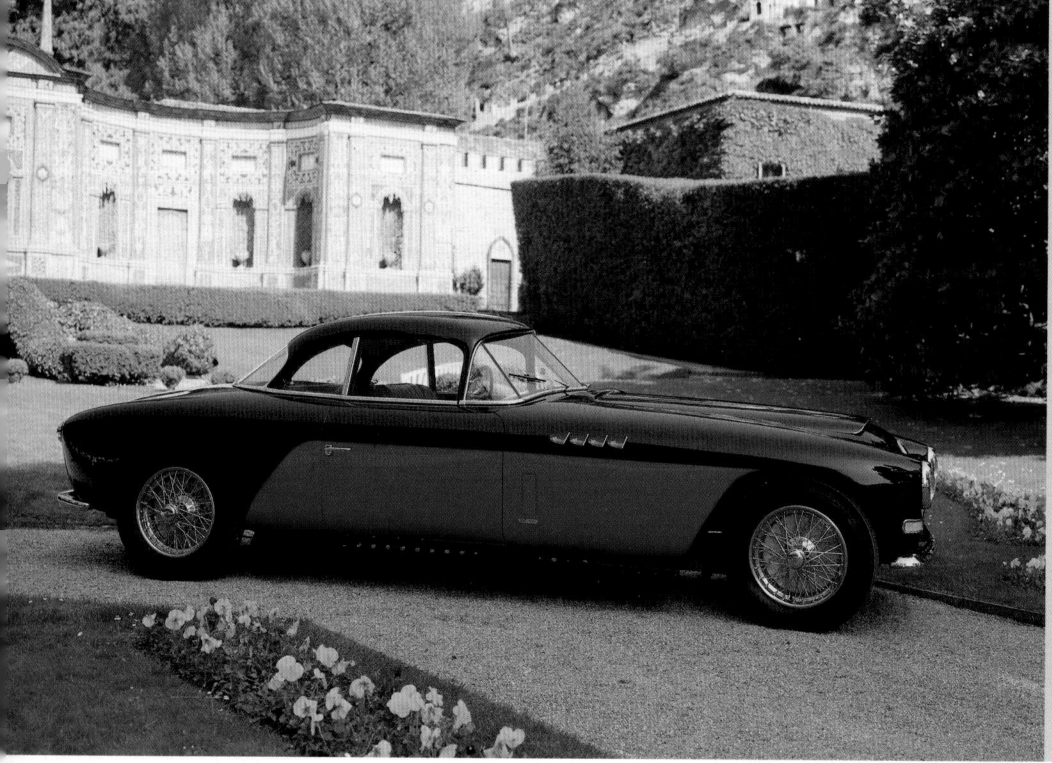

Bugatti 101 C

Después de la II Guerra Mundial, la marc de lujo Bugatti logró regresar por un brev espacio de tiempo al mundo del automóv Ideas y proyectos no faltaron, pero la marc ya no logró recuperar el esplendor de tien pos pasados. El Bugatti 101 que se prese tó en el Salón del Automóvil de París c 1951 no era nada más que una versió moderna y perfeccionada del legendar T 57. Su carrocería de 3 volúmenes, de i genioso diseño, fue proyectada por el dis ñador Louis L. Lepoix y construida por empresa carrocera Gangloff en Colma El motor de ocho cilindros situado deba del capó alcanzaba una potencia de 135 C en la versión estándar, mientras que la va riante con compresor, el Bugatti 101 C, y rendía a 190 CV y podía alcanzar una veloc dad máxima aproximada de 180 km/h.

Modelo:	*Bugatti 101 C*
Cilindrada/Cilindros:	*3257 cm³/8 cilindro*
CV/kW:	*190/139,1*
Período de fabricación:	*1952-1954*
Unidades fabricadas:	*7*

itroën 2 CV

resentado nuevamente en el Salón del utomóvil de París en octubre de 1948, el Pato» se abrió pasó por las carreteras de rancia y fue, a pesar de su modesta potena, bien acogido. De hecho, el 2 CV poseía odo lo necesario para alcanzar su destino. on un motor bicilíndrico de 375 cm³, se preentaba como un vehículo muy duradero y able, ya que desde un primer momento se abía renunciado a instalar en él toda clase e accesorios superfluos. Si hacemos caso e los datos del motor, este vehículo de tracón delantera podía clasificarse dentro de la ategoría de coches pequeños, aunque su arrocería de cuatro puertas con techo correizo respondía más al concepto de vehículo e gama media. Los propietarios de un 2 CV, n sus comienzos disponible sólo en color ris, tuvieron desde el principio la posibilidad e equiparlo con accesorios opcionales.

lodelo:	*Citroën 2 CV*
ilindrada/Cilindros:	*375 cm³/2 cilindros*
V/kW:	*9/6,6*
eríodo de fabricación:	*1949-1954*
nidades fabricadas:	*aprox. 676 000*

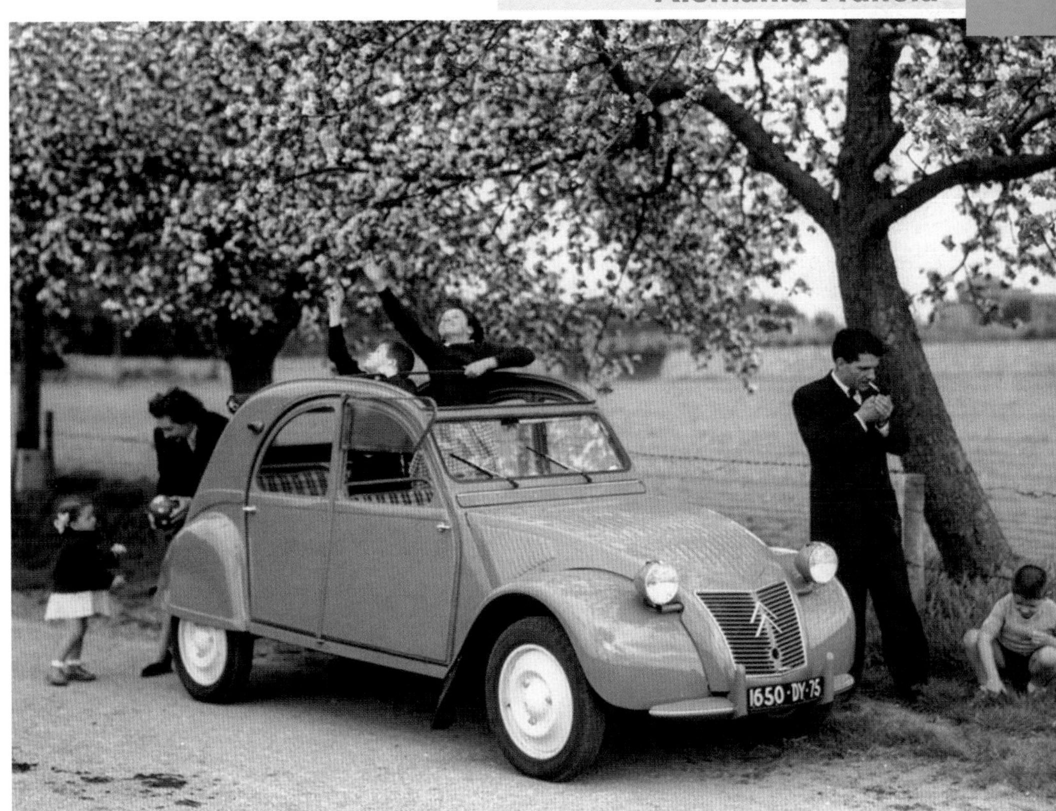

itroën 2 CV

ara satisfacer las algo mayores exigencias de los países europeos vecinos, los 2 CV monados en la filial belga contaron ya desde 1954 con una tapa de maletero y tres ventanillas aterales. En 1954, el motor del 2 CV fue revisado y pasó a tener una cilindrada de 425 cm³ una potencia de 12 CV. De acuerdo con la demanda y las necesidades, Citroën dejó que l automóvil se consolidara primero en el mercado interior antes de destinarlo al extranjeo. Los dueños de este coche de equipamiento relativamente simple que se proponían mbellecerlo podían encontrar accesorios tan extravagantes como unos parachoques muy speciales o un soporte en el techo para la rueda de recambio.

lodelo:	*Citroën 2 CV*
ilindrada/Cilindros:	*425 cm³/2 cilindros*
V/kW:	*12/8,8*
eríodo de fabricación:	*1954-1956*
nidades fabricadas:	*aprox. 676 000*

Citroën 2 CV Sahara

En 1958 nació un 4x4 que llamó mucho la atención. Era el 2 CV Sahara, que estaba equipado con dos motores que podían funcionar simultáneamente o por separado (el delantero para el eje de delante y el trasero para el eje de detrás). Con los dos motores, el pato podía sentirse tan bien en pleno desierto como en rampas del 45%. No obstante, la presencia de dos motores no dejaba espacio para un maletero. También por motivos de espacio, la rueda de recambio de este modelo capaz de alcanzar hasta 110 km/h debió alojarse en el exterior, sobre el capó delantero. El depósito de gasolina se encontraba debajo del asiento. Así para llenar el depósito con mayor comodidad, el tubo de llenado era accesible a través de una apertura redonda en la puerta.

Modelo:	*Citroën 2 CV Sahara*
Cilindrada/Cilindros:	*2x425 cm³/ 2x2 cilindros*
CV/kW:	*2x26 CV*
Período de fab.:	*1958-1955*
Unidades fabricadas:	*694*

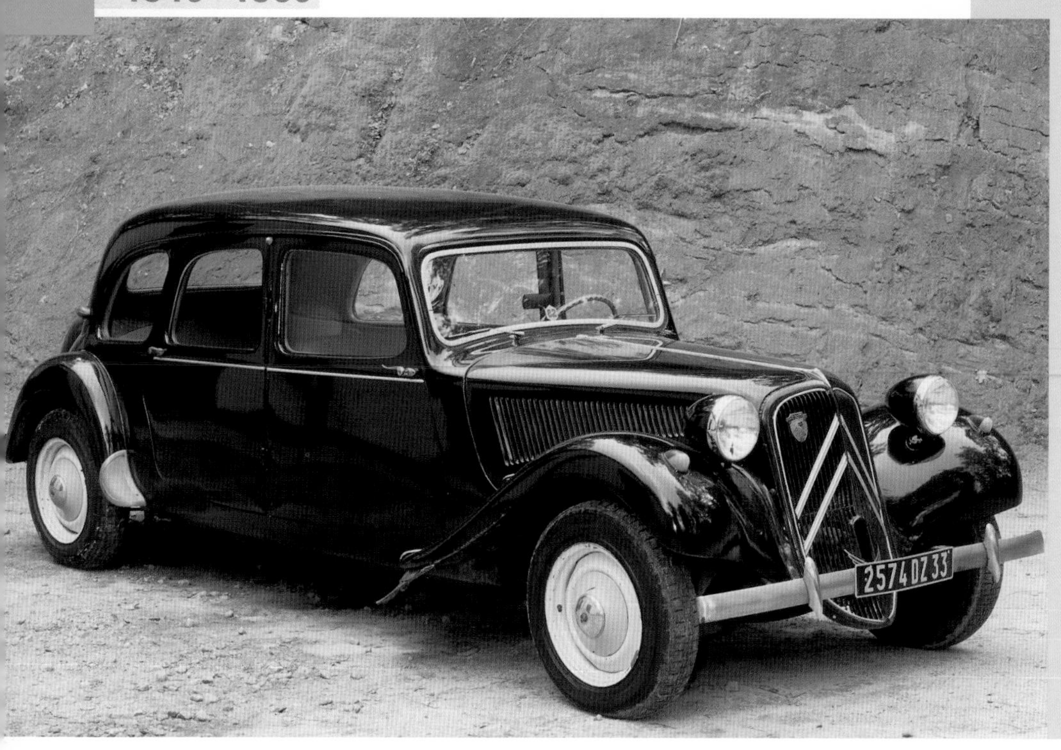

Citroën 11 CV

Mucho antes de que la palabra *crash-te*
apareciera en el vocabulario de la industr
automovilística, Citroën simuló en una car
tera de grava qué ocurría si un vehículo ch
caba contra una pared a una velocidad d
30 km/h. Este excepcional test tuvo lugar
1935 para demostrar la resistencia de
carrocería autoportante completamente d
acero del «Traction Avant». No sucedió nad
el habitáculo permaneció intacto y no se de
montó ninguna puerta. Para Citroën, el resu
tado de esta prueba demostraba, por u
lado, la validez de su construcción y, por otr
que el concepto podía continuar hacia ad
lante sin efectuar retoques, de ahí que est
automóvil siguiera fabricándose de la form
tradicional incluso después la guerra.

Modelo:	*Citroën 11 CV*
Cilindrada/Cilindros:	*1911 cm³/4 cilindro*
CV/kW:	*56/41*
Período de fabricación:	*1946-1953*
Unidades fabricadas:	---

Citroën 11 CV Coupé

El 11 CV constituyó la base de la producción de Citroën incluso muchos años después de haber concluido la II Guerra Mundial. La estructura básica de este automóvil de tracción delantera apenas se tocó, y los primeros ejemplares construidos desde 1946 se continuaron vendiendo sólo con su pintura negra. A pesar de la carrocería autoportante, un par de empresas especializadas se dedicaron a vestir al 11 CV y sacaron al mercado unidades de aspecto exclusivo. Así, la empresa Worblaufen radicada en Berna se ganó un merecido prestigio gracias a sus logradas versiones cabriolé. Asimismo, otros renombrados carroceros como L. Mitre, Renard o Splendilux proporcionaron al 11 CV una imagen interesante y fabricaron algunos elegantes cupés.

Modelo:	*Citroën 11 CV Coupé*
Cilindrada/Cilindros:	*1911 cm³/4 cilindro*
CV/kW:	*42/30,7*
Año de fabricación:	*1952*
Unidades fabricadas:	---

Citroën 15 Six

Según la leyenda, los avanzados coches con tracción delantera fabricados por Citroën eran muy del agrado de truhanes y otros personajes de mala vida, de ahí que en el habla popular bautizara el 11 CV con el apodo «coche de los gánsters». Todavía más apto para ellos era el 15 Six, bajo cuyo capó trabajaba un potente motor de seis cilindros. En 1951, en el curso de la renovación del modelo, el 15 Six recibió unas nuevas válvulas de ventilación ubicadas detrás del radiador, así como unos frenos de tambor de mayor tamaño y eficacia. Por otro lado, las unidades producidas en las cadenas de montaje británicas llevaban el volante a la derecha y venían equipadas con un cómodo revestimiento de cuero. En 1954, los 15 Six pasaron a tener una suspensión de gas líquido que por aquel entonces podía ser ya fabricada en serie.

odelo:	*Citroën 15 Six*
ilindrada/Cilindros:	*2867 cm³/6 cilindros*
V/kW:	*80/58,6*
eríodo de fabricación:	*1953-1956*
nidades fabricadas:	*aprox. 50 600*

itroën DS 19

omo sardinas en lata se concentraron los sitantes al Salón del Automóvil de París e 1955 en el *stand* de Citroën para ver lo ue allí se presentaba. Es probable que en oda la historia del automóvil no haya habio ningún otro coche con tal cantidad de ovedades técnicas revolucionarias y que aya marcado un antes y un después. S, unas letras que pronunciadas en francés significan «diosa» («déesse»), presamente el apodo que este vanguardista odelo no tardó en recibir. Sólo en el pri‑er día de la feria, Citroën ya había recibido 2 000 encargos de la Diosa. Un periodista specializado comentaba los acontecimienos: «Un coche destinado a influir decisivaente en la técnica del mundo».

odelo:	*Citroën DS 19*
ilindrada/Cilindros:	*1911 cm³/4 cilindros*
V/kW:	*75/55*
eríodo de fabricación:	*1955-1968*
nidades fabricadas:	*1 415 700*

Citroën ID 19

El DS de Citroën no era de ningún modo un automóvil de lujo para un par de ricachones. Con 1900 cm³ y 75 CV de potencia, este coche concebido para producirse en grandes series se movía en una línea de precio bastante razonable. Con él adquiría forma por primera vez un cinco plazas construido de acuerdo con los principios de la aerodinámica, de los que resultaba una línea muy original con una cintura muy baja. En este modelo, a diferencia del 11 CV, ya no había rejilla del radiador, los intermitentes traseros se hallaban en lo alto de la parte trasera y el frontal era tan afilado como la proa de un barco. También constituía una excepción que el volante sólo dispusiera de un brazo. La gran cantidad de innovaciones técnicas podía llegar a abrumar a su propietario, de ahí que Citroën sacara al mercado con la denominación ID para clientes más conservadores una versión más sobria en la que se renunciaba a algunas novedades técnicas.

Modelo:	*Citroën ID 19*
Cilindrada/Cilindros:	*1911 cm³/4 cilindros*
CV/kW:	*62/45,4*
Período de fabricación:	*1957-1969*
Unidades fabricadas:	---

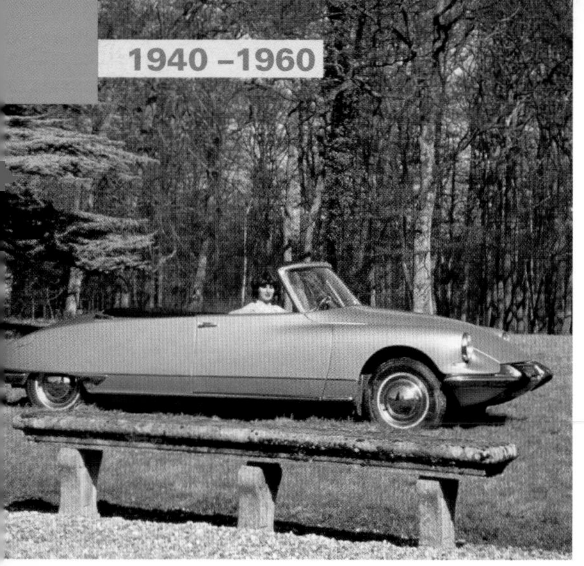

Citroën DS 19 Cabriolet

El constante aumento del tráfico en las calles y carreteras iba en paralelo al de las exige cias de la clientela, que pedía cada vez más velocidad, nervio y confort. Por consiguiente, modelo DS fue sometido a continuas remodelaciones, entre las que figuró la aparición de u cabriolé. El carrocero francés Henri Chapron se convirtió en 1958 en el primer afortunado e ocuparse de esta tarea y realizó varios biplazas abiertos que se vendieron a precios basta te elevados. En compensación, el carrocero añadía numerosos extras, como un accion miento electrohidráulico para la capota o una instalación de aire acondicionado. Desde 196 la misma casa Citroën pasó a fabricar carrocerías cabriolé y lanzó al mercado versiones má económicas que las de Chapron, quien completó su gama de modelos con elegantes cupé

Modelo:	*Citroën DS 19 Cabriolet*
Cilindrada/Cilindros:	*1985 cm³/4 cilindros*
CV/kW:	*84/61,5*
Período de fabricación:	*1958-1965*
Unidades fabricadas:	---

Delahaye 135 MS

Aunque al finalizar la II Guerra Mundial el nombre Delahaye todavía se asociaba a la construcción de automóviles de lujo, una serie de reestructuraciones empresariales la incluyó junto a Delage en el denominado G.F.A (Groupe Français de l'Automobile). La sigla G.F.A. recibió un emblema y hoy tiene la ventaja de que gracias a esto se pueden identificar con relativa facilidad los automóviles producidos antes o después de la guerra. La producción se reanudó en 1946 y la empresa continuó la tradición de los modelos 134 y 135. Igual que antes, sobre el chasis en forma cuadrangular seguían montándose, además de las carrocerías estándares, muchas otras especiales, como esta variante de cabriolé, obra de Saoutchik.

Modelo:	*Delahaye 135 MS*
Cilindrada/Cilindros:	*3557 cm³/6 cilindros*
CV/kW:	*120/87,9*
Período de fabricación:	*1946-1951*
Unidades fabricadas:	---

Delahaye 175 S

Para suceder al modelo 134, Delahaye e gió la versión 175. Equipado con un mot de 4,5 litros, el 175 venía a ocupar el lug más alto del catálogo de la marca. El ve hículo presentaba numerosas mejoras té nicas y poseía una moderna suspensión e las ruedas delanteras y un eje trasero c doble articulación. También contaba co frenos hidráulicos y una caja de cuat velocidades electromagnética (sistem Cotal). Sobre el chasis cuadrangular c 2950 mm de distancia entre ejes se podía montar atractivas carrocerías. Según tamaño y el peso de la carrocería, el 17 podía alcanzar una velocidad máxima d 165 km/h.

Modelo:	*Delahaye 175 S*
Cilindrada/Cilindros:	*4455 cm³/6 cilindro*
CV/kW:	*140/102,6*
Período de fabricación:	*1948-1949*
Unidades fabricadas:	---

Mochet CM 125

Charles Mochet, quien desde 1924 hasta 1930 ya había construido varios modelos de coches pequeños con la marca C.M., volvió a lanzarse al negocio del automóvil en 1945, esta vez con su hijo Georges. Mientras que los clientes de las marcas tradicionales (Citroën o Renault) debían contar con plazos de entrega increíblemente largos, los establecimientos de Charles Mochet suministraban sus modelos en unas seis semanas. Del Mochet CM 125, un hermoso *roadster,* resultaba atractivo su aspecto; aunque, equipado con unos simples frenos de cinta, arranque por tirador de empuñadura y encendido por magneto, este automóvil no era más que una solución de emergencia. Aun así, el vehículo tuvo su clientela.

Modelo:	*Mochet CM 125*
Cilindrada/Cilindros:	*125 cm^3/1 cilindro*
CV/kW:	*5/3,7*
Período de fabricación:	*1951-1957*
Unidades fabricadas:	*aprox. 250*

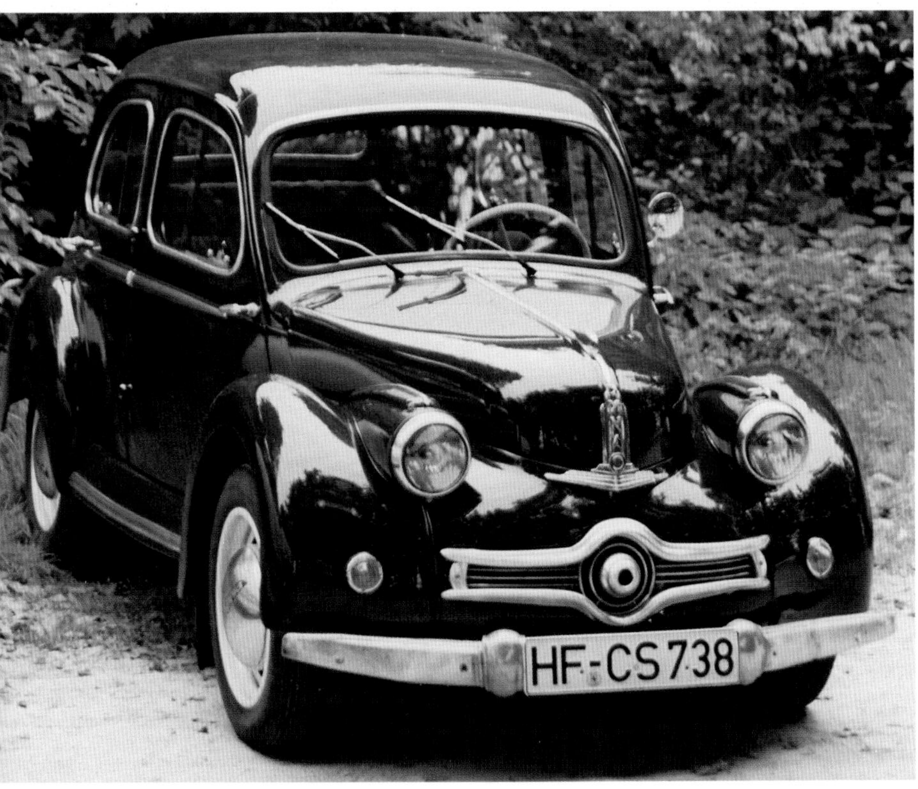

Panhard Dyna 120

Antes de la II Guerra Mundial, el constructor de automóviles francés Panhard et Levassor se había especializado vehículos tan excéntricos y lujosos como el legendario Panhard Dynamic con motor con admisión regulada por válvula de corredera. Después de la guerra, sin embargo, la estrategia de la empresa cambió y se orientó hacia el sector del coche pequeño. Así fue como bajo la dirección del constructor J.A. Grégoire, un experto en cuestiones de tracción delantera, surgió el Panhard Dyna, un automóvil de pequeñas dimensiones que se diferenciaba en algunos puntos de los famosos modelos convencionales de sus competidores. El Dyna, en este sentido, presentaba unas medidas modestas (2120 mm de distancia entre ejes; longitud total de 3580 a 3820 mm) y cuatro puertas desde el principio, al menos la berlina.

Modelo:	*Panhard Dyna 120*
Cilindrada/Cilindros:	*745 cm^3/2 cilindros*
CV/kW:	*31/22,7*
Período de fabricación:	*1950-1952*
Unidades fabricadas:	*aprox. 55 000*

Panhard Dyna 120

Gracias al empleo de metales ligeros para el capó y las puertas, el Panhard Dyna sólo pesaba 550 kg, de ahí que para motorizar el coche bastara en 1946 un motor *boxer* bicilíndrico refrigerado por aire de sólo 610 cm^3 y 24 CV de potencia. En 1949, la potencia del motor aumentó a 31 CV. Además de las carrocerías con las que venía equipado de fábrica, también se elaboraron para vestir el chasis de tubos de acero (suspensión independiente delantera, eje rígido trasero) varias especiales originarias de talleres tan renombrados como Allemano o Ghia-Aigle. De manera parecida al MG en el Reino Unido, los Panhard Dyna no tardaron en convertirse en el sueño de cualquier joven francés.

Modelo:	*Panhard Dyna 120*
Cilindrada/Cilindros:	*745 cm^3/2 cilindros*
CV/kW:	*31/22,7*
Período de fabricación:	*1950-1952*
Unidades fabricadas:	*aprox. 55 000*

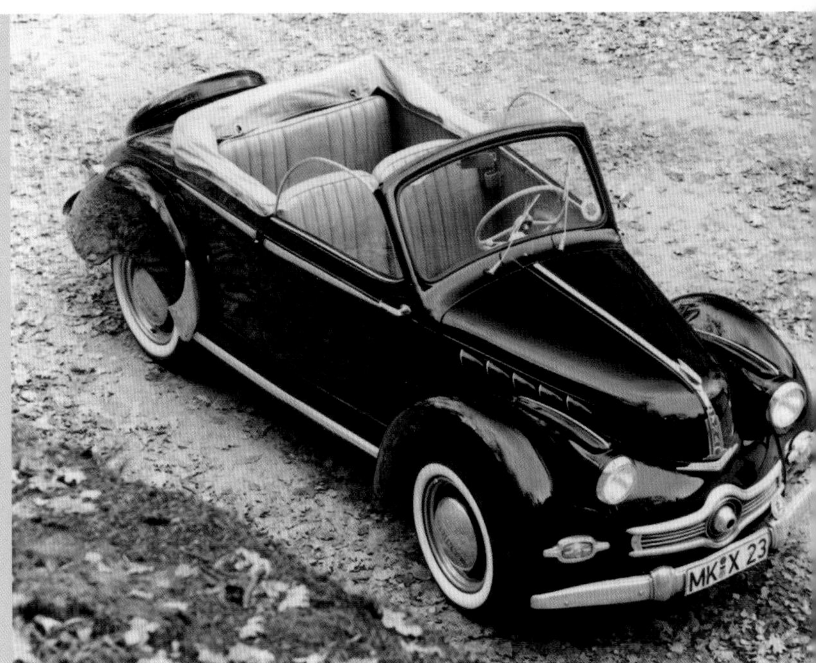

Panhard Dyna Junior

Además de limusinas de cuatro puertas y cabriolés de dos puertas Panhard fabricó del Dyna una versión Combi, una alternativa interesante con la que proponía atraer a industriales y artesanos. No obstante, la versión que mayor entusiasmo despertó fue el Dyna Junior, un *spider* abierto de estilo deportivo cuyo período de fabricación fue corto. Su motor de dos cilindros poseía unos muelles de válvulas en forma de barras de torsión increíblemente altos cuyas guías sobresalían de las culatas. Con una velocidad de 130 km/h, el Junior era el representante más rápido de la serie Dyna. En 1955 a raíz de la absorción de Panhard por Citroën, las instalaciones productivas de Panhard fueron utilizándose cada vez más para ampliar la gama de modelos de Citroën. Todo esto hasta 1967, año en que la marca Panhard desapareció definitivamente del mapa.

Modelo: *Panhard Dyna Junior*
Cilindrada/Cilindros: *850 cm^3/2 cilindros*
CV/kW: *40/29,3*
Período de fabricación: *1954-1954*
Unidades fabricadas: *---*

Peugeot 203

Con el Peugeot 203, esta empresa automovilística francesa de larga tradición dejó de recurrir a la gama de modelos obsoletos de la preguerra y dio paso a una generación de automóviles de nuevo desarrollo. El prototipo listo para finales de 1947 guardaba ciertas similitudes con el Volvo 444, aunque era de líneas más elegantes y fluidas. Desde un punto de vista técnico, el Peugeot 203 podía considerarse como un coche absolutamente moderno que poseía una carrocería autoportante, frenos hidráulicos y suspensión independiente en las ruedas delanteras. Su núcleo estaba formado por un robusto y duradero motor de cuatro cilindros con un árbol de levas en culata que accionaba unas válvulas inclinadas mediante empujadores y balancines.

Modelo: *Peugeot 203*
Cilindrada/Cilindros: *1290 cm^3/4 cilindros*
CV/kW: *45/33*
Período de fabricación: *1948-1960*
Unidades fabricadas: *aprox. 685 000*

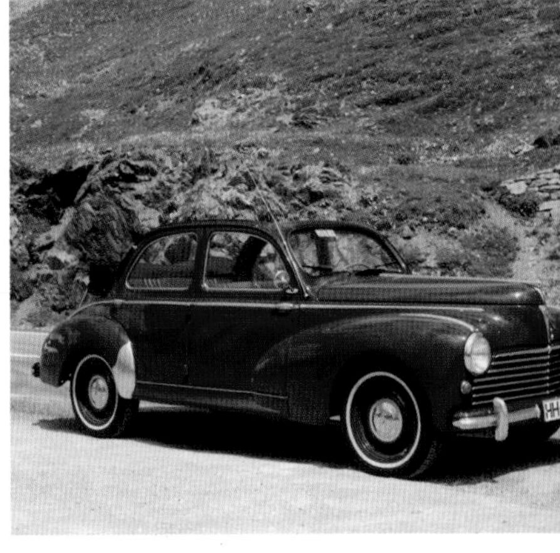

Peugeot 203

En la década de 1950, cuando la instalación eléctrica de 6 voltios era la estándar en casi todos los automóviles, pocos fabricantes había que apostasen por los 12 voltios. Peugeot, en este sentido, era uno de los más avanzados, aunque su sistema se basaba en un concepto algo extraño, pues la instalación de 12 voltios se efectuaba simplemente conectando en serie dos baterías de 6. A pesar de todo, el sistema funcionaba. Como sucedía con todos los fabricantes, la electricidad del automóvil se encargaba a productores ajenos a la empresa por motivos económicos. También Peugeot trabajaba con varios proveedores, de ahí que algunas unidades estuvieran equipadas con arranques de las marcas Ducellier y Paris-Rhone.

Modelo: *Peugeot 203*
Cilindrada/Cilindros: *1290 cm^3/4 cilindros*
CV/kW: *45/33*
Período de fabricación: *1948-1960*
Unidades fabricadas: *aprox. 685 000*

Modelo: *Peugeot 203*
Cilindrada/Cilindros: *1290 cm^3/4 cilindros*
CV/kW: *45/33*
Período de fabricación: *1948-1960*
Unidades fabricadas: *685 000*

Peugeot 203

Sin lugar a dudas, el modelo 203 que Peugeot lanzó al mercado era un coche muy moderno que desde el principio contó con una caja de cuatro velocidades sincronizadas. Sus frenos hidráulicos y la suspensión independiente en las ruedas delanteras le conferían una nota aún más alta, ya que este equipamiento no correspondía de ningún modo a los estándares de la década de 1940. No obstante, Peugeot no acabó de sentirse satisfecha con este equipamiento y sometió el 203 a continuas mejoras y revisiones. Cambios en el sistema de ballestas, en la sincronización de la caja de velocidades y en el ancho de vía redundaron en un mejor comportamiento en carretera y una mayor comodidad de la misma manera en que contribuyó también el aumento de las dimensiones de los neumáticos.

Peugeot 203

Entre los años 1948 y 1954, los concesionarios de automóviles llegaron a vender hasta doce versiones de carrocería diferentes del 203. Todos los modelos llevaban una carrocería autoportante y solían tener una distancia entre ejes de 2580 mm. El más precioso de todos ellos era, como es obvio, el cabriolé. La mayoría de las versiones estándares del 203 disponían de un espacioso maletero, mientras que los vehículos industriales, como los Combi, por ejemplo, venían con una mayor distancia entre ejes. Poco pretencioso, el 203 consolidó el prestigio de la casa Peugeot, y no sólo durante la posguerra, ya que también despejó el camino al todavía más exitoso 403. Por lo demás, el 203 resultó ser un excelente producto de exportación que abrió muchos nuevos mercados, y no sólo en Europa.

Modelo:	*Peugeot 203*
Cilindrada/Cilindros:	*1290 cm³/4 cilindros*
CV/kW:	*42/30,8*
Período de fabricación:	*1948-1960*
Unidades fabricadas:	*aprox. 685 000*

Peugeot 403

Peugeot presentó el 403 en el Salón del Automóvil de Turín de 1955, un magnificó vehículo de gama media que enriqueció el catálogo de la marca durante once años. Cuando apareció ya había como alternativa desde hacía cinco años el más pequeño 203, mientras que desde 1960 estuvo acompañado por el modelo 404. Esta variedad no afectó al éxito del 403, considerado en Francia como el vehículo de gama media más adecuado para esos tiempos y que satisfacía todas las necesidades. La versión familiar de cuatro puertas ofrecía espacio para cinco ocupantes. El confort se reflejaba sobre todo en los asientos individuales delanteros, tan cercanos entre sí, que en caso de necesidad podían alojar a una tercera persona.

Modelo:	*Peugeot 403*
Cilindrada/Cilindros:	*1468 cm³/4 cilindros*
CV/kW:	*58/42,5*
Período de fabricación:	*1956-1966*
Unidades fabricadas:	*aprox. 1 214 130*

Peugeot 403

Desde el punto de vista moderno, el Peugeot 403 podría definirse como un prodigio espacial. El coche, de unos 4500 mm de largo y una distancia entre ejes de 2660 mm, tenía una carrocería autoportante de superficie lisa y con una gran capacidad interior, hasta el punto de que incluso el espacio situado bajo los asientos delanteros podía aprovecharse. El volumen del maletero asombró a muchos otros fabricantes: tenía más de un metro cuadrado de superficie, puesto que la rueda de recambio estaba bajo el suelo del maletero para ahorrar espacio. Quienes aun así no se conformaban, podían adquirir el «Familiale», la versión familiar de cuatro puertas. El familiar de dos puertas o la camioneta con toldo, por el contrario, se adaptaban más a usos comerciales.

Modelo:	*Peugeot 403*
Cilindrada/Cilindros:	*1468 cm³/4 cilindros*
CV/kW:	*58/42,5*
Período de fabricación:	*1959-1966*
Unidades fabricadas:	*1 214 130*

Peugeot 403

Los propietarios de un 403 podían disfrutar de algunos detalles que con frecuencia producían confusión entre los no iniciados, como el tubo de llenado de gasolina debajo del piloto izquierdo trasero. Así, para poner gasolina, había que «abrir» el piloto hacia arriba como si se tratara de una tapa. El Peugeot 403 fue uno de los últimos coches de su época en contar con una manivela como recurso extremo para arrancar el motor. Una ulterior curiosidad era el emplazamiento del cenicero en el tablero de instrumentos. Quien deseaba instalar una radio, que en la década de 1950 requería un espacio enorme, debía quitar el cenicero y alojarlo en cualquier otra parte o renunciar al placer de escuchar música, ya que sólo en ese lugar disponía la radio de suficiente espacio.

Modelo:	*Peugeot 403*
Cilindrada/Cilindros:	*1468 cm^3/4 cilindros*
CV/kW:	*58/42,5*
Período de fabricación:	*1959-1966*
Unidades fabricadas:	*1 214 130*

P. Vallée Chantecler

Probablemente sólo un antiguo director de competición como el francés Paul Vallée estaba capacitado para crear un automóvil como el Chantecler (en castellano, ruiseñor). Vallée definía este pequeño vehículo, desarrollado a partir de un microcoche industrial, ¡como monoplaza deportivo! La primera serie del Chantecler debió conformarse con un solo faro; la segunda, en cambio, ya contaba con dos. La carrocería, de 3100 mm de largo por 1320 mm de ancho, era de plástico, descansaba sobre un chasis tubular y fue equipada con unos gráciles parachoques de aluminio. Un motor monocilíndrico de la marca Ydral emplazado en la parte trasera transmitía la potencia a la rueda trasera. El P. Vallée Chantecler, denominación oficial del modelo, nunca dejó de ser un ejemplar curioso en las carreteras de Francia.

Modelo:	*P. Vallée Chantecler*
Cilindrada/Cilindros:	*125 cm^3/1 cilindro*
CV/kW:	*6/4,4*
Año de fabricación:	*1952*
Unidades fabricadas:	*aprox. 200*

Renault 4 CV

A diferencia de muchos otros fabricant de automóviles en la inmediata posguerr Renault renunció enseguida a construir u modelo de antes de la guerra. En busca d un nuevo diseño se recurrió, por el co trario, a un prototipo que ya había visto luz en 1940. El originario prototipo de do puertas con carrocería de aluminio fu reemplazado por otro con carrocería d acero y de gran elegancia. Fabricado e serie, el pequeño vehículo de cuatro pue tas se convirtió con la denominación R nault 4 en la estrella del Salón del Aut móvil de París de 1947. Renault declar «Se prevé una producción de 300 ejen plares al día: ni uno menos». En otras pal bras, esto significaba que se estaba h blando de un producto de masas.

Modelo:	*Renault 4 CV*
Cilindrada/Cilindros:	*760 cm^3/4 cilindros*
CV/kW:	*18/13,3*
Período de fabricación:	*1947-1961*
Unidades fabricadas:	*1 105 000*

Renault 4 CV

Para poner en marcha la producción del 4 CV, Renault debió suscribir un préstamo de 500 millones de francos en tiempos de escasez de herramientas, máquinas y materias primas. No obstante, los talleres Renault, que fueron nacionalizados en 1945, eligieron el camino correcto. Se produjo una insospechada demanda del modelo, hasta el punto de que los interesados en adquirirlo debieron contar con unos plazos de entrega de casi dos años. A algunos «listos» se les ocurrió la idea de revender su encargo ya pagado a un precio de venta muy superior al oficial para así obtener beneficios por algo que nunca llegaron a poseer. El ritmo de 300 unidades diarias nunca llegó a cumplirse en la primera fase de fabricación. A finales de 1948 sólo se lograron 232 automóviles; pero, en julio de 1950, la producción ascendía ya a 400 ejemplares al día.

Modelo:	*Renault 4 CV*
Cilindrada/Cilindros:	*760 cm³/4 cilindros*
CV/kW:	*18/13,2*
Período de fabricación:	*1947-1961*
Unidades fabricadas:	*1 105 000*

Renault Dauphine

A mediados de la década de 1950, cuando ya se había consolidado su modelo de gama media 4 CV, Renault intentó introducir en el mercado una alternativa algo más potente. El Dauphine, como fue denominado el nuevo automóvil, también disponía de un motor refrigerado por agua emplazado en la parte posterior del coche. Este concepto le reportó muchas simpatías, de ahí que la demanda no tardase mucho en crecer. Este ágil coche familiar se convirtió muy pronto en un objeto de exportación y, por añadidura, dio mucho que hablar en las competiciones deportivas: así, bajo la dirección del constructor de coches de competición Gordini, Renault lanzó a finales de 1957 la versión deportiva Dauphine Gordini, que suministraba una potencia de 38 CV.

Modelo:	*Renault Dauphine*
Cilindrada/Cilindros:	*845 cm³/4 cilindros*
CV/kW:	*27/19,8*
Período de fabricación:	*1956-1968*
Unidades fabricadas:	*2 120 000*

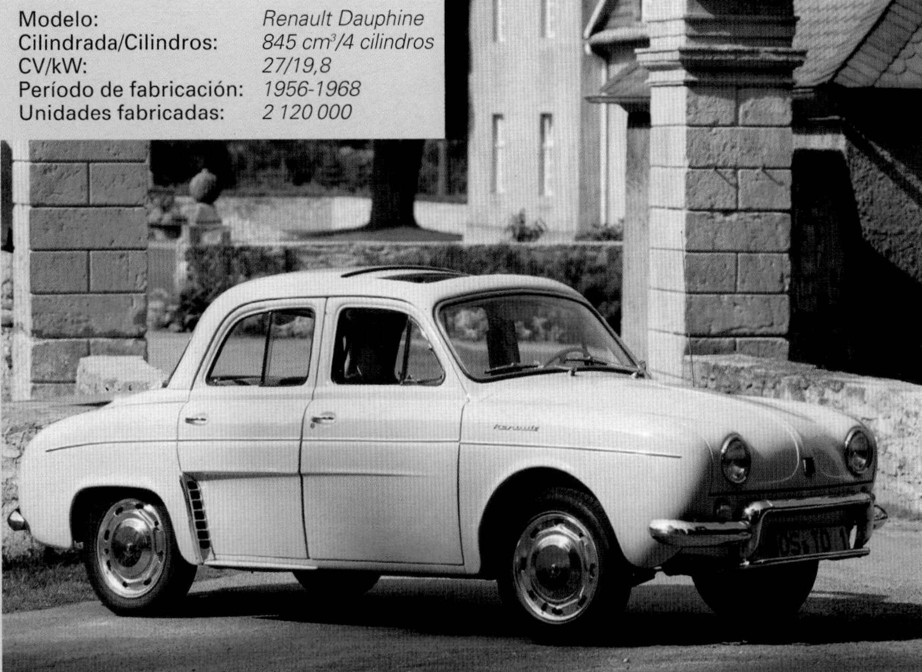

Renault Frégate

La respuesta de Renault a los automóviles de gama media de Peugeot, Opel y otros competidores se denominó Frégate. Este moderno modelo de cuatro puertas disponía de mucho espacio interior, de ahí que la empresa definiera el coche en el folleto publicitario como vehículo de seis plazas. A pesar de todo, chocaba en algunos puntos con los gustos de la época, y es que Renault había renunciado a la moderna línea integral y apostado por un diseño redondo más bien barroco. La versión que salió de fábrica en 1953 se benefició de una mejora en la suspensión de las ruedas traseras y de unos cuantos retoques en la caja de velocidades. En 1957, el Frégate podía encargarse con embrague automático: este modelo, de 80 CV de potencia, recibió la denominación adicional «Transfluide».

Modelo:	*Renault Frégate*
Cilindrada/Cilindros:	*2141 cm³/4 cilindros*
CV/kW:	*80/58,6*
Período de fabricación:	*1957-1960*
Unidades fabricadas:	*aprox. 200 000*

Renault Floride Coupé

En 1959, Renault presentó el elegante Floride, que presentaba la misma base técnica que el Dauphine. En contraste con su primo de cuatro puertas y líneas redondeadas, el Floride, de igual distancia entre ejes (2270 mm), se mostraba al público con sólo dos puertas. Pietro Frua, uno de los carroceros más renombrados de Italia, se había encargado del diseño, mientras que la fabricación del cupé de dos puertas fue asumida por la empresa francesa Chausson. El cupé biplaza contaba con un asiento trasero de emergencia, aunque esta pobre oferta de espacio resultaba más apropiada como maletero adicional. Unas entradas de aire en los guardabarros traseros indicaban a los entendidos que el nuevo modelo también tenía el motor en la parte trasera.

Modelo:	*Renault Floride Coupé*
Cilindrada/Cilindros:	*845 cm^3/4 cilindros*
CV/kW:	*35/25,5*
Período de fabricación:	*1959-1968*
Unidades fabricadas:	---

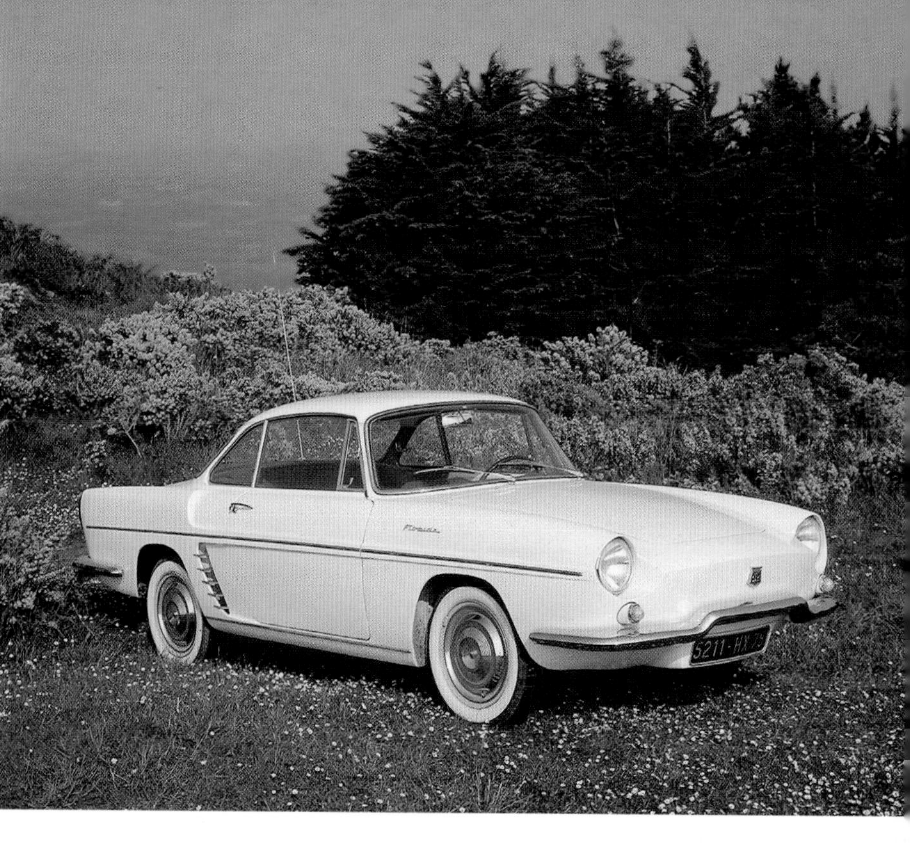

Renault Floride Cabriolet

No hubo que esperar mucho tiempo para que el Floride hiciera sus primeros amigos. La mayoría de ellos eran mujeres que poseían este automóvil como segundo vehículo. Una de las propietarias más famosas de este Renault fue Brigitte Bardot. Igual que en el Dauphine, el motor trasero del Floride también transmitía su potencia al eje trasero y lanzaba el coche a una velocidad de 125 km/h. Este valor estaba en franca contradicción con la elegante carrocería; aunque, por lo visto, esto no parecía molestar a nadie ya que el vehículo se vendió bien. Especialmente apreciada la versión cabriolé, para la cual se podía obtener un *hard-top* si se abonaba un sobreprecio. Este techo confería al coche un aspecto distinguido y a los ocupantes una tranquilidad absoluta en condiciones meteorológicas adversas.

Modelo:	*Renault Floride Cabriolet*
Cilindrada/Cilindros:	*845 cm^3/4 cilindros*
CV/kW:	*35/25,6*
Período de fabricación:	*1959-1968*
Unidades fabricadas:	---

ʾenault Caravelle

ʾon el Floride no sólo entró en el catálogo de Renault un automóvil de formas especial-ʾnente hermosas, sino también un modelo muy bien recibido en el mercado estadouni-ense. Para adaptarse a las leyes americanas, los vehículos destinados a la exportación ʾebieron modificarse en algunos puntos y terminaron vendiéndose en Estados Unidos con ʾ denominación Caravelle. En 1962, año en que Renault dejó de fabricar la versión cabrio-ʾ, la denominación Caravelle también se adoptó para el mercado europeo. Este cambio ʾe denominación también vino acompañado de un aumento de potencia, hecho que se ʾolvió a repetir en 1963.

Modelo:	*Renault Caravelle*
Cilindrada/Cilindros:	*1108 cm³/4 cilindros*
CV/kW:	*51/37,4*
Período de fabricación:	*1963-1968*
Unidades fabricadas:	---

Modelo:	*Talbot Lago Record*
Cilindrada/Cilindros:	*4482 cm³/6 cilindros*
CV/kW:	*170/124,5*
Período de fabricación:	*1946-1951*
Unidades fabricadas:	---

ʾalbot Lago Record

ʾlientras que todos los Talbot construidos en el Reino Unido tras la II Guerra Mundial salí-n al mercado con la marca Sunbeam-Talbot, los producidos en Francia lo hacían con la ʾarca Talbot Lago. Aquí continuaron la tradición de los clásicos fabricados durante la déca-ʾa de 1930, y el primer modelo que salió de los talleres en 1946 fue el Talbot Lago Record. ʾobre su chasis cuadrangular siguieron montándose maravillosas carrocerías especiales. ʾl constructor jefe Carlo Marchetti había modernizado con el tiempo el famoso motor de ʾ,5 litros, que recibió una nueva culata y dos árboles de levas en cabeza. La caja de cam-ʾios de cuatro velocidades, que transmitía la potencia al eje trasero, era electromagnética ʾ actuaba como una especie de semiautomatismo.

Vespa 400

En contraste con la gama de modelos de los *scooters*, los visitantes al Salón del Automóvil de París de 1957 podían admirar en el *stand* del grupo Vespa un cochecito que, si bien lucía el nombre de la marca italiana Vespa, era más bien un híbrido con acentos franceses. Para no cruzarse en el camino del consorcio Fiat, con el que se mantenían relaciones comerciales, el Vespa 400 no se construyó en su país de origen, sino en Italia. Este vehículo de estilo moderno con carrocería autoportante recordaba un poco el Autobianchi 500, cuya práctica construcción con techo corredizo parecía tener un padrino aquí. En un primer momento se había previsto una producción de 100 unidades diarias; pero el vehículo se vendió mal y la producción se abandonó prematuramente.

Modelo:	*Vespa 400*
Cilindrada/Cilindros:	*394 cm³/2 cilindros*
CV/kW:	*14/10,3*
Período de fabricación:	*1957-1961*
Unidades fabricadas:	---

AC 2 L

Modelo: *AC 2 L*
Cilindrada/Cilindros: *1991 cm³/6 cilindros*
CV/kW: *75/55*
Período de fabricación: *1947-1956*
Unidades fabricadas: ---

El legendario Cobra fue sin duda alguna el automóvil que hizo famosa la marca AC. No obstante, la carrera automovilística de la empresa AC (Auto Carrier) había comenzado ya en las décadas de 1920 y 1930 con la fabricación de automóviles deportivos, una tradición que continuó después de la II Guerra Mundial. Desde 1947 se producía en la británica Thames Ditton esta limusina de la categoría de los dos litros, cuya carrocería reposaba sobre un falso chasis de madera. Esta construcción estaba ya muy pasada de moda, pero AC se aferró a ella hasta 1956. Que el AC 2 L llevara un eje rígido tanto delante como detrás era algo que no parecía importarle a la clientela. El concepto logró venderse, y además de versiones con dos puertas surgieron otras con cuatro y algunas familiares.

Allard K 2

Los automóviles de Sydney Allard eran una interesante combinación de concepto británico de coche deportivo con motor estadounidense. Casi todos sus bólidos se movían con motores V8 de gran par motor que permitían alcanzar velocidades punta de hasta 200 km/h. Con mucho cuidado por el detalle surgieron desde 1950 los modelos K 2 y J 2, montados habitualmente a mano y equipados por encargo con un motor de 5,4 litros procedente de Cadillac. La gran mayoría se exportó con buenos resultados a Estados Unidos, donde los motores eran afinados de nuevo y preparados para las competiciones deportivas. Desde 1955, Allard también intentó entrar en el mercado de los coches pequeños de cilindrada muy inferior; no obstante, la fabricación del pequeño Allard Clipper fue abandonada poco después de haberse iniciado.

Modelo: *Allard K 2*
Cilindrada/Cilindros: *3622 cm³/8 cilindros*
CV/kW: *96/70,3*
Período de fabricación: *1950-1952*
Unidades fabricadas: ---

Alvis 14

Alvis fue uno de los pocos y afortunados fabricantes de automóviles que después de II Guerra Mundial lograron reanudar sus actividades productivas de inmediato. Como era ya habitual por aquel entonces, primero se optó por fabricar la serie desarrollada en década de 1930, y no hubo un proyecto completamente nuevo hasta 1950. La línea de Alvis 14, del que se volvieron a ofrecer tres versiones desde 1946, apenas se diferenciaba de la de la variante fabricada en la preguerra. El motor de cuatro cilindros, que transmitía su potencia al eje trasero, suministraba entre 66 y 71 CV. El chasis cuadrangular, de construcción estable, también se proporcionó a algunos carroceros renombrados, que vistieron el Alvis 14 con elegantes carrocerías especiales.

Modelo: *Alvis 14*
Cilindrada/Cilindros: *1892 cm³/4 cilindros*
CV/kW: *66/48,3*
Período de fabricación: *1946-1950*
Unidades fabricadas: *aprox. 3300*

odelo: *Aston Martin DB 2*
lindrada/Cilindros: *2580 cm³/6 cilindros*
/kW: *108/79,1*
eríodo de fabricación: *1951-1953*
nidades fabricadas: ---

Aston Martin DB 2

A pesar de sus continuos problemas financieros, Aston Martin siempre había destacado en el deporte del motor durante la década de 1930. En 1947, cuando una vez más volvía a faltarle capital, el industrial David Brown salvó a la marca. Brown se propuso continuar la tradición de la casa Aston Martin en el sector de los coches deportivos y bajo su dirección mandó desarrollar para 1948 un cabriolé deportivo, el DB 1 (DB eran las iniciales de David Brown). A este vehículo de aspecto barroco le siguió al cabo de poco el modelo DB 2, más elegante y del que empezó a hablarse primero en las competiciones deportivas antes de salir al mercado en 1950 como versión de serie. El diseño del DB 2 seguía el concepto de gran turismo, una línea de diseño popularizada en Italia.

ston Martin DB 2

demás de la semirruinosa marca Aston lartin, David Brown poseía otra marca a la ue igualmente había salvado de su segu- hundimiento: no era otra que Lagonda, bricante de coches de lujo. Gracias a esta ueva absorción, David Brown disponía hora de un concepto de motor maduro ue W.O. Bentley había desarrollado para agonda. Se trataba de un motor de seis lindros de 2,5 litros de cubicaje con dos boles de levas en culata, encargado hora de mover el DB 2. Por otro lado, las arrocerías para el nuevo DB 2, del que en primer momento sólo se construyó la ersión cupé, procedían de Tickford, una mpresa de David Brown. Como alternati- a a las carrocerías de la casa, también tros carroceros, entre los cuales estaba el uizo Hermann Graber, diseñaron intere- antes versiones del DB 2.

odelo: *Aston Martin DB 2*
lindrada/Cilindros: *2580 cm³/6 cilindros*
/kW: *108/79,1*
eríodo de fabricación: *1951-1953*
nidades fabricadas: ---

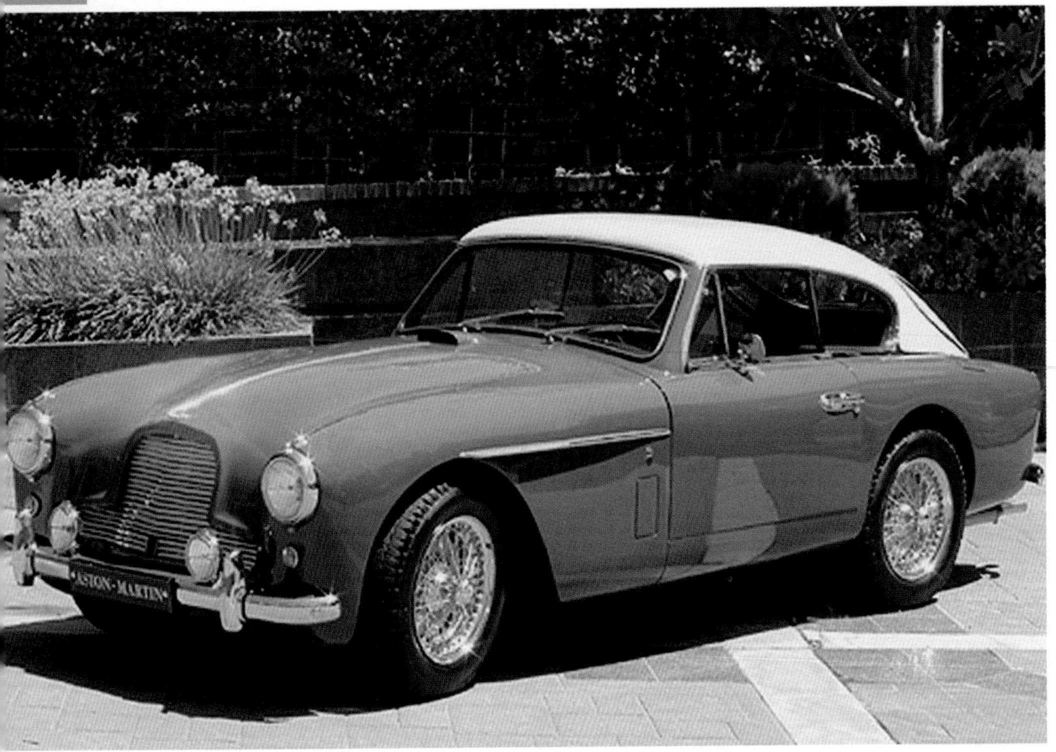

Aston-Martin DB 2-4

Con la misma distancia entre ejes que la c DB 2 (2510 mm), el GT se equipó desc 1953 con una carrocería algo más amp que transformó el biplaza en un vehícu para cuatro ocupantes, si bien el espac para los dos asientos traseros no era mucho menos fenomenal. En el curso de revisión de esta carrocería, la ventana tr sera pasó a integrarse con la tapa del mal tero. Un año más tarde, la versión cerra del DB 2-4 se presentó en el Salón c Automóvil de Londres con la denominacic Mark II con un revestimiento de chapa c aspecto renovado: el elegante *fastback* te día ahora al trasero escalonado. Asimism debajo del capó también se habían produ do modificaciones, y ahora el DB 2-4 poc ir equipado, por encargo, con una varian reformada del potente motor del DB 3.

Modelo:	*Aston Martin DB 2-4*
Cilindrada/Cilindros:	*2580 cm³/6 cilindros*
CV/kW:	*127/93*
Período de fabricación:	*1953-1954*
Unidades fabricadas:	*—*

Aston Martin DB 2-4

En 1957, Aston Martin presentó el modelo DB 2-4 en una forma nuevamente retocada. Este automóvil, denominado Mark III sacaba sus fuerzas de un motor de 3 litros que gracias a una culata de nueva construcción suministraba ahora una potencia de 164 CV. Las mejoras en el chasis y los frenos de disco Girling, opcionales, conferían a este modelo un aspecto extremamente deportivo. Además del cupé y del cabriolé, a finales de 1956 apareció todavía un hermoso *spider* con una carrocería elaborada por el especialista italiano Touring, conocido sobre todo por su construcción ligera «Superleggera» y que, aferrándose a la tradición, fabricó estos tres únicos ejemplares en aluminio.

Modelo:	*Aston Martin DB 2-4*
Cilindrada/Cilindros:	*2922 cm³/6 cilindros*
CV/kW:	*164/120*
Período de fabricación:	*1956-1957*
Unidades fabricadas:	*3*

Austin A 30

A comienzos de la década de 1950 corrían rumores de que Austin se proponía sacar al mercado un nuevo modelo que siguiera los pasos del legendario Seven de la preguerra. Las habladurías se confirmaron y en 1951 Austin presentó el A 30. A este modelo, el primer automóvil de Austin con carrocería autoportante, le acompañó cinco años más tarde un hermano menor, el A 35. Cuando en 1952 Austin Motor Company decidió fusionarse con el grupo Nuffield (Morris, MG, Wolseley y Riley) para formar la British Motor Corporation (BMC), se le añadió al A 30 de cuatro puertas (4 cilindros, 803 cm³, 30 CV) una ulterior versión más económica de dos puertas. BMC no tuvo suerte con ninguno de los dos coches. Sólo con el Mini, lanzado en 1959 por Alec Issigonis, consiguió el consorcio volver a poner el pie en suelo firme dentro del mercado de los coches pequeños.

Modelo:	*Austin A 30*
Cilindrada/Cilindros:	*803 cm³/4 cilindros*
CV/kW:	*30/22*
Período de fabricación:	*1951-1959*
Unidades fabricadas:	*aprox. 225 000*

Austin A 40 Somerset

Quienes consideraban demasiado pequeño el Austin A 30 tenían a su disposición desde 1952 una alternativa interesante, el A 40, un modelo de gama media-baja. Anclado todavía en la tradición, el A 40 descansaba sobre un estable chasis cuadrangular que soportaba una carrocería de cuatro puertas de acero. Con una longitud total de 4050 mm y una distancia entre ejes de 2350 mm, la redonda carrocería presentaba unas proporciones muy armoniosas, si bien su diseño, a ojos de los críticos, se consideraba anticuado. Aunque esto no parecía molestar a un tipo de cliente de carácter más bien conservador, el A 40 no terminó de consolidarse en el mercado, y Austin lo retiró de la circulación tras haberlo fabricado durante sólo dos años.

Modelo:	*Austin A 40 Somerset*
Cilindrada/Cilindros:	*1200 cm^3/4 cilindros*
CV/kW:	*43/32*
Período de fabricación:	*1952-1954*
Unidades fabricadas:	---

ustin-Healey 100

n 1952, la British Motor Corporation (BMC) asumió la producción la distribución de un automóvil deportivo desarrollado por onald Healey. Un año antes, Healey había presentado el prototi- de su modelo tetracilíndrico denominado 100 en el Motor now de Londres. La casualidad quiso que por este proyecto se teresase precisamente el director general de Austin, quien lleaba mucho tiempo acariciando la idea de construir un coche eportivo. Healey aprovechó la oportunidad y dejó que Austin llera a la práctica su concepto, pues sólo con la ayuda de un nombrado fabricante podría producirse el automóvil en grandes ntidades. El proyecto que vio la luz en forma de Austin-Healey 00 vino a rellenar el vacío existente entre los económicos modes MG T y el caro Jaguar XK 120.

odelo:	*Austin-Helaey 100*
lindrada/Cilindros:	*2660 cm^3/4 cilindros*
V/kW:	*91/66,7*
eríodo de fabricación:	*1952-1956*
nidades fabricadas:	*aprox. 12 900*

Austin-Healey 100/6

El éxito del Austin-Healey 100 capaz de a canzar los 160 km/h no se hizo esperar. Lc clientes se disputaban este *roadster,* Donald Healey ya estaba dándole vueltas cómo poder aumentar todavía más la prestaciones del vehículo. A raíz de ur revisión y perfeccionamiento del model Healey experimentó con un potente mot de seis cilindros de la casa Morris destin do a mejorar el comportamiento, increme tar la distancia entre ejes (2340 mm en ve de 2290 mm) y colocar asientos de eme gencia traseros. Todas estas modificaci nes se presentaron a los entusiastas d vehículo con la nueva denominación c Austin-Healey 100/6, que alcanzaba una v locidad máxima de unos 170 km/h.

Modelo:	*Austin-Healey 100/*
Cilindrada/Cilindros:	*2639 cm³/6 cilindrc*
CV/kW:	*103 CV*
Período de fabricación:	*1956-1959*
Unidades fabricadas:	*aprox. 14 450*

Austin Mini

No hay muchos automóviles que hayan dejado una huella tan revolucionaria como el Mini. Cuando salió al mercado en 1959, los demás coches pequeños quedaron obsoletos. El Mini no tardó en conquistar las carreteras y los circuitos automovilísticos de todo el mundo, aunque este modelo conllevó también la desaparición de muchas características constructivas tradicionales. Este coche, de apenas 3 m de longitud, contaba con una suspensión de caucho, tracción delantera y minúsculas ruedas de 10 pulgadas en las esquinas exteriores de la carrocería. El conjunto del motor-caja de cambios estaba instalado transversalmente y ocupaba tan sólo una quinta parte del volumen total. Con ello, a pesar de su escasa longitud, el Mini ofrecía espacio para cuatro personas. Lo más importante era, sin embargo, que resultaba económico, era rápido y gastaba poco.

Modelo:	*Austin Mini*
Cilindrada/Cilindros:	*848 cm³/4 cilindros*
CV/kW:	*34,5/25,3*
Período de fabricación:	*1959-1967*
Unidades fabricadas:	---

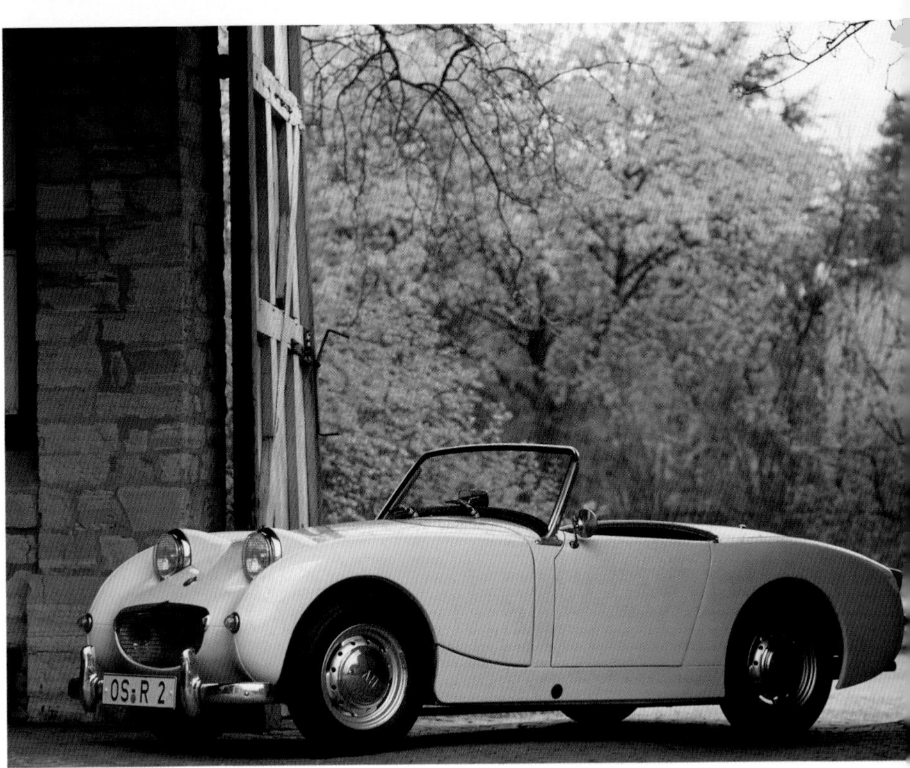

Austin-Healey Sprite Mk I

Con el fin de que también los aficionados a los coches deportivos pudieran conducir Healey sin tener que rascarse demasiado los bolsillos se decidió sacar al mercado en 19 un *roadster* bastante económico destinado sobre todo a jóvenes conductores. Una v vista la peculiar posición de los faros, el Sprite no tardó en ser apodado «Frog» (en inglé rana). La extraña parte delantera era el resultado de unas disposiciones estadounidens según las cuales los faros principales debían fijarse a una cierta altura mínima. Con po menos de 1 litro de cilindrada, el Sprite estaba preparado para ser sometido a un aume to de potencia y podía ser equipado con toda clase de extras, entre los cuales un comp sor con el que el motor alcanzaba una potencia de 60 CV.

Modelo:	*Austin-Healey Sprite Mk I*
Cilindrada/Cilindros:	*948 cm³/4 cilindros*
CV/kW:	*42,5/31,1*
Período de fabricación:	*1958-1961*
Unidades fabricadas:	*aprox. 39 000*

Bentley R-Type

Los primeros Bentley R que salieron de los talleres en 1952 podían vanagloriarse de ser los automóviles más caros de su tiempo: había que abonar una auténtica fortuna por el placer de dejarse llevar en este cómodo vehículo de lujo de sólo 3048 mm de distancia entre ejes. En un coche de esta categoría, la cuestión de la velocidad máxima desempeñaba un papel secundario, aunque tranquilizaba el saber que podía alcanzar unos decentes 160 km/h. A quien por cualquier motivo no terminara de gustarle la parte trasera de la carrocería tenía la opción de adquirir el Bentley R como chasis con motor y encargar a un renombrado especialista la elaboración de una carrocería a su medida.

Modelo:	*Bentley R-Type*
Cilindrada/Cilindros:	*4566 cm³/6 cilindros*
CV/kW:	*datos no disponibles*
Período de fabricación:	*1952-1955*
Unidades fabricadas:	*2528*

›entley R-Type

›on su elegante zaga fabricada con meta-›s ligeros (aluminio), el lujoso Bentley R ›e diferenciaba de otros hermosos Bentley ›e la década de 1950 a los que no podía ›egar una cierta torpeza estética. El R Cou-›é, impulsado por un motor de seis cilin-›ros de serie de 4566 cm³ habría podido ›ener un aspecto aún más elegante si el ›arrocero H.J. Mulliner hubiera obtenido ›l permiso de Rolls-Royce para poder man-›ener el frontal extremamente bajo y plano, ›on lo que el R-Type habría conservado, al ›enos visualmente, algo en común con ›s carrocerías estándares suministradas ›or el fabricante.

›odelo:	*Bentley R-Type*
›ilindrada/Cilindros:	*4566 cm³/6 cilindros*
›V/kW:	*datos no disponibles*
›eríodo de fabricación:	*1952-1955*
›nidades fabricadas:	*2528*

Bentley R-Type Continental

De los estudios de diseño de famosos constructores de carrocerías, como el suizo Graber, el francés Franay o el italiano Pininfarina, salieron incluso carrocerías que conferían al Bentley una imagen deportiva, al menos estéticamente. Además de un motor de 4,6 litros, había otro a disposición de 4,9 litros de cilindrada. Los vehículos con este equipamiento recibieron la denominación Bentley R-Type Continental. En consonancia con el aumento de potencia, la caja de cuatro velocidades, automática a petición, fue ligeramente modificada y se le instalaron diferentes relaciones de transmisión, mientras que del chasis no se tocó nada. Durante el período de fabricación del modelo (1952-1955), el R-Type atrajo a 2528 compradores, de los que 207 optaron por la versión más potente, la Continental.

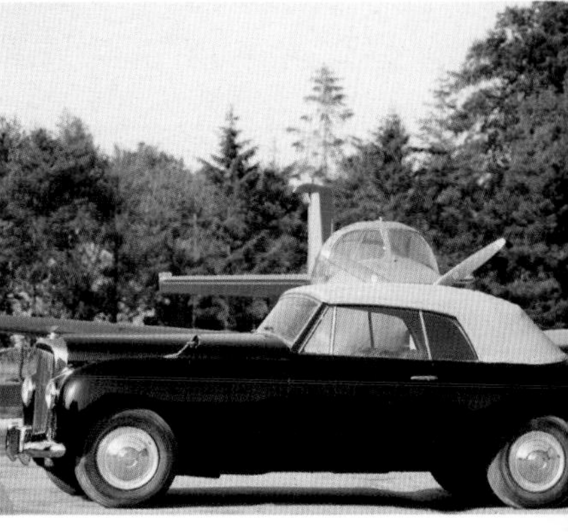

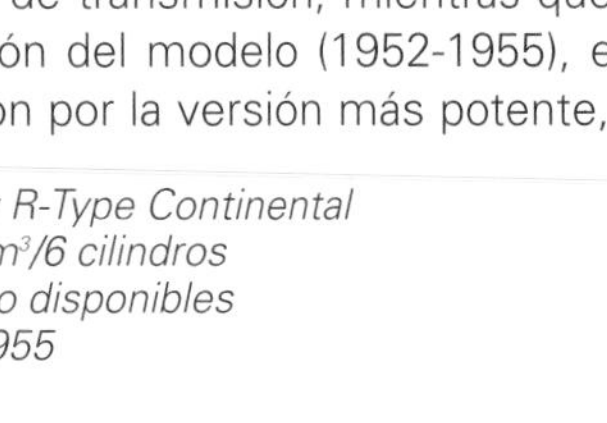

Modelo:	*Bentley R-Type Continental*
Cilindrada/Cilindros:	*4887 cm^3/6 cilindros*
CV/kW:	*datos no disponibles*
Período de fabricación:	*1952-1955*
Unidades fabricadas:	*207*

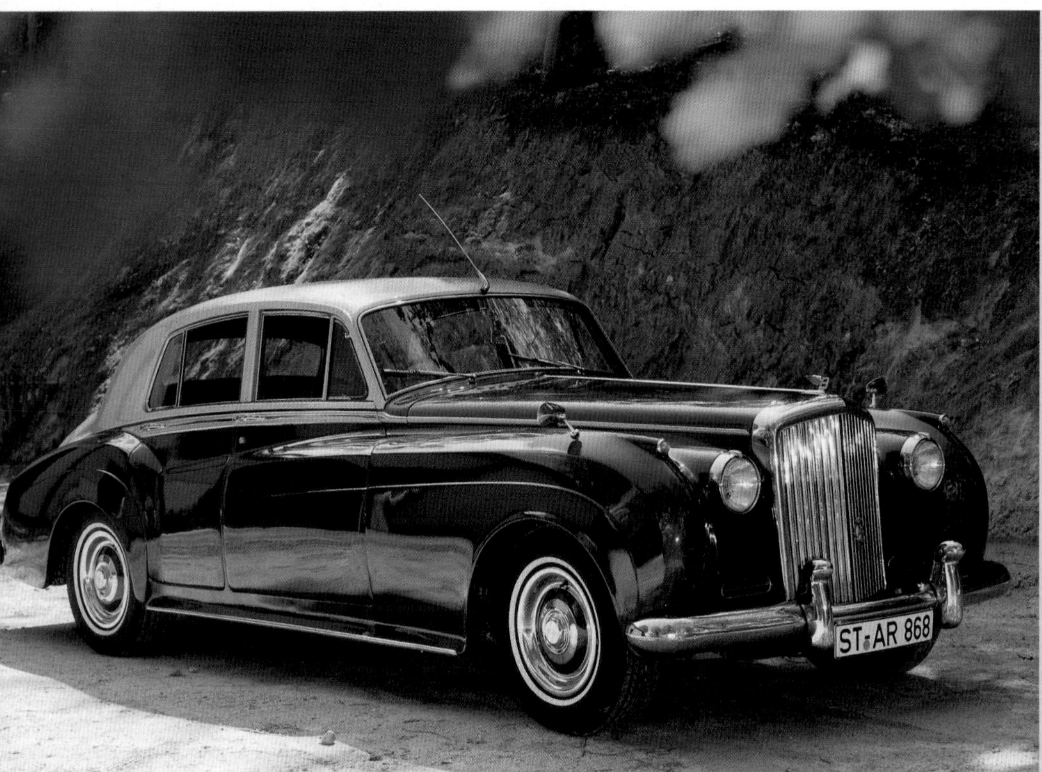

Bentley S 2

Los modelos S 2 y S 2 Continental de Ber ley fueron construidos como alternativa Silver Cloud II y eran propulsados por u motor V8 de aleación ligera. La potenc resultaba más que suficiente, si bien equ pos complementarios como la direcció asistida, el aire acondicionado o la caja c cambios automática le restaban una par de su fuerza. Rompiendo con la tradición c carrocerías especiales en los Bentley, pa el S 2 sólo algunos especialistas como Pa Ward, Hooper, H.J. Mulliner o James Your se repartieron el mercado para contentar aquellos propietarios que optaban por el S Continental. Mientras que la mayoría de lo S 2 presentaba una distancia entre ejes c 3124 mm, 57 unidades vinieron con un ch sis de 3225 mm de batalla.

Modelo:	*Bentley S 2*
Cilindrada/Cilindros:	*6230 cm^3/8 cilindros*
CV/kW:	*datos no disponible*
Período de fabricación:	*1959-1962*
Unidades fabricadas:	*2308*

Berkeley T 60

En la década de 1950, la marca británica Berkeley figuraba entre los fabricantes de caravanas más importantes de Europa. Para poder salir adelante durante las estaciones del año más flojas (otoño e invierno), el presidente de la empresa, Charles Panter, optó por atacar la producción de coches y se hizo pronto con un proyecto muy avanzado de automóvil que no tardó en fabricar en serie. Experto en la transformación del plástico, Panter decidió que la carrocería se fabricaría con este material. Algunos prototipos fabricados ya en Biggleswade en 1956 y presentados en el Motor Show de Londres revelaron el enorme entusiasmo del público por los coches pequeños. Berkeley produjo durante años modelos de cuatro ruedas, pero sólo el T 60, uno de tres que podía conducirse con el carnet de moto, resultó un éxito de ventas.

Modelo:	*Berkeley T 60*
Cilindrada/Cilindros:	*328 cm^3/2 cilindros*
CV/kW:	*18/13,2*
Período de fabricación:	*1959-1961*
Unidades fabricadas:	*aprox. 2500*

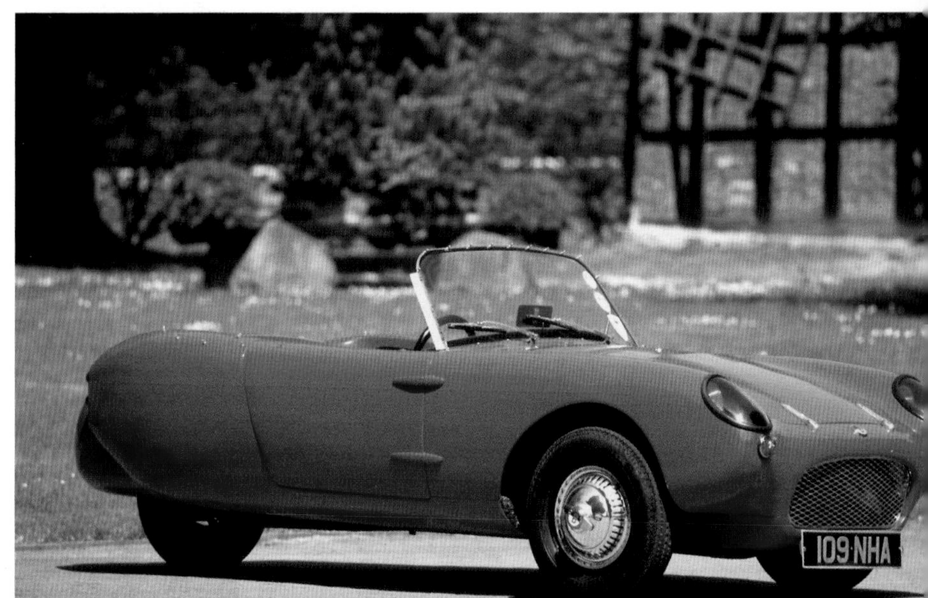

Bond Minicar Mark C

Lawrence Bond no se ganaba su sueldo como agente secreto, sino construyendo automóviles. Su primer vehículo de tres ruedas, un biplaza abierto con carrocería de aluminio, se remontaba ya a 1949. Dos años más tarde apareció el Minicar de Bond en una tercera versión, y con este modelo, el Mark C, la construcción fabricada por la empresa Sharp's Commercial Ltd. logró auparse a una posición dominante en el sector de los vehículos de tres ruedas. Aunque sólo poseía una rueda delantera, el Minicar fue equipado con dos falsos guardabarros delanteros (contra gustos no hay disputas). Lo más genial de este vehículo era, sin embargo, que se podía girar en redondo, ya que su única rueda delantera, unida al motor, giraba exactamente 90 grados.

Modelo:	*Bond Minicar Mark C*
Cilindrada/Cilindros:	*197 cm³/1 cilindro*
CV/kW:	*2/1,5*
Período de fabricación:	*1951-1954*
Unidades fabricadas:	*aprox. 6700*

Bond Mark F

Si al Bond Mark C ya no le habían ido mal las cosas, todavía mejor le fue al Mark F. Con un diseño algo simple, el Mark F parecía un cochecito de feria; no obstante, a diferencia del Mark C, sí fue equipado con una carrocería cerrada típica de un automóvil, aunque construida en fibra de vidrio. Bond instaló en el Mark F un motor de 246 cm³ y 12 CV de potencia para así poder compensar el relativamente alto peso del vehículo. Aparte de un par de competidores que en las Islas Británicas intentaron con mayor o menor éxito entrar en el negocio de los coches pequeños, Bond sólo se vio acosado por un serio rival, Reliant, al menos hasta 1969, año en que las dos marcas se fusionaron.

Modelo:	*Bond Mark F*
Cilindrada/Cilindros:	*246 cm³/1 cilindro*
CV/kW:	*12/8,8*
Período de fabricación:	*1958-1961*
Unidades fabricadas:	*aprox. 7000*

Bristol 405

La industria aeronáutica británica Bristol ya tenía en mente la idea de construir automóviles desde principios de la década de 1940. Cuando en 1947 hizo su debut el primer automóvil de Bristol no podía negarse un cierto parecido con modelos de BMW, y es que Bristol, en concepto de compensaciones de guerra, había recibido los planos del BMW 327. En lo referente a los motores, también se recurrió durante mucho tiempo a la reputada técnica de BMW antes de decantarse por motores V8 estadounidenses, entre otros. Con el 405 apareció en 1953 por primera vez un Bristol de cuatro puertas. No fue un éxito de ventas, pero tenía numerosos detalles interesantes. Así, por ejemplo, los guardabarros delanteros podían abrirse hacia arriba, pues ahí iba colocada la rueda de recambio y también la batería.

Modelo:	*Bristol 405*
Cilindrada/Cilindros:	*1971 cm³/6 cilindros*
CV/kW:	*107/78,3*
Período de fabricación:	*1953-1957*
Unidades fabricadas:	*aprox. 300*

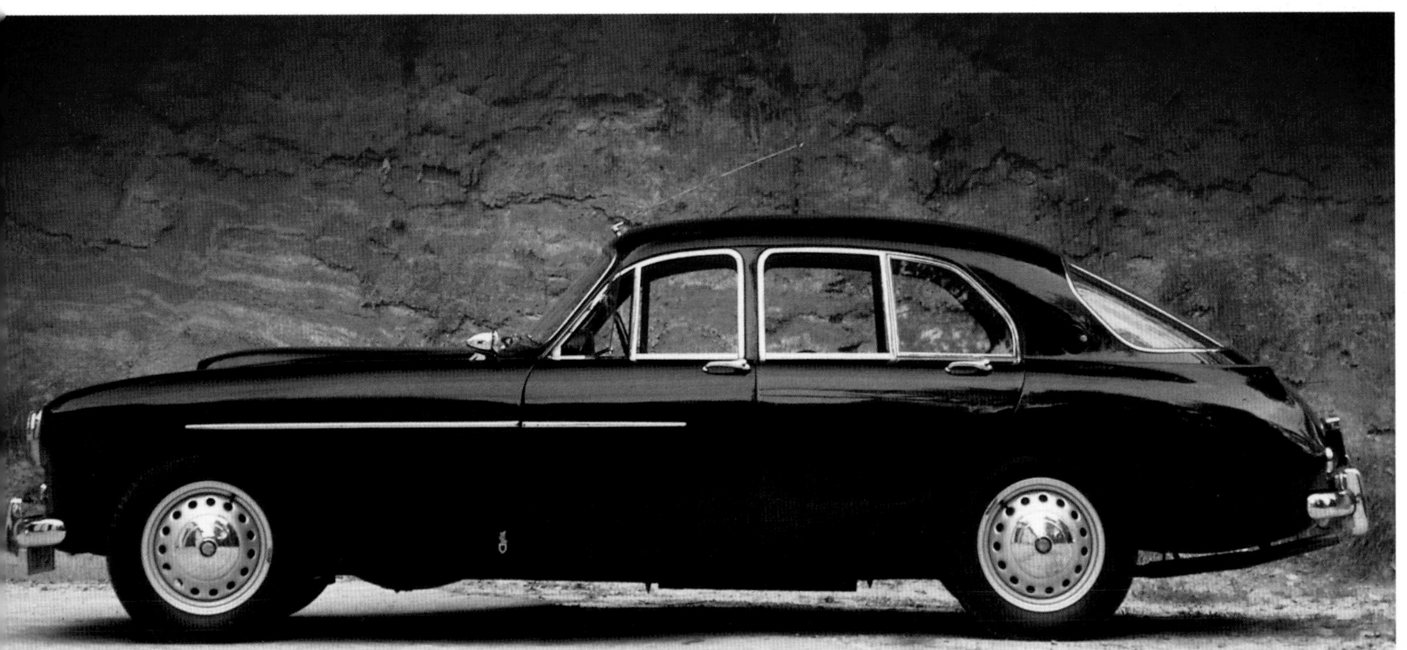

Ford Prefect

Desarrollados ya antes de la II Guerra Mundial por las factorías británicas de Ford, los modelos Prefect y Anglia constituyeron una base excelente después de 1945 para reanudar la producción de automóviles. El Prefect presentaba un aspecto redondeado típico de los coches de la preguerra, seguía reposando sobre un chasis cuadrangular y poseía un obsoleto eje rígido tanto delante como detrás. Este pequeño vehículo de cuatro puertas compitió en las Islas Británicas con los modelos de igual valor aunque más modernos de Austin y Morris antes de sacar al mercado en 1953 un Prefect de nuevo diseño con carrocería autoportante. Sin lugar a dudas, los modelos Prefect consolidaron la marca Ford en el Reino Unido, donde a comienzos de la década de 1950 ya volvía a producir 1000 unidades diarias.

Modelo: *Ford Prefect*
Cilindrada/Cilindros: *1172 cm^3/4 cilindros*
CV/kW: *31/22,7*
Período de fabricación: *1946-1951*
Unidades fabricadas: ---

Ford Pilot

Con el modelo Pilot aparecido en 1947, la sucursal británica del consorcio Ford incluyó e su catálogo un automóvil con motor V8 con un diseño de clara inspiración estadounide se. El Pilot continuaba la tradición del modelo 60, montado en el Reino Unido en la décac de 1930, pero ahora con una mayor cilindrada (2,5 en lugar de 2 litros). En 1948 se er prendió incluso la fabricación de una variante de 3,6 litros y se equipó el Pilot con frenc de accionamiento hidráulico en las ruedas delanteras. Los modelos, que en función d motor instalado alcanzaban velocidades máximas de 120 a 130 km/h, eran del agrado c una clientela más bien conservadora que no confería tanto valor al prestigio como a la sc dez del vehículo.

Modelo: *Ford Pilot*
Cilindrada/Cilindros: *2535 cm^3/8 cilindros*
CV/kW: *67/49*
Período de fabricación: *1947-1949*
Unidades fabricadas: ---

Ford Consul Mk I

Con la presentación de los modelos Consul y Zephyr, la sucursal británica del consorcio Ford lanzó al mercado en 1950 una nueva generación de vehículos destinada a seguir la tradición del modelo Pilot. La prensa especializada se mostró bastante escéptica, ya que en contraste con el del Pilot, vehículo impulsado por un motor V8, el capó del Zephyr ocultaba un motor de seis cilindros, por sólo cuatro del Consul. No obstante, las cifras de ventas se encargarían de demostrar muy pronto que dichos motores resultaban más que suficientes. El Consul, sobre todo, era un automóvil con una técnica muy avanzada y parecía hecho a la medida del mercado británico. Entre las mejoras técnicas figuraban la carrocería autoportante y, ante todo, la suspensión independiente delantera.

Modelo: *Ford Consul Mk I*
Cilindrada/Cilindros: *1508 cm^3/4 cilindros*
CV/kW: *48/35,1*
Período de fabricación: *1950-1956*
Unidades fabricadas: *aprox. 180 000*

Ford Anglia 105 E

En 1959, Ford sorprendió a los conductore del Reino Unido con el Anglia 105 E, un m delo del todo nuevo. Concebido como ur suerte de Volkswagen a la inglesa, el v hículo fue equipado con un económic motor de cuatro cilindros. Este motor de c rrera corta era un grupo muy moderno cc válvulas suspendidas. La cóncava luna tr sera y la arqueada parte frontal fueron resultado de unos largos experimentos e el túnel del viento. Según un comunicado c prensa, este diseño garantizaba un ir portante ahorro de gasolina. En 1961, Fo lanzó al mercado el Combi como compl mento de la berlina y ofreció el Anglia cc un motor de 1,2 litros. Aunque este últim no fue muy popular más allá del canal de Mancha, sí lo fue su sucesor, el Ford Escor

Modelo: *Ford Anglia 105 E*
Cilindrada/Cilindros: *997 cm^3/4 cilindros*
CV/kW: *40/29,3*
Período de fabricación: *1959-1967*
Unidades fabricadas: ---

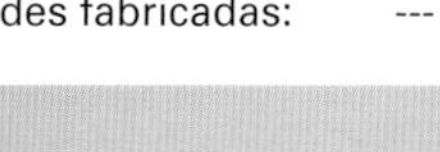

ealey 2.4 L

unque el nombre de Donald Mitchell Healey suele asociarse al legendario automóvil eportivo británico denominado Austin-Healey, la realidad es que mucho antes de que xistieran los «Big-Healeys», este antiguo piloto ya había producido un par de vehículos teresantes. El primer Healey que se presentó a la opinión pública en 1946 descansaba obre un chasis cuadrangular y estaba equipado con un motor de la marca Riley. Para per- er peso, la mayor parte de la carrocería se había construido con metales ligeros. Aunque prototipo había sido concebido como *roadster* de cuatro plazas, Healey no dudó en des- arse de este concepto al emprender la fabricación en series pequeñas, y cada ejemplar ue salió de los talleres lo hizo con un aspecto muy individual.

odelo:	*Healey 2.4 L*
ilindrada/Cilindros:	*2443 cm^3/4 cilindros*
V/kW:	*106/77,6*
eríodo de fabricación:	*1946-1954*
nidades fabricadas:	*---*

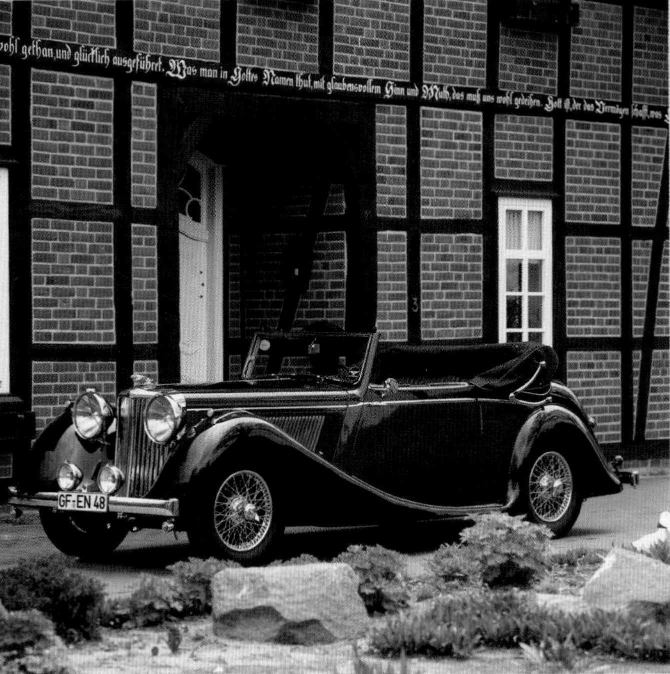

Jaguar 3.5 L

Al terminar la guerra en 1945, la casa Jaguar adaptó la denominación de los modelos al nombre de la marca. El nombre oficial de la empresa, que hasta 1948 siguió construyendo los modelos de la preguerra 1.5 L, 2.5 L y 3.5 L, era ahora Jaguar Cars Ltd. Según el tipo de motor instalado en ellos, estos tres modelos alcanzaban velocidades máximas de 120 a 155 km/h. Se daba por aceptado que estos modelos habían quedado obsoletos, de ahí que en paralelo se trabajara ya por presentar dos serie completamente nuevas, la Mark V y la XK. Las construcciones de antes de la guerra, las había en forma de limusina y de cabriolé, todavía eran bien acogidas, puesto que todo el mundo conocía las dificultades (escasez de materiales) para reanudar la producción de automóviles en la inmediata posguerra.

Modelo:	*Jaguar 3.5 L*
Cilindrada/Cilindros:	*3486 cm^3/6 cilindros*
CV/kW:	*126/92,2*
Período de fabricación:	*1946-1948*
Unidades fabricadas:	*aprox. 25 600*

aguar Mk V 2.5 L

demás del legendario Jaguar XK, en el arls Court Motor Show del año 1948 celerado en Londres, el primero desde el fin e la II Guerra Mundial, había otro automóil del que se ocupó especialmente la prena especializada. Se trataba de una espaiosa limusina con una línea determinada n gran medida por unos guardabarros rqueados que se prolongaban hasta los stribos. Con la sigla Mk V debutó ahí un ehículo con un aspecto que recordaba al e los modelos de la década de 1930 pero on una técnica puesta al día. El Mk V, por tro lado, descansaba sobre un chasis cuarangular de largueros cruzados de nueva onstrucción, de ahí que desde ese momento se pudiera renunciar a los habituaes falsos chasis de madera.

Modelo:	*Jaguar Mk V 2.5 L*
ilindrada/Cilindros:	*2663 cm^3/6 cilindros*
V/kW:	*102/74,7*
eríodo de fabricación:	*1948-1951*
nidades fabricadas:	*1670*

Jaguar Mk V 3.5 L

A diferencia de los automóviles de antes de la guerra, el nuevo Jaguar Mk V no tenía grandes neumáticos de 18 pulgadas, sino de 16. Las ruedas del eje delantero llevaban una suspensión independiente con brazos triangulares y barras de torsión, mientras que el eje trasero continuaba siendo rígido. El inferior tamaño de las ruedas tenía la gran ventaja de que la rueda de recambio ya no debía alojarse en el exterior, en una cavidad del guardabarros, sino en el maletero. Un segundo nivel de la tapa del maletero albergaba un abundante y variado kit de herramientas. En vista de las dimensiones y del peso del Mk V, Jaguar optó por sacar al mercado una versión de 3,5 litros, una sabia decisión, ya que la mayoría de los compradores se decantó por este modelo de mayor potencia.

Modelo:	*Jaguar Mk V 3.5 L*
Cilindrada/Cilindros:	*3485 cm^3/6 cilindros*
CV/kW:	*125/92*
Período de fabricación:	*1948-1951*
Unidades fabricadas:	*7815*

Jaguar Mk VII

Mientras el mundo de los automóviles deportivos se entusiasmaba con la nueva serie XK de Jaguar, la marca también intentaba dirigirse a una clientela más conservadora. Para ella, precisamente, sacó Jaguar al mercado en octubre de 1950 una limusina de cuatro puertas de casi 5000 mm de largo y de 3050 mm de distancia entre ejes cuya línea, sobre todo la de los flancos de la carrocería, se inspiraba sin duda en el XK 120. Este potente coche de lujo también contaba con el motor del XK, que por culpa del mayor peso del Mk VII no alcanzaba su mayor rendimiento (la aguja del velocímetro sólo avanzaba hasta los 160 km/h). Con un tablero de instrumentos de madera noble y asientos revestidos en cuero, el Mk VII se convirtió en un competidor de los modelos de Bentley: por lo menos, los Jaguar costaban menos.

Modelo:	*Jaguar Mk VII*
Cilindrada/Cilindros:	*3442 cm^3/6 cilindros*
CV/kW:	*162/118,7*
Período de fabricación:	*1950-1953*
Unidades fabricadas:	*---*

Jaguar Mk VII M

La mayoría de los vehículos exportados por Jaguar encontraba un comprador en el mercad estadounidense. La marca conocía perfectamente los gustos de esta clientela. Por tanto, al equipaba el Mk VII con una caja de velocidades automática de Borg-Warner; en el Rein Unido, se instalaba una caja de cambios con una superdirecta que reducía las revoluciones Desde 1954, a raíz de la actualización del modelo, los Mk VII llevaron la denominación ad cional «M». Los vehículos podían reconocerse con facilidad por sus parachoques curvado hacia los ángulos y por la rejilla cromada en los orificios de salida de la bocina, de sonido mú tiple. Gracias a un aumento de 30 CV de potencia, el Mk VII M alcanzaba ahora los 175 km/h

Modelo:	*Jaguar Mk VII M*
Cilindrada/Cilindros:	*3442 cm^3/6 cilindros*
CV/kW:	*192/140*
Período de fabricación:	*1954-1957*
Unidades fabricadas:	*---*

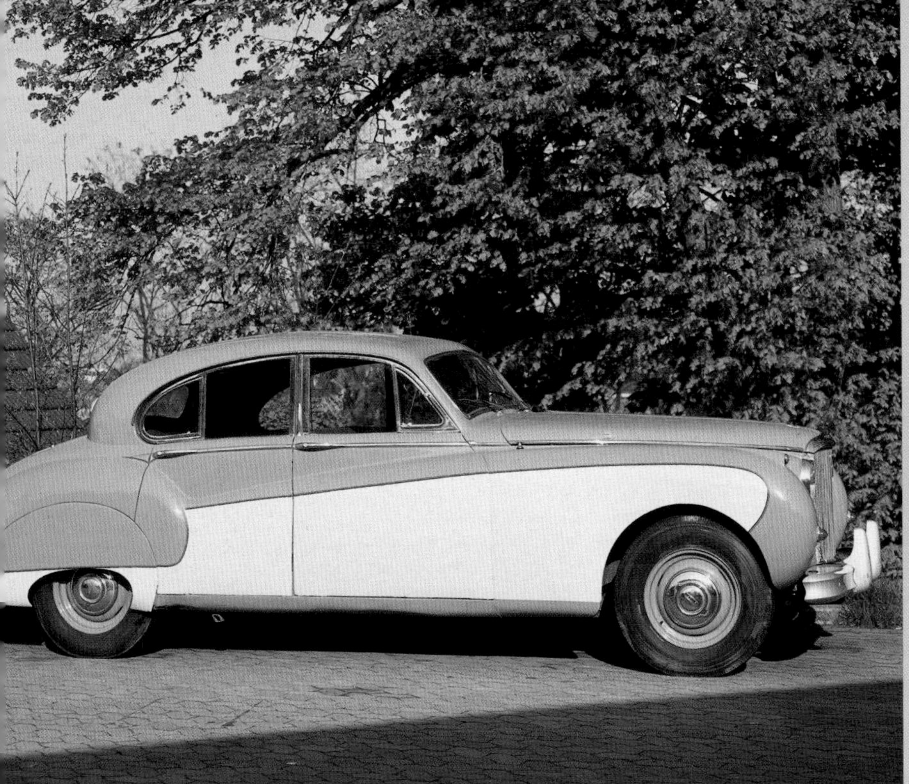

Jaguar Mk VIII

A finales de 1956, Jaguar completó el catálogo de limusinas con el Mk VIII, de casi 1600 mm de alto. Este automóvil descansaba sobre la misma carrocería que el Mk VII; pero mientras que éste contaba con un parabrisas de dos piezas, el del Mk VIII presentaba un aspecto continuo. Aparte de otras novedades estéticas (pintura bicolor y una rejilla del radiador más ancha), el Mk VIII era más lujoso, con mesitas abatibles en los respaldos de los asientos delanteros. La innovación técnica probablemente más interesante se encontraba bajo el capó: el motor de seis cilindros de serie había sido perfeccionado y en su versión actual suministraba más potencia gracias a su culata de nueva construcción.

Modelo: *Jaguar Mk VIII*
Cilindrada/Cilindros: *3442 cm^3/6 cilindros*
CV/kW: *213/156*
Período de fabricación: *1956-1959*
Unidades fabricadas: *---*

aguar Mk IX

modelo Mk IX que Jaguar presentó en otoño de 1958 a la prensa especializada a la limusina más grande e impresionan- de las que había construido hasta ntonces. Bajo el capó de este automóvil abajaba, como no, un motor de seis cilin-os, pero no de 3,4 litros de cilindrada, no de 3,8. Aunque el diseño del Mk IX arecía algo anticuado, el modelo se ven-ó muy bien, pues albergaba una técnica uy puesta al día y contaba con frenos de sco en las cuatro ruedas. La dirección sistida con que este automóvil de lujo enía equipado de fábrica contribuía a una onducción todavía más cómoda. Excep-onal era el peso del Mk IX, de casi dos oneladas.

odelo: *Jaguar Mk IX*
lindrada/Cilindros: *3781 cm^3/6 cilindros*
V/kW: *223/163,3*
eríodo de fabricación: *1958-1961*
nidades fabricadas: *aprox. 10 000*

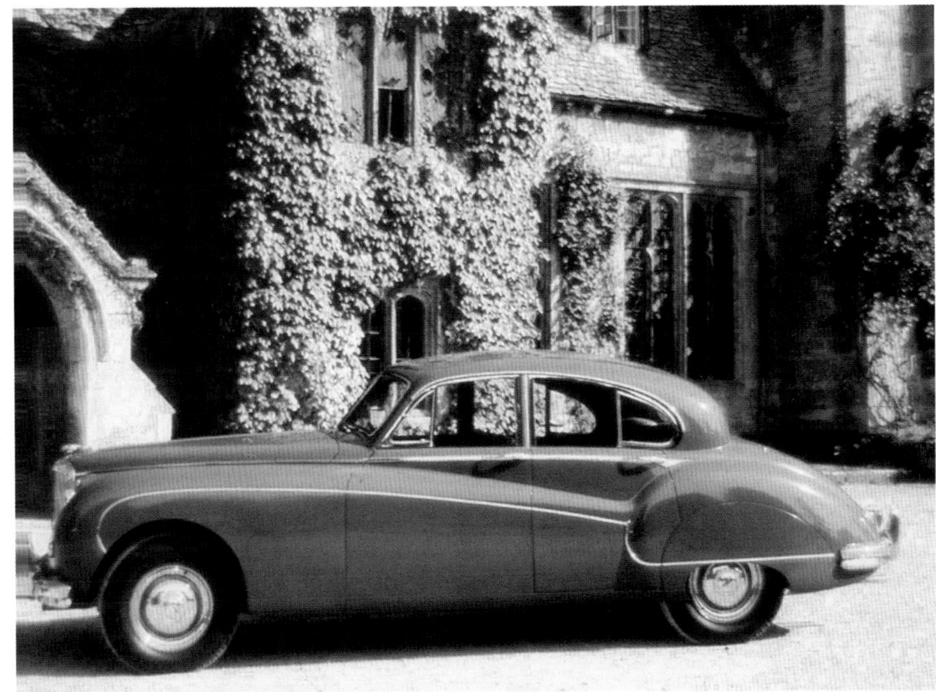

Jaguar XK 120 Showcar

En el Motor Show de Londres de octubre de 1948 se presentaron dos nuevos modelos deportivos de Jaguar, el XK 100 y el XK 120. Todavía no se había decidido si se procedería a su fabricación en serie, ya que el presidente de Jaguar, William Lyons, deseaba sondear primero la opinión pública antes de tomar su decisión, que tomó unos días después de haberse inaugurado la feria: así, según Lyons, el modelo tetracilíndrico XK 100 podía perfectamente desecharse, pero el hexacilíndrico XK 120 de 3,4 litros de cilindrada y 160 CV de potencia resultaba apto para la producción. La reacción de los visitantes al salón automovilístico y de la prensa fue mucho más positiva de lo que Lyons había esperado y el biplaza abierto no tardó en convertirse en el clásico coche deportivo.

Modelo: *Jaguar XK 120 Showcar*
Cilindrada/Cilindros: *3442 cm^3/6 cilindros*
CV/kW: *162/118,7*
Año de fabricación: *1948*
Unidades fabricadas: *ejemplar único*

Jaguar XK 120 Roadster

El nuevo XK 120 no tardó en causar furor en todo el mundo, y no sólo por sus hermosas proporciones, manifiestas en el largo capó, el corto habitáculo, el bajo y afilado parabrisas y la armoniosa zaga, pues los entusiastas de los coches deportivos también sabían apreciar la potencia del motor de seis cilindros con dos árboles de levas en culata, una construcción muy peculiar por aquel entonces. A todo ello había que añadir el excelente comportamiento del vehículo en carretera, derivado de su muy bajo centro de gravedad y de la suspensión independiente delantera con amortiguadores telescópicos Newton. Por lo demás, el XK no era excesivamente caro, circunstancia que también influyó de manera decisiva en su éxito.

Modelo:	*Jaguar XK 120 Roadst*
Cilindrada/Cilindros:	*3442 cm³/6 cilindros*
CV/kW:	*162/118,7*
Período de fab.:	*1948-1954*
Unidades fabricadas:	*12 087*

Jaguar XK 120 DHC

En 1951, cuando ya disponía de un XK cap de alcanzar los 200 km/h, Jaguar lanzó mercado un elegante cupé con ventanill de accionamiento vertical en las puertas todos los atributos típicos de Jaguar, com el abundante empleo de madera y cuero e el interior. En 1953 apareció un modelo ll mado «Drop Head Coupé». Esta versión c carrocería no era nada más que un cabrio con una capota de precioso revestimient De fábrica, todos los ejemplares venían co accionamiento de las ventanillas por ma vela y con una ventana trasera de plástic integrada en la capota que se podía abrir co una cremallera. Tal como demostró su b llante carrera, el XK 120 también podía d mucha guerra en las competiciones aut movilísticas; así, al volante de un *roadst* de serie, el piloto privado Nick Haines log ocupar una duodécima plaza en la edició de 1950 de las 24 Horas de Le Mans.

Modelo:	*Jaguar XK 120 DHC*
Cilindrada/Cilindros:	*3442 cm³/6 cilindros*
CV/kW:	*213/156*
Período de fabricación:	*1948-1954*
Unidades fabricadas:	*12 087*

Jaguar XK 140

Como es sabido, Jaguar no había concebido el XK 120 como coche de competición, sino como un gran turismo deportivo de carretera. Aun así, siempre había entusiastas que lograban convencer a William Lyons de que su XK podía aspirar a alcanzar la gloria en las competiciones automovilísticas, sobre todo en las prestigiosas 24 Horas de Le Mans. La presión para que fabricaran versiones más potentes se hizo sentir cada vez más, y a la empresa no le quedó otro remedio que poner a disposición de la clientela el XK 140, que apareció en 1954. Ahora, el motor suministraba una mayor potencia, pero el coche no tan sólo no era más rápido, sino también algo más opulento. La línea de la carrocería se alargó, se modificó ligeramente la rejilla del radiador, se reforzaron los parachoques, se engalanó el interior y se mejoró la dirección y la suspensión de las ruedas traseras.

lodelo:	*Jaguar XK 140*
ilindrada/Cilindros:	*3442 cm³/6 cilindros*
V/kW:	*192/140*
eríodo de fabricación:	*1954-1957*
nidades fabricadas:	*8884*

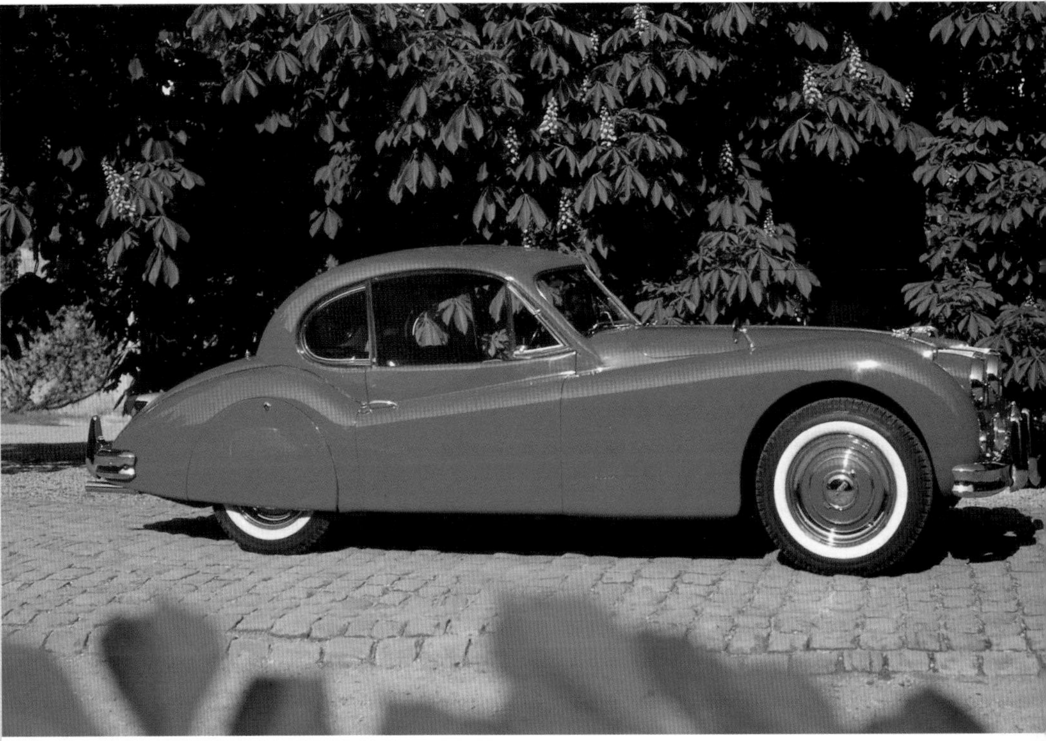

aguar XK 140 Coupé

/lúltiples fueron las conjeturas acerca del rigen de la denominación XK. La explica-ión es muy simple: la «X» aludía a la palara «experimental», mientras que la «K» ra el resultado de una secuencia de denoninaciones internas de la empresa para iversos proyectos de motores. Que preciamente el proyecto XK llegara a convertire en un mito es algo que sus «padres» no odían suponer. Estos personajes (Harry Veslake, Walter Hassan y William Heynes) rearon un motor hexacilíndrico de 3442 cm³ le cilindrada y dos árboles de levas en ulata que una vez superado el estadio xperimental recibió la denominación XK, ue también terminaría aplicándose a un utomóvil deportivo presentado en 1948 el XK 120) que se convertiría en el fundaor de una saga de fama internacional. Con l tiempo, el citado motor sería objeto de umerosos retoques y mejoras.

/lodelo:	*Jaguar XK 140 Coupé*
:ilindrada/Cilindros:	*3442 cm³/6 cilindros*
:V/kW:	*192/140*
eríodo de fabricación:	*1954-1957*
Jnidades fabricadas:	*8884*

Jaguar XK 150

Como ya se había hecho en otros modelos, también del Jaguar XK 140 se fabricaron las versiones *roadster,* cupé y cabriolé. Las mejoras con respecto al XK 120 eran bien visibles; así, por ejemplo, el motor ligeramente desplazado hacia adelante hacía del XK un vehículo menos sensible a los golpes de viento laterales que su antecesor. El gran éxito de la serie XK hizo que muchos de sus ejemplares se destinaran a la exportación: la mayoría de ellos emprendieron el viaje hacia Estados Unidos, ya que allí los Jaguar eran casi objetos de culto. Lo mismo sucedió con el XK 150, la última versión de la clásica serie XK. Como no podía ser de otra manera, también este modelo presentaba importantes innovaciones. Las versiones cupé y cabriolé se fabricaron de 1957 a 1961; el especialmente deportivo *roadster,* por el contrario, sólo se produjo de 1958 a 1960.

Modelo:	*Jaguar XK 150*
Cilindrada/Cilindros:	*3442 cm³/6 cilindros*
CV/kW:	*213/156*
Período de fabricación:	*1957-1961*
Unidades fabricadas:	*9395*

Jaguar XK 150

Del XK 150 producía Jaguar dos versiones estándares, una de 210 CV y otra de 250. Hacia el final del período de fabricación apareció una variante aún superior de 265 CV, el modelo XK 150 S. Este automóvil, del que sólo se construyeron 1466, alcanzaba unos fabulosos 225 km/h gracias a un motor de 3781 cm³. Siguiendo la moda de la época, el XK 150 podía adquirirse con ruedas de radios de varilla con neumáticos de bandas blancas. El folleto publicitario del XK 150 también enumeraba como accesorios una caja de cambios automática que gozaba de gran aceptación en el mercado estadounidense. Sin lugar a dudas, todos los modelos XK merecen un capítulo aparte en la historia del automóvil del Reino Unido, ya que contribuyeron al prestigio mundial de la marca y sirvieron de base para desarrollos posteriores.

Modelo:	*Jaguar XK 150*
Cilindrada/Cilindros:	*3442 cm³/6 cilindros*
CV/kW:	*213/156*
Período de fabricación:	*1957-1961*
Unidades fabricadas:	*9395*

Jaguar Mk II-2.4 L

Con la presentación del Jaguar Mark nació a finales de 1959 un automóvil c cuatro puertas cuyos orígenes se remo taban ya a los modelos 2.4 L o 3.4 L c Jaguar. Las versiones 2.4 y 3.4 (denomin das de forma no oficial Mk I) ampliaron e 1955 el grupo de limusinas. Desde el pri cipio de sus días, los dos modelos cont ban con el nuevo motor XK, tanto en s variante de 2,4 litros, como en la de 3, No obstante, tanto el uno como el ot debieron experimentar profundas renov ciones técnicas (entre otras cosas, se le instaló calefacción de serie y frenos c disco) y estéticas (ventanillas de may tamaño, modificación de la parte traser antes de que dentro de la nueva ser denominada Mk II lograran hacerse con favor del público.

Modelo:	*Jaguar MK II-2.4 L*
Cilindrada/Cilindros:	*2483 cm³/6 cilindros*
CV/kW:	*120/87,9*
Período de fab.:	*1959-1967*
Unidades fabricadas:	*aprox. 61 000*

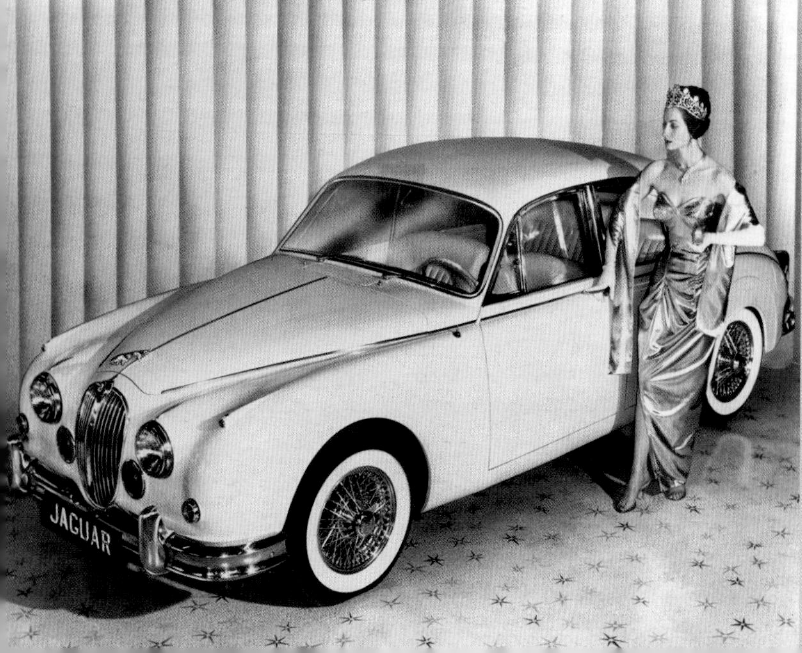

Jaguar Mk II-3.8 L

Con la introducción de la carrocería autoportante empezó para Jaguar una nueva época en la construcción de automóviles. También con relación al precio marcó la limusina de cuatro puertas nuevas pautas en el mercado europeo, pues resultaba muy complicado encontrar entre los competidores una limusina de lujo con semejante equipamiento. Después del excelente inicio del Mk II en las versiones 2.4 y 3.4, en el Motor Show de Londres de finales de 1959 hizo su espectacular aparición una serie impulsada por un motor de 3,8 litros de cilindrada. La excepcional vistosidad del ejemplar expuesto en la feria bastó para que fuera objeto de todas las miradas. Jaguar bautizó este vehículo con pintura metalizada de color dorado «Gold Plated Show Car».

Modelo:	*Jaguar Mk II-3.8 L*
Cilindrada/Cilindros:	*3781 cm³/6 cilindros*
CV/kW:	*220/161,2*
Período de fabricación:	*1959-1967*
Unidades fabricadas:	*30 070*

.ea-Francis 2.5 L

.ea-Francis, una empresa británica de larga tradición que se dedicaba a la construcción de utomóviles desde 1904, se fue decantando con el paso del tiempo por la fabricación e deportivos. En el otoño de 1949, los visitantes al Motor Show de Londres pudieron dmirar un modelo de 2,5 litros de cilindrada que no tardó en producirse en serie. El coche ontaba con una moderna suspensión independiente en las ruedas delanteras y con un notor que fue experimentando un continuo aumento de potencia. En 1952, Lea-Francis ecidió ampliar la gama de modelos con un *roadster* deportivo. En ese momento, por desracia, la demanda de automóviles de esta marca ya iba cuesta abajo, de ahí que la emprea dejara de fabricarlos en 1954.

Modelo:	*Lea-Francis 2.5 L*
Cilindrada/Cilindros:	*2496 cm³/4 cilindros*
CV/kW:	*110/80,6*
Período de fabricación:	*1952-1954*
Unidades fabricadas:	---

ЛG Y

:omo símbolo de especial progreso, el modelo Y nacido en 1947 recibió una suspensión ndependiente delantera. El MG Y, que se vendió muy bien desde el principio, había sido esarrollado por Alec Issigones, el mismo genial constructor que unos años más tarde evolucionaría el concepto de automóvil pequeño con su sensacional Mini. Este pequeño oche de cuatro cilindros constituía un buen compromiso con respecto al modelo deportio TC, al menos técnicamente, ya que el Y salía de los talleres como limusina. Esto cambió n 1948 cuando se comenzó a fabricar la versión abierta del modelo y se dispuso, por fin, e la alternativa abierta del TC. Con una distancia entre ejes de 2510 mm, el Y no era tan eportivo como el TC, pero ofrecía un cómodo espacio para cuatro personas.

Лodelo:	*MG Y*
:ilindrada/Cilindros:	*1250 cm³/4 cilindros*
:V/kW:	*47/34,4*
'eríodo de fabricación:	*1947-1953*
Jnidades fabricadas:	---

MG YA

En contra de la costumbre de ofrecer automóviles de marcado carácter deportivo, MG se venía inspirando cada vez más desde mediados de la década de 1930 en la gama de modelos de Wolseley. Este construía básicamente berlinas: el primer coche cerrado de MG, el SA de 1935, fue el precursor de una nueva serie que se reemprendería, aunque con una línea más actualizada, después de la II Guerra Mundial. Con la reanudación de las actividades productivas en la localidad británica vieron la luz las berlinas del modelo Y, que ya no presentaban un aspecto tan lujoso como sus antepasados de la posguerra con motor de 2,5 litros. En los nuevos, el motor que se ocultaba bajo el capó tenía sólo 1,2 litros de cilindrada.

Modelo:	*MG YA*
Cilindrada/Cilindros:	*1250 cm³/4 cilindros*
CV/kW:	*47/34,4*
Período de fabricación:	*1947-1953*
Unidades fabricadas:	---

MG TC

De hecho, los automóviles que salieron d
las cadenas de montaje no suelen ser def
nidos como clásicos. Entre las pocas ex
cepciones a esta regla figuran, entre otros
los modelos T de la casa MG. Aunque n
lucían una técnica de lo más novedoso, lo
T de MG encarnaron desde el principio l
esencia del coche deportivo típicament
británico. Esta serie se convirtió en un éxit
de ventas desde el primer ejemplar qu
apareció, el TC, que también logró una so
bresaliente aceptación fuera de las Isla
Británicas, sobre todo en Estados Unidos
Cecil Kimber, fundador de la marca MG, n
logró asistir a este momento histórico, y
que falleció en febrero de 1945 como con
secuencia de un accidente ferroviario.

Modelo:	*MG TC*
Cilindrada/Cilindros:	*1250 cm³/4 cilindro*
CV/kW:	*54/40*
Período de fabricación:	*1945-1949*
Unidades fabricadas:	*aprox. 10 000*

MG TC

De las 1500 unidades de TC fabricadas en 1946, más de un tercio fueron a parar a Estados Unidos. Estos vehículos, con el volante a la izquierda, aportaron a la empresa unas importantes divisas gracias a las cuales logró ponerse en marcha con rapidez en la inmediata posguerra. MG se expandió y la producción aumentó, de forma que a finales de 1949 se anunció la venta de la unidad número 10 000 del modelo MG TC, una cantidad considerable para una época en la que muchos fabricantes todavía no lograban despegar por culpa de la reinante escasez de materiales. Que este coche descansara sobre un anticuado chasis cuadrangular y que incluso tuviera el eje delantero rígido no pareció molestar a los aficionados a los deportivos, para quienes lo más importante eran los 130 km/h de velocidad.

Modelo:	*MG TD*
Cilindrada/Cilindros:	*1250 cm³/4 cilindros*
CV/kW:	*55/40*
Período de fabricación:	*1949-1953*
Unidades fabricadas:	*aprox. 30 000*

Modelo:	*MG TC*
Cilindrada/Cilindros:	*1250 cm³/4 cilindros*
CV/kW:	*54/40*
Período de fabricación:	*1945-1949*
Unidades fabricadas:	*aprox. 10 000*

MG TD

Bajo la dirección de Jack Tatlow, al servici
de Riley durante años, MG desarrolló a fina
les de 1949 el sucesor del obsoleto mode
lo TC. Como base de un nuevo concept
más al día se empleó el chasis del MG
que fue sometido a una serie de retoques
pesar de que todavía marcaba la pauta
estilo de la carrocería del TC. Con la deno
minación TD se puso en marcha a finale
de 1949 la producción del relevo del TC. D
las sustanciales mejoras que ofrecía
nuevo modelo se dieron cuenta enseguid
los expertos apenas aparecieron en lo
escaparates los primeros ejemplares, y e
que el TD de MG se beneficiaba de un
moderna suspensión independiente en la
ruedas delanteras y de unos frenos má
eficaces.

ИG TD

Ξl paso del modelo TC al TD conllevó toda clase de mejoras que sólo se ponían de mani-
'iesto observando el coche con detenimiento. Así, por ejemplo, el habitáculo era más
ːómodo, ya que la carrocería era más ancha. El TD también fue equipado con paracho-
ɥues y ruedas más pequeñas con llantas estampadas. En este último caso, sin embar-
ɡo, las grandes sacrificadas fueron las elegantes ruedas de radios. La simple capota ple-
ɡable con la que el TD salía de fábrica no era más, como es obvio, que una solución de
ɜmergencia, ya que no era un seguro a todo riesgo contra las condiciones meteorológi-
ːas adversas. Capaz de alcanzar unos 120 km/h, el TD destinado a la exportación tenía
ɘl volante a la izquierda y una capota plegable más elegante.

Modelo: *MG TD*
Cilindrada/Cilindros: *1250 cm³/4 cilindros*
CV/kW: *55/40*
Período de fabricación: *1949-1953*
Unidades fabricadas: *aprox. 30 000*

ИG TF

Modelo: *MG TF*
Cilindrada/Cilindros: *1250 cm³/4 cilindros*
CV/kW: *58/42,5*
Período de fabricación: *1953-1954*
Unidades fabricadas: *aprox. 6200*

ɪientras que otros fabricantes de automóviles llevaban ya muchos años apostando por el
ɜtilo de las modernas carrocerías envolventes, MG permaneció fiel en sus modelos TF y
Ↄ a un diseño de moda en la década de 1930. La elección de MG fue bien recibida hasta
ɘ53, año en que las ventas se desplomaron. Habría resultado del todo lógico que MG aban-
ɔnara entonces la producción del TD; no obstante, en vez de hacerlo, le hizo un *lifting*
cial y lo lanzó al mercado con la denominación TF. Esta operación de cirugía consistía en la
tegración parcial de los faros en los guardabarros y en la reducción e inclinación de la reji-
ɩ del radiador. Con la misma distancia entre ejes (2390 mm), el coche ganó algo de lon-
tud (3730 mm) y potencia, en este caso gracias a una mayor compresión del motor.

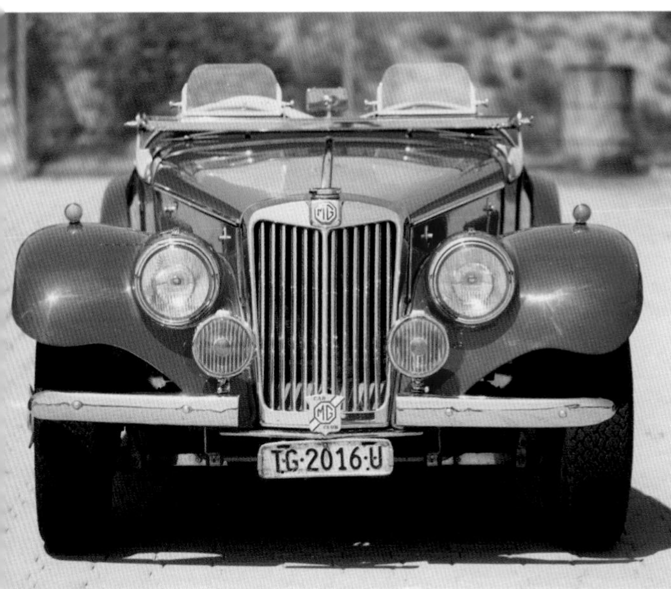

MG TF 1500

La imagen del TF no sólo venía marcada por las modificaciones estéticas efectuadas en la carrocería: MG también volvía a ofrecer ahora unas ruedas de radios que los clientes podían adquirir por un sobreprecio. Para reconquistar el terreno perdido en el mercado de los automóviles deportivos, MG puso en venta otra serie del TF equipada con un motor de 1,5 litros de cilindrada que suministraba al eje trasero 64 CV de potencia a 5000 RPM y que lanzaba el vehículo a una velocidad aproximada de 140 km/h. El éxito de esta nueva versión no fue mucho mayor que el de la anterior: la época de la serie T había terminado. De los modelos T fabricados en la década de 1930 se vendieron unas 3300 unidades; por el contrario, los modelos TC, TD y TF de la posguerra encontraron, hasta 1955, más de 49 000 compradores.

Modelo: *MG TF 1500*
Cilindrada/Cilindros: *1466 cm³/4 cilindros*
CV/kW: *64/46,9*
Período de fabricación: *1954-1955*
Unidades fabricadas: *aprox. 3400*

MG A

En el otoño de 1955, MG presentó el modelo A, perteneciente a una serie completamente nueva con la que esta marca de deportivos volvió a recuperar su popularidad. Unas líneas suavemente arqueadas caracterizaban el diseño de este biplaza, que poco en común tenía ya con los antiguos modelos T. El A reposaba sobre un chasis moderno con largueros tubulares curvados hacia el exterior reforzados con travesaños. Este diseño confería al vehículo una mayor resistencia a la torsión, ya que el A estaba concebido para salir al mercado esencialmente como *roadster* abierto. Continuando la tradición, las ruedas traseras seguían ancladas a un eje rígido, mientras que las delanteras contaban con una suspensión independiente. La suspensión correspondía a los estándares de la época: detrás, ballestas; delante, muelles helicoidales.

Modelo: *MG A*
Cilindrada/Cilindros: *1489 cm³/4 cilindros*
CV/kW: *69/50,5*
Período de fabricación: *1955-1962*
Unidades fabricadas: *aprox. 98 900*

MG A Coupé

Según los entusiastas, un coche deportivo británico debía ser abierto. Las capotas, no imp
ta de qué forma, raramente eran aceptadas, pues se creía que perjudicaban la imagen de
carrocería. En el caso del MG A, todo era diferente: el techo del cupé confería a la varian
cerrada un aspecto hermoso. Por otro lado, el vehículo se beneficiaba también de un prec
atractivo. En contraste con el *roadster*, el cupé, que alcanzaba hasta 165 km/h, llevaba
tablero de instrumentos acolchado, un piso enmoquetado y pequeñas ventanillas triangu
res de apertura lateral. Con este excelente equipamiento, el vehículo podía soportar las inc
mencias meteorológicas. Los auténticos aficionados a los *roadster*, en cambio, prescindier
de todas estas comodidades, ya que se sentían mejor con la austera capota plegable.

Modelo: *MG A Coupé*
Cilindrada/Cilindros: *1489 cm³/4 cilindros*
CV/kW: *69/50,5*
Período de fabricación: *1955-1962*
Unidades fabricadas: *aprox. 98 900*

MG A Twin-Cam

Por un precio inferior al de un Porsche, MG ofrecía al aficionado a los deportivos una interesante versión del popular MG A. Un motor con dos árboles de levas hacía del A un vehículo aún más veloz e impetuoso. Con todo, esta alternativa no era nada fácil de mantener. En que el MG A podía utilizar un motor más potente ya estaban de acuerdo los probadores en 1955 cuando apareció la primera serie del modelo. Por el contrario, el cambio de chasis no era necesario, ya que el A podía soportar más fuerza sin problemas. Prescindiendo de las llantas de estampación, el Twin-Cam, como se denominó esta variante de MG A, no presentaba a primera vista ninguna diferencia con el estándar; había que levantar el capó para descubrir su principal novedad, es decir, un motor con un 50% más de potencia.

Modelo: *MG A Twin-Cam*
Cilindrada/Cilindros: *1589 cm³/4 cilindros*
CV/kW: *108/79,1*
Período de fabricación: *1958-1960*
Unidades fabricadas: *2111*

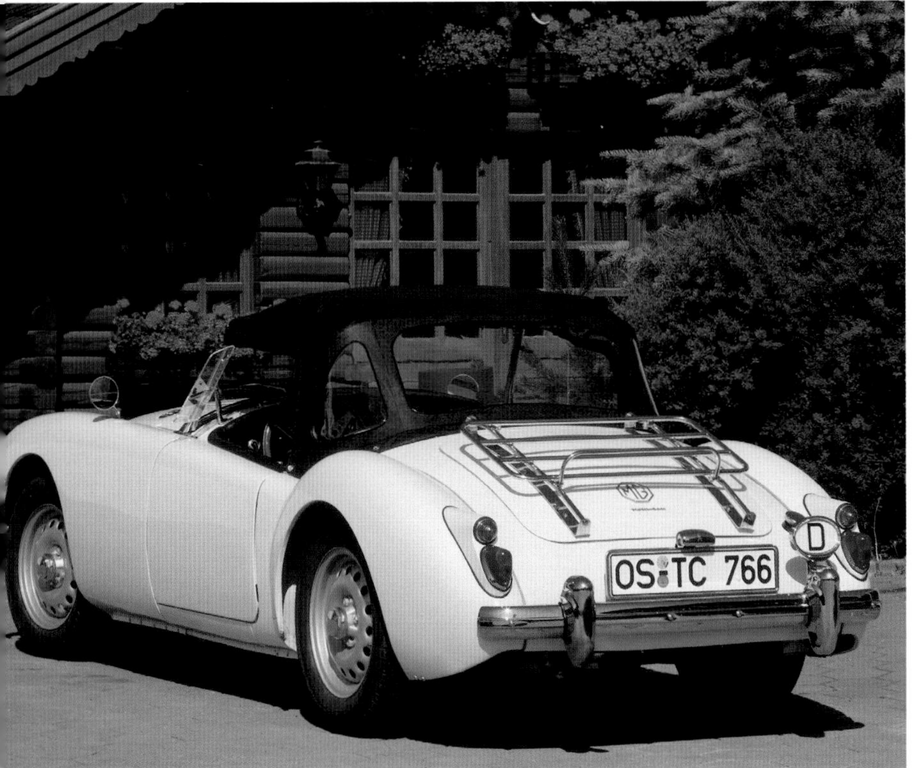

MG A Twin-Cam

Los entusiastas de MG a los que un MG A podía parecerles demasiado vulgar tenían desde 1958 la posibilidad de encargar el enérgico MG A Twin-Cam. A la mayoría de los que lo hacían, la nueva variante no terminaba de convencerles. El motor instalado en ellos poseía dos árboles de levas en culata y requería mucho tacto en el día a día. Sólo el reglaje de válvulas exigía ya una gran dosis de paciencia. En los viajes en días húmedos o en carreteras montañosas, el motor padecía por la excesiva presencia de aceite en las bujías, mientras que una conducción deportiva en óptimas condiciones meteorológicas disparaba el consumo de aceite. Un Twin-Cam aceleraba de 0 a 100 km/h en 12,9 segundos, siempre que el grupo propulsor alcanzara unas aterradoras 6500 RPM, demasiadas para esta construcción.

Modelo:	*MG A Twin-Cam*
Cilindrada/Cilindros:	*1589 cm³/4 cilindros*
CV/kW:	*108/79,1*
Período de fabricación:	*1958-1960*
Unidades fabricadas:	*2111*

G Magnette ZA

G ya había tenido en su catálogo de la década de 1930 una serie denominada Magnette. sí, con el lanzamiento del Magnette ZA, MG recuperó este nombre de los anales de la arca. Como sucesor del MG Y que era, el Magnette ZA fue concebido como turismo de atro puertas. Con respecto al diseño, el ZA se inspiraba en el de un Wolseley que tamén se construía por aquel entonces. Wolseley, que como MG también pertenecía a itish Motor Corporation (BMC), contribuyó con este proyecto cediéndole el motor, que ministraba una potencia de 61 a 69 CV según la versión del modelo. En claro contraste n el simple exterior se hallaba el interior del vehículo, con asientos de cuero y un table- de instrumentos de madera noble.

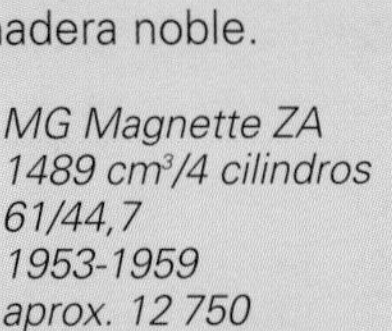

odelo:	*MG Magnette ZA*
indrada/Cilindros:	*1489 cm³/4 cilindros*
/kW:	*61/44,7*
ríodo de fabricación:	*1953-1959*
idades fabricadas:	*aprox. 12 750*

MG Magnette Mk III

En el curso de una permanente actualización de los automóviles de BMC debutó en febrero de 1959 la tercera versión del Magnette, construida en paralelo a los similares modelos de Wolseley. El diseño de la carrocería, obra de Pininfarina, también podía encontrarse en otros vehículos del consorcio. La pintura bicolor, una característica de la década de 1950, subrayaba un poco la línea básica de este coche capaz de alcanzar los 135 km/h. Como el primer Magnette ZA, también la versión Mk III presentaba un espléndido interior. En este modelo, los progresos técnicos también se tuvieron en cuenta, un detalle que no interesó a casi nadie, ya que sólo unos pocos mostraron un verdadero entusiasmo por este coche.

Modelo:	*MG Magnette Mk III*
Cilindrada/Cilindros:	*1622 cm³/4 cilindros*
CV/kW:	*68/50*
Período de fabricación:	*1959-1968*
Unidades fabricadas:	*aprox. 30 000*

Morris Minor Saloon

En Morris, la idea de que el futuro estaría más bien en la construcción de coches pequeños se remontaba ya a principios de la II Guerra Mundial. La razón estaba de su parte, pero el reputado Morris Eight necesitaba con urgencia un sucesor. Alec Issigonis, al servicio de la empresa desde 1936 y que no alcanzaría el estrellato mundial sino mucho más tarde gracias a la creación del Mini, tenía en la cabeza desde hacía tiempo ideas semejantes que durante las largas noches de la guerra plasmaba en esbozos. De esta forma surgió, en diciembre de 1943, un prototipo de dos puertas de estilo estadounidense al que puso el nombre de «Mosquito». A este prototipo, con ruedas de 14 pulgadas, le siguieron en 1946-1947 nuevos experimentos, de los que al final acabó saliendo el legendario Morris Minor.

Modelo:	*Morris Minor Saloon*
Cilindrada/Cilindros:	*803 cm³/4 cilindros*
CV/kW:	*27/19,8*
Período de fab.:	*1948-1971*
Unidades fabricadas:	*1 015 000*

Morris Minor 1000

Cuando William Morris, el posterior Lord Nuffield, vio el primer prototipo se mostró del todo reacio a fabricarlo en serie. Morris rechazaba incluso la idea de presentarlo a la prensa, por mucho que fuera una construcción hipermoderna con suspensión independiente, dirección de cremallera y un motor de escaso consumo. Poco antes de la presentación en el Earl's Court Motor Show de 1948, el constructor Alec Issigonis pasó a creer de pronto que su obra era demasiado estrecha de hombros, de ahí que en el último minuto se presentara un prototipo con 100 mm más de ancho. Este cambio de última hora tuvo serias repercusiones ya que que las máquinas de las factorías ya estaban preparadas para el inicio de la producción en serie. De esta manera, la simple contemplación de la capota de este vehículo, con su parte central achatada, trae a la memoria el recuerdo de aquella operación de belleza.

Modelo:	*Morris Minor 1000*
Cilindrada/Cilindros:	*948 cm³/4 cilindros*
CV/kW:	*38/27,8*
Período de fabricación:	*1956-1971*
Unidades fabricadas:	*1 015 000*

Morris Minor Traveller

Pensándolo bien, el Morris Minor fue desde el principio un coche perfecto que sólo en un aspecto dejaba algo que desear: su motor era poco potente. Por suerte, el chasis del Minor soportaba más caballos, de ahí que no resultase complicado suministrar al vehículo una potencia suplementaria. Desde el punto de vista comercial, el Minor se vendió bien desde el principio, hasta el punto de que el 70% de la producción se destinó al extranjero. Mientras que la primera serie (1948-1950) todavía presentaba un equipamiento muy simple (sin calefacción, sólo un limpiaparabrisas), con la llegada de la versión de cuatro puertas y del Traveller aparecieron las primeras mejoras, entre ellas unos faros más altos.

odelo:	*Morris Minor Traveller*
ilindrada/Cilindros:	*918 cm³/4 cilindros*
V/kW:	*27/19,8*
eríodo de fabricación:	*1953-1971*
nidades fabricadas:	*1 015 000*

olls-Royce Silver Wraith

ras la II Guerra Mundial, muchos fabrican-
es de automóviles se inclinaron ante los
vances de la técnica y pasaron a construir
us vehículos con carrocerías autoportan-
es, pero Rolls-Royce continuó fiel a los pro-
edimientos tradicionales. El modelo Silver
Vraith, de 1946, seguía descansando so-
re un chasis a la antigua, ya que sólo de
sta manera se podían instalar las carroce-
ías especiales tan apreciadas por los clien-
es. Rolls-Royce fabricó el chasis con eje
rasero rígido y suspensión delantera indeendiente y en dos versiones con distinta
atalla, una estándar de 3220 mm y otra de
370, que salió al mercado en 1951 y se
nstaló en casi un tercio de todas las unida-
es de Silver Wraith producidas.

odelo:	*Rolls-Royce Silver Wraith*
ilindrada/Cilindros:	*4257 cm³/6 cilindros*
V/kW:	*datos no disponibles*
eríodo de fabricación:	*1949-1955*
nidades fabricadas:	*1883*

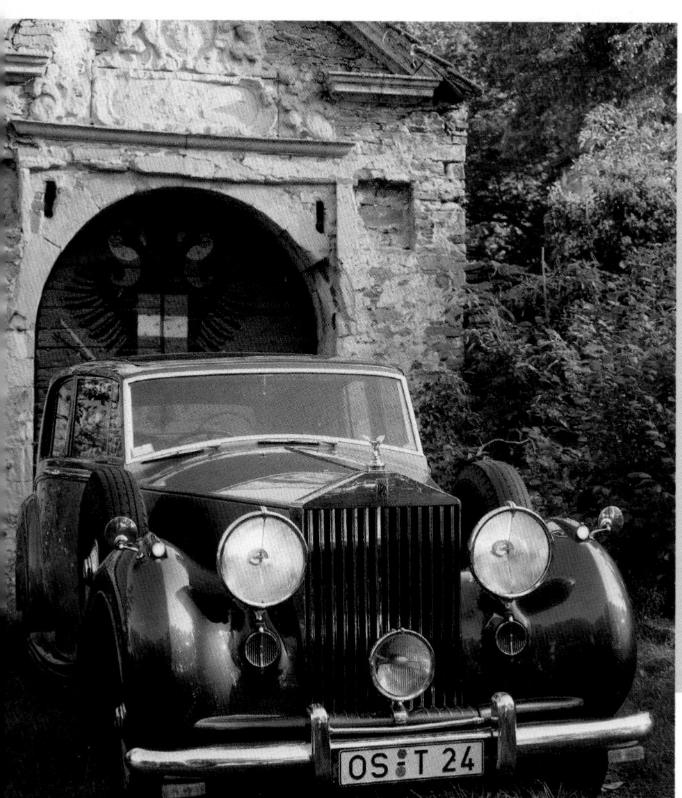

Rolls-Royce Silver Wraith

El Silver Wraith puede vanagloriarse de haber sido el último modelo de Rolls-Royce construido en innumerables versiones de carrocería. Durante su largo período de fabricación, este automóvil se benefició de continuas mejoras técnicas. Así, desde 1952, existía la posibilidad de encargar una caja de cambios automática. Cuatro años más tarde aumentó todavía más el confort del viajero gracias a la incorporación de un sistema de dirección asistida. La cilindrada del motor de seis cilindros pasó ya en 1951 de los 4257 cm³ iniciales a 4566 cm³. En 1954, el motor de serie, cuya potencia siempre se indicaba como suficiente, pasó a suministrar todavía más potencia gracias a un ulterior aumento de la cilindrada, ahora hasta los 4887 cm³.

Modelo:	*Rolls-Royce Silver Wraith*
Cilindrada/Cilindros:	*4257 cm³/6 cilindros*
CV/kW:	*datos no disponibles*
Período de fabricación:	*1949-1955*
Unidades fabricadas:	*1833*

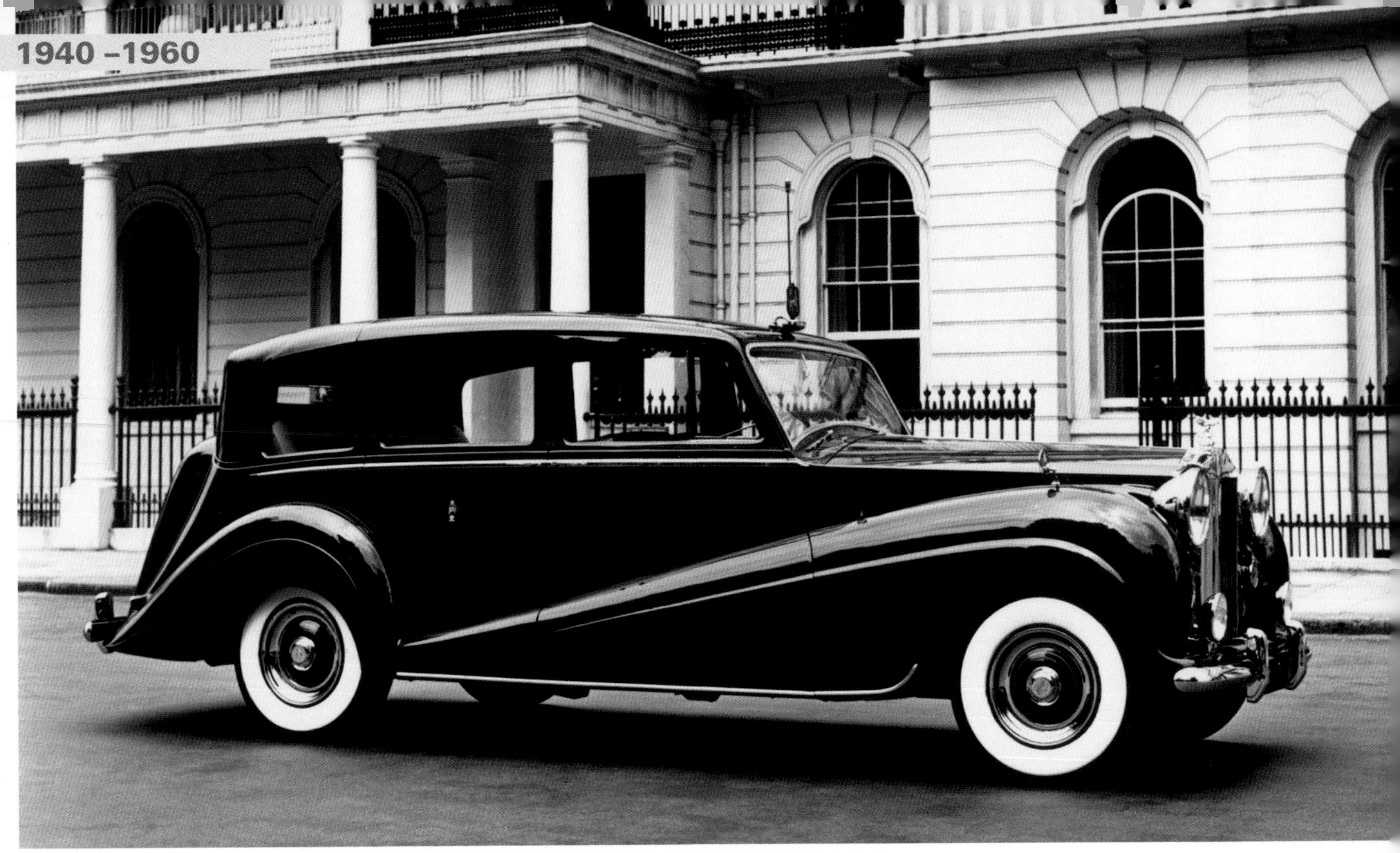

Rolls-Royce Phantom IV

El Phantom IV sólo estaba concebido para las casas reales y jefes de estado, pero no para conductores particulares. En consonancia con su exclusividad, Rolls-Royce equipó de serie a este modelo con un motor de ocho cilindros y escalonó la caja de cambios de forma que el Phantom IV pudiera desplazarse sin problema alguno a paso de tortuga en los desfiles en los que solía participar. Sobre el chasis de 3680 mm de batalla se podían montar, como es obvio, carrocerías de ilimitada suntuosidad. Salvo una, todas las carrocerías salieron de los talleres de Hooper y H.J. Mulliner y se elaboraron a mano. Aunque del Phantom IV sólo se construyeron 18 unidades, esta pequeña serie vino precedida por un prototipo que se redujo a chatarra una vez efectuadas en él todas las pruebas necesarias.

Modelo:	*Rolls-Royce Phantom IV*
Cilindrada/Cilindros:	*5675 cm³/8 cilindros*
CV/kW:	*datos no disponibles*
Período de fabricación:	*1950-1956*
Unidades fabricadas:	*18*

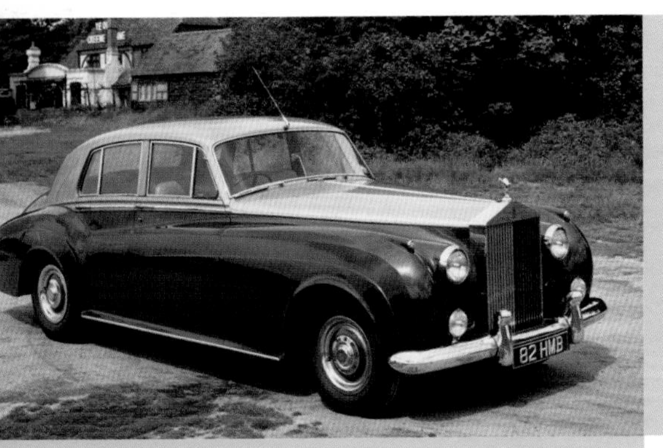

Rolls-Royce Silver Cloud I

Sobre la base de un moderno chasis cuadrangular surgió en 1955 un nuevo modelo de Rolls-Royce denominado Silver Cloud. En teoría, la solidez del chasis era un 50% mayor que la de otras construcciones anteriores. Esto resultaba absolutamente necesario, pues la carrocerías de esta serie no eran precisamente de las más pequeñas. Con una distancia entre ejes de 3120 mm en un primer momento y de 3220 mm desde 1957, el Silver Cloud medía de largo entre 5380 y 5500 mm. Para hacer más atractivo el coche estéticamente Rolls-Royce se decidió a pintar la carrocería en bicolor. En contraste con la tendencia de moda sobre todo en la década de 1930 consistente en encargar una carrocería a medida más del 90% de los clientes del Silver Cloud optaron por la carrocería estándar.

Modelo:	*Rolls-Royce Silver Cloud I*
Cilindrada/Cilindros:	*4887 cm³/6 cilindros*
CV/kW:	*datos no disponibles*
Período de fab.:	*1955-1959*
Unidades fab.:	*2360*

Rolls-Royce Phantom V

En 1959 nació el Phantom V, el automóvil más grande construido hasta entonces desde la posguerra. Este vehículo de lujo de 6000 mm de longitud y 3650 mm de batalla reposaba como siempre sobre un chasis convencional y venía equipado con un motor V8 de suave funcionamiento. En lo técnico, el Phantom V se inspiraba en buena medida en el Silver Cloud II, de ahí que, por ejemplo, también llevara una caja de cambios automática (fabricada bajo licencia de General Motors). Para reducir la velocidad de este pesado coche con mayores garantías, las dimensiones de los frenos de tambor de accionamiento hidráulico se adaptaron a las necesidades. La mayoría de las carrocerías fueron obra de los fabricantes Mulliner y Park Ward, mientras que 200 de ellas salieron de los talleres de James Young

Modelo:	*Rolls-Royce Phantom V*
Cilindrada/Cilindros:	*6230 cm³/8 cilindros*
CV/kW:	*datos no disponibles*
Período de fabricación:	*1959-1968*
Unidades fabricadas:	*516*

Rover 75

En el Motor Show de Londres de 1949, Rover presentó el nuevo P 4, sólo disponible en una variante con motor de seis cilindros y 75 CV. Fue el primer Rover con la novedosa carrocería integral de inspiración estadounidense, y en sus primeros años tuvo una rejilla de radiador con un faro central antiniebla extremamente atípica en Rover y a raíz de la cual el vehículo recibió el apodo de «Cíclope». Esta rejilla, sin embargo, fue sustituida más tarde por una más «roveriana» y el P 4 no tardó en convertirse en una serie muy apreciada. Los vehículos, con ese venerable carisma tan típicamente británico, fueron denominados «Pequeña Tía». Hasta 1964, año en que el P 4 dejó de fabricarse, se habían vendido 130 000 unidades de esta serie.

Modelo: *Rover 75*
Cilindrada/Cilindros: *2103 cm³/6 cilindros*
CV/kW: *76/55,7*
Período de fabricación: *1949-1954*
Unidades fabricadas: *130 000*

Rover 90

Los Rover de la serie P 4 no eran coches para los fanáticos de las modas, sino más bien para los *gentleman* británicos que deseaban conducir un discreto pero aun así interesante vehículo. La cómoda berlina de cuatro puertas fue sometida a continuas remodelaciones y reemplazada a intervalos relativamente cortos por versiones perfeccionadas. Así, del primer modelo, el 75, Rover lanzó pronto una versión más económica con motor de cuatro cilindros (el Rover 60) y una con motor de seis cilindros de 2,6 litros de cilindrada. La palanca del cambio de velocidades de algunos modelos se instaló en el volante, aunque Rover terminó descartando muy pronto esta configuración y la volvió a colocar entre los asientos delanteros.

Modelo: *Rover 90*
Cilindrada/Cilindros: *2638 cm³/6 cilindros*
CV/kW: *93/68,1*
Período de fabricación: *1955-1959*
Unidades fabricadas: *130 000*

Rover 60

Poco después de terminar la II Guerra Mundial, Rover construyó un par de berlinas basadas en modelos de finales de la década de 1930. A principios de 1948 ya salieron al mercado los primeros modelos de la posguerra de nuevo desarrollo, un tetracilíndrico de 1,6 litros y 60 CV y un hexacilíndrico de 2,1 litros y 75 CV. En todos los nuevos motores, las válvulas de admisión estaban dispuestas en la parte superior, mientras que las de escape lo estaban lateralmente. Los nuevos chasis disponían de suspensión independiente delantera y frenos hidromecánicos. Estos vehículos pasaron a la historia como serie P 3. Asimismo, Rover experimentó con un coche pequeño y en 1948 presentó el Land Rover con tracción a las cuatro ruedas que inauguraba una gama de vehículos del todo nueva.

Modelo: *Rover 60*
Cilindrada/Cilindros: *1595 cm³/4 cilindros*
CV/kW: *60/44*
Período de fabricación: *1948-1949*
Unidades fabricadas: ---

Rover 110

Con la serie P4, Rover consolidó en el me cado un sólido automóvil que durante s largo período de fabricación recibió u motor que fue sometido a numerosas rev siones. A primera vista, esto puede parec ilógico, pues desarrollar motores nuevc significaba desembolsar regularmente u valioso capital. Pero Rover logró reducir máximo los costes de desarrollo, ya qu todas las variantes del motor siempre tuvi ron cilindros del mismo diámetro. Así, pa aumentar la cilindrada, se recurría a alarg los correspondientes cilindros. En su últim estadio de desarrollo, el motor hexacilínd co, del que se hicieron hasta siete versi nes, suministraba una potencia de 125 C Este motor fue el utilizado en el Rover 11

Modelo:	*Rover 110*
Cilindrada/Cilindros:	*2638 cm³/6 cilindro*
CV/kW:	*125/91,6*
Período de fabricación:	*1959-1964*
Unidades fabricadas:	*4612*

Rover 3 L

Para completar la gama de modelos, sobre la base del P 5 se desarrolló un elegante cupé que no sólo hizo latir los corazones de los usuarios, ya que también muchos altos cargos y grandes dignatarios se hicieron llevar por el nuevo modelo de 3 litros, entre ellos, los primeros ministros británicos desde Harold Wilson hasta Margaret Thatcher. También la Reina solía conducir este coche en privado. En el P 5, Rover introdujo ya algunas medidas de seguridad, entre ellas, el depósito de gasolina emplazado encima del eje trasero. De esta forma, el depósito pasó a ubicarse en una situación segura mucho antes de que las leyes obligaran a ello. En 1963, la culata del motor de seis cilindros fue sustituida por una construcción más moderna gracias a la cual la potencia del motor aumentó hasta los 136 CV.

Modelo:	*Rover 3 L*
Cilindrada/Cilindros:	*2995 cm³/6 cilindros*
CV/kW:	*136/100*
Período de fabricación:	*1963-1967*
Unidades fabricadas:	*48 541*

Rover 3 L

Rover dio un gran paso hacia adelante cc la presentación en 1958 del modelo P una espaciosa limusina de lujo que cont ba con una versión de 3 litros del lege dario motor de seis cilindros. Este mod lo ideado por David Bache fue el prim Rover con carrocería autoportante, con que el montaje de la carrocería sobre u pesado chasis cuadrangular pasó defini vamente a los anales de la marca. El v hículo, con su interior tradicionalmen bien equipado, reunía en sí dignidad y el gancia. El techo, unos 50 mm más ba que el de los P 4, y el parabrisas, de m yores dimensiones, conferían al vehícu un aspecto más voluminoso que el re En función del motor, la velocidad máxin de un P 5 oscilaba entre 160 y 180 km/

Modelo:	*Rover 3 L*
Cilindrada/Cilindros:	*2995 cm³/6 cilindrc*
CV/kW:	*117/85,7*
Período de fabricación:	*1959-1967*
Unidades fabricadas:	*48 541*

Scootacar

El Scootacar no fue construido por ninguna marca tradicional de automóviles, sino por Scootacars Limited, filial de la fábrica de locomotoras Hunselt, radicada en Leeds. Este artilugio de 2060 mm de largo estaba preparado, al menos así figuraba en la publicidad del producto, para dos personas adultas. A causa de sus reducidas dimensiones, la cabina de plástico acristalado sólo tenía una puerta situada en la parte izquierda de una carrocería de enorme altura, en la que un ocupante podría haber tenido la sensación de hallarse sentado en un taxi de Londres de no haber sido por la incomodidad provocada por el fuerte ruido del motor de dos tiempos emplazado en la parte trasera. La dirección del vehículo era en forma de manillar de bicicleta y requería una cierta adaptación. No obstante, su gran ángulo de giro facilitaba las maniobras de estacionamiento.

Modelo:	*Scootacar*
Cilindrada/Cilindros:	*197 cm³/1 cilindros*
CV/kW:	*8,5/6,2*
Período de fabricación:	*1957-1960*
Unidades fabricadas:	---

Singer SM 1500

inger era una de las empresas británicas de más tradición y ya existía mucho antes e que viniera al mundo el automóvil. La fundación de Singer se remontaba a 1860, mienras que el primer coche de la marca lo hacía a 1909. Con los años, Singer llegó a converrse por un tiempo en el tercer mayor fabricante de automóviles de las Islas Británicas; no bstante, la crisis internacional de finales de la década de 1920 truncó todos sus planes: pesar de sus nuevos e interesantes desarrollos, Singer no logró mantenerse y terminó ncorporándose al consorcio Rootes, bajo cuya dirección dejó de construir en 1937 impeuosos deportivos para dedicarse a la producción de automóviles convencionales.

Modelo:	*Singer SM 1500*
Cilindrada/Cilindros:	*1506 cm³/4 cilindros*
CV/kW:	*48/35,1*
Período de fabricación:	*1948-1949*
Unidades fabricadas:	---

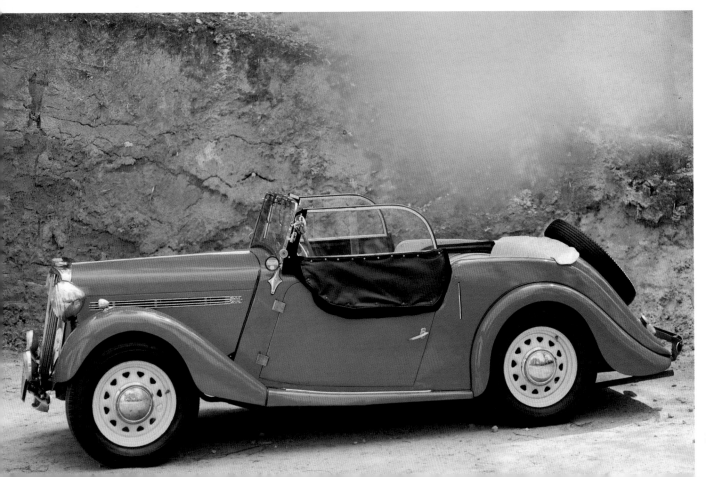

Triumph 1800

Con el Triumph 1800 apareció en 1946 un automóvil con una línea de carrocería en forma de punta de cuchillo *(knife-edge-style)* típicamente británica. Este diseño se aplicó en la berlina de seis ventanillas, pues el *roadster* construido en paralelo presentaba unas formas barrocas redondeadas. Para que su línea resultara más armoniosa, la distancia entre ejes del chasis se redujo de 2740 a 2540 mm. Un interesante detalle del *roadster* era su maletero, formado por una tapa de dos partes y que en caso de necesidad ofrecía un parabrisas adicional y dos asientos suplementarios de emergencia que han pasado a la historia del automóvil con el socarrón apodo de «asiento para la suegra».

Modelo:	*Triumph 1800*
Cilindrada/Cilindros:	*1776 cm³/4 cilindros*
CV/kW:	*66/48,3*
Período de fabricación:	*1946-1950*
Unidades fabricadas:	*aprox. 2500*

Triumph TR 2

Triumph inauguró el año automovilístico de 1952 con un diseño absolutamente nuevo. Con ocasión del Motor Show de Londres, la marca presentó un ágil *roadster* con puertas muy desplazadas hacia atrás, guardabarros alargados y una falsa rejilla de radiador muy retrasada con respecto al morro del vehículo. El modelo, recibido con gran entusiasmo por la prensa especializada, pasó a fabricarse en serie un año más tarde como Triumph TR 2. Este automóvil no sólo presentaba un aspecto elegante, sino que gracias a un potente motor tetracilíndrico de 2 litros alcanzaba una velocidad de 170 km/h. Para exprimir del todo las últimas reservas del motor, el equipo fue dotado de carburadores horizontales de doble cuerpo.

Modelo:	*Triumph TR 2*
Cilindrada/Cilindros:	*1991 cm³/4 cilindros*
CV/kW:	*91/66,6*
Período de fabricación:	*1953-1955*
Unidades fabricadas:	---

Triumph TR 3 A

En 1955 vio la luz el Triumph TR 3, hermano del TR 2. Un frontal bastante más atractivo y un motor más potente encarrilaron enseguida este coche hacia el éxito. El TR 3 recibió numerosas mejoras técnicas, como frenos de disco en las ruedas delanteras. De entre las novedades introducidas en 1957-1958, la más sobresaliente fue sin duda alguna el aumento de potencia del motor, aunque también los retoques estéticos a los que fue sometido este deportivo, denominado ahora TR 3 A, contribuyeron a lavarle la cara. Así, por ejemplo, el interior del vehículo recibió un nuevo tablero de instrumentos, asientos más cómodos y una rejilla del radiador que se extendía por todo lo ancho del frontal del automóvil.

Modelo:	*Triumph TR 3 A*
Cilindrada/Cilindros:	*1991 cm³/4 cilindros*
CV/kW:	*101/74*
Período de fabricación:	*1957-1961*
Unidades fabricadas:	---

Triumph Italia 2000 Coupé

Con el Triumph Italia, el importador italiano de la marca Triumph, Salvatore Ruffino, construyó un automóvil que, pese a transmitir el típico *feeling* de los deportivos británicos, presentaba un diseño absolutamente italiano. Antes de llevar a cabo la fabricación, Ruffino mandó diseñar algunos proyectos de carrocería a varios especialistas, entre otros, a Zagato, y acabó decidiéndose por el de Michelotti. En un primer momento, Ruffino encargó la producción de 1000 carrocerías a la casa Vignale, pero detuvo el proyecto después de 328 unidades: el Italia, capaz de alcanzar los 165 km/h, era demasiado caro y difícil de vender.

Modelo:	*Triumph Italia 2000 Coupé*
Cilindrada/Cilindros:	*1991 cm³/4 cilindros*
CV/kW:	*90/66*
Período de fabricación:	*1958-1962*
Unidades fabricadas:	*328*

Vauxhall Cresta PA

Perteneciente al consorcio General Motors, la marca Vauxhall sacó al mercado a principios de la década de 1960 varios automóviles de diseño propio antes de adoptar unas líneas de carrocería inspiradas en las de Opel, otra de las marcas de General Motors. Uno de los últimos modelo típicos de Vauxhall, el Cresta, hizo su debut en el Salón del Automóvil de París. El Cresta, del que también se fabricó una variante destinada a la exportación con el nombre «Velox», era un moderno vehículo con carrocería autoportante con un estilo inspirado en el de los modelos estadounidenses (parabrisas panorámicos, alerones traseros), aunque correspondía al gusto europeo de la época (neumáticos con bandas blancas, pintura bicolor).

Modelo:	*Vauxhall Cresta PA*
Cilindrada/Cilindros:	*2262 cm³/6 cilindros*
CV/kW:	*77/56,4*
Período de fabricación:	*1957-1962*
Unidades fabricadas:	*aprox. 91 200*

Alfa Romeo 6C 2500

n 1946, los primeros automóviles que salieron de los talleres de Alfa Romeo fueron la versión revisada del modelo 6C 2500. Su diseño recuperaba el estilo de carrocería de la década de 1930; pero el fin de la guerra vino acompañado de un cambio lento aunque constante en la fabricación de vehículos. El gran y cómodo 6 C «Freccia d'oro» (flecha de oro) de nco plazas lo era todo menos moderno. La difusión del automóvil entre las masas hizo que s coches dejaran de fabricarse de forma artesanal y empezaran a producirse en serie. parte de caros y espléndidos automóviles, cuya demanda iba en fuerte descenso, el mercado pedía cada vez más modelos fabricados en serie. Alfa Romeo dio este paso en 1950.

Modelo:	*Alfa Romeo 6C 2500*
Cilindrada/Cilindros:	*2443 cm³/6 cilindros*
CV/kW:	*90/70*
Período de fabricación:	*1946-1950*
Unidades fabricadas:	---

Alfa Romeo 1900

Para la prensa especializada, el tetracilíndrico Alfa Romeo 1900 salido de las factorías de Portello fue una sensación desde el primer instante. Aunque la técnica correspondía a los habitualmente elevados estándares de Alfa Romeo, la entrada en escena de Alfa Romeo, fabricante de coches de lujo, dentro del sector de los vehículos de gama media, sorprendió a muchos. En consonancia con la tradición de la casa, la versión básica, una berlina de cuatro puertas con carrocería autoportante, también constituyó la base de diferentes variantes de cupé y cabriolé. Aunque pueda parecer una evidencia, los nuevos modelos también respondieron bien en las competiciones deportivas. Con relación a las ventas, el primer lugar de la clasificación, como era de esperar, lo ocupó la berlina.

Modelo: *Alfa Romeo 1900*
Cilindrada/Cilindros: *1975 cm³/4 cilindros*
CV/kW: *90/70*
Período de fabricación: *1953-1958*
Unidades fabricadas: ---

Alfa Romeo 1900

Con el modelo 1900, Alfa Romeo pasó d fabricar vehículos de forma artesanal a h cerlo en grandes series. Los cuatro años d fabricación del modelo 1900 bastaron pa superar la cantidad de unidades producid en los primeros 40 años de historia de marca. Con ello, este fabricante milane se aseguraba el futuro. Al 1900, una nob berlina, se le vio tanto circulando por l grandes ciudades como participando e competiciones deportivas. La berlina n tardó en verse acompañada por diferente variantes de cupé. En la Centroeuropa de posguerra, este caro vehículo fue toda un rareza: en un primer momento, los alem nes todavía esperaban el milagro económ co; más tarde por un 1900 Super Sprint c la carrocería Superleggera de Touring d bían pagar tanto como por un coche de lu de producción nacional.

Modelo: *Alfa Romeo 1900*
Cilindrada/Cilindros: *1884 cm³/4 cilindr*
CV/kW: *90/70*
Período de fabricación: *1950-1953*
Unidades fabricadas: ---

Alfa Romeo 1900 Sprint

Ya en su versión básica podía percibirse que el Alfa Romeo 1900 era un vehículo de carácter marcadamente deportivo. Su motor de cuatro cilindros contaba con dos árboles de levas en culata, además de pistones y una culata de aleación ligera. Esta innovación no sólo centró el interés de la clientela, sino también el de algunos carroceros, especialmente Touring, que fabricó diferentes versiones de dos puertas del 1900 empleando para ello un material tan ligero como el aluminio. A pesar de los 2630 mm de distancia entre ejes, se supo crear una línea equilibrada gracias a la cual los 1900 equipados con carrocerías especiales acapararon todas las miradas.

Modelo: *Alfa Romeo 1900 Sprint*
Cilindrada/Cilindros: *1975 cm³/4 cilindros*
CV/kW: *90/70*
Período de fabricación: *1953-1958*
Unidades fabricadas: ---

‹lfa Romeo Giulietta Sprint

 cupé más exitoso de Alfa Romeo en la écada de 1950, y sus populares derivaos berlina y *spider*, no sólo entraron en s anales de la historia del automóvil, sino ue contribuyeron a la expansión de la ıarca en otros países. El Alfa Romeo iulietta Sprint, el modelo con el que en 954 inició el paseo triunfal de la serie, trajo a numerosos clientes, entre ellos las strellas del cine Sofía Loren y Gina ollobrigida. Bajo el capó de este automól de tracción trasera y 4000 mm de largo e ocultaba un motor tetracilíndrico de 290 cm³ de aleación ligera con dos árbos de levas en culata que suministraba na potencia de 65 CV a 6500 RPM, y lanaba el coche a 165 km/h. Hace 50 años stos valores eran espectaculares y supeban los de muchos competidores.

Iodelo:	*Alfa Romeo Giulietta Sprint*
ilindrada/Cilindros:	*1290 cm³/4 cilindros*
V/kW:	*65/47,6*
eríodo de fabricación:	*1954-1965*
nidades fabricadas:	*aprox. 36 000*

Alfa Romeo 1900 Super Sprint

Los cupé derivados de la variante berlina culminaron en 1954 en la versión Super Sprint, que contaba con un motor de 1975 cm³ de cilindrada y 115 CV de potencia a 5500 RPM. La potencia del motor se transmitía al eje rígido trasero mediante una caja de cambios de cinco velocidades. Gracias a estos valores, este automóvil de 4410 mm de largo podía alcanzar una velocidad máxima de 180 km/h. Alfa Romeo siempre supo darse aires poniendo en escena modelos especiales. En este sentido, los de dos puertas de gran distancia entre ejes se distinguían por un diseño muy armonioso que con frecuencia se echaba en falta en modelos de la competencia.

Modelo:	*Alfa Romeo 1900 Super Sprint*
Cilindrada/Cilindros:	*1975 cm³/4 cilindros*
CV/kW:	*115/84,2*
Período de fabricación:	*1954-1958*
Unidades fabricadas:	---

Alfa Romeo Giulietta Berlina

En abril de 1955, en el Salón del Automóvil de Turín, el Giulietta de Alfa Romeo se presentó como berlina. De 4000 mm de largo, este modelo tenía la misma parte inferior de la carrocería que el Sprint y se distanciaba de la competencia por un chasis de un dinamismo no alcanzado hasta entonces. En el Salón Internacional del Automóvil, celebrado en Frankfurt en otoño del mismo año, Alfa Romeo presentó como novedad el Giulietta Spyder diseñado por Battista Farina. Con este trío formado por el Sprint, el Berlina y el Spyder, los milaneses se convirtieron en uno de los primeros fabricantes del mundo en demostrar hasta qué punto una serie podía ser innovadora, variada y exitosa. Durante el certamen, la marca recibió numerosos encargos de los concesionarios.

Modelo:	*Alfa Romeo Giulietta Berlina*
Cilindrada/Cilindros:	*1290 cm³/4 cilindros*
CV/kW:	*53/38,9*
Período de fab.:	*1955-1963*
Unidades fabricadas:	*aprox. 130 000*

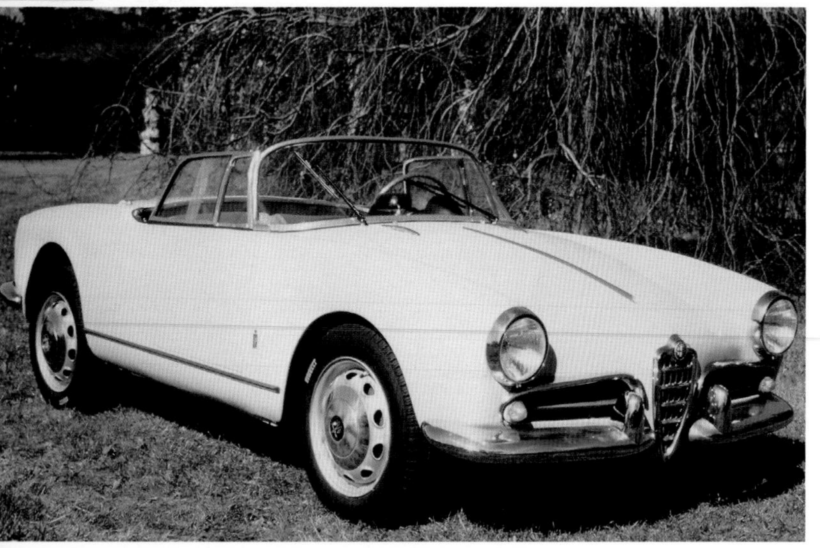

Alfa Romeo Giulietta Spyder

Aunque la serie Giulietta se ofrecía a un precio más favorable q
todos los deportivos de Alfa Romeo fabricados anteriormente,
modelos Berlina, Sprint y Spyder no eran ni mucho menos un p
ducto de masas. Para los entusiastas, lo más fascinante de est
coches era, además de la técnica (suspensión independiente, c
de cambios de aluminio), el diseño. Sobre un chasis de 2380 m
de distancia entre ejes iba montada una elegante carrocería; dela
te dominaba la típica rejilla cromada en forma de «V», flanquead
derecha e izquierda por dos entradas de aire igualmente cromad
Dos años después de su debut se presentó el siguiente esta
evolutivo de la serie, el Giulietta Sprint Veloce, una preserie para h
logación para participar en las Mille Miglia de 1956.

Modelo: *Alfa Romeo Giulietta Spyder*
Cilindrada/Cilindros: *1290 cm³/4 cilindros*
CV/kW: *65/47,6*
Período de fabricación: *1955-1965*
Unidades fabricadas: *aprox. 26 400*

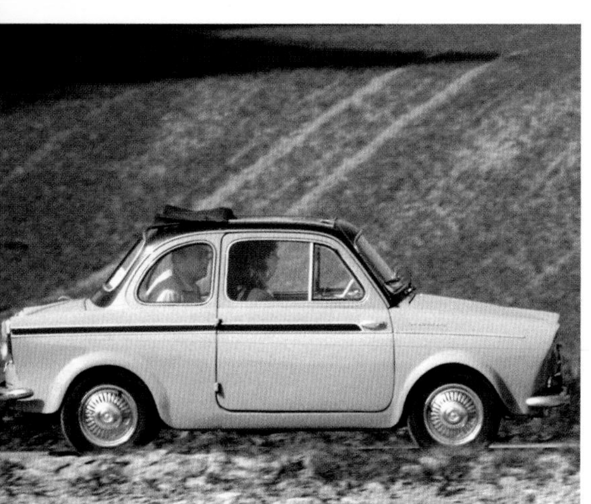

Autobianchi Bianchina 500

El Bianchina 500, para el que Autobianchi creó una peculiar carrocería con techo correc
ro, amplió en otoño de 1957 la oferta de vehículos de pequeñas dimensiones. Lo inte
sante de su carrocería era que la ventanilla trasera flexible estaba integrada en el tech
Esta excepcional solución convirtió este minúsculo biplaza (la empresa hablaba de 2+2)
la berlina descapotable más pequeña del mundo construida hasta 1960, con una distanc
entre ejes de 1840 mm y 2990 mm de longitud total. Este enanito capaz de alcanzar
km/h era impulsado por un indestructible motor bicilíndrico refrigerado por aire de 479 c
y 15 CV fabricado por Fiat. Por lo demás, el Bianchina también se benefició de las mism
mejoras técnicas que el Fiat en el que se inspiraba.

Modelo: *Autobianchi Bianchina 500*
Cilindrada/Cilindros: *479 cm³/2 cilindros*
CV/kW: *15/11*
Período de fabricación: *1957-1960*
Unidades fabricadas: *aprox. 8000*

Ferrari 375 America Coupé

Presente en cualquier salón automovilístico importante desde principios de la década de 1950, Ferrari lograba acaparar la atención de la prensa especializada, que sabía perfectamente dónde encontrar las novedades más interesantes de la temporada. La serie America de 1950 también entraba dentro de la categoría de los coches deportivos de serie, pero muchos propietarios aprovechaban el enorme potencial del motor de doce cilindros y lanzaban el 375 a la arena de las competiciones deportivas, ya que Ferrari afirmaba que el vehículo podía alcanzar hasta 240 km/h. Una revista estadounidense, que lo ponía en duda, escribía más tarde: «Hemos probado el coche en el Lago Salado de Utah y con la cuarta velocidad hemos acelerado a 206 km/h. Ni siquiera así, la aguja del cuentarrevoluciones llegaba a la zona roja, y el coche todavía tiene una quinta velocidad».

Modelo: *Ferrari 375 America Coupé*
Cilindrada/Cilindros: *4523 cm³/12 cilindros*
CV/kW: *300/220*
Período de fabricación: *1953-1955*
Unidades fabricadas: *12*

-errari 342 America

:l primer Ferrari que fue concebido como coche deportivo de serie vio la luz en 1948. Al construir este modelo (Ferrari 166), Enzo Ferrari tuvo en cuenta los numerosos cono- :imientos adquiridos en el duro mundo de la competición. Lo que convertía el Ferrari en ın objeto de deseo era, como es obvio, su motor, un impetuoso grupo de doce cilindros ›n V. Esta impresionante máquina era obra de Gioacchino Colombo, un hombre experi- nentado cuya carrera se había iniciado en Alfa Romeo en la década de 1930. La cilin- lrada de esta máquina de fuerte par motor con dos árboles de levas en culata podía leducirse con facilidad a partir de la denominación del modelo, que siempre reflejaba la :ilindrada unitaria. De esta manera, el Ferrari 166 tenía un motor de 2 litros (12 cilindros < 166 cm³), mientras que el Ferrari 342 contaba un uno de 4,1 litros (12 cilindros x 375 cm³).

Modelo:	*Ferrari 342 America*
Cilindrada/Cilindros:	*4102 cm³/12 cilindros*
CV/kW:	*200/146,5*
Período de fab.:	*1952-1953*
Unidades fabricadas:	*6*

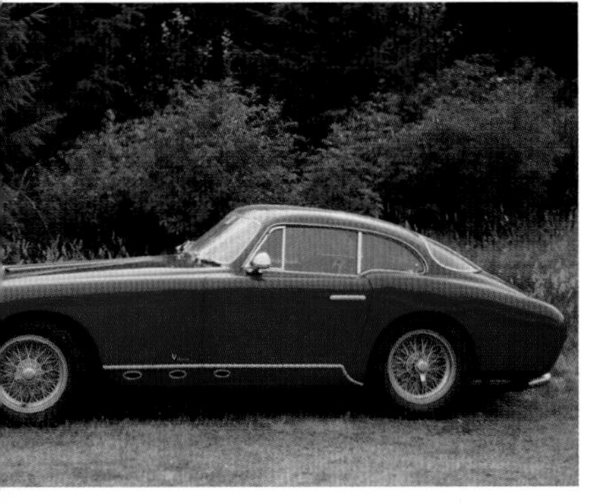

Ferrari 375 America

Dado que Enzo Ferrari trabajaba con un gran número de expertos carroceros y que siempre tenía en cuenta los deseos especiales de sus clientes, durante mucho tiempo apenas hubo un automóvil que se pareciera a otro. Cada vehículo era una pieza única: mientras que muchos ejemplares descansaban sobre un chasis de corta distancia entre ejes, otros lo hacían sobre bases más largas. De los doce 375 America fabricados, ocho llevaban carrocerías de Pininfarina, tres fueron obra de Vignale y de una se encargó Ghia. De entre las personalidades que condujeron un Ferrari en la década de 1950 cabe citar el rey Leopoldo de Bélgica, la actriz Ingrid Bergmann y el presidente argentino Juan Domingo Perón.

Modelo:	*Ferrari 375 America*
Cilindrada/Cilindros:	*4523 cm³/12 cilindros*
CV/kW:	*300/220*
Período de fabricación:	*1953-1955*
Unidades fabricadas:	*12*

›rrari 410 Spyder Superamerica

sucesor del Ferrari 375 America se presentó en 1956. Se trata- del 410 Superamerica, un modelo de 5 litros de cilindrada que una versión de competición producida un año antes que la de rie ya había dado mucho que hablar, ya que había triunfado en Mans y en la Panamericana, un legendario rally que se disputa- por tierras mexicanas. Para no quedarse corto de fuerzas, el otor V12 fue equipado con tres dobles carburadores verticales. -0 caballos (más tarde 360) garantizaban una velocidad máxima 265 km/h. Según la relación de transmisión, la aceleración de a 100 km/h se realizaba entre 5,8 y 6,8 segundos, un valor insu- ›rable para un coche de la década de 1950.

Modelo:	*Ferrari 410 Spyder Superamerica*
Cilindrada/Cilindros:	*4963 cm³/12 cilindros*
CV/kW:	*340/249*
Año de fabricación:	*1955*
Unidades fabricadas:	*2*

Ferrari 410 Superamerica

El famoso carrocero Pininfarina, quien vistió 33 de los 37 Superamerica, montó sobre el ch sis (disponible en dos medidas de distancia entre ejes: 2600 o 2800 mm) unos famosos e gantes cupés y un par de carrocerías más voluminosas. El sha de Persia Reza Pahlevi, y emperador Bao-Dai, monarca indochino residente en su exilio de París apostaron por el gr Superamerica, aunque este modelo no figurara entre los coches de conducción más sen lla. Aparte del motor, el resto de la técnica no era precisamente de lo más novedoso, pu aunque Ferrari había sustituido las obsoletas ballestas transversales del eje delantero p muelles helicoidales, su Superamerica presentaba unos anticuados frenos de tambor, a di rencia de los coches deportivos de Jaguar, que ya disponían de modernos frenos de disc

Modelo:	*Ferrari 410 Superamerica*
Cilindrada/Cilindros:	*4963 cm³/12 cilindros*
CV/kW:	*340/249*
Período de fabricación:	*1956-1959*
Unidades fabricadas:	*37*

Ferrari 250 GT LM

El 250 GT Berlinetta surgió en 1954 en forma de cuatro cupés, fabricados en su mayoría por los talleres Pininfarina. Desde 1956, año en que el automóvil pasó a producirse en serie, hasta 1959, aparecieron no menos de seis tipos de carrocería. El diseño de un par de automóviles preparados expresamente para las competiciones deportivas se inspiraba todavía en el de los vehículos de serie y se mostraba al público con unos aletines delanteros muy pronunciados y los faros carenados con una protección de plexiglás ubicados en los extremos de las aletas. El habitáculo de este automóvil era bastante estrecho y ruidoso, pero los incondicionales se hicieron con él, ya que el estado de las carreteras ya era bueno y el motor muy brioso.

Modelo:	*Ferrari 250 GT LM*
Cilindrada/Cilindros:	*2953 cm³/12 cilindr*
CV/kW:	*270/197,8*
Período de fab.:	*1956-1959*
Unidades fabricadas:	*84*

Modelo:	*Ferrari 250 GT SWB*
Cilindrada/Cilindros:	*2953 cm³/12 cilindros*
CV/kW:	*260/190*
Período de fabricación:	*1959-1962*
Unidades fabricadas:	*165*

Ferrari 250 GT SWB

Uno de los modelos más famosos de la casa Ferrari fue sin duda el 250 GT Berlinetta con truido desde 1959. Este vehículo con una corta distancia entre ejes (2400 mm) forma par de la historia del automóvil desde hace mucho tiempo con la denominación 250 SWB (pr cede del inglés «Short Wheelbase», es decir, batalla corta). Gracias a sus dimensiones, s podía mover sin problemas en medio del tráfico diario y siempre fue objeto de grandes a banzas por parte de la prensa especializada, pues fue sometido a unas reformas neces rias desde hacía tiempo. Entre ellas figuraba el acceso más fácil a las bujías de encendid dispuestas ahora en el exterior de las bancadas de cilindros, y, sobre todo, la introducci de los frenos de disco, que hacía del 250 SWB un automóvil sumamente moderno.

Ferrari 250 GT SWB

La revista estadounidense Sports Car Illustrated fue una de las pocas distinguidas con el honor de probar a fondo un 250 SWB. En 1960, la revista comentaba: «Desde la punta de los prominentes faros hasta el margen de la compacta zaga, la nueva Berlinetta de Ferrari irradia la esencia de la velocidad y la fuerza. La estética no decepciona en ningún caso. Se trata de un automóvil veloz, de extrema potencia, casi brutal. Es uno de los mejores coches del mundo. Puede afirmarse sin exagerar que luce el motor más grandioso de la actualidad». Por lo demás, este motor era una evolución del diseño creado por Colombo y que ahora iba equipado con tres dobles carburadores verticales para alcanzar la mayor potencia posible.

Modelo:	*Ferrari 250 GT SWB*
Cilindrada/Cilindros:	*2953 cm³/12 cilindros*
CV/kW:	*260/190*
Período de fabricación:	*1959-1962*
Unidades fabricadas:	*165*

errari 250 GT Cabriolet

l éxito del Ferrari Berlinetta 250 SWB en la carreteras y en las ompeticiones deportivas no debe hacer olvidar el éxito de ventas e otras versiones de carrocería. Los entusiastas que buscaban un ehículo de diseño algo más discreto encontraban en el cupé una ternativa harto interesante. La carrocería de este turismo también abía surgido en los talleres de Pininfarina. Tan elegante como el upé era igualmente el cabriolé, que reposaba sobre un chasis de 600 mm de batalla y del que se construyeron dos series que sólo e diferenciaban por un par de modificaciones técnicas. De esta anera, desde 1959, este coche capaz de alcanzar 210 km/h podía ncargarse con una caja de cuatro velocidades con *overdrive*.

odelo:	*Ferrari 250 GT Cabriolet*
ilindrada/Cilindros:	*2953 cm³/12 cilindros*
V/kW:	*240/175,8*
eríodo de fabricación:	*1957-1962*
nidades fabricadas:	*236*

lodelo:	*Ferrari 250 GT Spyder California*
ilindrada/Cilindros:	*2953 cm³/12 cilindros*
V/kW:	*280/205,1*
eríodo de fabricación:	*1957-1963*
nidades fabricadas:	*104*

Ferrari 250 GT Spyder California

El Spyder California, un coche de ensueño, vino a este mundo gracias a los consejos del importador estadounidense de Ferrari Luigi Chinetti, un viejo amigo de Enzo Ferrari. Este automóvil fue objeto de deseo, y no sólo en el mercado estadounidense. Sobre este modelo, la revista especializada *Sports Car Illustrated* alababa sus cualidades: «El California tiene el cuerpo (esto es, la carrocería) más hermosa de este lado del Atlántico. Ignoramos cómo o por qué, pero los italianos parecen tener la exclusividad de la belleza automovilística. En pocas palabras, la carrocería, el motor y la caja de velocidades son soberbios, y el comportamiento en marcha es excelente. No obstante, la dirección, los frenos y los asientos todavía dejan algo que desear».

at 1100 E

forma originaria del Fiat 1100 data del año 1939, cuando este tomóvil derivado del 508 Balilla apareció por primera vez con un ontal del radiador ligeramente puntiagudo. Con un aspecto algo tocado, Fiat continuó construyendo el 1100 después de la Guerra Mundial (salieron de los talleres unas 74 000 unidades n diferentes versiones de carrocería). Aparte de un modelo pecial de estilo deportivo (el 1100 S), el 1100 fue objeto de conuas actualizaciones, una de las cuales trajo al mundo en 1949 la rsión 1100 E. La rueda de recambio, ubicada en un primer omento en el exterior de la parte trasera, fue trasladada al inter del maletero. Como novedades técnicas, el modelo presenta una caja de cambios sincronizada a partir de la segunda.

odelo:	*Fiat 1100 E*
indrada/Cilindros:	*1089 cm³/4 cilindros*
'/kW:	*35/25,6*
ríodo de fabricación:	*1949-1953*
idades fabricadas:	*aprox. 74 000*

Fiat 500 C Topolino

Cuando el Fiat Topolino hizo su aparición en 1936, nada hacía presagiar que su éxito traspasaría las fronteras italianas. Unos costes de adquisición y mantenimiento mínimos y un aceptable comportamiento en carretera convirtieron a esta pequeña berlina en un éxito de ventas en muy poco tiempo. Sometido a continuas revisiones y actualizaciones, el Topolino terminó transformándose en 1949 en el modelo 500 C, de aspecto más moderno. Aunque costaba más que un Volkswagen Escarabajo, por este precio podía obtenerse además de la berlina o la berlina descapotable el elegante combi Belvedere, de una capacidad de carga de 375 kg. A principios de 1957, los entendidos en la materia sabían que Fiat se proponía consolidar un modelo de atractivo precio que pudiera continuar la tradición del Topolino.

Modelo:	*Fiat 500 C Topolino*
Cilindrada/Cilindros:	*569 cm^3/4 cilindros*
CV/kW:	*16,5/12,1*
Período de fabricación:	*1949-1955*
Unidades fabricadas:	*aprox. 376 500*

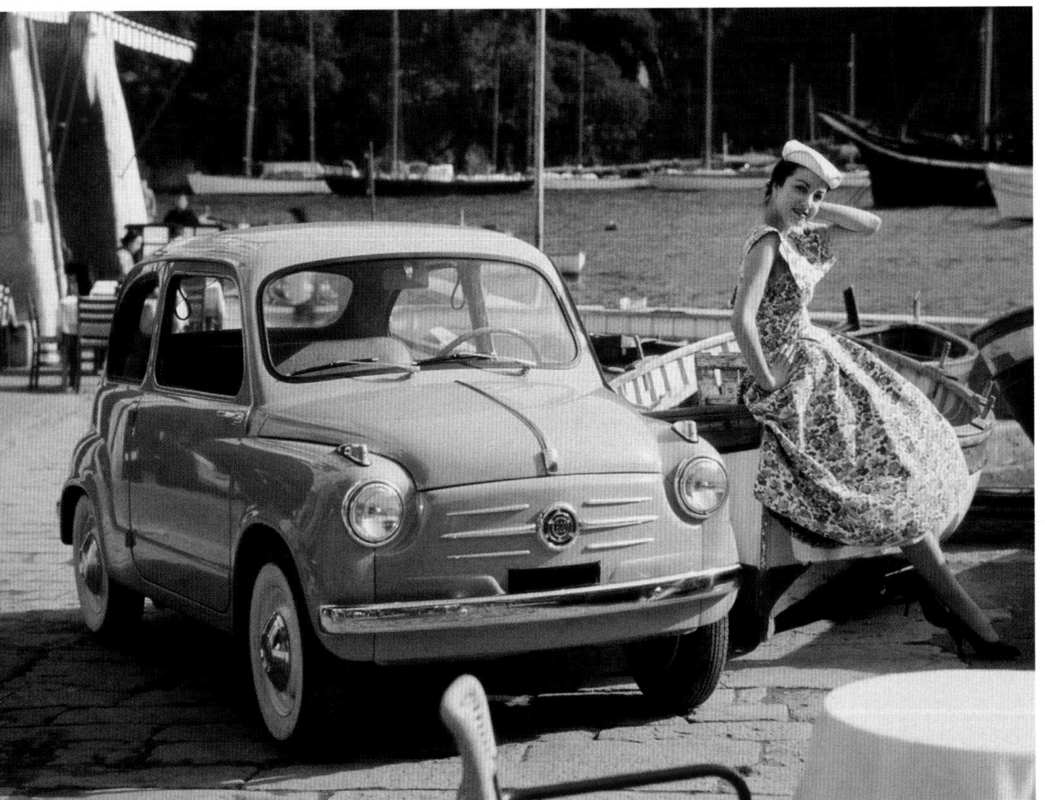

Fiat 600

El debut oficial del Fiat 600 tuvo lugar en Salón del Automóvil de Ginebra de 195 antes incluso de que el Topolino 500 C dej ra de producirse. Concebido de una form totalmente nueva, este ágil vehículo dotac de carrocería autoportante y capaz de alca zar los 100 km/h se consolidó con la mism facilidad que lo había hecho su predeceso En 1960 se habían fabricado ya 950 000 ur dades del 600, y cuando se erigieron la cadenas de montaje del modelo en las fa torías de Mirafiori, el utilitario más sensaci nal de la posguerra según un comunicac de prensa, consiguió por fin hacer frente otros fabricantes de automóviles de reduc das dimensiones. Con una longitud total c 3210 mm, ofrecía espacio para cuatro pe sonas. Un motor de carrera corta (633 cm^3 22 CV) le confirió unas aceptables prest ciones. Un plus de potencia se dio sólo en segunda serie (Fiat 600 D) desde 1960.

Modelo:	*Fiat 600*
Cilindrada/Cilindros:	*633 cm^3/4 cilindros*
CV/kW:	*22/16,1*
Período de fabricación:	*1955-1973*
Unidades fabricadas:	*2 500 000*

Fiat Multipla

¿Se puede transformar un coche pequeño en una gran berlina para seis personas? Sí, aplicando el procedimiento adecuado. El constructor jefe de Fiat, Dante Giacosa, encontró la solución siguiendo el lema «Se toma un Fiat 600 y se coloca el conductor sobre el eje delantero». Bonito no era, pero con 2000 mm de distancia entre ejes y 3530 mm de longitud todavía quedaba espacio suficiente para otros dos asientos, que podían plegarse en caso de necesidad. De esta manera se aprovechaba una superficie de carga de 1,7 m^2. Del 600 Multipla, Fiat construyó desde 1956 a 1965 un total de 129 994. Hasta 1960, este modelo de tracción delantera fue impulsado por un motor tetracilíndrico de 633 cm^3 y 19 CV; desde 1960, en cambio, la segunda serie lo fue con uno de 767 cm^3 y 25 CV.

Modelo:	*Fiat Multipla*
Cilindrada/Cilindros:	*633 cm^3/4 cilindros*
CV/kW:	*19/14*
Período de fabricación:	*1955-1960*
Unidades fabricadas:	*129 994*

at Nuova 500

n el pequeño Fiat Nuova 500, el consorcio italiano llevó a la práctica el 4 de julio de 1957 concepto de un automóvil popular con el que toda Italia debería moverse. En contraste n el Topolino, que se asentaba sobre un chasis, el Nuova 500 se acogía al principio de carrocería autoportante y equipaba un motor trasero. Este motor, bicilíndrico refrigerado r aire, que suministraba 13 CV merced a una cilindrada de 479 cm³, lanzaba el cocheci- a 85 km/h y sólo consumía unos 4,4 litros cada 100 kilómetros. También gozó de una in aceptación una versión familiar (el modelo Giardiniera). Mientras que la berlina sólo ponía de un maletero encima del eje delantero, el del familiar resolvía casi cualquier oblema de transporte.

odelo:	*Fiat Nuova 500*
indrada/Cilindros:	*479 cm³/2 cilindros*
/kW:	*13/9,5*
ríodo de fabricación:	*1957-1975*
idades fabricadas:	*3 400 000*

at Abarth 850 TC

jo la dirección de Carlo Abarth, el Fiat 0 se transformó en un lobo con piel de rdero y pasó a denominarse legalmente it 850 TC Abarth. El emblema de la arca con el escorpión no tardó en ser nocido en las competiciones automovi- ticas. Carlo Abarth había tenido sus pri- eros contactos con el deporte del motor principios de la década de 1920, mucho tes de independizarse, paso que dio en 49. La columna vertebral de su empresa a la construcción de prototipos y la fabri- ción de un sistema de escape. Cuando 1955 Fiat presentó el modelo 600, oarth supo ver el potencial que escondía te coche y lo dotó de mayor cilindrada y tencia. El éxito fue tan rotundo, que uy pronto casi todos los modelos de la sa Fiat pasaron a someterse a prepara- ones Abarth. Los vehículos con estas opiedades fueron los fundadores de un ito que todavía perdura en la actualidad.

odelo:	*Fiat Abarth 850 TC*
indrada/Cilindros:	*847 cm³/4 cilindros*
/kW:	*62/45,4*
ríodo de fabricación:	*1956-1964*
idades fabricadas:	*---*

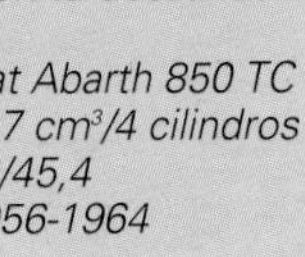

odelo:	*Fiat 1100 Neckar*
indrada/Cilindros:	*1089 cm³/4 cilindros*
/kW:	*34/24,9*
ríodo de fabricación:	*1953-1969*
idades fabricadas:	*aprox. 1 700 000*

Fiat 1400 Cabrio

En el Salón del Automóvil de Ginebra de 1950, Fiat presentó con la denominación 1400 un moderno vehículo de nueva creación con una carrocería no anclada a un chasis sino autoportante. La primera serie se mantuvo en catálogo hasta 1954, año en que la segunda generación fue objeto de una remodelación estética en forma de flancos lisos y nueva calandra. El Fiat 1400, por lo demás, fue el primer modelo de la casa en ser equipado de serie con calefacción. Según el motor instalado, el vehículo alcanzaba una velocidad máxima de 100 a 120 km/h (desde 1953 a 1956 también se podía encargar un motor diésel de 1,9 litros de cilindrada).

Modelo:	*Fiat 1400 Cabrio*
Cilindrada/Cilindros:	*1395 cm³/4 cilindros*
CV/kW:	*40/29,3*
Período de fab.:	*1950-1954*
Unidades fabricadas:	*---*

Fiat 1100 Neckar

De construcción moderna pero compacta: así se presentaba en 1953 el Fiat 1100, un modelo de gama media. Mientras que otros fabricantes ya se habían desprendido de las puertas ancladas al montante central, Fiat todavía permaneció fiel durante un tiempo a las puertas «suicidas». Además de la berlina estándar, el consorcio también ofrecía un familiar y una variante de carácter deportivo identificable fácilmente por la presencia de un faro adicional en medio de la rejilla del radiador. Gracias a las continuas mejoras a las que fue sometido, el coche siguió formando parte de la lista de productos Fiat hasta 1969. Aparte de los modelos fabricados en Italia, también NSU-Fiat construía bajo licencia otros en Alemania, donde el 1100 se popularizó con el nombre de NSU-Fiat Neckar.

Fiat 1200 Spyder TV

Cuando Fiat decidió fabricar un coche deportivo basado en los modelos 1100 y 1200, nada hacía suponer que el mercado de este modelo sería muy limitado. La carrocería presentaba un aspecto muy particular con una línea que podría calificarse como mitad italiana y mitad estadounidense. La parte trasera recordaba al Lancia Aurelia Spyder y equipaba un parabrisas panorámico delantero y tomas de aire en el capó. El motor, de cuatro cilindros, sólo suministraba entre 50 y 55 CV de potencia. De entre los poco habituales detalles del vehículo sobresalían los asientos que podían girarse ligeramente hacia fuera para poder bajar del coche con mayor comodidad. A pesar de que presentaba un diseño bastante original, el modelo no consiguió despegar.

Modelo:	*Fiat 1200 Spyder TV*
Cilindrada/Cilindros:	*1221 cm³/4 cilindros*
CV/kW:	*55/40,2*
Período de fabricación:	*1955-1959*
Unidades fabricadas:	*aprox. 3400*

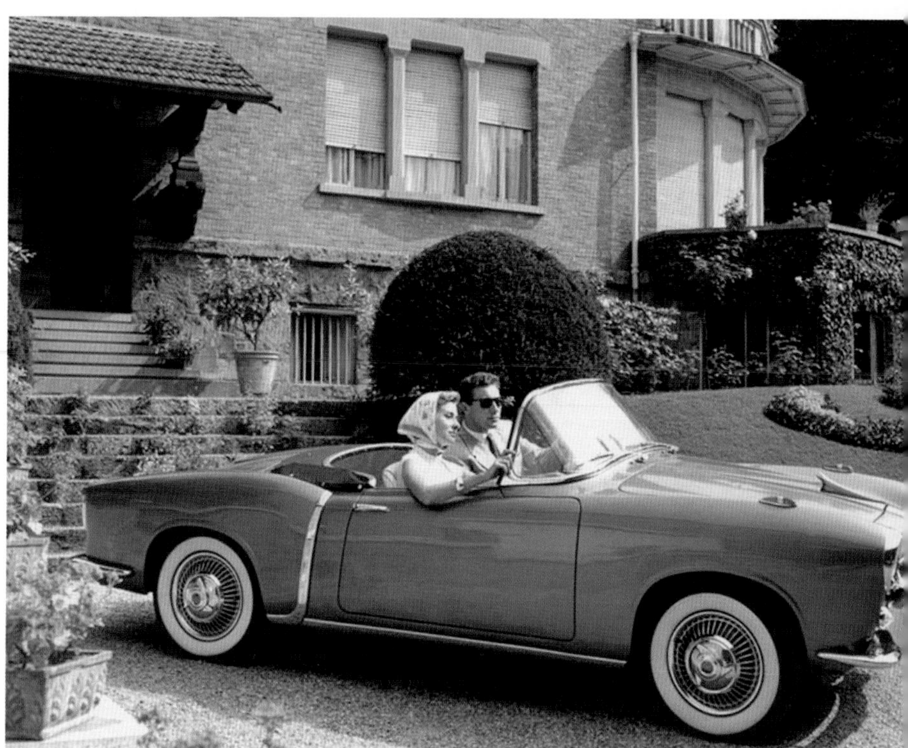

Fiat 1200 Stanguellini Spyder

En 1946, Vittorio Stanguellini fundó en Módena una empresa que se dedicó en buena medida a retocar automóviles Fiat. En los talleres de dicha empresa, sobrios modelos de serie eran afinados y preparados para tomar parte en competiciones. Asimismo, Stanguellini equipaba cualquier chasis Fiat con preciosas carrocerías especiales. Algunos de estos ejemplares fueron objeto de una fabricación en series limitadas; otros, por el contrario, sólo se expusieron en los salones internacionales como piezas únicas. La probablemente más espectacular de las carrocerías especiales fue diseñada por Bertone en 1957. El coche, con un motor de 1,2 litros, fue presentado a la opinión pública en el Salón del Automóvil de Turín; no obstante, a pesar del gran interés que despertó, el vehículo no superó el estadio de prototipo.

Modelo:	*Fiat 1200 Stanguellini Spyd*
Cilindrada/Cilindros:	*1221 cm³/4 cilind*
CV/kW:	*55/40,2*
Año de fabricación:	*1957*
Unidades fabricadas:	*ejemplar único*

ıncia Aurelia B 10

ı el verano de 1950, doce horas antes de la inauguración oficial
·l Salón del Automóvil de Turín, Lancia dio a conocer en un acto
ıblico el primer modelo de una nueva serie de automóviles de
ma media, el Aurelia B10 Berlina. En los días que siguieron a
ta presentación la prensa alabó las sensacionales innovaciones
esta noble berlina. El motivo: a diferencia de muchos de sus
mpetidores, Lancia rompía en lo estético y lo técnico con los
ticuados conceptos de vehículos de la posguerra. El Lancia
ırelia B 10, que tenía una carrocería autoportante, fue el primer
odelo del mundo en ser equipado de serie con un estrecho
otor V6 a 60° con 56 CV y una cilindrada de 1754 cm³.

odelo: *Lancia Aurelia B 10*
lindrada/Cilindros: *1754 cm³/6 cilindros*
/kW: *56/41*
ríodo de fabricación: *1950-1953*
ıidades fabricadas: ---

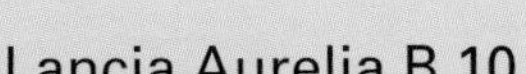

Lancia Aurelia B 10

Como novedad técnica, las ruedas traseras del Lancia Aurelia se hallaban ancladas a un moderno eje con brazos oscilantes. Justo antes de esta suspensión independiente se encontraban la caja de cambios y el embrague. Esta construcción con el motor delante y la caja de cambios y el embrague detrás repartía de forma equilibrada la carga por eje. Para garantizar una tracción óptima, el Aurelia montaba neumáticos radiales con armadura de malla cruzada. La innovación técnica de este automóvil iba envuelta en una carrocería de elegante diseño. La prensa especializada se mostró unánime a la hora de declarar que esta limusina irradiaba el espíritu de la gama alta automovilística. Si hasta entonces habían dominado las formas floridas, desde ese momento pasaron a hacerlo los diseños con clase.

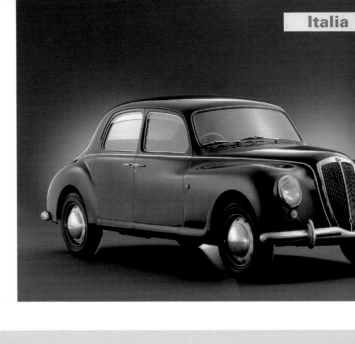

Modelo: *Lancia Aurelia B 10*
Cilindrada/Cilindros: *1754 cm³/6 cilindros*
CV/kW: *56/41*
Período de fabricación: *1950-1953*
Unidades fabricadas: ---

Lancia Aurelia B 10

Con el Lancia Aurelia quedó configurada una estructura básica de la que hasta 1958 saldrían las correspondientes berlinas, cupés y *spyders*. El primer Lancia Aurelia contaba con unos faros ligeramente ovalados que flanqueaban la rejilla del radiador típica de esta marca, en forma de «V». La parte superior de la carrocería de la nueva berlina presentaba un aspecto elegante con sus ventanillas de dimensiones mayores a las habituales. No había entreventanas. Las puertas traseras tenían las bisagras detrás y se abrían o cerraban hacia adelante, de ahí que los nervios de las ventanas parecieran más finos que los de otros modelos coetáneos. Lo mismo podía decirse de los estrechos marcos de las ventanillas.

odelo: *Lancia Aurelia B 10*
lindrada/Cilindros: *1954 cm³/6 cilindros*
/kW: *56/41*
ríodo de fabricación: *1950-1953*
ıidades fabricadas: ---

Lancia Aurelia B 20 GT

En el Salón del Automóvil de Turín celebrado en la primavera de 1951, Lancia presentó como alternativa al Aurelia Berlinetta de cuatro puertas un elegante cupé *fastback* cuyo diseño procedía de nuevo del estudio de Pininfarina. El Aurelia GT (Gran Turismo) disponía de unos asientos traseros con poco espacio para las piernas; los delanteros, por el contrario, podían considerarse auténticas poltronas, ya que contaban con un acolchado pespunteado sobresaliente por la parte de arriba que permitía un mejor apoyo del muslo. El habitáculo mostraba un diseño deportivo típicamente italiano. En el tablero de mandos, justo frente el conductor, tres instrumentos informaban lo esencial: el cuentakilómetros en el centro, el reloj a la izquierda y un indicador de combustible y de la temperatura del motor a la derecha.

Modelo: *Lancia Aurelia B 20 GT*
Cilindrada/Cilindros: *1991 cm³/6 cilindros*
CV/kW: *75/55*
Período de fab.: *1951-1953*
Unidades fabricadas: ---

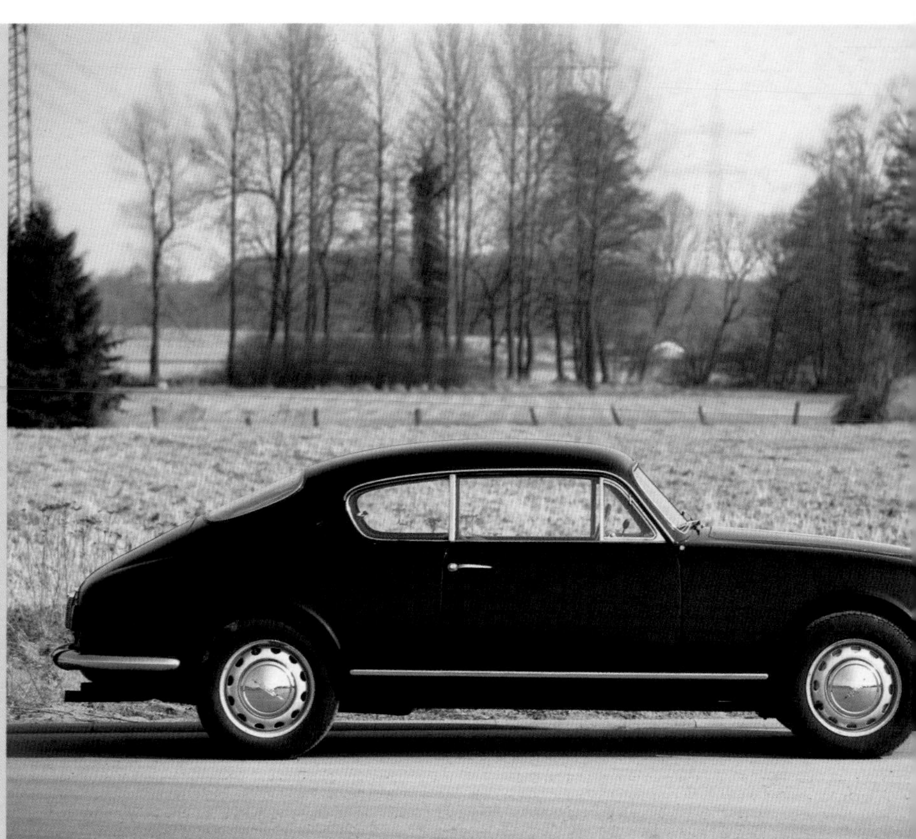

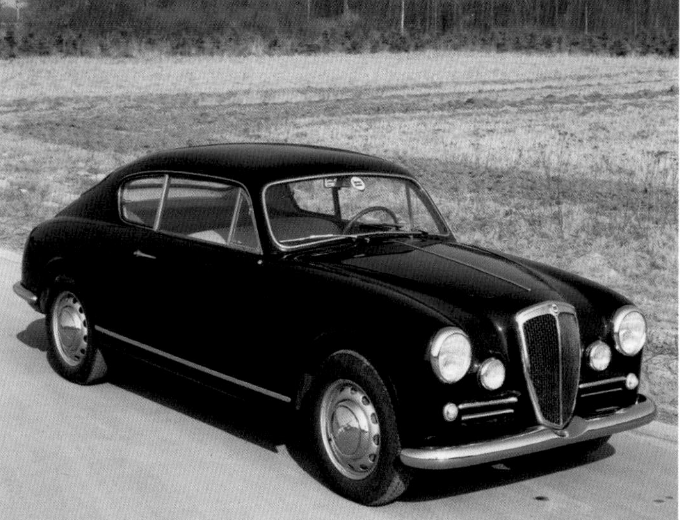

Lancia Aurelia B 20 GT

No transcurrió mucho tiempo hasta que el B 20 GT adoptara la denominación B 20 2500 GT. El GT (gran turismo) de Lancia no tardó en beneficiarse de un sensible aumento de potencia que hacía girar la aguja del velocímetro hasta los 185 km/h. Muchos modelos de la competencia, como por ejemplo el Porsche 356 1500 Super, eran más lentos. La cuarta serie del Aurelia-Coupé fue equipada con el eje trasero De Dion de la berlina, gracias al cual se consiguió neutralizar en gran medida el fuerte sobrevirado de las versiones anteriores. El B 20 GT no sólo era un vehículo de carretera sino que también hacía un digno papel en los circuitos, de ahí que los especialistas en trucar motores aprovecharan la oportunidad para sacar al mercado accesorios para dotarlos de mayor potencia.

Modelo: *Lancia Aurelia B 20 GT*
Cilindrada/Cilindros: *1991 cm³/6 cilindros*
CV/kW: *75/55*
Período de fabricación: *1951-1953*
Unidades fabricadas: —

Lancia Aurelia GT Spyder

Cuando sólo había transcurrido un año desde la salida al mercado del Aurelia, Lancia escuchó los deseos de una clientela que exigía cada vez más potencia. Con los años, el motor experimentó continuos retoques; de esta manera, gracias al aumento de potencia, la velocidad máxima no tardó en pasar de 135 a 160 km/h. Ya durante su período de fabricación, el Lancia Aurelia se consideraba como un antecesor de berlinas deportivas y cupés de gran clase. De una versión con una mayor distancia entre ejes (B 15) incluso se construyeron algunas limusinas de representación. Una ojeada a las estadísticas de matriculación de 1951 permite ver que el Lancia Aurelia B 21 llegó a constituir en muy poco tiempo el 75% del volumen total de ventas de la serie.

Modelo: *Lancia Aurelia GT Spyder*
Cilindrada/Cilindros: *2451 cm³/6 cilindros*
CV/kW: *118/86,4*
Período de fabricación: *1955-1956*
Unidades fabricadas: ---

Lancia Aurelia B 24 Spyder

La segunda generación de la serie Lancia Aurelia (el modelo B 12) salió a la venta en 1954. En esta ocasión, además del diseño, Lancia modificó también la técnica de los vehículos. La novedad constructiva más relevante era el eje trasero De Dion, una adaptación del empleado en el coche deportivo D 24. Al principio, la velocidad máxima de este automóvil con motor V6 era de 160 km/h, la misma que la del Lancia B 21. Además de diversas carrocerías especiales cupé y cabriolé construidas sobre la base de la berlina, con el Aurelia se continuó durante muchos años la tradición de la marca Lancia. En el curso de la actualización del modelo, las formas del Aurelia fueron cada vez más dinámicas, y la potencia del motor de seis cilindros, de ya 2,5 litros, aumentó hasta los 118 CV.

Modelo:	*Lancia Aurelia B 24 Spyder*
Cilindrada/Cilindros:	*2458 cm³/6 cilindros*
CV/kW:	*108/79,1*
Período de fabricación:	*1956-1959*
Unidades fabricadas:	---

Lancia Aurelia B 24 Spyder

En 1954 surgió una tercera versión de carrocería de la serie Aurelia, el B 24 Spyder, que debutó en enero en el Salón del Automóvil de Bruselas. El autor del diseño era de nuevo Pininfarina. El biplaza se convirtió en uno de los deportivos abiertos más fascinantes de la década de 1950. Concebido en un principio sólo para el mercado estadounidense y denominado también «America», el Spyder fue equipado con un motor de 108 CV. Tras un breve período de producción y sólo 240 unidades fabricadas, salió una variante revisada y con numerosos cambios estéticos y técnicos. La nueva capota de lona, por ejemplo, resistía mejor las inclemencias del tiempo y mostraba por fin el aspecto de una clásica capota de cabriolé.

Modelo:	*Lancia Aurelia B 24 Spyder*
Cilindrada/Cilindros:	*2458 cm³/6 cilindros*
CV/kW:	*108/79,1*
Período de fabricación:	*1956-1959*
Unidades fabricadas:	---

Lancia Appia

Cuando el pequeño Appia hizo su aparición en el Salón del Automóvil de Turín de 1953, nadie quiso negar su enorme parecido con el Aurelia. El Appia, igualmente con cuatro puertas y sin entreventana, se movía en un rango de precios bajo y constituía una alternativa para los clientes que consideraban el Aurelia demasiado potente o caro. Los primeros Appia todavía venían de serie con el volante a la derecha, mientras que el volante a la izquierda sólo se obtenía por un sobreprecio. Bajo el capó de este coche de sólo 3870 mm de largo y con una distancia entre ejes de 2480 mm trabajaba un motor de cuatro cilindros dispuestos en «V». La caja de cuatro velocidades, directamente acoplada al motor, transmitía la potencia a las ruedas traseras. Por lo demás, sus 38 CV permitían una velocidad de 120 km/h.

odelo:	*Lancia Appia*
lindrada/Cilindros:	*1090 cm³/4 cilindros*
V/kW:	*38/27,8*
eríodo de fabricación:	*1953-1956*
nidades fabricadas:	---

Modelo:	*Lancia Flaminia*
Cilindrada/Cilindros:	*2458 cm³/6 cilindros*
CV/kW:	*118/86,4*
Período de fabricación:	*1958-1967*
Unidades fabricadas:	*5236*

Lancia Flaminia

Una gran berlina con seis ventanas dio mucho que hablar a la prensa en 1956, puesto que nadie había contado con la llegada de un modelo de lujo como éste. En 1958, Lancia dispuso al lado de la berlina un elegante cupé de dos puertas con una línea muy fluida obra de Pininfarina. Para que el cupé pudiera aparentar un aspecto más equilibrado, la distancia entre ejes se acortó de 2870 a 2750 mm. También la longitud total (4680 mm) fue retocada en proporción. Además del cupé diseñado por Pininfarina, también aparecieron en el mercado carrocerías especiales de otros estilistas; de entre todas ellas, las probablemente más interesantes fueron las de Touring y Zagato.

Maserati A6 GCS

Los hermanos Maserati ya desarrollaban y construían coches d competición de muchos quilates antes de dedicarse desde 194 de una forma más intensiva a la fabricación de vehículos depor vos de serie. En 1946, Maserati presentó el modelo A6, un clásic concebido para los particulares con una línea surgida de los est dios de Pininfarina. Desde el punto de vista conceptual, el A6 con tituyó durante mucho tiempo la espina dorsal del catálogo. La cili drada del motor de seis cilindros, al principio, de 1488 cm³, crec continuamente y, en proporción, también lo hizo la potenci Además de Pininfarina, otros carroceros que vistieron el chas multitubular del Maserati fueron Allemano, Frua y Zagato.

Modelo:	*Maserati A6 GCS*
Cilindrada/Cilindros:	*1985 cm³/6 cilindros*
CV/kW:	*167/122,3*
Período de fabricación:	*1953-1957*
Unidades fabricadas:	---

Maserati 3500 GT

En 1957, Maserati presentó el modelo 3500 GT, un cupé de dos plazas que inauguró para la marca la época de la producción en serie. El 3500 GT fue bien recibido por la prensa internacional, puesto que a finales de la década de 1950 los automóviles de semejante cilindrada equipados con un motor con dos árboles de levas en culata iban siendo cada vez más raros. El motor de seis cilindros poseía un encendido doble y, para poder desarrollar la fuerza suficiente, también equipaba tres carburadores dobles. De este cupé capaz de alcanzar 230 km/h y que contaba con una carrocería de materiales ligeros se hizo posteriormente una versión cabriolé que dio mucho que hablar en el mercado de los coches deportivos.

Modelo:	*Maserati 3500 GT*
Cilindrada/Cilindros:	*3485 cm³/6 cilindr*
CV/kW:	*220/161,1*
Período de fabricación:	*1958-1964*
Unidades fabricadas:	*aprox. 2000*

Maserati 5000 GT

Un motor de 5 litros hacía del Maserati 5000 GT, presentado en 1959, un vehículo de ensueño. Este motor V8 de carrera corta con dos árboles de levas en culata por cada bancada alcanzaba una potencia de 350 CV a 6200 RPM. Esta potencia, que se transmitía a un eje trasero rígido mediante una caja de cuatro velocidades, era suficiente para lanzar este automóvil a una velocidad de 270 km/h. La mayoría de las carrocerías para este modelo se fabricaron en Touring, que desde hacía tiempo se había especializado en una construcción muy ligera conocida como «Superleggera». Dado que la clientela de estos coches deportivos era muy limitada, Maserati, salvo contadas excepciones, sólo fabricaba el 5000 GT por encargo.

Modelo:	*Maserati 5000 GT*
Cilindrada/Cilindros:	*4975 cm³/8 cilindr*
CV/kW:	*350/256,3*
Período de fabricación:	*1959-1965*
Unidades fabricadas:	---

Siata 750 Sport Spyder

De una forma parecida a lo que había hecho Carlo Abarth con los Fiat, Siata transformó bravos modelos de serie en interesantes vehículos de carácter marcadamente deportivo. Esta casa había sido fundada en 1926, pero su inmersión en el campo de las transformaciones de automóviles sólo había empezado después de la II Guerra Mundial. Que era posible hacer de un Fiat un lobo con piel de cordero lo había demostrado Siata en 1952. Con el Siata 750, la empresa acudía a los salones internacionales del automóvil con el objetivo de llenar el vacío entre los modelos Amica y Diana. El pequeño Barchetta estaba equipado con el motor estadounidense Crossley, un impetuoso equipo con árbol de levas en culata que impulsaba este cochecito a la velocidad de 140 km/h.

Modelo:	*Siata 750 Sport Spyder*
Cilindrada/Cilindros:	*721 cm³/4 cilindros*
CV/kW:	*32/23,4*
Período de fabricación:	*1952-1954*
Unidades fabricadas:	*aprox. 40*

aab 92

ı industria aeronáutica Saab se había ɛcho a la idea de que la demanda de autoóviles crecería tras la II Guerra Mundial, ɛ modo que se puso a desarrollar un veculo que en un primer momento sólo staría destinado al mercado escandinavo. diferencia de los Volvo, de aspecto estaɔunidense, Saab partía de la experiencia ɔumulada en la construcción de aeroplaɔs y se proponía sorprender con un diseɔ propio. Y la sorpresa realmente se proɟjo, ya que el automóvil mostrado a la ensa especializada en junio de 1947 roma con todo lo hasta entonces considera- ɔ convencional en el sector automovilístiɔ. Nada hacía suponer entonces que Saab ɔababa de desarrollar un automóvil cuyo ɔncepto perduraría durante muchos años.

odelo:	*Saab 92*
ilindrada/Cilindros:	*764 cm³/2 cilindros*
V/kW:	*25/18,3*
ño de fabricación:	*1947*
nidades fabricadas:	*ejemplar único*

Modelo:	*Saab 92*
Cilindrada/Cilindros:	*764 cm³/2 cilindros*
CV/kW:	*25/18,3*
Período de fabricación:	*1949-1953*
Unidades fabricadas:	*5300*

Saab 92

Los 20 primeros automóviles de preserie del Saab 92 vieron la luz en el verano de 1949 y fueron destinados a pruebas. En comparación con el prototipo, ese coche de aspecto ovalado había cambiado muy poco. La carrocería aerodinámica de este compacto biplaza era autoportante y el motor que se ocultaba bajo el capó era bicilíndrico y contenía muchos detalles del que se había empleado en la preguerra. Saab había optado a conciencia por el motor de dos tiempos, pues esta construcción era la más conocida en el mercado escandinavo gracias a los ahí muy apreciados DKW. Además, este tipo de motor se consideraba excepcionalmente fiable. El motor del Saab, al principio de 25 CV, transmitía su potencia a las ruedas delanteras.

Modelo: *Saab 92*
Cilindrada/Cilindros: *764 cm³/2 cilindros*
CV/kW: *25/18,3*
Período de fabricación: *1949-1953*
Unidades fabricadas: *5300*

Saab 92

La fabricación en serie del Saab 92 empezó en 1950 con la salida de los talleres de 120 unidades, bastantes menos de las previstas, y es que a los potenciales compradores le era difícil conectar con este coche. Así, por ejemplo, no tenía tapa del maletero, y el equ paje sólo podía guardarse de una manera engorrosa tras abatir el respaldo del asiento tra sero desde el interior del coche. La aceptación del modelo creció un par de meses des pués de haber iniciado la producción cuando Rolf Mellde, el constructor en persona, s anotó la victoria en la Vuelta a Suecia: las buenas prestaciones del Saab 92 no podía demostrarse de mejor manera. Todos los conocimientos que Mellde acumuló en este rall terminaron reportando numerosas mejoras en este concepto de vehículo.

Saab 92

Como el Volkswagen Escarabajo o el Citroën 2 CV, el Saab 92 fue un automóvil que demostró una especial durabilidad. El modelo sólo se modificó cuando resultó estrictamente necesario, por ejemplo en 1953, cuando apareció el Saab 92 B. Esta nueva versión poseía por fin un maletero accesible desde el exterior y una luna trasera más grande. También se eliminó el parabrisas partido. Asimismo, la ampliación de la gama de colores rompía la monotonía del catálogo, pues hasta entonces sólo se había vendido en verde. A finales de 1953, con la introducción de unas nuevas llantas, también la carrocería recibió una depuración estética: los embellecedores cromados en las ruedas le sentaban de maravilla.

Modelo: *Saab 92*
Cilindrada/Cilindros: *764 cm³/2 cilindros*
CV/kW: *25/18,3*
Período de fabricación: *1949-1953*
Unidades fabricadas: *5300*

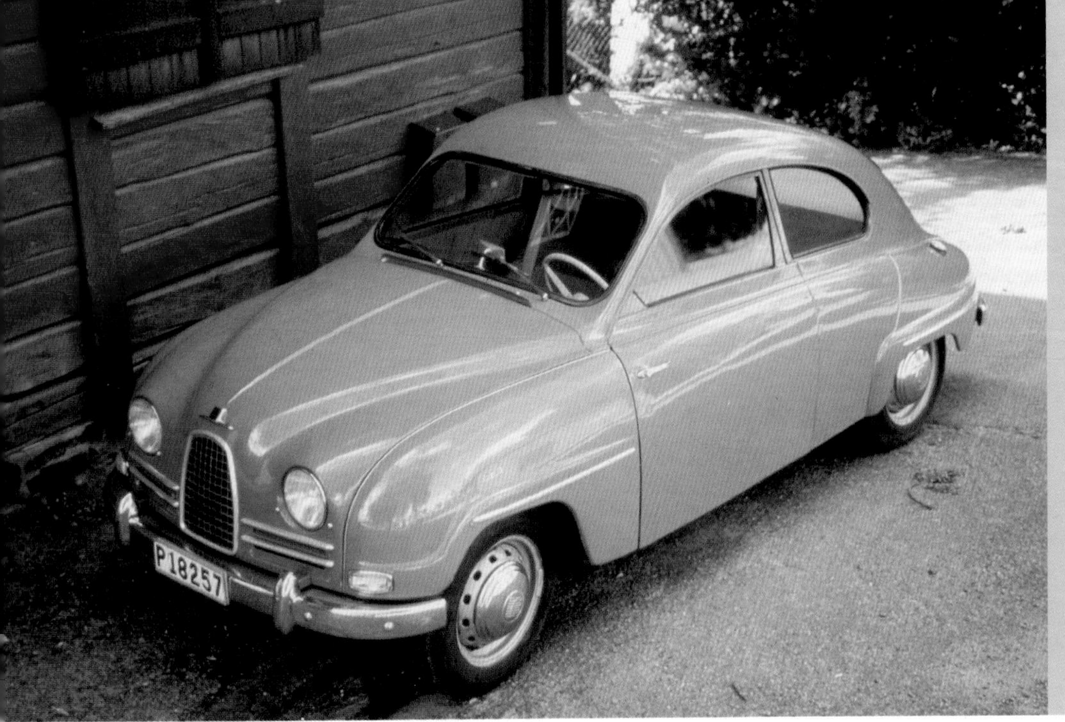

Saab 93

En 1955, Saab osó dar un gran pasó hac adelante y presentó el Saab 93, una varia te conceptual del Saab 92. El 93 ya no co taba con un motor de dos cilindros, sir con uno de tres diseñado por el ingenie alemán Hans Müller que también se aten al principio de los dos tiempos. Con ur cilindrada mínimamente reducida, es motor suministraba 33 CV de potenci Unido a una caja de tres velocidades c nuevo desarrollo, el motor ya podía instala se de forma longitudinal, y no transversa como hasta entonces. Salvo en los ret ques experimentados por el frontal, tar bién el Saab 93 permanecía fiel a su esti de carrocería surgido del túnel del viento.

Modelo: *Saab 93*
Cilindrada/Cilindros: *748 cm³/3 cilindros*
CV/kW: *33/24,1*
Período de fabricación: *1955-1960*
Unidades fabricadas: *52 730*

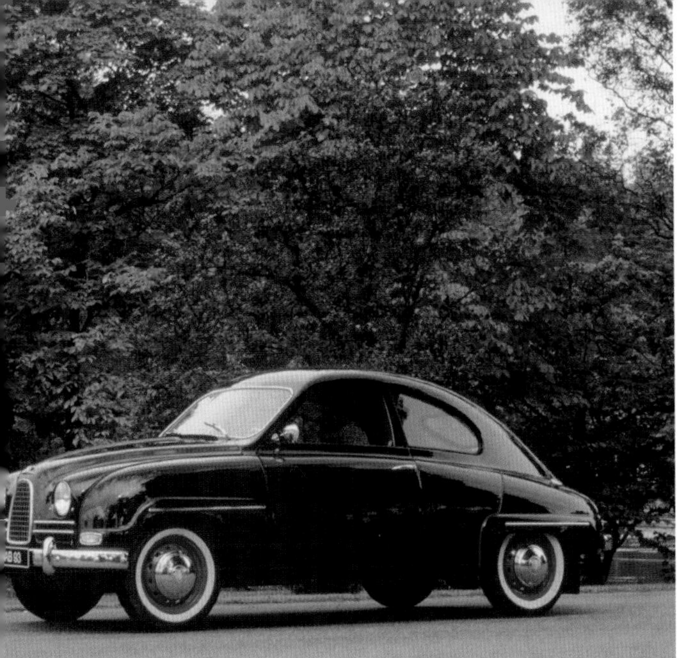

Saab 93

Sólo con una esmerada observación se podía notar que el chasis del Saab 93 ya no tenía una distancia entre ejes de 2470 sino de 2490 mm. Esto, unido a la consiguiente prolongación de la carrocería y a la modificación del eje trasero, ofrecía a los ocupantes de los asientos traseros un mayor espacio para las piernas. El Saab 93 alcanzaba una velocidad de 120 km/h, por 110 km/h del Saab 92, y también fue equipado con un nuevo tablero de instrumentos y con un capó con una falsa rejilla del radiador dispuesta en vertical. A partir de 1957, este automóvil contó con un parabrisas continuo e intermitentes encastrados en los guardabarros. El año 1959 trajo consigo un cambio muy relevante: pensando ya en la seguridad de los ocupantes, las puertas delanteras pasaron a tener las bisagras delante.

Modelo:	*Saab 93*
Cilindrada/Cilindros:	*748 cm^3/3 cilindros*
CV/kW:	*33/24,1*
Período de fabricación:	*1955-1960*
Unidades fabricadas:	*52 730*

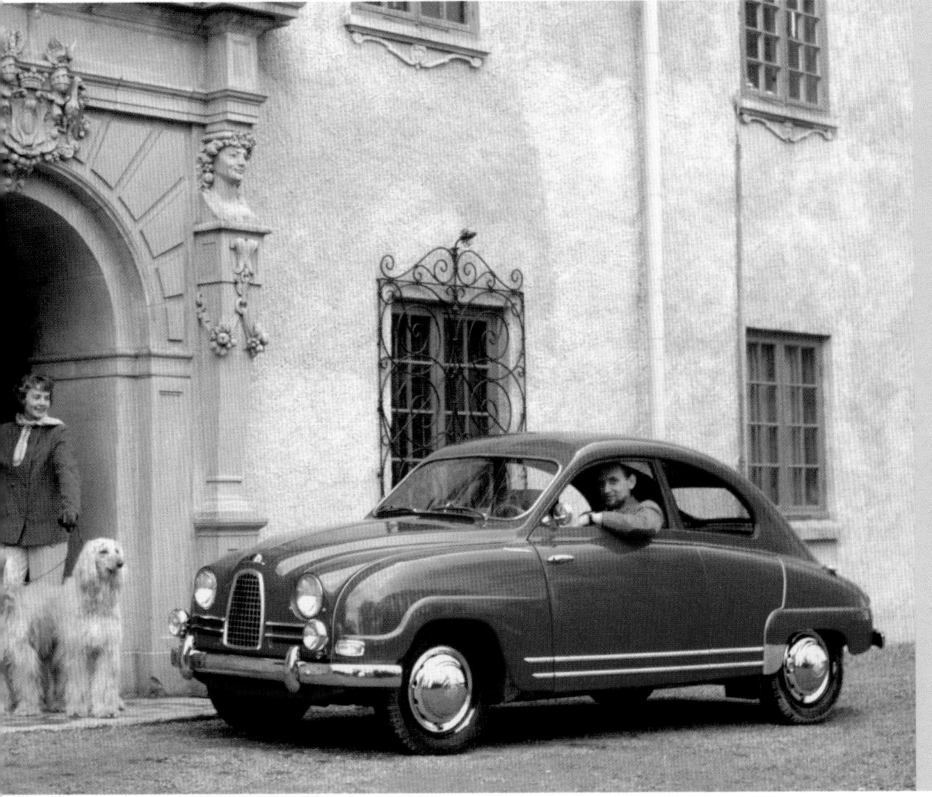

Saab Gran Turismo 750

Este automóvil no sólo hizo un buen papel en la carretera, sino también en las competiciones deportivas. Con la llegada del tricilíndrico, la marca empezó a acumular victorias. Erik Carlsson, miembro del departamento de desarrollo desde 1956, era el encargado de preparar los vehículos para los rallies. Tuvo la oportunidad de ocuparse de un coche de competición denominado 750 GT que disponía de frenos de tambor refrigerados por agua. El Gran Turismo 750 no contaba con un equipo demasiado refinado, había sido concebido como versión de serie y atraía sobre todo a particulares con ambiciones competitivas. Equipado con una caja de cuatro velocidades, alcanzaba una potencia de 45 CV (más tarde, de 55 CV) y una velocidad de 150 km/h (más tarde, 160 km/h).

Modelo:	*Saab Gran Turismo 750*
Cilindrada/Cilindros:	*748 cm^3/3 cilindros*
CV/kW:	*45/33*
Período de fab.:	*1958-1962*
Unidades fab.:	---

Saab 96

En marzo de 1960, Saab había revisado a fondo la imagen de todos sus modelos. Sin romper con la típica forma básica, el automóvil sueco se mostraba mucho más elegante que sus predecesores, sobre todo en su parte trasera, donde la línea del techo ya no presentaba una inclinación tan acusada. Gracias a este nuevo diseño, los ocupantes de los asientos traseros disfrutaban de más espacio sobre sus cabezas. En consonancia con la línea del techo también se retocaron los guardabarros traseros. Con una luna trasera en formato ligeramente panorámico y unas ventanillas laterales más grandes, el nuevo diseño podía considerarse plenamente logrado.

Modelo:	*Saab 96*
Cilindrada/Cilindros:	*841 cm^3/3 cilindros*
CV/kW:	*38/27,8*
Período de fabricación:	*1960-1967*
Unidades fabricadas:	*aprox. 475 000*

Saab Sonett 1

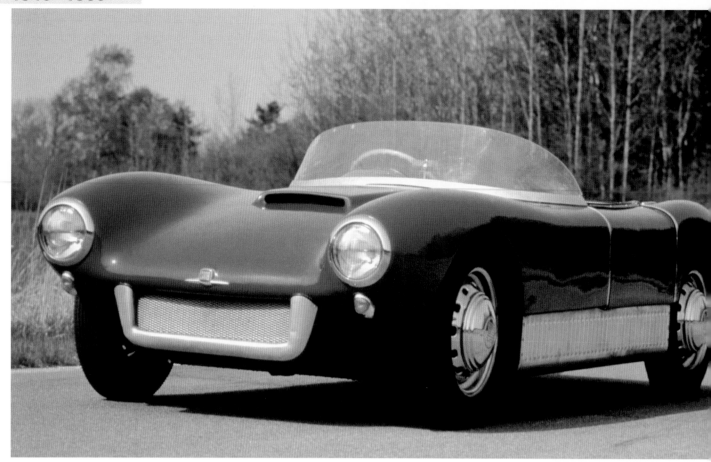

Probablemente, lo más insólito del modelo deportivo denominado Saab Sonett 1 Sportwagen era su chasis, formado por planchas de aluminio remachadas, una tecnología empleada con éxito en la industria aeronáutica. Saab aplicó de modo experimental esta aerodinámica construcción monocasco en los automóviles, y ya seis años antes de la revolucionaria aparición del Lotus 25 británico. El monocasco de aluminio del Sonett 1 era mucho más sólido y ligero que la construcción originaria con largueros y tubos de acero. Además, el cuerpo era muy resistente y capaz de soportar el peso del motor, de la transmisión, del depósito de combustible y de la atractiva carrocería.

Modelo: *Saab Sonett 1*
Cilindrada/Cilindros: *748 cm³/3 cilindros*
CV/kW: *57,5/42,1*
Año de fabricación: *1956*
Unidades fabricadas: *ejemplar único*

Saab Sonett 1

Entre las peculiaridades del Saab Sonett figuraba, además del chasis remachad su carrocería, fabricada por completo e plástico reforzado con fibra de vidrio. Gra cias a la ligereza de los materiales em pleados, este automóvil capaz de alcanza los 160 km/h y equipado con motor tricilín drico de dos tiempos sólo pesaba 500 kg Con todas estas cualidades, el Sonett parecía predestinado a dar guerra en e mundo de los rallies, y tan sólo cabía espe rar a que también aparecieran pronto algu nas versiones de serie. No obstante, de Sonett 1 sólo se fabricaron seis ejempla res: repentinos cambios en los reglamen tos técnicos terminaron con el proyecto d forma prematura.

Modelo: *Saab Sonett 1*
Cilindrada/Cilindros: *748 cm³/3 cilindros*
CV/kW: *56/41*
Año de fabricación: *1956*
Unidades fabricadas: *6*

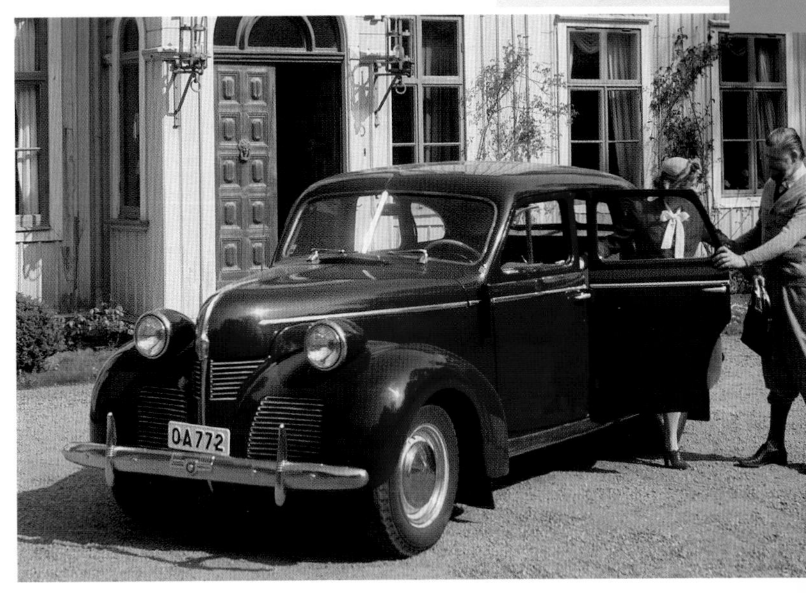

olvo PV 60

ɔmo era de esperar, la II Guerra Mundial provocó un fuerte des-nso en las ventas de Volvo: así, de las aproximadamente 7300 ıidades que vendía al año antes de la guerra, a mediados de la ɛcada de 1940 se había pasado a sólo 5900. Un motivo funda-ental era el racionamiento de la gasolina, pero también la escasez ɛ materias primas. El primer automóvil de serie que salió de sus ctorías en 1946 fue el PV 60, un vehículo derivado de una cons-ucción de la preguerra. Concebido como sucesor de los modelos √ 53-56, los ingenieros de Volvo se habían ocupado de él desde ɔ40. No obstante, a causa de la situación política, el proyecto no ɛ llevó a cabo sino con un gran retraso, y cuando el PV 60 salió por ı de las cadenas de montaje, ya estaba casi anticuado.

odelo:	*Volvo PV 60*
lindrada/Cilindros:	*3670 cm³/6 cilindros*
√/kW:	*93/68,1*
ɛríodo de fabricación:	*1946-1950*
ıidades fabricadas:	*aprox. 3000*

Volvo PV 60

De 1942 a 1943 se construyeron otros cuatro prototipos del PV 60. Este proyecto, sin embargo, nunca terminaba de completarse. Debía acompañarle el gran modelo de cuatro puertas de líneas estadounidenses, que todavía estaba sin desarrollar. Volvo habría querido fabricarlo mucho antes, pero era previsible que sólo podría realizarse una vez terminada la guerra. Cuando la gran berlina con la zaga inclinada vio por fin la luz, pasó a fabricarse en paralelo, además de la versión estándar, una taxi. De esta variante debían construirse 500 unidades en una sola serie. Volvo dejó de fabricar la versión normal del PV 60 en 1950; el taxi, de gran éxito, aguantó en el catálogo hasta mediados de la década de 1950.

Modelo:	*Volvo PV 60*
Cilindrada/Cilindros:	*3670 cm³/6 cilindros*
CV/kW:	*93/68,1*
Período de fabricación:	*1946-1950*
Unidades fabricadas:	*aprox. 3000*

Volvo PV 444

A comienzos de la primavera de 1944, Volvo estaba ocupada con un par de prototipos de un concepto de vehículo completamente nuevo que apareció después de la guerra con la denominación PV 444 y que causó furor durante más de un decenio. El diseño del automóvil, lo mismo que el del prototipo, reflejaba con claridad la influencia de las modas estadounidenses, y Volvo se proponía que esta línea poco convencional estableciera unas nuevas pautas en Suecia. El motor, un tetracilíndrico de carrera corta, era el motor más pequeño que Volvo había desarrollado en su historia, pero también el primero con válvulas en culata. Otra peculiaridad era el parabrisas de cristal inastillable. Cuando el PV 444 fue presentado de forma oficial en Estocolmo, más de 150 000 visitantes acudieron al correspondiente salón automovilístico para dejarse cautivar por este nuevo «maravilloso coche».

Modelo:	*Volvo PV 444*
Cilindrada/Cilindros:	*1414 cm³/4 cilindros*
CV/kW:	*40/29,3*
Período de fabricación:	*1947-1958*
Unidades fabricadas:	*aprox. 196 000*

Volvo PV 444

El precio del nuevo PV 444 fue anunciado por Volvo sólo un día antes de la presentación oficial: 4800 coronas suecas. Gracias a este interesante coste, el consorcio recibió durante la feria nada más y nada menos que 2300 encargos. Tanto interés despertó el PV 444, que algunos clientes estaban dispuestos a pagar el doble y más por un precontrato. No obstante, Volvo no empezó a entregar los PV 444 hasta 1947. Después de la espectacular presentación de este vehículo, Volvo sufrió un grave revés a raíz del estallido de una larga huelga en la industria metalúrgica, y debió retrasar el inicio de su producción en serie. Con todo, logró acabar algunos ejemplares y, con los prototipos, realizar por fin viajes de test.

Modelo: *Volvo PV 444*
Cilindrada/Cilindros: *1414 cm³/4 cilindros*
CV/kW: *40/29,3*
Período de fabricación: *1947-1958*
Unidades fabricadas: *aprox. 196 000*

Volvo Philip

Con el PV 444, Volvo introdujo en su catálogo un automóvil muy interesante y que desc el punto de vista conceptual podía definirse como de gama media. Para contentar igua mente potenciales compradores de vehículos de gama alta, el consorcio tomó en cuen lanzar un modelo de lujo. Este coche, con carrocería uniforme de cuatro puertas, deb ofrecer abundante espacio para seis personas y, como particularidad, equiparse con u motor V8. De serie tenía que llevar una caja de cambios automática, así como direcció asistida y frenos con servoasistencia. Se experimentó durante mucho tiempo con un pr totipo, pero el proyecto «Philip» terminó desechándose.

Modelo: *Volvo Philip*
Cilindrada/Cilindros: *3200 cm³/8 cilindros*
CV/kW: *120/87,9*
Año de fabricación: *1954*
Unidades fabricadas: *ejemplar único*

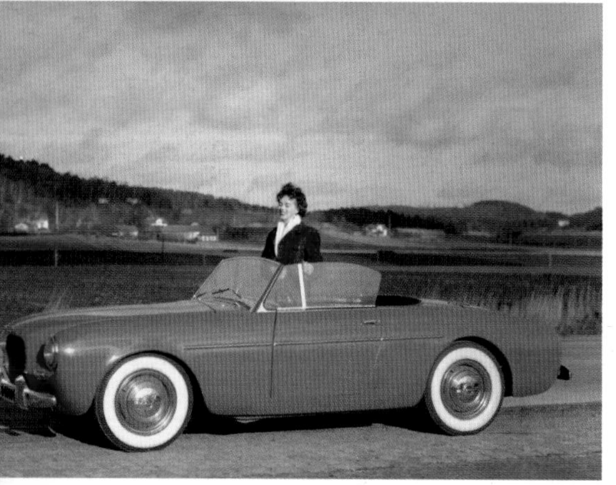

Volvo P 1900 Sport

A mediados de 1954, los planes de Volvo de fabricar un coche deportivo de dos plazas cau saron una gran sorpresa, pues la marca había adquirido cierto prestigio como fabricante d automóviles buenos, estables y a veces algo sosos. A pesar de todo, Volvo presentó tre prototipos de un deportivo con carrocería de fibra de vidrio y neumáticos de seguridad. Est coche recibió la denominación «Volvo Sport» y estaba concebido como artículo de exporta ción. Los prototipos emprendieron un viaje de test por toda Suecia. Para comprobar la resis tencia al desgaste de los neumáticos especiales y con motivos publicitarios, el automóv circuló por un tablero de clavos. Para equiparlo con un motor adecuado, Volvo experiment con grupos empleados en el PV 444 y consiguió aumentar su potencia hasta los 70 CV.

Modelo: *Volvo P 1900 Sport*
Cilindrada/Cilindros: *1414 cm³/4 cilindros*
CV/kW: *70/51,3*
Período de fabricación: *1956-1957*
Unidades fabricadas: *67*

Volvo P 1900 Sport

Con una carrocería de plástico, el modelo deportivo de Volvo formaba parte, junto con el Chevrolet Corvette, de una categoría muy especial de automóviles. Esta clase de construcción solía provocar escepticismo entre los compradores, y también muchos entusiastas que se sintieron atraídos por el P 1900 terminaron optando por la tradicional carrocería de acero. Asimismo, Volvo debía luchar con numerosas dificultades de producción, de ahí que este interesante automóvil no tardara en desaparecer del catálogo. En este coche de 2400 mm de distancia entre ejes y capaz de alcanzar 155 km/h, la carrocería de plástico, de la que también había una versión con *hardtop,* se asentaba sobre un chasis tubular especial.

Modelo: *Volvo P 1900 Sport*
Cilindrada/Cilindros: *1414 cm³/4 cilindros*
CV/kW: *70/51,3*
Período de fabricación: *1956-1957*
Unidades fabricadas: *67*

Pegaso Z 102

El grupo español ENASA, que después de la II Guerra Mundial había absorbido la marca de automóviles de lujo Hispano-Suiza, estaba especializada en la construcción de vehículos industriales, de ahí que la improvisa presentación en 1951 de un modelo deportivo de altas prestaciones sorprendiera por completo a la prensa especializada. El principal artífice del desarrollo de este bólido fue Wilfredo P. Ricart, quien había acumulado una amplia experiencia en la construcción de automóviles en Alfa Romeo y que supo como nadie proporcionarle al Pegaso Z 102 un motor adecuado. El V8 que se ocultaba bajo el capó de este vehículo era una filigrana técnica: la máquina poseía dos árboles de levas en culata por cada bancada de cilindros y resultaba ideal para las competiciones automovilísticas.

Modelo:	*Pegaso Z 102*
Cilindrada/Cilindros:	*3178 cm³/8 cilindros*
CV/kW:	*225/164,8*
Año de fabricación:	*1954*
Unidades fabricadas:	*86*

Pegaso Z 102

En contraste con otros fabricantes que produjeron sus automóviles en grandes cantidades, de los talleres de Pegaso sólo salieron de 1951 a 1958 un total de 85 ejemplares, cuando la cantidad prevista originariamente era de 200 unidades al año. Un Pegaso era un auténtico vehículo de culto para los clientes que buscaban lo diferente y lo exclusivo, de ahí que casi no hubiera un coche que se pareciera a otro. Todos los renombrados constructores de carrocerías se pelearon literalmente por revestir alguno de estos automóviles. Además del Z 102, en 1955 pasó a fabricarse también el Z 103. Los dos modelos siempre contaron con motores V8 con cilindradas de entre 2816 y 4780 cm³.

Modelo:	*Pegaso Z 102*
Cilindrada/Cilindros:	*3178 cm³/8 cilindros*
CV/kW:	*225/164,8*
Año de fabricación:	*1953*
Unidades fabricadas:	*86*

Skoda 440

Para completar el catálogo con un automóvil de gama baja, Skoda presentó en 1955 el modelo 440. Este coche no estaba destinado exclusivamente al mercado nacional, sino que también se había previsto exportar a los países del Este una versión de lujo denominada Rapid. Otra variante del 440 denominada Orlik se presentó en el Salón del Automóvil de Bruselas de 1955. Con este modelo, Skoda esperaba conseguir valiosas divisas procedentes de Europa occidental. Por desgracia no fue así. La secuencia numérica de la denominación del modelo se refería a los datos del motor: el primer 4 aludía a los 4 cilindros, y el 40, a la potencia en caballos.

Modelo:	*Skoda 440*
Cilindrada/Cilindros:	*1089 cm³/4 cilindros*
CV/kW:	*40/29,3*
Período de fab.:	*1955-1959*
Unidades fabricadas:	---

Skoda Felicia

En 1959 apareció en el mercado el nuevo Octavia como relevo del modelo 440. Sus prin pales características eran la mejora de la suspensión de las ruedas delanteras y del eje osc lante trasero. Unos revestimientos ovales de la rejilla del radiador decoraban su bonito ext rior. Como alternativa a la berlina cerrada, el Octavia también podía adquirirse como vehíc lo abierto. El cabriolé, que se vendía con la denominación Felicia, podía equiparse sin dem siados problemas con un *hardtop* que lo protegía contra las inclemencias meteorológica Gracias a su excelente relación calidad-precio, el Felicia y el Octavia experimentaron un gra éxito de ventas y Skoda logró consolidarse en el mercado de toda Europa oriental.

Modelo:	*Skoda Felicia*
Cilindrada/Cilindros:	*1089 cm³/4 cilindros*
CV/kW:	*38/27,9*
Período de fabricación:	*1959-1965*
Unidades fabricadas:	*aprox. 15 000*

Tatra 603

Con una línea muy parecida a la del antiguo Tatra 87, el modelo 603 de 1956 debía seguir los pasos de su predecesor. Ya en el prototipo de 1955 podía apreciarse que la carrocería de cuatro puertas del 603 presentaba una línea aerodinámica. El vehículo volvía a ser propulsado por un motor V8 con refrigeración por aire ubicado en la parte trasera. La potencia suministrada por el motor era de 100 CV y se alcanzaba a 4800 RPM. La velocidad máxima de este automóvil de 5000 mm de largo era de 165 km/h. Cuando en 1956 la marca estatal Tatra emprendió la producción del 603, el modelo que salió era de nuevo de grandes prestaciones cuyo concepto no había experimentado grandes modificaciones durante casi dos decenios.

Modelo:	*Tatra 603*
Cilindrada/Cilindros:	*2545 cm³/8 cilindro*
CV/kW:	*100/73,2*
Período de fabricación:	*1956-1975*
Unidades fabricadas:	---

Buick Le Sabre

Con el modelo Le Sabre (sable), el consorcio General Motors presentó en 1951 un vehículo experimental que debía mostrar los avances técnicos de la época. Este automóvil, con una distancia entre ejes de 2902 mm y 5080 mm de longitud, era obra del diseñador jefe de GM, Harley J. Earl. Contaba con una capota plegable automática y un motor V8 de la casa Buick. Lo más curioso de este motor era su relativamente pequeña cilindrada (3525 cm³), que suministraba, aun así, una potencia de 300 CV gracias al empleo de un compresor y de dos carburadores, uno que preparaba normalmente la mezcla de la gasolina con el aire y otro alimentado con alcohol metílico.

Modelo:	*Buick Le Sabre*
Cilindrada/Cilindros:	*3525 cm³/8 cilindros*
CV/kW:	*300/220*
Año de fabricación:	*1951*
Unidades fabricadas:	*ejemplar único*

Buick Skylark

El modelo Skylark de Buick, desarrollado sobre la base del Buick Roadmaster-Cabrio fue considerado por el consorcio GM como el modelo oficial del aniversario. Ned Nickles, diseñador jefe de Buick, fue el autor de su elegante y deportiva carrocería, con unas ruedas de radios cromados que le sentaban muy bien al vehículo. De coche deportivo, sin embargo, no se podía calificar al Skylark, puesto que pesaba dos toneladas. Muchos accesorios de los que otros automóviles sólo disponían por un sobreprecio venían de serie en el Skylark, entre ellos, la caja de cambios automática, la dirección asistida, servofrenos, reglaje eléctrico de los asientos, elevalunas eléctricos, una radio con búsqueda de emisora accionada con el pie y, como es natural, unos neumáticos con bandas blancas.

Modelo:	*Buick Skylark*
Cilindrada/Cilindros:	*5276 cm³/8 cilindros*
CV/kW:	*188/137,7*
Período de fabricación:	*1953-1954*
Unidades fabricadas:	*1690*

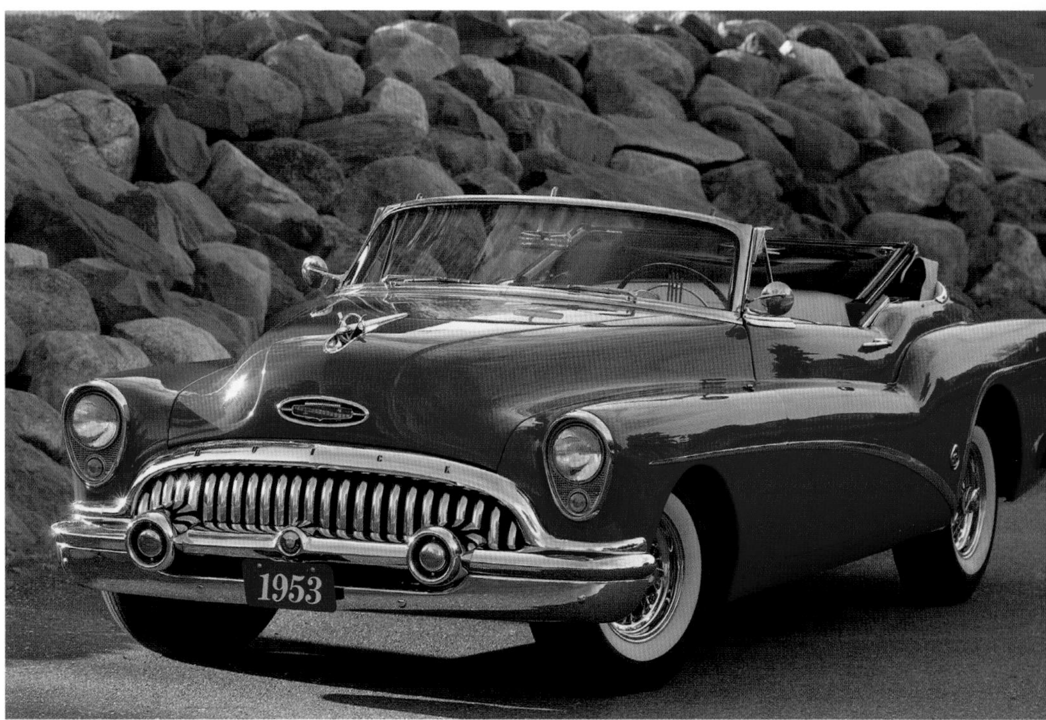

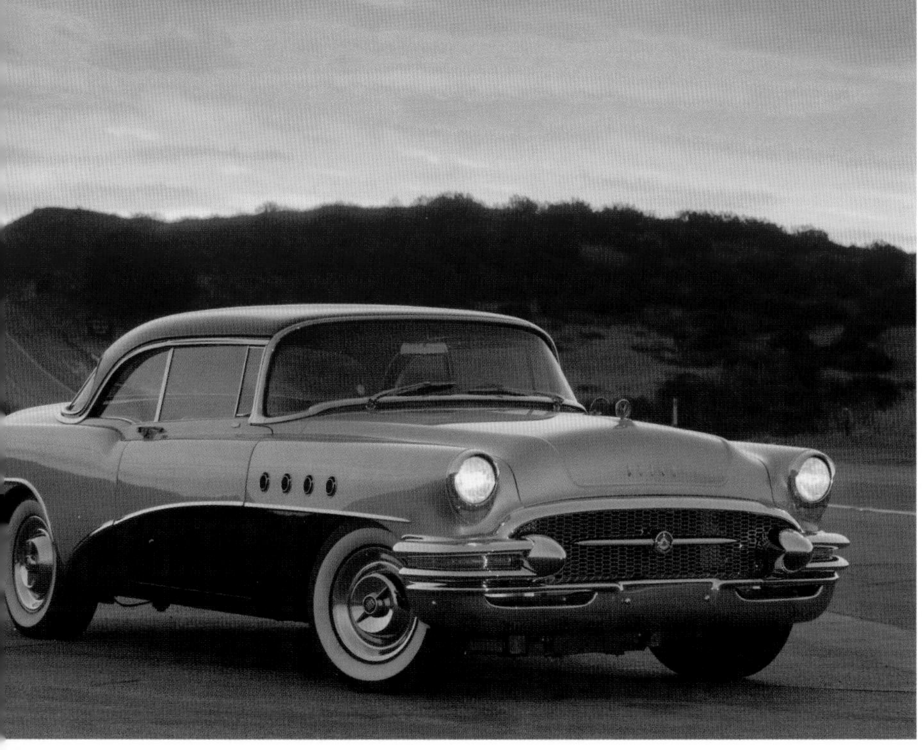

Buick 70 Roadmaster

En contraste con los fabricantes europeos, Buick, marca del consorcio General Motors, había reanudado la producción en 1946, si bien no consiguió recuperar los niveles de la preguerra hasta 1949, año en que salieron de las cadenas de montaje de Buick un total de 552 827 unidades. El futuro se presentaba esperanzador, al tiempo que se acercaba el 50 aniversario de la empresa. En 1953, año de dicho acontecimiento, se produjeron diversos cambios en los llamados «Golden Anniversary Models». Su ya anticuado motor de ocho cilindros, responsable de la relativamente alta y arqueada forma del capó de los Buick, fue sustituido por un moderno motor V8 en los modelos Roadmaster y Superroadmaster.

Modelo:	*Buick 70 Roadmaster*
Cilindrada/Cilindros:	*5276 cm³/8 cilindros*
CV/kW:	*202/148*
Período de fabricación:	*1953-1955*
Unidades fabricadas:	---

Cadillac Serie 60

Cuando en 1902 salió de una pequeña nave industrial de Detroit el primer Cadillac, nada hacía suponer que acababa de nacer una marca de fama mundial. Más aún: acababa de nacer un mito que desde hace más de nueve décadas constituye la encarnación del coche de lujo estadounidense por antonomasia. El Cadillac fue definido desde el principio como «Standard of the World», y lo cierto es que esta marca, que lleva el nombre de un noble francés, ha aportado numerosas innovaciones al mundo del automóvil. El primer coche de la posguerra, cuya producción empezó el 17 de octubre de 1945, mostraba en un primer momento un diseño inspirado en el de un modelo de 1941-1942, del que se diferenciaba básicamente por la forma de la calandra.

Modelo:	*Cadillac Serie 60*
Cilindrada/Cilindros:	*5675 cm^3/8 cilindros*
CV/kW:	*156/114,2*
Período de fabricación:	*1941-1942*
Unidades fabricadas:	---

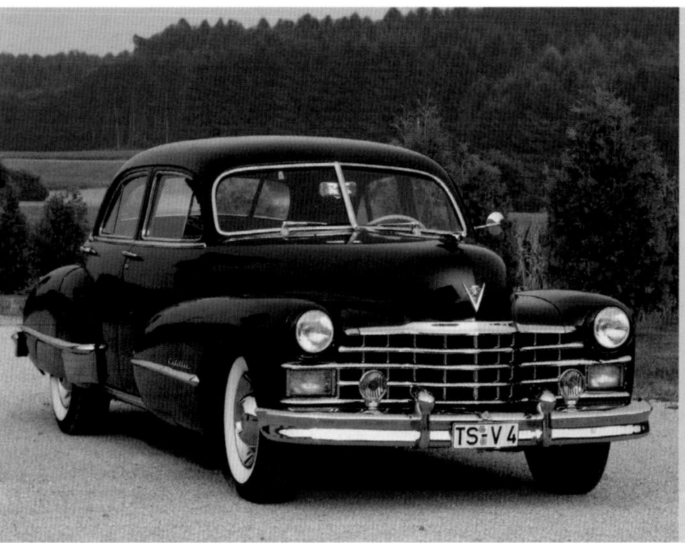

Cadillac Serie 62 Special

Cuando Cadillac dejó de producir coches como marca de Gene Motors en febrero de 1942 ya dejó establecido qué aspecto pr sentarían los primeros modelos de la posguerra: no había por q apartarse de la solidez como concepto, al tiempo que el catálo volvería a basarse en un par de modelos. Aún se estaba lejos de gran variedad de formas característica de la década de 1950. En de 1940, el puntal de la oferta de modelos lo formaban las vers nes 60 S, 61 y 62, además del 75, también en la lista de venta No había denominaciones adicionales para estos automóviles, q se asentaban sobre pesados chasis cuadrangulares cuya princip diferencia entre ellos consistía en la distancia entre ejes.

Modelo:	*Cadillac Serie 62 Special*
Cilindrada/Cilindros:	*5675 cm^3/8 cilindros*
CV/kW:	*156/114,2*
Período de fabricación:	*1946-1948*
Unidades fabricadas:	---

Cadillac Eldorado Convertible

Cadillac fabricó unos 1140 automóviles en 1945. Teniendo en cuenta las cifras con que se movía el mercado estadounidense, las de Cadillac podían considerarse más que ridículas. No obstante, no hay que olvidar que, al término de la II Guerra Mundial, también la producción de Estados Unidos se veía afectada por la escasez de materias primas. Debió pasar algún tiempo hasta que la industria recuperara su ritmo anterior. Un año después, las estadísticas ya eran otras, pues salieron al mercado casi 30 000 unidades, una cifra que llegó incluso a duplicarse en 1947. Todavía era poco, ya que el consorcio no tardaría en vender 100 000 ejemplares al año. Además de las versiones estándar, a principios de la década de 1950 también aumentó la demanda de otras más lujosas, entre ellas el modelo Eldorado.

Modelo:	*Cadillac Eldorado Convertible*
Cilindrada/Cilindros:	*5424 cm3/8 cilindro*
CV/kW:	*210/153,8*
Año de fabricación:	*1953*
Unidades fabricadas:	*532*

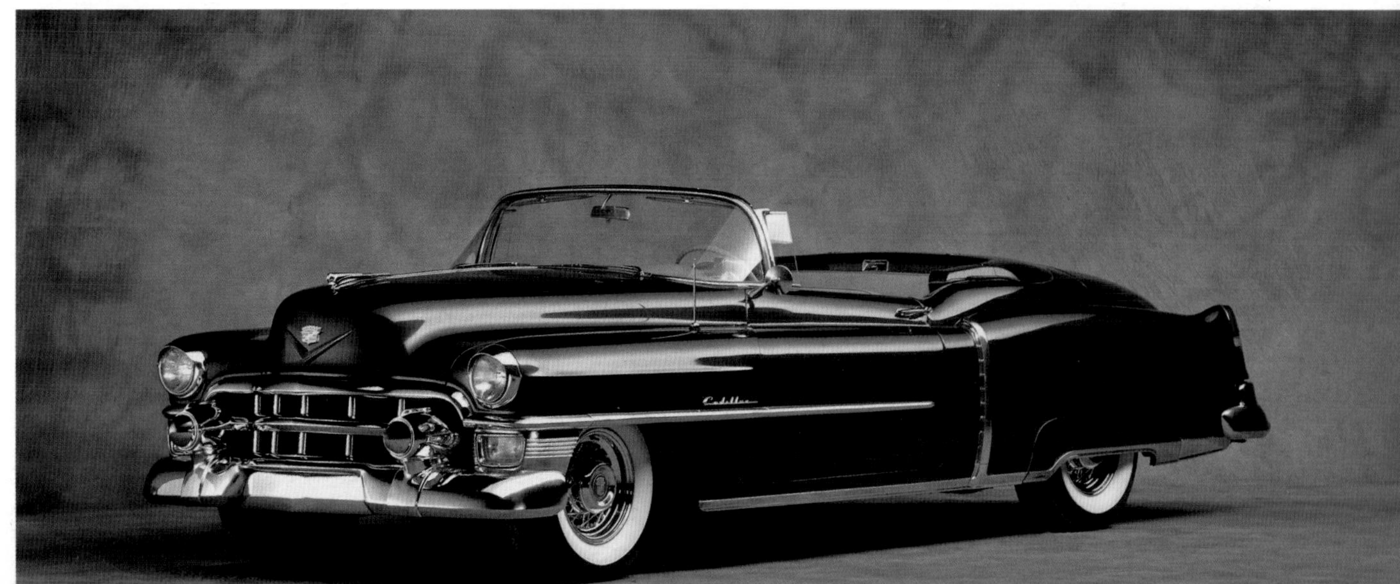

adillac Le Mans

iggs Cunningham, millonario y apasionado de los deportivos británicos consideró que era deber el presentarse en la parrilla de salida de las legendarias 24 Horas de Le Mans con Cadillac del año 1949. Resulta innecesario decir que el coche fue adecuadamente prepa-do, pues sólo así logró mantener su velocidad media aproximada de 130 km/h. La victoria, obstante, se le negó, y Cunningham tuvo que conformarse con la undécima plaza. mbién en la Panamericana aparecieron de vez en cuando algunos Cadillac. Como es obvio, tos confortables turismos no estaban preparados para soportar duras carreras; el hecho de rticipar, sin embargo, nunca repercutió de forma negativa en la imagen de la marca.

odelo: *Cadillac Le Mans*
indrada/Cilindros: *5276 cm³/8 cilindros*
/kW: *190/139,1*
o de fabricación: *1953*
idades fabricadas: —

Cadillac Eldorado

A finales de los años 1940 salieron de los talleres de Cadillac los últimos modelos de anchos guardabarros, y otros elementos estilísticos pasaron a determinar el aspecto de los coches de lujo. Así, por ejemplo, los llamativos laterales lisos fueron armados con impresionantes parachoques, al tiempo que los faros traseros se incrustaron en guardabarros con largas colas. La calandra, sobrecargada de cromo, se volvió cada vez más maciza, y los topes de los parachoques adoptaron una forma puntiaguda. La servodirección hidráulica, introducida en 1952, elevó el confort del vehículo en la misma medida que el aire acondicionado, incorporado en 1953. En 1954 aparecieron carrocerías de mayor tamaño, así como los parabrisas panorámicos.

Modelo: *Cadillac Eldorado*
Cilindrada/Cilindros: *5276 cm³/8 cilindros*
CV/kW: *240/175,8*
Año de fabricación: *1954*
Unidades fabricadas: ---

Cadillac Serie 62

La imagen típica de Cadillac, cromo y aletas traseras, se forjó sobre todo bajo la dirección de Harvey Earl y Bill Mitchell durante las décadas de 1950 y 1960. En este período surgieron auténticos acorazados con aletas traseras cada vez más voluminosas, al tiempo que los motores V8 marcaron el sentimiento estilístico de toda una época. El nombre Cadillac, sin embargo, no sólo era el representante de un estilo de vida, ya que también los presidentes estadounidenses se dejaban llevar con placer en ellos. Los motores V8 de gran cilindrada empleados sin interrupción y con pocas modificaciones desde 1923 fueron sustituidos en 1949 por versiones modernas de carrera corta y con válvulas en culata que contribuyeron a reducir el peso total de los vehículos.

Modelo: *Cadillac Serie 62*
Cilindrada/Cilindros: *5276 cm³/8 cilindros*
CV/kW: *240/175,8*
Año de fabricación: *1954*
Unidades fabricadas: ---

Cadillac 60 Century

La lista de modelos Cadillac durante la década de 1950 estaba formada principalmente por cuatro versiones básicas que se diferenciaban entre sí por la distancia entre ejes. Así, la serie 61 presentaba 3200 mm de distancia entre ejes; la serie 62, 3280 mm; la serie 60 Special, 3380 mm; el modelo de la serie 75, 3460 mm. Mientras que este último se adquiría de forma casi exclusiva como coche de representación, los de la serie 60 eran únicamente grandes limusinas cerradas. A pesar de las numerosas diferencias, todas las series coincidían en un punto: Cadillac las equipaba con un motor V8 y, por encargo, con la caja de cambios Hydramatic, lo que en teoría garantizaba una conducción cómoda. No obstante, con una longitud de unos 5500 mm y una anchura aproximada de 2000 mm, estos coches eran cualquier cosa menos fáciles de manejar.

Modelo: *Cadillac 60 Century*
Cilindrada/Cilindros: *5276 cm³/8 cilindros*
CV/kW: *259 PS*
Año de fabricación: *1956*
Unidades fabricadas: ---

Cadillac Serie 60

En 1957, Cadillac revisó el chasis, que con el paso del tiempo había quedado obsoleto. La nueva estructura era de largueros cruzados y soporte cuadrangular, que reemplazaba la antigua construcción con largueros longitudinales. Las carrocerías que se asentaban sobre tales bases presentaban un aspecto todavía más impactante. Aun así, Cadillac seguía manteniéndose a distancia del principio de la carrocería autoportante. Elementos estilísticos como las lunas panorámicas delantera y trasera producían un efecto tan atractivo como la menor altura de las construcciones: según el modelo, los Cadillac perdieron entre 80 y 110 mm de altura. En 1957, cuando los vehículos ya venían de serie con faros dobles, empezó a aumentar también el tamaño de las aletas traseras.

Modelo: *Cadillac Serie 60*
Cilindrada/Cilindros: *5972 cm^3/8 cilindros*
CV/kW: *289/212*
Año de fabricación: *1957*
Unidades fabricadas: ---

Cadillac Sedan de Ville

En la década de 1950, casi todos los propietarios de un Cadillac disfrutaban de una radio con buscador automático de emisoras. En 1957, los mismos afortunados podían adquirir ya una novedad técnica interesante: el llamado Cruise-Control. Este dispositivo instalado en el tablero de mandos servía para mantener el vehículo a la velocidad constante deseada. Este accesorio no tardaría en venir de serie en casi todos los coches estadounidenses; pero deberían transcurrir todavía 20 años hasta que semejante dispositivo se incorporara a los automóviles europeos. El consorcio GM también mejoró el confort de los Cadillac en otro punto: la caja Hydramatik, hasta entonces de dos velocidades, incorporó en 1958 una tercera velocidad.

Modelo: *Cadillac Sedan de Ville*
Cilindrada/Cilindros: *5972 cm^3/8 cilindros*
CV/kW: *310/227*
Año de fabricación: *1958*
Unidades fabricadas: ---

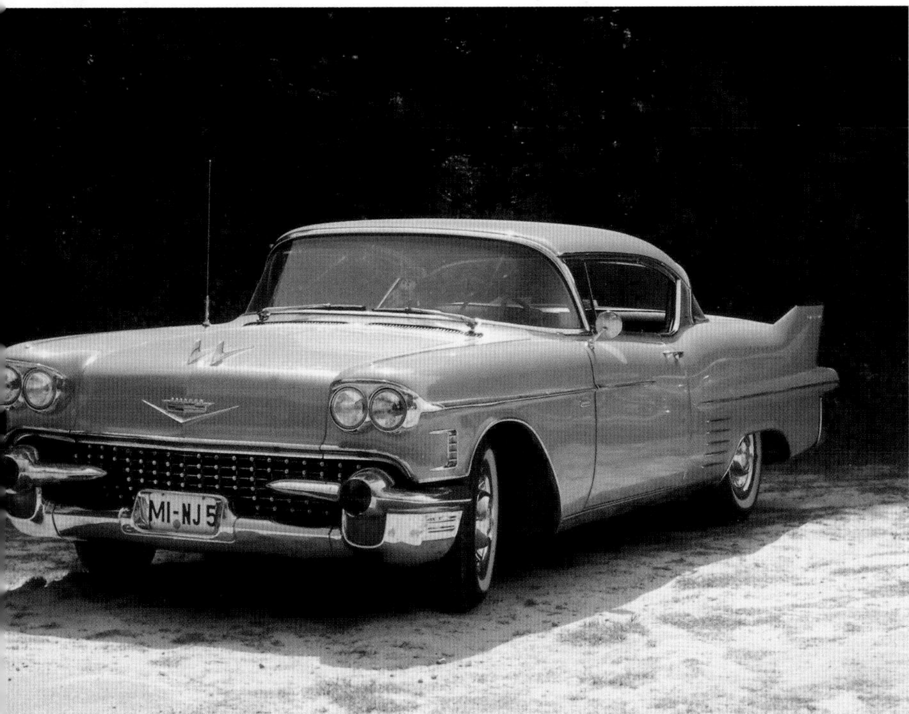

Cadillac Coupé de Ville

A finales de la década de 1950, casi la mitad de los propietarios de un Cadillac encargaba el equipo de aire acondicionado, y tampoco se mostraba reacia a adquirir otros extras consumidores de gran energía. Si se quería compensar la pérdida de potencia causada por el consumo de tantos dispositivos eléctricos, había que construir motores más potentes. El motor de 6,4 litros que trabajaba bajó el capó desde 1959 suministraba según el modelo una potencia de 309 a 350 CV. Esto bastaba para lanzar el vehículo a una velocidad máxima de entre 180 y 190 km/h, un valor nada malo para un coche de casi 6000 mm de largo. En aquella época, nadie pensaba todavía en las repercusiones ecológicas que podía ocasionar el elevado consumo de gasolina.

Modelo:	*Cadillac Coupé de Ville*
Cilindrada/Cilindros:	*6384 cm³/8 cilindros*
CV/kW:	*309/226,3*
Año de fabricación:	*1959*
Unidades fabricadas:	---

Cadillac Eldorado

En 1959, el diseño de las aletas traseras alcanzó en Cadillac su punto álgido: jamás las ha habido más grandes desde entonces. Las ventajas de este elemento estilístico están aún por demostrar, pues se limitaban a aspectos exclusivamente estéticos y no técnicos. Producir automóviles con semejantes características no habría sido posible en Europa. Con todo, el Cadillac también fue bien acogido en el mercado europeo. También ahí había gente que disfrutaba dejándose llevar en un Cadillac 75 de 6220 mm de largo y de 3800 mm de distancia entre ejes, lo mismo que entusiastas que se conformaban con un Eldorado de «sólo» 5720 mm de longitud y 3300 mm de distancia entre ejes.

Modelo:	*Cadillac Eldorado*
Cilindrada/Cilindros:	*6384 cm³/8 cilindros*
CV/kW:	*350/256,3*
Año de fabricación:	*1959*
Unidades fabricadas:	---

Chevrolet Corvette

Como tantas veces ha ocurrido en la historia del automóvil, también el Chevrolet Corvette se originó a partir de un llamado *showcar* o *dreamcar*. De hecho, un modelo semejante se había concebido sólo para la exposición Motorama de 1953. No obstante, fue tal el interés que despertó el bajo y abierto biplaza, que Chevrolet dejó este modelo en *stand-by*. Cierto es que lo visto en Nueva York no era un concepto definitivo de coche, pero sí algo realmente excepcional: ¡una carrocería de fibra de vidrio! Había llegado la hora de ofrecer a los entusiastas de los deportivos de Estados Unidos un producto muy particular, algo más que *roadsters* o cabriolés británicos.

Modelo:	*Chevrolet Corvette*
Cilindrada/Cilindros:	*3859 cm³/6 cilindros*
CV/kW:	*150/110*
Año de fabricación:	*1953*
Unidades fabricadas:	*ejemplar único*

Chevrolet Corvette

El primer Corvette que apareció lo hizo sin llamar apenas la atención. Equipado con u carrocería de plástico y con un motor no muy potente, cambió de aspecto continuamer durante sus más de 50 años de historia y se convirtió en un objeto de culto entre los en siastas de los deportivos estadounidenses. La idea de construir un automóvil deportivo vino a Harley Earl, diseñador jefe del consorcio General Motors, cuando en septiembre 1951 asistió a una carrera automovilística. Por lo visto, Earl logró convencer a la direcci de GM y el primer Corvette salió ya de los talleres en junio de 1953. Unos problemas en montaje hicieron que en el primer año sólo pudieran fabricarse 315 *roadsters* de dos plaz

Modelo:	*Chevrolet Corvette*
Cilindrada/Cilindros:	*3859 cm³/6 cilindros*
CV/kW:	*150/110*
Período de fabricación:	*1953-1955*
Unidades fabricadas:	*4640*

Chevrolet Corvette

Como sucedió también con el legendario Tin Lizzie de la casa Ford, el Chevrolet Corvette sólo se vendió en color blanco, al principio de su fabricación en serie. En contraste con el exterior, el habitáculo de este biplaza exhibía un llamativo rojo. La abundancia de ornamentos cromados, típica de los automóviles estadounidenses, se limitó sólo al mínimo imprescindible. La carrocería de plástico hacía del Corvette un coche muy moderno; aunque pocos sabían que precisamente el empleo de este material requería del doble de instalación eléctrica, ya que el plástico no ejerce la misma función de conductor de la electricidad que una carrocería de acero.

Modelo:	*Chevrolet Corvett*
Cilindrada/Cilindros:	*3859 cm³/6 cilindr*
CV/kW:	*150/110*
Período de fabricación:	*1953-1955*
Unidades fabricadas:	*4640*

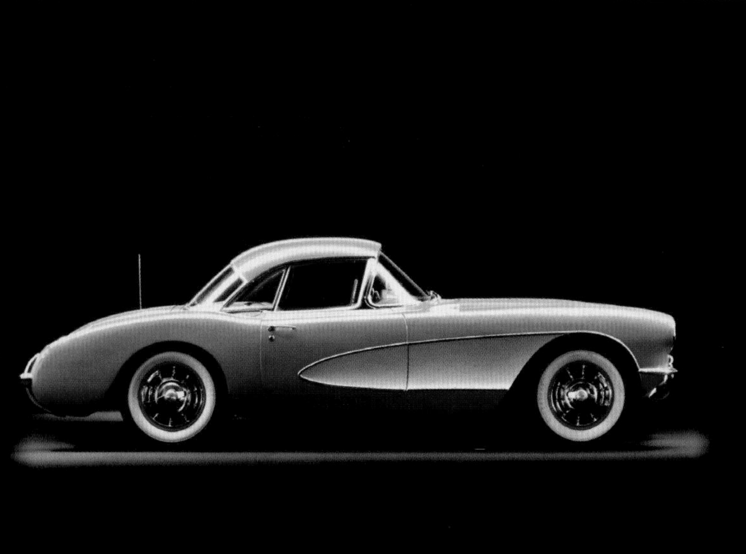

Chevrolet Corvette

Un problema grande y subestimado del Corvette era que los au móviles de la primera serie, denominados también C1, no podí competir en muchos aspectos con los deportivos europeos. Si bi es cierto que el atractivo diseño, con la elegante carrocería de plá tico, conferían al vehículo una mezcla de elegancia y deportivida en lugar de un deseable motor de ocho cilindros el Corvette só llevaba en un primer momento uno de seis cuyos 150 CV de pote cia se transmitían al eje trasero mediante una caja automática dos velocidades. Sólo a raíz del fichaje en 1953 como jefe del eq po técnico de Zora Arkus-Duntov, un estadounidense de orig ruso nacido en Bélgica, logró convertirse el Corvette en un autè tico objeto de culto.

Modelo:	*Chevrolet Corvette*
Cilindrada/Cilindros:	*4342 cm³/8 cilindros*
CV/kW:	*195/142,8*
Período de fabricación:	*1956-1962*
Unidades fabricadas:	*64 375*

Chevrolet Corvette

Bajo la dirección de Zora Arkus-Duntov, el Corvette se convirtió en un impresionante coche deportivo. Desde 1955, contaba con un motor V8 de 4,3 litros de cilindrada y 195 CV de potencia. Como alternativa a la caja de cambios automática había otra manual de tres velocidades con la que la potencia del motor se podía transmitir al eje rígido trasero. En 1956, el automóvil recibió unas aletas traseras decorativas, y detrás de las ruedas delanteras, una concavidad subrayaba el diseño de la carrocería en los laterales. En 1958, el Corvette fue dotado de dos dobles faros delanteros. Unos retoques estéticos, sobre todo en la parte trasera, permitían deducir qué aspecto tendría la generación de Corvette de principios de la década de 1960.

Modelo:	*Chevrolet Corvette*
Cilindrada/Cilindros:	*4342 cm³/8 cilindros*
CV/kW:	*195/142,8*
Período de fabricación:	*1956-1962*
Unidades fabricadas:	*64 375*

hevrolet Corvette

Corvette llegó a dominar el mercado estadounidense de coches deportivos, aunque por ɔco tiempo. En 1954, Ford respondió a la embestida de Chevrolet con la presentación del ıunderbird, que desde 1958 se convertiría en un modelo de cuatro plazas. Con este mo-elo, el consorcio General Motors logró afianzar su posición, y Arkus-Duntov llegó incluso soñar con sacar al mercado el Corvette como deportivo con motor central, aunque esta ea fue descartada por la dirección de GM. Desde el verano de 1954 se amplió la gama colores: desde entonces, además del blanco, el Corvette podía adquirirse en azul claro, ɔbre y rojo. Con relación a la técnica, también había una novedad: la antigua instalación éctrica de 6 voltios se había reemplazado por una nueva de 12.

Modelo:	*Chevrolet Corvette*
Cilindrada/Cilindros:	*4342 cm³/8 cilindros*
CV/kW:	*225/165*
Período de fabricación:	*1956-1962*
Unidades fabricadas:	*64 375*

hevrolet Nomad

ɔs Chevrolet fabricados desde 1955 se diferenciaban estéticamente de sus predeceso-s por la presencia de una calandra que ahora ocupaba todo el frontal del vehículo. écnicamente, los motores empleados iban desde un pequeño 6 cilindros de 142 CV asta el V8, que dos años más tarde fue revisado y su cilindrada aumentada a 4,6 litros. e una conducción cómoda se encargaba la caja de cambios automática Powerglide; aun-ıe también, por encargo, podían adquirirse cajas manuales de tres o cuatro velocidades. n 1955 apareció como alternativa a las berlinas un familiar deportivo llamado Bel Air omad. La denominación adicional Nomad terminaría empleándose en todos los modelos miliares de la marca.

Modelo:	*Chevrolet Nomad*
Cilindrada/Cilindros:	*4342 cm³/8 cilindros*
CV/kW:	*182/133,3*
Año de fabricación:	*1957*
Unidades fabricadas:	*---*

Chrysler Crown Imperial

Chrysler reanudó en 1946 la producción de automóviles y se orientó en un primer momento hacia los modelos fabricados hasta 1942, a los que acompañaron algunas versiones especiales denominadas Town & Country en los folletos publicitarios. Se trataba de automóviles con carrocerías forradas con madera que podían adquirirse en las variantes Station Wagon (familiar), berlina, cupé o cabriolé. Interesantes detalles del equipamiento, como unos asientos de cuero o de *velour,* constituían el mismo ejemplo de lujo que ofrecía la caja semiautomática de cuatro velocidades. En la serie Town & Country había, además de los modelos Royal, Windsor, Saragota y New Yorker, el Crown Imperial, el más grande y caro de todos.

Modelo: *Chrysler Crown Imperial*
Cilindrada/Cilindros: *5299 cm^3/8 cilindros*
CV/kW: *137/100*
Período de fabricación: *1946-1948*
Unidades fabricadas: ---

Chrysler 300 C

A principios de 1955, Chrysler lanzó al mercado el modelo 3C perteneciente a una serie completamente nueva. Concebido pa competir con los correspondientes Cadillac y Packard, el 300 f equipado con un motor V8 de 5,4 litros de cilindrada, gracias al cu el vehículo alcanzaba una velocidad máxima de 225 km/h. Un a más tarde, el 300 se benefició de una rejilla del radiador de ma fina y de un aumento de cilindrada (ahora el motor era de 5,8 litro Con el consiguiente aumento de potencia pasaron a considerar numerosos aspectos relativos a la seguridad del vehículo, ent ellos el incremento en un 25% de la superficie de fricción del f no. En el año 1957, cuando del 300 ya se fabricaba un impresi nante cupé, el modelo fue dotado de un sistema de inyección ele trónica de gasolina, una novedad en modelos de esta gama.

Modelo: *Chrysler 300 C*
Cilindrada/Cilindros: *6423 cm^3/8 cilindros*
CV/kW: *380/278,3*
Año de fabricación: *1957*
Unidades fabricadas: ---

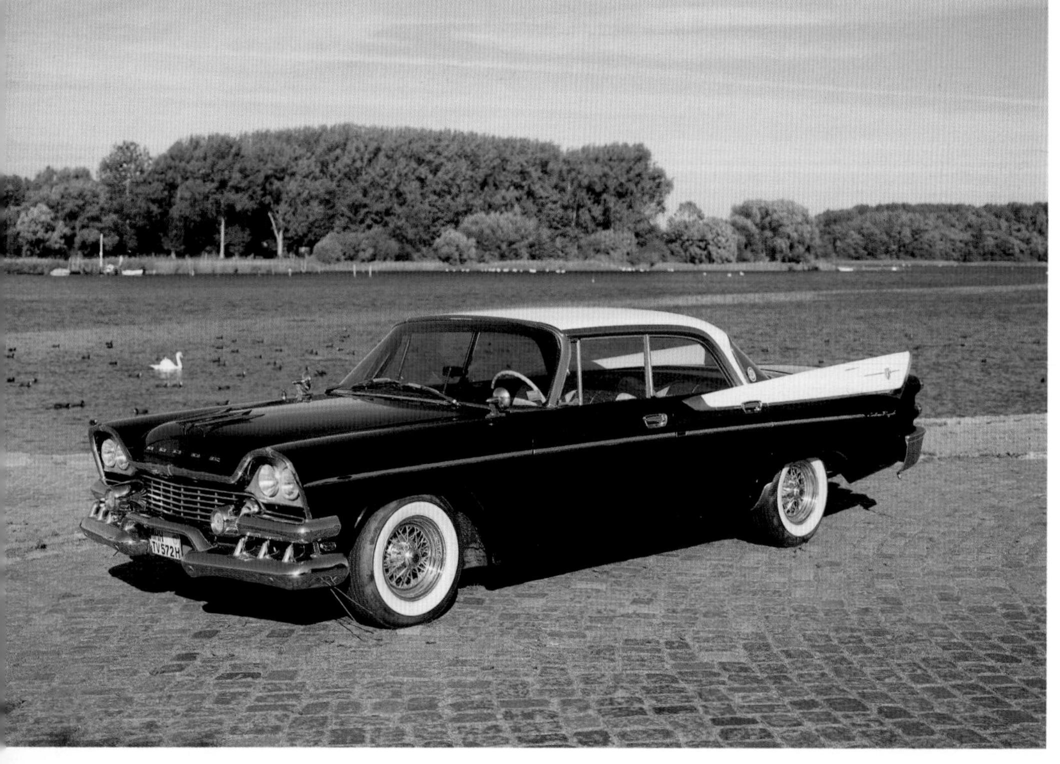

Dodge Custom Royale

A finales de la década de 1920, Walt Chrysler absorbió la marca Dodge y, acuerdo con su propia marca del consorci también aquí aparecieron algunos model de lujo que completaron la gama alta. Es tarea le tocó en la década de 1950 al mod lo Custom Royale: se intentaba demostr que era posible construir grandes vehícul de bellas formas que nada tenían que en diar a los de la competencia. Siguiendo l costumbres estadounidenses, cada año fu objeto de retoques y se optó por una orn mentación cromada más abundante. Con les sucedió a los Cadillac, las aletas tras ras de los Dodge experimentaron un not ble crecimiento a finales de la década 1950. Gracias al aumento de potencia, Custom Royale de la última serie aceleral de 0 a 100 km/h en apenas diez segundo

Modelo: *Dodge Custom Royale*
Cilindrada/Cilindros: *5735 cm^3/8 cilindros*
CV/kW: *295/216*
Año de fabricación: *1958*
Unidades fabricadas: ---

Ford V8 Business Coupé

En 1942, los fabricantes europeos no recordaban qué significaba producir. Por aquel entonces, la producción en Estados Unidos todavía continuaba, aunque empezaba ya a sufrir un fuerte retroceso. Como venía siendo habitual, ese año se retocaron los frontales de todos los modelos, que se encarecieron. Este aumento afectó más de la cuenta a la clientela por la escasez de muchos materiales necesarios. Ford buscó alternativas y utilizó por primera vez el plástico para el tablero de mandos o para las manijas de las puertas. Tampoco el níquel abundaba mucho, de ahí que muchos elementos como los ejes y las ruedas dentadas debieran elaborarse con una aleación de acero y molibdeno.

Modelo:	*Ford V8 Business Coupé*
Cilindrada/Cilindros:	*3917 cm³/8 cilindros*
CV/kW:	*100/73,2*
Período de fabricación:	*1941-1942*
Unidades fabricadas:	---

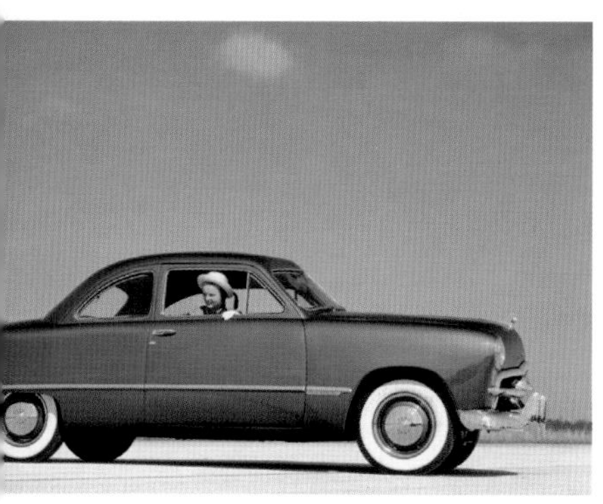

Ford Six Fordoor

Los vehículos Ford que salieron de los talleres en los primeros años de la posguerra todavía se inspiraban en los construidos en 1942. Con todo, los diseñadores hacía tiempo que se preocupaban por qué aspecto tendía el automóvil estadounidense del futuro. Cuando en el año 1948 las cadenas de montaje se adaptaron para la nueva realidad, se hizo patente que también Ford optaría por introducir la carrocería uniforme en los nuevos automóviles. Para el público en general, esta nueva imagen resultó bastante chocante: en primer lugar, era difícil acostumbrarse a unas nuevas carrocerías 200 mm más cortas; por otro lado, se habían abandonado las típicas formas inclinadas en la parte trasera, algo que tampoco terminaba de agradar.

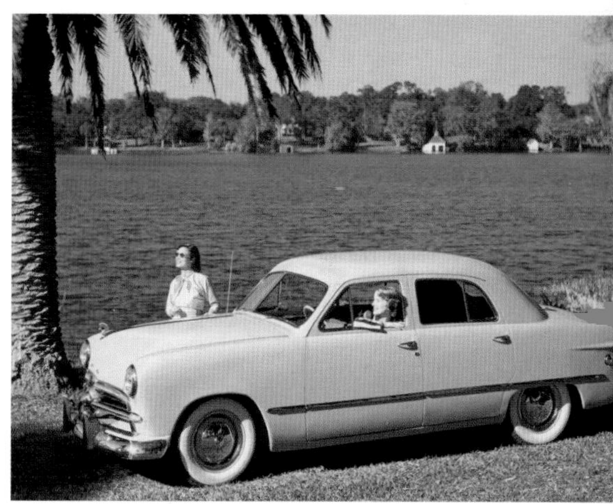

Modelo:	*Ford Six Fordoor*
Cilindrada/Cilindros:	*3706 cm³/6 cilindros*
CV/kW:	*96/70,3*
Período de fabricación:	*1948-1950*
Unidades fabricadas:	---

Ford Club Coupé

Cuando la carrocería uniforme introducida por Ford a finales de la década de 1940 llegó a ser aceptada, se estableció que la gama, formada hasta entonces por una berlina de dos y otra de cuatro puertas, pasaría a ampliarse. Sobre la base de un sólido chasis (en vez de travesaños cruzados había ahora cinco travesaños transversales) con suspensión independiente delantera se construyó, entre otros modelos, un elegante cupé cuyo aspecto liso sólo era interrumpido por el faro llamado «ojo de cíclope», integrado en la calandra. De este ornamento cromado habría podido prescindirse perfectamente; pero semejantes elementos estilísticos eran una parte indisociable de los automóviles estadounidenses de la gama alta.

Modelo:	*Ford Club Coupé*
Cilindrada/Cilindros:	*3706 cm³/6 cilindros*
CV/kW:	*96/70,3*
Período de fabricación:	*1949-1950*
Unidades fabricadas:	---

Ford Six Convertible

En 1949, Ford sorprendió a los partidarios de los vehículos abiertos sacando al mercado una versión cabriolé de la serie Six. Este coche de 5000 mm de largo y 2900 mm de distancia entre ejes era técnicamente idéntico a las berlinas y al cupé y alcanzaba una velocidad máxima de unos 150 km/h. La caja de tres velocidades que llevaba de serie podía ampliarse opcionalmente con la incorporación de una cuarta velocidad, que reducía el número de revoluciones del motor y aumentaba, en consecuencia, el confort del conductor en las autopistas. En el año 1950 apareció una caja de cambios automática que Ford había desarrollado en colaboración con la casa Borg-Warner.

Modelo:	*Ford Six Convertible*
Cilindrada/Cilindros:	*3706 cm³/6 cilindros*
CV/kW:	*96/70,3*
Período de fabricación:	*1949-1950*
Unidades fabricadas:	---

Ford Custom Station Wagon

Este Station Wagon, así llaman los estadounidenses sus vehículos familiares, fue el últin «Woody» (*wood* significa madera) que Ford sacó al mercado con revestimiento de mad ra. Estéticamente, el frontal correspondía al de la berlina: el «ojo de cíclope» cromado fu eliminado en 1951. El modelo Custom del tipo Country Squire era conceptualmente u familiar, aunque apenas nadie solía utilizar este vehículo para transportar carga. De hech costaba aún más que un cabriolé (Convertible) y pertenecía, por consiguiente, a una gan de automóviles muy elevada que pocos podían permitirse. Con este coche se acostur braba a ir de picnic o al club de golf. El Station Wagon salía de fábrica con un motor de se cilindros, aunque podía obtenerse también uno de ocho pagando un suplemento.

Modelo:	*Ford Custom Station Wagon*
Cilindrada/Cilindros:	*3917 cm³/8 cilindros*
CV/kW:	*88/64,5*
Año de fabricación:	*1951*
Unidades fabricadas:	---

Ford Crestline

Una línea relativamente suave y una lograda combinación bicolor confería al modelo Crestline de 1951 un aspecto casi juguetón. El carenado de las ruedas traseras acentuaban aún más el estilo de este cómodo turismo. El empleo de elementos cromados se mantenía aquí dentro de unos límites, y sólo servía para subrayar el diseño donde parecía estrictamente necesario. El lujo de la parte exterior no desentonaba en absoluto con el del habitáculo. El cómodo banco delantero disponía de respaldos separados de inclinación regulable. Por encargo, la caja manual de tres velocidades podía reemplazarse por una automática.

Modelo:	*Ford Crestline*
Cilindrada/Cilindros:	*3528 cm³/6 cilindros*
CV/kW:	*102/74,7*
Año de fabricación:	*1951*
Unidades fabricadas:	---

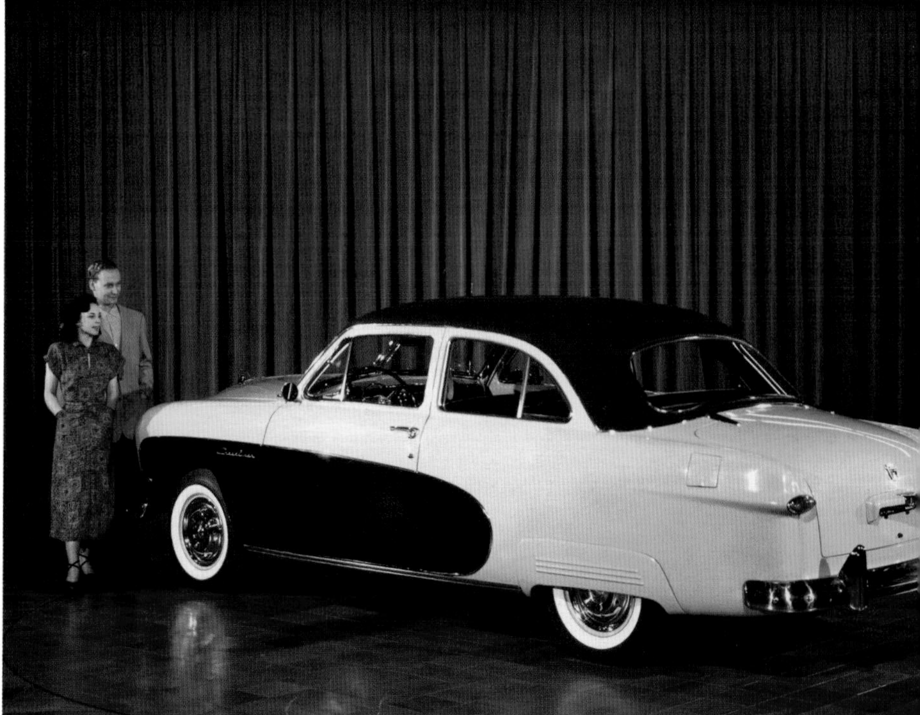

ord Crestline Skyliner

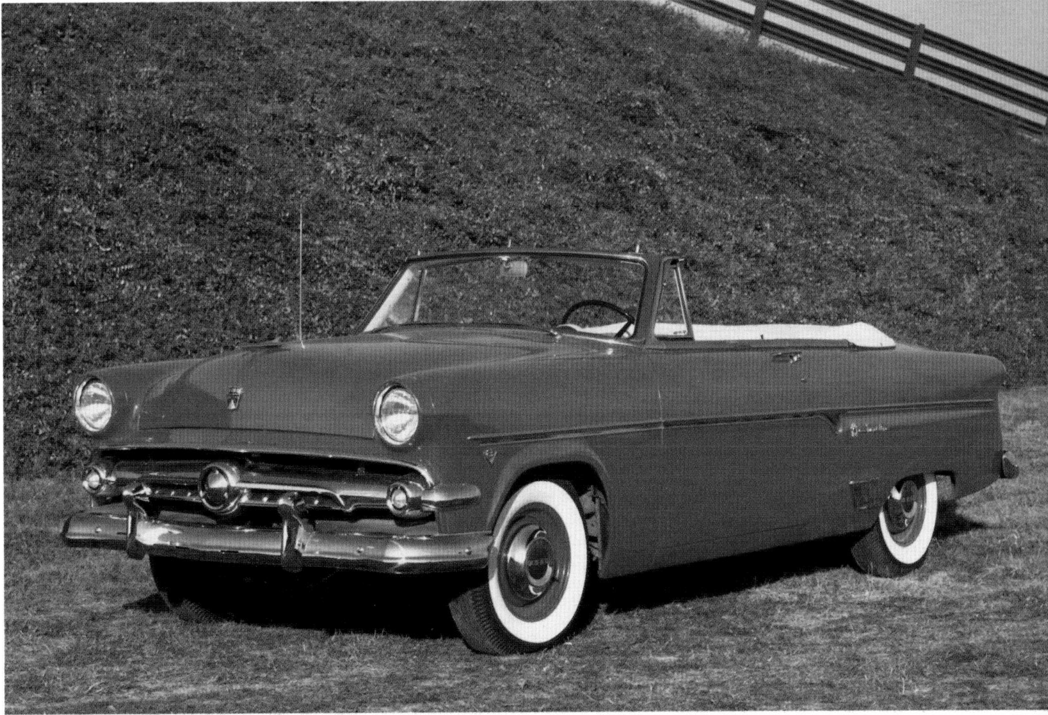

ɔrd, que contaba con numerosas fábricas ɔr todo el mundo, construyó una gran vaedad de vehículos adaptados a las necesiades y circunstancias de cada país. En el aís de origen de Ford aparecieron durante década de 1950 una serie de vehículos ue encarnaban el «American Way of Life» stadounidense, entre ellos notables cabrios, que hacían de la conducción una expeencia muy especial. El capó de tales veículos casi siempre ocultaba un motor V8 e gran cilindrada. A mediados de la década e 1950 se pusieron cada vez más de moda s cajas de cambio automáticas. Ford siempre estuvo atento a la actuación de sus ɔmpetidores, a los que desafió con modes como el Fairline, el Crestline o el Falcon.

lodelo:	*Ford Crestline Skyliner*
ilindrada/Cilindros:	*3917 cm³/8 cilindros*
V/kW:	*132/96,7*
ño de fabricación:	*1954*
nidades fabricadas:	---

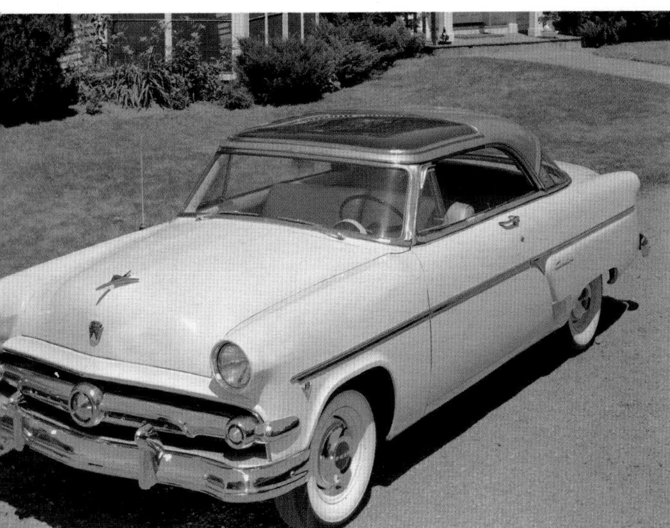

Ford Crestline Skyliner

Cuando en 1954 el consorcio Ford presentó el legendario modelo Thunderbird, también otras series de la marca se beneficiaron de su apariencia. Así, por ejemplo, el diseño del Thunderbird se trasladó igualmente a la serie Crestline. El estilo de los coches se volvió cada vez más atrevido. El parabrisas panorámico empleado en el Thunderbird modificó el aspecto del Crestline, que contaba con unas ventanillas laterales triangulares que podían abrirse en caso de necesidad. El Crestline era un automóvil considerablemente espacioso, ya que medía 5040 mm de largo y descansaba sobre un chasis de 2930 mm de distancia entre ejes. Por lo demás, el antiguo motor de válvulas laterales había cedido el paso a otro V8 con válvulas en culata.

Modelo:	*Ford Crestline Skyliner*
Cilindrada/Cilindros:	*3917 cm³/8 cilindros*
CV/kW:	*132/96,7*
Año de fabricación:	*1954*
Unidades fabricadas:	---

Ford Thunderbird

Los empleados de Ford William Burnett y David Ash venían dándole vueltas desde principios de la década de 1950 a qué aspecto debería tener un biplaza deportivo de la casa para la que trabajaban. El vicepresidente de Ford parecía bastante entusiasmado con el proyecto, que en 1951 acabó siendo desechado. Un error, como pronto se demostraría: el consorcio General Motors trabajaba desde hacía tiempo con un concepto semejante. De esta manera, el primer deportivo estadounidense en salir al mercado en 1953 no fue uno de la marca Ford, sino el Corvette de la casa Chevrolet. Ford, por tanto, se puso urgentemente manos a la obra para presentar en 1954 un modelo con el que contrarrestar la presión ejercida por un modelo de la competencia.

Modelo:	*Ford Thunderbird*
Cilindrada/Cilindros:	*4780 cm³/8 cilindros*
CV/kW:	*193/141,3*
Período de fabricación:	*1955-1957*
Unidades fabricadas:	*53 166*

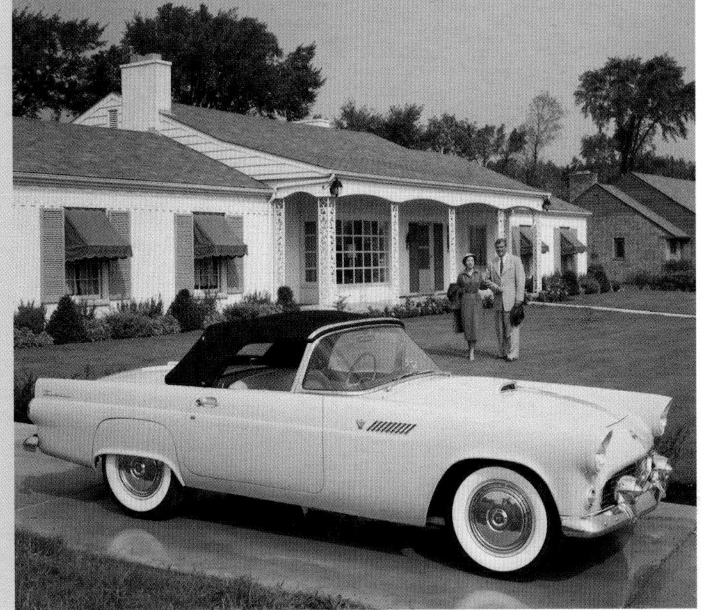

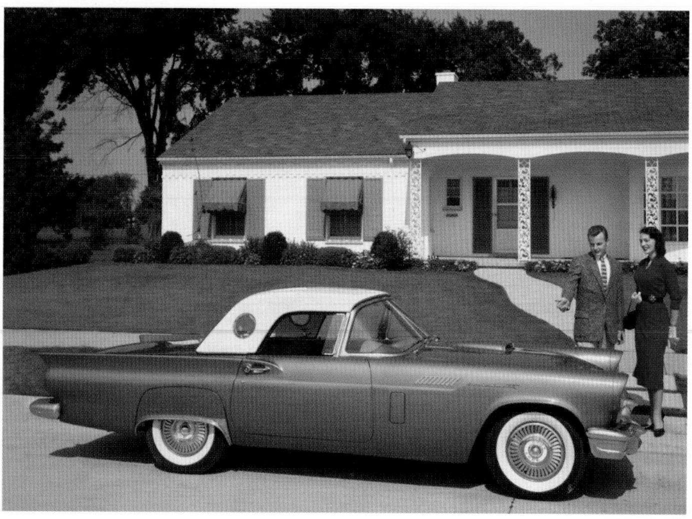

Ford Thunderbird

En la temporada 1956-1957 existía la posibilidad de incorporar en *hardtop* una especie de ojo de buey. Muchos propietarios de Thunderbird se dejaron cautivar por este elemento estilístic otros, en cambio, apostaron por la opcional «Fordomatic», una int resante alternativa automática al cambio manual de tres velocic des y con la que se sacaba un rendimiento aún mayor al poten motor V8. Los Thunderbird de los tres primeros años de fabricaci apenas se diferenciaban estéticamente entre sí. Desde 1956, rueda de repuesto pasó a ubicarse en el exterior de la parte tras ra, al tiempo que el parabrisas panorámico recibió un pequeño de vabrisas abatible.

Modelo: *Ford Thunderbird*
Cilindrada/Cilindros: *5113 cm³/8 cilindros*
CV/kW: *210/153,8*
Período de fabricación: *1955-1957*
Unidades fabricadas: *53 166*

Ford Thunderbird

Cuando en el año 1954 Ford presentó el Thunderbird biplaza pasó a disponer por fin de un muy esperado coche deportivo. El modelo costaba 3050 dólares, 400 menos que el Chevrolet Corvette. La denominación no fue elegida al azar, puesto que para los indios el Thunderbird era un pájaro que traía buena suerte. El coche debía ser un reflejo de poder y bienestar, de ahí que Ford mostrara predilección por este nombre. Ford presentó por primera vez este modelo con motivo del Salón del Automóvil de Detroit. La prensa especializada captó inmediatamente que Ford había intentado inspirarse en el concepto de coches deportivos europeos parecidos y definió, en consecuencia, el Thunderbird como un «Sports Car with American Luxury» (coche deportivo con lujo americano).

Modelo: *Ford Thunderbird*
Cilindrada/Cilindros: *4780 cm³/8 cilindros*
CV/kW: *193/141,3*
Período de fabricación: *1955-1957*
Unidades fabricadas: *53 166*

Ford Thunderbird

Estados Unidos estuvo mucho tiemp importando de Europa deportivos biplazas preferentemente Jaguar, Aston Martir MG y Austin Healey. Dado que esto *roadsters* habían tenido una excelent aceptación en el mercado estadounidense Ford hizo sus previsiones y decidió fabrica unas 10 000 unidades anuales. Se equivc có. Ya en el primer año, los concesionario de Ford recibieron más de 16 000 enca gos. Entre 1957 y 1958, los libros de cor tabilidad registraban ya 21 000 encargos y la tendencia al alza parecía no tener fir En contraste con Chevrolet, cuyo Corvett se suministraba con una carrocería de plás tico, Ford apostaba por un «auténtic coche» con carrocería de acero, si bie esta argumentación no era del todo cierta ya que el *hardtop* del Thunderbird, opcic nal, también era de plástico.

Modelo: *Ford Thunderbird*
Cilindrada/Cilindros: *5113 cm³/8 cilindro*
CV/kW: *210/153,8*
Período de fabricación: *1955-1957*
Unidades fabricadas: *53 166*

Ford Thunderbird

Puede afirmarse que el Thunderbird creció en todos los aspectos, ya que no sólo lo hizo la cilindrada de su motor, sino también su carrocería. Concebido en un primer momento como un elegante biplaza, el Thunderbird fue convirtiéndose poco a poco en un espectacular acorazado de guerra. A pesar de todos estos cambios, el modelo continuaba atrayendo a un sinfín de compradores: así, entre 1959 y 1960, se vendieron más de 92 000 unidades, la cifra de ventas más alta alcanzada hasta ese momento, ya que cada vez más propietarios descubrían que el Thunderbird ofrecía unas posibilidades óptimas de perfeccionamiento. Cuando Ford lanzó al mercado la segunda serie, con sus vistosos dobles faros delanteros, la gama del modelo se amplió con la aparición de un cabriolé y un cupé.

Modelo:	*Ford Thunderbird*
Cilindrada/Cilindros:	*5766 cm³/8 cilindros*
CV/kW:	*304/222,6*
Período de fabricación:	*1958-1960*
Unidades fabricadas:	*aprox. 200 000*

Hudson Commodore

Radicada en Detroit, la marca Hudson había sacado al mercado su primer automóvil en 1902. En la década de 1920 se había lanzado la marca independiente Essex. Los Essex, en realidad, no eran otra cosa que modelos Hudson vendidos a precios inferiores y que no se diferenciaban por su calidad sino por la ausencia de los detalles más lujosos. Cuando reanudó la construcción de automóviles a finales de 1945, Hudson recurrió a la gama de modelos de 1942 y volvió a producir el modelo Commodore, que llegó a los concesionarios en 1947 tras experimentar una serie de mejoras técnicas (suspensión independiente delantera. La alternativa al motor de seis cilindros era uno de ocho con 4165 cm³ de cilindrada y 128 CV de potencia, con el que no alcanzaba, sin embargo, una velocidad mucho más alta.

Modelo:	*Hudson Commodore*
Cilindrada/Cilindros:	*3472 cm³/6 cilindros*
CV/kW:	*102/74,7*
Período de fabricación:	*1946-1947*
Unidades fabricadas:	---

Kaiser Henry J

En 1945, el industrial estadounidense Henry J. Kaiser se hizo cargo junto a Joseph W. Frazer de la marca Graham-Paige y se planteó la posibilidad de construir, además de coches de lujo, una especie de «Volkswagen», o coche popular. Aunque Kaiser logró consolidar desde el principio su gama de modelos, a finales de la década de 1940 las ventas empezaron a descender hasta cotas alarmantes. Un modelo compacto de gama media (4430 mm de largo y 2540 mm de distancia entre ejes) debía relanzar la marca en 1951. El vehículo, llamado Kaiser Henry J, mostraba una forma bastante atractiva y en su versión estándar montaba un motor de cuatro cilindros. La variante de gama superior, denominada Henry J De Luxe, recibió un motor de ocho cilindros de 2,6 litros que suministraba una potencia de 81 CV.

Modelo:	*Kaiser Henry J*
Cilindrada/Cilindros:	*2199 cm³/4 cilindro*
CV/kW:	*69/50,5*
Período de fabricación:	*1951-1953*
Unidades fabricadas:	---

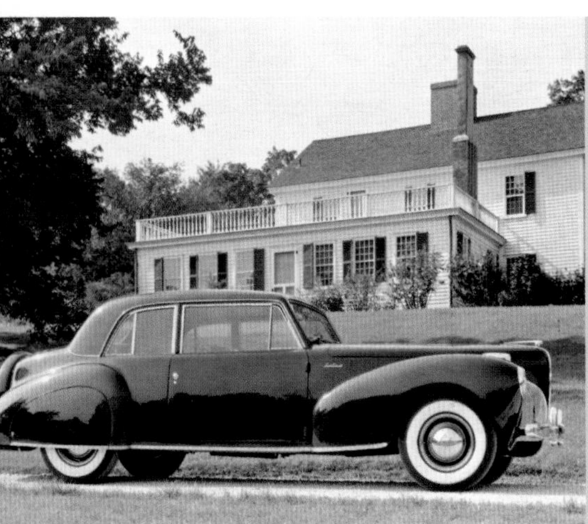

Lincoln Continental

Los primeros automóviles de lujo que la marca Lincoln sacó al mercado en 1945 estaban basados en modelos de 1941. El Continental, un impresionante vehículo de doce cilindros, tenía un concepto técnicamente muy maduro. Con una calandra del todo nueva circulaba el modelo de 1945 por las carreteras y ante numerosas villas de lujo. Tanto las ruedas delanteras como las traseras estaban ancladas a ejes rígidos, lo que afectaba nimiamente al confort de viaje, ya que la mayoría de los modelos de 12 cilindros eran conducidos por chóferes y sólo de forma ocasional alcanzaban su velocidad máxima (155 km/h). La conducción del Continental no era fácil, ya que en función de su carrocería el vehículo podía medir hasta 5500 mm de longitud.

Modelo:	*Lincoln Continental*
Cilindrada/Cilindros:	*4990 cm³/12 cilindros*
CV/kW:	*130/95,2*
Período de fabricación:	*1941-1942*
Unidades fabricadas:	---

Lincoln Premiere

Perteneciente desde 1922 al consorcio Ford, la marca Lincoln ya llamaba la atención en 1955 con algunos *showcars*. Estos modelos, sobre todo el Futura equipado con una capota de cristal, anticipaban las tendencias que Lincoln seguiría en el futuro. Además de una nueva cara con parabrisas panorámicos, Lincoln había puesto un énfasis especial en la seguridad, para lo cual había desarrollado un volante con una parte central hundida, introducido cinturones de seguridad y cerraduras preparadas contra posibles aperturas imprevistas. El Premiere, construido en serie, se beneficiaba ya de estos nuevos dispositivos de seguridad, aunque para la definitiva irrupción del nuevo concepto habría que esperar a 1957, año en que los modelos pasaron a tener dobles faros delanteros, uno encima del otro.

Modelo:	*Lincoln Premiere*
Cilindrada/Cilindros:	*6031 cm³/8 cilindros*
CV/kW:	*289/212*
Año de fabricación:	*1956*
Unidades fabricadas:	---

Lincoln Continental Mark II

El Lincoln era el coche adecuado para grandes políticos y para quienes necesitaban un vehículo de representación. No obstante Lincoln nunca consiguió batir en cifras de ventas a Cadillac, el líder del mercado en este sector. También la cantidad de unidades destinadas a la exportación se mantuvo dentro de unos límites. Quizá por esto se decidió equipar la nueva versión del Continental, aparecida en 1956, con un motor de menor potencia: así, en contra de la costumbre de sacar al mercado el modelo de lujo con un motor V12, Lincoln optó por instalar uno de ocho cilindros. También estéticamente el nuevo modelo era más severo: el pomposo diseño de la década de 1940 había pasado a la historia, y sólo un ligero resalte en la parte trasera decoraba el flanco de la carrocería.

Modelo:	*Lincoln Continental Mark II*
Cilindrada/Cilindros:	*6031 ccm³/8 cilindros*
CV/kW:	*304/222,7*
Período de fabricación:	*1956-1957*
Unidades fabricadas:	*1769*

Modelo: *Mercury Serie 9 CM*
Cilindrada/Cilindros: *4185 cm³/8 cilindros*
CV/kW: *110/80,6*
Período de fabricación: *1949-1950*
Unidades fabricadas: ---

Mercury Serie 9 CM

En comparación con los modelos del consorcio Ford, los de la marca hermana Mercury construidos desde 1946 contaban con una ornamentación cromada más abundante. Con ello se pretendía resaltar el carácter imponente de este coche y proporcionarle al diseño Mercury una identidad propia. Y la verdad es que el cromo empleado armonizaba a la perfección con la línea alargada de la carrocería uniforme y convertía a este cupé de seis plazas en el blanco de numerosas miradas. Todas las versiones fabricadas desde 1946 se asentaban sobre un chasis modificado con travesaños adicionales y con un eje delantero rígido con suspensión independiente.

Mercury Serie 9 CM

Las grandes dimensiones de los Mercury de finales de la década de 1940 no hacían de ellos unos coches demasiado fáciles de conducir. Con una distancia entre ejes de 3000 mm, la longitud total de los vehículos podía oscilar entre 5000 y 5250 mm. El motor V8 de gran cilindrada transmitía su potencia al eje trasero mediante una caja manual de tres velocidades con *overdrive*. Un mayor confort a partir de 1951 cuando puso a disposición una caja de cambios automática llamada Merc-o-matic. En paralelo también se revisó el diseño de la carrocería. La línea del automóvil, demasiado barroca en opinión de los críticos, cedió el paso a otra más angulosa.

Modelo: *Mercury Serie 9 CM*
Cilindrada/Cilindros: *4185 cm³/8 cilindros*
CV/kW: *127/93*
Período de fabricación: *1951-1952*
Unidades fabricadas: ---

Mercury Serie 9 CM

Mercury es una de las pocas marcas de automóviles que no nació por iniciativa de un genial inventor sino más bien por el empuje comercial de un consorcio. El primer Mercury, que vio la luz en 1938, debía rellenar el vacío existente entre los modelos de Ford y Lincoln. Sólo con esto bastaba ya para reconocer que la marca era el producto de una necesidad de la casa Ford. En un primer momento, los Mercury con un chasis de larga distancia entre ejes resultaban más espaciosos que los Ford. Esta regla también continuó siendo válida en los modelos fabricados en la inmediata posguerra.

Modelo: *Mercury Serie 9 CM*
Cilindrada/Cilindros: *4185 cm³/8 cilindros*
CV/kW: *110/80,6*
Período de fabricación: *1949-1950*
Unidades fabricadas: ---

Mercury Turnpike Cruiser

En 1956, Mercury causó sensación presentando un extravagante *showcar* llamado Turnpike Cruiser. Rompiendo la tradición de fabricar prototipos que luego pasaban a los cajones del olvido, Mercury optó por llevar al mercado una variante basada en el Turnpike. El coche poseía un techo que recordaba al de un cupé y que podía plegarse, con lo que el Turnpike se transformaba en un cabriolé. Este automóvil de lujo de 5350 mm de longitud mostraba unas aletas traseras de formas inusuales y se suministró exclusivamente con una caja de cambios automática. Entre las numerosas particularidades estilísticas de este modelo capaz de alcanzar 190 km/h figuraba un tablero de instrumentos en forma de sector.

Modelo: *Mercury Turnpike Cruiser*
Cilindrada/Cilindros: *6031 cm³/8 cilindros*
CV/kW: *294/215,3*
Año de fabricación: *1957*
Unidades fabricadas: ---

Nash Ambassador

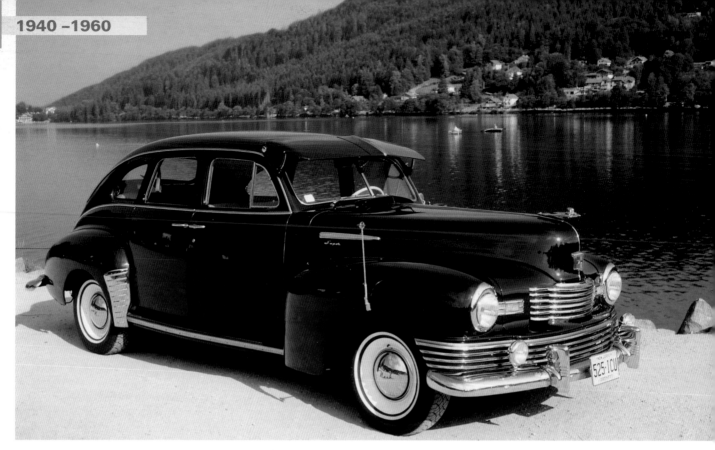

Los orígenes de la marca automovilística estadounidense Nash se remontan a la fundación en 1916 de la sociedad Thomas B. Jeffery Co. Cuando W. Nash, antiguo director general de General Motors, se hizo cargo de la empresa, la reestructuró y le dio su propio nombre. Nash fabricaba automóviles de una construcción muy avanzada para la época. Así, a principios de la década de 1940, Nash lanzó al mercado el modelo 600, un vehículo con suspensión independiente delantera y con una carrocería autoportante. Una vez finalizada la II Guerra Mundial, Nash continuó esta tradición con el modelo Ambassador antes de despedirse en 1952 de las carrocerías corcovadas para recuperar los modelos con zaga escalonada.

Modelo:	*Nash Ambassador*
Cilindrada/Cilindros:	*3855 cm³/6 cilindro*
CV/kW:	*114/83,5*
Período de fabricación:	*1946-1948*
Unidades fabricadas:	---

Modelo:	*Oldsmobile 88*
Cilindrada/Cilindros:	*4974 cm³/8 cilindro*
CV/kW:	*136/100*
Período de fabricación:	*1948-1949*
Unidades fabricadas:	---

Oldsmobile 88

Integrada en el consorcio General Motors, la marca Oldsmobile solía inspirarse técnicamente en Cadillac, lo que para los compradores acarreaba toda clase de progresos innovaciones. A finales de la década de 1930, un Oldsmobile era uno de los pocos coches en contar con una caja de cambios automática. Este cómodo dispositivo s incorporó de serie a todos los vehículos desde el modelo 88 del año 1948. En ese año Oldsmobile introdujo en sus coches un motor V8 de nuevo desarrollo con árbol de leva en culata que relevaba el obsoleto ocho cilindros de serie. La potencia que se transmit al eje trasero rígido era suficiente para lanzar este automóvil de 5000 mm de largo a un velocidad máxima de 145 km/h.

Oldsmobile Starfire

A finales de la década de 1940, Oldsmobile desarrolló un nuevo motor V8 que se anunció con el eslogan «The Power Sensation of the Nation» (la sensación de poder de la nación). Muchas generaciones sucesivas de vehículos utilizaron también este motor, que fue sometido a varias actualizaciones y revisiones. El nuevo V8, sin embargo, no era el único motivo de celebración de la empresa: en 1950 salía de sus instalaciones el automóvil número 3 000 000. Esta unidad todavía presentaba unas formas relativamente redondeadas, aunque el departamento de diseño ya trabajaba con un nuevo estilo. Líneas más alargadas y nuevos faros determinarían pronto el aspecto de los renovados coches. A partir de 1955, la inclusión de parachoques cromados por delante de la rejilla del radiador se convirtió en uno de los rasgos característicos de los vehículos de la marca.

Modelo:	*Oldsmobile Starfire*
Cilindrada/Cilindros:	*5400 cm³/8 cilindros*
CV/kW:	*230/168,5*
Período de fabricación:	*1955-1956*
Unidades fabricadas:	---

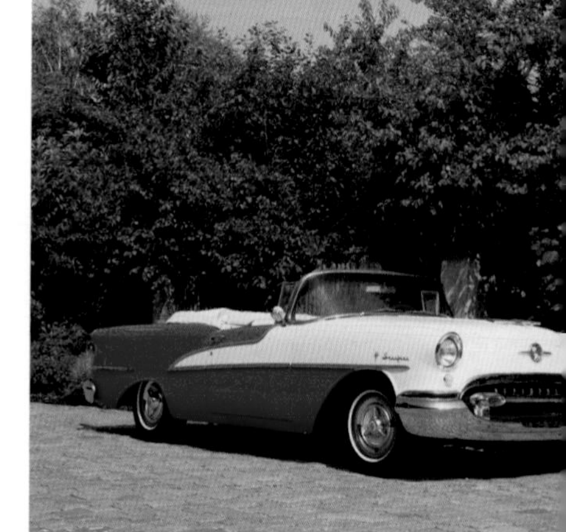

ıckard Club Coupé

ɔn los de Cadillac y Lincoln, el nombre de ıckard era pronunciado desde la década 1920 con sumo respeto, ya que esta arca se había entregado por completo a construcción de coches de gran lujo. finales de la década de 1930, la gama de ɔdelos se complementó con un par versiones más económicas, lo que no ñó en modo alguno la prestigiosa iman de la marca. Se estuvo a punto de lebrar la fabricación del automóvil número 1 000 000; lo impidió, por desgracia, el tallido de la II Guerra Mundial. Packard dedicó entonces a producir bajo licencia motor para aviones desarrollado por ɔlls-Royce. Una vez terminada la guerra, construcción de automóviles prosiguió ı demora, y la unidad 1 000 000 salió de s talleres en 1947.

ɔdelo:	*Packard Club Coupé*
lindrada/Cilindros:	*4000 cm³/6 cilindros*
/kW:	*70/51,3*
ío de fabricación:	*1940*
ıidades fabricadas:	---

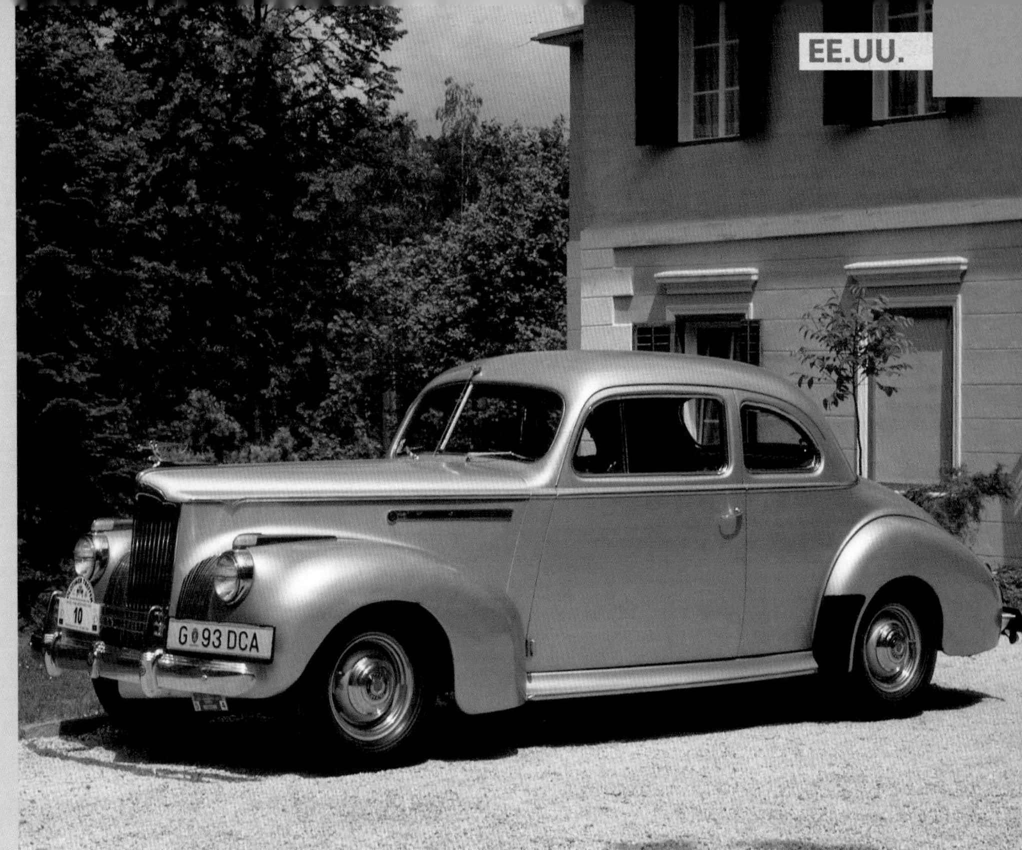

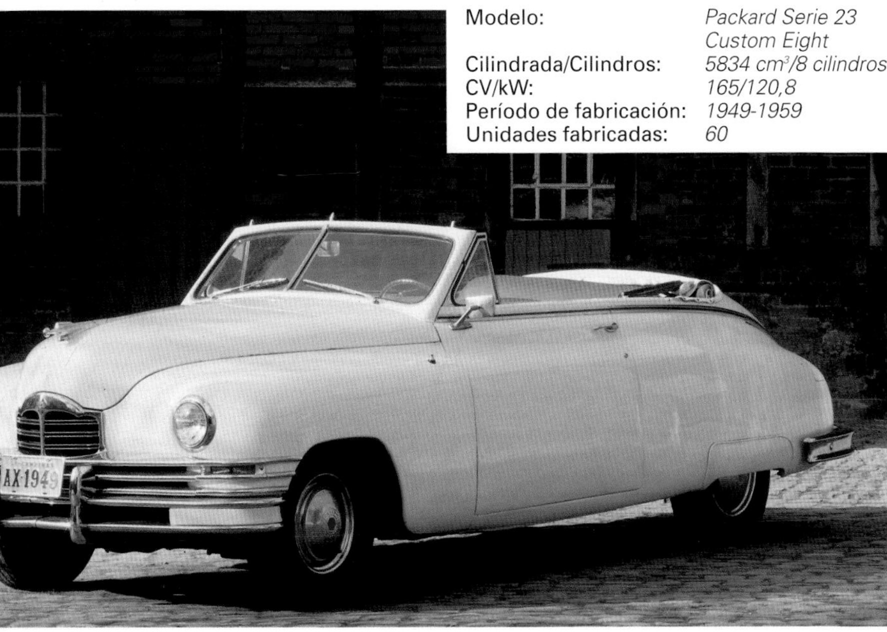

Modelo:	*Packard Serie 23 Custom Eight*
Cilindrada/Cilindros:	*5834 cm³/8 cilindros*
CV/kW:	*165/120,8*
Período de fabricación:	*1949-1959*
Unidades fabricadas:	*60*

Packard Serie 23 Custom Eight

El año 1949 fue el último en el que Packard logró mantenerse en su papel tradicional de fabricante de coches de lujo. Mientras que Cadillac lanzó al mercado un año más tarde un nuevo diseño, Packard permaneció fiel a las carrocerías redondeadas. Fue un error, como pronto se demostraría. En 1949, con motivo del 50 aniversario de la fundación de la empresa, Packard presentó un modelo de la serie 23 como vehículo conmemorativo. Este coche, capaz de alcanzar los 150 km/h, reposaba sobre un chasis de 3220 mm de batalla y contaba con numerosos extras, entre ellos un elevalunas eléctrico y una capota accionable eléctricamente. La presencia de tantos dispositivos eléctricos hacía que el vehículo consumiera mucha electricidad, de ahí que fuera equipado con una instalación de 8 voltios en lugar de con una de sólo 6.

ıymouth P 12

ermana de Chrysler, la marca Plymouth fue fundada en 1928 para ɔder competir más fácilmente con Ford y Chevrolet. En la década de 1930, Plymouth empleó por primera vez mandos enrasados ı el tablero de instrumentos, con lo que se adelantaba a sus rivales ıtomovilísticos en lo relativo a la seguridad. En 1939, Plymouth nzó al mercado un cabriolé de lujo que como particularidad conba con una capota de accionamiento eléctrico. Una variante de ste automóvil, el P 12, permaneció en catálogo hasta 1942. La preɜncia de numerosos accesorios en la versión estándar se reflejaba, ɔmo es natural, en el precio: quien deseaba hacerse con un P 12 ɜbía poner sobre la mesa un mínimo de 970 dólares.

odelo:	*Plymouth P 12*
lindrada/Cilindros:	*3299 cm³/6 cilindros*
V/kW:	*87/63,7*
ɜríodo de fabricación:	*1941-1942*
nidades fabricadas:	*10 545*

Modelo:	*Pontiac Chieftain*
Cilindrada/Cilindros:	*4278 cm³/6 cilindros*
CV/kW:	*147/107,7*
Período de fabricación:	*1956-1958*
Unidades fabricadas:	---

Pontiac Chieftain

Integrada en el consorcio General Motors, la marca Pontiac reanudó la construcción c automóviles en 1945. La nueva generación de vehículos fue equipada con un motor V cuya potencia fue aumentando de año en año. A finales de la década de 1950, poco ant de que empezara la moda de los grandes alerones traseros, salió de los talleres canadie ses un modelo denominado Laurentian totalmente apartado de estas tendencias. Es coche se movía gracias al trabajo de un motor de seis cilindros, ya que Pontiac se prop nía consolidar este modelo en el mercado internacional. En Escandinavia, este automó se vendió con la denominación Star Chief, mientras que en otros lugares también fue con cido como Chieftain o Pathfinder.

Studebaker Champion

Studebaker ya había lanzado al mercado un automóvil denominado Champion en 1939. Ur vez terminada la guerra, este modelo continuó construyéndose, si bien de una manera u poco especial. El diseñador industrial Raymond Loewy le dio un aspecto muy particular sobre todo, muy diferente del habitual en los automóviles de serie estadounidense El nuevo frontal aerodinámico fue desde el primer momento un elemento estilístico in quívoco de este modelo, del que se fabricaron numerosas versiones de carrocerí Studebaker equipó el Champion con varias clases de motores; así, además de uno hex cilíndrico de serie, el vehículo también podía equipar un V8. La potencia de dichos motore oscilaba entre los 86 y los 121 CV, con lo que se cubrían todas las gamas de potencia.

Modelo:	*Studebaker Champion*
Cilindrada/Cilindros:	*2779 cm³/6 cilindros*
CV/kW:	*86/63*
Período de fabricación:	*1947-1951*
Unidades fabricadas:	---

Dart (Goggomobil)

También el Goggomobil disfrutó de una notable aceptación más allá de sus fronteras. En España, por ejemplo, llegó incluso a construirse bajo licencia hasta 1967. El australiano Bill Buckle sacó al mercado desde 1957 a 1961 unos 700 ejemplares de una versión Dart completamente abierta. Buckle sólo importaba el chasis, pues de la muy deportiva carrocería de fibra de vidrio se encargaba él personalmente junto con el ingeniero Stan Brown. El aspecto de estos modelos recordaba al de los deportivos Lotus de aquella época. Para los parabrisas, por lo demás, solía recurrirse al almacén de piezas de recambio de Renault y, por razones económicas, el vehículo llevaba la luna trasera del Dauphine. En un primer momento, este coche sin puertas fue equipado con un motor de 300 cm³; los modelos posteriores, en cambio, con uno de 400.

Modelo:	*Dart (Goggomobil)*
Cilindrada/Cilindros:	*395 cm³/2 cilindros*
CV/kW:	*20/14,7*
Período de fabricación:	*1957-1961*
Unidades fabricadas:	*aprox. 700*

Modelo:	*Holden 48/215*
Cilindrada/Cilindros:	*2170 cm³/6 cilindr*
CV/kW:	*61/45*
Período de fabricación:	*1948-1953*
Unidades fabricadas:	---

Holden 48/215

A finales de 1948, por fin Australia pasó a formar parte de los países con producción propia de automóviles. En la localidad de Fishermen's Bend, cercana a Melbourne, la empresa Holden fabricaba un par de modelos que estéticamente se diferenciaban de los vehículos montados hasta entonces para Vauxhall, marca británica perteneciente al consorcio General Motors. El carácter propio del diseño de Holden era el resultado de una mezcla bien lograda a caballo entre los estilos británico y estadounidense. Los espaciosos automóviles de cuatro puertas contaban con una carrocería autoportante y respondían a los más modernos estándares de la época. Los Holden disponían asimismo de ruedas delanteras con suspensión independiente, mientras que las traseras estaban ancladas a un eje rígido.

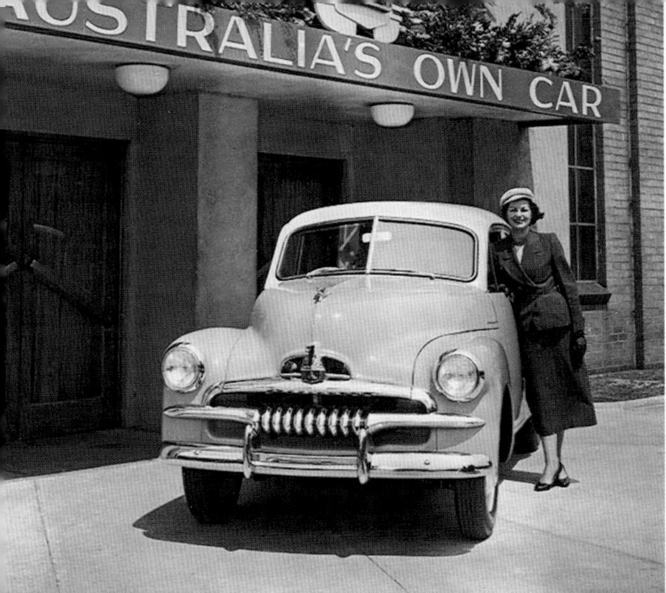

Holden FJ

Cuando en 1953 el modelo 48/215 de Holden fue relevado por una serie más moderna y de un aspecto más atractivo, la empresa determinó que los modelos sucesivos (FJ, FE y FC) seguirían siendo impulsados por el fiable motor de seis cilindros usado hasta entonces. El motor de serie con válvulas en culata ganó algo de potencia gracias a una mayor compresión, aunque la velocidad máxima de 130 km/h procedía más bien de la pérdida de peso del nuevo modelo. Los automóviles construidos por Holden se vendieron bien: aunque en el primer año de fabricación salieron de los talleres sólo 7700 unidades, la producción anual de principios de la década de 1950 ya ascendía a las 20 000, y el fin de este crecimiento no se divisaba.

Modelo: *Holden FJ*
Cilindrada/Cilindros: *2170 cm³/6 cilindros*
CV/kW: *65/47,6*
Período de fabricación: *1953-1956*
Unidades fabricadas: *---*

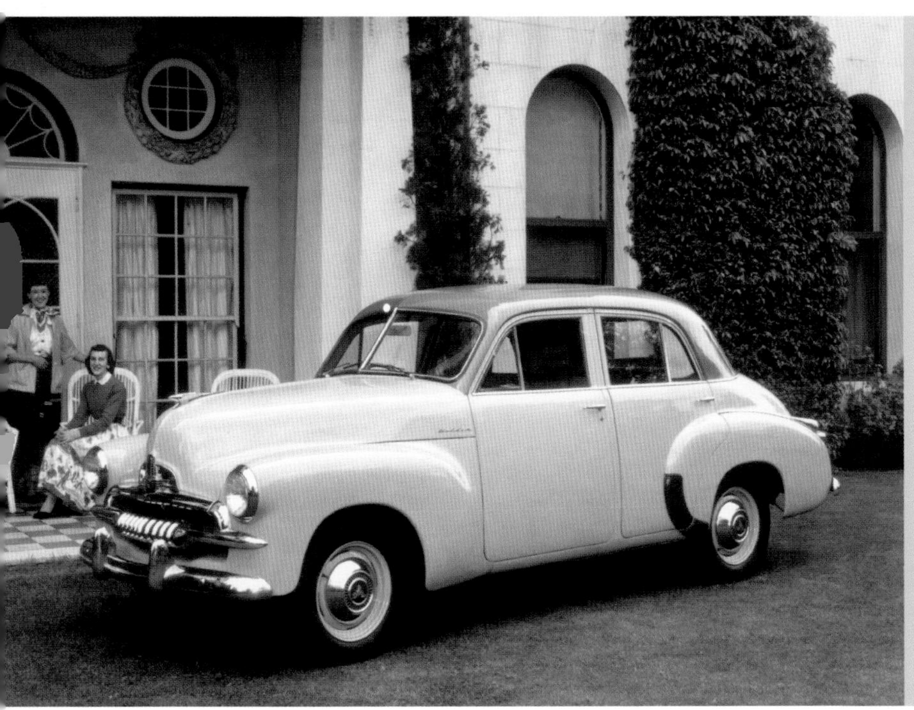

Holden FE

En 1956, Holden decidió poner a la venta el modelo FE, un automóvil que sólo se distinguía del FJ anterior en algunos detalles de la carrocería apenas perceptibles. El FE no sólo se vendió en Australia, sino también en Nueva Zelanda, ya que Holden había empezado a abrir mercado en otros países. Con respecto al FJ, el nuevo FE presentaba una mayor altura respecto al suelo, lo que hacía de él un vehículo útil en todas las pistas de Australia. Este automóvil de 4470 mm de largo también contaba con una mayor distancia entre ejes, un detalle que los ocupantes de los asientos traseros sabían valorar, ya que pocos coches de esta categoría disponían de tanto espacio para las piernas como éste.

Modelo: *Holden FE*
Cilindrada/Cilindros: *2170 cm³/6 cilindros*
CV/kW: *71/52*
Período de fabricación: *1956-1958*
Unidades fabricadas: *---*

atsun DC 3

marca Nissan nació a raíz de la fusión de tsun con el consorcio Jidosha Seizo en 37, poco antes de que las leyes japones relativas al control del comercio conceran a la industria automovilística un papel ás determinante. En 1957, tres años deses de la primera edición del Salón del tomóvil de Tokio, Nissan se presentó en mercado internacional y pasó a ocupar un *nd* en el Salón del Automóvil de Los geles. La espina dorsal del catálogo esta formada por un coche pequeño que no día ocultar un cierto parecido con el stin Seven. Además de un hermoso biza deportivo, se fabricaron también peeñas berlinas, camionetas de reparto y rismos, impulsados todos ellos por un otor tetracilíndrico de 750 cm³.

odelo: *Datsun DC 3*
indrada/Cilindros: *750 cm³/4 cilindros*
/kW: *18/13,2*
ríodo de fabricación: *1952-1957*
idades fabricadas: *---*

Datsun SP 211

En 1952, Nissan acordó con Austin la construcción bajo licencia de los modelos A 40 y A 50 de la marca británica. De los automóviles fabricados bajo licencia salieron de los talleres unas cantidades más bien modestas (2500 unidades en 1952 y apenas 5000 en 1955). Al mismo tiempo, no obstante, Nissan ya se ocupaba de lanzar al mercado una construcción propia con carrocería integral. Esta pequeña berlina entró en la escena automovilística en el año 1957, y lo hizo en forma de cabriolé. Por lo demás, la carrocería de este biplaza abierto era de plástico, mientras que las de las berlinas cerradas continuaban siendo totalmente de acero. El cabriolé denominado en sus orígenes SP 211 fue sometido a ligeras remodelaciones a finales de la década de 1950, y en 1960 pasó a llamarse SPL 212.

Modelo: *Datsun SP 211*
Cilindrada/Cilindros: *1189 cm³/4 cilind*
CV/kW: *48 PS*
Período de fabricación: *1957-1961*
Unidades fabricadas: ----

Datsun Bluebird

Cuando en 1957 Nissan se presentó por primera vez en Los Ángeles a una feria internac nal del automóvil y dos años más tarde fundó en esta ciudad la Nissan Motor Corporati USA, quedaba claro que sólo sería cuestión de tiempo la exportación de los primeros coch a Europa. Por otro lado, Nissan también dio mucho que hablar, y no sólo en el mercado as tico, con el modelo Bluebird, nacido en 1959. Este automóvil de 4000 mm de largo y c una distancia entre ejes de 2280 mm poseía una suspensión independiente en las rued delanteras y era impulsado por un motor de cuatro cilindros cuya potencia se transmitía eje trasero mediante una caja de tres velocidades. En aquella época, nadie esperaba que Bluebird se convertiría en un éxito rotundo y que sobreviviría a varias generaciones.

Modelo: *Datsun Bluebird*
Cilindrada/Cilindros: *988 cm³/4 cilindros*
CV/kW: *37 PS*
Período de fabricación: *1959-1963*
Unidades fabricadas: ---

Mazda R 360

Los primeros conocimientos en la construcción de automóviles los adquirió Mazda –marca surgida de la empresa Toyo Kogyo de Hiroshima– en la década de 1930 con la fabricación de triciclos motorizados y camiones, cuya producción se reanudó tras la II Guerra Mundial. En 1961, Mazda firmó un contrato de licencia con NSU para poder utilizar el motor rotativo desarrollado por Felix Wankel. El Mazda 110 S Cosmo, el primer modelo de esta gran marca japonesa que contó con este avance técnico, salió al mercado en 1967, aunque no en el europeo. Antes de la aparición del Cosmo, la gama de modelos de Mazda estaba formada en gran medida por pequeños coches de carácter innovador, entre ellos el 360.

Modelo: *Mazda R 360*
Cilindrada/Cilindros: *356 cm³/2 cilindros*
CV/kW: *16/11,7*
Período de fabricación: *1959-1963*
Unidades fabricadas: ---

Mazda R 360

Con el pequeño Mazda 360, sin duda alg na una de la estrellas del Salón c Automóvil de Tokio de 1959, Mazda sacó mercado un «pequeñín» que los japones clasificaron dentro de la categoría de au móviles llamada «Kei». En el País del S Naciente, todos los fabricantes de autom viles tenían *keis* en su catálogo, ya q estos cochecitos se beneficiaban de excelente trato fiscal siempre que su lon tud no superara los 3000 mm y su cilind da los 360 cm³. El pequeño 360, para el q se fabricaron varios tipos de carrocer tenía un aspecto elegante, sobre todo cupé R 360. El coche, cuyo diseño rec daba ligeramente al del NSU-Prinz alem nunca llegó al mercado europeo.

Modelo: *Mazda R 360*
Cilindrada/Cilindros: *356 cm³/2 cilindro*
CV/kW: *16/11,7*
Período de fabricación: *1959-1963*
Unidades fabricadas: ---

Iodelo: *Subaru 360*
ilindrada/Cilindros: *356 cm³/2 cilindros*
V/kW: *16/11,7*
eríodo de fabricación: *1958-1962*
nidades fabricadas: ---

Subaru 360

En 1972, Subaru sacó por primera vez al mercado un coche con tracción a las cuatro ruedas; sin embargo, los inicios de esta marca se remontan a 1954. Transcurridos nueve años desde el fin de la II Guerra Mundial, cuando también en Japón se adivinaba una especie de milagro económico, el ingeniero jefe Shinroku Momose se propuso llevar a la práctica el proyecto de un coche pequeño, pese a que el espacio legal para ello era bastante reducido. Los coches pequeños podían tener una longitud máxima de 3000 mm y un motor de cilindrada inferior a 360 cm³. El segundo obstáculo era el precio, que no podía superar los 400 000 yens, unos 1152 dólares de la época. Con el Subaru 450, de longitud algo superior (3120 mm), la empresa empezó a expandirse en el extranjero, y los vehículos destinados al mercado de exportación recibieron la denominación Maja.

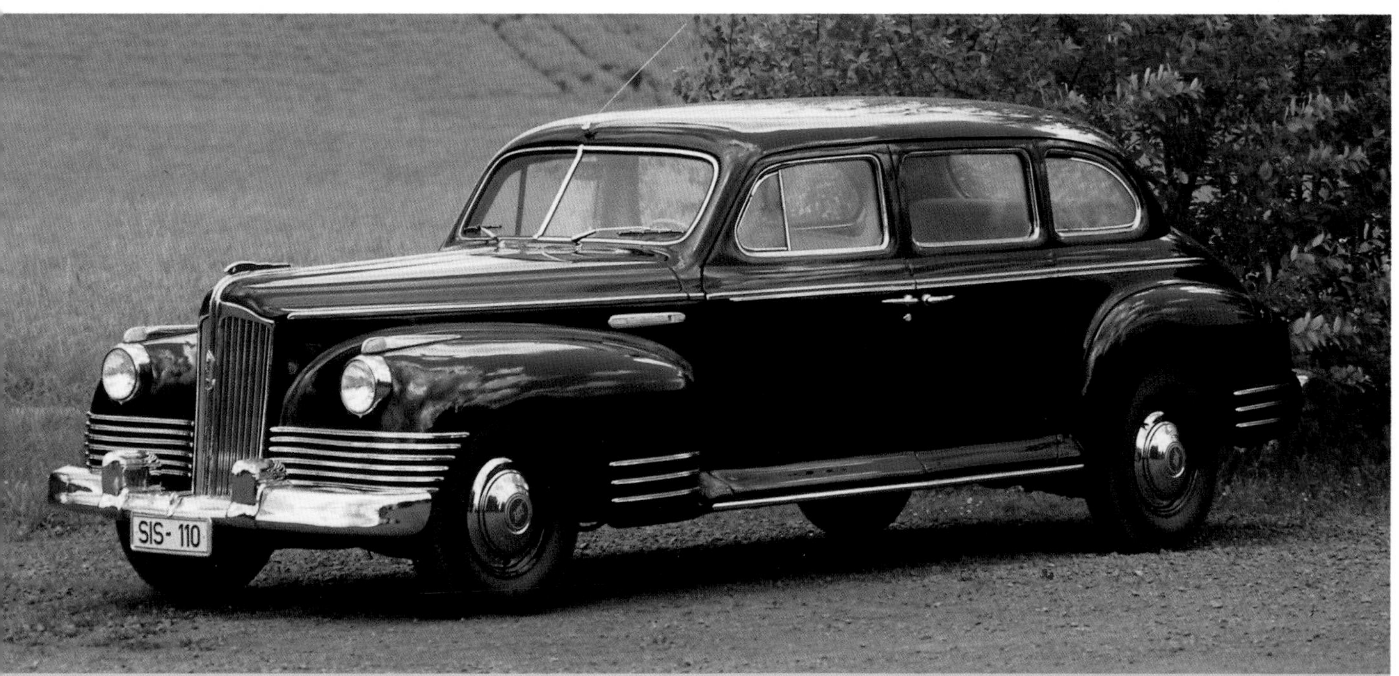

ZIS 110

Aunque sólo era una reproducción del Packard, el ZIS 110 imitaba al modelo original en casi todos sus detalles. De esta manera, el ZIS 110 poseía elevalunas eléctricos, numerosos ornamentos cromados y, como es natural, también una radio. El interior del vehículo contaba con asientos abatibles para posibles acompañantes. La parte delantera podía separarse de los asientos traseros alzando eléctricamente una pantalla. Pero la diferencia más destacada con respecto al Packard era la conversión de los tornillos y las tuercas al sistema métrico. De este coche, ZIS también hizo una versión taxi y otra como ambulancia. La mayor rareza, un cabriolé abierto, se reservó para el gobierno, que lo utilizaba en los desfiles de los grandes acontecimientos.

Modelo: *ZIS 110*
Cilindrada/Cilindros: *6003 cm³/8 cilindros*
CV/kW: *140/103*
Período de fabricación: *1946-1956*
Unidades fabricadas: ---

:IS 110

espués de la II Guerra Mundial, la URSS asistió a la aparición del Ioskvich, un automóvil para el pueblo, lo que no significaba en ningún modo renunciar a los grandes coches de representación. Zavod neni Stalina, más conocida con las siglas ZIS, construía entre otros nodelos un Packard estadounidense de la década de 1930 cuya istancia entre ejes de 3760 mm se adaptaba perfectamente como oche de representación. Este automóvil de 6000 mm de largo llanado ZIS 110 se fabricó supuestamente por orden directa de talin, pesaba casi 2,5 toneladas y estaba equipado con un motor e ocho cilindros que transmitía la potencia al eje trasero. La potenia del vehículo bastaba para lanzarlo a una velocidad de 140 km/h.

Iodelo: *ZIS 110*
ilindrada/Cilindros: *6003 cm³/8 cilindros*
V/kW: *140/103*
eríodo de fabricación: *1946-1956*
nidades fabricadas: ---

1960-1975
Entre la tradición y la fascinación

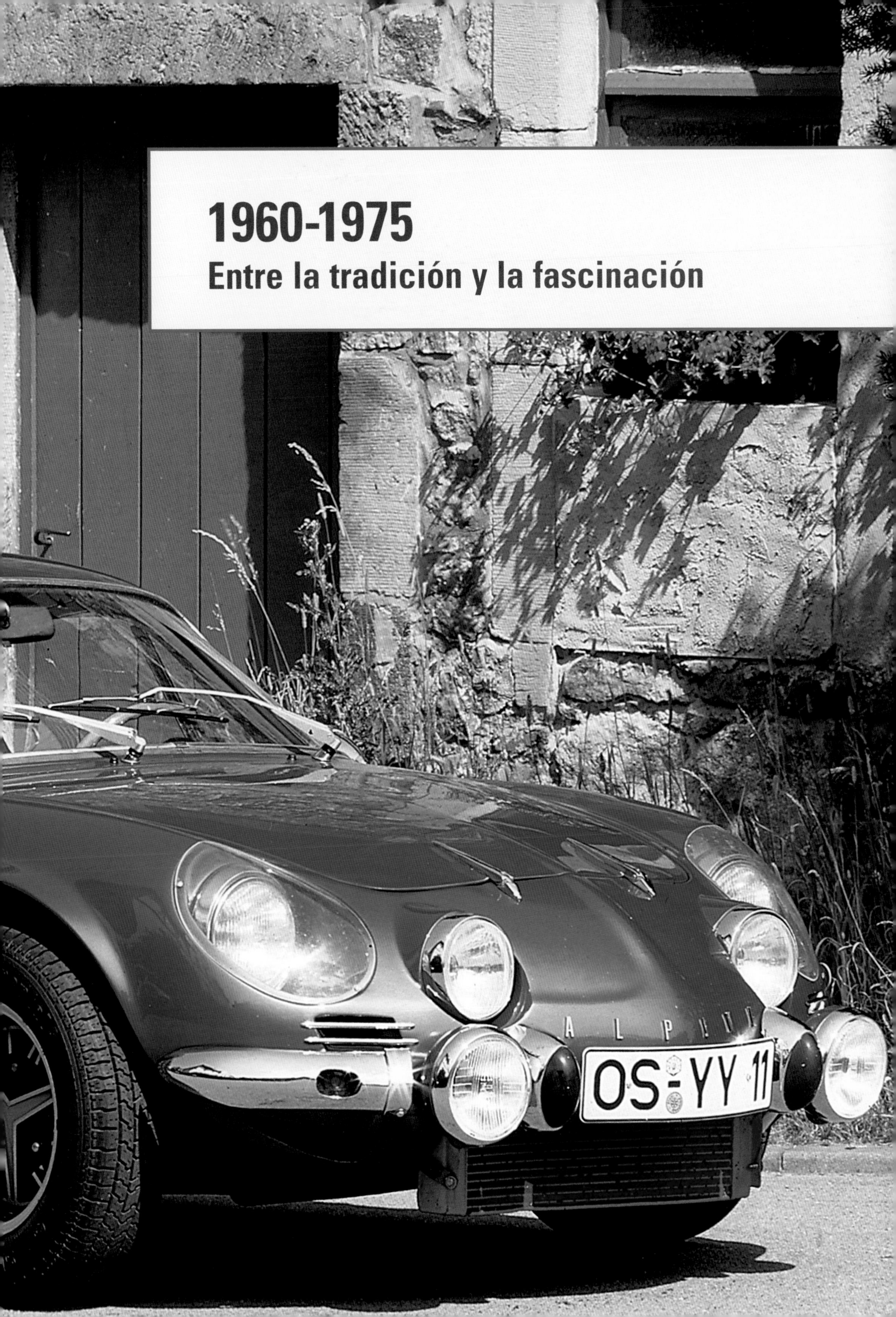

Entre la tradición y la fascinación

Coches familiares, rarezas y vehículos deportivos

Después de la II Guerra Mundial, la industria del automóvil experimentó un nuevo impuso, sobre todo en los países de Europa occidental. Al principio pareció que todos los fabricantes disfrutarían de este *boom* durante mucho tiempo; pero la dura realidad no tardó en aparecer, por mucho que en un primer momento todos quisieran ocultarla detrás de un velo: así, a comienzos de la década de 1960, marcas automovilísticas cargadas de tradición desaparecieron del escenario. La mayoría de ellas, fabricantes de coches pequeños, debieron aceptar que su vida había terminado, dado que no tenían nuevos proyectos en perspectiva y eran incapaces de adaptarse a los nuevos deseos de la clientela, que exigía vehículos cada vez más potentes y grandes. Otras empresas, como BMW, se prepararon bien para el cambio y presentaron vehículos de gama media para no perder el tren del mercado. Otros apuntaron a una distancia mayor y se fusionaron con otras marcas o absorbieron pequeños productores. A principios de la década de 1960, el mercado de los países europeos más avanzados estaba dominado por unas veinte marcas: diez años más tarde, y rarezas aparte, ya sólo quedaban ocho fabricantes significativos. Además de un cambio de estrategia comercial, muchos otros factores incidían notablemente en el sector del automóvil. En Estados Unidos, donde los fabricantes debían cumplir unas estrictas normativas acerca de las emisiones contaminantes, empezaron a tomarse en serio las medidas de seguridad y a construirse automóviles menos espectaculares que los dotados de aletas traseras, hasta entonces tan de moda. Aunque seguía habiendo fabricantes que se inclinaban por un diseño de pautas estadounidenses, la mayoría intentaba consolidar un estilo propi Así fue cómo se puso de moda la línea de cint ra alta, coches compactos circulaban ahora p las carreteras y aparecieron las versiones c tapas de maletero traseras o *fastbacks*. Todav abundaban los cabriolés, al menos aquellos c «hermoso» aspecto y sin barra antivuelc De entre las estrellas de todos los salones aut movilísticos sobresalían, claro está, los cupé con los italianos como máximos especialistas e la materia. Su diseño era, y sigue siéndolo tod vía hoy, modélico. Además, para resaltar el esp ritu deportivo de tales modelos, no era raro eq parlos con motores de hasta doce cilindros. P el contrario, el motor V8 de gran cilindrada fu patrimonio casi exclusivo de los estadounide ses, mientras que en las Islas Británicas fuero objeto de un culto particular los

mpetuosos motores de seis cilindros. En la década de 1960 fue imponiéndose cada vez más a tracción delantera y se aprendió a valorar las ventajas de una caja de cambios automática, si bien en este campo los estadounidenses tenían ya una larga experiencia. Cada país, por lo demás, continuó llevando la voz cantante en la producción de automóviles: en Estados Unidos, as tres grandes marcas (General Motors, Ford y Chrysler) se repartían el mercado, mientras que en Alemania, el mayor productor europeo, el sector estaba más diversificado. La fama, por lo general buena, de todos los fabricantes alemanes contribuyó al aumento de las exportaciones; en Italia, por el contrario, el dominio de Fiat fue casi total. Cuando a finales de la década de 1960 el mundo europeo del automóvil parecía haber alcanzado un equilibrio, Japón irrumpió con fuerza y fue haciéndose con una cuota de mercado cada vez más grande. La primera parte de la década de 1970, durante la cual las ventas siguieron aumentando, fue la prolongación de lo acontecido en la década anterior. La red viaria continuó ampliándose, la construcción de autopistas hizo las distancias más cortas, y el deseo de más caballos y de coches más potentes volvió a figurar entre los valores más apreciados por los clientes. Nadie pensaba por aquel entonces en la lluvia ácida que diezmaba los bosques o en la contaminación atmosférica; la crisis del petróleo y la prohibición de circular algunos días de la semana devolvió a mucha gente al mundo real.

Audi 60 L

En 1958, tras la inauguración de las nuevas instalaciones, Auto Union daba trabajo a 5700 empleados. Por aquel entonces, el motor de dos tiempos llegaba a su fin y su demanda experimentaba un acusado descenso. Por consiguiente, el consorcio decidió equipar al DKW F102 con un motor más moderno. Esto sucedió en 1965, año en que los retoques de carrocería tanto en el frontal como en la parte trasera vinieron acompañados de un motor de cuatro tiempos de 1,7 litros. Para diferenciarlo aún más del antiguo DKW, se eligió para el nuevo modelo el nombre Audi, ya que los derechos de esta marca continuaban estando en poder de Auto Union. Fue una sabia decisión: el nuevo Audi despertó un gran interés y se convirtió en la primera piedra de una nueva y bien acogida gama de modelos.

Modelo:	*Audi 60 L*
Cilindrada/Cilindros:	*1496 cm³/4 cilindros*
CV/kW:	*55/40,3*
Período de fabricación:	*1968-1972*
Unidades fabricadas:	---

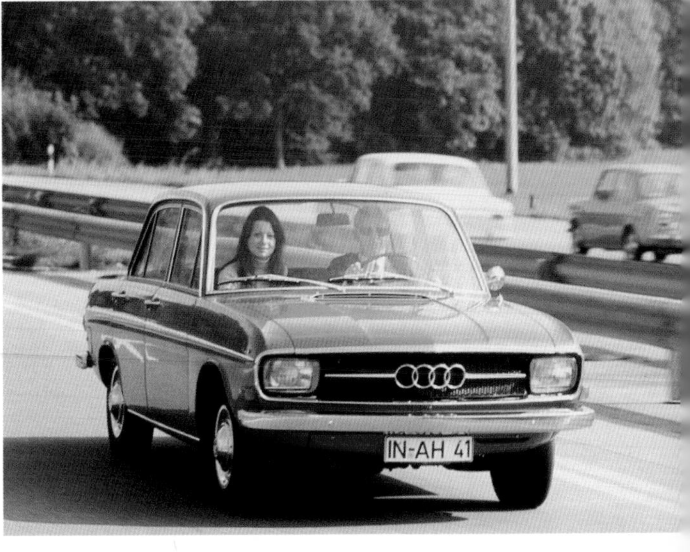

Audi 100 GL

A finales de 1968 se presentó el nuevo Audi 100, un renovado cor cepto de los Audi construidos hasta entonces. Para la prensa espe cializada, la principal característica era la tracción delantera, de ah que en ciertas ocasiones, y con fines publicitarios, algunos vehícu los fueran expuestos a sesiones fotográficas en medio de paisaje invernales. El habitáculo del Audi 100 era sorprendentemente espa cioso. Para aumentar el confort todavía más, el vehículo se ofreci opcionalmente con cuatro puertas, si bien la versión de dos presen taba un aspecto mucho más armonioso y elegante que la de cuatro La primera variante en ver la luz fue la de cuatro puertas, mientra que la de dos no se empezó a fabricar hasta octubre de 1969.

Modelo:	*Audi 100 GL*
Cilindrada/Cilindros:	*1871 cm³/4 cilindros*
CV/kW:	*112/82*
Período de fabricación:	*1971-1974*
Unidades fabricadas:	---

Audi 100 Coupé

Cuando el Audi 100 ya llevaba dos años e el mercado y se había consolidado com un coche de gran éxito, empezaron a corre rumores de que pronto surgiría un elegan te cupé. La empresa presentó el corres pondiente proyecto en septiembre d 1969 con motivo del Salón Internaciona del Automóvil de Frankfurt; aunque hub que esperar todavía un año antes del inici de su fabricación en serie y para amplia con ello la gama alta de modelos de l marca (la inferior todavía estaba represen tada entonces por el NSU Prinz 4). Par muchos este modelo constituyó un auténtica sorpresa: este elegante cupé co *fastback* y cuatro cómodos asientos s asentaba sobre un chasis de menor long tud que el de la berlina.

Modelo:	*Audi 100 Coupé*
Cilindrada/Cilindros:	*1871 cm³/4 cilindro*
CV/kW:	*115/84,2*
Período de fabricación:	*1970-1976*
Unidades fabricadas:	*30 680*

Borgward P 100

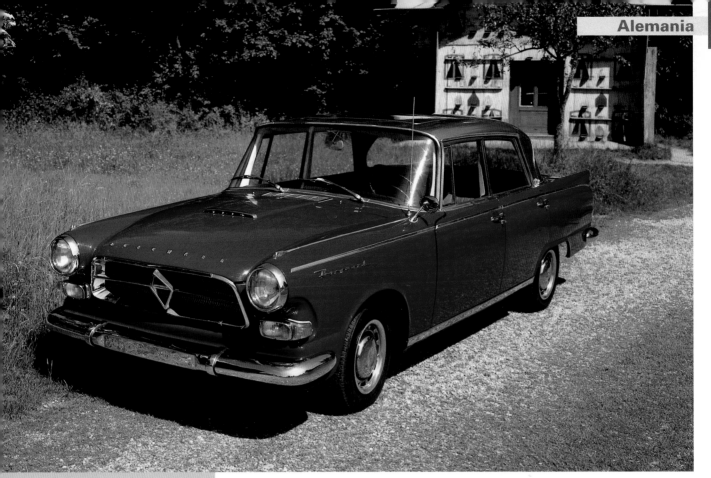

Con el P 100, Carl F. W. Borgward creó un automóvil a su gusto y al que teniendo en cuenta el equipamiento podría clasificarse como de gama alta. El motor de seis cilindros, que lanzaba este vehículo de cuatro puertas y 4720 mm de largo a una velocidad de 160 km/h, ya había tenido un digno antecesor en el modelo 2400. Cuando el automóvil fue presentado a la prensa especializada en 1960 se convirtió en el primer coche de producción alemana en poseer una suspensión neumática. Otra particularidad del P 100 era que podía encargarse con una caja de cambios automática desarrollada en el Reino Unido. El modelo se vendió bien hasta 1961, año de la quiebra y del subsiguiente hundimiento del imperio Borgward.

Modelo:	*Borgward P 100*
Cilindrada/Cilindros:	*2240 cm³/6 cilindros*
CV/kW:	*100/73,3*
Período de fabricación:	*1960-1961*
Unidades fabricadas:	*2587*

BMW 3200 CS Bertone

Después de la presentación de los modelos 503 y 507, BMW dejó de fabricar durante algún tiempo vehículos deportivos, tendencia a la que no regresó hasta 1961, cuando se decidió a producir un cupé de gran potencia. El modelo debía estar equipado con un motor V8 y destinado a una clientela exclusiva. Cuando BMW presentó el 3200 CS en el Salón Internacional del Automóvil de Frankfurt, el modelo no recibió los elogios esperados. La prensa especializada no prestó demasiada atención al 3200 CS, y tampoco sirvió de mucho que la carrocería hubiera surgido del lápiz del renombrado carrocero italiano Nuccio Bertone. Tras haber fabricado un total de 587 unidades, entre ellas un cabriolé, BMW decidió eliminar el modelo de su gama de productos.

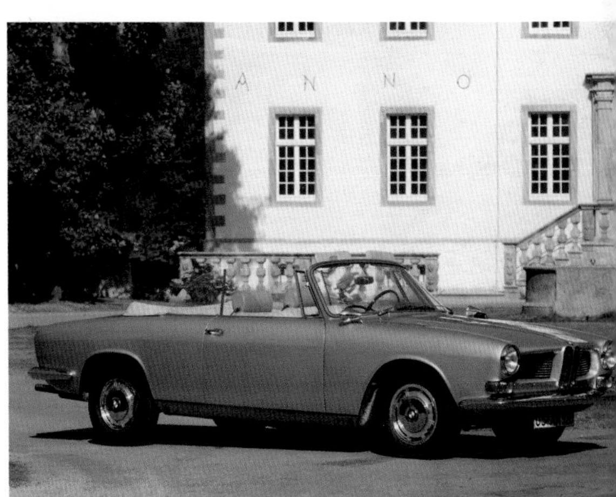

Modelo:	*BMW 3200 CS Bertone*
Cilindrada/Cilindros:	*3168 cm³/8 cilindros*
CV/kW:	*160/117,2*
Período de fab.:	*1961-1956*
Unidades fabricadas:	*587*

BMW 1500

La oferta de modelos BMW durante la posguerra se limitó durante mucho tiempo y de manera casi exclusiva a las berlinas de lujo y a los coches pequeños. Rompiendo con esta tendencia surgió en 1961 el BMW 1500, un vehículo de la llamada «nueva clase» con la que por fin llenaba el vacío de coches de gama media existente en la marca. La limusina de cuatro puertas, de aspecto moderno, se fabricó en serie desde febrero de 1962 y fue recibida por el público con un gran entusiasmo. En el primer año de fabricación, BMW logró vender ya 20 000 ejemplares de este modelo, y la tendencia se mantuvo. A finales de 1964, el 1500 debió ceder el paso a un sucesor de técnica mejorada. Respondiendo a los deseos de mayor potencia, BMW lanzó una alternativa con motor de 1,8 litros que se convertiría en el inicio de una nueva carrera automovilística.

Modelo:	*BMW 1500*
Cilindrada/Cilindros:	*1499 cm³/4 cilindros*
CV/kW:	*80/58,6*
Período de fabricación:	*1962-1966*
Unidades fabricadas:	---

BMW 1600

Con la llamada «nueva clase», BMW presentó en 1961 un vehículo de cuatro puertas de gama media. Para ampliar la oferta con un producto de categoría inferior a ésta, la casa lanzó al mercado un pequeño vehículo de dos puertas, el BMW 1600. Este automóvil, que al principio no recibió demasiadas alabanzas, no tardó en convertirse en un éxito de ventas. BMW sometió el 1600 a constantes actualizaciones y realizó numerosas variantes de este manejable vehículo. Dos años y medio después de haberse iniciado la producción del 1600, los concesionarios ya ofrecían una versión de 120 CV, aunque le seguirían otras todavía más potentes. Cuando en 1975 esta exitosa serie cedió paso poco a poco a la «serie tres», no tardó en salir a la venta una versión más económica denominada 1502 que se fabricó hasta 1977.

Modelo:	*BMW 1600*
Cilindrada/Cilindros:	*1573 cm³/4 cilindr*
CV/kW:	*75/54,9*
Período de fabricación:	*1966-1977*
Unidades fabricadas:	*753 000*

BMW 1600 Cabriolet

En 1967, un año después del excelente inicio del nuevo 1600, la Bayerische Motorenwerke (BMW) presentó en el Salón Internacional del Automóvil de Frankfurt un elegante cabriolé con un chasis sin la molesta barra antivuelco diseñado por la firma carrocera Baur de Stuttgart. Técnicamente, las diferencias con respecto a la berlina eran mínimas. El vehículo abierto tenía una línea bonita, pero los 12 000 marcos alemanes que costaba limitaba el número de potenciales clientes, de ahí que del modelo no se fabricaran demasiadas unidades. También había otros inconvenientes: el chasis del cabriolé era muy inestable. Una segunda serie aparecida en 1971 logró resolver este problema, pero no el de la tendencia de este modelo a la corrosión.

Modelo:	*BMW 1600 Cabriolet*
Cilindrada/Cilindros:	*1573 cm³/4 cilindros*
CV/kW:	*75/54,9*
Período de fabricación:	*1967-1971*
Unidades fabricadas:	*1938*

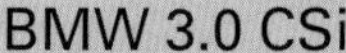

BMW 3.0 CSi

Con la presentación del BMW 2000 C en 1965 entró en el escenario automovilístico un elegante cupé desarrollado por la casa BMW pero construido en instalaciones ajenas (en los renombrados talleres Karmann de Osnabrück. La versión primitiva de este bello automóvil no tardó en ser retocada. El modelo 2800 CS, derivado del cupé, mostraba una línea más equilibrada gracias a la mayor longitud del capó y a otros retoques estéticos. El 3.0 CSi, en venta desde 1971, terminó siendo equipado con un potente motor de inyección que transmitía su potencia de 200 CV al eje trasero y que lanzaba el coche a una velocidad de 220 km/h.

Modelo:	*BMW 3.0 CSi*
Cilindrada/Cilindros:	*2985 cm³/6 cilindros*
CV/kW:	*220/161,2*
Período de fabricación:	*1971-1975*
Unidades fabricadas:	---

BMW 2002 Cabriolet

Como ya se ha dicho, la primera versión d BMW 1600 Cabriolet presentó numerosc problemas técnicos en el chasis. Cuand en 1971 el modelo apareció en una nuev versión abierta, denominada esta vez 200 el problema de la torsión parecía habers resuelto, ya que el 2002 contaba con ur sólida barra antivuelco que no sólo le cor fería una mayor estabilidad, sino tambié más seguridad. A los amantes de los c briolés, la singular carrocería diseñada pc Baur no acababa de agradarles. Con todc pronto se incorporaría a muchos otros c briolés y fue tolerada por la clientela, com en último término se encargaron de demo trar las estadísticas de ventas.

Modelo:	*BMW 2002 Cabriol*
Cilindrada/Cilindros:	*1990 cm³/4 cilindro*
CV/kW:	*100/73,3*
Período de fabricación:	*1971-1975*
Unidades fabricadas:	*2272*

Modelo: *Ford 17 M-P3*
Cilindrada/Cilindros: *1498 cm³/4 cilindros*
CV/kW: *55/40,3*
Período de fabricación: *1960-1964*
Unidades fabricadas: *aprox. 670 000*

Ford 17 M-P3

Después de una década de 1950 caracterizada en Ford por un continuo cambio de diseños, en la de 1960 se impuso la «línea de la razón». No hacía mucho tiempo que circulaba el 17 M, cuando de la boca del pueblo salió la expresión «bañera» para hacer referencia a él. Ford logró consolidar en el mercado desde el primer momento el 17 M, gracias al cual la marca consiguió avanzar a Opel en el número de matriculaciones. Además de una versión de dos puertas, el P3 también salió de las cadenas de montaje en forma de familiar y de vehículo de cuatro puertas. El modelo fue sometido a varias puestas al día y experimentó un aumento de potencia. Los ejemplares fabricados desde el verano de 1962 iban equipados de serie con frenos de disco en las ruedas delanteras.

Ford Capri 2000 GT

Las primeras fotos de la prensa del Ford Capri debían hacerse en febrero de 1969, pero fue tanto el interés que despertó que tuvo que presentarse dos meses antes. Sin duda, Ford había logrado conquistar con este coche un nuevo abanico de posibles compradores, sobre todo jóvenes europeos ansiosos de conducir un deportivo por un precio no demasiado exagerado. Los coches destinados a los países de la Comunidad Económica Europea salieron de las cadenas de montaje de Ford en Alemania. Con una nada desdeñable variedad de modelos (hasta seis versiones con diferentes equipamientos), este elegante cupé experimentó un ascenso hasta 1974, año en que el Capri I, quizá el más bonito de todos los modelos, debió ceder el paso a la segunda generación.

Modelo: *Ford Capri 2000 GT*
Cilindrada/Cilindros: *1988 cm³/6 cilindros*
CV/kW: *90/65,9*
Período de fabricación: *1969-1972*
Unidades fabricadas: *aprox. 784 000*

BMW 1600 GT

El empresario Hans Glas, famoso sobre todo por su legendario Goggomobil, no sólo se dedicó a construir coches pequeños, sino también modelos de tamaño medio como el 1300 GT y el 1700 GT. Estos alegres cupés, cuya carrocería era obra del diseñador italiano Pietro Frua, permanecieron en las listas de ventas hasta 1966, año en que BMW absorbió la compañía de Glas, sumida en una fuerte crisis. Bajo la dirección de BMW todavía se fabricó durante un tiempo el 1700 GT, no sin antes ser sometido a una serie de modificaciones. Así pues, la parte delantera se retocó ligeramente para que la clientela pudiera percibir que el vehículo en cuestión era un BMW. Por otro lado, el cupé fue equipado con el motor del BMW 1600 ti, de ahí que en adelante pasara a denominarse BMW 1600 GT.

Modelo: *BMW 1600 GT*
Cilindrada/Cilindros: *1573 cm³/4 cilindros*
CV/kW: *105/76,9*
Período de fabricación: *1966-1968*
Unidades fabricadas: *1255*

Glas 2600 V8/BMW 3000 V8

Sin lugar a dudas, el Goggomobil –un típico microcoche de la década de 1950– fue el producto con el que saltó a la fama el constructor de automóviles Hans Glas. El éxito de este vehículo animó a Glas, quien se decidió a ampliar su gama de modelos. Así, pronto siguieron a este coche unos novedosos automóviles de gama media y un atractivo vehículo de gama alta. El Glas V8 presentado en 1965 era un lujoso cupé impulsado por un motor de ocho cilindros en V de construcción modular y formado por dos grupos acoplados de 1,3 litros cada uno. El diseño de este modelo, capaz de alcanzar los 200 km/h, se había fraguado en el estudio del italiano Pietro Frua. En 1966, tras la absorción de Glas por BMW, el cupé, ligeramente retocado, todavía siguió fabricándose durante algún tiempo bajo la supervisión del nuevo patrón.

Modelo: *BMW 3000 V8*
Cilindrada/Cilindros: *2982 cm³/8 cilindros*
CV/kW: *160/117,2*
Período de fabricación: *1966-1968*
Unidades fabricadas: *698*

Melkus 1000 RS

Además de los sobrios Trabant y Wartburg, la historia automovilística de la antigua RDA se complementa con un modelo muy peculiar: el Melkus. Este automóvil de carácter muy deportivo fue desarrollado por el ingeniero de Dresde Heinz Melkus y logró apuntarse varias victorias en numerosas competiciones. Para poder llevar a la práctica un proyecto de esta índole en la RDA, Melkus debió argumentar su propósito, que justificó alegando que se trataba de un modelo fabricado para celebrar el vigésimo aniversario de la creación de la RDA. La «trampa» surtió efecto y Melkus recibió el visto bueno para plasmar su idea. Melkus, no obstante, no logró su objetivo de contentar a entusiastas del motor, pues debió dar preferencia a las solicitudes procedentes de renombrados personajes de la vida pública de la RDA.

Modelo:	*Melkus 1000 RS*
Cilindrada/Cilindros:	*991 cm^3/3 cilindros*
CV/kW:	*70/51,3*
Período de fabricación:	*1968-1980*
Unidades fabricadas:	*101*

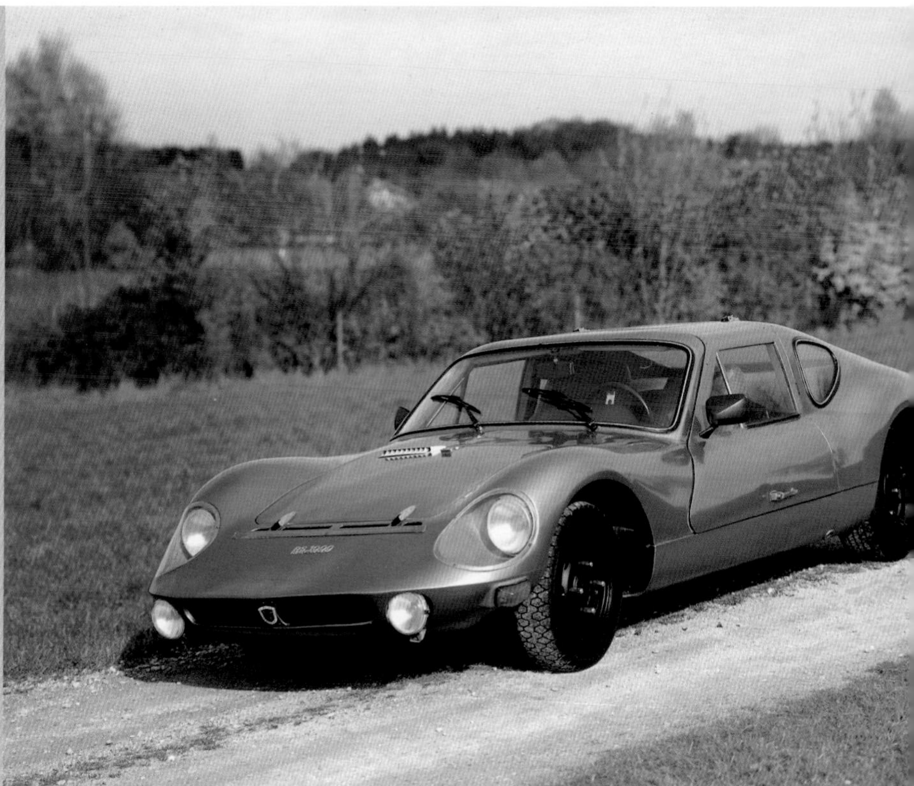

Mercedes-Benz 230 SL

En 1963 se presentó en el Salón del Automóvil de Ginebra el Mercedes-Benz 230 SL, sucesor del legendario 300 SL. Con un aspecto algo insólito en sus comienzos, este coche deportivo destacó enseguida de otros vehículos de su categoría. El rasgo distintivo más dominante de su diseño era un techo descapotable que, en contra de lo habitual, mostraba una concavidad en el centro. El pueblo bautizó el coche con el nombre de «Pagoda», dado que el techo recordaba la arquitectura de dichos templos budistas. Que las características de la segunda generación de la serie SL correspondían más bien a las de un turismo se puso pronto de manifiesto, si bien las prestaciones no eran de ningún modo nada tímidas: 150 CV del motor hexacilíndrico de 2,3 litros permitían al 230 SL alcanzar 200 km/h.

Modelo:	*Mercedes-Benz 230*
Cilindrada/Cilindros:	*2306 cm^3/6 cilindros*
CV/kW:	*150/109,9*
Período de fab.:	*1963-1971*
Unidades fabricadas:	*48 912*

Mercedes-Benz 230 SL

En la segunda generación SL, Mercedes-Benz introdujo muchas novedades técnicas que también otros fabricantes no tardaron en incorporar. Una de las sensaciones fue, por ejemplo, la capota de accionamiento eléctrico, «la capota más rápida del mundo» en palabras de una revista especializada. Los ingenieros de Mercedes tampoco se olvidaron de la seguridad del vehículo. Así, el 230 SL se convirtió en el primer coche deportivo del mundo en disponer de una «carrocería de seguridad con el habitáculo indeformable y zonas de absorción de impactos delante y detrás». Por lo demás, el 230 SL fue el primer automóvil de Alemania en venir de serie con alternador y el primer deportivo de Europa con caja de cambios automática, disponible, eso sí, por un precio extra.

Modelo: *Mercedes-Benz 230 SL*
Cilindrada/Cilindros: *2306 cm³/6 cilindros*
CV/kW: *150/109,9*
Período de fabricación: *1963-1971*
Unidades fabricadas: *48 219*

Mercedes-Benz 230 SL

Los años no pasaron para el 230, ya que fue sometido a varios rejuvenecimientos técnicos. Así, a comienzos de 1967, fue sustituido por el 250 SL, un modelo de igual potencia en el que se instaló un refinado radiador de aceite por el que también circulaba agua de refrigeración. De esta versión se produjeron 5196 unidades. Once meses más tarde, en 1967, nació el 280 SL, un vehículo de mayor cilindrada que el anterior y 170 CV de potencia, que alcanzaba a 5750 RPM. Todos los modelos SL de la segunda generación se convirtieron en un éxito de ventas, sobre todo en Estados Unidos: en el último año de fabricación, casi el 70% de las unidades producidas fue destinado a la exportación. En comparación con otros deportivos europeos, el SL tenía varias ventajas para los estadounidenses: una excelente dirección asistida y caja de cambios automática, al gusto americano.

Modelo: *Mercedes-Benz 230 SL*
Cilindrada/Cilindros: *2306 cm³/6 cilindros*
CV/kW: *150/109,9*
Período de fabricación: *1963-1971*
Unidades fabricadas: *48 219*

Mercedes-Benz 350 SL

En la tercera generación de la serie SL, que entró en escena en 1971 como sucesora del «Pagoda», la clientela se benefició de una variedad de modelos desconocida hasta aquel momento. El espectro abarcaba desde el 280 SL con motor de serie hexacilíndrico hasta el 560 SL con motor V8. Con el tiempo llegó a haber hasta ocho diferentes tipos de motor, con potencias entre 177 y 245 CV y velocidades máximas resultantes entre 200 km/h y 225 km/h. Esta generación de la serie SL tuvo una vida excepcionalmente larga, con un período de fabricación ininterrumpido de 18 años, el modelo llamado internamente R 107 batió el récord de la marca Mercedes-Benz. Hasta 1989, del R 107 se vendieron 237 287 unidades. No es fácil explicar por qué este vehículo llegó a tener tanto éxito. Como biplaza de casi 1,6 toneladas, el modelo no parecía ni deportivo (S, inicial alemana de «sportlich») ni ligero (L, inicial de «leicht»). Los especialistas atribuyen el éxito a su dinámico aspecto.

Modelo: *Mercedes-Benz 350 SL*
Cilindrada/Cilindros: *3499 cm³/8 cilindros*
CV/kW: *177/129,7*
Período de fabricación: *1971-1989*
Unidades fabricadas: *237 287*

Mercedes-Benz 230 S

En 1959, Daimler-Benz llegó a vender por primera vez más de 100 0 automóviles. Que esta cantidad se alcanzara y no volviera a super se se debió entre otras cosas al impactante éxito de una nueva be na de gama alta que Daimler-Benz había presentado ese mismo añ se trataba de modelos 220 de la serie W 111. A raíz de su parte t sera, en la que destacaban unas vistosas aletas al estilo de los coch americanos de aquella época, surgió en el habla popular la expresi «aletas traseras». Estas espaciosas berlinas se ofrecían únicamen con motores de seis cilindros. En su primer año de vida, los conc sionarios sólo dispusieron, y a efectos de prueba, de los modelos 2 (95 CV), 220 S (110 CV) y la versión de inyección 220 SE (120 CV).

Modelo:	*Mercedes-Benz 230 S*
Cilindrada/Cilindros:	*2306 cm³/6 cilindros*
CV/kW:	*120/87,9*
Período de fabricación:	*1965-1967*
Unidades fabricadas:	---

Mercedes-Benz 230 S

Lo sensacional del modelo con aletas traseras era la carrocería, con la que Mercedes no só abrió nuevos caminos desde el punto de vista estético sino también constructivo. Com novedad mundial se empleó por primera vez la carrocería de seguridad desarrollada p Daimler-Benz. La introducción del invento patentado de las zonas de absorción de impacto en combinación con un habitáculo indeformable y más liso, significó el inicio de la llamad «seguridad pasiva». En 1961, Mercedes-Benz no sólo amplió la serie con un cupé y u cabriolé, sino que también introdujo el modelo 300 SE, con un motor de 160 CV y suspe sión neumática. Ese mismo año surgieron también cuatro nuevos modelos tetracilíndric (el 190, el 190 D, el 200 y el 200 D). En 1965, el modelo de aletas traseras experimentó s último retoque antes de su exclusión de la lista de productos de Mercedes, en 1968.

Modelo:	*Mercedes-Benz 230 S*
Cilindrada/Cilindros:	*2306 cm³/6 cilindros*
CV/kW:	*120/87,9*
Período de fabricación:	*1965-1967*
Unidades fabricadas:	---

Mercedes-Benz 600

Daimler-Benz llevaba pensando desde mediados de la década de 1950 en el aspecto que iba adoptar el sucesor del gran Mercedes-Benz 300 «Adenauer». Para el desarrollo de una nueva limusina de lujo, la marca se tomó mucho tiempo, ya que el coche que habría de seguir los pasos del 300 debía hacer olvidar por completo todo lo visto hasta entonces. Las conjeturas de la prensa especializada concluyeron por fin en septiembre de 1963 cuando Daimler-Benz presentó el Mercedes-Benz 600 en el Salón del Automóvil de Frankfurt. Según un comunicado, este coche de lujo estaba destinado a «los especiales compromisos adquiridos por personalidades del mundo de la política, la economía, la ciencia y la cultura».

Modelo:	*Mercedes-Benz 600*
Cilindrada/Cilindros:	*6330 cm³/8 cilindros*
CV/kW:	*250/183,2*
Período de fabricación:	*1964-1981*
Unidades fabricadas:	*2677*

NSU Ro 80

El «Coche del año 1967», que estaba equipado con el motor rotativo de dos rotores Ro 80, estableció nuevas cotas en comportamiento en carretera, seguridad, confort y potencia. Con una futurista carrocería cuneiforme se acababa de crear un diseño que en muchos aspectos todavía parece actual. El agraciado diseño del Ro 80 era posible gracias al motor Wankel, que precisaba de muchos menos componentes, era más ligero, ocupaba menos espacio en el vano motor y proporcionaba una marcha con pocas vibraciones. En último término, el Ro 80 acabó convirtiéndose en una víctima de la crisis del petróleo. La necesidad de producir coches con un menor consumo de combustible y de menor tamaño hicieron que la producción del NSU Ro 80 dejara de ser económicamente viable.

Modelo:	*NSU Ro 80*
Cilindrada:	*2 x 497 cm³*
CV/kW:	*115/84,2*
Período de fabricación:	*1967-1977*
Unidades fabricadas:	*37 398*

Mercedes-Benz 600

Cuando en 1964 empezó a fabricarse el nuevo buque insignia de Daimler-Benz AG, los clientes tuvieron la oportunidad de elegir entre dos distancias entre ejes (la normal o la versión *pullmann*, más larga) y de determinar con ello las dimensiones de su 600. A causa del enorme trabajo manual que requería, su construcción duraba 13 semanas; quien encargaba una versión *pullmann* debía esperar 18, mientras que para la del *landaulet* 26. Bajo el capó de esta lujosa máquina trabajaba un motor V8 de 6,3 litros de cilindrada. La transmisión de la potencia al eje trasero se efectuaba mediante una caja automática de cuatro velocidades. Para aumentar el confort, el Mercedes-Benz 600 contaba con una suspensión neumática autonivelante. Al inicio de su fabricación la variante normal del 600 costaba 56 000 marcos alemanes, mientras que en 1981, último año de producción, no se obtenía por menos de 158 000.

Modelo:	*Mercedes-Benz 600*
Cilindrada/Cilindros:	*6330 cm³/8 cilindros*
CV/kW:	*250/183,1*
Período de fabricación:	*1964-1981*
Unidades fabricadas:	*2677*

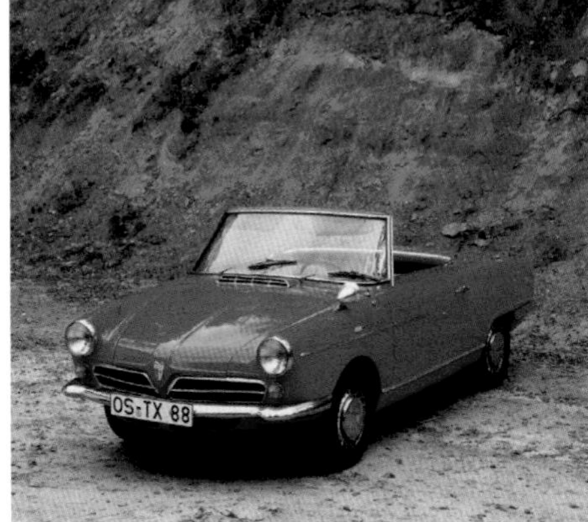

Modelo:	*NSU Wankel Spider*
Cilindrada:	*1 x 500 cm³*
CV/kW:	*50/36,6*
Período de fabricación:	*1964-1967*
Unidades fabricadas:	*2375*

NSU Wankel Spider

En 1963, NSU sacó al mercado el primer automóvil del mundo equipado con un motor Wankel. Para encontrar un soporte adecuado para el novedoso concepto de motor, el NSU Sport Prinz fue transformado en un cabriolé, se le añadió un radiador de agua y se perfeccionó el eje trasero de brazos oscilantes inclinados para proporcionarle una mayor estabilidad. Aunque la mejora fue importante, este hipermoderno concepto era demasiado revolucionario para el consumidor normal. Por añadidura, los folletos que debían aclarar el funcionamiento de esta novedad técnica eran más que confusos, ya que el motor, en un principio un rotor atornillado directamente a la caja de cambios, se alojaba bajo la tapa del maletero trasero, mientras que el radiador se ubicaba bajo el capó delantero, donde se supone que se oculta todo el mecanismo del coche.

Opel Kapitän P 2.6

Sin duda, el principal rasgo distintivo del nuevo Opel Kapitän de 1959, el llamado par brisas panorámico, era un elemento estilístico típico de los automóviles estadounide ses. Esto no constituye ninguna sorpresa, ya que este gran vehículo fue desarrollado e General Motors; la factoría de Opel en Rüsselsheim sólo dio a los diseñadores un m delo en dimensiones originales. Bajo el capó de este modelo trabajaba todavía u acreditado concepto de motor desarrollado en la década de 1930: modificado has explotar al límite su potencia, el motor de seis cilindros con una relación de compresió de 7,5:1 suministraba ahora 80 CV. Con ello, este coche de 1340 kg de peso aceleraba d 0 a 100 km/h en 18,5 segundos y alcanzaba una velocidad máxima de 144 km/h.

Modelo: *Opel Kapitän P 2.6*
Cilindrada/Cilindros: *2605 cm³/6 cilindros*
CV/kW: *80/58,6*
Período de fabricación: *1959-1963*
Unidades fabricadas: *145 618*

Opel Kapitän A

Cuando en 1964 entró en escena la última generación del Kapitän, el modelo de gama más alta de Opel, también lo hicieron con él otros dos modelos significativos, el Admiral y el Diplomat. Hoy en día, estos tres modelos son conocidos como «los Tres Grandes» y conforman una parte fundamental de la historia de la marca. Opel venía ocupándose desde 1960 de la tarea de remodelar estéticamente sus coches de gama alta, así como el ya algo anticuado Kapitän P 2.6, por una nueva serie que debía aparecer en los concesionarios a partir de febrero de 1946. Los primeros en llegar fueron el nuevo Kapitän y el Admiral; para el Diplomat, equipado con un motor V8, hubo que esperar a diciembre de 1964. Común en los tres modelos era su carrocería extremamente lisa.

Modelo: *Opel Kapitän A*
Cilindrada/Cilindros: *2784 cm³/6 cilindros*
CV/kW: *125/91,6*
Período de fabricación: *1964-1968*
Unidades fabricadas: ---

Opel Diplomat V8

El Kapitän, buque insignia de Opel, fue desde el principio objeto de admiración. N obstante, el final de este modelo distaba mucho de entreverse. La prensa lo describ de esta manera: «el Kapitän y el Admiral: dos nuevos coches de Opel de la gama má alta. Ambos representan el nuevo estilo en la construcción de automóviles, pero no po ello dejan de satisfacer los deseos de confort expresados por la clientela. Con s morro liso de carácter deportivo, los faros en forma de prisma y la línea de la parte tra sera, los nuevos vehículos son excelentes representantes de elegancia mundana».

Modelo: *Opel Diplomat V8*
Cilindrada/Cilindros: *5354 cm³/8 cilindros*
CV/kW: *190/139,2*
Período de fabricación: *1964-1968*
Unidades fabricadas: ---

Opel Rekord A

En 1963, Opel presentó con el Rekord A un coche cuya carrocería se inspiraba claramente en la del Chevrolet Corvair estadounidense. Esta nueva imagen fue bien recibida y proporcionó unos buenos ingresos a Opel durante los años sucesivos. Con rabiosa regularidad fueron apareciendo nuevas versiones perfeccionadas con motores de diferentes potencias. Transcurridos exactamente dos meses desde el inicio de la producción en serie apareció una versión familiar que Opel denominó en lo sucesivo «Caravan». En septiembre del mismo año, la gama de modelos se completó con el Rekord Coupé, apto sólo para dos personas y que se convirtió en el precursor del Opel Commodore. Según las estadísticas de ventas, la mayoría de quienes adquirieron el Rekord A optaron por la versión de 1,7 litros. Menos clientes tuvieron, por el contrario, la versión con motor de 1,5 y los hexacilíndricos.

Modelo: *Opel Rekord A*
Cilindrada/Cilindros: *1488 cm³/4 cilindros*
CV/kW: *55 40,3*
Período de fabricación: *1963-1965*
Unidades fabricadas: *887 488*

ɔdelo: *Opel Rekord B*
lindrada/Cilindros: *1492 cm³/4 cilindros*
/kW: *60/44*
ríodo de fabricación: *1965-1966*
ɩidades fabricadas: *296 627*

Opel Rekord B

Para atraer la mirada de sus competidores, Opel lanzó al mercado el modelo Rekord B, un automóvil que sólo se fabricó durante once meses y que ha pasado a la historia como un modelo de transición. El cliente podía elegir de entre tres motores de nuevo desarrollo: el menos potente era un tetracilíndrico de 1,5 litros y 60 CV; en un nivel intermedio se situaba el de 1,7 litros y 75 CV; el más ambicioso era el de 1,9 litros y 90 CV, de cuatro cilindros. A estos tres modelos se le sumó posteriormente un seis cilindros de extrema suavidad con 2,6 litros de cilindrada y 100 CV de potencia. El Rekord B se diferenciaba del Rekord A por sus faros rectangulares, que también dejaron su huella en el modelo siguiente, el Rekord C.

pel Commodore Coupé

ı 1967, Opel vino a ocupar con los odelos Commodore una nueva parcela mercado, pues cada vez más clientes seaban hacerse con un coche que contara a padres de familia interesados te todo por lo deportivo. El Commodore era el sucesor del Opel Rekord C, ɥuipado con un motor de seis cilindros staba 10 000 marcos alemanes. Según s extras añadidos, el precio básico auentaba ligeramente. Además de la berɑa de dos y cuatro puertas, Opel también fabricó el Commodore cupé. Este egante biplaza disparaba la adrenalina bbre todo si se adquiría la versión GS/E, sponible desde 1970. Una novedad era motor de 150 CV con inyección electrónica de gasolina, que lanzaba el vehículo a una velocidad de hasta 200 km/h.

odelo: *Opel Commodore Coupé*
lindrada/Cilindros: *2490 cm³/6 cilindros*
/kW: *115/84,3*
ríodo de fabricación: *1967-1971*
nidades fabricadas: ---

Opel Rallye Kadett

Un motor de gran potencia en un automóvil deportivo de gama media: esta idea la plasmó Opel en 1967 con el lanzamiento del Rallye Kadett. Este ágil vehículo estaba basado en la variante cupé del Kadett B, que había aparecido un año antes. Al principio, los ingenieros de Opel se conformaron todavía con un motor de 1,1 litros de mayor potencia. En 1968, sin embargo, surgió un modelo de mayor éxito que incorporaba el motor de 1,9 litros del Opel Rekord. Así fue como un coche relativamente sencillo acabó transformándose en el Rallye Kadett, un deportivo muy solicitado que acumuló numerosas victorias en competiciones automovilísticas, entre ellas varias veces las de su categoría en el Rally de Montecarlo.

Modelo: *Opel Rallye Kadett*
Cilindrada/Cilindros: *1897 cm³/4 cilindros*
CV/kW: *90/65,9*
Período de fabricación: *1967-1973*
Unidades fabricadas: ---

pel GT

ı 1965, Opel sorprendió a la prensa especializada y a los visitantes al Salón del Automóvil Frankfurt con un prototipo de características muy peculiares, un cupé construido sobre base de un Opel Kadett y que venía equipado con un motor tetracilíndrico de 1900 cm³. ınque Opel desmintió en un primer momento una eventual producción en serie, el prototipo fue perfeccionado y salió al mercado en 1968 con la denominación de Opel GT. elegante carrocería, que daba al vehículo un especial toque de distinción, procedía de s talleres franceses Brissoneaux & Lotz. El montaje del GT se efectuó en las factorías Bochum. Aunque el motor, de sólo 90 CV, parecía hallarse en franca contradicción con apariencia deportiva de este biplaza, el GT no tardó mucho en convertirse en todo un ito de ventas.

odelo: *Opel GT*
lindrada/Cilindros: *1897 cm³/4 cilindros*
/kW: *90/65,9*
ríodo de fabricación: *1968-1973*
nidades fabricadas: *103 373*

Opel Manta A

En 1970 entró en acción el Manta A, un de las familias de cupés de mayor éxit en la historia europea del automóvil. D Manta A se vendieron hasta 1975 má de medio millón de ejemplares. Su suce sor, el Manta B, superó este récord puso el listón sobre el millón de unid des. Los motivos por los que fue ta apreciado saltan a la vista: la carrocerí que resaltaba su carácter deportivo; y gran capacidad de adaptación al día a dí El Manta era apto para cinco personas cómodo de conducir; además, tenía u espacioso maletero y un motor muy ec nómico. Dado que este neonato no ten cabida en ninguna de las series habitu les de la marca, Opel creó a propósit para él el concepto de cupé familiar.

Modelo:	*Opel Manta A*
Cilindrada/Cilindros:	*1196 cm³/4 cilindro*
CV/kW:	*60/44*
Período de fab.:	*1970-1975*
Unidades fabricadas:	*aprox. 680 000*

Opel GT/J

El motor de 90 CV hacía del Opel GT un automóvil interesante desde el punto de vista técnico, si bien existía una alternativa más económica para quienes no resultaba tan fácil el acceso al placer de conducir: así, del GT, Opel fabricó desde 1968 hasta 1970 una versión menos potente equipada con el mismo motor de 60 CV del modelo Rallye-Kadett. No obstante, esta tentadora variante fue un fracaso, ya que el motor de 60 CV sólo daba para una velocidad máxima de 155 km/h, por 185 km/h de la del motor de 90 CV. Más interesante era la versión GT/J, de aspecto muy similar al GT 1900 pero con todas las partes cromadas sustituidas por un color negro mate. En el habitáculo, las esterillas de goma ocupaban el lugar de las alfombras, al tiempo que algunos indicadores eran reemplazados por chivatos luminosos. Con ello se abarataron costes, aunque el concepto se conservó.

Modelo:	*Opel GT/J*
Cilindrada/Cilindros:	*1897 cm³/4 cilindros*
CV/kW:	*90/65,9*
Período de fabricación:	*1968-1973*
Unidades fabricadas:	*103 373*

Modelo:	*Porsche 911*
Cilindrada/Cilindros:	*1991 cm³/6 cilindros*
CV/kW:	*140/102,6*
Período de fabricación:	*1964-1969*
Unidades fabricadas:	---

Porsche 911

La respuesta a la pregunta cuál es el me coche deportivo de todos los tiempos casi unánime: el Porsche 911. Y esto sólo lo dicen las encuestas efectuadas revistas especializadas; la popularidad y éxito de este coche son reconocidos u nimamente por los expertos y el público general. En el Salón Internacional Automóvil de Frankfurt de 1963, Porsc presentó por primera vez el 911, o me dicho, el modelo 901. Un año más tar sin embargo, Peugeot reclamó para sí exclusiva de los números de 3 cifras c un cero en el dígito central. Por cor guiente, cuando el modelo empezó a producido en serie, Porsche debió camb la denominación 901 por la de 911.

orsche 911

diseño del 911 fue obra de Ferry orsche, el hijo mayor del antiguo propierio de la empresa, Ferdinand Alexander orsche, quien con 25 años asumió la an responsabilidad de crear un sucesor ara el legendario Porsche 356, un modeque en sólo 15 años se había converti- en todo un clásico. Como su predecer, también el principio básico del 911 ntinúa siendo modélico, de tal forma ie la versión más actual no es sino una pia perfeccionada de la original. En la nstrucción del 901, llamémosle ya 911, vieron cumplidos muchos deseos de erry Porsche. Así, el nuevo automóvil era enos ruidoso y de conducción más agraable que el 356. Además, Ferry Porsche sistió en ello, en el 911 debía poder alorse un equipo completo para jugar a golf.

odelo: *Porsche 911*
ilindrada/Cilindros: *1991 cm³/6 cilindros*
V/kW: *140/102,3*
eríodo de fabricación: *1964-1969*
nidades fabricadas: ---

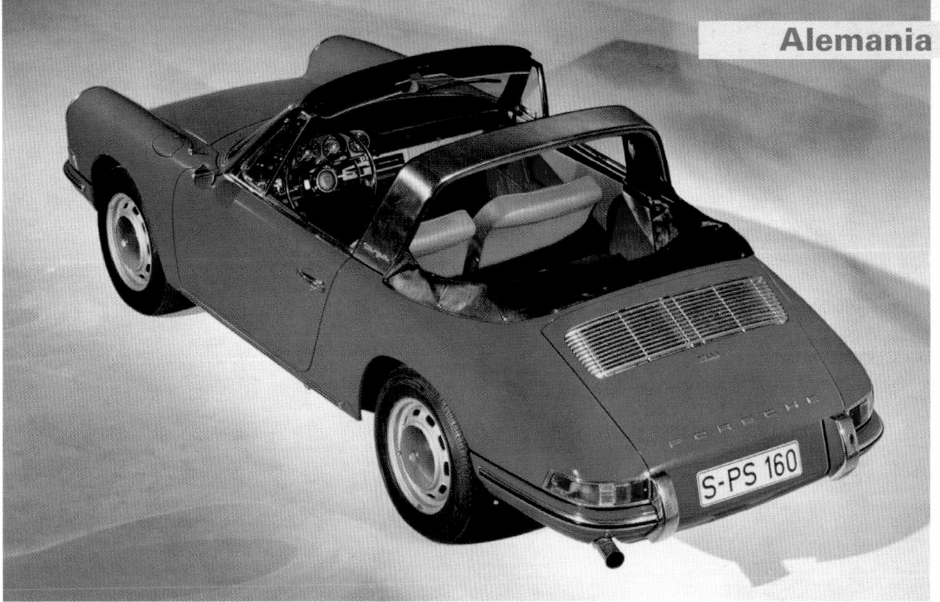

Porsche 911

El Porsche 911 debía proseguir la tradición del 356 y ser, por consiguiente, fiable, veloz y, sobre todo, apto para su empleo en el día a día. Por añadidura, también debía ser «aceptado socialmente» y perdurable. Nada de ello ha cambiado hasta hoy, del mismo modo que tampoco lo ha hecho su modélica estabilidad. Como es obvio, en el curso de los años hubo numerosas modificaciones: en 1963, aceleraba de 0 a 100 km/h en algo más de nueve segundos; más de 40 años después, lo hace sólo en cinco segundos. La velocidad máxima también ha aumentado, y los 210 km/h de antaño se han convertido en 285 km/h. Apenas ha habido un año en que el 911 no haya experimentado alguna mejora. Sobre este coche se han escrito incontables libros, pero todavía queda mucho por escribir.

Modelo: *Porsche 911*
Cilindrada/Cilindros: *1991 cm³/6 cilindros*
CV/kW: *160/117,2*
Período de fabricación: *1964-1969*
Unidades fabricadas: ---

orsche 912

n su primera versión, fabricada de 1963 a 1973, el Porsche 911 conquistó los corazones e muchos conductores. Ahora, aparte de numerosos retoques exteriores, se ofrecía taménel modelo Targa, con un techo con la parte central desmontable que proporcionaba nas sanas bocanadas de aire fresco. Este modelo, sin embargo, se alejaba todavía un oco del concepto clásico de cabriolé, lo que no impidió que se vendiera bien y que sureran muchos imitadores dispuestos a popularizar esta versión de carrocería. Además de or las variadas ofertas de motores de entre las que el cliente podía elegir, el 912 resulta- atractivo por su precio. Con todo, el motor del 912 era tetracilíndrico y no daba para más e 185 km/h.

odelo: *Porsche 912*
ilindrada/Cilindros: *1582 cm³/4 cilindros*
V/kW: *90/65,9*
eríodo de fabricación: *1965-1969*
nidades fabricadas: *30 745*

Porsche 911 Carrera

Para los aficionados a los Porsche resulta interesante seguir el aumento de cilindrada efectuado en el curso de la actualización de los modelos: en la primera generación del 911, creció de 2,0 a 2,2 y posteriormente a 2,4 litros. En este contexto no tardó en aparecer la denominación Carrera. En 1972, Porsche presentó con la versión Carrera RS 2.7 un modelo de serie especialmente apto para las competiciones deportivas. El nombre Carrera hacía referencia a la legendaria Carrera Panamericana, una espectacular competición de carretera que se disputaba en México en la década de 1950 y en la que Porsche se había apuntado con regularidad notables éxitos.

Modelo: *Porsche 911 Carrera*
Cilindrada/Cilindros: *2687 cm³/6 cilindros*
CV/kW: *200/146,5*
Período de fabricación: *1973-1977*
Unidades fabricadas: ---

Porsche 911 Turbo

Las medidas del primer Porsche 911 fueron fijadas por el director de la empresa, Ferry Porsche. En aquella época todavía se ignoraba que este concepto se ampliaría hasta alcanzar los tres litros de cilindrada. En 1974, durante la crisis del petróleo, apareció repentinamente el 911 Turbo 3.0. El motor de este Porsche alcanzaba a 5500 RPM la impresionante potencia de 260 CV. En el vehículo se habían aplicado, sin lugar a dudas, conocimientos adquiridos en las competiciones automovilísticas, área en la que Porsche había acumulado una gran experiencia. En 1972, los 917 de más de 1000 CV dominaron la competición americana Can-Am. El Porsche 911 Turbo se benefició de este desarrollo y se convirtió en el primer deportivo de serie en poder aumentar la potencia gracias a la incorporación de un turbocompresor accionado por los gases de escape.

Modelo: *Porsche 911 Turbo*
Cilindrada/Cilindros: *2993 cm^3/6 cilindr*
CV/kW: *260/190,5*
Período de fabricación: *1975-1989*
Unidades fabricadas: ---

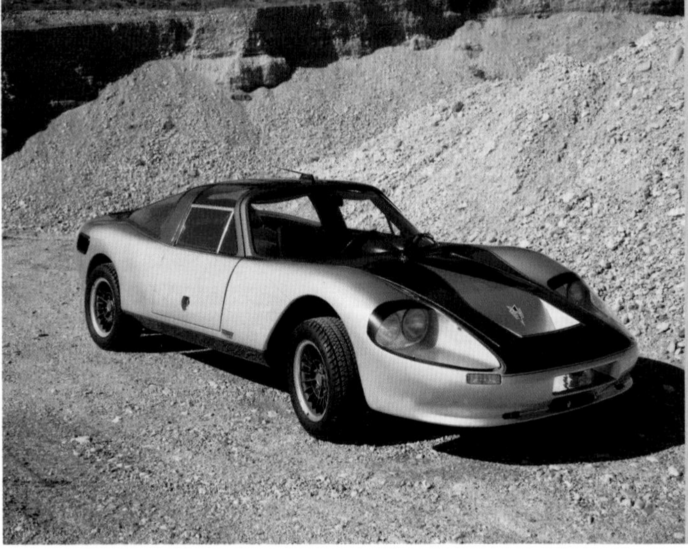

Thurner RS

Rudolf Thurner, quien en la localidad bávara de Bernbeuren constr
yó el Thurner RS, empleó para este cupé una sólida técnica de gr
serie procedente de NSU. La carrocería de plástico de este coch
de apenas cuatro metros de largo descansaba sobre el mismo ch
sis, aunque algo recortado, del NSU TT, vehículo del que también
había aprovechado el motor, que estaba emplazado transvers
mente en la parte trasera y que lanzaba el RS a unos 180 km
A pesar del empleo de una madurada técnica de serie, el RS no de
de ser un vehículo para unos pocos caprichosos. Las puertas
apertura hacia arriba podían facilitar el acceso, lo que no signifi
que este deportivo fuera un cómodo automóvil apto para el día a d

Modelo: *Thurner RS*
Cilindrada/Cilindros: *1177 cm^3/4 cilindros*
CV/kW: *65/47,6*
Período de fabricación: *1969-1973*
Unidades fabricadas: *aprox. 100*

Trabant 601

Con el modelo 601 surgió el que probablemente fue el Trabant de mayor éxito en toda la historia de la marca. Su carrocería, de diseño trapezoidal, era de plástico y medía 3560 mm de largo. Unos vistosos colores relevaron los antiguos modelos, sólo disponibles en gris. No obstante, la construcción del 601 debía ser lo más económica posible, de ahí que este modelo sólo fuera en realidad una actualización estética de su antecesor. Aunque su concepto estaba más que anticuado, en 1990 sucedió lo increíble: sonó la marcha fúnebre para el motor de dos tiempos y 26 CV de potencia y los Trabant pasaron a contar con el motor tetracilíndrico de 1,1 litros del Volkswagen Polo por expreso deseo de esta marca.

Modelo: *Trabant 601*
Cilindrada/Cilindros: *595 cm^3/2 cilindros*
CV/kW: *26/19*
Período de fabricación: *1964-1990*
Unidades fabricadas: *aprox. 3 000 000*

Volkswagen Karmann-Ghia Studio

Cuando el legendario Karmann-Ghia (denominado internamente modelo 14) se hallaba todavía en su fase de desarrollo, Volkswagen no cesaba de pensar en la conveniencia de modificar el diseño del coche o de ampliar el número de versiones. Muchas de las ideas al respecto fueron rápidamente descartadas; otras se llevaron a la práctica, al menos en forma de prototipo o de estudio de diseño. Así fue cómo surgió en 1960 en la empresa carrocera Ghia de Turín este cupé –considerado de forma no oficial como sucesor del modelo 14– con una pintura exterior en color crema que resaltaba con el llamativo rojo del habitáculo. Sergio Sartorelli, responsable del diseño de este diseño, no aplicó aquí líneas suaves y onduladas, sino elementos estilísticos más bien neutros.

Modelo:	*Volkswagen Karmann-Ghia Studio*
Cilindrada/Cilindros:	*1192 cm³/4 cilindros*
CV/kW:	*30/22*
Año de fabricación:	*1960*
Unidades fabricadas:	*ejemplar único*

'lodelo:	*Volkswagen Karmann-Ghia Studio*
'ilindrada/Cilindros:	*1192 cm³/4 cilindros*
V/kW:	*30/22*
ño de fabricación:	*1960*
Jnidades fabricadas:	*ejemplar único*

Volkswagen Karmann-Ghia Studio

Igual que con el Karmann-Ghia construido en serie, también este estudio se basaba en el chasis de plataforma del Volkswagen Escarabajo. Sorprendente era el carácter individual del diseño de este prototipo. Lo único que quizá recordaba algo a los coches de serie era la parte frontal, con sus elevadas entradas de aire. Por lo demás, se utilizaron todos los elementos estilísticos típicos de finales de la década de 1950, incluso las aletas traseras, aunque aquí de un tamaño modesto. El interior, tablero de mandos incluido, estaba dominado por un solo color: el rojo. De vez en cuando, una ornamentación cromada rompía el monótono cromatismo. Este coche, con unas ventanillas de superficie relativamente pequeña, presentaba un aspecto moderno. Con todo, nunca superó el estadio de prototipo.

'olkswagen 1500 Cabriolet

n 1961, Volkswagenwerke AG amplió su catálogo con la inclusión del modelo 31, más cono- do como VW 1500. Esta manejable berlina de gama media se fabricó hasta junio de 1973 constituyó un notable éxito de ventas, ya que se vendieron unos dos millones y medio e ejemplares. Al mismo tiempo que el VW 1500 entró en escena con motivo del Salón nternacional del Automóvil de Frankfurt un cabriolé de cuatro plazas con una técnica idén- ca a la de la berlina. Los talleres Karmann de Osnabrück, responsables de la construcción e las carrocerías abiertas, elaboraron exactamente 16 cabriolés, la mayoría de ellos artesa- almente. El coche no llegó a producirse en serie: el proyecto debió aparcarse muy pron-), pues los elementos de refuerzo de la carrocería disparaban el precio del modelo.

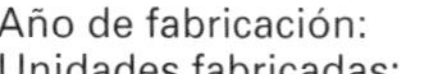

Modelo:	*Volkswagen 1500 Cabriolet*
Cilindrada/Cilindros:	*1493 cm³/4 cilindros*
CV/kW:	*45/33*
Año de fabricación:	*1961*
Unidades fabricadas:	*16*

VW Käfer Cabriolet 1302

La producción del Escarabajo en los tallere de Volkswagen en Wolfsburg terminó ya e 1974. En Emden continuaron fabricándo hasta 1978, mientras que el último Cabri let en salir de los talleres Karmann de Osn brück lo hizo el 10 de enero de 1979. La d manda, ni mucho menos en descenso, pas a cubrirse con las unidades producidas e México, donde este espectacular éxito s guió dando trabajo a miles de personas. L filial mexicana de VW sometió al Escaraba a las modificaciones técnicas y estética oportunas e hizo posible su entrada en siglo XXI. El Escarabajo aguantó hasta 200 año en que se presentó en la ciudad mex cana de Puebla la Última Edición, que pus punto final a esta leyenda.

Modelo:	*VW Käfer Cabriolet 130*
Cilindrada/Cilindros:	*1285 cm³/4 cilindros*
CV/kW:	*44/32,2*
Período de fab.:	*1970-1979*
Unidades fabricadas:	*aprox. 155 000*

VW-Porsche 914

La colaboración de Porsche con Volkswagen se volvió todavía más estrecha de lo que había sido cuando Ferry Porsche decidió ofrecer un coche deportivo de una categoría inferior a la del Porsche 911. El visto bueno, tanto por parte de los ingenieros de Wolfsburg como de los de Stuttgart-Zuffenhausen, al concepto de motor central se tradujo en 1969 con la presentación del 914. Este descapotable contó con un motor tetracilíndrico de inyección procedente de VW con 1,7 litros de cilindrada; más tarde, el vehículo incorporó el hexacilíndrico de 2 litros del 911 T. El Porsche 911 T tenía 125 CV y era el modelo básico de la serie novecientos once. El motor del 911 T también impulsó los VW-Porsche 914-6, aunque en ellos sólo alcanzó una potencia de 110 CV.

Modelo:	*VW-Porsche 914*
Cilindrada/Cilindros:	*1679 cm³/4 cilindros*
CV/kW:	*80/58,6*
Período de fabricación:	*1969-1975*
Unidades fabricadas:	*115 646*

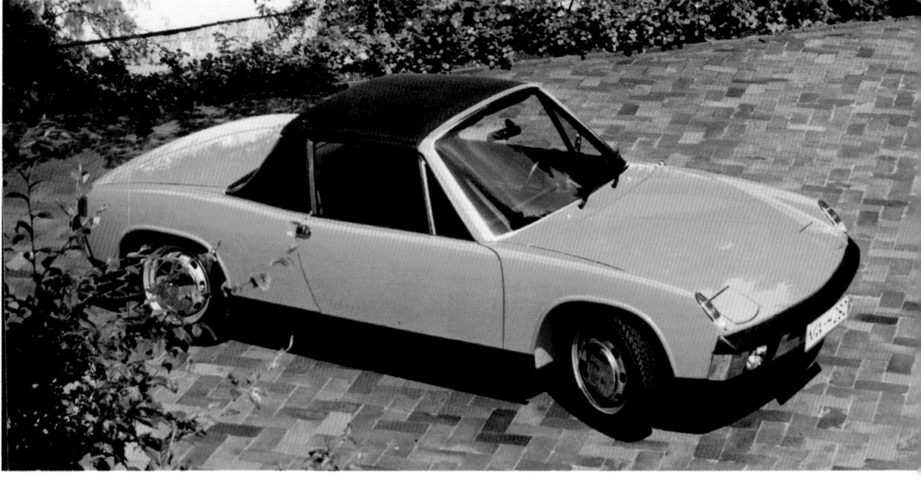

VW-Porsche 914-6

El éxito del VW-Porsche 914, una colabora ción entre Volkswagen y Porsche, dej bastante que desear en el mercado loca Por el contrario, este automóvil de moto central se vendió algo mejor en Estado Unidos. 12 000 marcos alemanes por u ejemplar tetracilíndrico era un precio dema siado alto para el conductor de un Volks wagen. Por otro lado, los clientes potencia les de Porsche no lo consideraban suf cientemente atractivo. Las carrocerías fue ron elaboradas en Osnabrück por Karmann donde también se montaron las versione de cuatro cilindros. Del montaje del mode lo de seis cilindros, que alcanzaba un velocidad de 201 km/h, se encargó l misma Porsche. A juzgar por las unidade vendidas, el 914-6 no fue precisamente u éxito. Costaba 20 000 marcos: por alg más se obtenía un «auténtico» Porsche.

Modelo:	*VW-Porsche 914-6*
Cilindrada/Cilindros:	*1991 cm³/6 cilindro*
CV/kW:	*110/80,6*
Período de fabricación:	*1969-1972*
Unidades fabricadas:	*3332*

Modelo: *Alpine A 110*
Cilindrada/Cilindros: *1565 cm³/4 cilindros*
CV/kW: *140/102,3*
Período de fabricación: *1963-1976*
Unidades fabricadas: *7160*

Alpine A 110

Jean Rédelé, hijo de un concesionario francés de coches Renault, creó a principios de la década de 1950 un deportivo basado en el legendario 4 CV que despertó de inmediato el interés de la prensa especializada y del que Rédéle tenía en mente fabricar una serie limitada. Lo que no podía suponer entonces es que los automóviles modificados bajo su supervisión no tardarían en convertirse, con el nombre de la marca Alpine, en vehículos deportivos muy apreciados. La gran explosión se produjo 1963 con el debut del Alpine A 110: este automóvil de sólo 1130 mm de altura con carrocería de plástico se basaba desde el punto de vista técnico en el Renault 8, de ahí que la potencia de la primera serie (48 CV) fuera más bien discreta. No obstante, a raíz de sucesivas mejoras, la potencia del vehículo aumentó hasta los 140 CV, que daban para una velocidad de 215 km/h.

Modelo: *Alpine A 310*
Cilindrada/Cilindros: *1605 cm³/4 cilindros*
CV/kW: *127/93*
Período de fabricación: *1971-1976*
Unidades fabricadas: *2340*

Alpine A 310

Equipado de nuevo con una carrocería sintética entró en escena en 1971 el Alpine A 310 para relevar el A 110. Su moderna línea respondía a las modas de la época. Además, el modelo era algo más grande que su predecesor. El Alpine A 310 presentaba unas comodidades que poco importaban a los entusiastas de los deportivos. Los aficionados habrían preferido renunciar a algunos lujos del interior en beneficio de un mayor ímpetu. El motor tetracilíndrico emplazado en la parte trasera era el que solía prestar su servicio en el Renault 16 TX. Para incorporarlo al A 310, dicho motor fue retocado, aunque mostró un comportamiento rudo y tosco. Desde 1977, estas características pasaron a ser historia, ya que Alpine empezó a emplear un motor V6 en una versión que lanzó con la denominación A 310 V6.

Citroën DS 21

Sin duda alguna, Citroën revolucionó el mundo del automóvil de la década de 1950 con la sensacional aparición del DS, un modelo de formas aerodinámicas dotado de una suspensión hidroneumática. La carrera de este automóvil empezó en 1955 con el nacimiento del DS 19 y se prolongó hasta la década de 1970. La revisión del modelo efectuada en 1969 fue particularmente llamativa, ya que el DS 21 se convirtió en el primer coche francés en poseer un motor con inyección electrónica de gasolina. En el otoño de ese mismo año salió de las cadenas de montaje la unidad un millón de la serie DS. En 1972, el DS, conocido ya como DS 23, recibió un aumento de potencia. Si bien entonces empezaban a correr voces sobre la entrada en escena de un sucesor de los modelos DS, éstos seguían contando con el favor de una numerosa clientela.

Modelo: *Citroën DS 21*
Cilindrada/Cilindros: *2175 cm³/4 cilindros*
CV/kW: *106/77,6*
Período de fabricación: *1969-1972*
Unidades fabricadas: *---*

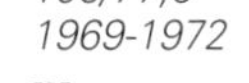

Citroën SM

En 1968, Citroën y Maserati firmaron un acuerdo de colaboración para sacar al mercado un automóvil de muchos quilates, que terminó viendo la luz en 1970. El nuevo cupé, denominado SM, dio mucho que hablar. Este coche no sólo era una maravilla de la técnica, sino también el coche de serie con tracción delantera más rápido del mundo. Además de una fina suspensión hidroneumática, el vehículo contaba con una dirección asistida que se endurecía en función de la velocidad, seis faros de altura regulable automáticamente y, como absoluta particularidad, un motor V6 de la casa Maserati con cuatro árboles de levas en culata. Demasiadas excelencias: esta refinada mecánica no sólo superaba a los talleres Citroën, sino también a la mayoría de los propietarios de un SM.

Modelo: *Citroën SM*
Cilindrada/Cilindros: *2670 cm³/6 cilindr*
CV/kW: *170/124,5*
Período de fabricación: *1970-1975*
Unidades fabricadas: *12 920*

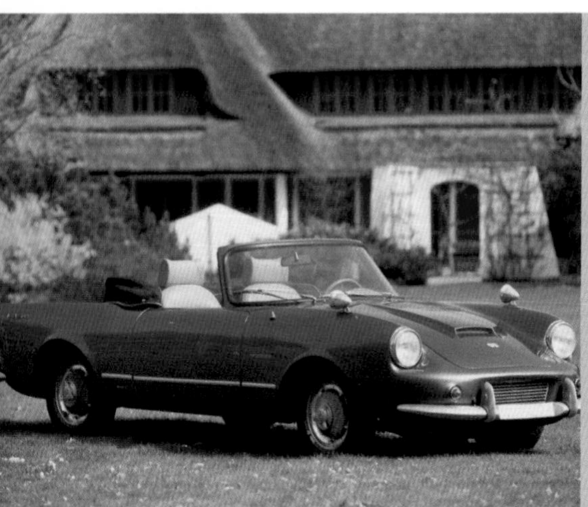

DB Le Mans

Durante las décadas de 1950 y 1960, los constructores franceses de automóviles Charle Deutsch y René Bonnet, quienes firmaban sus productos con las siglas DB, comercializ ron diferentes modelos de deportivos basados técnicamente en automóviles de la marc Panhard. La última de sus construcciones, y probablemente también la más interesant que desarrollaron los dos franceses, fue el modelo Le Mans, que contaba con una carr cería de plástico y con el motor del Panhard PL 17. Para poder alcanzar una velocidad máx ma de al menos 150 km/h, el motor Panhard fue sometido a una revisión que redundó e un aumento de potencia. De los aproximadamente 200 ejemplares fabricados, hoy só perduran una docena.

Modelo: *DB Le Mans*
Cilindrada/Cilindros: *848 cm³/2 cilindros*
CV/kW: *52/38,1*
Período de fabricación: *1960-1962*
Unidades fabricadas: *aprox. 200*

Matra Djet V

René Bonnet, quien en la década de 1950 había fabricado junto a su socio Charles Deutsch coches de carácter deportivo basados en los Panhard franceses, aportó desde 1964 su saber y su experiencia a la empresa Matra, donde firmó el proyecto de otro coche deportivo. Este modelo, denominado Matra Djet, estaba concebido con motor central y poseía una carrocería de plástico bastante lisa. Aunque Matra sólo equipó el Djet con motores tetracilíndricos de 1,1 y 1,2 litros, el interior del vehículo era más propio de un caro modelo italiano de lujo que de un automóvil de esta gama. El chasis del Djet era multitubular de desarrollo propio; el motor, por el contrario, era uno de serie originario de Renault.

Modelo: *Matra Djet V*
Cilindrada/Cilindros: *1255 cm³/4 cilindros*
CV/KW: *72/52,7*
Período de fabricación: *1964-1968*
Unidades fabricadas: *1681*

Facel Vega II HK A2

Jean C. Daninos, director de los talleres d carrocería Facel, inició en 1954 la construc ción de un automóvil de lujo que equip con un motor de la marca estadounidens De Soto. La buena aceptación de este co che indujo a Daninos a construir nuevo modelos, tanto de gama inferior como su perior. La carrera de la marca Facel n superó los diez años; durante este períod sin embargo, sus vehículos figuraron entr lo más exclusivo del mercado automovilís tico del momento. Lanzado en 1961, el Fa cel II, como todos los coches de Face hacía una renuncia expresa al montant central, con lo que la carrocería adquiri una elegancia muy especial. El Facel competía con modelos como el italian ISO-Rivolta o el británico Jensen CV 8 Pero pequeños productores como ést apenas tenían posibilidades de sosteners en el mercado.

Modelo: *Facel Vega II HK A2*
Cilindrada/Cilindros: *6270 cm³/8 cilindros*
CV/kW: *390/285,6*
Período de fabricación: *1961-1964*
Unidades fabricadas: *184*

⁄latra M 530

n 1967, Matra presentó el modelo M 530, destinado a relevar al jet. El M 530 presentaba un aspecto muy diferente al del Djet y frecía unas prestaciones muy similares a las de su antecesor elocidad de 175 km/h a 200 km/h), por mucho que estuviera equiado con un motor de mayor cilindrada de la casa Ford, pues las entajas que ofrecía este incremento de centímetros cúbicos se esvanecían por culpa del mayor peso del automóvil. Con vistas a na mejora de la seguridad, el M 530 fue dotado de frenos de isco en las cuatro ruedas. La carrocería, de ingenioso diseño, se eneficiaba de un aumento de espacio, así como de la incorporaión de unas zonas de absorción de impactos.

lodelo:	*Matra M 530*
ilindrada/Cilindros:	*1699 cm³/4 cilindros*
V/kW:	*70/51,2*
eríodo de fabricación:	*1967-1973*
nidades fabricadas:	*9609*

Matra Bagheera

Igual que los modelos Djet y M 530, el Matra Bagheera también incorporó algunos componentes de otras marcas. El desarrollo de la carrocería de plástico, que descansaba sobre un sólido chasis de acero, era completamente propio. Lo más llamativo de esta carrocería eran los tres asientos delanteros. La mayor parte de la técnica la aportaba, como es obvio, Simca, ya que Matra pertenecía al consorcio de Chrysler y Simca. Los motores de Simca no eran de los más deportivos, de ahí que los propietarios de un Bagheera debieran renunciar, al menos en un primer momento, a una conducción enérgica. Sólo los modelos tardíos, equipados con un motor de 1,5 litros, prometían grandes emociones; hasta 185 km/h llegaban los Bagheera. Se habló de la posibilidad de fabricar una versión de dos litros, pero el proyecto terminó siendo desechado.

lodelo:	*Matra Bagheera*
ilindrada/Cilindros:	*1294 cm³/4 cilindros*
V/kW:	*85/62,2*
eríodo de fabricación:	*1973-1980*
nidades fabricadas:	*47 802*

Peugeot 404 Cabriolet

La entrada en escena del Peugeot 404 en el año 1960 –primero como berlina de cuatro puertas– no significó el relevo del 403, un modelo un poco anticuado pero aún en producción y con mucho éxito. Por consiguiente, la empresa clasificó el nuevo 404 como un coche de gama media, pero no como el competidor de otro modelo de la casa. La carrocería del 404 presentaba un diseño bastante más moderno, dominado no ya por cantos redondeados, sino por elementos estilísticos trapezoidales. En el Salón del Automóvil de París de octubre de 1961 se presentó la versión cabriolé, que incorporaba la misma técnica que la berlina pero mostrando un diseño del todo independiente. El cabriolé equipaba de serie un motor de 1,5 litros con carburador; opcional, en cambio, era el motor de inyección de 1,6 litros de cilindrada.

Modelo:	*Peugeot 404 Cabriolet*
Cilindrada/Cilindros:	*1618 cm³/4 cilindros*
CV/kW:	*72/52,7*
Período de fabricación:	*1961-1966*
Unidades fabricadas:	*10 380*

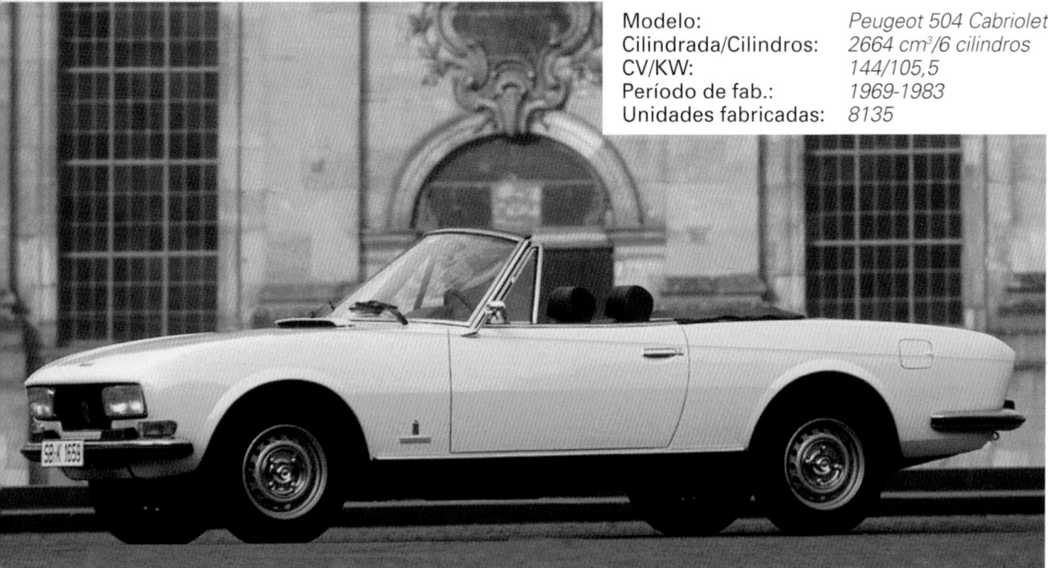

Modelo: *Peugeot 504 Cabriolet*
Cilindrada/Cilindros: *2664 cm^3/6 cilindros*
CV/KW: *144/105,5*
Período de fab.: *1969-1983*
Unidades fabricadas: *8135*

Peugeot 504 Cabriolet

En 1969, Peugeot comercializó el nuevo m delo 504 como relevo de las versiones 4C Cabriolet y 404 Coupé. Como no podía s de otra modo, también esta vez colaboró e el diseño el carrocero italiano Pininfarin Para que ambas versiones presentasen u aspecto todavía más elegante, la distanc entre ejes de estos vehículos de dos puerta se redujo a 2550 mm, mientras que la ber na recibió un chasis 190 mm más larg Hasta 1974, el Peugeot 504 vino equipac con un motor tetracilíndrico de 1971 cm^3 100 CV. Más tarde se implantó en todas la variantes un potente motor V6. Con relació a las ventas, los clientes se decantaron cl ramente por el cupé, del que se fabricaro 26 000 unidades; del cabriolé, en cambi sólo se construyeron 8135.

Renault 7

Gracias a sus innumerables ventajas, como sus reducidas dimensiones, su fácil manejo y la tracción delantera, el Renault 5 fue uno de los modelos presentados en el Salón del Automóvil de Ginebra de 1972 que más llamó la atención. No había ninguna duda: el Renault 5, como rezaba la publicidad, era el «pequeño amigo» para todos los días. La producción de este modelo traspasó incluso los Pirineos. FASA, la filial española de Renault, pasó a fabricar el Renault 5 en 1974, lo modificó para el mercado interior, le proporcionó un maletero en la parte trasera y lo bautizó como Renault 7. El Renault 7, variante del Renault 5, recibió cuatro puertas. El original francés no lo hizo hasta seis años más tarde.

Modelo: *Renault 7*
Cilindrada/Cilindros: *1289 cm^3/4 cilindros*
CV/kW: *58/42,5*
Período de fabricación: *1974-1980*
Unidades fabricadas: *---*

AC Cobra 289

La empresa británica AC (Auto Carrier) lleva ba mucho tiempo construyendo pequeño triciclos motorizados cuando de pronto, e 1953, llamó la atención presentando un inte resante deportivo. El modelo, denominad AC Ace, pasó a conformar en poco tiempo l base productiva de una generación de veh culos del todo nueva que logró batirse si problemas con los deportivos típicament italianos. En 1961, AC dejó de emplea motores Bristol de seis cilindros e incorpor motores V8 de Ford, ya que quiso la casual dad que AC, en crisis financiera, entrara e contacto con Carol Shelby, experto estadou nidense en deportivos. Fue idea de Shelb equiparlos con motores Ford. Y la ide demostró su validez, pues con ella nació e Cobra, un coche destinado a cambiar la cor cepción de los modelos deportivos.

Modelo: *AC Cobra 289*
Cilindrada/Cilindros: *4727 cm^3/8 cilindros*
CV/kW: *270/197,8*
Período de fabricación: *1962-1965*
Unidades fabricadas: *aprox. 650*

AC Cobra 427

En la actualidad, la prensa especializada todavía define el 427 como el automóvil de uso particular «más brutal» jamás construido. Este modelo no sólo se diferenciaba de los demás modelos cobra en cuanto a la estética (guardabarros más abombados, neumáticos más anchos), sino también en las características técnicas. Para proteger este coche rebosante de fuerza, el chasis, de una distancia entre ejes de 2290 mm, volvió a ser revisado, y las ballestas transversales cedieron el paso a muelles helicoidales, al tiempo que también se le amplió el ancho de vía. Con el motor menos potente, el AC Cobra 427 alcanzaba una velocidad punta de 240 km/h. La potencia de 425 CV era sólo un valor mínimo.

Modelo:	*AC Cobra 427*
Cilindrada/Cilindros:	*6997 cm³/8 cilindros*
CV/kW:	*425/311,3*
Período de fabricación:	*1965-1968*
Unidades fabricadas:	*410*

lvis TD 21

l constructor británico de automóviles Alvis, que ya había produ-do interesantes coches deportivos en la década de 1930, estreó después de la II Guerra Mundial su colaboración con el carroero suizo Hermann Graber. Éste, famoso por sus carrocerías de n estilo muy elegante y propio, creó un cabriolé para el modelo D 21 que podía montarse directamente sobre el chasis cuadranular. A pesar del impresionante tamaño de este modelo, la línea staba cuidada hasta el más ínfimo detalle. Cuando Alvis dejó de roducir automóviles en 1967, 7000 unidades habían salido de sus illeres desde el final de la guerra. Estos números no sorprenden n absoluto, ya que debe tenerse en cuenta que Alvis no fabricó ino para clientes caprichosos.

lodelo:	*Alvis TD 21*
ilindrada/Cilindros:	*2997 cm³/6 cilindros*
V/kW:	*119/87,1*
eríodo de fabricación:	*1961-1965*
nidades fabricadas:	---

shley

l entusiasmo de los británicos por el ustin Seven, el coche pequeño más egendario del Reino Unido, se prolongó asta entrada la década de 1950, de ahí ue algunos atrevidos constructores ntentaran hacer el coche más atractivo quipándolo con una carrocería moderna. Jno de ellos fue la firma Ashley Lamiated, que hizo suyo el Seven y desarrolló ara él una carrocería deportiva de plástio. Esta carrocería se habría podido monar sin más en el chasis en forma de «A» el pequeño Austin, pero se creyó neceario que antes debía perfeccionarse el hasis. Como es obvio, las elegantes líeas del Ashley presentaban un brutal ontraste con las prestaciones del coche, lebajo de cuyo capó se ocultaba un equeño motor de sólo 750 cm³.

lodelo:	*Ashley*
ilindrada/Cilindros:	*747,5 cm³/4 cilindros*
V/kW:	*17,5/12,8*
eríodo de fabricación:	*1958-1959*
Jnidades fabricadas:	---

Aston Martin DB 5

El día a día de la marca Aston Martin siempre se había caracterizado por la presencia de continuas dificultades financieras. Cuando en 1947 el industrial David Brown tomó el mando de la empresa, al borde de la quiebra, bajo su dirección se lanzó la famosa serie DB, siglas que aludían a las iniciales de David Brown. Después del DB 1, del DB 2 y del DB 4, se presentó el modelo DB 5, un objeto de deseo, ya que este automóvil se hizo famoso por salir en una película de James Bond, el agente 007. El público tuvo la ocasión de admirar por primera vez el DB 5 con motivo del Salón del Automóvil de Frankfurt. Bajo el capó de este elegante cupé trabajaba el mismo motor empleado en los automóviles Lagonda, marca que también había pasado a manos de David Brown.

Modelo:	*Aston Martin DB*
Cilindrada/Cilindros:	*3995 cm^3/6 cilindr*
CV/kW:	*282/206,6*
Período de fabricación:	*1963-1965*
Unidades fabricadas:	*1063*

Aston Martin DB 6 Mk2

En el otoño de 1965, dos años después de haber presentado el DB 5, Aston Martin hizo lo propio con el DB 6, el modelo destinado a relevarlo y que se diferenciaba de su predecesor por unos retoques en la carrocería. La distancia entre ejes del chasis cuadrangular había aumentado de 2490 a 2580 mm; con 4620 mm, el DB 6 también era algo más largo que el modelo precedente. Por lo demás, el diseño era elegante y de líneas suaves. Gracias a una nueva forma del techo, los ocupantes de los asientos traseros disponían de más espacio para la cabeza y las piernas. El carácter deportivo de este automóvil quedaba subrayado por unos vértices muy peculiares en la parte trasera que también eran muy típicos de los deportivos italianos.

Modelo:	*Aston Martin DB 6 Mk2*
Cilindrada/Cilindros:	*3995 cm^3/6 cilindros*
CV/kW:	*286/209,5*
Período de fabricación:	*1965-1970*
Unidades fabricadas:	*1755*

Aston Martin DB 6 Volante

Derivado del DB 5, el DB 6 no contó con la aprobación de los aficionados a los deportivos británicos, pues los detractores lo tildaban de torpe. En el curso de una revisión del modelo, la dirección asistida pasó a facilitar su conducción, al tiempo que por un suplemento podía instalarse aire acondicionado. Del DB 6 también se fabricó una versión abierta que entró en los anales como Volante, ya que así eran llamados los cabriolés por Aston Martin. La carrocería del DB 6 se continuó elaborando en aluminio aplicando el principio Superleggera y montándose sobre un chasis tubular plano. Este automóvil capaz de alcanzar los 250 km/h también atrajo la atención más allá del Atlántico. Los estadounidenses se quedaron perplejos, pues su mercado no ofrecía nada similar.

Modelo:	*Aston Martin DB 6 Volante*
Cilindrada/Cilindros:	*3995 cm^3/6 cilindro*
CV/KW:	*286/209,5*
Período de fabricación:	*1965-1970*
Unidades fabricadas:	*1755*

Aston Martin DBS V8

En 1967, Aston Martin sorprendió a la prensa especializada con un modelo de líneas formas lisas llamado DBS. Éste fue equipado con un motor de seis cilindros hasta 1969, año en que pasó a incorporar un motor V8 con dos árboles de levas en culata por cada bancada. A diferencia del DB 5 y del DB 6, el DBS era un auténtico cuatro plazas. Para ubicarlas más fácilmente volvió a incrementar la distancia entre ejes (ahora de 2610 mm), con lo que la longitud total del vehículo paso a ser de 4590 mm. Las versiones de seis cilindros construidas hasta 1969 alcanzaban una velocidad máxima de 240 km/h. La idea de desprenderse de este motor a finales de 1969 resultó ser buena: con el motor V8, el velocímetro podía llegar a marcar 273 km/h.

Modelo:	*Aston Martin DBS V8*
Cilindrada/Cilindros:	*5340 cm³/8 cilindros*
CV/KW:	*340/249*
Período de fabricación:	*1969-1972*
Unidades fabricadas:	*405*

Austin-Healey Sprite Mk V

La versión original del Austin-Healey Sprite, con faros elevados y apodada «Frog» (rana), no fue del agrado de todo el mundo. Cuando la Rana –oficialmente denominada Mk I– dejó de fabricarse en 1961, la marca intentó continuar fabricando coches manejables. No obstante, esto sólo tenía sentido si se revisaba a fondo la línea de la carrocería. El gasto mereció la pena y no tardó en aparecer en los concesionarios el Mk II, con una carrocería más recta. En el curso de diversas actualizaciones, el modelo recibió una nueva capota plegable y se transformó sucesivamente en el Mk III, el Mk IV y el Mk V. En 1971 salió de los talleres el último Sprite. Por el contrario, su modelo hermano, el MG Midget, aún resistiría ocho años más.

Modelo:	*Austin-Healey Sprite Mk V*
Cilindrada/Cilindros:	*1275 cm³/4 cilindros*
CV/kW:	*60/44*
Período de fabricación:	*1961-1971*
Unidades fabricadas:	*aprox. 80 300*

Modelo:	*Austin-Healey 3000 Mk III*
Cilindrada/Cilindros:	*2912 cm^3/6 cilindros*
CV/kW:	*150/109,8*
Período de fabricación:	*1964-1967*
Unidades fabricadas:	---

Austin-Healey 3000 Mk III

La continua actualización del modelo y u regular incremento de potencia hicieron d «Big Healey» un automóvil que todav consiguió entusiasmar a su club de fans finales de la década de 1960. Pero su fab cación concluyó en 1968, ya que Aust Healey, una marca de BMC (British Mot Corporation), quería construir el Triump TR 5, y no se podía tolerar que dos coche de la misma casa compitieran entre sí. E una lástima, ya que desde 1964 el 3000 s encontraba en su mejor versión, la Mk I algo que también se reflejaba en las la ventas. Capaz de alcanzar los 190 km/h, Mk III presentaba un tablero de mando elaborado con madera noble y consola ce tral, y se convirtió en el modelo más coc ciado de esta exitosa serie.

Bond Bug

Aparte de algunos competidores que también se ganaban la vida fabricando coches pequeños, la verdad es que Bond sólo podía sacarse el sombrero ante Reliant. Esto fue así hasta 1969, año en que los dos fabricantes se fusionaron. El resultado de esta alianza fue el nuevo Bond Bug, que significa «chinche». Para que este coche de aspecto cuneiforme aún llamara más la atención se pintó de naranja, el color de moda de los años 1970. Del Bond Bug se construyeron varias versiones de 1970 a 1975; pero dejando a un lado la potencia del motor, todas ellas tenían el mismo aspecto. En contraste con el Bond de dos tiempos de la década de 1960, el nuevo vehículo fue equipado con un motor tetracilíndrico refrigerado por agua que se alojaba en el habitáculo, concretamente entre los dos asientos.

Modelo:	*Ford Cortina*
Cilindrada/Cilindros:	*1198 cm^3/4 cilindros*
CV/kW:	*46/33,7*
Período de fabricación:	*1962-1964*
Unidades fabricadas:	---

Modelo:	*Bond Bug*
Cilindrada/Cilindros:	*701 cm^3/4 cilindros*
CV/kW:	*29/21,2*
Período de fabricación:	*1970-1975*
Unidades fabricadas:	---

Ford Cortina

Las factorías de Ford en el Reino Unido se propusieron añadir a su oferta de productos u automóvil de gama inferior y presentaron en el otoño de 1962 la serie Cortina. Este mode lo, disponible en dos o cuatro puertas, puede definirse como el homólogo británico del For Taunus 12 M alemán. Pero, a diferencia de éste, el Cortina no poseía una moderna tracció delantera, sino una convencional trasera. La técnica del motor del Cortina (4 cilindros 1,2 litros) también se inspiraba en la del 12 M. La caja de cuatro velocidades sincronizad podía encargarse con palanca de accionamiento en el volante o en el suelo del habitáculo Con relación a otras comodidades, se podía elegir entre una versión normal y otra de lujo

Ford Zodiac Mk III

La filial británica de Ford Motor Company construía automóviles en las Islas Británicas desde 1911. La gama de artículos ofertada desde la II Guerra Mundial se inspiraba en modelos estadounidenses, aunque las formas y las dimensiones de dichos modelos se adaptaban a las necesidades europeas. A principios de la década de 1960, Ford presentó el Zodiac Mk III, un espacioso automóvil de gama media. Con una longitud total de 4640 mm, cuatro puertas y tres ventanillas laterales, este coche reposaba sobre un chasis de 2720 mm de distancia entre ejes y ofrecía un cómodo espacio para seis personas. Para quienes decidían renunciar a una conducción deportiva, el Zodiac era una alternativa muy interesante, ya que los vehículos tan confortables de esta categoría eran más bien escasos.

Modelo:	*Ford Zodiac Mk III*
Cilindrada/Cilindros:	*2555 cm^3/6 cilindros*
CV/kW:	*107/78,4*
Período de fabricación:	*1961-1966*
Unidades fabricadas:	---

aguar Mk X

Villiam Lyons se había propuesto para el ıodelo de 1961 sustituir el vetusto Jaguar Ak IX por un vehículo más innovador. Así, onservando la misma distancia entre ejes ue su predecesor (3050 mm), apareció el ıodelo Mk X. La diferencia más significatia del nuevo coche radicaba en el abando- o del pesado y macizo chasis cuadrangur y la adopción de una carrocería de structura autoportante. Entre sus novedaes también se incluía la suspensión indeendiente trasera, aunque a velocidades tas apenas se podía disfrutar de las venajas de este sistema, porque, a pesar de la ıjosa capacidad de su cabina, las grandes imensiones de este vehículo entorpecían hacían incómodo su manejo.

Aodelo:	*Jaguar Mk X*
ilindrada/Cilindros:	*3781 cm³/6 cilindros*
V/kW:	*223/163,3*
eríodo de fabricación:	*1961-1968*
nidades fabricadas:	*18 519*

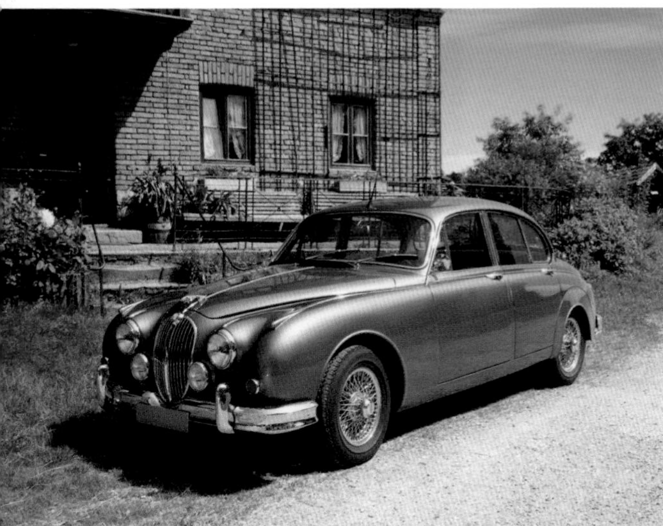

Jaguar Mk II

Muchos usuarios de Jaguar vieron en el Mk II la limusina más deportiva que había dado la historia. Estaban en lo cierto, sobre todo porque tenían en sus manos un vehículo equipado con un motor de 3,8 litros de gran potencia y aceleración. A pesar de la gran distancia entre ejes de 2730 mm y de una longitud de 4590 mm, el coche se manejaba con facilidad y alcanzaba velocidades considerables. El grupo motriz de 3,8 litros de este elegante cuatro puertas ofrecía una velocidad máxima de 190 km/h. En el interior típicamente británico del Mk II dominaban un cuadro de instrumentos de madera de raíz pulida y aristocráticos asientos de cuero de primera calidad. En el modelo de 1968 se suprimió la versión de 3,8 litros, hecho que presagiaba la inminente llegada de un sucesor para el Mk II.

Modelo:	*Jaguar Mk II*
Cilindrada/Cilindros:	*3781 cm³/6 cilindros*
CV/kW:	*223/163,3*
Período de fabricación:	*1966-1968*
Unidades fabricadas:	—

Jaguar E-Type Serie 1

El diseño del E-Type era obra de Malcolm Sayer, que lo desarrolló a partir del D-Type. Con el debut de este modelo en marzo de 1961 en el Salón del Automóvil de Ginebra, Jaguar causó una vez más sensación internacional. Este esbelto biplaza que convencía tanto estética como técnicamente, sentó cátedra en muchos aspectos. La nueva suspensión trasera desarrollada por Bob Knight proporcionó al deportivo un excelente comportamiento en marcha y una segura adaptación a la carretera. El conjunto propulsor del E-Type se componía del mismo motor de seis cilindros que el de su predecesor, con una cilindrada de 3,8 litros y una potencia de 265 CV. Con un peso de apenas 1168 kg, el coche alcanzaba una velocidad de 240 km/h y aceleraba de 0 a 100 km/h en siete segundos escasos.

Modelo:	*Jaguar E-Type Serie 1*
Cilindrada/Cilindros:	*3781 cm³/6 cilindros*
CV/KW:	*265/196,3*
Período de fabricación:	*1961-1964*
Unidades fabricadas:	*aprox. 15 700*

Jaguar E-Type Serie 2

Con la presentación el E-Type en 1961, Jaguar se estableció definitivamente en el olimpo de los fabricantes de coches. Este fogoso deportivo fascinó desde el primer día por igual al público y a los especialistas como sólo unos pocos modelos en la historia de la automoción lo habían conseguido. A pesar de que se dejó de fabricar en 1974, mucha gente identifica hoy de forma automática el E-Type con la marca Jaguar. Su posición como icono de la automoción ya fue documentada en 1966 por el Museo de Arte Moderno de Nueva York, donde la versión cabriolé del E-Type forma parte de su exposición permanente junto con sólo dos importantes automóviles más. Mientras duró su fabricación, E-Type no sólo hizo las delicias de pilotos particulares, sino que un buen número de equipos de competición lo incluyeron en sus escuderías.

Modelo: *Jaguar E-Type Serie 2*
Cilindrada/Cilindros: *4235 cm³/6 cilindros*
CV/kW: *265/194,1*
Período de fabricación: *1968-1971*
Unidades fabricadas: *18 820*

Jaguar E-Type Serie 2

Para no perder competitividad en el mercado, el Jaguar E-Type se sometía a remodelaciones regulares, tanto técnicas como estéticas. A partir de octubre de 1964 se incluyó el motor de seis cilindros y 4,2 litros. Aparte del modelo cabriolé, Jaguar también puso sobre ruedas el Serie 2 Coupé. A algunos entusiastas les costó habituarse a esta variante provista de portón trasero, pero no estaba falta de encanto. Gracias a su carrocería *fastback,* la distancia entre ejes aumentó de 2440 a 2670 mm, lo que permitió más espacio sobre las cabezas de los pasajeros que viajaban en el asiento trasero. Con la presentación de este 2+2 plazas, Jaguar también ofrecía por primera vez la posibilidad de adquirir el E-Type con cambio automático.

Modelo: *Jaguar E-Type Serie 2*
Cilindrada/Cilindros: *4235 cm³/6 cilindros*
CV/kW: *265/194,1*
Período de fabricación: *1968-1971*
Unidades fabricadas: *18 820*

Jaguar E-Type Serie 3

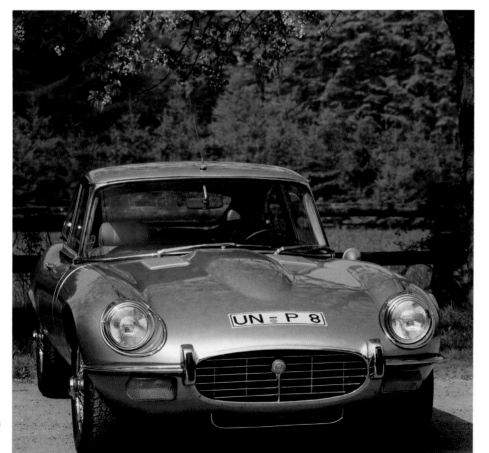

En marzo de 1971, los seguidores del E-Type veían su particular sueño hecho realidad: por fin se alojaba bajo el largo capó de este deportivo un motor con 12 cilindros en V y 5,3 litros de cilindrada. El paso de seis a doce cilindros era algo más que una asignatura pendiente: Jaguar no podía permitirse despegarse de una competencia que desde hacía tiempo incorporaba enormes aumentos de potencia en sus motores. Sin embargo, lo que sí molestó un poco a los aficionados fue la decisión de alargar la distancia entre ejes, ahora de 2670 mm. Ello repercutió negativamente en el aspecto del cabrio, aunque la gente se acostumbró. Por otro lado, las estadísticas muestran que el 87% de los E-Type fabricados se destinó a la exportación, mientras que el resto circulaba por las calles británicas.

Modelo: *Jaguar E-Type Series 3*
Cilindrada/Cilindros: *5354 cm³/12 cilindros*
CV/kW: *276/202,2*
Período de fabricación: *1971-1974*
Unidades fabricadas: *15 287*

aguar E-Type Serie 3

 legendario E-Type, que en su último año de producción sólo se bricó en la versión *roadster,* desempeñó un buen papel durante da su carrera, no sólo en las calles y carreteras, sino también en s circuitos de competición. Su primer triunfo lo cosechó en 1961, ıando Graham Hill ganó una carrera en el circuito de Oulton Park. oco después, el E-Type también siguió acaparando la atención en rands Hatch y Silverstone. Los éxitos deportivos hicieron aumenr enseguida las ventas, sobre todo en Estados Unidos. Allí, a finas de la década de 1960, el E-Type tuvo que acatar las severas noratívas de emisiones de gases y contentarse con una reducción de potencia del motor. Era comprensible que sobre todo los fans stadounidenses de Jaguar esperasen con anhelo el doce cilindros.

odelo:	*Jaguar E-Type Serie 3*
ilindrada/Cilindros:	*5354 cm³/12 cilindros*
V/kW:	*276/202,2*
eríodo de fabricación:	*1971-1974*
nidades fabricadas:	*15 287*

Jaguar XJ 6

La presentación de la primera generación de la serie XJ tuvo lugar el 26 de septiembre de 1968, la víspera del Motor Show de Londres. Desde una perspectiva histórica, Jaguar inició ese día una nueva época. El diseño de esta limusina de belleza atemporal es en gran parte obra de Sir William Lyons, fundador y a la sazón director de la casa Jaguar. La denominación XJ, que originalmente sólo era de uso interno, era un acrónimo de «eXperimental Jaguar». La prensa británica se entusiasmó con el nuevo modelo y lo alabó por todo lo alto. Los atributos tradicionales del Jaguar como el estilo, la línea deportiva, la potencia y el confort se unieron en el XJ a una moderna tecnología y a un óptimo funcionamiento. El Jaguar XJ se comercializó con el acreditado motor XK de 4,2 litros y doble carburador, que ofrecía 205 CV.

odelo:	*Jaguar XJ 6*
ilindrada/Cilindros:	*4235 cm³/6 cilindros*
V/kW:	*205/150,2*
eríodo de fabricación:	*1968-1972*
nidades fabricadas:	*78 891*

aguar XJ 6

aguar no tardó en crear una versión del XJ con una cilindrada de 2,8 litros destinada exclusivamente al mercado europeo, donde era habitual gravar fiscalmente la cilindrada. Esta ariante de motor suministraba 182 CV. Todos los modelos XJ estaban equipados con suspensión independiente, carrocería autoportante y frenos de disco. La denominación XJ 6 e atribuye al motor de seis cilindros que impulsaba al vehículo. Los entendidos distinguen s variantes del modelo XJ por algunas de sus características. Así, la serie I (de 1968 a 973) destacaba por tener la rejilla del radiador particularmente alta, mientras que la serie II de 1973 a 1979) disponía de parachoques delantero y trasero algo más elevados y, por onsiguiente, una disposición de rejilla y faros diferente.

Modelo:	*Jaguar XJ 6*
Cilindrada/Cilindros:	*2791 cm³/6 cilindros*
CV/kW:	*182/133,3*
Período de fabricación:	*1968-1972*
Unidades fabricadas:	*78 891*

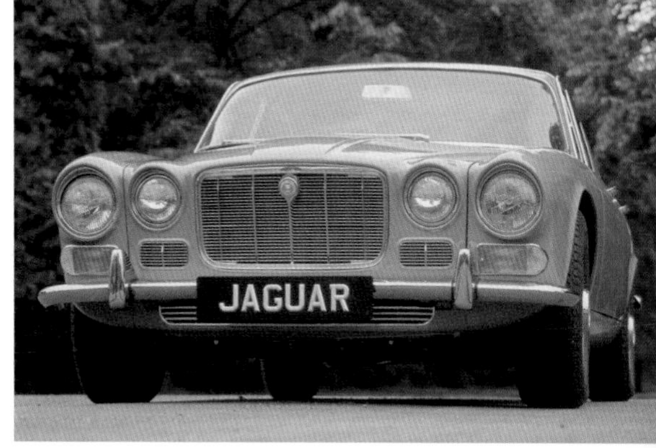

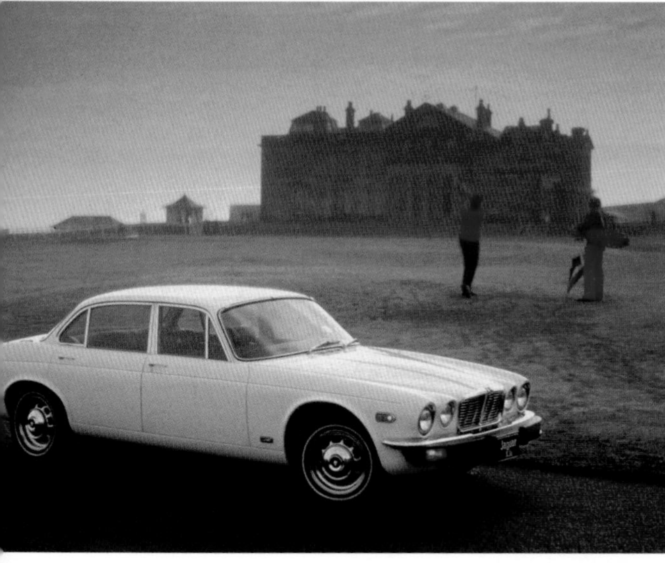

Jaguar XJ 6

Cuando se empezó a producir en 1973 la segunda generación del XJ, se habían introducido algunas modificaciones exteriores y un interior completamente nuevo. Todos los instrumentos e interruptores se agrupaban ahora delante del volante, en el campo de visión del conductor. Con la tercera serie XJ (de 1979 a 1992) volvieron a implementarse algunas leves modificaciones, tanto en la parte delantera como en la zaga, en las que colaboró el estudio de diseño Pininfarina: los pasajeros traseros disfrutaban ahora de un techo más alto. Con las consecutivas actualizaciones del modelo, el Jaguar XJ 6 era cada vez mejor. La versión de 4,2 litros se comercializó hasta 1986, mientras que la de 2,8 dejó de fabricarse en 1973 y fue sustituida por la nueva de 3,4 litros, a la venta hasta 1979.

Modelo:	*Jaguar XJ 6*
Cilindrada/Cilindros:	*4235 cm³/6 cilindros*
CV/kW:	*248/181,6*
Período de fabricación:	*1973-1986*
Unidades fabricadas:	*---*

Jaguar XJ-S Coupé

En el marco de la actualización de sus modelos, Jaguar presentó en 1974 el XJ-S Coupé, un coche llamado a seguir los pasos del legendario E-Type. Sin embargo, este cupé, cuya producción en serie comenzó en 1976, no consiguió eclipsar a la berlina debido a su aspecto un tanto pesado. A pesar de tener un motor de 12 cilindros en V, se echaba en falta el habitual carácter deportivo del mítico E-Type. Con una velocidad punta de 240 km/h, el XJ-S Coupé no tardó en salir de nuevo al mercado en una versión de seis cilindros, pero no consiguió ganarse el puesto de éxito de ventas. Lo mismo ocurrió con el lujoso modelo cabriolé con capota eléctrica. Actualmente, estos modelos que en su tiempo nadie quería tener se han convertido en clásicos dignos de las mejores colecciones.

Modelo:	*Jaguar XJ-S Coupé*
Cilindrada/Cilindros:	*5343 cm^3/12 cilindro*
CV/kW:	*287/210,2*
Período de fabricación:	*1975-1981*
Unidades fabricadas:	---

Lotus Seven Serie 1

Colin Chapman, el famoso constructor y fabricante de deportivos y coches de competición Lotus, llevaba desde 1947 construyendo un pequeño deportivo basado en el legendario Austin Seven. El éxito le llevó en 1957 a convertir su pequeña empresa en una auténtica fábrica y a iniciar la producción en serie. Como en Inglaterra se pagaban menos impuestos por los coches vendidos por piezas, Chapman también comercializó su Lotus Seven en forma de kit. Los compradores que no tenían los conocimientos técnicos suficientes, pero que no querían renunciar al disfrute de un Lotus Seven, podían adquirir ya montado este ligero biplaza con carrocería de aluminio. En ulteriores versiones, Chapman sustituyó la estructura de metal ligero por una carrocería de plástico.

Modelo:	*Lotus Seven Serie 1*
Cilindrada/Cilindros:	*1172 cm^3/4 cilindros*
CV/kW:	*40/29,3*
Período de fabricación:	*1957-1970*
Unidades fabricadas:	---

.otus Europa

:n 1966, Colin Chapman ocultó un propulsor de cuatro cilindros bajo la extremadamente sa (1100 mm) carrocería de plástico de un nuevo deportivo con motor central y presentó l resultado a la prensa especializada con el nombre de Lotus Europa. El motor que impul- aba al Europa a una velocidad de 175 km/h en su primera fase de desarrollo procedía del Renault R 16. Versiones ulteriores se beneficiaron de un motor Ford que aceleraba al livia- o automóvil hasta los 200 km/h. El Europa no era precisamente una belleza ni entraba en l grupo de coches de uso cotidiano. De hecho, se había fabricado única y exclusivamen- e como «máquina de conducir» destinada al disfrute de sus propietarios.

Modelo:	*Lotus Europa*
Cilindrada/Cilindros:	*1470 cm³/4 cilindros*
CV/kW:	*78/57,1*
Período de fabricación:	*1967-1975*
Unidades fabricadas:	*9230*

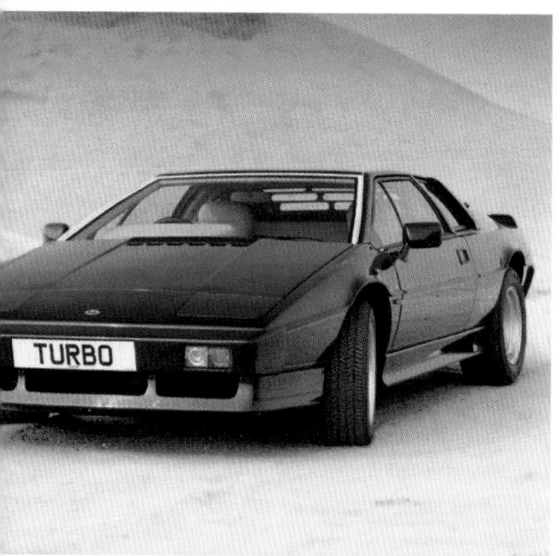

Lotus Esprit S 1

Presentado al público en 1975 y fabricado desde 1976, el Esprit era de una naturaleza completamente distinta de las máquinas que Lotus acostumbraba a fabricar. Su línea angulosa se basaba en un diseño concebido por Giorgio Giugiaro. El croquis de este deportivo de silueta acuñada apenas sufrió modificaciones para su adaptación a la producción en serie. Lotus ubicó el propulsor –un cuatro cilindros con tecnología de 16 válvulas– por delante del eje trasero. Este deportivo de motor central construido sobre un chasis de soporte central y con carrocería de plástico alcanzaba velocidades de hasta 210 km/h a un vivaz régimen de 6200 revoluciones. Casi dos terceras partes de la producción se exportaron a Estados Unidos, mientras que el resto de unidades circuló sobre todo por carreteras inglesas.

Modelo:	*Lotus Esprit S 1*
Cilindrada/Cilindros:	*1974 cm³/4 cilindros*
CV/kW:	*160/117,2*
Período de fabricación:	*1975-1980*
Unidades fabricadas:	*718*

ΛG B

l MG A fue sustituido en 1962 por el modelo MG B. Este deporti- ɔ descapotable con carrocería autoportante también apareció, tres ños después, en la preciosa versión cupé con carrocería *fastback*. n 1968, mientras MG iniciaba la fabricación de la gran berlina Mag- ette, el MG B obtenía cifras de producción récord junto con el equeño Midget. Ambos modelos también participaron en compe- ciones deportivas, donde sobre todo el MG B cosechó frecuentes iunfos. Equipado con un motor de cuatro cilindros, tuvo una sali- a comercial muy buena. En cambio, de la variante de seis cilindros roducida entre 1967 y 1969 tan sólo se vendieron 900 unidades. n 1974, se equipó con parachoques de plástico. Esta versión se antuvo en el programa de producción de la marca hasta 1980.

odelo:	*MG B*
ilindrada/Cilindros:	*1798 cm³/4 cilindros*
V/kW:	*95/69,6*
eríodo de fabricación:	*1974-1980*
nidades fabricadas:	*—*

Mini-Austin Mini Cooper

Conocido también al principio como Austin Seven, el Mini surg como respuesta a la crisis de Suez de 1956, cuando sólo se ve futuro para los vehículos pequeños. Celebrado con entusiasmo p la prensa y rechazado en un primer momento por el público, el M tuvo que ganarse a pulso su aceptación (debutó al tiempo que Austin Seven 850 y el Morris Mini Minor 850). Su diseño era insó to. A pesar de su carrocería autoportante de dimensiones ajustad (2030 mm entre ejes y 3050 de longitud), un motor transversal c cuatro cilindros (848 cm³ y 35 CV) y tracción delantera, este vehíc lo revolucionaría el mundo de los pequeños utilitarios. Issigonis co siguió su objetivo de construir un automóvil popular de bajo cos

Modelo: *Mini-Austin Mini Cooper*
Cilindrada/Cilindros: *997 cm³/4 cilindros*
CV/kW: *56/41*
Período de fabricación: *1961-1969*
Unidades fabricadas: *101 242*

Mini-Morris Mini Cooper

El constructor del Mini, distinguido posteriormente con el título de Sir, no contaba con que su coche también daría que hablar en el mundo de la competición poco después de su debut. Sin embargo, la imagen de esta minúscula máquina se extendió gracias a la tenacidad de John Cooper, sobre todo en las versiones deportivas del modelo Cooper fabricadas entre 1961 y 1971. La familia Mini, que en el transcurso de los años creció hasta contar con un prolífico abanico de modelos, también viajó a Centroeuropa. El primer importador que contribuyó a su propagación fue A. Brüggemann. Con un precio calculado en función del VW Escarabajo (que costaba 4600 marcos), el Mini se adquiría a partir de los 5200 marcos, pero por ese precio se obtenía un coche que huía claramente de los cánones convencionales.

Modelo: *Mini-Morris Mini Cooper*
Cilindrada/Cilindros: *997 cm³/4 cilindros*
CV/kW: *56/41*
Período de fab.: *1961-1969*
Unidades fabricadas: *101 242*

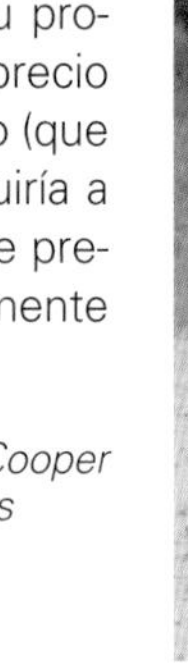

Mini-Morris Mini Cooper S

El Mini apenas ha cambiado de aspecto a lo largo de sus 40 años de historia, y más de 5,3 millones de compradores han quedado cautivados por su gracioso diseño. Una década después de la presentación del modelo, se vio que no tenía sentido venderlo simultáneamente como Austin Mini y Morris Mini, y finalmente se acabó adoptando la denominación Mini como nombre de marca único. En el año 2000, al despedirse la primera generación del Mini con el modelo especial Final Edition, la versión furgoneta de este clásico inmortal todavía circulaba por las calles. Todos celebran hoy que Sir Alec Issigonis acabara en su día con las convenciones de la producción automovilística y desarrollara un modelo que ha servido de inspiración para todos los compactos y pequeños utilitarios modernos.

Modelo: *Mini-Morris Mini Cooper S*
Cilindrada/Cilindros: *970 cm³/4 cilindros*
CV/kW: *65/47,6*
Período de fabricación: *1963-1971*
Unidades fabricadas: *45 438*

ʼlorgan 4/4

a firma británica Morgan llevaba tiempo construyendo triciclos deportivos cuando en 936 completó su oferta con un automóvil «normal» de cuatro ruedas. El nuevo modelo e llamó 4/4 por el número de ruedas y cilindros, y se conservó la suspensión delantera dependiente, de comprobada eficacia desde 1910, con bujes guiados de desplazamien-) vertical. Morgan se mantuvo fiel a esta tecnología cuando presentó en 1961 la cuarta eneración del superventas 4/4. El motor que funcionaba bajo el capó seguía siendo de ord y se ofrecía en tres versiones diferenciadas por su potencia. Un digno propietario de n Morgan no sólo tenía que haber pasado por una larguísima lista de espera: este auto- ıóvil personificaba el puro recreo en la conducción y no era apto para el uso cotidiano.

lodelo: *Morgan 4/4*
ilindrada/Cilindros: *1498 cm³/4 cilindros*
V/kW: *64/46,8*
eríodo de fabricación: *1962-1967*
nidades fabricadas: ---

ʼlorgan Plus 8

a aparición del Morgan Plus 8 dejó boquiabiertos a los seguidores de la marca. Este oche, presentado en 1968, estaba provisto de un vigoroso motor de 8 cilindros en V de casa Rover. La construcción en aleación ligera de este moderno motor de 3,5 litros e cilindrada y sus escasos 850 kilogramos de peso abrían nuevos horizontes a los conduc- ›res: por fin podían romper el mágico límite de los 200 km/h. Para poner el vehículo a la tura de este aumento de potencia y proporcionarle un buen comportamiento en marcha, distancia entre ejes se alargó ligeramente y se amplió el ancho de vía hasta 1260 mm. as llantas de aleación ligera y elegante diseño, de serie, eran el signo distintivo por el que s entendidos identificaban de lejos al Plus 8.

lodelo: *Morgan Plus 8*
ilindrada/Cilindros: *3532 cm³/8 cilindros*
V/kW: *184/134,8*
eríodo de fabricación: *a partir de 1968*
nidades fabricadas: ---

Morgan Plus 4

En muy raras ocasiones tenía Morgan motivos para realizar modificaciones en el diseño de sus coches, como sucedió con el soporte de madera que sostenía la carrocería y que se pudría con el paso de los años. De la misma manera, tras el paso del radiador plano al redondeado (1955), la carrocería únicamente se sometió a algunos retoques insignificantes. Desde 1937, Morgan también fabricó el 4/4, que hasta entonces sólo estaba disponible en el modelo biplaza, en una versión para cuatro ocupantes. Esta tradición se mantuvo hasta la aparición del modelo + 8, aunque pocos fueron los entusiastas que optaron por esta posibilidad. No es de extrañar, ya que la parte trasera de este cuatro plazas no era demasiado elegante, sobre todo cuando circulaba con la capota plegada.

Modelo: *Morgan Plus 4*
Cilindrada/Cilindros: *2138 cm³/4 cilindros*
CV/kW: *105/77*
Período de fabricación: *1950-1958*
Unidades fabricadas: ---

Triumph TR 4

Cuando al anciano TR3 le llegó la hora de elegir un sucesor, Triumph no tenía motivos para desprenderse de su sólido chasis cuadrangular. En cambio, sí se hizo necesario realizar una serie de correcciones visuales, por lo que se encargó el proyecto de la carrocería al diseñador Giovanni Michelotti. Además, para que el nuevo modelo, llamado TR 4, pudiera introducirse con éxito en el mercado estadounidense, había que tener en cuenta las normativas de dicho país. Ello afectaba sobre todo a la altura y disposición de los faros. El TR 4, que fue el primer coche británico con cambio completamente sincronizado, era algo más ancho que su predecesor.

Modelo:	*Triumph TR 4*
Cilindrada/Cilindros:	*1991 cm^3/4 cilindros*
CV/kW:	*100/73,2*
Período de fabricación:	*1961-1967*
Unidades fabricadas:	*71 665*

Triumph TR 6

El TR 6, presentado a principios del año 1969, se inspiraba sin du en la carrocería desarrollada para el TR 4. Originalmente proyect da en Italia por Michelotti, Karmann la sometió a una serie de car bios para el TR 6 en Alemania. No se pudieron efectuar much mejoras, pues la carrocería, por razones económicas, tuvo qu adaptarse al anticuado chasis cuadrangular. Triumph equipó el TR con un salpicadero de madera veteada con los cantos redonde dos por motivos de seguridad y acolchó el cubo del volant Sin embargo, el cambio más importante y lo que hacía al TR 6 m interesante para los entusiastas fue el paso del motor de cuatro seis cilindros. Ahora, los 143 CV de potencia impulsaban el coc a una velocidad de 200 km/h.

Modelo:	*Triumph TR 6*
Cilindrada/Cilindros:	*2498 cm^3/6 cilindros*
CV/kW:	*143/104,7*
Período de fabricación:	*1969-1976*
Unidades fabricadas:	*94 619*

Alfa Romeo Giulietta Spyder

Ya en 1959 presentó Alfa Romeo en Mo za la segunda y actualizada generación d Giulietta Sprint. El nuevo modelo mostrac en el circuito fue optimizado nada menc que por Giorgetto Giugiaro, quien a la saz todavía estaba empleado por Berton El Spyder, que era técnicamente idéntico Sprint, se benefició de las modificacione del modelo y en 1962 obtuvo un motor c cuatro cilindros con un cubicaje aumentac a 1,6 litros. La atractiva silueta del Spyd surgió de la mesa de dibujo de Pininfarin El equipamiento de serie incluía una capo plegable de fácil manejo que ofrecía ur cierta protección. Así, quien quisiera un ai lamiento perfecto, podía hacerse con u techo desmontable duro *(hardtop)* paganc un precio extra.

Modelo:	*Alfa Romeo Giulietta Spyder*
Cilindrada/Cilindros:	*1570 cm^3/4 cilindr*
CV/kW:	*112/82*
Período de fabricación:	*1955-1965*
Unidades fabricadas:	*26 346*

Alfa Romeo 2600 Spyder

Los modelos de la serie 2600 eran de una clase superior a la berlina Giulia. Formalmente, los distintos 2600 se basaban en los modelos de la precedente serie 2000. Sin embargo, bajo el capó de este coche (igualmente disponible en versiones berlina, Sprint y Spyder) trabajaba esta vez un motor de seis cilindros en línea que proporcionaba una potencia de hasta 145 CV, adecuada a su medida. El coche alcanzaba unos impresionantes 145 km/h en su versión *spyder,* que era la más atractiva. La carrocería del Spyder era obra de la casa Touring y se realizó con una construcción de poco peso. Antes de que este carrocero tuviera que cerrar repentinamente las puertas de su negocio, le dio tiempo a dar los últimos retoques a la versión sin capota, ya por aquel entonces difícil de ver.

Modelo: *Alfa Romeo 2600 Spyder*
Cilindrada/Cilindros: *2584 cm³/6 cilindros*
CV/kW: *145/106,2*
Período de fabricación: *1962-1968*
Unidades fabricadas: *2555*

Alfa Romeo Giulia 1600

Con el tiempo, la fábrica de Portello se le fue quedando pequeña a la creciente Alfa Romeo, motivo por el cual adquirió en 1961 un nuevo centro de producción, la factoría de Arese, en los alrededores de Milán. Un automóvil genial de grandes dimensiones estaba a punto de marcar otro hito en la historia de la empresa, pues el Giulia esperaba a su fabricación en serie. Al principio costó habituarse al aspecto de este cuatro puertas, pero ello no impidió que su producción se prolongase durante seis años y que su fascinante ingeniería causara furor. Sus prestaciones en marcha eran de un carácter marcadamente deportivo, y su carrocería brillaba con un coeficiente Cw de 0,34, algo insólito a inicios de la década de los 60.

Modelo: *Alfa Romeo Giulia 1600*
Cilindrada/Cilindros: *1570 cm³/4 cilindros*
CV/kW: *92/67,4*
Período de fab.: *1962-1968*
Unidades fabricadas: ---

Alfa Romeo Giulia Sprint 1300 GT Junior

En 1962 apareció otro automóvil trascendental en la historia de Alfa Romeo: el Giulia. Su fabricación se desarrolló en el flamante centro de producción de Arese. Bajo el capó de esta limusina aerodinámicamente innovadora trabajaba un motor de aleación ligera de 1,6 litros con dos árboles de levas en culata. A partir de 1963 y de 1966, a la berlina de cuatro puertas se le añadieron las versiones cupé y *spyder* de nuevo diseño. El Giulia Sprint GT pronto recibió el apodo «Bertone» y hasta 1976 aparecieron distintas motorizaciones bien escalonadas. A diferencia de la denominación de modelo «Sprint» (es decir, una carrera de corta distancia), este bonito cupé demostró ser un gran éxito con sus 15 años de fabricación en numerosas motorizaciones.

Modelo: *Alfa Romeo Giulia Sprint 1300 GT Junior*
Cilindrada/Cilindros: *1290 cm³/4 cilindros*
CV/kW: *80/58,6*
Período de fabricación: *1962-1968*
Unidades fabricadas: *aprox. 222 000*

Alfa Romeo Giulia Sprint GTA

En 1965 comenzó el GTS a conquistar los circuitos de Europa. El GTA (Gran Turismo Allegeritta) era un coche de competición de pura raza bajo el aspecto de un Bertone. La abreviatura del exitoso turismo de competición se refería a la ligereza de su construcción, dado que tenía una carrocería de aluminio. Bajo su piel liviana se alojaba una tecnología de competición que impresionaba a todos los aficionados: dos bujías encendían la mezcla en cada uno de sus cuatro cilindros. Este sistema sigue siendo actualmente el responsable del brío de los modernos motores *twin-spark*. En el palmarés del GTA se cuentan, además de incontables victorias y títulos nacionales, nada menos que seis campeonatos europeos de turismos.

Modelo: *Alfa Romeo Giulia Sprint GTA*
Cilindrada/Cilindros: *1570 cm³/4 cilindros*
CV/kW: *115/84,2*
Período de fabricación: *1965-1970*
Unidades fabricadas: ---

Alfa Romeo Spyder

Con el debut en 1966 de un nuevo Spyder, Alfa Romeo daba perfecta continuidad a la tradición iniciada por el antiguo Giulietta Spyder, pero a muchos entusiastas no les resultó fácil acostumbrarse al nuevo diseño. Debido a ello, el Duetto, también llamado Spyder de zaga redondeada, sufrió una transformación de la parte trasera con la actualización del modelo a partir de 1970. El nuevo trasero de aristas redondeadas hacía al Spyder atractivo hasta cierto punto, pero las crecientes cifras de ventas le permitieron sobrevivir. Lo más interesante del coche fue, posiblemente, la gran variedad de motores de entre las que el comprador podía escoger: Spyder 1300 Junior, 1600, 1750 y 2000.

Modelo:	*Alfa Romeo Spyder*
Cilindrada/Cilindros:	*1570 cm³/4 cilindros*
CV/KW:	*92/67,3*
Período de fabricación:	*1966-1982*
Unidades fabricadas:	---

Alfa Romeo Montreal

La década de 1970 comenzó para Alfa Romeo con toda una sensación: la llegada del espe
tacular deportivo de 8 cilindros en V llamado Montreal, cuya silueta salió de las manos d
estilista de Bertone Marcello Gandini. El Montreal era una evolución de un coche co
motor central presentado en 1967 y que sólo necesitaba algo de tiempo para pasar de pr
totipo de competición a deportivo urbano lúdico. Este cupé, provisto de un motor de ale
ción ligera con dos árboles de levas en culata por bancada de cilindros, rodaba sobre una
deportivas llantas de aleación ligera e intentaba responder a las demandas de aquello
compradores que buscaban una alternativa al Porsche o al Ferrari Dino. En contra de toda
las expectativas, el coche se vendió no sin dificultades.

Modelo:	*Alfa Romeo Montreal*
Cilindrada/Cilindros:	*2593 cm³/8 cilindros*
CV/kW:	*200/146,5*
Período de fabricación:	*1970-1975*
Unidades fabricadas:	*3925*

Autobianchi Bianchina Cabriolet

La marca italiana Bianchi, refundada en 1955 junto con Fiat y el fabricante de neumático
Pirelli bajo el nombre de Autobianchi SpA, se especializó en la fabricación de pequeños ut
litarios basados en los diseños de los modelos 500 y 600 de Fiat. La aparición de
Bianchina Special Cabriolet significó en 1960 el debut del vehículo más lujoso y elegant
construido a partir del Fiat 500. Con apenas 3040 mm de longitud, muchos cromados
unas modernas ventanillas de guillotina sin marco, este cabriolé de 2 cilindros, 500 cm
y 21 CV causó sensación desde el principio, y no sólo en Italia. Tampoco le faltó atractiv
a la pequeña versión familiar, el modelo Panoramica, fabricado hasta 1970.

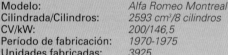

Modelo:	*Autobianchi Bianchina Cabriolet*
Cilindrada/Cilindros:	*500 cm³/2 cilindros*
CV/kW:	*21/15,4*
Período de fabricación:	*1960-1970*
Unidades fabricadas:	*aprox. 9000*

Autobianchi Stellina

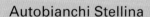

Autobianchi presentó en el Salón de Turín de 1963 el modelo Stellina, una edición lujosa del fiable Fiat 600. Aunque la aerodinámica carrocería biplaza de plástico con morro inclinado hiciera suponer la ubicación del motor bajo el capó delantero, el grupo motriz de cuatro cilindros (767 cm³, 25 CV) y refrigeración por agua de este coche se hallaba en la zaga, como corresponde a un Fiat (la relativamente plana caja que quedaba bajo el capó delantero se podía utilizar como maletero). A pesar de su aspecto veloz, el Stellina solamente alcanzaba una modesta velocidad de 115 km/h. Pocos entusiastas pudieron disfrutar de este automóvil, ya que su producción se abandonó en 1967 al haberse vendido sólo 12 ejemplares.

Modelo:	*Autobianchi Stellina*
Cilindrada/Cilindros:	*767 cm³/4 cilindros*
CV/KW:	*25/18,3*
Período de fabricación:	*1963-1967*
Unidades fabricadas:	---

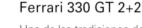

ino 246 GT

rrari había presentado en el Salón del ıtomóvil de París de 1965 el prototipo un pequeño deportivo con motor cenıl de 6 cilindros en V. Al final, y después constantes mejoras, su fabricación en rie comenzó en 1967. Primero se llamó no 206 GT, del que solamente se consıyeron 150 unidades hasta 1969. El verdero éxito no le llegó a este cupé hasta segunda edición, el Dino 246 GT, prosto de más potencia. Tras someterlo a tensas pruebas, la prensa italiana vio en te coche con carrocería Pininfarina un rio competidor del Porsche 911. Como s prestaciones de ambos coches eran ácticamente idénticas, Alemania se mó muy pronto al auge de la alternativa liana.

odelo:	*Dino 246 GT*
lindrada/Cilindros:	*2418 cm³/6 cilindros*
/kW:	*190/139,2*
ríodo de fabricación:	*1969-1974*
nidades fabricadas:	*3883*

Ferrari 250 GTO

Con el 250 GTO (Gran Turismo Omologatto), Ferrari puso a la venta un coche destinado a transitar por las vías públicas, pero que donde realmente se sentía a gusto era en competición. Por un lado, era el resultado de una clara evolución del 250 GT Berlinetta; por otro, su construcción miraba de reojo al deportivo Testa Rossa. Al igual que éste, el motor del 250 GTO se alojaba de pleno sobre un bastidor tubular. Ello era posible porque el grupo motriz podía prescindir del cárter de aceite gracias a una lubricación por cárter seco. De esta disposición se benefició principalmente la carrocería, ya que el diseñador Pininfarina sacó provecho de esta técnica creando un cuerpo relativamente plano y aerodinámico.

Modelo:	*Ferrari 250 GTO*
Cilindrada/Cilindros:	*2953 cm³/12 cilindros*
CV/kW:	*300/219,8*
Período de fab.:	*1962-1964*
Unidades fabricadas:	*36*

Ferrari 330 GT 2+2

Una de las tradiciones de la casa Ferrari consistía en convocar cada mes de enero una rueda de prensa para presentar las novedades de la temporada. Sin embargo, la prensa no se mostró muy eufórica en 1964 con el nuevo 330 GT. En su opinión, el coche presentaba un aspecto orondo. De hecho, su diseño no tenía nada especial que ofrecer, incluso era demasiado formal para un Ferrari. Al renunciar en la segunda serie a los aparatosos faros dobles delanteros, este cupé de cuatro plazas adquirió un aspecto mucho más elegante y los entusiastas recompensaron este gesto con una lluvia de pedidos. Actualmente, la opinión generalizada apunta a que, si bien el 330 GT no era un verdadero deportivo, cumplía con excelencia su faceta de coche de largo recorrido.

Modelo:	*Ferrari 330 GT 2+2*
Cilindrada/Cilindros:	*3967 cm³/12 cilindros*
CV/kW:	*300/219,8*
Período de fabricación:	*1964-1967*
Unidades fabricadas:	*1085*

errari 330 GTC

ɔs estadounidenses siempre fueron unos forofos de las máquinas deportivas de Ferrari. cogían con furor la aparición de cada nuevo modelo, la revista *Road & Track* escribió en ıa ocasión: «Cualquier amante de la conducción se merece al menos uno». Un entusiaso semejante reflejó la publicación *Car and Driver,* que tras un intenso test con el Ferrari 30 GTC dio en el clavo con las siguientes palabras: «Pisa el embrague, gira la llave y pisa ɔn dulzura y tensión el acelerador». Quien siguió estas instrucciones pudo apreciar que el 30 GTC no era un inocente cupé, sino un verdadero deportivo. La corta distancia entre es se traducía en una perfecta facilidad para manejar un coche que alcanzaba los 242 km/h.

lodelo:	*Ferrari 330 GTC*
ilindrada/Cilindros:	*3967 cm³/ 12 cilindros*
V/kW:	*300/219,8*
eríodo de fabricación:	*1966-1968*
nidades fabricadas:	*604*

Ferrari 330 GTS Zagato

Modelo:	*Ferrari 330 GTS Zaga*
Cilindrada/Cilindros:	*3967 cm^3/12 cilindros*
CV/kW:	*300/219,8*
Año de fabricación:	*1968*
Unidades fabricadas:	*ejemplar único*

Junto a las versiones cupé 330 GT 2+2 y 330 GTC, Ferrari también lanzó este modelo al mercado en la variante *spyder* (330 GTS). Desgraciadamente, esta versión de fábrica, con carrocería diseñada por Pininfarina, no se contaba entre sus vehículos más excitantes; le faltaba gracia. Otro diseñador, Zagato, aprovechó la ocasión para resolver el problema a su manera y concibió un modelo con techo tipo targa. A pesar de que este sistema de construcción permitía desmontar a voluntad la parte central del techo, la variante de Zagato no podía convertirse en un descapotable completo. Para que la parte del techo armonizase con la estética del coche en su conjunto, se tensó un poco más el trazado de la parte frontal.

Modelo:	*Ferrari 275 GTB*
Cilindrada/Cilindros:	*3286 cm^3/12 cilindro*
CV/kW:	*280/205,1*
Período de fab.:	*1964-1966*
Unidades fabricadas:	*472*

Ferrari 275 GTB

Después de que el modelo 250 GT dejara de fabricarse en 1962, los entusiastas de Ferrari tuvieron que esperar dos años para ver la aparición de un nuevo deportivo. El 275 GTB fue presentado en 1964. Concebido como «berlinetta» (así llamaban en Italia a los cupés compactos), este modelo mostraba unas líneas claramente definidas firmadas por el gran diseñador Pininfarina. El Ferrari 275 GTB se podría definir como una máquina deportiva exigente y sin complejos destinada a conductores enérgicos, como demuestra la aparición de algunas unidades entre los participantes de la Targa Florio o Le Mans. Con el 275 GTB salía de fábrica el primer Ferrari con suspensión trasera independiente y caja de cambios Transaxle trasera.

Modelo:	*Ferrari 275 GTB-N.A.R.T. Spyder*
Cilindrada/Cilindros:	*3286 cm^3/12 cilindros*
CV/kW:	*300/219,8*
Período de fabricación:	*1966-1968*
Unidades fabricadas:	*10*

Ferrari 275 GTB-N.A.R.T. Spyder

Al poco tiempo de su aparición, el nuevo Ferrari 275 GTB se sometió a su primera gra modificación. El motivo era la pérdida de peso del morro a velocidades superiores 200 km/h. En marcha por carretera se mostraba inestable y requería la máxima concentración del conductor, así como permanentes correcciones de dirección. Finalmente, el problema se solventó con un truco estético en forma de alargamiento de la parte frontal. Pero el morro alargado no sólo mejoraba la estabilidad, sino que también otorgab un aspecto más interesante a este deportivo de pura sangre. Ferrari también fabricó el 275 GTB en una versión *spyder,* pero dándole un estilo totalmente distinto. Otro *spyde* muy interesante, también autorizado por la marca, nació en Estados Unidos de la man del importador local de Ferrari Luigi Chinetti, quien llamó a su creación 275 GTB-N.A.R. Spyder.

Modelo: *Ferrari 365 GTS/4*
Cilindrada/Cilindros: *4390 cm³/12 cilindros*
CV/kW: *352/257,9*
Período de fabricación: *1969-1973*
Unidades fabricadas: *121*

Ferrari 365 GTB/4

En 1967, tres Ferrari P-4 de competición atravesaron juntos la línea de meta en la carrera de Daytona Beach, en Florida. Cuando en el otoño del año siguiente se presentó un nuevo deportivo, los periodistas todavía guardaban aquella victoria en la memoria y bautizaron al recién llegado simplemente como «Daytona». Para la casa, el grandioso doce cilindros respondía a la abreviatura 365 GTB/4. La cifra 365 definía, como era costumbre en Ferrari, el cubicaje de cada uno de los cilindros, lo que hacía un total de 4,4 litros de cilindrada. GTB era el acrónimo de Gran Turismo Berlinetta, mientras que el número cuatro se refería a la cantidad de árboles de levas en culata. El titánico motor de doce cilindros que lo impulsaba a la impresionante velocidad punta de 275 km/h estaba alimentado por seis carburadores dobles.

Modelo: *Ferrari 365 GTB/4*
Cilindrada/Cilindros: *4390 cm³/12 cilindros*
CV/kW: *352/257,8*
Período de fabricación: *1968-1973*
Unidades fabricadas: *1245*

Ferrari 365 GTS/4

Sin duda, el 365 GTB/4 fue uno de los deportivos más bellos y veloces que Ferrari puso sobre cuatro ruedas en los años 60. Todavía en 1979, seis años después de finalizar su producción, un ejemplar de este modelo ocupó el segundo puesto en las legendarias 24 Horas de Daytona. Su revestimiento de chapa fue una vez más obra de Pininfarina. Como elemento decorativo especial, el frontal disponía de una placa continua de plexiglás en la que estaban incorporados los faros y los intermitentes de forma integrada. Desgraciadamente, esta disposición no cumplía las normas estadounidenses, por lo que el coche tuvo que ser equipado con faros escamoteables. A partir de 1969 Ferrari fabricó también el 365 GTB/4 en versión *spyder*, un modelo descapotable conocido como 365 GTS/4.

Fiat Nuova 500

Del «Cinquino», como llamaban cariñosamente los italianos al Fiat 500, lo más importante no eran las prestaciones. Si bien el Nuova Sport, decorado con una llamativa franja lateral, era el representante más veloz de su serie con 105 km/h, este dato no era más que un argumento secundario para su venta. Daba igual el modelo que se eligiera: lo importante era la movilidad. Los detalles en las mejoras, como las puertas con bisagras delanteras –presentes desde 1965–, interesaban al consumidor medio tan poco como las sutiles diferencias entre un 500 D y un 500 F. Este clásico que marcó una época se fabricó durante dieciocho años, de 1957 a 1975. A los 3,3 millones de ejemplares producidos cabe añadir 340 000 unidades fabricadas bajo licencia, en su mayoría entre los años 1972 y 1975.

Modelo: *Fiat Nuova 500*
Cilindrada/Cilindros: *594 cm³/2 cilindros*
CV/kW: *22/16,1*
Período de fabricación: *1957-1975*
Unidades fabricadas: *3 300 000*

Ferrari 365 GTC/4

El 365 GTC/4 de Ferrari fue un tipo raro desde su nacimiento. Cuando apareció, quedó muy pronto a la sombra del gran Daytona 365 GTB/4. Al igual que este, era difícil acostumbrarse a su línea, pero había que probarlo para aprender a valorarlo. Por lo visto, había propietarios de modelos Daytona que se hacían también con un 365 GTC/4 porque las prestaciones eran casi las mismas y era menos problemático. A pesar de que el diseño del GTC/4 estaba firmado por el gran Pininfarina, los seis pilotos traseros y los parachoques integrados en la carrocería no eran del gusto de todos. Por su aspecto, el 365 GTC/4 entraba en el mismo grupo de deportivos que el Lamborghini Jarama, el ISO-Grifo y el Maserati Khamsin, y, al igual que ellos, tampoco llegó nunca a convertirse en un gran éxito.

Modelo: *Ferrari 365 GTC/4*
Cilindrada/Cilindros: *4390 cm³/12 cilindros*
CV/kW: *330/241,8*
Período de fabricación: *1971-1972*
Unidades fabricadas: *480*

Fiat 1500 Spyder

En 1979, con la presentación del 1200 Spyder, Fiat demostró qué se podía hacer con un proyecto de automoción madurado. El principio básico de este coche de motor frontal y tracción trasera era una herencia del tradicional 1100. Sin embargo, el Fiat 1200 tuvo que someterse un año después a una primera actualización para aumentar la potencia del motor. El segundo intento, ya como Fiat 1500, parecía mucho más prometedor: su motor de cuatro cilindros disponía ahora de dos árboles de levas en culata y suministraba una potencia de 80 CV a 6000 RPM. Con la introducción de ulteriores modificaciones, el 1500 evolucionó gradualmente hasta el modelo 1600 S. Dos años antes de dejarse de producir salieron a la venta las versiones cupé de estos modelos.

Modelo:	*Fiat 1500 Spyder*
Cilindrada/Cilindros:	*1481 cm³/4 cilindros*
CV/kW:	*80/58,6*
Período de fabricación:	*1959-1966*
Unidades fabricadas:	*aprox. 34 000*

Fiat 1500

En abril de 1961 debutó en Fiat una nueva gama media, y lo hizo por duplicado: el nuevo coche, reconocible sobre todo por su carrocería lisa sin florituras y por los faros dobles, ampliaba el catálogo con las versiones 1300 y 1500. En cuanto al espacio, los recién llegados no tenían nada que envidiar a los grandes coches de seis cilindros, a pesar de que, por motivos económicos, se había optado por un motor de cuatro cilindros. Aparte de la berlina de cuatro puertas, tanto el 1300 como el 1500 también salieron de fábrica en una versión familiar y un modelo taxi con mayor distancia entre ejes. Por otro lado, la serie venía equipada con una caja de cuatro velocidades totalmente sincronizada. Con las nuevas normas de seguridad, el Fiat 1500 incorporó también un salpicadero de aristas acolchadas.

Modelo:	*Fiat 1500*
Cilindrada/Cilindros:	*1481 cm³/4 cilindros*
CV/kW:	*80/58,6*
Período de fab.:	*1961-1967*
Unidades fabricadas:	*aprox. 600 000*

Fiat 2300 S Coupé

Con el elegante cupé 2300, Fiat puso sobre ruedas una combinación de resultado inmejorable. Su presentación en el Salón del Automóvil de Turín de 1960 atrajo la atención de la prensa especializada. La carrocería diseñada para dos plazas con asiento auxiliar detrás fue creada por el experto carrocero Ghia, quien incorporó un elemento estético singular consistente en una luneta trasera partida en tres tramos que recordaba al diseño de las lunetas panorámicas. Bajo su capó se alojaba de serie un motor de seis cilindros y 105 CV que también fue del agrado del ingeniero de la casa, Carlo Abarth, quien aumentó la potencia sin ninguna dificultad hasta los 136 CV y consiguió que el cupé, llamado ahora 2300 S, alcanzara una velocidad de 190 km/h.

Modelo:	*Fiat 2300 S Coupé*
Cilindrada/Cilindros:	*2279 cm³/6 cilindros*
CV/kW:	*136/99,6*
Período de fabricación:	*1961-1968*
Unidades fabricadas:	---

Modelo: *Fiat 124 Sport Spyder*
Cilindrada/Cilindros: *1438 cm³/4 cilindros*
CV/kW: *90/65,9*
Período de fabricación: *1966-1982*
Unidades fabricadas: *aprox. 130 000*

Fiat 124 Sport Spyder

Entre los años 1959 y 1968, la producción de Fiat aumentó de 425 000 a 1 751 400 vehículos, de los que también se benefició el mercado de la exportación. Este desarrollo positivo se debía, entre otras cosas, a la equilibrada gama de productos que ofrecía. En 1964 se puso a la venta el 850, un vehículo pequeño cuya cilindrada fue aumentando con la aparición de los sucesivos y numerosos modelos. Entre ellos se encontraban el Fiat 125 y el 124, que pronto se convertiría en un coche de ensueño al aparecer en versión *spyder*. Su elegante carrocería sin techo fue diseñada por Pininfarina. El comprador de un 124 no sólo se beneficiaba de la placentera conducción que proporcionaba este modelo, sino que además le salía más barato que un Alfa Romeo Spyder.

Fiat 124 Sport Coupé

Como corresponde a un deportivo, bajo el capó del Fiat 124 trabajaba un moderno motor con dos árboles de levas en culata accionados por correa dentada. Estas características todavía eran poco habituales en la década de 1960, pero se hicieron cada vez más populares. Cuando el 124 debutó en 1966, estaba equipado con un motor de 1,4 litros, pero con el tiempo se aumentó la cilindrada hasta 1,6 y 1,8 litros. La última serie llegó incluso a tener un motor de 2 litros y cinco velocidades que permitía alcanzar una velocidad de 180 km/h. Gran parte de los coches fabricados encontró una buena salida comercial en Estados Unidos, donde los cupé y los *spyder* estaban muy solicitados. Con el fin de cumplir con las estrictas leyes estadounidenses sobre emisiones contaminantes, estos modelos iban equipados con un sistema de inyección Bosch.

Modelo: *Fiat 124 Sport Coupé*
Cilindrada/Cilindros: *1995 cm³/4 cilindros*
CV/kW: *118/86,4*
Período de fab.: *1966-1982*
Unidades fabricadas: *aprox. 130 000*

Fiat 130 Coupé

Después de que Fiat dejara de producir el gran cupé 2300 S en 1968, los entusiastas que buscaban un automóvil de similares características tuvieron que esperar hasta 1971, año en que apareció su sucesor bajo la forma del Fiat 130. Presentaba un aspecto extraordinariamente moderno en el que el gran carrocero Pininfarina incluyó faros delanteros anchos incorporados en la rejilla del radiador. En comparación con el 2300 S, los ocupantes traseros del 130 disfrutaban de más comodidad gracias a su exuberante distancia entre ejes. Por desgracia, la presentación del gran 130 Coupé se produjo en un momento desfavorable: los conductores y potenciales compradores estaban más preocupados por la crisis del petróleo que por hojear folletos de coches de lujo, lo que acabó repercutiendo en las ventas.

Modelo: *Fiat 130 Coupé*
Cilindrada/Cilindros: *3235 cm³/6 cilindros*
CV/kW: *165/120,9*
Período de fabricación: *1971-1977*
Unidades fabricadas: *aprox. 4500*

Fiat X 1/9

Muy pocos fabricantes tienen la valentía de producir en serie un coche concebido en su origen sólo como diseño de estudio. Esto fue lo que ocurrió con el deportivo de motor central Fiat X 1/9. Al principio sólo se trataba de un interesante prototipo firmado por el carrocero Bertone, de cuya fabricación se encargó Fiat a partir de 1972. La base motriz se componía de un motor de cuatro cilindros en línea que permitía al X 1/9 alcanzar una velocidad de hasta 175 km/h. Gracias a este motor, el coche se situaba en un sector relativamente económico, hecho que lo hacía interesante y atractivo para conductores jóvenes. Fiat dejó de producirlo en 1982, pero Bertone continuó su fabricación en solitario hasta 1989.

Modelo: *Fiat X 1/9*
Cilindrada/Cilindros: *1290 cm³/4 cilindros*
CV/KW: *75/55*
Período de fabricación: *1972-1982*
Unidades fabricadas: *aprox. 180 000*

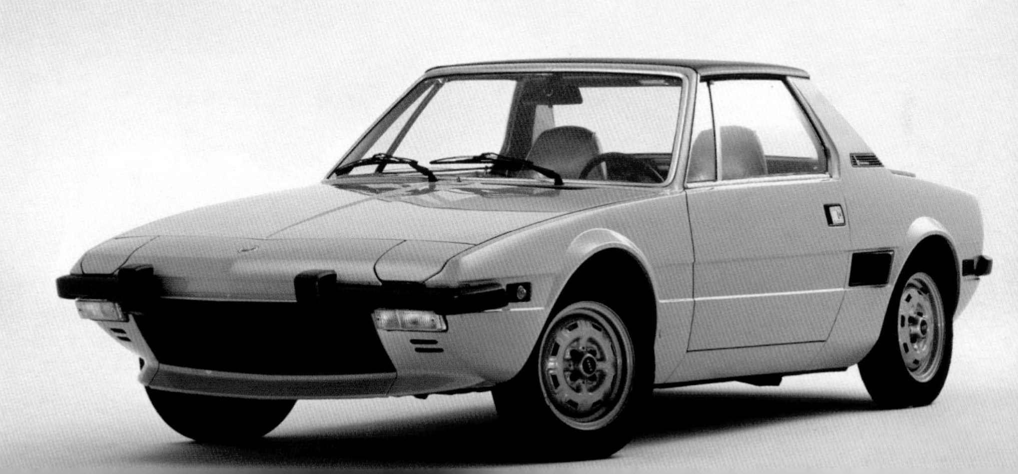

Fiat Dino Spyder

El concepto sobre el que Fiat creó el deportivo Dino Spyder fue realmente sencillo: u chasis desarrollado por Fiat servía de base para una carrocería diseñada por Pininfarin todo ello impulsado por un motor Ferrari que hacía la conducción más amena. La comb nación de estos componentes dio como resultado un interesante automóvil que caus sensación entre la prensa especializada que acudió al Salón de Turín de 1966. Los prob dores dirigieron su atención al motor de 6 cilindros en V con dos árboles de levas en cul ta en cada bancada de cilindros. Este motor era pura ingeniería Ferrari y lanzaba al Din Spyder a velocidades de hasta 210 km/h. La cilindrada aumentó posteriormente hasta lo 2,4 litros; pero este cambio aportó poco, ya que los vehículos de la segunda serie era más pesados.

Modelo:	*Fiat Dino Spyder*
Cilindrada/Cilindros:	*1987 cm³/6 cilindros*
CV/kW:	*160/117,2*
Período de fabricación:	*1966-1972*
Unidades fabricadas:	*aprox. 1580*

Modelo:	*Fiat Dino Coupé*
Cilindrada/Cilindros:	*2418 cm³/6 cilindro*
CV/kW:	*180/131,9*
Período de fabricación:	*1967-1972*
Unidades fabricadas:	*aprox. 4200*

Fiat Dino Coupé

A diferencia del Dino Spyder, Fiat no recurrió a Pininfarina para diseñar la carrocería de la variante cupé, sino a Bertone. Ambos modelos se contaban entre los coches técnicamente más interesantes que el mercado de deportivos ofrecía a finales de los años 60. El motor de 6 cilindros en V alojado bajo el capó era de Ferrari y sirvió como base para la homologación de un nuevo motor de Fórmula 2. El Dino Coupé tenía una distancia entre ejes más larga que el Spyder (2550 y 2280 mm, respectivamente) y requería una conducción realmente forzada. Su respuesta a la aceleración era buena y las mejores prestaciones se producían a regímenes elevados. La potencia del grupo motriz se transmitía al eje trasero mediante una caja de cinco velocidades.

Iso Grifo GL 365

De los pocos modelos producidos por Iso, el Grifo fue sin duda el que más éxitos se apur tó. Esta rara pieza se fabricó con distintos motores que salieron al mercado con las denc minaciones GL 300, GL 350 y GL 365. El único objetivo que perseguía Rivolta con el lar zamiento de estos modelos era competir con Ferrari. A diferencia del «cavallino rampar te» y sus doce cilindros, Rivolta se decantó por motores americanos de 8 cilindros en V d grandes series. Un momento técnicamente brillante se produjo en 1968, cuando s implantó en un Grifo un motor de 8 cilindros en V y 7 litros de cilindrada capaz de lanzar e vehículo hasta los 300 km/h (un Grifo GL 365 «sólo» llegaba a los 270 km/h). Dos años má tarde, el paso de la empresa a manos estadounidenses tras la muerte de Rivolta signific el principio del fin de la marca. El último coche salió de la fábrica en 1975.

Modelo:	*Iso Grifo GL 365*
Cilindrada/Cilindros:	*5354 cm³/8 cilindros*
CV/kW:	*365/267,3*
Período de fabricación:	*1965-1966*
Unidades fabricadas:	---

Iso Grifo GL 365

La verdadera fama de la empresa Iso se debió realmente a la construcción de sus espectaculares coches pequeños, cuya licencia de fabricación vendió a BMW, que produjo el BMW Isetta. Para Renzo Rivolta, propietario de la empresa Iso, esta venta no significó ninguna recesión, sino todo lo contrario. En 1962, la marca presentó un nuevo automóvil denominado Iso Rivolta IR 300. Este cupé, provisto de un motor Chevrolet de 8 cilindros en V, pretendía marcar un hito en la categoría de coches deportivos, pero Rivolta tuvo que esperar un poco más para ver cumplido su sueño. Así, un año más tarde llegó el éxito con el modelo Grifo. El diseño de este cupé se encargó a Bertone, quien no sólo se ocupó de los planos de la carrocería, sino también de la fabricación en sus propias instalaciones.

Modelo:	*Iso Grifo GL 365*
Cilindrada/Cilindros:	*5354 cm³/8 cilindros*
CV/kW:	*365/267,3*
Período de fabricación:	*1965-1966*
Unidades fabricadas:	---

ımborghini 350 GTV

ɪspués de hacerse un nombre en la his-ia industrial de la posguerra con la ɔricación de tractores, quemadores de eite y climatizadores, Ferruccio Lambor-ini fundó en 1963 su empresa automo-ística en Santa Agata. Cuenta la leyenda e Lamborghini, amante de los deporti-s, llamó primero a la puerta de Enzo ·rrari con el fin de sugerirle una serie de ejoras para sus coches. Naturalmente, ıiendo de un fabricante de tractores, ·rrari las rechazó. Como respuesta a la ·gativa, Lamborghini se tomó la revan-a y presentó su primer vehículo de fa-cación propia: el 350 GTV. Así comenzó mito. Nunca nadie antes había imagina-· que las grandes personalidades harían la para comprar un Lamborghini.

ɔdelo: *Lamborghini 350 GTV*
indrada/Cilindros: *3497 cm³/12 cilindros*
'/kW: *360/263,7*
ıo de fabricación: *1963*
ıidades fabricadas: *2*

Lamborghini 350 GT

En el Salón del Automóvil de Ginebra de 1963, Lamborghini presentó su primer coche fabricado en serie, el 350 GT, una evolución del prototipo original. Estaba equipado con un motor V12 con cuatro árboles de levas y 270 CV, con una caja de cinco velocidades, suspensión independiente en las cuatro ruedas y frenos de disco. Gracias a las buenas críticas de la prensa no hubo motivos para introducir grandes cambios en el modelo. El hecho de que la potencia del 350 GT viera su régimen considerablemente reducido con respecto al 350 GTV se justificó aduciendo que ello adaptaba mejor el par motor del vehículo y lo adecuaba al uso cotidiano. La carrocería del 350 GT se elaboró en las instalaciones de Carrozzeria Touring basándose en la técnica Superleggera, un método constructivo de poco peso.

Modelo: *Lamborghini 350 GT*
Cilindrada/Cilindros: *3464 cm³/12 cilindros*
CV/kW: *270/197,8*
Período de fabricación: *1963-1966*
Unidades fabricadas: *143*

ımborghini 400 GT 2+2

ırante el período de fabricación del mo-·lo 350 GT aparecieron 23 unidades de a versión distinta llamada 400 GT por el ımento de la potencia del motor. De ·te cambio se benefició también el ɡuiente modelo de Lamborghini fabrica-· en serie, el 400 GT 2+2. A diferencia de · predecesor, la carrocería ya no era de ıminio, sino de chapa de acero, y en el ɔntal se incorporaron faros dobles. De-ɔo a la completa transformación de la ırte trasera del techo, el espacio del ·iento de atrás dejó de ser tan reducido; ɔ obstante, a pesar de su denominación -2, este modelo era cualquier cosa me-ɔs un cuatro plazas. Por aquel entonces, ıien deseaba adquirir este vehículo ca-ız de alcanzar 250 km/h debía pagar ıos 28 000 euros al cambio actual.

odelo: *Lamborghini 400 GT 2+2*
indrada/Cilindros: *3929 cm³/12 cilindros*
/kW: *320/234,4*
ríodo de fab.: *1966-1968*
ıidades fabricadas: *247*

Lamborghini Miura P 400

En marzo de 1966 se presentó en el Salón del Automóvil de Ginebra el grandioso y flamante Miura, todo un símbolo de una época y el sueño de cualquier entusiasta de los coches deportivos. La historia del nacimiento del Miura (nombre que proviene de la famosa ganadería conocida por la bravura de sus reses) se remontaba a 1964, cuando los ingenieros de Lamborghini Dallara, Stanzani y Wallace presentaron a su director un nuevo chasis donde habían ubicado el motor en posición central. Al año siguiente, este chasis armó un gran revuelo entre los carroceros italianos, porque todos querían vestirlo. Finalmente, la carrocería se adjudicó a Bertone, quien proyectó el croquis definitivo para la fabricación en serie. Todavía hoy se sigue admirando este diseño. Prueba de ello es su inclusión en la lista de iconos del motor del Museo de Arte Moderno de Nueva York.

Modelo: *Lamborghini Miura P 400*
Cilindrada/Cilindros: *3929 cm³/12 cilindros*
CV/kW: *320/234,4*
Período de fabricación: *1966-1969*
Unidades fabricadas: *475*

Lamborghini Miura P 400 S

Acicalado como un deportivo de pura raza, el Miura vendido a partir de marzo de 1967 se diferenciaba de los modelos anteriores, sobre todo por la posición del grupo motriz. Lanzar el Miura con motor central fue una buena decisión y la fama de Lamborghini como forja de espectaculares deportivos se afianzó ostensiblemente. En vista a la enorme demanda, el centro productor tuvo poco tiempo para introducir mejoras. El cambio más importante que experimentó el Miura en el marco de la actualización del modelo fue el incremento de potencia. La serie que se benefició de esta modificación llegó a los concesionarios bajo el nombre de P 400 S. Aparte de la mejora técnica, también se añadió un interior más cuidado, así como la posibilidad de solicitar aire acondicionado.

Modelo:	*Lamborghini Miura P 400 S*
Cilindrada/Cilindros:	*3929 cm³/12 cilindros*
CV/kW:	*370/271*
Período de fabricación:	*1969-1971*
Unidades fabricadas:	*140*

Lamborghini Miura Spyder

En su tercera y última edición (de 1971 1972), los concesionarios tenían listo Lamborghini para los tests en la versió P 400 SV. Con este modelo se había logr do sacar al mercado un V12 con 385 C potencia suficiente para propulsar coche a 290 km/h (muy poco más que lo Miura anteriores). Aparte del modelo fab cado en serie existían también unos cua tos derivados del Miura. Estos coches pr parados en fábrica tenían como finalida servir de tema de conversación en lo foros competitivos. Otra variante, el Miu Spyder, se expuso como coche de expos ción en los salones internacionales, emp zando por el de Bruselas en 1968. Desgr ciadamente, todos estos descendiente no llegaron a la madurez necesaria para s fabricación en serie.

Modelo:	*Lamborghini Miura Spyder*
Cilindrada/Cilindros:	*3929 cm³/12 cilindro*
CV/KW:	*320/234,4*
Año de fabricación:	*1968*
Unidades fabricadas:	*ejemplar único*

Lamborghini Islero

A pesar de su aspecto de serio coche familiar, este modelo no podía ocultar su verdadera identidad: el motor de aluminio con 12 cilindros en V y cuatro árboles de levas, la suspensión independiente en las cuatro ruedas y los frenos de disco lo convertían en un verdadero Lamborghini. Sin embargo, el Islero fue concebido inicialmente como vehículo relativamente cómodo para largos recorridos. A pesar de ser más corto que el 400 GT 2+2, disponía de un habitáculo más amplio y vista panorámica continua. A finales de verano de 1969 salieron los Islero S y GTS, equipados con un interior de lujo, mejoras técnicas en la suspensión y un motor más potente. Estos modelos eran reconocibles por los orificios de ventilación detrás de las ruedas delanteras, los pasos de rueda ligeramente abombados y las ventanillas triangulares fijas incorporadas en las puertas.

Modelo:	*Lamborghini Islero*
Cilindrada/Cilindros:	*3929 cm³/12 cilindro*
CV/kW:	*340/249*
Período de fabricación:	*1968-1969*
Unidades fabricadas:	*225*

Lamborghini Espada

En 1968, Lamborghini puso a la venta el Espada, un vehículo de excepcional diseño inspirado en el Marzal, un prototipo de Bertone de 1967. Combinaba la estética, la potencia y la conducción de un deportivo de gama superior con el confort y el lujo de una berlina de cuatro plazas. A diferencia del Marzal, en el modelo Espada se renunció a las puertas aladas tipo Mercedes-Benz 300 SL previstas originalmente. A pesar de ello, y con sus 250 km/h, el Espada no pasó desapercibido. Con 4730 mm de longitud y 1860 de anchura, su altura era solamente de 1180 mm. Con un gran número de unidades fabricadas pronto se convirtió en el modelo de mayor éxito de la empresa Lamborghini.

Modelo:	*Lamborghini Espada*
Cilindrada/Cilindros:	*3929 cm^3/12 cilindros*
CV/kW:	*350/256,4*
Período de fabricación:	*1968-1978*
Unidades fabricadas:	*1217*

Lamborghini Jarama

El Jarama, sucesor algo más funcional del 400 GT Islero, se creó sobre una chasis completamente nuevo que los ingenieros de Lamborghini desarrollaron a partir del Espada. Esta construcción autoportante de acero albergaba un motor de 12 cilindros en V y cuatro litros de cilindrada justo entre las dos ruedas delanteras, lo que proporcionaba al vehículo un centro de gravedad óptimo, dado que el Jarama era realmente veloz (250 km/h) y ágil. Con un diseño racional e intencionadamente poco espectacular, la prensa calificó este modelo como una visión atrevida de dinamismo y belleza. Unos calificativos aduladores que no se correspondían con lo que se decía en privado, ya que el diseño de este coche no acabó de cuajar entre los amantes de los deportivos.

Modelo:	*Lamborghini Jarama*
Cilindrada/Cilindros:	*3929 cm^3/12 cilindros*
CV/kW:	*350/256,4*
Período de fabricación:	*1970-1976*
Unidades fabricadas:	*327*

Lamborghini Urraco P 250

Con un diseño del famoso carrocero Bertone, el nuevo Urraco P 250, provisto de un motor de 8 cilindros en V y 2,5 litros, atrajo todas las miradas en el Salón del Automóvil de Turín de 1970. La prensa especializada describió el P 250 como una rara y hermosa mezcla de equilibrio, armonía, innovación y pasión. También se podría decir que este Lamborghini fue la respuesta al Ferrari Dino, al Maserati Biturbo o a un Porsche. El centro de producción todavía se dio algo de tiempo antes de fabricarlo en serie, pues los primeros Urraco no aparecieron en el mercado hasta 1972, muchos de ellos en Estados Unidos. Para cumplir con las normas de emisiones contaminantes de este país, los aficionados estadounidenses tuvieron que conformarse con una pérdida de potencia, y su versión (1994 cm^3) sólo alcanzó los 182 CV.

Modelo:	*Lamborghini Urraco P 250*
Cilindrada/Cilindros:	*2462 cm^3/8 cilindros*
CV/kW:	*220/161,2*
Período de fabricación:	*1972-1976*
Unidades fabricadas:	*520*

Lamborghini Countach LP 400

Los inspirados ingenieros de Lamborghini Paolo Stanzani y Marcello Gandini desarrollaron en 1971 un vehículo muy especial: el Countach LP 500, un prototipo inspirado en los coches de competición. Este vehículo, presentado en el Salón del Automóvil de Ginebra, estaba destinado a satisfacer a todos los aficionados del motor que disfrutaban con una conducción de alta velocidad. El LP 500 (prácticamente un único volumen de aluminio en forma de cuña aerodinámica y una enorme estabilidad en carretera) pronto se convertiría en la base de un nuevo modelo en serie, el LP 400, capaz de acelerar de 0 a 100 km/h en cinco segundos. El LP 400 salía de fábrica con una velocidad máxima de 300 km/h, aunque en realidad «solamente» alcanzaba los 290 km/h.

Modelo:	*Lamborghini Countach LP 400*
Cilindrada/Cilindros:	*3929 cm³/12 cilindro*
CV/kW:	*375/274,7*
Período de fabricación:	*1974-1978*
Unidades fabricadas:	*150*

Modelo:	*Lamborghini Countach LP 400*
Cilindrada/Cilindros:	*3929 cm³/12 cilindro*
CV/kW:	*375/274,7*
Período de fab.:	*1974-1978*
Unidades fabricadas:	*150*

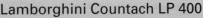

Lamborghini Countach LP 400

Al igual que con el Miura, Lamborghini volvió a marcar la pauta e la fabricación de deportivos con el lanzamiento del Countach. Es coche, con carrocería de fibra sobre un bastidor multitubular y pr visto de puertas de apertura vertical, definiría durante años los co ceptos de desacomplejada deportividad y refinada agresivida Mucho antes de que el Countach apareciera en su mejor forma co el LP 5000 Quattrovalvole (a partir de 1985), el austríaco Walt Wolff hizo fabricar entre 1975 y 1976 tres modelos especiales co un motor más potente, un chasis más ancho y un alerón traser Desde 1998, la marca Lamborghini es propiedad de Audi AG, qu ha continuado la tradición en la elaboración de automóviles depo tivos de lujo.

Modelo: *Lancia Flavia*
Cilindrada/Cilindros: *1488 cm³/4 cilindros*
CV/kW: *75/55*
Período de fabricación: *1960-1967*
Unidades fabricadas: *41 114*

Lancia Flavia

Desde su aparición en 1960, el Flavia dio mucho que hablar entre la clase media automovilística. Esta berlina de cuatro puertas estaba equipada con un motor de cilindros opuestos completamente de metal ligero con tracción delantera. Poco después de su debut, el motor se mejoró con un sistema mecánico de inyección de gasolina, aunque esta tecnología no se contaba entre las más fiables del mercado. A pesar de ello, Lancia se consideraba entonces una marca deportiva exclusiva y contaba entre sus clientes con personalidades de la talla de Brigitte Bardot, Sofía Loren, Jean-Paul Belmondo, Gary Cooper, Marcello Mastroianni y Alain Delon, si bien esta clientela solía mostrarse más atraída por otros modelos de carrocería (Lancia también fabricaba el Flavia en los modelos cupé y cabriolé).

Lancia Flavia Coupé

Al igual que la berlina de cuatro puertas, el Flavia en su edición cupé de dos puertas también era un avanzado automóvil con tracción delantera y frenos de disco. A partir de 1960, los sucesivos modelos vieron incrementada la cilindrada y la potencia del motor. El interior no se revisó a fondo hasta 1967, cuando se empezó a fabricar la segunda serie del Flavia. Aparte de unos asientos más cómodos, también se añadieron anclajes para cinturones de seguridad en el modelo estándar y luneta trasera térmica como complemento. En cuanto a la estética, los faros dobles se ubicaron en una posición algo inferior, con lo que el contorno del vehículo quedaba más hundido y la elegancia resaltada.

Modelo: *Lancia Flavia Coupé*
Cilindrada/Cilindros: *1800 cm³/4 cilindros*
CV/kW: *92/67,4*
Período de fabricación: *1967-1969*
Unidades fabricadas: ---

Lancia Flavia Coupé 2000

El caro compromiso que Lancia siempre había asumido con el automovilismo de competición condujo a la empresa en los años 60 a un fracaso financiero que llevo a su absorción por Fiat en 1969. Lancia siguió perfilando su carácter deportivo bajo la dirección de Fiat, que se ocupó de poner a disposición los medios económicos necesarios. Así, en 1969 apareció el Flavia Coupé con un moderno acabado de Pininfarina, quien volvió a cambiar sustancialmente la estética. Las numerosas mejoras técnicas en el chasis y el aumento de potencia marcaron las diferencias del nuevo cupé con respecto a su predecesor.

Modelo: *Lancia Flavia Coupé 2000*
Cilindrada/Cilindros: *1991 cm³/4 cilindros*
CV/kW: *117/85,7*
Período de fabricación: *1969-1972*
Unidades fabricadas: ---

Lancia Beta Spyder

La dirección del grupo Fiat decidió que el abanico de modelos de Lancia debía ampliar: en 1973 con un modelo deportivo de gama media. El coche, bautizado como Beta, se ofr cía con tres carrocerías distintas: una cupé, una familiar deportiva (HPE) y una *spyd* Todas las versiones eran interesantes, dado que Lancia no entendía los conceptos famil y *spyder* igual que la competencia. Así, el familiar se parecía más a un cupé *fastback,* mie tras que el *spyder,* con su techo central extraíble, sólo permitía disfrutar limitadamente d aire fresco, aunque ello no parecía importar a sus propietarios. La estética de este au móvil, que otros fabricantes denominaban Targa, era preciosa.

Modelo:	*Lancia Beta Spyder*
Cilindrada/Cilindros:	*1992 cm³/4 cilindros*
CV/kW:	*135/98,9*
Período de fabricación:	*1973-1985*
Unidades fabricadas:	---

Maserati 3500 GT Spyder

Desde que iniciaron su carrera en la industria del automóvil, los cinco hermanos Maserati se centraron en el deporte del motor, sobre todo Carlo y Alfieri Maserati, quienes fabricaron sobre todo coches de competición. No fue hasta el traslado de la fábrica a Módena en 1947, cuando el equipo se centró en los deportivos convencionales. Los incondicionales de estos modelos se entusiasmaron con las novedades de Maserati, y cuando el 3500 GT se presentó en 1958, la marca ya estaba asentada en el mercado de los deportivos. A diferencia de los Ferrari, el 3500 GT estaba propulsado por un grupo motriz de sólo seis cilindros. Las ventajas eran un funcionamiento más sencillo que un 12 cilindros y una conducción más suave.

Modelo:	*Maserati 3500 GT Spyder*
Cilindrada/Cilindros:	*3485 cm³/6 cilindros*
CV/kW:	*220/161,2*
Período de fabricación:	*1958-1964*
Unidades fabricadas:	*aprox. 2000*

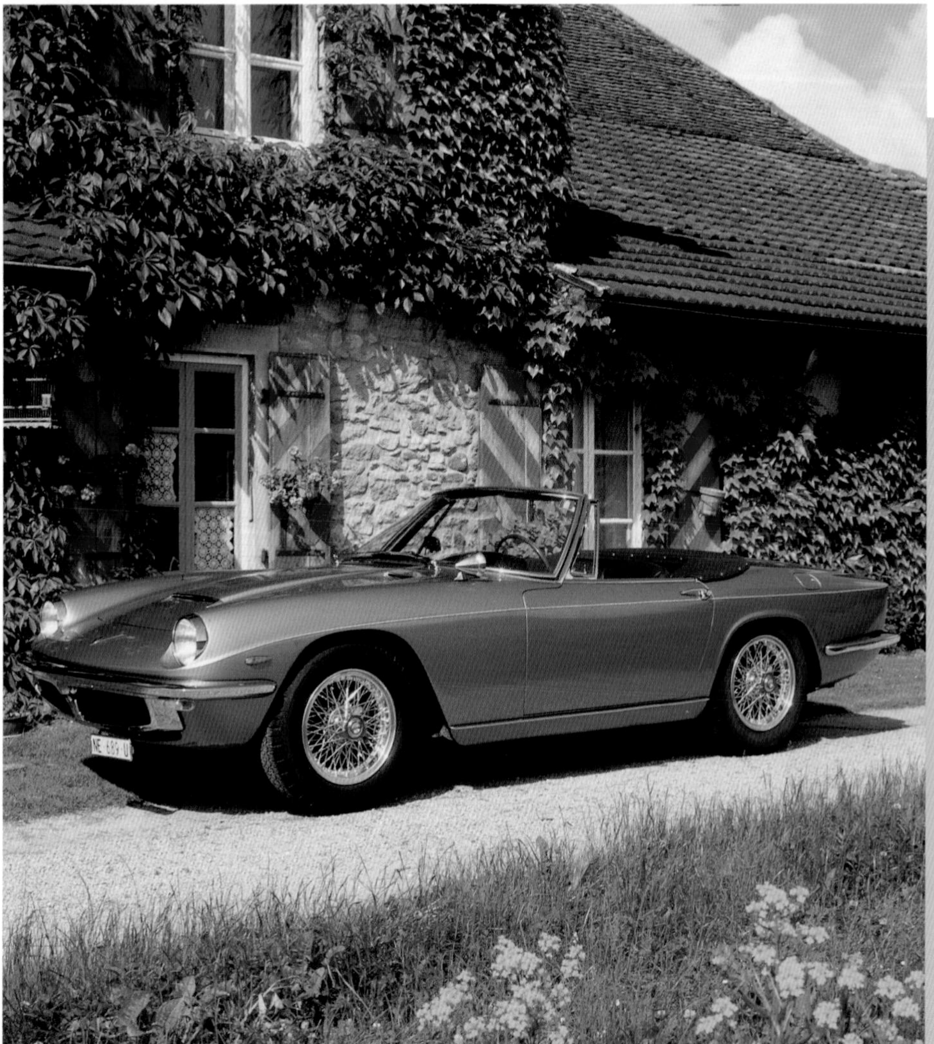

Maserati Mistral Spyder

Muy pronto, Maserati adoptó la tradició de bautizar al caballo más veloz de su est blo con el nombre de un viento. El primer fue el Mistral, sucesor del 3500 GT, e 1963. Este coche era, literalmente, u vendaval. Su línea atractiva y, sobre todo armónica salió de la mesa de dibujo de carrocero Pietro Frua. Aparte del model cupé, el Mistral también apareció en un versión *spyder* de la que sólo se fabricaro 120 unidades. Como el coche se mantuv mucho tiempo en el programa de produc ción de la marca, experimentó diversa mejoras en las sucesivas actualizacione del modelo, sobre todo en el motor, qu pasó de una cilindrada de 3693 cm³ en l primera versión a unos 4014 cm³ finales.

Modelo:	*Maserati Mistral Spyder*
Cilindrada/Cilindros:	*3693 cm³/6 cilindros*
CV/kW:	*245/179,5*
Período de fabricación:	*1963-1970*
Unidades fabricadas:	*aprox. 120*

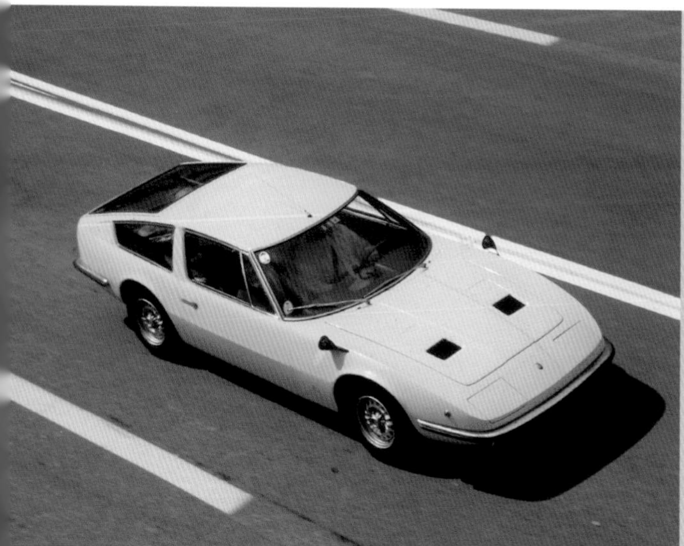

Maserati Indy

Con el Indy de 1969, Maserati lanzó al mercado un vehículo que hoy día costaría unos 35 000 euros y que mostraba una acertada mezcla de altas prestaciones técnicas, un admirable diseño de carrocería y una brillante imagen de marca. Como de costumbre, este modelo también iba destinado a los entusiastas del motor. Así, mientras que los modelos más cómodos de otros fabricantes habían adoptado desde hacía tiempo la suspensión trasera independiente, el Indy seguía contando con un eje rígido y ballestas traseras. Según el fabricante, este vehículo se merecía la calificación de un completo cuatro plazas, y de los rápidos, ya que su motor de 8 cilindros en V lanzaba el vehículo a una velocidad máxima de 245 km/h, cosa que no hacía ningún otro cuatro plazas.

Modelo:	*Maserati Indy*
Cilindrada/Cilindros:	*4136 cm³/8 cilindros*
CV/kW:	*260/190,4*
Período de fabricación:	*1968-1974*
Unidades fabricadas:	*1136*

Maserati Bora

Bora es el nombre que recibe un viento frío de la costa dálmata y con el que se bautizó a este esbelto y plano cupé presentado por Maserati en 1971. Como el grueso de la producción de Maserati se exportaba a Estados Unidos, el Bora se tuvo que adaptar a las directivas de emisiones contaminantes de dicho país, drásticamente endurecidas a principios de la década de 1970. El moderno chasis del Bora incorporaba, en lugar del sencillo eje rígido, una suspensión con brazos transversales dobles que aumentaba considerablemente el confort en marcha. El diseño de la carrocería de esta insólita máquina, que alcanzaba los 270 km/h, fue concebido bajo la dirección de Giugiaro en el estudio Ital Design y trasladado casi sin cambios a la producción en serie.

Modelo:	*Maserati Bora*
Cilindrada/Cilindros:	*4719 cm³/8 cilindros*
CV/kW:	*310/227*
Período de fabricación:	*1971-1980*
Unidades fabricadas:	*571*

Maserati Merak

En 1968 se inició entre Citroën y Maserati una colaboración que obsequió al mundo del automóvil con los excitantes Citroën SM y Maserati Merak. A nadie le sorprende pues, que Maserati recurriera a los almacenes de recambios de su socio francés para incluir alguna que otra pieza en su modelo. En respuesta, la firma italiana correspondió a Citroën cediendo al SM el motor de 6 cilindros en V que impulsaba al Merak. Aparte de la versión estándar de 3 litros de cilindrada, Maserati puso en circulación una versión de 2 litros destinada al mercado italiano. A pesar de un comportamiento en marcha deficiente y una escasa fiabilidad, el cupé con motor central tuvo una buena salida comercial, gracias sobre todo a un precio de venta bastante asequible para un Maserati.

Modelo:	*Maserati Merak*
Cilindrada/Cilindros:	*2965 cm³/6 cilindros*
CV/kW:	*220/161,1*
Período de fabricación:	*1972-1983*
Unidades fabricadas:	*aprox. 1800*

Vignale Gamine

Ya en la década de 1960, la empresa alemana de ventas por catálogo Otto-Versand ofrecía a sus clientes la posibilidad de comprar el coche de sus sueños. La sociedad se hacía cargo de la garantía, pero las revisiones se realizaban en los concesionarios Fiat, que era la marca oficiosa que había detrás del Vignale Gamine. Este interesante cochecito descansaba sobre el chasis del Fiat 500 y su carrocería estaba firmada por Alfredo Vignale, el diseñador afincado en la localidad italiana de Grugliasco. La elegante rejilla del radiador, que recordaba los frontales de la década de 1930, era puramente decorativa. Este coche lúdico no figuró entre los artículos más vendidos del catálogo de Otto-Versand, apenas una cincuentena de compradores se gastaron los 4000 euros (al cambio actual) que costaba.

Modelo: *Vignale Gamine*
Cilindrada/Cilindros: *499 cm³/2 cilindros*
CV/kW: *18/13,2*
Período de fabricación: *1967-1969*
Unidades fabricadas: *aprox. 50*

Saab Sonett II

Después de comercializar el Sonett I, debió pasar algún tiempo para que el ingeniero de proyectos de Saab Rolf Mellde se decidiera a fabricarlo en serie con la denominación de Sonett II. Durante este lapso, el pequeño descapotable se convertiría en un manejable cupé *fastback* de línea perimetral más baja y elevado en la zona del eje trasero. Con el fin de reducir el peso, Saab fabricó para el Sonett una carrocería de plástico, pero incorporó algunas traviesas de acero para darle rigidez. A diferencia de las berlinas de Saab, el biplaza Sonett descansaba sobre un chasis 350 mm más corto y con una distancia entre ejes de apenas 2150 mm.

Modelo: *Saab Sonett II*
Cilindrada/Cilindros: *841 cm³/3 cilindros*
CV/kW: *60/44*
Período de fabricación: *1966-1970*
Unidades fabricadas: *258*

Saab Sonett II

Cuando el Saab Sonett II se presentó en 1966, fue uno de los pocos coches que despertó el entusiasmo de los medios de comunicación, sobre todo por el recorte del capó de este pequeño vehículo. Bajo él se ocultaba el típico motor de dos tiempos y tres cilindros de los primeros Saab (841 cm³, 60 CV) que transmitía su potencia al tren delantero mediante una caja de cuatro velocidades (¡con la palanca de cambio en el volante!). A los ojos de muchos entusiastas de los deportivos, se trataba de una solución poco competitiva, por lo que Saab no tardó en decantarse por un motor Ford de cuatro cilindros. Aunque la mejora hiciera aumentar pronto las cifras de ventas, la velocidad máxima que podía alcanzar el Sonett II no sufrió cambios de consideración: 155 km/h el tres cilindros y 160 km/h la versión V4.

Modelo: *Saab Sonett II*
Cilindrada/Cilindros: *1498 cm³/4 cilindros*
CV/kW: *65/47,6*
Período de fabricación: *1966-1970*
Unidades fabricadas: *1498*

Saab Sonett III

A pesar de registrar unas ventas razonables, el Saab Sonett II nunca fue uno de los modelos más vendidos de la marca. El mercado lo había aceptado y contaba con sus propios seguidores; pero en opinión de los expertos, su diseño era mejorable. Para darle un nuevo impulso, el modelo Sonett de 1970 se mejoró estética y técnicamente. Saab tenía claro que el nuevo Sonett III debía equiparse exclusivamente con un motor de cuatro cilindros. Otro requisito ineludible para un automóvil deportivo era el cambio por palanca corta en el suelo del habitáculo. Muy pronto se pudo comprobar que las inversiones habían merecido la pena, sobre todo las llantas de aleación, que dieron un aspecto moderno al diseño de este coche.

Modelo: *Saab Sonett III*
Cilindrada/Cilindros: *1498 cm³/4 cilindros*
CV/kW: *65/47,6*
Período de fabricación: *1970-1974*
Unidades fabricadas: *8336*

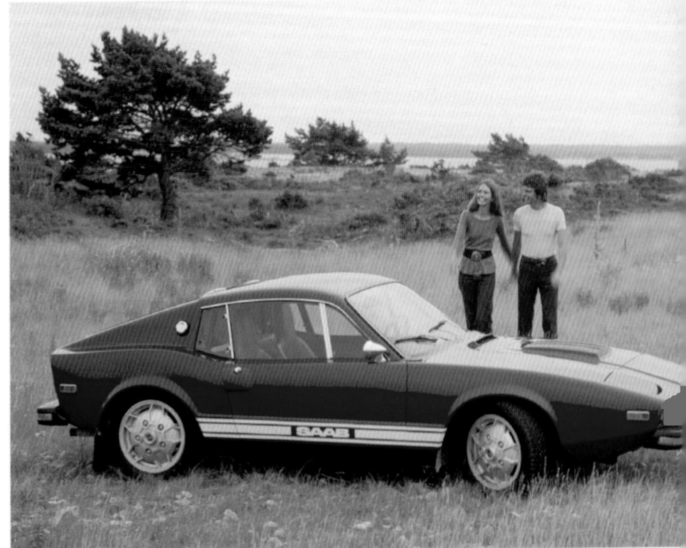

Modelo: *Volvo 121*
Cilindrada/Cilindros: *1582 cm³/4 cilindros*
CV/kW: *60/44*
Período de fabricación: *1956-1970*
Unidades fabricadas: *644 700*

Volvo 121

Presentado en 1956, el Volvo 121 se consolidó enseguida como una de las novedades automovilísticas más importantes del mundo. Era el resultado de un estudio preliminar en el que Volvo había barajado distintas opciones y se había decantado por la prometedora versión de cuatro puertas que tanto éxito comercial cosechó. Su carrocería era una estructura completamente soldada que Volvo protegió con mucho cuidado contra la corrosión. El motor también era una construcción nueva. El grupo motriz B16A, como se llamaba internamente, proporcionaba 60 CV, pero los sucesivos modelos suministraron ya 80. Con el 121, Volvo ofrecía por primera vez un modelo que se podía adquirir por encargo con el entonces tan apreciado esmaltado bicolor.

Volvo Amazon

Hablar del modelo 121, el superventas de Volvo, es hablar también del término «Amazon». El modelo solamente llevaba esta denominación en el mercado escandinavo, porque en el resto de Europa ya no había registrado un fabricante de motocicletas. El 121, alias Amazon, fue objeto de mejoras continuas con la actualización de los sucesivos modelos (122 S y 123 GT), siendo el año 1961 el más importante, ya que en octubre apareció una versión de dos puertas comercializada exclusivamente en Suecia, Noruega y Dinamarca. En 1965, el Amazon obtuvo el primer puesto en las listas de ventas y Volvo destacó el casi nulo consumo de aceite de su modelo.

Modelo: *Volvo Amazon*
Cilindrada/Cilindros: *1778 cm³/4 cilindros*
CV/kW: *68/49,8*
Período de fabricación: *1961-1970*
Unidades fabricadas: ---

Felber FF

Suiza también estuvo representada en los salones internacionales de las décadas de 1960 y 1970 por algunos coches interesantes. Willy Felber, propietario de la empresa Haute Performance Morges, sorprendía a la prensa del motor con cierta regularidad, dado que los automóviles que ponía en circulación no coincidían siempre con los gustos generalizados. El desorbitadamente caro FF, por ejemplo, estaba fabricado sobre un chasis de Ferrari 330 GTC. A pesar de que la carrocería recordaba en cierta forma al Ferrari 125 S, a Felber no le gustaba oír que su FF era una réplica. Al parecer, sólo se fabricaron un máximo de dos docenas, pero lo que es seguro es que este coche con tecnología Ferrari seguiría haciendo actualmente las delicias de los aficionados.

Modelo: *Felber FF*
Cilindrada/Cilindros: *3967 cm³/12 cilindros*
CV/kW: *300/220*
Período de fabricación: *1974-1979*
Unidades fabricadas: ---

Volvo P 1800

En el Salón del Automóvil de Bruselas de 1961, Volvo presentó un deportivo totalmente actual. Este dos puertas llamado P 1800 se mostró por primera vez en directo ante la prensa especializada y un público expectante. Volvo ya había hecho pública una foto de prensa del prototipo un año antes, pero ahora llegaba por fin el momento de la verdad para este elegante deportivo biplaza con un motor completamente nuevo. Durante los primeros años, el montaje final se realizó en Inglaterra, ya que Volvo no disponía de suficiente espacio en su ajetreada factoría de la isla de Hisingen, frente a Göteborg. El P 1800, una mezcla de deportivo y coche lúdico, obtuvo en California un premio por su atractivo diseño.

Modelo: *Volvo P 1800*
Cilindrada/Cilindros: *1780 cm³/4 cilindros*
CV/KW: *90/66*
Período de fabricación: *1961-1972*
Unidades fabricadas: *aprox. 40 000*

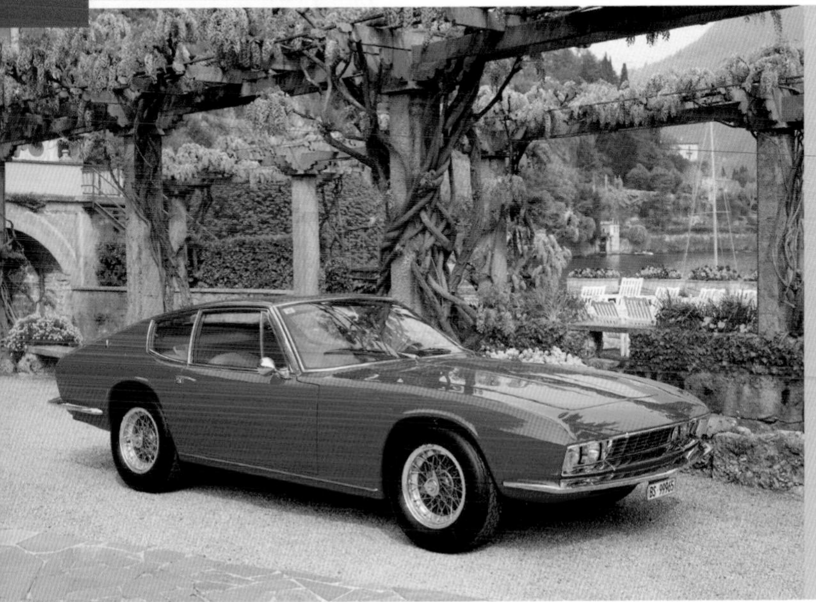

Monteverdi 375 S

El suizo Peter Monteverdi no sólo fue un entusiasta piloto de competición, sino también un experto constructor de coches. En 196cumplió su sueño de fabricar un deportivo propio. Este elegantcupé, en cuyo brillante diseño colaboró el carrocero italiano PietrFrua, se presentó por primera vez en el Salón Internacional dFrankfurt, donde tuvo que imponerse a la competencia presentadpor Bizzarini, De Tomaso e Iso. No fue una tarea difícil, porque Monteverdi era excelente y estaba equipado con un interior dlujo. Bajo el capó residía un motor estadounidense de 8 cilindren V que proporcionaba una considerable fuerza de empuje y quse mantuvo invariable hasta que el modelo fue retirado del mercado en 1984.

Modelo:	*Monteverdi 375 S*
Cilindrada/Cilindros:	*7206 cm³/8 cilindros*
CV/kW:	*375/274,7*
Período de fabricación:	*1967-1969*
Unidades fabricadas:	*---*

AMC Javelin

Este cupé de American Motors, el fabricante más pequeño del mercado estadounidense, no sólo se fabricó en América, sino también en Alemania. En la década de 1960, las factorías de Karmann en Osnabrück aceptaron fabricar 287 unidades, pero los prejuicios existentes acerca de los automóviles americanos no se pudieron superar y el proyecto estuvo condenado al fracaso. El diseño del Javelin conectaba de maravilla con las ideas europeas, pero su verdadero carácter se revelaba debajo del capó, donde un grupo motriz de 8 cilindros en V transmitía su potencia al eje trasero mediante una caja de cambios en dos versiones: manual de cuatro velocidades o automática de tres. El Javelin falló en el mercado centroeuropeo, mientras que en los Estados Unidos competía con los Ford y los Chevrolet.

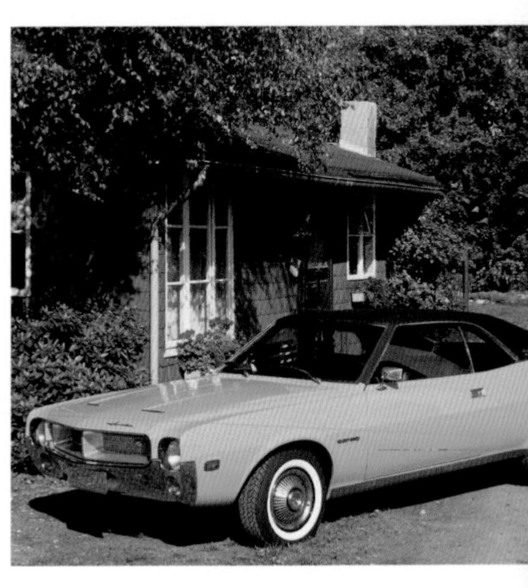

Modelo:	*AMC Javelin*
Cilindrada/Cilindros:	*5633 cm³/8 cilindros*
CV/kW:	*230/168,5*
Período de fabricación:	*1968-1972*
Unidades fabricadas:	*---*

Buick Riviera

A principios de los años 60, la empresa Buick, del grupo General Motors, seguía fabricando automóviles sobre el clásico chasis cuadrangular. Era una decisión coherente, porque solamente esta subestructura podía ofrecer la estabilidad necesaria a coches con distancias entre ejes de hasta 3200 mm. El Buick Riviera, presentado en 1963, fue proyectado por Bill Mitchell, que sucedió a Harley Earl en el departamento de diseño. Este pesado cupé, cuyas líneas experimentaron muchos cambios con los años, registró muy buenas ventas gracias a su interesante precio. De hecho, los Buick eran por lo general más económicos que los Cadillac, pero nunca escatimaron ni equipamiento ni potencia.

Modelo:	*Buick Riviera*
Cilindrada/Cilindros:	*6569 cm³/8 cilindros*
CV/kW:	*325/238*
Período de fabricación:	*1963-1965*
Unidades fabricadas:	*112 144*

;adillac Fleetwood 60 Special

'ras una fase de aletas traseras cada vez nás grandes, cuyo clímax formal se alcanó en 1959, parecía que Cadillac se enconraba más a gusto con carrocerías de diseo más conservador a principios de la déada de 1960, si bien ello no hacía más boitos a estos voluminosos coches. En conraste con esta sobriedad, el fabricante de utomóviles de lujo aumentaba sin cesar la otencia de sus motores. Dependiendo lel modelo (había 13), las cilindradas osciaban entre 6,3 y 8,2 litros. Al modelo Sixty ;pecial, que sólo salió al mercado en verión cuatro puertas, le iban como un guane estos motores, dado el peso con que sta limusina de representación (3300 mm e distancia entre ejes) salía de fábrica.

1odelo:	*Cadillac Fleetwood 60 Special*
:ilindrada/Cilindros:	*7025 cm³/8 cilindros*
V/kW:	*330/241,7*
.ño de fabricación:	*1966*
nidades fabricadas:	---

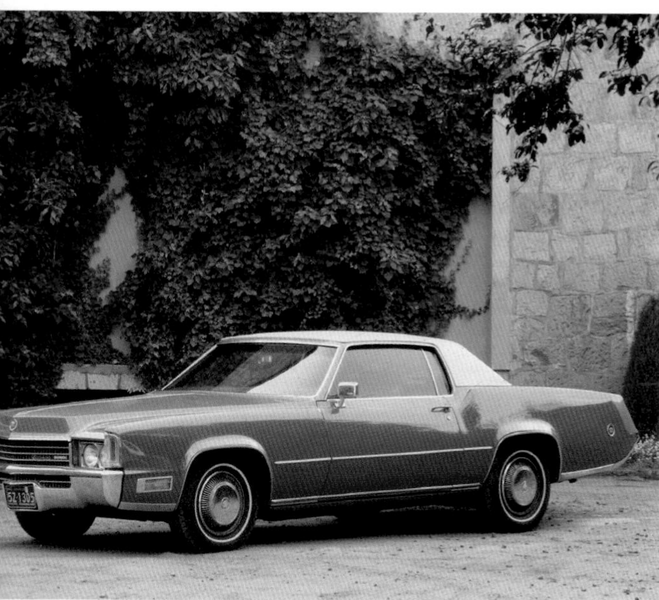

Cadillac Eldorado Hardtop Coupé

A mediados de los años 60, los fabricantes ya eran conscientes de que los coches con tracción delantera reunían muchas ventajas. La mayoría de los coches de este tipo disponibles en el mercado se movían con cilindradas bajas, pues se creía que la tracción delantera no era adecuada para motores de gran volumen. Por desgracia, los supuestos expertos habían hecho sus cálculos sin contar con Oldsmobile y Cadillac. Cuando Oldsmobile presentó en sociedad la tracción trasera en la gama de los 7 litros, Cadillac tuvo que apresurarse para no perder cuota de mercado. Así, respondió arriesgadamente con el Eldorado Hardtop Coupé sin saber si los compradores aceptarían un coche con tracción delantera y 7 litros de cilindrada. El mercado lo aceptó, y este gigante de hasta 8,2 litros tuvo una buena salida comercial.

Modelo:	*Cadillac Eldorado Hardtop Coupé*
Cilindrada/Cilindros:	*7025 cm³/8 cilindros*
CV/kW:	*345/252,7*
Período de fabricación:	*1967-1970*
Unidades fabricadas:	---

:hevrolet Corvette Sting Ray

l deportivo más apreciado de Chevrolet, el Corvette, abandonó a 'incipios de la década de 1960 su aspecto habitual. La nueva carasa que marcó el año 1963 ya no salió de la mesa de dibujo de arley Earl y fue Bill Mitchell quien se hizo responsable del diseño imprimió su sello personal en este coche, que a partir de ences también se construyó como cupé. Un ejemplo de esta ueva estética era la luneta trasera. Esta «split window», incluida n solo en 1963, subrayaba hábilmente la forma agresiva de una arrocería que seguía fabricándose en plástico. Sin embargo, más nportante que el aspecto exterior fue la mejora del chasis: por priiera vez, el Corvette disfrutaba de una suspensión trasera indeendiente.

lodelo:	*Chevrolet Corvette Sting Ray*
lindrada/Cilindros:	*5359 cm³/8 cilindros*
V/kW:	*250/183,1*
eríodo de fabricación:	*1963-1967*
nidades fabricadas:	*45 546 (sólo cupés)*

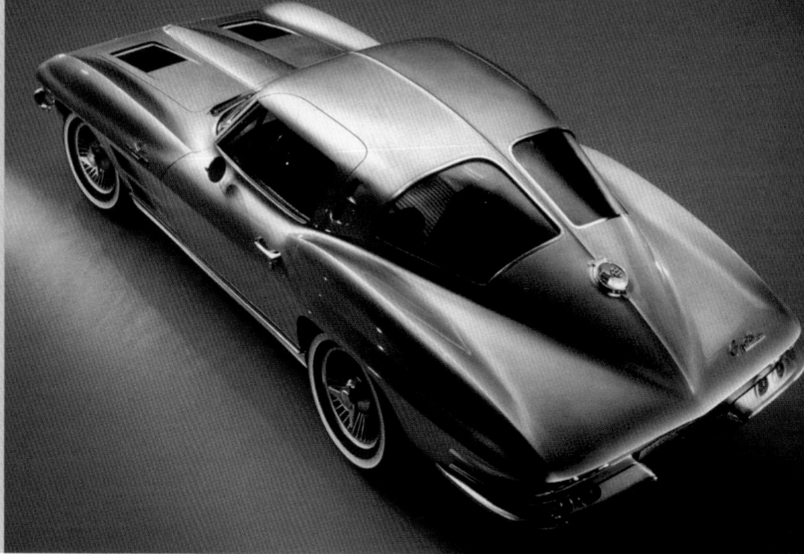

Chevrolet Corvette Sting Ray

En 1967, el Corvette sufrió una nueva transformación. Este superventas, que entre tanto ya había llegado a su cuarta generación, se hallaba en un estado pletórico de fuerzas, sobre todo cuando se le equipó un motor de 7,4 litros con ocho cilindros. El coche podía digerir toda la fuerza que liberaba esta máquina gracias a la absoluta perfección conseguida en el chasis. Como alternativa al cabriolé, Chevrolet también fabricó el Corvette en la vistosa versión cupé. Esta nueva generación ofrecía la posibilidad de extraer la parte superior del techo (o, mejor dicho, las dos mitades en que estaba dividido el techo). Gracias a este truco, los propietarios del cupé tampoco tendrían que renunciar al disfrute del aire fresco.

Modelo:	*Chevrolet Corvette Sting Ray*
Cilindrada/Cilindros:	*7440 cm³/8 cilindros*
CV/KW:	*465/340,6*
Período de fabricación:	*1967-1974*
Unidades fabricadas:	*aprox. 150 000*

Chevrolet Camaro

Cuando Ford sacó al mercado el deportivo Mustang, la respuesta c Chevrolet no se hizo esperar. Con el Camaro, los concesionarios ofr cieron a partir de 1967 un coche pequeño y manejable según lo estándares estadounidenses. A medida que aparecían nuevos m delos, el Camaro fue incrementando su potencia, aunque el chas no estaba precisamente a la altura de su oferta motriz. Eso, s embargo, no parecía importar al propietario de un Camaro, que an todo quería una buena aceleración, es decir, lo que en Estado Unidos llaman un *muscle car*. Desde 1970, la línea de la segund generación de este modelo se decantó, con vistas a la exportació por el diseño europeo; aunque con la crisis del petróleo, el Cama no pasó de ser en el Viejo Continente un coche muy raro.

Modelo:	*Chevrolet Camaro*
Cilindrada/Cilindros:	*4094 cm³/6 cilindros*
CV/kW:	*100/73,3*
Período de fabricación:	*1970-1975*
Unidades fabricadas:	---

Chevrolet Caprice

En la década de 1960, con la creciente preocupación por la seguridad –promovida por el defensor del consumidor Ralph Nader y la legislación americana–, no se construyó en Estados Unidos ningún automóvil que se ajustase a los gustos europeos. Parachoques pesados y zonas de absorción de impactos generosas determinaron el diseño de la mayoría de los modelos. Aun así, se mantuvo el enérgico motor V8, dado que el confort seguía teniendo un papel primordial. Así, la capota de apertura eléctrica y el aire acondicionado venían de serie en el Caprice. El cómodo interior de este cabriolé ofrecía espacio para seis personas, que podían experimentar la fuerza del viento en sus caras a una velocidad de 200 km/h.

Modelo:	*Chevrolet Caprice*
Cilindrada/Cilindros:	*6473 cm³/8 cilindros*
CV/kW:	*150/110*
Año de fabricación:	*1973*
Unidades fabricadas:	---

Chrysler Imperial Crown Southampton

A principios de la década de 1960, cuando muchos constructore estadounidenses todavía seguían prefiriendo el chasis cuadrangula Chrysler se decidió por el método moderno de la carrocería aut portante. En contraste con este avance tecnológico resultó llam tiva la salida al mercado del Imperial Crown en 1961. Este mode de proporciones gigantescas, cuyas formas salieron de los dibujo del diseñador Virgil Exner, retrocedía inesperadamente a la era c las aletas traseras (Exner trabajaba con elementos estilísticos qu los competidores ya habían archivado hacía tiempo). El fabrican no tardó en darse cuenta del error al comprobar las bajas venta del vehículo. Los posteriores modelos del Imperial Crown adopt ron una línea mucho más sencilla.

Modelo:	*Chrysler Imperial Crown Southampton*
Cilindrada/Cilindros:	*6768 cm³/8 cilindros*
CV/kW:	*350/256,3*
Año de fabricación:	*1961*
Unidades fabricadas:	*12 250*

Dodge Polara Hardtop-Coupé

Jna característica peculiar del Dodge Pola-a de dos puertas del año 1964 era el mon-ante trasero en forma de V, que no sólo oroporcionaba seguridad y estabilidad, sino que también le daba una apariencia afi-igranada. Con el lanzamiento de este nodelo, la marca celebró el 50 aniversario le su fundación, y la casualidad quiso que aquel año coincidiera también con el mejor ejercicio comercial de la empresa hasta la echa. El equipamiento de serie del Polara, que apareció en muy diversas variantes de carrocería, incluía una caja automática le tres velocidades. En cuanto al modelo Dart, los compradores podían elegir entre un motor de seis cilindros en línea (veloci-dad punta de 156 km/h) o un grupo motriz le 8 cilindros en V con un par motor más potente y que alcanzaba los 180 km/h.

Modelo:	*Dodge Polara Hardtop-Coupé*
Cilindrada/Cilindros:	*5210 cm³/8 cilindros*
CV/kW:	*233/170,7*
Año de fabricación:	*1964*
Unidades fabricadas:	---

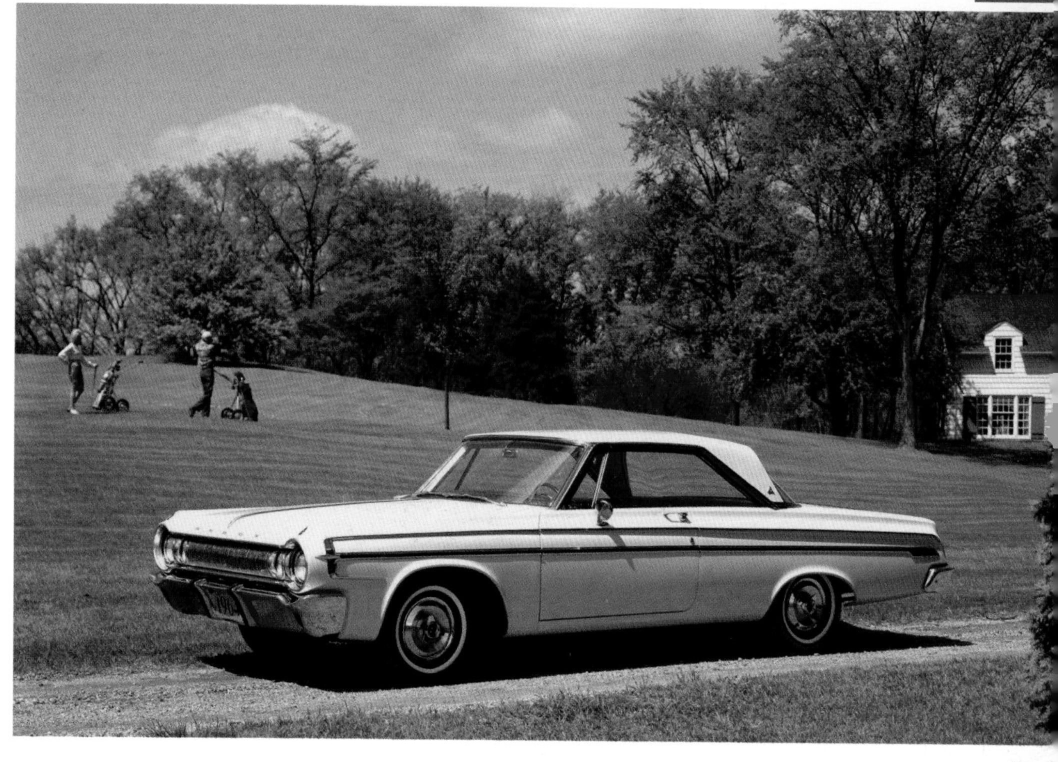

Dodge Dart Phoenix

ras alcanzar la era de las aletas traseras u punto álgido a finales de la década de 950, estos elementos decorativos se edujeron en los modelos fabricados a artir de 1960 y desaparecieron por com-leto entre 1962 y 1963. El nuevo Dodge Dart de 1960 siguió también esta tenden-ia. Además, la carrocería autoportante ntroducida por la empresa Chrysler en us modelos estaba en boca de todo el nundo (Chrysler vendió este avanzado istema con el nombre de Unibody). El nuevo Dart tomó el relevo a su prede-esor Coronet en su gama de productos registró unas buenas ventas desde el rimer momento. Sólo en el primer año e aparición del modelo, Dodge vendió 36 168 ejemplares equipados con un mo-or de seis cilindros en línea. El modelo al-ernativo de ocho cilindros llegó incluso a as 187 000 unidades.

Modelo:	*Dodge Dart Phoenix*
Cilindrada/Cilindros:	*5208 cm³/8 cilindros*
CV/kW:	*233/170,7*
Año de fabricación:	*1960*
Unidades fabricadas:	*187 000*

Dodge Charger

A nadie se le escapa que el Dodge Charge fabricado en serie mantuvo un estilo muy parecido al diseño del Charger II de 1965. La prensa especializada fue incluso más lejos en su interpretación y vio en el modelo de serie una versión *hardtop* del Dodge Coronet, pero con una rejilla delantera continua. Los faros estaban hábilmente ocultos en la rejilla, mientras que en la parte posterior destacaban las luces de posición traseras que, junto con las luces de freno y los intermitentes, formaban una ancha franja luminosa. Naturalmente, bajo el capó del Charger rugía un motor de 8 cilindros en V de 5,2 litros. Pagando un suplemento se podía adquirir la versión de 7 litros, también conocida como Street Hemi.

Modelo:	*Dodge Charger*
Cilindrada/Cilindros:	*5210 cm³/8 cilindros*
CV/kW:	*233/170,6*
Período de fabricación:	*1966-1967*
Unidades fabricadas:	---

Ford Mustang

El mercado automovilístico estadounidense deparó en la década de 1950 algunas sorpresas con las que casi nadie había contado. Primero apareció el Corvette, un deportivo de gran éxito desde el principio. Después respondió Ford con el Thunderbird y se sorprendió de que el mercado se mostrase todavía abierto a un deportivo aún más pequeño. Sin embargo, el grueso de la oferta de deportivos reducidos llegaba del Reino Unido e Italia, y Ford pensó en cómo poner coto a la importación. La única posibilidad era responder con otro modelo pequeño. En 1964, Lee Iacocca a la sazón jefe de la Ford, acaparó la atención del mercado de coches deportivos con su Ford Mustang.

Modelo:	*Ford Mustang*
Cilindrada/Cilindros:	*3273 cm³/6 cilindros*
CV/kW:	*122/89,3*
Período de fabricación:	*1964-1967*
Unidades fabricadas:	---

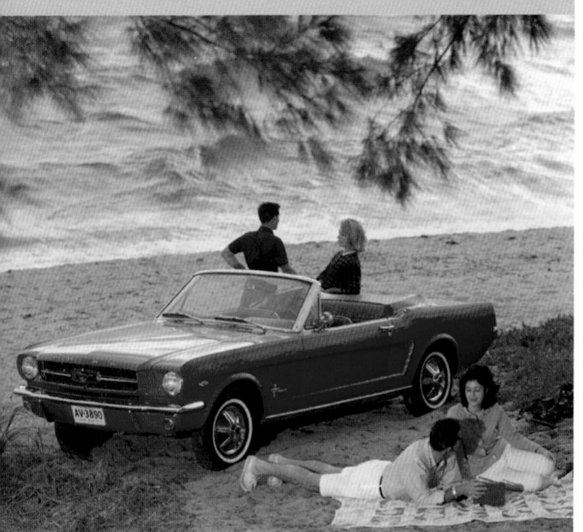

Ford Thunderbird Serie III

Es comprensible que un coleccionista de automóviles de época que busca un Thunderb se decante por los modelos fabricados en la década de 1950. Cuando en 1961 apareció última generación del Thunderbird, muchos amantes de los deportivos quedaron desi sionados por la ausencia de estilo y sensibilidad de su línea. La carrocería plana y alarga recibió el apelativo de «cigar shape» (forma de cigarro), y solamente la vista frontal e agradable hasta cierto punto, sobre todo gracias a los matices aportados por los cromado Las distintas versiones de carrocería (cupé *hardtop,* descapotable y *roadster*) determinab el precio final del Thunderbird. La velocidad máxima oscilaba entre los 180 y los 200 km en función del motor instalado.

Modelo:	*Ford Thunderbird Serie III*
Cilindrada/Cilindros:	*6348 cm³/8 cilindros*
CV/kW:	*304/222,7*
Período de fabricación:	*1961-1963*
Unidades fabricadas:	*214 375*

Modelo:	*Ford Mustang*
Cilindrada/Cilindros:	*4728 cm³/8 cilindr*
CV/kW:	*203/148,7*
Período de fabricación:	*1964-1967*
Unidades fabricadas:	---

Ford Mustang

Muchos de los deportivos europeos importados a Estados Unidos eran adquiridos prin cipalmente por jóvenes y adinerados entusiastas. Por ello, el siguiente retoño que deseaba tener la marca Ford –y que recibiría el nombre de Mustang– debía ser un buen coche familiar. Su precio tenía que ser inferior al de un Corvette o un Thunderbird, porque sólo así se podrían conseguir buenas ventas. Ya en 1961-1962, y de la mano de dos estudios de estilo, Ford demostró que el proyecto era factible. Estos precursores del Mustang se basaban en componentes técnicos ya existentes y solamente bastaba adaptarlos a la fabricación en serie, cosa que se hizo en 1964. Cuando el Mustang fue por fin presentado, los clientes llegaron literalmente a apelotonarse en los concesionarios.

ɔrd Mustang

éxito del Mustang, debido en gran parte la madurada técnica de fabricación en andes series de la casa Ford, repercutió sitivamente en las cifras de ventas ya el primer año de producción. Entre tan- ya habían salido más de 680 000 unida- s de la cadena de montaje y el final del *ɔom* se veía lejano. Como Ford utilizó uchos componentes del Mustang en ras series, el impactante superventas gó a comercializarse al interesante pre- ɔ de 2360 dólares. Solamente los acce- rios opcionales podían incrementar el ecio. Así, quien quería podía solicitar un mbio automático en vez del manual, o a versión deportiva, que incluía, entre ros complementos, neumáticos anchos, rvofreno, cuentarrevoluciones y cinturo- s de seguridad.

odelo: *Ford Mustang*
lindrada/Cilindros: *4728 cm³/8 cilindros*
/kW: *275/201,4*
ríodo de fabricación: *1964-1967*
aidades fabricadas: ---

ord Mustang

ɔn el modelo de 1966, Ford puso a la nta el último Mustang de la serie original, conocible por sus vistosos pilotos traseros ples. A pesar de que entre tanto apareció ra variante con carrocería cupé *fastback*, mayoría de los compradores se decidió ɔr el atractivo cabriolé o por el cupé *hard- ɔp*. Si bien Ford consideraba estas versio- ɔs como de cuatro plazas, los ocupantes ɔ los asientos traseros a duras penas ɔportaban trayectos largos. Los acceso- ɔs opcionales se adaptaban bien a los pri- eros modelos. Los usuarios disponían de na gran variedad de «kits de potencia- ón» para aumentar las prestaciones de us coches, tanto técnica como estética- ente. Una vez modificados, muchos ve- culos perdían todo su parecido con el ori- nal, pero eso no parecía molestar ni a los ás fanáticos del Mustang.

odelo: *Ford Mustang*
lindrada/Cilindros: *4728 cm³/8 cilindros*
V/kW: *275/201,4*
ɔríodo de fabricación: *1964-1967*
nidades fabricadas: ---

Ford Mustang

Ford podía considerarse afortunada por haber podido registrar más de 22 000 pedidos en el mismo día del debut de su deportivo Mustang, el 17 de abril de 1964. Al parecer, el nuevo modelo había sabido llegar a los corazones del público, porque su diseño era totalmente innovador. El morro alargado y la corta zaga marcaban una estética que se mantendría durante años. Los primeros modelos de la serie todavía eran impulsados por motores de seis cilindros, pero pronto se incorporaron grupos motrices de ocho cilindros en V de todo tipo de cilindrada y potencia. La demanda creciente de compradores que preferían versiones potentes obligó a Ford a mejorar enseguida los trenes de rodaje del coche e introducir frenos de disco delanteros.

Modelo: *Ford Mustang*
Cilindrada/Cilindros: *4728 cm³/8 cilindros*
CV/kW: *228/167*
Período de fabricación: *1964-1967*
Unidades fabricadas: ---

Ford Mustang Shelby GT 500 KR

El velocímetro del Mustang marcaba de 160 a 200 km/h, según el tipo de motor. Pero estos valores sólo fueron válidos en los modelos fabricados hasta principios de 1965, año en que entró en escena Carroll Shelby, un especialista en coches de competición cuya primera obra fue el GT 350. Este modelo, ya de aspecto renovado –presentaba una carrocería *fastback*–, iba equipado con un motor de 8 cilindros en V de 4,7 litros. Carburador especial, colectores de admisión de competición, tubo de escape doble y otras exquisiteces técnicas conseguían una potencia de hasta 330 CV. Tras el 350 GT llegó el aún más salvaje GT 500 KR, que como indican sus iniciales se convirtió en el «King of the Road» (rey de la carretera).

Modelo: *Ford Mustang Shelby GT 500 KR*
Cilindrada/Cilindros: *6989 cm³/8 cilindros*
CV/kW: *360/263,7*
Período de fabricación: *1968-1970*
Unidades fabricadas: ---

Ford Mustang Shelby GT 500

En 1967, el Mustang abandonó su aparie cia de proporciones perfectas. Los coch eran cada vez más anchos y más largos, a partir del inicio de la década de 1970 hicieron más robustos. Pero a Carroll Sh by, quien entre otras cosas contribuyó aumentar la potencia del legendario depc tivo Cobra, esto no parecía importarle m cho: más espacio bajo la capota significal más posibilidades para la preparació El mercado se ampliaba regularmente c otros modelos más potentes, entre los q se hallaba el GT 500. A pesar de un may ancho de vías, este cupé *fastback* prese taba una estética muy armoniosa, inclus un poco contenida. Naturalmente, esta pariencia era engañosa, porque Shelby corporaba bajo pedido un motor de 7 litr en el GT 500.

Modelo:	*Ford Mustang Shelby GT 500*
Cilindrada/Cilindros:	*7033 cm³/8 cilindros*
CV/kW:	*340/249*
Período de fabricación:	*1969-1970*
Unidades fabricadas:	---

Lincoln Continental Mk I

Con el Continental de 1961, Lincoln puso a la venta un modelo de lujo que se utilizó sobre todo como vehículo del gobierno y coche oficial para altos dignatarios. Aparte de la versión estándar (limusina de cuatro puertas), también se produjeron algunos Continenal cabriolé y cupé *hardtop*. A pesar de la sorprendente batalla de 3120 mm, este vehículo de 5400 mm de longitud ya no se construyó con chasis cuadrangular, pues Lincoln había incorporado el moderno sistema de carrocería autoportante. Un modelo especial de Continental de 6400 mm de largo se hizo tristemente célebre en el año 1963: fue el automóvil en el que asesinaron al presidente Kennedy.

Modelo:	*Lincoln Continenta Mk I*
Cilindrada/Cilindros:	*7045 cm³/8 cilindr*
CV/kW:	*319/233,7*
Período de fabricación:	*1961-1967*
Unidades fabricadas:	*aprox. 21 000*

Lincoln Continental Mk III

Con la presentación del Continental Mk III, la versión cabriolé hasta entonces fabricada se descatalogó y Lincoln recuperó repentinamente, para sorpresa de todos, el antiguo chasis cuadrangular. El motivo de este paso atrás seguirá siendo un misterio, porque el Mk III no era ni siquiera más largo, sino incluso algo más corto (una distancia entre ejes de 2980 mm). La prensa especializada interpretó la aparición de este modelo de gama alta como una respuesta al gran Eldorado de Cadillac. Uno de los detalles de equipamiento más interesantes del Lincoln era el cuero del tapizado. El exterior, sin embargo, también era digno de admiración, como lo demuestran los faros frontales escamoteables o la silueta del compartimento de la rueda de recambio integrada en la tapa del maletero.

Modelo:	*Lincoln Continenta Mk III*
Cilindrada/Cilindros:	*7536 cm³/8 cilindr*
CV/kW:	*370/271*
Período de fabricación:	*1969-1970*
Unidades fabricadas:	---

ldsmobile Toronado

principios de la década de 1960, uchos fabricantes todavía compartían la ɔinión de que la tracción delantera sólo a una solución óptima para vehículos de indradas bajas. Oldsmobile demostró sto lo contrario y, con el modelo ɔronado, presentó en 1966 un coche de acción delantera equipado con un motor ɜ 8 cilindros en V de 7 litros. En modelos ıcesivos, el grupo motor se llegó a npliar hasta los 7,5 litros de volumen. enorme cupé funcionó de forma impe-ıble y pronto le salió un competidor de la ısa Cadillac, el Fleetwood Eldorado. Por erto, el diseño de la carrocería del ɔronado lo firmó Bill Mitchell, quien supo ır a este coche de 5400 mm de largo y ıpaz de alcanzar 200 km/h un toque special que le hizo realmente atractivo.

odelo:	*Oldsmobile Toronado*
lindrada/Cilindros:	*6995 cm³/8 cilindros*
√/kW:	*380/278,3*
ıríodo de fabricación:	*1966-1970*
ıidades fabricadas:	*143 134*

Pontiac Grand Prix

Desde el punto de vista de la categoría, los grandes automóviles de Pontiac de la década de 1960 se podrían definir como Chevrolets refinados, puesto que la marca, junto con Buick, Cadillac, Chevrolet y Oldsmobile, pertenecía al grupo General Motors. Aparte de los habituales retoques estéticos anuales de los que ningún modelo se libraba, la gama Pontiac Grand Prix se benefició a partir de 1961 de muchas modificaciones técnicas: se revisó en profundidad el cambio automático y se consiguieron transiciones considerablemente más suaves, con lo que aumentó el confort de conducción. Gracias a los frenos traseros, este gran crucero de las calles se volvió todavía más seguro, porque una frenada significaba en su caso parar dos toneladas de coche a 200 km/h.

Modelo:	*Pontiac Grand Prix*
Cilindrada/Cilindros:	*6364 cm³/8 cilindros*
CV/kW:	*352/257,8*
Año de fabricación:	*1962*
Unidades fabricadas:	---

Holden Premier EH

El constructor australiano Holden –que hasta 1948 solamente montaba coches para el grupo General Motors– hacía circular sus propias berlinas ya en la década de 1950. Los coches, inspirados en diseños estadounidenses, tenían una buena salida comercial, pero sus diseños hacía tiempo que no coincidían con los gustos de la época. Así, a principios de la década de 1960, y en colaboración con GM, se desarrollaron algunas series nuevas, entre ellas, el Premier EH. Éste era un espacioso vehículo de gama media que obtuvo una buena acogida, sobre todo en su versión familiar. La berlina también se vendió muy bien en el mercado australiano y en Nueva Zelanda. Aparte del modelo estándar, también se ofrecía una versión de lujo.

Modelo:	*Holden Premier EH*
Cilindrada/Cilindros:	*2440 cm³/6 cilindros*
CV/kW:	*101/74*
Período de fabricación:	*1963-1965*
Unidades fabricadas:	---

ʼontiac Firebird

ʼontiac, la marca más joven del grupo General Motors, presentó en 1966 un automóvil ompetidor del Chevrolet Camaro: el Firebird. Al igual que su compañero de grupo, este ıodelo apareció en las versiones cupé y cabriolé. El Firebird (pájaro de fuego) poseía arrocería autoportante, lo cual todavía no era corriente en Pontiac. Si bien otros modelos a se habían beneficiado de este moderno sistema, el anticuado chasis cuadrangular todaía se seguía empleando en algunos modelos. Un amplio y cuidadosamente graduado abaico de motores no dejaba a nadie insatisfecho y, contra el pago de un suplemento, las ersiones más potentes podían disponer de frenos de disco.

ʌodelo:	*Pontiac Firebird*
;ilindrada/Cilindros:	*5340 cm³/8 cilindros*
;V/kW:	*253/185,3*
ʼeríodo de fabricación:	*1967-1969*
Jnidades fabricadas:	---

VW Karmann Ghia TC

De diseño algo peculiar, el VW Karmann Ghia TC ya era un ejemplar conocido en Europa cuando se empezó a fabricar. Efectivamente, este automóvil de aspecto atractivo era una evolución de los modelos Karmann Ghia de la filial Karmann Ghia do Brasil. La fábrica brasileña de los carroceros de Osnabrück fue fundada en 1960 en inmediata vecindad a la VW do Brasil. El Karmann Ghia TC –la sigla TC significa «Touring Coupé»– se presentó al público en 1970 e iba dirigido exclusivamente al mercado sudamericano. Una lástima, porque el TC, conocido internamente como «Minas», también podría haber disfrutado de una buena salida comercial en Europa gracias a su agradable apariencia.

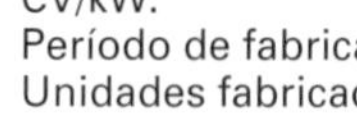

Modelo: *VW Karmann Ghia T*
Cilindrada/Cilindros: *1584 cm³/4 cilindros*
CV/kW: *54/40*
Período de fabricación: *1970-1975*
Unidades fabricadas: *aprox. 18 000*

VW Karmann Ghia TC

El diseño del Karmann Ghia TC salió del diseñador turinés Giorgietto Giugiaro, quien revisó el estilo de los esbozos originales del Karmann y dio un último retoque estético. Técnicamente, el TC se basaba en la versión alemana del Karmann Ghia cupé, cuya mecánica procedía, como es sabido, del Volkswagen Escarabajo. La lógica apuntaba a que bajo el capó del TC debía alojarse un motor de Escarabajo, pero la versión brasileña del Karmann Ghia fue equipada con un motor de cilindros opuestos del VW 1500/1600 de mayor cilindrada y potencia. Al igual que en el Escarabajo, la carrocería de acero del cupé estaba atornillada al chasis.

Modelo: *VW Karmann Ghia TC*
Cilindrada/Cilindros: *1584 cm³/4 cilindros*
CV/kW: *54/40*
Período de fabricación: *1970-1975*
Unidades fabricadas: *aprox. 18 000*

VW SP II

La marca Volkswagen deleitó al mercado brasileño, sobre todo, con algunos modelos cuy aparición en Europa, lamentablemente, no terminó de cuajar (al menos por las vías ofici les). Una de estas hermosas rarezas fue el Volkswagen SP II. Este elegante deportivo cup se creó en gran parte bajo la dirección del entonces director de la filial brasileña de VW Rudolf Leiding. VW do Brasil dejó el modelo listo para su producción y, más tard Karmann Ghia do Brasil se hizo cargo de la fabricación en serie. Como ocurrió con VW Karmann Ghia TC, el SP II biplaza (detrás sólo tenía un asiento auxiliar) no salió de la fronteras del mercado sudamericano. La presentación pública oficial del SP II tuvo lugar e abril de 1971 en una feria industrial de Sao Paulo.

Modelo: *VW SP II*
Cilindrada/Cilindros: *584 cm³/4 cilindros*
CV/kW: *54/40*
Período de fabricación: *1972-1974*
Unidades fabricadas: *10 262*

VW SP II

A más tardar con la fabricación en serie del Volkswagen SP II en 1972, se supo que este automóvil utilizaba la subestructura del VW 3 como chasis. El chasis de tubo central, como el del Escarabajo, era una base inicial barata y sólida, y el eje delantero también provenía del Typ 3. En cambio, el grupo motriz del 3 se demostró demasiado débil, por lo que todos los VW SP II de la segunda serie fueron equipados con el motor del VW 411. De este modelo de fabricación alemana provenían también los faros dobles hundidos en el liso frontal del coche. Asientos individuales deportivos tapizados en similcuero, un estrecho asiento trasero y un completo tablero de instrumentos caracterizaban el habitáculo. En total, el SP II costaba el equivalente actual de unos 1250 euros más que el Karmann Ghia TC, también fabricado en Brasil.

Modelo: *VW SP II*
Cilindrada/Cilindros: *1679 cm³/4 cilindros*
CV/kW: *68/49,8*
Período de fabricación: *1972-1974*
Unidades fabricadas: *10 262*

Datsun Fairlady 2000

Antes de poner el pie en el mercado europeo, los fabricantes japoneses llevaban tiempo atendiendo con éxito el mercado de Extremo Oriente. La mayoría de sus primeros modelos no se correspondía con los gustos del Viejo Continente, aunque había alguna excepción. Así, en 1962, el grupo Nissan presentó con el modelo Fairlady un atractivo biplaza descapotable que incluso alcanzó popularidad en el mercado estadounidense. Equipado al principio con un motor de 1,5 litros, este modelo se inspiraba estéticamente en los modelos británicos e italianos de su categoría. La variante cupé (el Silvia) tan sólo estaba disponible en la versión de 1,5 litros, mientras que el descapotable Fairlady se presentó a partir de 1967 con un enérgico motor de 2 litros capaz de impulsar sus 4 metros de longitud a 205 km/h.

Modelo:	*Datsun Fairlady 2000*
Cilindrada/Cilindros:	*1982 cm³/4 cilindros*
CV/kW:	*150/110*
Período de fabricación:	*1967-1970*
Unidades fabricadas:	—

Datsun 240 Z

En 1969, con motivo del Salón del Automóvil de Tokio, Nissan presentó el 240 Z, un coche moderno cuyo diseño delataba su marcado carácter deportivo, categoría que se ganó definitivamente con su interesante equipamiento: el motor de seis cilindros instalado bajo el largo capó hacía alcanzar al 240 Z una velocidad máxima de 190 km/h. Por otro lado, el grupo Nissan dio con el 240 Z los primeros pasos en el mercado europeo, aunque al principio las cifras de ventas no estuvieron a la altura de las expectativas. Diseñado por Albrecht Graf Goertz, el 240 Z fue un participante activo en el mercado europeo de automóviles deportivos hasta la suspensión de las exportaciones en el año 1984.

Modelo:	*Datsun 240 Z*
Cilindrada/Cilindros:	*2393 cm³/6 cilindros*
CV/kW:	*130/95,2*
Período de fabricación:	*1969-1974*
Unidades fabricadas:	*150 076*

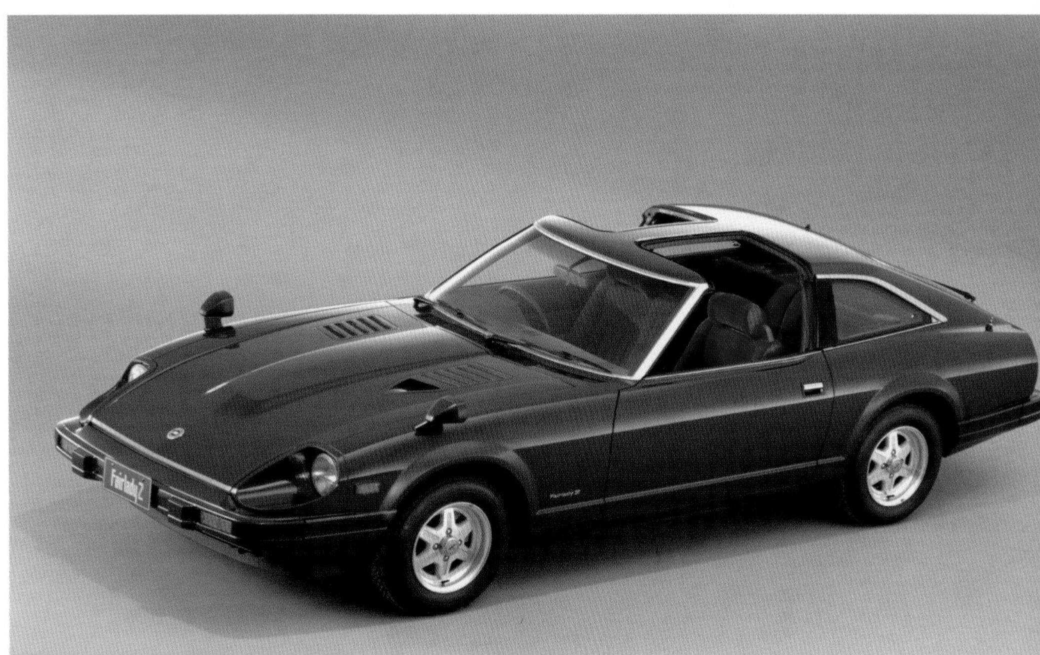

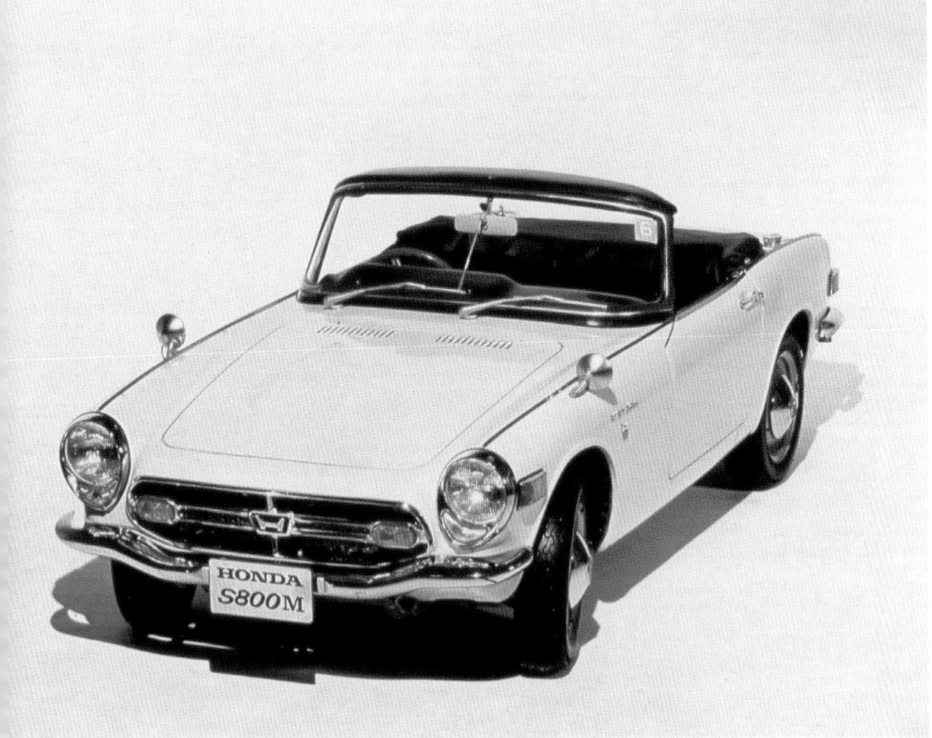

Honda S 800 Cabrio

El Honda S 800, una evolución del modelo S 600, hizo su debut en 1966 no solamente en el país del Sol naciente, sino también en el Salón del Automóvil de París. Este elegante coche se exportó con éxito a Europa y, como pequeño utilitario con extremada inspiración de deportivo, tenía suficiente madera para competir con sus homólogos británicos de mayor cilindrada. Adecuado a la potencia suministrada, el S 800 sólo se diferenciaba de sus predecesores por su cambio de velocidades mejorado, mientras que la transmisión al eje trasero ya no se realizaba mediante cadena de rodillos, sino mediante una moderna transmisión cardán y diferencial. Este veloz automóvil tenía frenos de disco delanteros y, con un precio extra, la versión cabriolé se suministraba con *hardtop*.

Modelo:	*Honda S 800 Cabrio*
Cilindrada/Cilindros:	*791 cm³/4 cilindros*
CV/kW:	*70/51,2*
Período de fabricación:	*1966-1970*
Unidades fabricadas:	*aprox. 11 400*

Honda S 800 Coupé

La transformación del S 800 cabriolé en cupé *fastback* obtuvo un gran éxito en el mercado internacional. Este pequeño pero enérgico deportivo tenía, a diferencia del cabriolé, un parabrisas algo mayor. La luneta trasera se transformó en un práctico portón trasero, un ingenioso truco que facilitaba el acceso al maletero. Este cupé, con una distancia entre ejes de 2000 mm y una longitud de 3200 mm, descansaba sobre un chasis cuadrangular y tenía suspensión independiente trasera y delantera. La transmisión de potencia al eje trasero aún se realizaba mediante cadena de rodillos. La caja de cambios era de cuatro velocidades con la primera no sincronizada, pero también se podía optar por una de cinco. Honda abandonó en 1970 la producción de la serie S, dominada por los modelos S 800.

Modelo:	*Honda S 800 Coupé*
Cilindrada/Cilindros:	*791 cm³/4 cilindros*
CV/kW:	*70/51,3*
Período de fabricación:	*1966-1970*
Unidades fabricadas:	*aprox. 11 400*

Mazda 360 Carol

Dado que el chasis del acertadamente diseñado cupé del tipo R 360 también se adaptaba sin grandes cambios a otras carrocerías, Mazda amplió en 1962 su oferta de modelos con una berlina de cuatro puertas. A pesar de tener la misma longitud que el cupé (2930 mm), el P 360, también llamado Carol, tenía una distancia entre ejes más larga (1930 mm). Mientras que el cupé estaba impulsado por un motor trasero de dos cilindros refrigerado por aire, la berlina llevaba en su parte trasera un motor de cuatro cilindros con refrigeración por agua. Simultáneamente a la serie 360, Mazda fabricaba también los tipos 600. La batalla era la misma, pero su carrocería era mayor (3200 mm) y estaban propulsados por un motor de cuatro cilindros de 568 cm³.

Modelo:	*Mazda 360 Carol*
Cilindrada/Cilindros:	*358 cm³/4 cilindros*
CV/kW:	*19/14*
Período de fabricación:	*1962-1965*
Unidades fabricadas:	---

Modelo:	*Mazda Cosmo 110 Sport*
Cilindrada:	*2 x 491 cm³*
CV/kW:	*110/80,5*
Período de fabricación:	*1967-1972*
Unidades fabricadas:	*aprox. 1450*

Mazda Cosmo 110 Sport

Las primeras experiencias de Mazda en la industria automovilística –la empresa nació de la firma Toyo Kogyo en Hiroshima– se remontan a la década de 1930, época en que fabricaba triciclos a motor y camiones cuya producción se prolongó hasta después de la II Guerra Mundial. En 1961, Mazda firmó un contrato de licencia con NSU para poder utilizar el motor de pistones rotativos desarrollado por Felix Wankel. El Mazda 110 S Cosmo, el primer modelo del gran mercado nipón en beneficiarse de esta tecnología, salió a la venta en 1967, pero no llegó a comercializarse en Europa. A diferencia del NSU Wankel Spider alemán, el Cosmo disponía de un motor de dos cámaras que generaba su potencia gracias a un volumen de 2 x 491 cm³.

Mazda R 130

El R 130 Coupé (Luce) se presentó en 1969. Al igual que su predecesor, el R 110, el Luce se basaba en el prototipo RX-87. Este modelo experimental, expuesto en el año 1967 en el marco de la 15ª Muestra del motor de Tokio, fijó las medidas de todos los futuros modelos de Mazda que se equiparían con un motor rotativo tipo Wankel. El motor implantado en el R 130 disponía de un volumen de cámara de 2 x 654 cm³. Con una distancia entre ejes de 2580 mm y una longitud de 4590 mm, Mazda había concebido un vistoso cupé verdaderamente grande, en el que podían viajar cinco personas con toda comodidad. El R 130, con sus considerables 190 km/h, era una buena elección teniendo en cuenta la creciente red de autopistas japonesas de la época.

Modelo:	*Mazda R 130*
Cilindrada:	*2 x 654 cm³*
CV/kW:	*126/92,3*
Período de fabricación:	*1970-1972*
Unidades fabricadas:	---

Mazda RX-2

Poco después de introducirse en el mercado nipón los primeros coches Mazda con tecnología de motor Wankel, el abanico de modelos comenzó a ampliarse con gran rapidez. Junto al R 130, los concesionarios ofrecían también la alternativa del RX-2 Capella, que traspasó las fronteras del mercado nacional. El Capella fue, entre otros, el primer automóvil japonés equipado con motor de pistones rotativos que se vendió en Europa (en primer lugar, en Suiza). Su motor ofrecía una potencia de 120 CV a 6500 RPM y disponía de un par motor máximo de 156 Nm a 3500 RPM. El RX-2 comenzó a fabricarse en serie en mayo de 1970. Por confort y habitabilidad, este modelo competía con el R 130. Además, el RX-2 se ofrecía versiones de cambio manual de cuatro velocidades y automático.

Modelo:	*Mazda RX-4*
Cilindrada:	*2 x 491 cm³*
CV/kW:	*105/76,9*
Período de fabricación:	*1972-1978*
Unidades fabricadas:	---

Modelo:	*Mazda RX-2*
Cilindrada:	*2 x 573 cm³*
CV/kW:	*120/87,9*
Período de fabricación:	*1970-1978*
Unidades fabricadas:	---

Mazda RX-4

En 1971, Mazda presentó el RX-3 en versiones de cuatro puertas y cupé. Este modelo fue el primer coche Mazda con motor Wankel que se exportó a Centroeuropa. En 1972 le siguieron todavía dos versiones familiares con cambio automático y su derivado, el RX-4. El motor de dos cámaras con el que se equipó este modelo ofrecía una potencia de 105 CV a 7000 RPM (ya con 3500 RPM, el par motor máximo era de 134 Nm). Aparte de las versiones estándares, el RX-3 y el RX-4 también se ofrecían con un equipamiento GT de gama alta. Para resaltar el carácter deportivo del GT, esta modalidad estaba disponible con una caja de cambios de cinco velocidades. El motor del GT proporcionaba una potencia de 120 CV y disponía de un par motor máximo de 156 Nm a 3500 RPM.

Toyota 2000 GT

El único y auténtico «coche de espías» japonés fue el Toyota 2000 GT, al que no sólo se veía por las calles del Lejano Oriente, sino también en las pantallas cinematográficas: en la cinta inglesa *Sólo se vive dos veces,* James Bond utilizó el 2000 GT como cabriolé oficial. A diferencia del diseño nipón de la década de 1960, los vistosos deportivos tenían una estética muy interesante (que no era japonesa, sino que provenía del diseñador estadounidense Albrecht Goertz). Para imprimirle velocidad, el 2000 GT se equipó con un motor de seis cilindros. El grupo motriz fabricado por Yamaha disponía de dos árboles de levas en culata y no tenía nada que envidiar a los grupos propulsores europeos del mismo tipo.

Modelo:	*Toyota 2000 GT*
Cilindrada/Cilindros:	*1988 cm³/6 cilindros*
CV/kW:	*150/110*
Período de fabricación:	*1967-1970*
Unidades fabricadas:	*351*

Toyota Sports 800

Cuando Toyota lanzó al mercado japonés el modelo Publica, una berlina de 700 cm³ de cilindrada, el diseñador Shozo Sato empezó a idear una carcasa más atractiva para este coche. En su mesa de dibujo nació el diseño que contribuyó al segundo lanzamiento de este automóvil en 1965, llamado entonces Toyota Sports 800. Este vistoso deportivo, provisto de un motor de cilindros opuestos ligeramente ampliado y refrigerado por aire, se fabricó exclusivamente para el mercado japonés. La parte central del techo de su carrocería de acero autoportante se podía extraer (Porsche denominó Targa a este sistema). Con el fin de aumentar de forma considerable la sensación de coche deportivo, Toyota equipó el tablero con un gran número de instrumentos, aunque la aguja del velocímetro no marcaba los 100 km/h hasta pasados 13,3 segundos.

Modelo:	*Toyota Sports 800*
Cilindrada/Cilindros:	*790 cm³/2 cilindros*
CV/kW:	*49/92,2*
Período de fabricación:	*1965-1979*
Unidades fabricadas:	*aprox. 3300*

M

N

O

P

Créditos fotográficos

Ilustrar una obra de tal calibre sólo es posible gracias a la colaboración de numerosas personas y entidades. El autor y la editorial son plenamente conscientes de este hecho, por ello desean expresarles su agradecimiento por haber contribuido a la exitosa realización de este libro. Un especial agradecimiento merece el Sr. Müller-Brunke, residente en Engelsberg, quien ha puesto a nuestra entera disposición 140 motivos procedentes de su archivo. Con su material fotográfico histórico, el Sr. Hans G. Isenberg, residente en Fellbach, ha prestado igualmente una valiosa contribución. También cabe destacar la inestimable ayuda del Museo del Automóvil de Melle, de la Imperial Palace Automobil-Collection de Las Vegas, así como de los departamentos de prensa de las siguientes industrias automovilísticas: BMW Group Mobile Tradition; DaimlerChrysler AG; Fiat SpA, General Motors, Peugeot SA, Dr. Ing. E.H. Porsche KG, Rolls-Royce & Bentley Motor Cars y Volkswagen AG.

Mercedes-Benz
Mercedes-Benz